U0895612

上海交通大學

百年报刊集成

第一辑（1896—1949）

学 术 学 科

综合卷（第四册）

上海交通大学
档案文博管理中心　编

上海交通大學出版社
SHANGHAI JIAO TONG UNIVERSITY PRESS

目　录

《交大季刊》简介

该刊于1930年4月在上海创刊，季刊，系学术性刊物，交通大学出版委员会编辑出版行，停刊时间与原因不详。本书收录了该刊1930年第1期至1937年第24期，共24期。

该刊设有论著、编著、译述、社评、特载、实习报告、演讲、参观、文艺、附录等栏目，以科、经济、管理、工程学问为主，曾根据所收稿件不定期设置《工程号》《经济号》《管理号》学号》等专号。1931年9月18日，日本发动"九一八"事变，为了动员抗日，该刊第7推出《抗日特刊》，反映交大师生抗日救国的革命热情。

该刊主要刊载各类科学、经济、管理、工程等诸多学术文章。"论著"栏刊载学者对社经济的见解，尤以铁路问题居多，如《我国铁路转运公司问题》《中国交通主权之收回问》《整顿铁路运输负责之我见》等，了解学者对我国交通运输事业与经济发展的良性互的探讨。"译述"栏翻译介绍西方的学科发展以及西方社会经济问题，如《一九二八年美每人所享铁路货物运输利益》《论单独发电厂之应用于中国纺织工业》《无穷级数之理论应用》等。"参观"栏登载交大师生对江南各工厂与工程发展的参后观，如浦江口工程、州固本皂药厂、江南制纸公司、南京中央党部广播无线电台等，这些参观记录反映了江工程发展的近况，部分参观记附有图片。"实习报告"栏登载交大学生实习汇报总结，如习客货沽售及站账报告书》《胶济铁路四方机厂实习报告附图》等，这些文章从专业的度记录了学生学习、实习的心得体会，也从侧面记录当时工业的发展情况。"演讲"栏登马寅初、郑辅华、周朋西等学者们的讲稿整理，记录科学家们对国内外社会、学科发展的见与展望，如《京浦轮渡之计划》《上海特别市之卫生行政》等。该刊对研究教育以及20己30年代国内外工业、交通运输业以及金融业发展均有所裨益。

民國十九年四月出版

交大季刊

孫科題

工程號

交通大學出版委員會編輯 民國十九年四月出版

交 大 季 刊

工 程 號

目 錄

美國麻工之電機工程合作科

胡嵩嵒

弁言

美國汽車製造家福特氏有言曰：經驗爲吾人之至寶，須知經驗之獲得，當由捷徑以求之，捷徑爲何，厥惟受教育耳。若待任事時期，本各個閱歷所得之經驗，以謀發展，殆亦千百中之一。其因精力就衰，有志未逮者，更僕難數矣。是以晚近工程教育家咸認爲最良好之工程教育，當以理論與經驗並重；同時授與學生歐美現行之工業合作科制，卽爲實現上述之新主張。蓋此種教育，與工業合作之方法，可使學生隨其所習之專門學科，獲得實在經驗。當西元一九零六年間，美國辛辛那地大學，卽首創此制，二十年來，各地學校，相繼仿行；且不僅限於工業專門學校或工業大學，卽中學校亦多採用，頗著成效。美國麻省理工專校所設之電機工程合作科，迄今僅及七年，而收效殊宏，允稱今日工業教育合作之模範。爰將其設立之大概，與課程之編制，分別述之，以供國內研究改進工程教育者之參考。

麻工合作科之主旨

凡一學校均有特殊之教學方針，與一切相沿之習慣。故合作科雖係新設之科目，亦不能置基本之方針與習慣於不顧。麻工之宗旨，在培植青年，使獲得根深蒂固之智識，與其所專門攻習之學問，更授以廣汎之教育，充實其能力，可以應用科學原理於一切工業之實際問題上。故電機工程合作科，亦具此主旨，目的在培植電機工程界中兩種人才，使備有完全資格，得從正途發展而至優越重要之工程家地位；所謂兩種範圍者，一爲製造工業，一爲公共實用企業，如電燈電車之類。

麻工與奇異電氣公司合作，設立一科，以培植學生之欲爲製造工業界領袖者，授以最高深之工程學術，與行政材能。至於培植公共實用企業中之專門與執行人才者，乃有與波士登愛狄生電氣公司，波士登高架電車公司，司東韋伯司他建築公司，及擺耳電話公司合作科之設。上述之各處公司，均爲製造工業與公共實用企業界中之傑出者，其效率之精與發展之速，可使學生獲得各部中充分之經驗與訓練，可無疑義，麻工創設此科，迄今已由二十七人，增至二百人以上，其發展遂可知。

概 況

合作科之計劃大序如下

合作科之年限，爲五年。第一第二兩年，與麻工普通電機工程科之初二年級所授之課程，完全無異。再後三年，乃均分爲兩半；一半在校授課，一半在合作之公司中實習。前四年校中之教授方法及內容，與普通電機工科相彷。在公司練習程序，則經學校與公司妥爲釐訂，並與在校所習之課程有密切之聯絡，使學生獲得最大之教育價値。第五年之課程，乃爲電機工程研究院之工作。習製造工業門者，此一年中，注重於大規模製造工業之管理方面種種問題，工程創議建設之計劃，與闡發以及主動之搜求研究。習公共實用企業者，則注重於公共實用企業管理等問題之搜求研究。在後三年中，每個學生之時間，分爲三個學期，每四個月爲一學期，按期掉換。卽在廠實習四個月，回校受課滿四個月，再行入廠。如此輪流，最初每班學生，均分爲兩組。甲組在廠，則乙組在校；甲組在校，則乙組入廠。故廠內之學生人數，僅有一班之半數。最末一學期，兩組學生，均在校內，以至畢業一年之中，均放假四星期。麻工此科所規定在廠實習時間最長，爲他處所無。據該科主任 W.H.Timbie 云：此種長期實習，較短期有顯著之利益四端如下：

(一)因學期如此分法，可與校中其他科目學歷同一步調，庶學生可以從事校中一切學生團體活動。學生加入團體活動之益，早經公認，不待贅言。

(二)四閱月之期限，可使學生在廠得充份時間。於一部份之中，得真切了解該部份之性質，與精神。苟其一部份中，無須偌長之時間，則一期中，亦不妨分入兩個或兩個以上部份，並無困難。

(三)每次遷調，總有些許遲頓。每年遷調之次數減少，則此種遲頓之弊，可以減至最低限度。

(四)一般人每以學生離校太久，易於喪失其讀書之應用習慣爲可慮。但在麻工辦此科之計劃中，則無此弊。蓋學生在廠之時，仍行繼續攻讀校內規定課程兩種。麻工之教授，到廠授課。若廠址在校址附近者，則晚上在校內開班，此層非但減輕在校時課程之繁重已也。僱用此科畢業生者，嘗謂此種辦法，養成最良好之習慣。學生時肯費一星期數夕之工，以從事解决日間工作之難題云。只此一端，已可見合作科之特殊價値。工校畢業生畢業之日，每東其課本於高閣，自謂感謝上天，從此無須書本矣。殊不知成功之畢業學生，均爲繼續讀書與搜求研究之輩，尋常日間在公司工廠或野外工作，而晚上尙有讀書者殊鮮，蓋惰性不易打破也。麻工合作科，强迫學生晚上讀書，歷時三載，自成爲習慣，而將來離校亦不至變更矣。

課程之編制

麻工課程，向主嚴格一貫主義。由校中編訂，循序教授，學生無自由選擇更變之權。合作科之課程，亦由該主任愼重訂定。下列課程表中，學科各目後附麗之號數，爲其學科說明書中分類之編號。倘有該校之學科說明書，則各科之內容，可一檢卽得。

電機工程合作科課程表

第一學年　三種選科甲乙兩組均同在校

科目	上學期 十五星期 上課鐘點	上學期 十五星期 預備鐘點	下學期 十五星期 上課鐘點	下學期 十五星期 預備鐘點
物理8·10,8·02	60	75	60	75
化學5·01,5·02	120	75	120	75
英文與歷史E11,E12	45	75	45	75
數學M11,M12	45	90	45	90
圖形機何D21,D22	45	10	45	10

	上課鐘點		預備鐘點	上課鐘點		預備鐘點
用器畫D11	45	—	0			
初級機器繪圖D12		..		45	—	0
軍事科學MS 11,MS12	45	—	0	45	—	0
體育訓練PT1,PT2	20	—	0	20	—	0
	425	+	325	425	+	325
每期總共鐘點		750			750	

第二學年　　甲組

科目	上學期在校 十五星期			下學期在廠 十九星期		
三種選科均在校	上課鐘點		預備鐘點	上課鐘點		預備鐘點
物理8·03	60	—	75			
英文E21	45	—	75			
數學M21	45	—	90			
機械工程與機器繪圖2·'121	90	—	0			
應用力學2·16	30	—	60			
機構學2·00	45	—	90			
軍事科學MS21	45	—	0			
(一)第一選科　工業製造						
在奇異電氣公司工廠						
電機工程原理6·101				20	—	40
英文E22				45	—	75
工業製造實習6·901					912	
(二)第二選科　公共實用企業						

(子)在艾狄生廠

電機工程原理6·101	20	—	40
英文E22	45	—	75
公共實用企業實習6·911		912	

(丑)在波士登高架電車公司

電機工程原理6·101	20	—	40
英文E22	45	—	75
公共實用企業實習6·921		912	

(寅)在司東與韋伯司他公司

電機工程原理6·101	20	—	40
英文E22	45	—	75
公共實用企業實習6·93		912	

(二)第三選科 電氣交通工程

在西方電氣公司

電機工程原理6·101		20	—	40
英文E22		45	—	75
電氣交通工程實習6·941			912	
每學期總共鐘點	750		1092	

第三學年 甲組

科 目	暑期在校 十星期		上學期在廠 十九星期		下學期在校 十五星期	
第二班重選科均在校	上課	預備	上課	預備	上課	預備
物理8·04	60 -- 75					

數學M22,M31	45 — 90		30— 60
應用力學2·20			45— 90
熱力工程2·441			43— 90
電機工程原理6·102, 6·104	50— 75		90—105
電機工程試驗6·75, 6·76	40— 35		65 — 55
材料試驗2·371			20 — 25
(最後五星期)			
軍事科學MS22	45— 0		

(一)第一選科　工業製造

在奇異電氣公司工廠

電機工程原理6·103	30— 60	
通常讀習	30— 60	
工業製造實習6·902	912	

(二)第二選科　公共實用企業

(子)在艾狄生廠

電機工程原理6·103	30— 70
通常讀習	30— 60
公共實用企業實習6·912	912

(丑)在波士登高架電車公司

電機工程原理6·103	30— 60
通常讀習	30— 60
公共實用企業實習6·922	912

(寅)在司東與韋伯司他公司			
電機工程原理6·103		30—60	
通常讀習		30—60	
公共實用企業實習6·932		912	
(三)第三選科 電器交通工程			
在校			
物理8·04	60—75		
數學M22,M31	45—90		30—60
應用力學2·20			45—90
電機工程原理$^{6\cdot102}_{7\cdot12}$	50—75		90—105
電機工程試驗$^{6\cdot76}_{6\cdot76}$	40—35		65—55
電氣交通原理6·342			60—120
軍事科學MS22	45—0		
在紐約電話公司			
電氣交通原理6·341		30—60	
通常讀習644·3		30—60	
電氣交通工程實習6·942		912	
每學期總共鐘點	515	1092	720

第四學年 甲組

科目	暑期在廠十四星期		上學期在校十五星期		下學期在廠十九星期	
第一二兩選科在校	上課	預備	上課	預備	上課	預備
政治經濟EC31			45	45		

應用力學2·22	45— 75
熱力工程2·451	36—60
電機工程原理6·106	90—105
電氣工程試驗6·77	30— 30
電子原理初步8·21	60— 60

(一)第一選科 工業製造

在奇異電氣公司工廠

電機工程原理6·105 6·107	20— 40	30— 60
通常讀習	20— 40	30— 6
工業製造實習6·903 6·904	672	912

(二)第二選科 公共實用企業

(子)在艾狄生廠

電機工程原理6·105 6·107	20— 40	30— 60
通常讀習	20— 40	30— 60
公共實用企業實習6·913 6·914	672	912

(丑)在波士登高架電車公司

電機工程原理6·105 6·107	20— 40	30— 60
通常讀習	20— 40	30— 60
公共實用企業實習6·923 6·924	672	912

(寅)在司東與韋伯司他公司

電機工程原理6·105 6·107	20— 40	30— 60
通常讀習	20— 40	30— 60

公共實用企業實習 6·933 6·934	672		912
(三)第三選科 電氣交通工程			
在校			
政治經濟EC1·31		45—45	
電機工程原理6·121		90—105	
電機工程試驗6·771		60—75	
電氣交通6·32		45—60	
電氣交通試驗6·331		30—45	
動量解析M77		45—75	
在紐約電話公司 暑期十五星期			
電氣交通6·343	20—40		
通常讀習G44·2	20—40		
電氣交通工程實習6·943	585		
在攏耳電話試驗所 學期十九星期			
電氣交通6·344			30—60
通常讀習G44·1			30—60
電氣交通工程實習6·944			741
第一二選科			
每學期總共鐘點	792	681	1092
第三選科			
	705	620	921

第五學年 甲組

科　目	暑期在校十星期	上學期在校十星期	上學期在廠九星期	下學期在校十五星期
第一二兩選科				
	上課 預備	上課 預備	上課 預備	上課 預備
政治經濟2·621	45—45			
工程試驗2·621	45—30			
電機工程原理6·591 6·592 6·594	50—60	40—75		45—105
電機工程試驗6·78	60—45			
水力工程1·64	45—40			
商律				45—75
研究院搜究攻讀		245—0		450—0
(一)第一選科　工業製造				
在奇異電氣公司工廠				
電機工程原理6·593			20—60	
工業製造實習6·905			432	
(二)第二選科　公共實用企業				
(子)在艾狄生廠				
電機工程原理6·593			20—60	
公共實用企業實習6·915			432	
(丑)在波士登高架電車公司				
電機工程原理6·593			20—60	
公共實用企業實習6·925			432	

(寅)在司東與韋伯司他公司				
電機工程原理6·593			20—60	
公共實用企業實習6·935			432	
(三)第三選科　電氣交通工程				
在校				
電機工程試驗6·76	75—65			
政治經濟EC32	45—45			
電機工程原理6·122	30—60			
電磁學8·244	30—30			
電磁波之傳播	30—45			
電氣交通原理6·345 6·344 6·346	20—40	30—70		30—60
電氣交通試驗		45—60		
英文E40		45—75		
商律與公司組織EC63				45—75
研究院搜求攻讀		155		510
在擺耳電話試驗所				
電機工程原理6·565			20—60	
電氣交通工程實習6·945			351	
第一二選科				
每學期總共鐘點515		872		720
第三選科				

515 811 720

學科之內容

合作科學生，在校研習之一切科目，與尋常電機工科學生所習，毫無歧異。惟多加電機工程研究院之高深科目三種，學生宣講一種，碩士論文一篇。學生五年習完，可得一理科學士學位外，再得一理科碩士學位，校中之科目，專注重理論與科學，一切工程實施方法，則由學生在各廠實習得之。

學習製造工業方法者，入奇異電氣公司。在廠與在校之科目，均由校中妥爲訂定，庶學生於其所擇專長之一門內，得根深蒂固之經驗。學生入廠，不但僅充一試驗員，或一繪圖員，且須從金工廠起，歷電機轉子纏線處，繪圖間，馬達測驗間，汽輪測驗間，搜求試驗所，工廠出品部等處，除一切普通之課程外，每一學生，再往其所欲專長之部份學習，至少一次。凡欲習電氣機車，及鐵道用品者，則往以呂(Erie)分廠。欲專習高壓變動電器者，則往畢珠飛（Pittsfield）分廠。若專習重大轉動機械者，則至斯乃台(Schenectady)總廠。

在波士頓愛狄生電氣公司實習者，則經歷下述各種部分之實習：如在電氣工程事務所電線護養部中，可以學習查察並修理高架及地下高壓與低壓電線之弊障。在發電廠之電氣部及蒸氣部，可以實習氣鍋間修理生火測驗以及電氣器具之施用與修理，在裝置部中，可見習測驗表之施用，道路電燈線系之護養，及對於主顧之服務接洽等等。在營業中，則可習事務所中一切辦事方法，收費計算，工率之估計，及一切商業工程問題。在材料部中，則可實習購買接收查驗及運送一切貨物之方法，在統一標準試驗部中，則可熟悉各種電氣器具之統一標準法，及施用蒸汽電氣或化學物以試驗一切器具及材料性質之方法。

在波士頓高架電車公司實行者，可入護養部與軌道部，以學習鋼軌之敷設，與接銲方法；入傢具部，可以見習木料之烘治；在捷運部，可親歷鋼鐵護養門，裝置門，信號門，及建築門各種工作；在車務部，可以學習充當調車員，駛機員，管車員並研究交通情形與時刻表之編訂；在木土工程部車輛修理部，可得車房，高架電車廠，電機轉子廠，金工廠，及車盤廠之種種經驗；在動力部中，可得電線與線溝門，電力發動廠門，分電站門，以及各種電氣工程之經驗。最後有五星期在總經理室之實習，以便窺得公司全部事業之大概。

在司東韋伯司他建築公司實習者，先派在通信部；庶與公司中各個執事工程師及一切人員熟識，繼須入繪圖部，作電氣鋼鐵機械及混凝土建築等項工程之圖，入建築部，則實地襄助測量裝置基礎混凝土建築鋼鐵工作，以及裝置各種機械並電機。在統計部，統計與表列一切建築及施行工程紀錄與少許成本會計。在管理部，管理煤氣廠電力廠以得氣鍋間與發電分配版諸器具之施用經驗。最後再至其擇定專門學習一部，專心實習。

選第三選科電氣交通工程者，入擺耳電話公司(Bell Telephone System) 實習 。可歷習製造工廠計劃出品計算製造方程 ，與定價方法，電話接線機關之裝置，電話應用之概觀，接線總機關與電話局用具之試驗，與護養交通工程器具及裝置建築工程。有線電話及無線電話及各種交通器具之改良研究，發明及設計，工程上搜求研究及試驗室之試驗方程。

三年合作實習時期內，學生不得由一公司改至別一公司。畢業後學生並不必須留在該公司服務；而公司方面亦無一定僱用該生之義務。

合作科學生必須經歷規定之科目，在校成績無缺，在公司時尤須超出尋常一等。若不能符合學校或公司所定之標準程度，該生卽須退學。

學生在廠實習時，公司認爲尋常僱員，應守公司一切規章如受體格檢驗等等。公司於學生在廠工作時，給與津貼，按鐘點計算，三年總共約得美金一千五百元。在廠每星期約工作四十八小時，在事務所則工作四十四小時，星期六則均有半日之休息，星期日例停。在廠有時須兼做夜工，做夜工則日間休息，津貼照日工增加幾成。

麻工教授每星期赴合作廠家兩次，與工頭工務員及學生個人談話，以考核學生之實習成績。如是教授方面可知廠內情形，及一切方法，有何變更，以作課堂講授時之參考。

入學手續

入合作科之學生，必須特別聰明能幹，符合兩種標準；第一種爲第一二年在校之成績優越，第二種爲學生之品格得滿公司代表之意。每於學生入校第二年下學期中，各合作公司之代表，來校與學生逐一面談。此種代表，大都爲公司僱員部之職員。面談時就學生之過去經驗，品行，自動性，自持力，及外貌，逐項計分。能完全及格，方得入選。故選出之學生，均爲足堪深造之材。中國學生欲入此科，須在國內與擬入之合作廠家代表接洽妥貼，則到美入校，無大問題。最難者，在得廠家之允准。如到美後，往晤廠家代表，請其收錄，則頗難成功，不可輕率嘗試也。

結　語

麻工合作科之第一選科，在 1920 年開辦。第二選科，1925 年開辦。第三選科，則 1925 年始增設。考此科開辦以來之成績，由學校與學生方面觀之，均殊圓滿。蓋此科辦法，使學生更加活潑靈敏，且增加其求學之慾望，並擴充其生活之興趣。再由公司一方面觀之，此科之設，亦爲滿意。蓋公司藉此收得極幹練傑出之畢業生不少，截至 1925 年之統計，此科學生畢業後，留在合作公司之任事者，有百分之四十六七云。

麻工合作科之大概如上述，茲再述該科主任所舉之主要七特點以爲此篇之結束：

(一)此科之主旨在造就一班愼重選出之人才，以備擔任製造工業及公共企業公司中最高工程職務。

(二)普通規定之電機科之理論方面，並不因加入實習時間而減少，且反增加一年研究院工作，因此學生畢業時，多得一理科碩士學位，

(三)每個學生之工程實習，均爲精密計到與監督進行之學程，非僅一無的之工廠工作，

(四)學生在合作期限中，僅受僱於一個公司，故能得該公司組織上及行政方針上純一觀念，學生可得熟知公司工作之意義與忠實服務。

(五)商業上之變化，營業之消長，不影響於工程實習。

(六)實習經驗反應於其理論工作，使學生更易明瞭，並得實在對象。

(七)學生之理論研究，實習期內並不間斷，且學生可得日間工作，晚上讀書之習慣，依過去經驗之結果，證明此種習慣，既經養成，將來不易打破，故其裨益學生修學方面，殊非淺鮮也。

電 傷

壽 俊 良

(一) 緒言

接近電器，為危險之事，盡人所知。但服務工廠中，因觸電而喪亡者，時有所聞。考其緣原，雖屬於不測之禍機；然平日少顧慮，不明若何情形為危險：何法為正當自衞，何術為急效，實為根本原由。美國工廠中，均有 Safety Committe 之組織，專以研究安全方略與防範。他如National Light Association 等之電學會，頒佈各種 Safety Code，專備廠家採用，使減少每年電傷之人額，而增進服務工作上之幸福。

(二) 電傷之種類

電傷可分為兩種：一為閃光之傷，(Flash Injuries)，一為接觸之傷(Contact Injuries)。

(1) 閃光之傷　閃光發現於斷線，或短時間之短接(Short circuiting) 等。例如誤將重荷之開關打開；又如失之謹慎，將螺絲鑽鐵片等物，墮於線頭上，成一短接觸，凡此均足發生劇烈閃光之機會；此種閃光之為害，輕者尚易補救，不生大危險，但有時光熱甚強，立時目眩倒地，或燃燒及身體之一部份。在高壓 15,000 伏而脫以上，鮮有與導體誤觸，如非傾跌於線路上；因電壓線 (Dielectric lines) 彎曲而經遇手指，或別部份，使人近導體時，短時間內即可感悟，而不能接近，但放電甚驟，(dielectric-

discharge）往往不及還避。

人身之縮肌 (flexor Muscles)，較伸肌(extensors)爲强，此時人將蜷縮而疲乏。若於身體不自由主時，身體之一部份，如手指手腕，忽擱置於電路上，則不免燃燒皮膚，其禍更烈。

當行近高壓線時，須加意留心，限以一定安全的距離；否則人將捲入放電路中，(Dielectric Path) 受劇烈之震擊而致跌仆，亦足增其鹵莽之禍。

發閃光放電之距離，依電壓之高低而異。可參考 (Electric Hand Book)中。線上高壓之巨波 (Surges)，可使閃光放電達極遠而未能逆料之距離。空氣之阻力，(Air resistance) 一時破裂，閃光可輸通大量的電流至人身上；如人冒險移近，重傷不免也。

閃光之傷害，可有二種。一爲眼傷(Flashed eyes)，二爲皮膚傷 (Flashed skin)。

受閃光侵害之眼，呈紅色；因驟然展開累積之 (Mucous Membrane)，使眼包皮及蓋眼球之一部份，發生條紋，名曰 (Conjunctiva)，眼作痛甚劇，畏日光而時湧眼淚；其利害者，眼梢一圈亦發生紅色，患至盲瞎。

皮膚因低壓閃光而受燃燒者，均在表皮上；一如火燙，尙易醫治，若在高壓閃光，受傷更重，燃燒足損及皮膚，而達於數層皮肉傷者，往往受劇烈刺激而昏沈不醒；此時須用人工呼吸法以挽救之。

（2） 接觸之傷　　接觸之傷有二；曰震擊，曰燃燒。電氣通過人身，使生不愉快之感覺。觸電者，因縮肌之力强，堅執導體而不能自解其困。以致跌仆；其利害者，亦須用人工呼吸法急救之。

(三) 電傷之程度

電傷之輕重，依外界與個人情形之不同而定。常有一種互係的境遇，使不測之禍機，隨之而異；有時在 110v 低壓力而遭危險之禍機；而有時在高壓力 15,000v 以上而得保全生命。個人之感受力 (Personal Susceptivity)，乃一最要係數。譬如常有接線工人，觸於低壓線上，僅以驚嚇而下墮，遂致喪命。

觸電旣由感力之弱，或失於謹愼，姑不必論；但有時亦出於意料之禍機者·例如一長途高壓輸電線，雖已將開關打開，完全與來源隔絕，而線路上有高壓靜電之積聚 (High static Voltage)，因受空氣之作用，雖在乾燥天氣，亦常發現；又如在變壓機中之線圈，當高壓試驗後，每含有高壓之靜電；此種靜電，常在開關打開後，逗留幾分鐘之久，工人於此意料外，觸電身死者，時有所聞。

普通言之；電壓力愈高，則通過人身之電流量愈大。接觸時間愈久，及接觸之點愈多，則生命之危險愈甚。同一電壓，交流電較諸直流電危險爲小；又同一電壓，交流電週率在 10,000 以下較諸近於 100,000 週率之電爲安全；在交流電週率遇100,000觸電者，往往不致縮筋，而亦無苦痛。

美國甘南來氏，(A. E.Kennelly) 與亞歷山大氏，(E. F. W.

Alexander）於一九一〇年，對於人身通電之 Physical Effect ，頗多試驗。曾用15,000 高至 100,000 五級週率之交流電，通過人身各部，每二十分鐘測量一次，其電流從 0.03 安培在 11,000 週率增至0.45 且或 0.80 安培在 100,000 週率。其試驗結果，受驗者曾證實在近 100,000 週率固有震抖之感覺，而手腕間覺有微熱，但手與臂均無縮筋(Muscular Contraction)之發生；當週率減至 50,000 時，前臂覺有縮筋之現象，而更從 50,000週率減低時，縮筋之感覺，更形顯著。

高週率之電流，雖屬高壓；例如 X光線之感應圈所發生之電，與無線電天線之電，平常無絕大危險，因此種高週率電之趨向，乃覓導體之表面而行，非取道內部而過遊者也·

此種趨向，名曰 „Skin Effect” ·

工人老成之手掌，有極高之電阻力，其外層表面，可限制所受之電流，因其無血液與淋液(Lymph) 之故·若手上受溼，或潤以鹽質之液，則阻力降小，受電亦較多·他若破裂之皮，阻力較大；若電流通過，取道皮肉者，必致增多，而危險益甚·

人身之電阻力，依部份而異·是以觸電之電傷程度，卽在同一電壓之下，因之大爲炯異·美國希司氏·(H.E Heath) 對於人身各部，測驗其電阻力，(用Bridge 法量得乾面之阻力)·玆將最低最高數，撰錄如下：

部份	最低	最高
額至頸	3,400ω	4,000ω
頸至胸	5,300	7,500
頸至右手	14,000	60,000
頸至左手	26,800	55,000
頸至兩手	10,850	35,000
頸至腰	18,500	80,000
頸至膝	120,000	170,000
手至手	40,000	140,000
腰至膝	47,000	165,000

在平均情形言之；電流約在 10 安培之譜通過腦與腿彎之間，足以殞命·但 1/10 安培在一定情形，與直流電接觸，或與低週率之交流電接觸，倘歷時過久，亦已危險。

按歷來見聞，有許多情形，常在 110 v 60 週率之燈線上，發生危險；倘逢燈頭之絕緣太舊而陳腐，在裝上燈泡，或轉動開關時，常與線路接觸，電流遂經過手而達於雙足·又如入浴時，兩手潤溼，而足立於潮溼之地板上·凡此情形，每致減少其皮膚之阻力，所受電流量，足以震乏其筋力，而不能自解其困·倘無旁人出爲挽救，電流將繼續流通太久，遂有生命之虞·更如遇許多電路中，有幾路乃接引入地者，從何來源之電壓，致遭傷害，實無法斷定之·蓋其所受之電壓，或增或減，悉依附連之境遇而定由以上所述·接觸所受電傷之利害、結果不外憑下列境遇而異：

（1）外界方面，爲電壓力，電流量，接觸之點數，接觸之時間，電流之種類，(A.C. 或 D.C)及週率·

（2）個人方面，爲皮膚與身體之阻力，電流在人身所行之路徑，心與身體之狀況·

(四)　觸電在生理上之解釋

觸電在生理上，可有三種學說解釋之：

醫學家早已於生理上試驗證實，停止生機，乃因腦受過分刺激而失其反抗之神經敏力所致·此反抗之神經敏力，乃係暫時之停歇·所以人之生命，全仗人工呼吸法，以助其神經之復原·腦之作用，猶如按電鈴然，倘按鈴繼續不已，在短時間內，亦往往使電池竭其供給力，鈴遂不復成聲·若觸電時，刺激神經遇其歇乏點，腦卽失其功用。電池若于竭失供給力時，停止按鈴，電池卽未久恢復其供給力，鈴復能作聲·但欲恢復神經，斷非易事，受重擊者，施人工呼吸法外，必輔以養氣灌輸等手術。

第二學說爲血之非酸化學說·（Asphyxiation or the non-oxygeneration of blood）·由發生震激之電流，有高度之電析作用·增速率的" Metabolism 生成許多二養化炭及別種毒性的產生物；過分之CO_2在血液中足使破壞（或使乏力）在骨髓中之「呼吸中心」，卽生理上腦之「同格中心」(Coordinating Center)·所以施用人工呼吸法，必繼續至血起酸化，始可復原其週循呼吸·

第三學說，乃謂電震係 Splanchnic 面積之血管驟然展開的現象·所謂 Splanchnic 面積，指屬腹部臟腑 (Abdonimal Viscera) 同情神經系之神經，(Sympathetic Nervous System) 使血管成爲補益束縛之狀態；震抖時由 Cerebro-spinal NervousSystem) 影響於「同情神經系」；彼 Splanchnic 血管補益之束縛，立即被壓塞而撤消，而未幾此種血管展放至二倍原有直徑之大，可容四倍原有血液之量·觸電者，若血充入此種血管內，則容易致死；（此亦係一失血症惟不冲出外面而已）此時非特腦中乏血，而心亦無血接濟於動血管·若不即用人工呼吸法急救之，則「無酸化作用」漸速，回生可漸無希望矣·

汽輪機關車

北英機關車公司工程師麥克里沃德演講

王仁東譯述

交通之利器在昔於陸爲蒸汽鐵道，於水爲汽船。今則不然，他種利器日異月新，與蒸汽鐵道相抗衡者，如摩托車；如電氣鐵道，已有駕乎蒸汽機關之上之勢矣。而航空機械之前途，復有不可限量之希望，在此形勢之中，蒸汽鐵道不特將失其獨霸陸上交通之地位，抑且有淘汰滅亡之虞矣。然則蒸汽鐵道之弱點果何在耶，吾人試以現代之普通機關車，與百年前司梯芬孫氏所造之原始機關車一作此較，則現代之機關車雖不乏改善擴大之處，而其發動之原理，與構造之大致，實相類同。一百年來之進步，誠不過爾爾。夫往復運動之蒸汽機關（Reciprocating Steam Engine），在發力廠與船舶上，久已被汽輪機（Steam Turbine）所代。猶在機關車，仍爲最普遍之原動機；效率之最高者，不過一百分之六，至一百分之八而已。比較他種新式機械，不逮遠甚，此蒸汽鐵道趨向劣敗之最大原因也。如機關車能獲相當之改良，提高其效率，與他種機械相彷彿，則鐵道仍可繼續爲主要之交通利器矣·故近年研究改良機關車者，實繁有徒。而主張改用汽輪機爲原動機者，爲其中最著之一派。民國十八年十二月二日，英國北英機關車公司（Nortn British Locomotive Company）工程師麥克里沃德氏（James Macleod），乘出席東京萬國工業會議之便，來吾國觀光。本校機械工程學院院長王爾淘先生，特請彼來校演講。麥氏爲計劃汽輪機關車成功之一人，自爲此道中之權威者。是日之演講，並佐以活動電影，及圖畫爲說明之資。記者以其言足爲謀發達吾國交通者之參考，故不揣淺陋，譯述其大意如后。並爲醒目起見，將全文節分三段(一)機關車之改良問題，(二)凝汽式汽輪機關車之構造，(三)不凝汽式汽輪機關車。至於所附圖畫，或自麥氏原圖縮繪而得，或係抄錄麥氏在黑板上所畫者；錯誤之處，或所未免也。

(一)機關車之改良問題

往復運動之蒸汽機關，在發電廠及船舶上，早已失其地位，而在機關車上，仍能保持逵今日者，自有其特殊優勝之處。考往復運動之蒸汽機關車有三大優點，爲他種式樣之機械所不能及者；一曰簡單(Simplicity)，二曰可靠(Reliabity)，三曰構造費低廉(Low first cost)。此三大優點，對於機關車實有非常之價值。吾人創造一種新式之機關車，比較創造他種機械，有數種格外困難之點。如車身之高度不能超過鐵道上已有之橋樑等設備之限度，輪軸之載重及鐵道之曲度無一不須愼重考慮，且燃料及維持費節省之數目，尤必須與所增加之構造費之折舊及利息相精密比較，始能得真正經濟之機關車也。

近來提士柴油引擎(Diesel Oil Engine)日臻完善，遂有人獻議以提士引擎代替蒸汽機關作機車之原動機。此事德美俄意諸國，曾作多度之試驗。結果發現提士引擎之優點頗多。現俄美兩國採用此種機關車者，已有多起。但如果機關車之原動機改爲提士引擎，則其燃料必舍煤不用而用柴油。世界上有否充足之柴油，誠一問題。且提士機關車之構造費，亦略高。故提士引擎能否解決改良機車之問題，尙不可知也。

德美各國曾有試改用每英方吋九百磅之高壓蒸汽，以圖增進其效率者，結果比較普通用每英方吋二百五十磅之蒸汽之機關車，效率約增加一百分之二十。但因採用高壓而增添之構造費，已屬不貲。故以採用高壓蒸汽爲改良機關車，未免所得不償所失，希望絕鮮矣。

至於改用汽輪機之謀，各國機關車製造家多有相當之試驗。英國北英機關車公司首先試造之一種，係汽輪聯發電機式 (Turbo electric) ；爲雷特 (Reid) 及蘭珊 (Ramsay) 二氏之計劃，用噴射凝汽器(Jet Condenser)爲凝汽之具此項計劃構造費太巨，故旋卽取消。瑞士國試造之一種，卽由普通機關車改製齒輪聯動汽輪機，及凝汽器者。瑞典國龍氏 (Ljungström) 之計劃，最具聲名，共造成四架，其二架在瑞典國應用，其他一架在阿根廷國，一架在英國，皆獲優良之效果。龍氏之汽輪機關車，用表面凝汽器 (Surface Condenser) ，而以大量之空氣袪除凝汽器之熱度。故風扇及唧筒耗力頗大，全車之構造費亦復不小。且在熱帶地方不能適用，因袪熱作用發生困難，凝汽器不易維持適當之真空也。（參照第四圖）德國 Messrs Henschel & Sohn Krupp & Maffei 所造之汽輪機關車，與瑞典國龍氏之計劃大同小異；不同之處，則表面凝汽器移在鍋爐之兩側，使與汽輪機接近；而凝汽用之冷水(Cooling Water)則不斷的流經一個位置於車後之蒸發袪熱器（Evaporative Cooler），以減低其熱度也。

余（麥氏自稱）之着手研究汽輪機關車，始於一九一四年。中間歷盡不少艱阻，迨一九二一年，始克與雷特氏協力計劃成功一種凝汽式之汽輪機關車（Condensing Turbine Locmotive）。由北英機關車公司實行製造，達一九二四年始完成其第一輛；即陳列於是年之倫敦不列顛帝國博覽會中。

此輛初創之新式機關車，因時間忽促，在陳列前未能有充分之試驗。及博覽會告終，乃運歸廠內，置於試驗房內作詳密之試驗。成績之佳，竟非初料所及。凝汽器之真空，在輕荷（Light Load）時，可得水銀二十八又百分之七十五吋。在重荷時，亦有二十七吋半。此乃氣候較寒時最佳之成績也。在普通氣候，亦不難得真空二十七吋。且此機車之規定速度，爲每小時六十英里；若增加至每小時七十英里，車身亦無普通機關車在速度過高時發生震動之弊。是乃免除往復機關（Reciprocating Mechanism）而得之優點，亦卽汽輪機關車勝過普通蒸汽機關車之一點也。

其後又在格拉斯哥至哀丁堡間之鐵道上，作實地之試駛。倫敦及東北鐵道公司之職員，有多人蒞場參觀。對於試駛之成績，均表滿意。而於車行每小時五十英里至六十英里之速度時，車身毫無震動一點，尤加贊賞；嘆爲普通機關車所不能及也。

今請以此種凝汽式之汽輪機關車之構造大略，爲諸君述之。

(二)凝汽式汽輪機關車之構造

凝汽式輪機關車之外觀，如第一圖。中央爲駕駛室 (A)。其前爲蒸發式凝汽器 (C)。(EvaporatveSurface Condenser)其後爲汽鍋 (B)。通常機關車之前進方向，必以汽鍋爲首；獨此種汽輪機關車，則以汽輪爲尾，而以凝汽器爲首；蓋其目的，在車向前進時，得大量之空氣衝入凝器內，袪散其熱也。水箱及煤箱在車之兩側，自圖中可見之。所有普過蒸汽機關車之往復運動部分(Recipracating Parts)如連桿(Coupling Rod)連接桿(Connecting Rod)等，則一概取消。因此全車機械方面，絕無不平衡之處，且修理審察亦頗便利；對於客車及貨車，皆可適用；構造費亦不過鉅。

汽鍋內之汽壓，規定爲每英方寸一百八十磅。用超熱器(Superheater) 增高熱度至華氏表七百度。爐內空氣之調節，用雙打風式 (Dual draft System)。即吹風 (forced draft) 與抽風 (Induced Draft)並用是也。此其調節皆由機械自動。吹風自灰盆(Ash Pan)經爐柵而入之爐內，抽風則引氣出煙膛(Smoke Box)，如此可防爐門(Fire Door) 開啓時，火焰被吹風冲出門外也。

汽輪機分高壓與低壓二級；高壓汽輪機之位置，在車身之後部；低壓汽輪機之位置，在車身前部。此二個汽輪機，皆司前進皆係衝擊式 (Impulse turbine)，各具五百四馬力。旋轉速度規定每分鐘八千轉，適合車行每小時六十英里之速度。而每座前進汽輪之側，各附倒退汽輪一個，以備機車倒行之用。其馬力各爲三百五十四。蒸汽離汽鍋而出，先經管理倒順車之汽門 (Ahead reverse Control valve），乃入高壓汽輪機，繼入低壓汽輪機，最後乃入凝汽器內。蒸氣之入前進汽輪，或入倒退汽輪，皆由倒順車汽門管理之。此汽門之啓閉，由駕駛室內之一個手輪担任之，於是乎順車，倒車，開車，停車，快車，慢車，皆可由駕駛者遂心所欲，無不如意矣。

蒸汽由汽鍋出，經過兩級汽輪機，最後乃入凝汽器。此凝汽器屬於表面蒸發式，爲許多銅管所組成。此項銅管之兩端，擴張而堅嵌於管子板內，其中央則略扁。

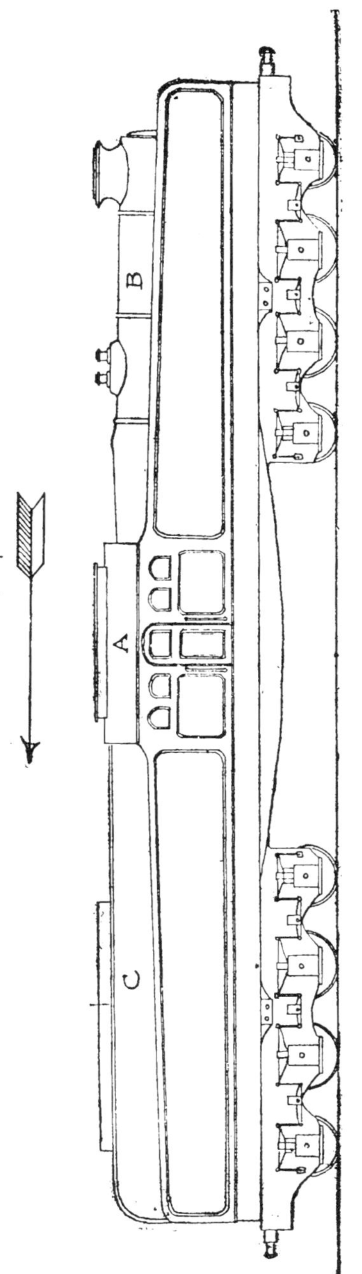

第一圖 凝汽式汽輪機關車

自汽輪機而來之廢汽(Exhaust Steam)，卽進此項管內。在此組銅管之前，有蓮蓬頭一排。經一個喞筒自水箱內抽起冷水，卽由此排蓮蓬頭內作細霧狀噴出。噴出之細微水粒，被前方衝入之空氣向內帶進，卽落於銅管之上，蒸發爲汽，同時挾銅管上之熱，而經一個小風扇，吹出車外大氣中去矣。銅管上之熱度，受水滴蒸發之影響而低落，汽管內之廢汽，卽凝結爲水。(眞空於此造成)此項凝結水由一個離心式喞筒送入位置於駕駛室下方之陽井(Hot Well）內，更由此被一個給水喞筒送經一具給水加熱器 (Feed Water Heater)，而復入汽鍋之內。至於不能凝結之氣體，(如空氣之類）則另由空氣喞筒抽去之。凡此種種，與用汽輪機之發電廠內之情形，頗多相似也。

由汽輪機驅動機關車之情形，參閱第二圖之圖解，卽不難明瞭矣。圖中 S 爲汽輪。其旋轉力由此傳至兩對螺旋齒輪 H及H′。此兩對齒輪之大齒輪與小齒輪齒數之比例，爲八與一。因此旋轉速度，卽由每分鐘八千轉變爲每分鐘一千轉矣。由此再傳至兩對傘形齒輪 (Bevel Gears) 如B及B′，經此兩對傘形齒輪，旋轉力卽傳至兩空心車軸若 A及 A′ 。此車軸之兩端，各有彈簧聯動節(Spring borne flexible Coupling) 若C。此四個彈簧聯動節，蓋卽連結車輪。於是汽輪之旋轉力，乃幾經曲折，而達到車輪矣。

如第二圖所示之全部發動機械，由六枚螺旋彈簧承托之，故受外界震動之影響甚微。各處運動之機件，皆有周流不斷之潤滑油潤滑之。潤滑油之流動，由一個汽力小喞筒司之。通常之油壓，約每英方寸二十磅。冷油器之位置，卽在凝汽器之前。

又有一具約二十匹馬力之小汽輪機，旋轉速度爲每分鐘三千

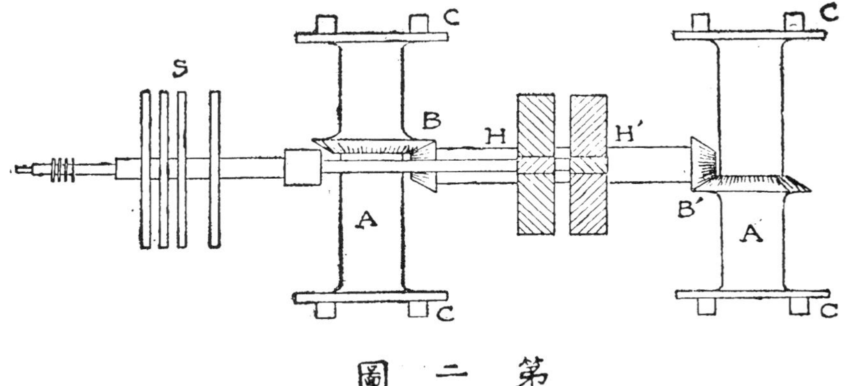

第二圖

由汽輪傳力至車軸之圖解

次，專供驅動吹風風扇凝汽用水唧筒，凝結水唧筒，及電燈發電機之用。

此種北英機關車公司所造之凝汽式汽輪機關車，全部機械之大概，已如上述。讀者或可意會而知其大意矣。至於製造方面，目前祇能暫借製造普通機關車之設備，當然不能得正確之比較。但將來此種機關車果能盛行，則製造方面，比較目前之蒸汽機關車簡單多矣。何以故耶？吾人皆知機關車有載客車 (Passenger Locomotive)與載貨車(Goods Locomotive)之別，此二者不同之處，在需要之拉力之大小，及速度之高低二點。而在汽輪機關車，此二點可由螺旋齒輪及傘形齒輪齒數之比例，任意增減之。如此之簡便設施，決非往復機關之汽車可得而有也。且此種新式機車，

不特省煤，亦復省水，因凝結之水可復供鍋爐給水用也。

(三)不凝汽式汽輪機關車

上文所述之凝汽式汽輪機關車，因設備凝汽器而增添之費用，爲數甚大。且在熱帶區域，空氣溫度較高之處，凝汽器之真空低落甚巨，使機車之工作效率爲之大減。第三圖所示，係凝汽器內之真空，隨空氣之溫度而跌落之曲線。在空氣溫度華氏表四十度時，凝汽器內真空，可得水銀二十九吋。在華氏表六十度時，只能得真空二十六吋，在華氏表八十度時，只能得真空二十吋。在華氏表百度以上，真空卽不達十吋矣。同時吾人又知凝汽之作用，在汽壓不高時，影響於效率(Efficiency)最大。若在汽壓甚高時，則凝汽作用之影響於效率，卽較小。譬如汽壓二百五十磅，蒸汽溫度華氏表七百度時，二十五吋之真空，可增效率一百分之五十。而在汽壓七百五十磅，蒸汽溫度七百五十度時，則二十五吋之真空，只能增加效率一百分之三十四耳。因此種種，吾人在計劃凝汽式汽輪機關車成功之後，又進而計劃利用高壓蒸汽之不凝汽式汽輪機關車矣(Non-Condensing Turbine Locomotive)。

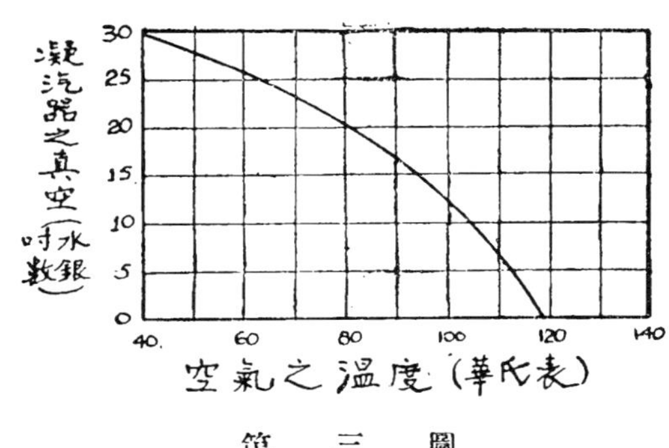

第 三 圖

不凝汽式汽輪機關車，經余輩計劃完畢者，其大概如第四圖

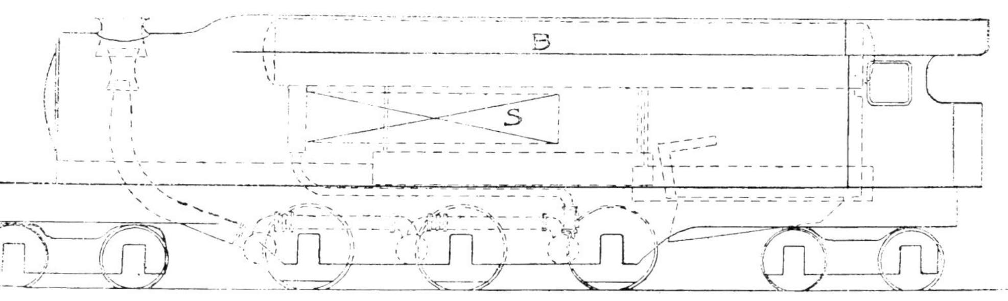

第四圖

不凝汽式汽輪機關車

所示。圖中(B)爲汽鍋，因需用高壓蒸汽，故用水管汽鍋(Water-tube Boiler)又備超熱器(Superheater)如(S)及空氣豫熱器(Air Preheater)鍋內汽壓，規定爲每英方寸七百五十磅。每小時能供蒸汽三萬磅。超熱溫度至華氏表七百五十度。蒸汽自超熱器進三級汽輪，由煙突冲出，在圖中之虛線，表示甚爲明顯。汽輪機分前進與倒退二組，馬力共二千二百五十四，速度爲每分鐘一萬二千旋轉。用螺旋齒輪輸力至車軸。齒數總比例爲三十一比一。凡普通機關車之往復運動部分，若活塞，連桿，連接桿等，自亦一體取消。比較凝汽式汽輪機關車，除凝汽器及附件免除外，其他大致相同；而車行之方向，因無凝汽器迎受空氣之必要，故與普通機關車相若，卽鍋爐爲首是也。

就將來之希望而言，不凝式汽輪機關車，實有較大之希望。除水與煤之供給特別困難之地方外，凝汽之設備，皆有得不償失之慨。故不凝汽式之汽輪機關車，乃有獨佔優勝之望。

此項汽輪機關車之機械效率（Mechanical Efficiency）因製造工作之精，能達百分之九十六之數，麥氏所攝活動影片，有一幕見一工人以手盤動汽輪，應手而旋轉，不甚費力，可見磨阻力之小矣。據麥氏稱說，汽輪機關車之牽輓力，(tractive Effort)約較活塞機關增大百分之三十。且其平均之牽輓力，卽等於最大之牽輓力。(AverageTractiveEffort is equal to the maximum tractive effort)；換言之，卽牽輓力恆定不變是也。此亦係汽輪機關車之一大優點，開車及加速度，皆爲之益增便利焉。

活動橋梁

王光瀋

（I）活動橋梁之來由——橋梁之建造，所以跨越河流溪壑之阻礙也。然以所須跨越處所情形之不同，設計亦卽因之而異。如兩岸離水面甚高，則橋梁築成之後，車輛往來於其上，舟楫通行於其下，水陸交通，俱甚便利。然遇岸平水高之處，則陸上交通，固因橋梁之建造而甚便利，水道則反生阻滯，顧此失彼，殊非妥善之法。欲謀補救，或將橋身築高，換言之，卽建築高水平橋(High Level Bridge)，或將橋身之一部分或全部築成活動橋梁(MovableBridge)也

(II) 活動橋梁與高水平橋之比較——活動橋梁與高水平橋兩者，所需建築費用，相差無幾。雖活動橋梁之橋墩(Pier)，因橋身較低之故，價値較廉；惟因所需橋墩總數，恆較高水平橋爲多，(如旋轉橋梁所需之軸墩 Pivot Pier)故所省亦無幾。又如活動橋梁之上部構造(Super-Structure)，所用鋼鐵較少，惜活動部分所用之鋼鐵其每磅單價，較固定部分所用者爲貴，挹彼注此，所費適相等也。惟高水平橋之附近，必須築高，故車輛行經其上，宛如上下山坡，此種情形，對於道路(Highway)尙無大妨，而對於鐵路，則不甚適宜。然活動橋梁多運用之費，故若舟楫往來甚多，則所費亦不貲。惟水道航行不甚繁盛之處，則建築活動橋梁，

以備不時之需，亦殊經濟，以高水平橋之修養費（maintenance cost），每較活動橋梁爲鉅也。

(III) 活動橋梁之種類——活動橋梁之種類頗多，約有十二三種，惟普通所採用者惟旋轉橋梁（Swing Bridge），開闔橋梁(Bascule Bridge)，及升降橋梁(Vertical Lifting Bridge)三種而已。他若浮橋，亦屬活動橋梁之一種。然已罕見矣。

a.旋轉橋梁——旋轉橋梁者，以軸墩爲中心，旋轉約九十度，以通舟楫者也(見圖一)

b.開闔橋梁——開闔橋梁者，利用一重物下墜，使橋身於直面(Vertical Plane)內旋轉啓閉，以利航行也。吾國古時所用之吊橋，卽其濫觴也。開闔橋梁之一跨長內僅有一葉開闔者，謂之單葉(Single-Leaf) 開闔橋梁。其於一跨長(Span)內有兩葉相對開闔者，謂之雙葉(double Leaf)開闔橋梁。圖二所示，爲單葉開闔橋梁。

C.升降橋梁——升降橋梁者，橋身之一部分或全部，可上下升降，以容舟楫通行者也。(見圖三)其原理與上下升降之門窗相同。

Fig. 1. Swing Bridge.

(IV)旋轉橋梁與其他兩種之比較——升降橋梁及開闔橋梁，

恆較旋轉橋梁爲優，其理由如下：

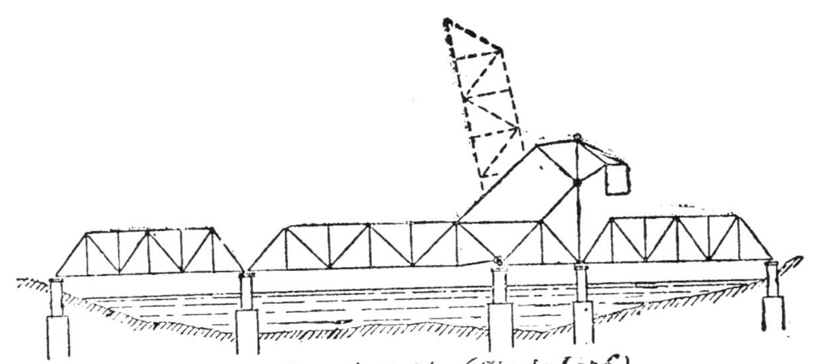

Fig. 2. Bascule Bridge (Single Leaf)

（1）升降橋梁上升之時，或開闔橋梁吊起之時，其下留一空間（Opening），供舟楫通行；而旋轉橋梁旋開之際，則有兩較小之空間。雖往來船隻因此可各行一空間，然兩船同時經過一橋，

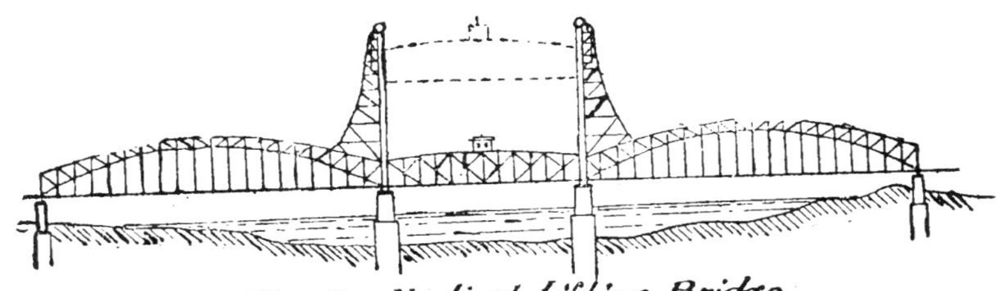

Fig. 8. Vertical Lifting Bridge.

殊鮮遇見，卽有之，則同行一空間中，亦並無妨礙，且空間較大，尤可容較大之船隻也。

（2）旋轉橋梁須多設軸墩（Pivot Pier），故其橋墩總數，恆較其他兩種爲多。且軸墩橫亙河中，有礙河流也。

（3）旋轉橋梁之軸墩，頗易損壞，時須修理，故旋轉橋梁之修養費，每較其他兩種爲大。

（4）旋轉橋梁有被往來船隻撞擊之危險，開闔橋梁及升降橋梁則否。

（5）運用時所須時間，旋轉橋梁約兩三倍於其他兩種橋梁。

（6）鐵路上所用活動橋梁，以升降橋梁爲最適宜，開闔橋梁次之，旋轉橋梁又次之蓋升降橋梁下降時，其活動部分固定部分之軌道，自然銜接。單葉開闔橋梁亦然。而雙葉開闔橋梁，以連接之處，遠在河心，故較難銜接。至於欲將旋轉橋梁轉至原來位置，使軌道銜接，殊不易也。近今雖有各種安全設備，不至有意外發生。然徵之往事，則有因旋轉橋梁兩端軌道未相銜接之故，而肇事端者矣。

（7）旋轉橋梁所佔之地，較大於其他兩種。在商業繁盛之區，地價至昂，多佔土地，殊不經濟也。

（8）設因路政發達之故，原有寬度，不敷應用，路面及橋面必須放寬之時，升降橋梁及開闔橋梁兩者，俱可於原有橋梁之旁，添築一座。而旋轉橋梁則非將舊者析卸，重建新者不可。

（9）旋轉橋梁之路面愈寬，則旋開時所留空間愈小。若升降橋梁及開闔橋梁，則其所留之空間，與路面之寬狹，毫無關係。

（10）升降橋梁及開闔橋梁，可隨桅桿之高低，而定其升起及吊起之高低。至於旋轉橋梁，則無論船桅高低，俱需完全開放。

（11）旋轉橋梁之軸墩，足以使水中所帶固體物質沉澱。設河床爲沙層，則爲日既久，河道因之淤塞，爲患至烈也。

(12)旋轉橋梁之建造費(First cost)•每較其他兩種橋梁爲大

(V.)升降橋梁與開闔橋梁之比較——此二者比較，以升降橋梁爲較優，其優點如下：

(1)升降橋梁之橋面恒平，故可用石塊等砌成 (Block Pavement)而開闔橋梁則絕對不能用之。

(2)升降橋梁之上升，不受風力之阻擋。而開闔橋梁於大風時，恆以風力之阻擋，而啓閉因之遲緩者，間亦有因風力過大，而不能吊起者也。

(3)升降橋梁及開闔橋梁，俱可隨桅桿之高低，而定其升起及吊起之高低，前已述及，然升降橋梁較易爲之，故其運用時所費之時間較短。

(4)用之於鐵路，升降橋梁較開闔橋梁爲穩固，亦已述及矣

(5)升降橋梁，得以極廉之價，將活動部分，高塔(Tower)及機件，移置於任何等長之跨度(Span)。其他活動橋梁，絕對不能有此，故遇航線不能確定之時，可建造若干等跨長之升降橋梁，以備日後之遷徙也。

(6)如橋梁之全長，俱可升降，則遇路面坡度有所改動時，可將支持活動部分之四支點移高或移低，以適合路面之高低。關於此點，其他活動橋梁，俱不能有此。如路面之坡度未能確定，則於建造橋梁時應將塔充分加高，以備他日活動部分之移高。然

若建造時並無此項設備，則活動部分移高之後，若遇高桅之船經過時，活動部分尙未達塔頂，而重物（Counter Weight）已爲塔下路面所阻矣。補救方法，可將塔下增高之路面，築成活動式，使於高桅船隻經過之時，此項活動路面，離開原有位置，以容重物下降。而平常船隻經過之時，活動部分不必升至塔頂，則此項路面，亦可無須移開。

（7）如河流與橋身不成直角時，換言之，卽橋梁必須斜跨（Skew Crossing）之時，升降橋梁較優於開闔橋梁，因升降橋梁之塔及活動部份，俱可造成斜形。而開闔橋梁之尾端（Tail End）必成方形也。

（8）開闔橋梁所用鋼鐵之每磅單價，較昂於升降橋梁所用者。

（9）電線水管及煤氣管等，俱可經升降橋梁之塔上，而跨渡河流。若爲開闔橋梁或旋轉橋梁，則電線等必埋於水底，或另建高塔矣。

（10）橋梁之跨度愈長，則升降橋梁愈經濟。

（VI）結論——由上述之比較可知活動橋梁中以升降橋梁爲最優，開闔橋梁次之，旋轉橋梁又次之。近今趨勢，跨度長者，恆用升降橋梁，而跨度短者，則用開闔橋梁。至於旋轉橋梁，已漸屛棄而勿用矣，

汽鍋之加水及放水問題

鈕因楚

普通之水管汽鍋，其水汽蒸發面(Liberating Area)，每較他種爲小。苟所發之汽不經加熱器，(Superheater) 則其汽質每不能臻佳境。其原因卽由於水汽蒸發面之不足，而致蒸汽多含水點也。考蒸發面之不足，非製造汽鍋者之計劃不週，實由於用汽鍋者之未加審驗耳。普通人以爲水表所示水平之高低，亦卽鍋水之實在深淺。豈知此種立論，祇於汽鍋冷置不用時，方可應用；而於實際工作時，鍋水之水平每較水表所示高出一寸左右，視鍋鑪之式樣而不同。所以蒸發面亦隨之縮小，苟汽鍋非平列式者，則此一寸或半寸之水平差，其影響於蒸發面卽不小，(視第一圖)汽質卽隨之而更變矣。工程師派克(B. J. Parker)曾因汽質之不能改佳而慮及蒸發面之不足，再進而實測鍋水之深淺。果然探知鍋水與水表所示其差有一寸左右，待後鍋鑪於冷置時進水，每至比較工作時較淺半寸，卽行停止。在運用時果得適可之蒸發面，而汽質亦得良好之結果矣。查水平差之原因並非複雜，蓋水於華氏 212 度時，其比量(Sp. vol.)爲1.0432，而在 215 磅壓力時，或卽華氏 382 度時，其比量爲 1.1544 。普通汽鍋，其水表中之水，因無對流作用，且散熱於外間，是以其熱度約在華氏 170 度左右，如此則以上列二個不同比量相較，則顯而易見汽鍋與水表中之水，其比量之差有十分之一。所以在普通汽鍋，至少有半寸之水平差。不論管鍋者如何勤力，於每小時內將水表汽吹一次，而此半寸之差，在所不免也。依上論理，如果準確，則可確定水表管能裝置以最短限度者爲妙。蓋水表中如有水六寸，則水平差約有半寸以上，若水表管裝置以無意識之長度，而使表中水有一尺高度，則水平差自有一寸之上矣。

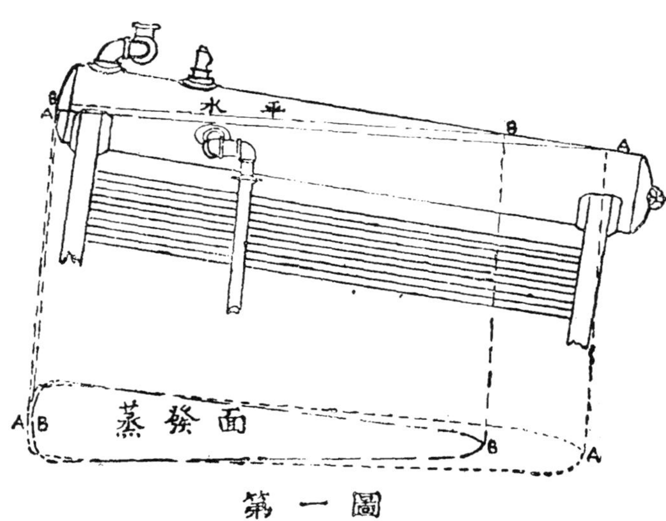

第　一　圖

鍋中置水，以理論言則愈少愈妙，祇以不低於火線 (Fire Line) 卽是矣，蓋以熱力潛於多量鍋水之中，並非經濟之道，鍋鑪由工作而變冷置，則水中熱力多半消散於不知不覺之中。故善於處置汽鑪者，必使水深適及火線之稍上，而使汽鍋有可能較大蒸發面，如此則汽質自佳，而效率加增矣。然今之甯願犧牲汽質而使水平略高者，恐管汽鍋者之不知頻頻加水，而任水平之降至火線之下，而遭意外之損失也，

汽鍋於每日運用之後，其水中硫酸鹽類 (Sulphate) 炭酸鹽類

(Carbonate)諸成份加濃，於是硬性亦漸厚，其最顯明者，卽鍋水比重(Density)加大是也。吾人皆知祇顧頻頻加水，使之蒸發，而使水性硬者，必致汽鍋效率銳減。於是每日適當之吹放，(Blowdown)必不可省。雖然放去之水，皆蓄熱力，而此微乎之遺棄，必不能免矣。有多數工人，每於吹放之時，同時開放進水管，以爲如此使進水量與出水量妨彿；則鍋水深淺既可保持平衡，而時間又可省去一半。豈知事實上有不能如此者，蓋鍋鑪之式樣如第二圖時，而進水放水同時並行，則知所進較冷之水，因冷而成向下之對流傾向，而放水管適在下面，其結果則所放之水，百份之四十或五十均係新進之水，潔淨而軟質之水，如此耗去，豈不可惜。同時鍋水欲達適可比重，卽最低限度硬性時，其時間不比分時進水放水爲短。故進水放水同時並行，非可靠之方法也。所以每日鍋鑪吹放之時，進水管不宜開放，經數次試驗。卽可知每日應吹去若干量水，而使新造之水加進後，得達一定比重，（因新進之水必經清濾，是以鍋水硬度祇視其比重可矣）卽可無慮矣，至於放水之時，最好使總汽門關閉，使鍋中汽壓在適中限度，於是放水多少卽可由水表中降低幾寸而以蒸發面相乘而約計之，其另一法則於吹放门外，以桶承水 視不同汽壓時，每

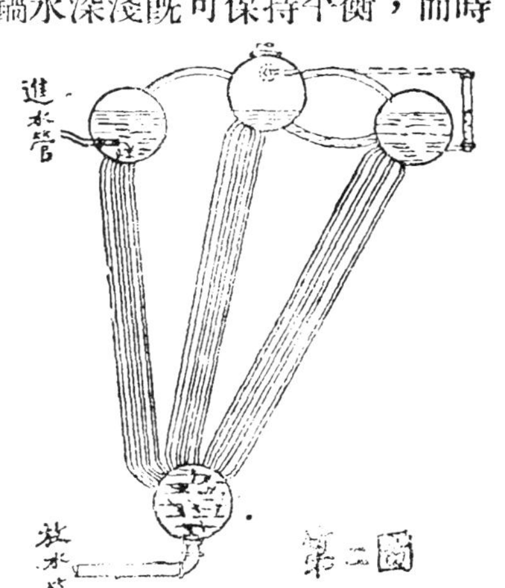

第二圖

分鐘所吹放之不同容量，於是視汽壓之程度而定吹放之時間，以得需要之吹放量，此法似較準確而便利也。

普通小汽鍋之吹放管 (Blow off pipe) 部份，祇有活嘴 (Cock) 或搖門罨(Swing Gate Valve)一個，顧以安全計，總以而二重罨爲妥。最完美之裝置莫如第三圖所示。自汽鍋而出散放管，須先經滑嘴・然後經螺旋柄角罨 (Angle Valve) 或Y形罨・滑嘴之啓閉須用扳鉗。搖門罨則有搖柄，其開閉之動作至快，而螺旋罨則開閉動作徐緩也。在滑嘴與角罨之中段，最妙莫如裝一支管・而連以排水罨(Drain Valve) 如此則數汽鍋連接一起之時，而此鍋須單獨清洗時，祇須將角罨關閉，放水時將水由排水管中流出。如此則他鍋放水，不致倒流至清洗之鍋矣。

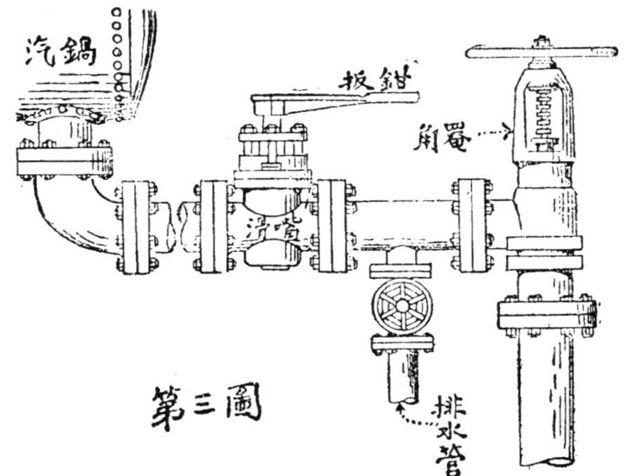

第三圖

至於滑嘴與角罨之開閉程序，亦可加以考究。普通理論，以爲將放水時，則先啓滑嘴，然後徐徐開啓角罨，如此則鍋水不驟然衝出，其關閉也，則先角罨而後滑嘴。紐約某工程師曾加懷疑於此說，於是以同一式之二只汽鍋，其放水程序，一則依照上法，一則反其道而行之，開啓時是則先角罨而後滑嘴，關閉時則先滑嘴而後角罨。經七年之久，而知第二法爲滿意。蓋用第一法開罨，則罨門在初開時已處於汽壓與水壓之下矣，如此，罨口尙未大開時，水勢頗急，於是久而久之，角罨每易損傷，未及二年，而罨柄已不堪再用；且先閉角罨後再閉滑嘴，則角罨與滑嘴間一段管中，積水未去，則角罨與滑嘴之損蝕，在所不免，雖角罨與滑嘴均用銅製，然終不若不在積水中之爲妙也。

汽鍋之進水放水，一小問題耳，然求其完善，亦非易事，上述數端，略舉其一二而已，謬誤必多；苟師長同學有所糾正，則幸甚矣·

多相交流電機之理論

(Theory of Polyphase A.C. Generators)

W.C. Clinton 著　陸慰宗 譯

T. R. Lyle 氏曾於一不甚著名但極有價值之論文中求得單相交流電機(Single Phase Aiternator)之理論·彼所研究之交流機爲最簡單之二空氣圈(Air-Solenoid)；一爲磁場電路(Field Circuit)之圈，一爲衛圈(Armature)，後者以等速(Uniform Speed)旋轉於前者之中·彼之結果至今已有他人求得· B. Liebowitz 氏以Pupin 氏求續次高週電流之方法爲以下應用於空氣圈多相交流機理論時最便利之方法·

此交流機之構造，及所欲研究之情形，可以簡述如次：

衛之各圈皆含一匝(Turn)，而每匝均在一平面內。圈與圈完全相同，每圈之兩端系於此圈之二滑環(Slip Ring)上，或 n 個圈可以系於 (n+1) 個滑環，其目的在使各圈可以各自獨立負荷·此等衛圈以等角速度 ω 繞公軸旋轉。此公軸爲各衛圈平面之公共交線，而垂直於激磁圈(Execiting Solenoid)之均匀磁場(Uniform Field)·故任何衛圈與激磁圈之互感(Mutual Inductance)爲 $M\cos(\omega t+\varphi)$，式中M爲衛圈與磁圈之最大互感值，φ 爲在 $t=0$ 衛圈與磁圈之角度·

設以 N代表磁圈之自感(Self Inductance)R 磁場圈電路之總電阻·E'I 爲此路之電壓及固流(Steady Current)。

設以 $L_1, L_2, \cdots L_n$ 及 $r_1, r_2, \cdots r_n$，爲各銜圈之自感及電阻。

設以 $M_{12}, M_{23}, \cdots M_{pq}$ 爲銜圈與銜圈間互感，故 M_{pq} 即等於 M_{pq}。

設以 $\varphi_1, \varphi_2, \cdots \varphi_n$ 爲在 $t=0$ 時銜圈 $1,2,\cdots n$ 與磁場圈之角差。以順旋轉之方向爲正，逆則爲負。又以 α 代 ωt。

磁場電路中電流之方程式爲

$$N\frac{di}{dt}+\frac{dMi_1\cos(\alpha+\varphi_1)}{dt}+\frac{dMi_2\cos(\alpha+\varphi_2)}{dt}+\cdots+\frac{dMi_n\cos(\alpha+\varphi_n)}{dt}+Ri=E,$$

即

$$N\frac{di}{dt}+M\left(\frac{di_1\cos(\alpha+\varphi_1)}{dt}+\frac{di_2\cos(\alpha+\varphi_2)}{dt}+\cdots+\frac{di_n\cos(\alpha+\varphi_n)}{dt}\right)+Ri=E$$

各銜圈電流之方程式爲：

$$L_1\frac{di_1}{dt}+M\frac{di\cos(\alpha+\varphi_1)}{dt}+M_{12}\frac{di_2}{dt}+M_{13}\frac{di_3}{dt}+\cdots+M_{1n}\frac{di_n}{dt}+r_1i_1=0,$$

$$L_2\frac{di_2}{dt}+M\frac{di\cos(\alpha+\varphi_2)}{dt}+M_{21}\frac{di_1}{dt}+M_{23}\frac{di_3}{dt}+\cdots+M_{2n}\frac{di_n}{dt}+r_2i_2=0,$$

....

$$L_n\frac{di_n}{dt}+M\frac{di\cos(\alpha+\varphi_n)}{dt}+M_{n1}\frac{di_1}{dt}+M_{n2}\frac{di_2}{dt}+\cdots+M_{n(n-1)}\frac{di_{n-1}}{dt}+r_ni_n=0,$$

即

$$L_1\frac{di_1}{dt}+M_{12}\frac{di_2}{dt}+M_{13}\frac{di_3}{dt}+\cdots+M_{1n}\frac{di_n}{dt}+r_1i_1=-M\frac{di\cos(\alpha+\varphi_1)}{dt},$$

$$M_{12}\frac{di_1}{dt}+L_2\frac{di_2}{dt}+M_{23}\frac{di_3}{dt}+\cdots+M_{2n}\frac{di_n}{dt}+r_2i_2=-M\frac{di\cos(\alpha+\varphi_2)}{dt},$$

$$M_{13}\frac{di_1}{dt}+M_{23}\frac{di_2}{dt}+L_3\frac{di_3}{dt}+\cdots+M_{3n}\frac{di_n}{dt}+r_3i_3=-M\frac{di\cos(\alpha+\varphi_3)}{dt},$$

....

$$M_{1n}\frac{di_1}{dt}+M_{2n}\frac{di_2}{dt}+M_{3n}\frac{di_3}{dt}+\cdots+L_n\frac{di_n}{dt}+r_ni_n=-M\frac{di\cos(\alpha+\varphi_n)}{dt}.$$

依照 Pupin 氏之單相交流機之解法，則磁場電路電流之第一項爲 $\frac{E}{R}$。各銜圈之第一項電流可以 $\frac{E}{R}$ 代入上方程式中之 i 而解得之。

現有n個方程式,以求n個基本電波(First Harmonic)$i_1, i_2, \cdots i_n$,如以

$$I_1 \sin(\alpha+\varphi_1\pm\theta_1),\ I_2\sin(\alpha+\varphi_2\pm\theta_2),\ \cdots\cdots I_n \sin(\alpha+\varphi_n\pm\theta_n),$$

代 $i_1, i_2, \cdots i_n$,則每一方程式可以分爲含 $\sin\alpha$ 及含 $\cos\alpha$ 之二等式·故共有 2n 個方程式以求 2n 個未知數

$$I_1 \cos(\varphi_1\pm\theta_1),\ I_2 \cos(\varphi_2\pm\theta_2),\ \cdots\cdots I_n \cos(\varphi_n\pm\theta_n),$$

$$I_1 \sin(\varphi_1\pm\theta_1),\ I_2 \sin(\varphi_2\pm\theta_2),\ \cdots\cdots I_n \sin(\varphi_n\pm\theta_n),$$

如此等未知數以

$$x_1,\ x_2,\ \cdots\cdots\cdots\cdots,\ x_n,$$

$$y_1,\ y_2,\ \cdots\cdots\cdots\cdots,\ y_n,$$

代之，自抗(Self Reactance)以

$$L_1\omega=X_1,\ L_2\omega=X_2,\cdots\cdots\cdots\cdots,L_n\omega=X_n$$

代之，而互抗 (Mutual Reactance)以

$$M_{12}\omega=Y_{12},\ M_{23}\omega=Y_{23}$$

等代之，則 2n 個方程式爲

$$X_1x_1+Y_{12}x_2+Y_{13}x_3+\cdots\cdots+Y_{1n}x_n-r_1y_1=\frac{ME\omega}{R}\sin\varphi_1,$$

$$X_1y_1+Y_{12}y_2+Y_{13}y_3+\cdots\cdots+Y_{1n}y_n+r_1x_1=\frac{ME\omega}{R}\cos\varphi_1,$$

$$Y_{12}x_1+X_2x_2+Y_{23}x_3+\cdots\cdots+Y_{2n}x_n-r_2y_2=\frac{ME\omega}{R}\sin\varphi_2,$$

$$Y_{12}y_1+X_2y_2+Y_{23}y_3+\cdots\cdots+Y_{2n}y_n+r_2x_2=\frac{ME\omega}{R}\cos\varphi_2,$$

$$\cdots\cdots\cdots\cdots\cdots\cdots\cdots\cdots\cdots\cdots\cdots\cdots\cdots\cdots\cdots\cdots$$

$$Y_{1n}x_1+Y_{2n}x_2+Y_{3n}x_3+\cdots\cdots+X_nx_n-r_ny_n=\frac{ME\omega}{R}\sin\varphi_n,$$

$$Y_{1n}y_1+Y_{2n}y_2+Y_{3n}y_3+\cdots\cdots+X_ny_n+r_nx_n=\frac{ME\omega}{R}\cos\varphi_n,$$

以應用行列式解法時便利起見故重排之如次：

$$X_1x_1+Y_{12}x_2+Y_{13}x_3+\cdots+Y_{1n}x_n-r_1y_1+Oy_2+Oy_3+\cdots+Oy_n=\frac{ME\omega}{R}\sin\varphi_1,$$

$$Y_{12}x_1+X_2x_2+Y_{23}x_3+\cdots+Y_{2n}x_n+Oy_1-r_2y_2+Oy_3+\cdots+Oy_n=\frac{ME\omega}{R}\sin\varphi_2,$$

$$\cdots\cdots\cdots\cdots\cdots\cdots\cdots\cdots\cdots\cdots\cdots\cdots$$

$$Y_{1n}x_1+Y_{2n}x_2+Y_{3n}x_3+\cdots+X_nx_3+Oy_1+Oy_2+Oy_3+\cdots-r_ny_n=\frac{ME\omega}{R}\sin\varphi_n,$$

$$r_1x_1+Ox_2+Ox_3+\cdots+Ox_n+X_1y_1+Y_{12}y_2+Y_{13}y_3+\cdots+Y_{1n}y_n=\frac{ME\omega}{R}\cos\varphi_1$$

$$Ox_1+r_2x_2+Ox_3+\cdots+Ox_n+Y_{12}y_1+X_2y_2+Y_{23}y_3+\cdots+Y_{2n}y_n=\frac{ME\omega}{R}\cos\varphi_2,$$

$$\cdots\cdots\cdots\cdots\cdots\cdots\cdots\cdots\cdots\cdots\cdots\cdots$$

$$Ox_1+Ox_2+Ox_3+\cdots+r_nx_n+Y_{1n}y_1+Y_{2n}y_2+Y_{3n}y_3+\cdots+X_ny_n=\frac{ME\omega}{R}\cos\varphi_n$$

由上方程式可知$x_1,x_2,\cdots x_n,y_1,y_2,\cdots y_n$,之值,爲二行列式 (Determinant)之商，其分母之値爲

$$\begin{vmatrix}
X_1, & Y_{12}, & Y_{13}\cdots\cdots, & Y_{1n}, & -r_1, & 0, & 0,\cdots\cdots, & 0 \\
Y_{12}, & X_2, & Y_{23}\cdots\cdots, & Y_{2n}, & 0, & -r_2, & 0,\cdots\cdots, & 0 \\
\cdots & \cdots & \cdots\cdots\cdots & \cdots & \cdots & \cdots & \cdots\cdots\cdots & \cdots \\
Y_{1n}, & Y_{2n}, & Y_{3n}\cdots\cdots, & X_n & 0, & 0, & 0\cdots\cdots & -r_n \\
r_1, & 0, & 0,\cdots\cdots, & 0, & X_1, & Y_{12}, & Y_{13}\cdots\cdots, & Y_{1n} \\
0, & r_2, & 0,\cdots\cdots, & 0, & Y_{12} & X_2, & Y_{23}\cdots\cdots, & Y_{2n} \\
\cdots & \cdots & \cdots\cdots\cdots & \cdots & \cdots & \cdots & \cdots\cdots\cdots & \cdots \\
0, & 0, & 0,\cdots\cdots, & r_n, & Y_{1n} & Y_{2n}, & Y_{3n},\cdots\cdots, & X_n
\end{vmatrix}$$

因

$$I_1=\sqrt{x_1^2+y_1^2}$$

故 I_1 之分子爲

$$\frac{EM\omega}{R}\left\{\begin{vmatrix} \sin\varphi_1, & Y_{12} & Y_{13}, \cdots, & Y_{1n}, & -r_1, & 0, & 0, & \cdots, & 0 \\ \sin\varphi_2, & X_2, & Y_{23}, \cdots & Y_{2n}, & 0, & -r_2, & 0 & ,\cdots, & 0 \\ \cdots & \cdots & \cdots & \cdots & \cdots & \cdots & \cdots & \cdots \\ \sin\varphi_n, & Y_{2n}, & Y_{3n} \cdots, & X_n, & 0, & 0, & 0, & \cdots, & r_n \\ \cos\varphi_1, & 0, & 0, & \cdots, 0, & X_1, & Y_{12}, & Y_{13}, & \cdots, & Y_{1n} \\ \cos\varphi_1, & r_2 & 0, & \cdots, 0, & Y_{12}, & X_2, & Y_{23}, & \cdots, & Y_{2n} \\ \cdots & \cdots & \cdots & \cdots & \cdots & \cdots & \cdots & \cdots \\ \cos\varphi_n, & 0, & 0, & \cdots, r_n, & Y_{1n}, & Y_{2n}, & Y_{3n}, & \cdots, & X_n \end{vmatrix}^2 + \begin{vmatrix} X_1, & Y_{12}, & Y_{13}, \cdots, & Y_{1n}, & \sin\varphi_1, & 0, & 0, & \cdots & 0, \\ Y_{12}, & X_2, & Y_{23}, \cdots, & Y_{2n}, & \sin\varphi_2, & -r_2, & 0, & \cdots & 0, \\ - & - & - & - & - & - & - & - \\ Y_{1n}, & Y_{2n}, & Y_{3n}, \cdots & X_n, & \sin\varphi_n, & 0, & 0, & \cdots, & r_n \\ r_1, & 0, & 0, & \cdots, 0, & \cos\varphi_1, & Y_{13}, & Y_{13}, & \cdots, & Y_{1n} \\ 0, & r_2, & 0, & \cdots, 0, & \cos\varphi_2, & X_2, & Y_{23}, & \cdots, & Y_{2n} \\ - & - & - & - & - & - & - & - \\ 0, & 0, & 0, & \cdots, r_n, & \cos\varphi_n, & Y_{2n}, & Y_{23}, & \cdots, & X_n \end{vmatrix}^2\right\}^{\frac{1}{2}}$$

$$\frac{EM\omega}{R}\sqrt{A_1^2+B_1^2},\ 而\quad \tan(\varphi_1-\theta_1)=\frac{B_1}{A_1}$$

$I_2, I_3, \cdots I_n$ 之分子及 $\tan(\varphi_2-\theta_2)$, $\tan(\varphi_3-\theta_3)$; $\cdots\tan(\varphi_n-\theta_n)$ 之值可以上二行列式中之 $\sin\varphi_1$, $\sin\varphi_2$, $\cdots\cos\varphi_n$ 行漸次推移而得・

由上式可知各電路中之常數如何影響於各銜圈之基本電波・因互感係數在式中為對稱；且尚有多項為零，故此等行列式實際上不如形式之複雜・每個行列式可以展為 $2n!/(n!)^2$ 之級行列式・以後可以普通之方法簡化之・

如n=2,則

$$I_1=\frac{\dfrac{EM\omega}{R}\sqrt{\begin{vmatrix} \sin\varphi_1, & Y_{12}, & -r_1, & 0 \\ \sin\varphi_2, & X_2, & 0, & -r_2 \\ \cos\varphi_1, & 0, & X_1, & Y_{12} \\ \cos\varphi_2, & r_2, & Y_{12}, & X_2 \end{vmatrix}^2+\begin{vmatrix} X_1, & Y_{12}, & \sin\varphi_1 & 0 \\ Y_{12}, & X_2, & \sin\varphi_2, & -r_2 \\ r_1, & 0, & \cos\varphi_1, & Y_{12} \\ 0, & r_2, & \cos\varphi_2, & X_2 \end{vmatrix}^2}}{\begin{vmatrix} X_1, & Y_{12}, & -r_1, & 0 \\ Y_{12}, & X_2, & 0, & -r_2 \\ r_1, & 0, & X_1 & Y_{12} \\ 0, & r_2, & Y_{12}, & X_2 \end{vmatrix}}$$

而

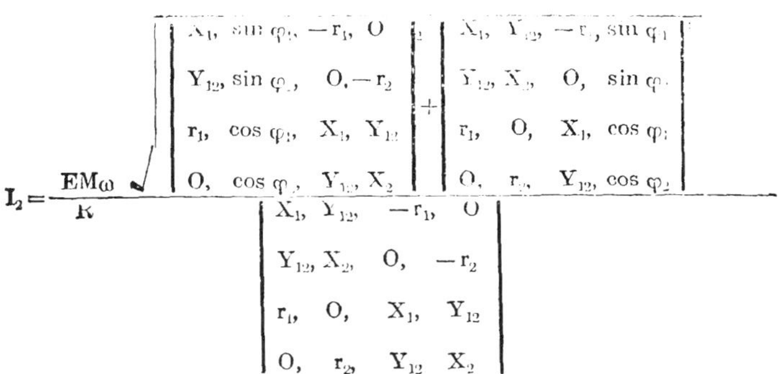

設以$r_1=r_2r$, $X_1=X_2$, $\varphi_1=O$, $\varphi_2=\frac{\pi}{2}$, 則$Y_{12}=O$,而上式化爲熟知之式

$$I_1=I_2=\frac{E\omega M}{R}\frac{1}{\sqrt{X^2+r^2}}\text{ 而 }\tan\pm\theta_1=\frac{x}{r};$$

I_2之角度如從零線(Zero Datum)算起則爲$\frac{\pi}{2}\pm\theta_1$,

自感及互感之值可從銜圈之度量（Dimensions）及相互之角差計算而得·故在此等簡單之多相交流機，銜圈之電流可以磁場之電壓，頻數(Frequency),圈之度量，及電阻等數量表示之·

如此等基本電波之值代磁場電流之方程式中，則得

$$N\frac{di}{dt}+M\omega\Big\{I_1\cos(2\alpha+2\varphi_1\pm\theta_1)+I_2\cos(2\alpha+2\varphi_2\pm\theta_2)+\cdots\cdots$$
$$+I_n\cos(2\alpha+2\varphi_n\pm\theta_n)\Big\}+Ri=E$$

如大括弧中各項之和，因各係數之殊別排列而等於零，則在此特別之排列中，磁場電流不能有第二週電波(Second Harmorics)發生，而銜圈中不能有高於基本電波之電流發生·

今假設各銜圈電路有任何不同之負荷，$I_1,I_2,\cdots I_n$能爲任何有

限之正數，而$(\varphi_1,\cdots,\varphi_n)$爲任何之角差·大括弧內各項可寫作

$$\mathrm{Cos}\ 2\alpha\left\{I_1\cos(2\varphi_1\pm\theta_1)+I_2\cos(2\varphi_2\pm\theta_2)+\cdots\cdots+I_n\cos(2\varphi_n\pm\theta_n)\right\}$$

$$-\mathrm{Sin}\ 2\alpha\left\{I_1\sin(2\varphi_1\pm\theta_1)+I_2\sin(2\varphi_2\pm\theta_2)+\cdots\cdots+I_n\sin(2\varphi_n\pm\theta_n)\right\}$$

上式卽似

$$A\cos 2\alpha - B\sin 2\alpha=\sqrt{A^2+B^2}\cos(2\alpha+\sigma),$$

式中 $\tan\sigma=\frac{B}{A}$, B 及 A 普通皆爲有窮正數·故如欲大括弧等於零，則 $\sqrt{A^2+B^2}$ 必使等於零，卽

$$I_1^2+I_2^2+\cdots+I_n^2+\Sigma 2I_1I_2\cos(2\varphi_1\pm\Theta_1)\cos(2\varphi_2\pm\theta_2)+\Sigma 2I_1I_2\sin(2\varphi_1\pm\theta_1)\sin(2\varphi_2\pm\theta_2)$$

必使等於零，亦卽

$$I^2+I_2^2+\cdots+I_n^2+\Sigma 2I_1I_2\cos(2\varphi_1\pm\theta-2\varphi_2\mp\theta_2)=0$$

式中Σ記號後，爲$\frac{n(n-1)}{2}$項之和·

設 n=2, 上式化爲

$$I_1^2+I_2^2+2I_1I_2\cos\left\{2\varphi_1-2\varphi_2\pm(\theta_1-\theta_2)\right\}=0,$$

或

$$\mathrm{Cos}\left\{2\varphi_1-2\varphi_2\pm(\theta_1-\theta_2)\right\}=-\frac{I_1^2+I_2^2}{2I_1I_2},$$

當$I_1=I_2$,則右式化爲-1,故

$$\cos\left\{2\varphi_1-2\varphi_2\pm(\theta_1-\theta_2)\right\}=-1,$$

卽

$$2\varphi_1-2\varphi_2\pm(\theta_1-\theta_2)=\pi,$$

如爲同等負荷之電路，則$\Theta_1=\Theta_2$故銜圈之角差必爲$\frac{\pi}{2}$

此爲二相交流機之最簡單者，其二銜圈之負荷相等·如欲磁場電路無迴波，而銜圈中無高於第一迴波之電流，則兩銜圈之角

差必使等於$\frac{\pi}{2}$

設 n=3, 則得下式

$$I_1^2+I_2^2+I_3^2+2I_1I_2\cos\left\{2\varphi_1-2\varphi_2\pm(\theta_1-\theta_2)\right\}$$
$$+2I_1I_3\cos\left\{2\varphi_3-2\varphi_1\pm(\theta_3-\theta_3)\right\}$$
$$+2I_2I_3\cos\left\{2\varphi_2-2\varphi_3\pm(\theta_2-\theta_3)\right\}=0$$

今設

$$\varphi_1-\varphi_2=\psi_1,\quad \varphi_2-\varphi_3=\psi_2,\quad \varphi_1-\varphi_3=\psi_1+\psi_2,$$

如各圈之負荷相等，則上式化爲

$$3+2\cos2\psi_1+2\cos2\psi_2+2\cos2(\psi_1+\psi_2)=0,$$

卽

$$\cos2\psi_1+\cos2\psi_2+\cos2(\psi_1+\psi_2)=-\frac{3}{2}$$

設 $\psi_1=\psi_2$, 則上式簡爲

$$2\cos2\psi_1+\cos4\psi_1=-\frac{3}{2}$$

上式之解爲

$$\cos2\psi_1=-\frac{1}{2},\quad 卽\ \psi_1=60^0$$

故銜圈之分佈又必爲對稱而後可。

如 n=n 而負荷及角差相等，則抑止週波之件條化爲

$$n+2(n-1)\cos2\psi+(n-2)\cos4\psi+\cdots+\cos2(n-2)\psi=0.$$

如以ψ爲$\frac{\pi}{n}$, 則括弧內之級數化爲$-\frac{1}{2}$無論 n 爲奇爲偶，故能滿足上述之件條·

故銜圈非特須各圈均勻分佈，亦務使角差爲$\frac{\pi}{n}$，然後銜圈之電流可以無高週電波，如各週之負荷相等·

由此可知在Lyle或Pupin氏之方程式解至任何階段時，抑止此階段以上之高週電波之條件亦可以同法求之

直流電機中能率的損耗 (Iron loss)

B. C. Lamme 原著

王端驤譯

在電機中鐵損失(iron losses)，本沒有很清楚的界說。廣義的說來，可以包括電機中關於核 (Core)的所有損失，總稱之曰核損失。狹義方面，可說是鐵質中的損失，或是由於鐵中磁性關係所受的損失，也可說是鐵因爲磁遲(Hysteresis)，渦流 (Eddy current) 及磁流 (Flux) 分佈得不均所生的損失。致於直接由鐵或磁的損失，也很難有清楚的界限，在電機中有許多部分，雖不是鐵質所造，但因爲磁流經過所受的損失，比鐵還要大，由平常試驗只能得到核損失的總數值·致於詳細分析其各部的損失，甚是不可能。如欲遷就着將其原因及大約的數值推出，只是由算學方面着手，比較容易收效·

用普通儀器來量一個轉動中的電機，很難得到精確的效果，一部分因爲製機原料及組織方面各有不同，即使原料及組織方法全相同·而造成日期先後關係，使核的損失，也絕不能相同，我們當然不希望實際與推算相去過遠，雖使推算方法很精確，但儀器及量法不宜，也難得到精確的效果·

核的損失分爲兩大類 ： 第一 是因爲渦流的損失 ， 在核層(lamination)間所發生的渦流；或是因爲電機轉動而在別部分導體(Conductors)中所發生的電動力(Electro motive force)因爲不分層或是有路可通，這種電動力所發生的渦流全包括在內。

第二包括所有磁情形(Magnetic Conditions)發生變化所受的損失，這卽所謂磁遲損失，這種損失只在質料的特性；與其形狀沒有一定關係，比如核之分層，只因爲增加渦流電路的抵抗（Resistance)，並不能使磁遲損失也減小·據實際試驗，分層的鐵，比同體積不分層的鐵，其磁遲損失，還要加高！

核損失的變動，也基於電機中兩種頻度(Frequency)：一者是電機中平常的頻度(每秒中電機旋轉次數乘磁極（pole）的對數)，再者便是由槽數及換向片（Commutator segments）數等所發生的高頻度，磁遲損失可很明瞭的看出與頻度有密切關係，頻度對於渦流的關係更要大，高頻度影響於損失，在無論那一個轉動的電機上當不可免，有時且超過其餘的各種關係·

在無論那種電機上，無荷(No load)時各種不同的損失還不難分類精確的算出，既得無荷時各種損失，有荷時各種損失的大約數也不難因此推出，直接推算有荷的損失，除非幾種簡單電機外，很難作到·

在電機無荷時其主要的損失便是：在鐵裏磁遲的損失，銅與鐵中的渦流損失；其餘導體中的渦流作用，其損失多少則看各種情形而定，在完善的電機中，渦流損失發生在鐵部的，大約比較銅或其他部分的爲大，致於渦流及其餘損失的比較，則看，頻度，質料，分層的厚薄，分層間的抵抗强弱，原料製造的方法爲定·因有這許多變化，所以損失的大小很難預定。

由推算而得的損失大多不能適用於動的電機上，有時其相差足有一倍或一倍以上，其中原因便因爲有許多不能計算的損失，今略舉如下：

（1）鐵的治法——從經驗得來，熟練的鐵，受過曲扭之後，其損失必要加大。假如一片核層彎過之後，再使伸直，其影響到損失，足以加到一倍。因此在製造電機時，用鐵必須經過十分的考慮，尤其是對於齒(teeth) 的部份·再者鐵沒有彎到彈性界限時，雖然可以恢復原來的形狀及損失，但比較未彎折的鐵損失大些·設使鐵板在製成時有些不平，那麽用來壓平作核層時，其損失也要加大，總之在緊漲之下的鐵，及鍛鐵時錘碾等作用，全足增其損失。

（2）第二種是鑿(Punching)的關係——當鐵經過鑿牀 (Punching Machine)時，因爲錯折(Shearing)的關係其飛簷(burs) 的地方也在緊漲之下，與前情形正相彷彿。在大號電機中其核層時常極薄。假如有一個很長的銜(Armature)，又須鑿很窄的槽(Slot) 時因錯折的關係，其損失很有可觀。但因錯折可發生飛簷關係，較此尤大，飛簷雖是很薄，但以核層每片的厚作單位却也算很大，比如有二密(Mil) 厚的飛簷發生（只有一英寸五百分之一)但較之十七密厚的核層足占百分之十二，因此鑿牀所用的鑄模 (dies) 必須作得極精密·以免飛簷的發生，飛簷足使核層的邊上增加厚度及壓力，尤其在齒的部份，假如核層生得很好，飛簷也難發生，但實際上絕作不到·因之前一核層所生的飛簷便跨到後一層，後層的飛簷再跨到再後的幾簷；非但能增加每層的厚，並使銜的邊部漲起更加了壓力，一個片上所生的飛簷因為跨過許多片核層，足使其間的絕緣體(insulation)失其效用，更增加了渦流作用。以上的損失，全看製造時手術如何，及鏕的精確問題，非推算所能得。小電機中其勢差及銜長的關係很小，所以其損失尚可不計，高速度大號電機，由此損失，甚有可觀，故造銜時必設法將每片核層飛簷除去，然後集合·

(3)銼(filing)——由銑齒與槽所發生的損失，也不能從計算得到。在很好的鏨牀並很精密疊集所成的銜，本用不到再加銼工，但實際只由鏨得的銜層，總不能十分光，所以便不得不假之於銼工，假如銼時，只將其凸高部分去掉，也沒什大損害，如欲銜發生很光的面，銼的地方必須很多，因之飛簷也加大了。對於高電壓的電機，銼工尤須注意，用銑牀(Milling Machine)作槽，比銼的結果還要不如，因能發生更大的飛簷·銑過之後再加銼工，其損失與只用銼者相等·總之這也全非推算之所能得到的

(4)壓力的關係，——鐵也有時因為銜核釘得太緊而增加損失，這種損失與前諸項多有密切的關係，尤其是在長核的電機中，如汽渦輪發電機(Turbogenerator) 其銜核須要特別加長，許多片核層要集疊到一起，集疊的方法便是加壓力，因之發生損失。所以在大機中·其核層間時常加以紙片，可得很好的效果，因使核中溫度及損失多能減到相當程度以下，熱在核中發生與壓力也很有關係，時常將電機銜核兩端螺絲放鬆，足以使其中發生的溫度

降低百分之四十至五十。平時試驗即使將核兩頭端片(end plates)放鬆，其影響於損失者並不甚大，因外部的核層雖是鬆了，其內部核層還完全沒有動，壓力所以能增加損失者，大約因爲壓力使核層加緊，致於飛簷是否對此發生作用還不能斷定，因爲既使先將核層上的飛簷完全除去再搪漆或瓷油(enamel)釘起，也有以前的現象，每核層間的瓷漆對於壓力變化也彷彿不無關係。

講到壓力，溫度的關係又不得不注意，(註一)核中溫度加高，核層因爲澎漲關係足使壓力加高，壓力增加損失加大，又使溫度再增高，由此循環作用可使溫度造得很高，某次有一個用過兩年的發電機，歷來銜中發生的溫度很低，在一個短時期中忽然溫度改到很高，經作者查看以後原來是核壓得太緊了，因爲緊，損失加大而溫度更加高，將兩頭的端板放鬆再試果然溫度降回只比平時高三十度間，因以上的實例可以看出由壓力所生的損失更非能由推算而得，在小號電機中尤其是小速度，低電壓，的電機若其端壓得不大緊其損失極微，

(5) 極面的損失 (Pole face losses)——當銜齒轉到極面下時，其間所生的磁流便分成許多札，這種損失其關係極爲複雜，如飛簷壓力等全有連帶的關係，所以用數學方法更無從推算了。

衔環 (Armature Ring) 的損失銜環損失的確數與每磁極可發生的磁流，及其分佈變化等全有密切的關係，求此算法中最困難者便是在一極下其磁流分佈並不平均，只好選擇幾個代表地位，將其磁流數值算出然後平均，與磁流分佈方法最有關係的便是空

氣隙 (air gap) 與銜上的齒。

分佈的方法依許多有效磁流路 (path) 的長短而定，不過實際作來並不能如是簡單，如上文所說的飛簷，壓力等全須注意，因之每種電機全經過許多項試驗而造成一個經驗得來的條規以替代繁難的推算，

無荷 (No load)時銜齒的損失　大蓋在銜齒中磁流的分佈法要算是最容易算，其得數也最容易準確因在此部的磁流密度。(flux density) 比較得最規則，製造發電機也以此部最爲省神，其大約算法如下；

當每個銜齒在每循環(cycle)中其磁流密度的變化與磁場 (field) 形狀相同時，如圖一，磁流密度在磁極正中時最大如A ·自A 處到 B 其密度沒有變，自B 起漸漸減小成--曲線到 C 等於零，在 C 左面其曲線形正與右面相反，這並不是一正弦形變化 (Sinusoidal) 所以其齒在各種地位時的損失也不案正弦形變化，在小號電機中此線雖與正弦線(Sine cuwe)不同但相差也不遠，由試驗中可以得到改正乘數(Correction Factor)·

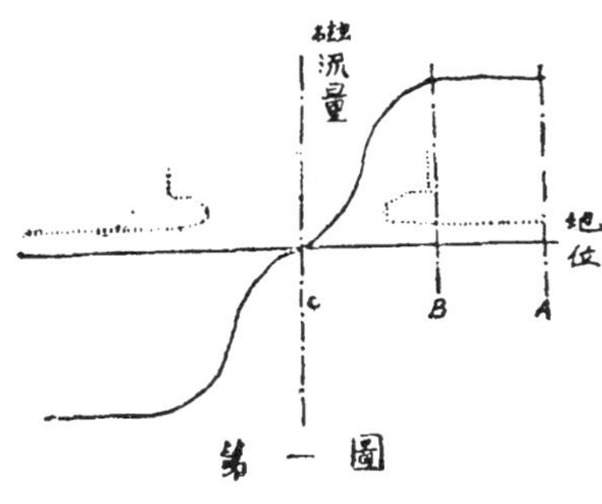

第一圖

在齒中磁流的密度不能相同，因爲欲使槽的寬上下平恒故齒端部截面比基部截面爲大，在小號電機中其差尤大，因在齒基部磁流密度加大而使在此的損失也加大，平時只以自齒端二分之一至

三分之二間的地方截面作爲平均數，(註二) 此法的精確程度則以磁流的大小齒截面的大小爲定，比如磁流密度，在此齒中各處全是很低其得數當然比高的更準些。

無荷時銜銅部所發生的損失　在銜的銅部因渦流，有無數的核損失發生，但除主要的兩種外，因爲數值太小可以不計·

第一種損失是因爲磁極中所生的磁流直接通過槽而與導綫(Conductor)相切所發生，這當然與齒端的飽和度(Degree of Saturation)有關係，又依槽闊與銜極間遠離之比數。

在小號電機中，其空氣隙與槽闊都很小，因此渦流損失也很小，用不到十分注意，在高壓大號的汽渦輪發電機中，空氣隙很大，槽足有一寸半闊或者還要多，槽中的導綫便不得不分層以減小渦流的發生。

第二種比前者重要，其發生的原因在磁極下磁流分佈形狀關係，在極面中部其磁流密度大約相等，其數值很高，因之用以發生磁流的安培匝數 (Ampere turns) 也很大，在極足(pole Shoe) 端的磁極密度減少到以前百分十五至二十，所費的安培匝數也減到百分十五至二十，因此激磁(excitation)的强弱不同，隣近極足兩端的齒間必發生很强的磁流，如圖二，但在兩極間與極中部的齒間因其安培匝數相差不遠便没有磁流發生，當電機轉動時齒經過極足兩端，齒間總其有忽生忽滅的磁流發生，這也足使槽中的導線發生渦流。

此種渦流的發生由於槽中導線及磁流變化所生的電動力，因

其頻度比電機中普通頻度高，故所生的電流也很可觀，由此的磁損失與所生電動力的平方成正比，故與兩齒間所須安培匝數之差

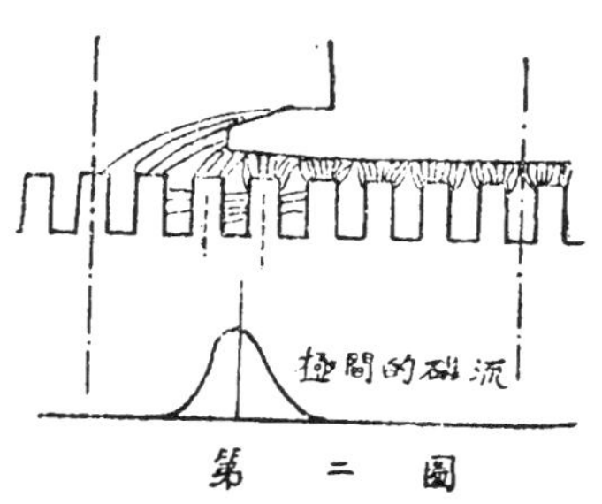

第二圖

的平方也成正比，假如在極中部齒的飽和程度愈高，則在隣近極端的齒間相差的安培匝數愈大，因之損失也加大，

由此渦流所發生的損失其值很難推算，經過無數的試驗後方得到下列經驗公式但此公式只適用每槽間兩層導線者。

$$W=\frac{180V_c R_s P(1000+a)^2}{10^8} \cdots\cdots\cdots (A)$$

W＝能的損失率（用瓦特作單位）

V_c＝每槽中銅的體積（立方寸）

R_s＝每秒中迴轉的次數（即頻度）

P＝磁極數

a＝每齒所受最高的安培匝數

在以上公式中最可注意者便是，只有每齒最高的安培匝數而無齒間相差的安培匝數。因爲這兩個數相差不太遠，用最高安培匝數還比較簡便些，在齒的飽和程度很高時，因爲磁化曲線(Magnetization Curve)的關係，假如仍使損失的能與安培匝數的平方成正比，其結果數值便太高了，所以上面公式用$(1000+a)^2$的一項，這種假設當然不甚合理，因爲在齒的飽和程度極低時其損失還很大，這也還不致作成大不了的錯誤，因爲大約飽和程度

極低時，其損失數値也很小，以上的錯誤還不致很大，如要使飽和程度極低時損失也減成很小，那麽以上公式可改成

$$W=\frac{138V_c R_s P(4000+a)a}{10^3} \cdots\cdots (B)$$

下表示各種電機中試驗與由公式 (A) 所算出此種渦流的損失，其値雖不能完全相合但也還將就得。其不等的原因，一部因試驗的錯誤，再者以上全是用舊式電機以使其結果明顯些因爲新式電機對此部的損失都很小。

電機的能率	電壓	頻度	極數	推算所得齒間所須的安培匝數	試驗所得渦流的損失K.W.	由公式算出渦流的損失K.W.
340	600	685	6	1400	2.7	3.4
340	700	685	6	3000	10.0	9.7
500	600	225	10	2500	7.5	6.15
500	625	225	10	4000	17.5	12.5
750	250	514	10	1200	1.5	2.76
750	320	514	10	7200	32.0	39.3
750	550	514	8	1500	4.5	3.3
750	700	514	8	7000	33.0	36.5
1000	250	514	12	600	2.5	2.2
1000	330	514	12	6000	50.0	41.3
1000	600	514	10	1225	4.5	4.6
1000	700	514	10	2380	10.0	11.3
2000	575	300	14	3000	12.0	7.1
2000	675	300	14	7000	36.0	28.2

無荷時在極面的損失　在有塲槽銜 (Open Slot Armature) (註三) 中其一部損失因齒將極中發生的磁流分爲札，銜磁好比感應 (inductor) 交流發電機中的磁極，極面反與銜有同樣作用，此中損失雖早已有人知道，但時常被人忽略，尤其是在小空氣隙的

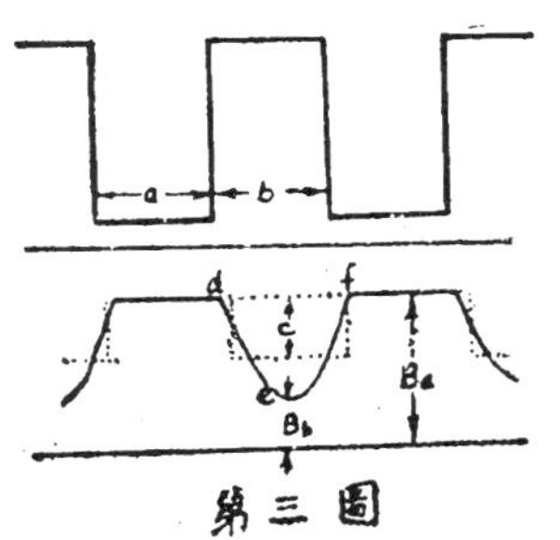

第三圖

電機中，以下便是關於塲齒機其空氣隙間磁流的變化

a ＝每齒的寬

b ＝每槽的寬

g ＝空氣隙的長

第三圖表示在空氣隙間磁流的分佈。

B_a 表示在齒端平均的磁流密度 B_b 示在槽中部所受最小的磁流密度。

$a \times B_a$＝在單位長間，每個齒所通過的磁流。$b(B_a - B_b)c$＝因爲一個槽所減少的磁流，假如 def 是一個正弦形綫其平均高 c 之數値爲 636 ·由試驗所得與此數相差正不甚遠，假如 def 是 V 形則 c 等於 0.5 如半圓形則 c=784 其確實數値總在此二者之間，

由以上的設想不難達到以下的公式

有效空氣隙寬 $g' = g \times \dfrac{(a+b)B_a}{(a+b)B_a - b(B_a + P_b)c}$

或是

$$g' = g \times \frac{1}{1 - \dfrac{b(B_a - B_b)c}{(a+b)B_a}}$$

$$= \frac{g}{1 - \dfrac{b\left(\dfrac{B_a - B_b}{B_a} \times c\right)}{a+b}}$$

這正與有名的加氏(Carter's)公式相像，在加氏公式中

$$g' = \frac{g}{1 - \dfrac{bk}{a+b}}$$

那麽 $K = \dfrac{(B_a - B_b)}{B_a} \times c$ ……………………………………………… (C)

K 的數値用以下經驗公式可得很精確的得數

$$k=\frac{\frac{b}{g}}{5+\frac{b}{g}} \cdots\cdots (D)$$

合並 C D =公式則

$$\frac{B_a-B_b}{B_a}=\frac{1}{c}\ \frac{b}{(5g+b)}$$

$$\frac{B_b}{B_a}=1-\frac{1}{c}\ \frac{b}{(5g+b)}$$

由此可得到B_a與B_b的比數

假設一個電機中 a=b,g=0·25b, c=0·635. 最大與最小的磁流密度便可得到其相比數爲 0·3 (B_b/B_a =0·3)· g' 由以上公式中得到等於 1·2859 或說有效空氣隙增加百分二十八强 ，這在發電機中並不算特別，但在極面上常有70％的變化發生，其損失當然可觀了，

以上推算可以簡便的得到磁流密度變化方法，比較加氏公式只能用來算有效空氣隙的長短强得多，

由此再推算到損失又不是件容易事，因爲有許多情形多與此有直接或間接的關係，比如核層的厚及極面所用的材料等等，對於此種損失已有亞丹教授(Prof. C. A. Adams and his associates)(註四)作出公式不過這種公式多太繁，難以實用，設核層厚爲 0.031吋則其損失用較簡的公式表出如下：

$$W=\frac{75bE^2}{C_fW_s^2gL}\sqrt{\frac{S_e}{R_sg}}$$

W＝損失

E ＝ 電機中所發的電動力

B ＝槽的寬

g ＝實際空氣隙長

W_s＝銜中串連(Series)的導線

L ＝磁極面長

C_f ＝磁場形狀的一個恆數

S_c ＝總共槽所占的空間＝槽寬×槽數

就以上公式，雖然其各項能得到精確的數值，所算出的損失也難平信，比如全機除空氣隙之外全不變動只改換了空氣隙的長，而高磁場形狀恆數，齒的飽和程度及渦流損失多寡等，全隨之而變，其結果便靠不住了，希望以後更能有再好的公式出現以使其有效範圍加大而合於實地應用。

下表示許多能變空氣隙長的電機。其極面的損失便是依上公式所得，並將其統共的損失量，由推算及試驗所得者全數列出以示其大致不遠，其中雖有一二數值很相近然多因湊巧所得，若以此證以上推算法是十全的便大錯了

能率(K. W)	電動力	每秒鐘旋轉次數	磁極類	每空氣隙長(英寸)	槽數	槽寬(英寸)	齒的安培匝數
200	250	1150	6	0.156	64	0.406	1635
				0.125			1887
200	250	1200	6	0.25	72	0.391	275
				0.125			395
750	250	514	10	0.25	200	0.312	2520
				0.1875			2820
750	550	514	18	0.375	200	0.328	2650
				0.250			2840
1000	600	514	10	0.281	140	0.625	2050
	700			0.281			2750

極面損失（瓦特）	因推算所得的各種核損失（瓦特）				由試驗所得的損失數
	銅部	銜環	齒部	總共	
2060	3660	1200	2500	9420	8500
2870	4400	1200	3000	11470	11600
975	895	670	1450	3990	3800
2200	1075	670	1650	5595	7300
2530	7010	2560	5100	17200	19800
2960	7410	2560	5320	19150	22000
1190	7315	1945	3780	14290	14000
2210	7770	1945	4000	15925	15550
6380	15060	5290	6200	32930	30800
8680	36500	8320	7800	61300	62500

除非公式再經詳細的考慮否則極面損失相差太大，假如能設法改良則電機設計方面必有很大的進步，結果更能得到滿意的效用，電極在負荷時其極面及銅部的損失，如磁場形狀有變化全要有很大的變化，這種變化實直流電機中設計最可注意的一點：

其餘損失　凡以上諸項以外的小損失全包括於此項下，如在並聯 (parallel) 的許多卷(Coil)每卷所發生的電動力不平衡等。由此可以發生無數的損失，所以每卷的組織愈相似愈好，以使其發生平衡的電動力，這也是設計直流電機時常被忽視的

再者如在電機中被捷路 (Short Circiuted) 的卷因爲刷的位置不在中和點(Neutral Point)而發生電動力，發生損失，卽或刷的位置在中和點，但因爲刷面常有許多卷被捷路，雖有一二正在中和點而其餘的便發生了電動力，每卷及刷面的抵抗全很小，所以電動力雖是很小已足以發生很大的電流及損失。

第三者因爲齒在極下經過使每條磁路的磁抵抗(reluctance)不定，因之磁流也發生高頻度的變化，受捷路的諸卷時常因此發生電動力·但這種損失並不甚大·

第四種因爲磁流錯了路·磁流之不經過銜中核脣，如核中通風隔片(Ventilating Spacer)等，當這種磁流發生時也可以生出渦流。端片中也時因受到了磁流而生渦流損失。如銜外面的金屬箍也不無作用，總之這些不容易求的損失只有在電機中減得愈少愈好。

滿荷(Full load) 時的損失

從上章可看出除非每個電機的組織，所用的材料等，全有精細考查以後；其無荷時的損失很難預定，因爲與損失有關的情形太多。卽使由同一個模型所造出的電機其效用，損失也難望一定。欲求無荷時電機中的損失尙且如此困難，滿荷時更不容易了。

銜之反作用使極中所生的磁流分佈方法變換因之極面及銜中銅部損失全加大，這兩樣正是無荷時電機中損失的兩部。再者用負荷關係換向(Cycmmuation)及刷的損失也全須注意了。

衔環負荷時的損失，

在這種損失中，只於磁流的量不變動時，有荷與無荷無什大關係。假如刷的位置正在幾何中和線(Geometrical Neutral)上，負荷只是將其磁流密度的分佈方法改變因之有些小損失。在第四圖可看出，因在銜極所生的磁流相加減而結果將磁流都集到極足的一端。磁路平均長增加了，但爲銜與環中的一部其磁路平均不見得比

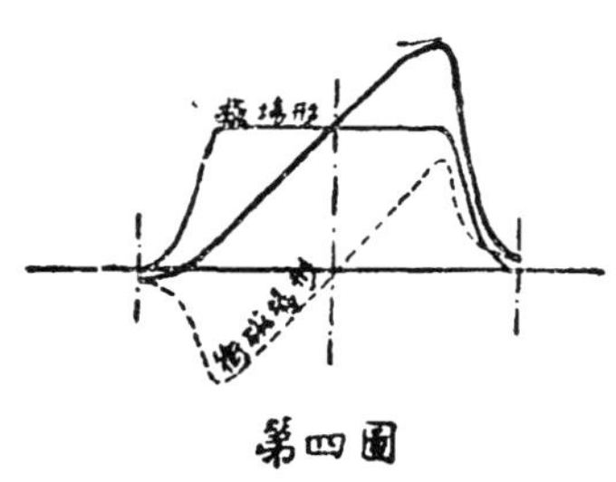

第四圖

無荷時長。磁流自齒的基部流入銜環因爲全集到一處，其密度甚高，這也是造成損失的一種原因。總之在銜中的損失，只要磁流量及機的速度沒有變，大概可算不變，與負荷問題沒什大關係

在可以變化速度的直流電機中，因爲速度及磁流的變化，其損失與無荷時相差甚巨，但其數值非簡單算法可算出。

負荷時銜齒的損失　當銜發生反作用時磁極一角的磁流密度增加，另一角減低。在齒中所通過磁流密度加高便是增加損失。如銜反作用很大齒中損失足可加到兩三倍。欲計算此損失的方法，只有將負荷時的磁場分佈方法求出然後將每齒中磁流密度算出。直接求很難作到。

在可以變化速度的直流電動機中，如速度與負荷一起增減其損失相差極大。在串激(Series Excitation)機中速度增加足以使磁流及負荷減少。兩個對於損失的作用正相反，一部分的損失中和所以其損失比不變速度的電機相差還少。在恆定電壓及馬力的機中速度如有變化其損失的變化特別大。假如銜反作用不變，極中所生的磁流自最高數值(在最低速度)變到四分之一以前的量（四倍以前的速度）速度的加高與磁流的降低二者正相抵。假如磁極發生磁流的磁動力(m.m.f) 很足，那麽磁場形受銜反作用的影響很小

。如磁極的磁動力減到很小，雖是銜反作用不變但影響於磁場的形狀很大。結果所生的峯高 (peak) 比前者也差不多 (如第五圖)。能的損失在於峯高及頻度。如磁極所生的磁動力太小，銜的反作用足使每極間發生雙峯 (第五圖b) 頻度增加了一倍。損失也大約要增加一倍

銅中發生的渦流　當電機負荷時，在極的一角所受安培匝數加多，另一角減低。在一角下銜槽中銅的損失加大，另一角下減小。損失與每齒所受安培匝數的平方成正比。因此這角所增加的損失定比另一角所損失者爲大。其結果損失的約數，也可案前者無荷時公式推算；不過改用負荷時的平均安培匝數。此數可用峯安培匝數的一半作爲其平均數。

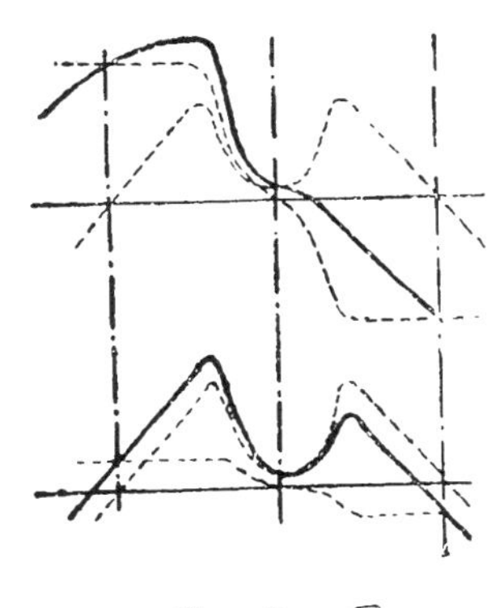

第 五 圖

計算銅損失的公式雖是極不準確，但其結果用來算舊式的電機却可驚人。有時因此渦流所生的損失在負荷時足有無荷時的幾部。但在近世的電機上很少見，因其磁極全在高度的飽和中，故銜反作用不易發生大關係

負荷時磁極面的損失，　磁極面的損失當然與磁流的大小及磁場的分佈有關係。銜反作用使極的一角損失加大另一角減小。所加的時常比減的爲大，但與前者銅損失依負荷量而增減的又不一樣。粗糙的算法，便是用不同幾

處地方的有荷與無荷時磁流密度平方相比較。

極面損失雖也依負荷變化，但時常比銅損失因負荷所增者爲少。因齒的飽和度增加，足以減少損失。假如一個電機的空氣隙減小，其極中的磁動力不變則磁場受銜反作用的歪曲較長空氣隙時爲小。無荷時銅損失可說不變而極面損失要加大。在滿荷時極面損失因磁場的歪曲程度甚小，所以也沒有大變化，但銅部的損失減小了許多，兩者合起講，當電機空氣隙減小時，無荷則損失加大，滿荷損失減小因之電機的能率加大，以上只可說是對於無荷時渦流及齒部損失全很大，有荷時磁場容易受到歪曲的電機中。

此外的損失　電機負荷時，非但無荷時各種零雜的損失仍舊存在或有增加；更有許多新的損失發生。

在無間極(Interpole)機中受捷路的銜卷，因爲刷不能正在中和區所發生的損失較無荷時更大。案在一定負荷時因換向方便起見刷距離中和線有一定的長短。如負荷變換，受捷路的銜卷中便發生電動力，在此卷中發生電流而致損失。

負荷時磁極中所生電流多集到一角，其磁路中磁抵抗的變化加大。足使受捷路的許多卷中發生交流電。

走錯路的磁流與無荷時分佈不同，因之有些地方發生更大的渦流而增加損失。

此外，銜卷組中因爲電流通過發生了磁場，比如束綫(binding wires) 端板以及其他與銜同轉的部分，全因與此磁場接觸而發生電流，也便是發生損失。此損失的磁値與負荷的輕重有一定關係以上所討論關於直流電機中的損失。以前本想關於各種電機多作一個初步的分析。但因包括太廣所以只限於直流電機。有許多種損失在別種電機中也有發生。直流中損失所以較多者因爲直流電機齒的飽和度常比別種機爲高。

上文所論質的方面較量的方面爲多，因爲多講的是一般現象。許多另外的損失其算法較爲複雜者不載，因其本義卽將核中各損失介紹讀者而矣。

（註）

（1）電機中的損失一大部，或可說全部變爲熱。

（2）或將齒的端，中，基，三部截面的磁流密度算出，用 Simpson's rules 算出其平均數

$$\text{平均磁流密度} = \frac{a+4b+c}{6}$$

a ＝端部截面的磁流密度

b ＝中部截面的磁流密度

c ＝基部截面的磁流密度

（3）場槽卽槽中兩壁平行如凵形者

（4）亞丹的公式

$$W_p = S_p \times P \times 0.000462\left(\frac{B_g}{10^4}\right)^{2.4} \times \left(\frac{V}{10}\right)^{1.55} \times q^{1.6}\frac{l}{t_p}$$

W_p ＝極面損失

S_p ＝每極磁的截面積

p ＝極數

B_g=空氣隙中的磁流密度

V =銜面的速度

q =空氣隙與槽寬的比數

t_P =齒距(Tooth Pitch)

汽車及飛機之燃料

錢祖恩

本篇譯自A. W. Juge 之Automobile and Aircraft Engines中國科學名詞，至今猶未統一規定，繙譯極感困難，凡篇中名詞，未經他人譯用者仍書原名，幸諒宥之。

內燃引擎適用之燃料，種類甚多；大半可說是氫炭化合物。亦有再含氧素等質。現在所討論的是汽車與飛機之燃料，不過其中之一部份耳；如生石油，酒精，煤膏提煉後之輕性產物，即揮發油(Gasoline)燈油，困質(Benzole)，酒精等是也。此幾種燃料，有時亦可混合用之。

現在先討論石油及煤膏蒸溜所生之產物。再將其適用于汽車飛機之輕性油質詳細研究之。

石油產物(Petroleum Products)

生石油採自油井，膠黏似糖漿．顏色不一，有橙黃，橡綠，等色含有汽體與固體之氫炭化合物，亦有黑色者，均視其所含雜質而異。經分級蒸溜法後(Fractional Distillation)所含各種油，依其比重之不同，先後分出。生石油熱至140°-150°C，其輕性質油化氣蒸出。熱至300°，中性油質，亦化氣蒸出。剩下者爲重油，於提士引擎與蒸氣鍋爐用之。

石油之成份，視其生產而異，美國石油．多含烷族(Paraffin

Series C_nH_{2n+2})俄國石油多含烯族(Naphthenes Series C_nH_{2n})美國本雪文尼亞石油，含有一炭烷(CH_4)二炭烷(C_2H_6)及C_5H_8等氣，經蒸煉後，可分爲十二種烷族油質，其比重及沸點列於第一表

第 一 表

石油之烷族物質

名 稱	分子式	比 重	沸 點 °C	備 考
四炭烷	C_4H_{10}	0·645 @ 0°C	0°	氣 體
五炭烷	C_5H_{12}	0·645 ,, 0°C	38°	
六炭烷	C_6H_{14}	0·63 ,, 17°C	69°	揮發油 (gasoline) or Petrol
七炭烷	C_7H_{16}	0·712 ,, 16°C	98°	
八炭烷	C_8H_{18}	0·726 ,, 16°C	124°	
九炭烷	C_9H_{20}	0·71 ,, 12°C	136°—138°	燈 油
十炭烷	$C_{10}H_{22}$	0·757 ,, 15°C	160°—162°	
十一炭烷	$C_{11}H_{24}$	0·765 ,, 16°C	180°—184°	
十二炭烷	$C_{12}H_{26}$	0·766 ,, 20°C	196°—200°	
十三炭烷	$C_{13}H_{28}$	0.792 ,, 20°C	216°—218°	
十四炭烷	$C_{14}H_{30}$	——	236°—240°	
十五炭烷	$C_{15}H_{32}$	——	255°—260°	

比重隨溫度而變化故表中皆注有試驗時之溫度，以識別之。

重性烷族物質，可分解爲輕性烷質及輕性烯質。法將重性烷質加熱，使溫度高於沸點，則自能分解。烯族物質之名稱及性質，列於第二表。

第 二 表

石油之烯族物質

名 稱	分子式	比 重	沸 點 °C
二炭烯	C_2H_4	——	氣體的

三炭烯	C_3H_6	——	氣體的
四炭烯	C_4H_8	——	4°C
五炭烯	C_5H_{10}	——	73°C
六炭烯	C_6H_{12}	——	90°C
七炭烯	C_7H_{14}	0·714@0°C	84°C
八炭烯	C_8H_{16}	——	119°C
十炭烯	$C_{10}H_{20}$	0·777@0°C	165°C
十五炭烯	$C_{15}H_{30}$	——	248°C
二十炭烯	$C_{20}H_{40}$	——	在390°C以上

石油之輕性物質。 石油之輕性物質，可分二類，即稀石油(Petroleum ether)及石油精(petroleum spirit)是也。前者爲較輕而易化氣之液體。後者爲較重而不易化氣之液體，第三表美國市上之易化氣油類，此種油質，有沸點相同之液體混入，非純粹輕炭化合物也。

第三表

易化氣的美國石油產物

商業名稱	名稱	比重	沸點
烯石油	Cymogene	0.590	0°C
	Rhizolene	0.625—0.631	15°C
	揮發油(gasoline)	0·635—0.666	45°—50°C
石油精	Naptha (Benzine Naptha)	0·678—0.700	
	Naptha	0·714—0·718	
	Naptha (Benzine)	0·741—0·745	70°C

Cymogene之大部份，爲四炭烷(C_4H_{10})，五炭烷(C_5H_{12})及六炭烯(C_6H_{12})混合所成。此種物質均極易化氣 Cymogene 之沸點，僅及0°C

在1910年前，商用汽車油之比重甚低，約在0.66至0.70之間近年來攙入較重的油質·其比重已增至0.72—0.76 飛機油之比重約爲 0.68—0.70

比重 0.800之美國生石油，經分級蒸溜後 (Fractional distillation)，所得結果，列於第四表

第 四 表

美國生石油之產物

名稱	蒸溜之溫度	百分比	比重	閃火點
Cymogene	45° C	甚少	.590—.625	——
Phigolene	45°—60° C	,, ,,	——	——
揮發油 (gascline)	60°—76° C	1.5	.636—.657	——
Benzine NapthaC	70°—120° C	10	.680—.700	14° C
BenzineNapthaB	120°—175° C	2.5	.714—.718	——
BenzineNaptha A		2.0	.725—.737	32° C
Polishing Oils		——	——	——
燈油	174° C	50	.802—.820	100°—122° C
潤油	250° C	15	.850—.915	230° C
石油臘	——	——	——	——
擠渣	——	——	——	——

美國石油，俄國石油及普通煙煤之化學成份及其熱價值 (Calorific Value) 列於第五表，以資比較·

第 五 表

生石油之成份及其熱價值

名稱	比重 [在32° F 水=1.00]	化學成份			熱價值 B.t.u's	每磅能蒸化之水量自212° F之水至21° F之汽
		炭	氫	氧		
本雪文尼亞重性生石油	0.886	84.9	13.7	1.4	20,740	21.48
高加索輕性生石油	0.884	86.3	13.6	0.1	22,030	22.79

高加索重性生石油	0.938	86.6	12.3	1.1	20,140	20.85
石油渣	0.928	87.1	11.7	1.2	19,830	20.53
優等煙煤	1.380	80.0	5.0	8.0	14,110	14.61

煤膏產物 (Coal Tar Products)

煙煤經分解蒸溜後，分爲焦煤及煤氣，煤氣受冷，其中一部份氣體，卽行凝結而成液體•此液體更因重比不同，分爲上下二層上層爲亞摩尼亞溶液•下層爲濃厚黑色液體，卽煤膏是也•煤膏爲多種有機化合物所合成•其成份視煙煤之性質，及煉焦鍋爐之式樣而有差別•然其所含物質不外下列數種：

(1) 輕炭化合物(中和性)：困(Benzene)一烷困(Toluene) 八炭困(Xylene)駢困(Napthalene)參困(Anthracene)

(2) 困醇(Phenols)(酸性)：困醇(石炭酸)，Cresols

(3) 鹻性物質：錏基困(生色精Aniline)，Pyridine,等

揮發油(Phsoline 或 Petrol)

揮發油爲氫炭化合物，生石油之輕性產物也•含有五炭烷，，六炭烷，七炭烷，八炭烷等•其性質視所含之成份而異。優等揮發油，幾純爲六炭烷所組成•比重0·68之揮發油經實際試驗，其成份如下：

六炭烷	80%
七炭烷	18%
五炭烷	2%

炭與氫之比約爲 84: 16

揮發油之重要性質。吾人須研究及注意者爲下列各點：

（一） 比重

（二） 膨脹係數(Coefficient of Expansion)

（三） 化氣濃度或化氣壓力(Vapor Tension)

（四） 閃火點及蒸溜狀況。

（五） 膠性

（六） 熱價值(Calorific value)

（七） 油與燃燒所需空氣之比，及爆炸混合氣 (Explosive Mixture)成份比例之範圍。

（八） 壓縮程度。

（一）與（二）比重及膨脹係數。在平常溫度揮發油之比重，爲0.618—0·74 每伽倫重約 6·8 磅至7·4磅。比重隨溫度而增減，有如直線定理。設溫度自 0°C 增至 20°C，比重約減低百分之二三。

揮發油之比重與溫度之關係如下：

設 d_t=在 t°C 之比重

d_{15} = 在 15°C 之比重

α=15°C 至 t°C 間之平均膨脹係數。

$$d_t=d_{15}\left\{1-\alpha\ (t-15^\circ)\right\}$$

0°至15°C間之α約爲0·00130則

$$d_t=d_{15}\left\{1-0.00130\,(t-15^\circ)\right\}$$

第六表爲華脫森博士(Dr. W. Watson)試驗之結果，表中所示之膨脹係數以輕性油爲最大。

第六表

揮發油之比重及膨脹係數

名稱	比重 (5°C)	比重 (15°C)	比重 (25°C)	平均膨脹係數 (15°C)
Bowleys Special	0.693	0.684	0.675	0.00131
Carless	0.714	0.704	0.695	0.00131
Express	0.714	0.707	0.700	0.00100
Ross	0.724	0.714	0.705	0.00133
Pratt (a)	0.728	0.719	0.710	0.00125
Pratt (b)	0.729	0.720	0.712	0.00121
Carburine	0.730	0.720	0.712	0.00121
貝殼牌(普通)	0.731	0.721	0.713	0.00121
Dynol	0.735	0.725	0.714	0.00145
Simcar Benzole	0.770	0.762	0.753	0.00111
0.760 (Baillie)	0.775	0.767	0.759	0.00105
0.760 貝殼牌	0.775	0.767	0.759	0.00105
Coaline	0.885	0.846	0.836	0.00109
五炭烷	0.640	0.630	0.620	0.00155
六炭烷	0.689	0.680	0.671	0.00133
七炭烷	0.743	0.736	0.728	0.00100

(三)氣化壓力。引擎能否發動，須視油質氣化壓力之大小而定。如冬日天寒。氣化壓力太小，汽缸中之油氣，過於稀淡，以致不能燃燒，引擎無法開動。惟氣化壓力得隨溫度而增高。低氣化壓之油，加熱後，亦能得充分之油氣。若引擎開車已久，溫度已高，低氣化壓之油，亦能氣化，用之亦無妨礙。故火油引擎開車時需用揮發油，數分鐘後，便可改用火油。

第七表爲各種揮發油之氣化密度，列有絕對價值比較價值兩種。所列氣化密度則無大差別，有幾種揮發油，含有極易化氣的液體，溫度雖低至0°C所生之氣，亦足爆炸之用。

第七表

揮發油之化氣密度

名稱	化氣密度 $g^{m}/_{cc}$（在0°C及760_{mm}）	化氣密度之比較	
		H＝2	空氣＝1
Bowley's Special	0.03095	87.8	3.05
Carless	0.00402	89.3	3.11
Express	0.00432	96.4	3,35
Ross	0.00430	95.7	3.33
Pratt (a)	0.00409	91.0	3.16
Pratt (b)	0.00414	92.0	3.20
Carburine	0.00424	94.4	3 28
貝殼牌（普通）	0.00423	94.1	3.27
Dynol	0.00443	98.5	3.43
Simcar Benzole	0.00419	93.3	3.24
0.760 (Baillie)	0.00425	94.6	3 29
0.760貝殼牌	0 00435	96.7	3.36
Coaline	0.00428	95.1	3.31
五炭烷	0.00325	72.2	2.51
六炭烷	0.00386	85.7	2.99
七炭烷	0.00446	99.2	3.45

華脫森博士將揮發油，困，酒精及其混合物，作多次試驗，所得結果，示於第一第二兩圖。圖中之壓力均用水銀柱之高低代表。第一圖所示各種液體，輕性揮發油最易化氣（第VI線）困質最難化氣。其混合物之化氣性則在二者之間。第二圖所示諸液體，以酒精(Methylated Spirit)之氣化壓為最低。但困與酒精混合物之氣壓，則反較此二者為高。

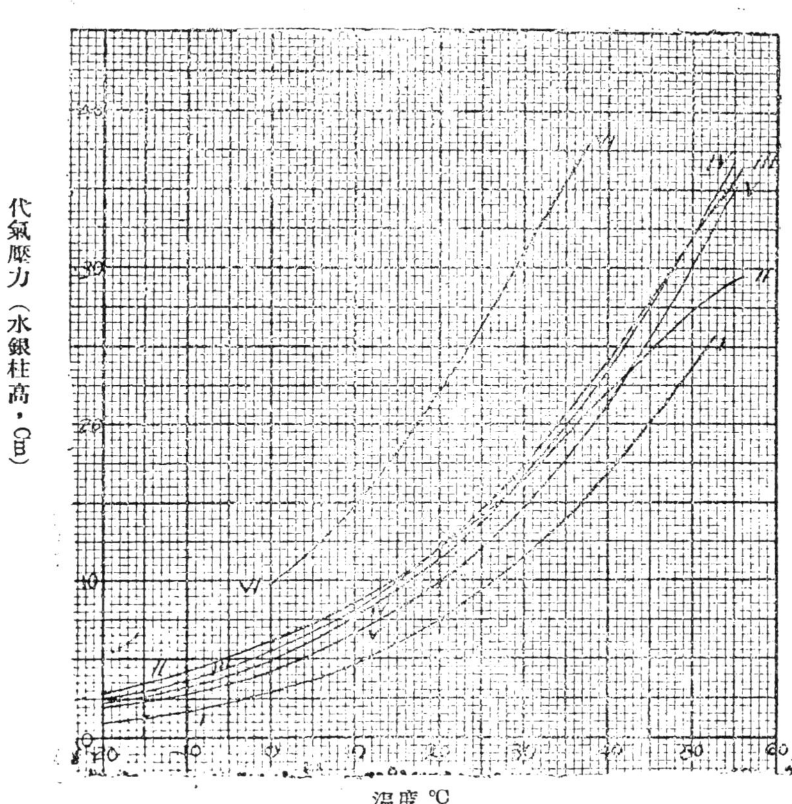

第 一 圖

I 困

II 揮發油(Pratta)

III 三份 Pratt 一份困之混合物

IV 一份 Pratt 與一份困之混合物

V 一份 Pratt 與三份困之混合物

VI 揮發油(Rowley's Special)

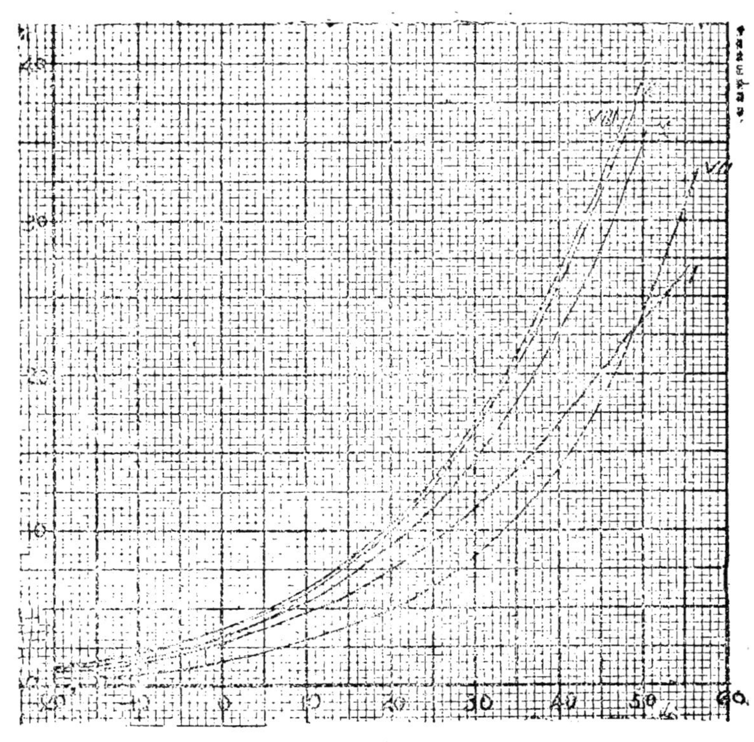

第二圖

I 困

VII 酒精(Methylated Spirit)

VIII 三份困，一份酒精之混合物

IX 一份困，一份酒精之混合物

X 一份困，三份酒精之混合物

(三)閃火點(Flash Point) 液體在某溫度所生之氣量。能爲某規定之火焰所燃。此溫度卽謂之閃火點。然閃火點之試驗，實不足以推測燃料之成份。蓋有許多燃料，含有輕性重性兩種液體。試驗所得者僅輕性液體之閃火點而已。閃火點雖不足表示燃料之成份。然於火險之安全問題，則頗有關係。通常所用燈油之閃火點，各國均有法律規定之。英國所規定者爲73°F，法國爲 95°F，德國爲79°F，加拿他爲85°F，美國之規定，各州不同。

(四)蒸溜狀況。蒸溜試驗，於燃料之性質及成份，比較有明顯之表示，蒸溜之法將所試驗之燃料，置於蒸溜鍋 (Retort) 漸漸加熱，燃料受熱，分別先後蒸出。熱度亦漸漸加高，至蒸乾爲度溫度與蒸出之油份須同時分別記下，歐戰時英國所規定之標準飛機揮發油，經蒸溜後所得之結果如下：

50°C 以下	5%
70°C 以下	8%
90°C 以下	50%
150°C 以下	97%

在 150°C 鍋中殘留，之油僅及百分之三。

第八表爲1918美國飛機製造公會 (American Bureau of Aircraft Production) 所規定之標準飛機揮發油。

第 八 表

飛機揮發油之蒸溜規定

蒸出之百分比	等級		
	商用	出口	軍用
5	50°—75°之間	50°—65°之間	60°—70°之間
50	105° C 以下	95° C 以下	95° 以下
90	155° C 以下	125° C 以下	113° 以下
96	175° C 以下	150° C 以下	125° 以下

美國飛機揮發油之蒸發在50℃—175℃間者出口及商業用之，蒸發在 60℃－125° 間者戰爭時用之。

優等商用汽車揮發油之成份如下：

20% 蒸發在 50°－105℃ 之間

60% 蒸發在 50°－140℃ 之間

90% 蒸發在 50°－177℃ 之間

100% 蒸發在 50°－210℃ 之間

第四圖爲下列數種揮發油蒸溜試驗之結果：

A. 商用汽車揮發油

B. 美國用飛機揮發油

C. 美國出口飛機揮發油

D. 美國軍用飛機揮發油

E. 法國飛機揮發油

第四圖中所示汽車揮發油蒸化之溫度，首末相差甚大。其所含成份之氣化性質，顯有高下不齊之處。飛機揮發油所含成份之氣化性質，變動不大故其蒸化溫度。變動亦小。

第五圖爲酒精，困(Benzole) 及比重0·72之揮發油蒸溜試驗之

結果。揮發油在 0°C 即開始蒸化。酒精須至77°C 始行蒸化。困質蒸化須至82°C惟酒精與困蒸化時期較短，溫度至100°C，酒精已差不多完全蒸化。困質蒸化亦有百分之九十，而揮發油之蒸化僅及百分六十。可知揮發油蒸化之時期，實數倍於酒精及困也。

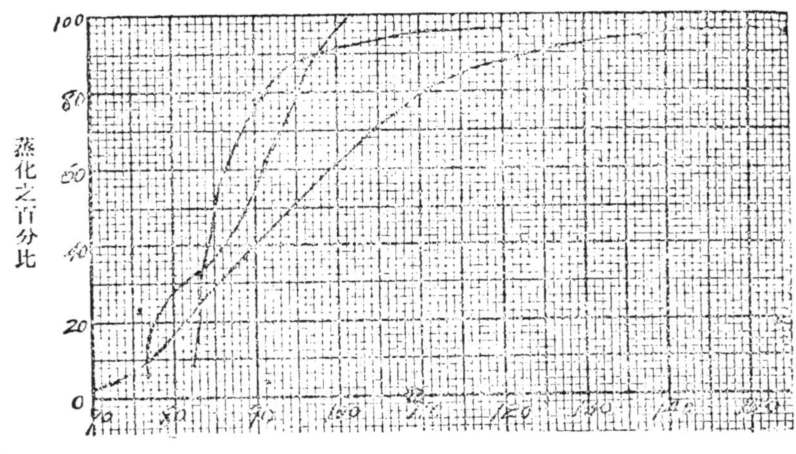

第五圖

(五)膠性 膠性者用以測量液體在某壓力下之流動阻力也。揮發油之膠性視其比重與溫度而異，油之比重愈大則膠性亦愈顯，比重愈小，則膠性亦愈小。溫度增高，則膠性減少，溫度自5°C 增至 25°C 揮發油之膠性約減百分之十三。

下列爲計算膠性之公式：

$$W=\frac{\pi g p^2 h r^4 t}{8 l \eta}$$

W＝試驗器中流下之液體重量(克)

t ＝液體流下之時間(秒)

r ＝液體所通過之細管半徑（公分）

l ＝液體所通過之細管長度（公分）

h ＝液體所受之壓力高 （Pressure head）

p ＝液體之比重

η ＝膠性

g＝981 cm/sec²

第九表爲揮發油之膠性。係用上列公式算得之

第九表

揮發油之膠性

揮發油名稱	比重（在15°C）	膠性用（CGS.單位）		
		5°C	15°C	25°C
Bowloy's Special	0.684	0.00380	0.00352	0.00332
Carless	0.704	0,00406	0.00380	0.00359
Express	0.707	0.00445	0.00420	0.00398
Ross	0.714	0.00431	0.00404	0.00385
Pratt	0.719	0.00445	0.00420	0.00398
Carburine	0.720	0.00450	0.00421	0.00400
貝殼牌（普通）	0.721	0.00454	0.00421	0.00400
Dynol	0.725	0.00486	0.00454	0.00430
Simear Benzole	0.762	0.00520	0-00482	0.00454
760 (Baille)	0.767	0.00518	0.00485	0.00457
760 貝殼牌	0.767	0.00534	0.00498	0.00472
Coaline	0.846	0.00609	0.00572	0.00539
六炭烷	0.680	0.00376	0;00342	0.00319

（六）熱價値 (Calorific value) 熱價値爲每磅燃料燃燒時所生之熱量，通常以英國熱單位代表卽 B. t. u. 是也法國米達制，以加羅利（Calories）代表，熱價値有高熱價値，及低熱價値兩種，高熱價値爲燃燒所生之全部熱量，燃燒後若有蒸氣化成，則須將此水

蒸汽所吸取之熱量，完全取還，一井計算，致於低熱價値，水蒸汽所吸取之熱量，不能算入

第十表爲各種揮發油之熱價値，表中所示熱價値，與密度大小甚有關係，重油之熱價値較輕油爲低，惟每升之熱量則反較輕油爲高，揮發油之重比在0.700至0.725間者，其熱價値相差不大約爲每磅18,600 B.t.u.

第 十 表
揮發油及烷族等之熱價値

名 稱	比 重（在15°C）	低熱價値 每克之加羅利	每立方公分之加羅利（15°C）	每磅之B.t.u	每加倫之B.t.u.在15°C
Bowley's Special	0.684	10,660	7,290	19,190	131,500
Carless	0,704	10,420	7,340	18,760	132,300
Express	0.707	10,020	7,080	18,040	127,600
Ross	0.714	10,370	7,400	18,670	133,600
Pratt (a)	0.719	10,340	7,430	18,610	134,100
Pratt (b)	0.720	10,330	7,440	18,590	134,200
Carburine	0.720	10,380	7,470	18,680	135,000
貝殼牌（普通）	0.721	10,400	7,500	18,720	135,300
Dynol	0.725	10,290	7,460	18,520	134,600
Simcar benzole	0.762	9,490	7,230	17,080	130,400
.760Baille	0.767	10,300	7,900	18,540	142,500
.760貝殼牌	0.767	10,140	7,780	18,25[illegible]	140,300
Coaline	0.846	9,270	7,840	16,69[illegible]	141,500
芳香族 困 C_6H_6	0.876	10,030	8,770	18,650	158,100
芳香族 七炭困C_7H_8	0.865	10,150	8,760	18,260	158,000
芳香族 八炭困C_8H_{10}	0.863	10,229	8,880	18,510	159,800
烷族 五炭烷C_5H_{12}	0.630	10,230	6,450	18,410	116,300
烷族 六炭烷C_6H_{14}	0.680	10,430	7,090	18,770	127,900
烷族 七炭烷C_7H_{16}	0.736	10,400	7,650	18,720	138,100
烷族 八炭烷C_8H_{18}	0.718	11,497	8,260	20,650	149,000

烯族	五炭烷 C_5H_{10}	0.660	11,491	7,580	20,600	136,9[illegible]0
	六炭烷 C_6H_{12}	0.682	11,413	7,780	20,500	139,800
	七炭烷 C_7H_{14}	0.703	——	——	——	——
	八炭烷 C_8H_{16}	0.722		——	——	——
優等燈油		0.794	11,920	9,460	21,490	171,000
燈油		0.825	11,750	9,700	21,180	174,600
燈油		0.810	10,930	8,860	19,700	159,500
重性美國生石油		0.886	11,500	10,180	20,740	183,600
重性高加索生石油		0.938	11,200	10,510	20,140	188,800

燃料之熱價値，雖關其重要性質之一，然於引擎之能率，則極少顯明之關係。引擎用高熱價油所生之能未必能大於低熱價油。蓋引擎之能率於熱效率，壓縮比例，及燃燒時所需空氣之多少，俱有關係也。如欲於燃料與引擎能率間，有相當的表示，不如將料燃與空氣所成爆炸氣，含有之熱量作一比較。蓋引擎所生之能力，係每行程吸入之爆炸氣，燃燒所生之熱力，使氣缸中之氣體澎脹所生，如每行程吸入之爆炸氣，所含之熱量愈大，則引擎所生之能率，自然愈大。

例如：　酒精之比重爲0.805，熱價値爲10880 B.t.u／lb，揮發油之比重爲0.720，熱價値爲 18600B.t.u.／lb 酒精燃燒，每磅需空氣8.5 磅。揮發油燃燒，每磅需空氣 15.0 磅。在標準氣壓溫度之下，空氣每立方英尺，重 0.08073 磅每立方尺酒精與空氣混合之爆炸氣中，酒精重$\frac{0.08073}{8.5}$磅

每立方尺揮發油混合空氣爆炸氣中，揮發油重$\frac{0.08073}{15.0}$磅

酒精爆炸氣每立方尺所含之熱量爲$\frac{0.08073}{8.5}\times 10,880$ B.t.u.

$=103.1\text{ B.t.u.}$

揮發油爆炸氣每立方尺所含之熱量為$\frac{0.08073}{1.5}\times 18,600\text{ B.t.u.}$

$=100.0\text{ B.t.u.}$

由此可知酒精與揮發油之熱價值雖異，然每立方尺爆炸氣所含之熱量則大略相同，引擎如間用此等燃料，所生能率可斷定無大差別。奧曼台博士求得數種燃料爆炸氣立方尺之熱量，列表如下。

第 十 一 表

各種爆炸混合氣之熱量

名 稱	分 子 式	每立方英尺爆炸氣之熱量，B.t.u.
六炭烷	C_6H_{14}	103.2
七炭烷	C_7H_{16}	103.3
六炭困 (Benzole)	C_6H_6	103.0
七炭困Toluol	C_7H_8	103.0
八炭困Xylol	C_8H_{12}	103.0
一烷醇Mythyl alcohol	CH_4O	101.8
二烷醇Ethyl alcohol	C_2H_6O	103.1

輕性氫炭化合之燃料，合於揮發油引擎用者，每升爆炸混合氣所含熱量，適均相同。

（七）揮發油可炸性之範圍 揮發油混合於空氣中，過濃不能爆炸，過稀亦不能爆炸。其比例，最濃不得過1:8最稀不得過1:18或1:20，過此限度，所成之混合氣即不能爆炸，揮發油與空氣配合得宜，始能燃燒完全，(Perfect Combustion)氧氣缺少，則油質燃燒不盡，徒形消耗，且氣缸頭上填結煙灰(Soot)致引擎發生障礙，氧氣剩餘即油質過少，則引擎能力減低，引擎行動亦不能穩定，因混合氣過淡致燃燒遲慢，使進氣管與氣化器中發生爆炸，故此二者，均非所欲也，揮發油燃燒完全之濃度，視其油之優劣而異，普通商用揮發油約爲1:15

(八)壓縮程度　在理論，壓縮程度愈高，則引擎效力亦愈大

$$E=1-\left(\frac{1}{r}\right)^{\gamma-1}$$

E=引擎效力

r =壓縮比例

γ =指數=1.404

在實際上，壓縮程度愈高，引擎效力亦愈大，惟壓縮程度太高，則壓縮後之溫度亦高，溫度過高，易使氣缸中之油氣，未至適當時期，先行着火爆炸，此過早的爆炸，給鞲鞴(Piston)以反向的力量，久而久之，引擎因之停止，欲免此病，必使壓縮後之溫度，低於燃點(ignition Point)此即壓縮程度之最高限止，新式揮發油壓縮後之壓力，約在75磅至130磅之間　(未完)

鋼槽水銀整流器

Steel Tank Mercury Arc Power Rectifier

王平洋

今日電業之進步誠當歸功於交流電之發達，然直流電亦有獨勝之點，非交流所能及者，不可沒也，簡述之如下：(一)長距離之電線，其 Impedance 甚大，遠出於普通電阻 (Resistance) 之上，因此有效電壓之損害，交流者大而直流較小。(二)交流電依正弦波形 (Sine Wave) 而變化，其最大數較實在有效之數高 $\sqrt{2}$ 倍，故交流電器械之絕緣費用，較直流者為大。(三)交流路線內，有 Resonance 與 Surging 之現象，可以發生危險，故交流器械，必又有特別之保障安全器。(四)交流電密佈之區，電話電報電綫，極受其騷擾，而直流則否。(五)交流電又有 Dielectric Loss, Hysteresis Loss, Corona 與 Skin effect 等缺點，皆為直流所無。(六)運駛電車，電氣化學，及需要大量起動力 (Starting Torque) 之馬達等，均以直流為優勝。據 1924 年美國之統計，直流電量，共占交流電之三份之一。而目前電氣化學與電力自動車之進步，一日千里。則直流電之需要，將與日俱進。然考直流電之大病，在不能從高壓變至低壓，或從低壓變至高壓。故不能遠播，不便應用。而交流電之所以善於傳佈者，恃其有隨意變壓之變壓器也 (Transformer) 。交流傳佈之便如此，而直流需要之殷復如彼，故事勢所趨，整流器 (Rectifier) 應需而出。解決廣用直流之問題者，其在斯乎。夫原始之變流器，卽直流電機上之換向環(Commutator)是也。然換向環者，乃直流電機身上百病之源。泰半困難，悉基於是。應用之於變流，將遠播之交流，變爲需用之直流，則卽爲目前最普通之 Rotary Converter與 Motor Generator 等。然旣不能免繁複之換向環，則舉凡換向環之百病，悉將隨之而不可免。且其變流之困難，亦大有不可輕視者在。故其進步之有限，實可預卜。此外以交流變爲直流之機器，爲數實繁。縷述之，約有下列數種：

1. Motor Generator
2. Rotary Convertor
3. Cascade convertor (或 Motor Convertor)
4. Dynamotor
5. Synchronous Commutator Rectifier
6. Transvertor
7. Electrolytic Rectifier
8. Synchronos Spark Rectifier
9. Vibrating Rectifier
10. Mercury Varpour Rectifier (水銀整流器)
11. Thermionic Rectifier
12. Gas Tube Rectifier
13. Magneton
14. Crystal Detector, Corona Rectifier etc,etc,

整流器之種類雖多，而可以應用於工業上之 Power Rectifier 具最大之希望者，則惟有第十種之水銀整流器。

水銀整流器佳勝之點，實有不可勝述者。可與目前所稱爲最佳之 Rotary Converter 一比較之。(1) 其全部機械，均甚輕便，因此機房之地板 無需有特別載重之力，更不必若何堅固，以禦震動。故整流站之建築費，自然比較的簡省得多。(2) 其工作時之效率，異常優越，常在95%左右。而最佳者達99.6% 。實爲從來 Conveter 所不可得者。(3) 工作之時，又靜默無聲，正與變壓器(Transformer) 相彷彿。因此闊市之中，尤稱便利。(4) 至於其工作時之穩健，更與 Converter 大異。凡 Synchronous Motor 之種種不穩狀態，均所不具。譬如外界忽生短徑 (Short Circuit) ，則仍能安之如故，不傷毫髮。設負荷驟然激增，則亦能處之泰然，工作如常。其耐受過量負荷之持久力，雖較 Rotary Convertor 略遜，然其暫時之勝任力，實遠過之。况其開車停車之手續，異常簡便。而并車 (Parallel Operation) 之時。又無同步 Synchronism 之必要。是以其看管及維護之費用，又屬十分簡省。凡此種種，均足以使其優異於其儕輩，而與將來以莫大之希望也。

(甲) 水銀氣之瓣塞作用

水銀整流器之優點，約如上述。所以有如此優點者，蓋其整流之功，不恃於機械的作用，而賴於水銀氣之瓣塞作用也，(Valve action)。其理可藉第一圖釋之：A爲正極，或稱陽極，大概以鐵製之。亦有用炭精者。在工作時，常以冷水灌繞，使其勿熱。C爲負極，或稱陰極，其中滿盛水銀。在工作時，常有極高之熱度。倘有交流電壓，加於A與C之間，則電流卽欲在A與C間通過。然C極面水銀氣之瓣塞作用，却使電流只能自A至C(卽電子自C至A)，而不能自C至A，故交流電卽變直流。論此種瓣塞作用，亦至易想像而得之。不觀乎久用之電燈炮，其玻璃泡上，常呈黑色。蓋電燈絲發光之時，已達白熱之溫度。遂有無數電子，由此白熱體放射而出。此際燈絲之敗弱者，被電子所帶出，積於泡上，日久遂呈黑色。此種現象，各種金屬均有之，水銀其一也。蓋金屬爲分子所集成，而分子之中，復有電子。電子常以高速繞電核而運行，偶有獲得非常的速度者，卽脫離電核之吸引力而向外飛出。溫度愈高，則此種飛出之電子愈多。在高熱之白熱體，此等電子，爲數實多。當水銀營瓣塞作用之時，其陰極槽內之水銀，先因高熱而化氣。又同時水銀面上已造成真空，故化氣之水銀，卽呈電離現象 (Ionization) 。有許多電子，從陰極面因高熱而飛出，卽與電離之水銀氣相衝擊。於是陰極面之水銀氣內，卽充滿了無數自由飛行之電子。當A極得正電壓時，恰可將此等電子向陽極吸去，電流遂通。但比及C極得正電壓時，並無電子可從A極吸來。蓋冷鐵之面，固並無可吸之電子也。於是當交流

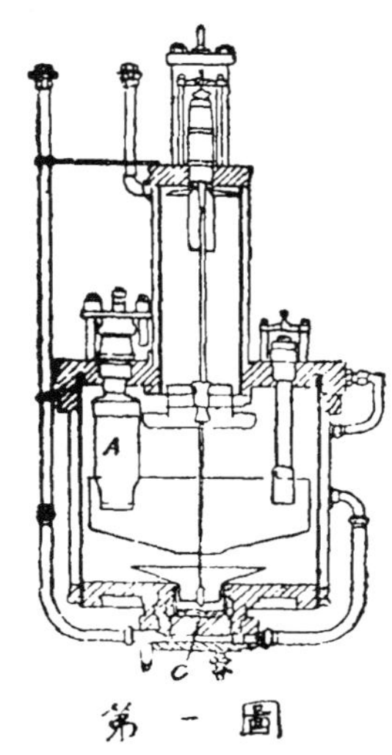

第一圖

電壓正負互變之時，半周中Cycle有直流電自 A至C。（卽電子自C至A）而其他半周中，並無電流。故倘用一個陽極，則整流後之電流，有如第二圖甲。是爲直流，惟脈動(Pulsation)甚烈。普通單相整流器，則有電波如第二圖乙。倘交流電路內加以Inductance，則可得波形如第二圖丙，其脈動之狀態，可以銳減。在多極之整流器如第三圖之十二陽極整流器，則脈動狀態更少。但陽極之數增加，不獨可以減少其脈動之大小，更可以增加電流之數量。是以近日容量較大之整流器，均有六個或十二個陽極也。

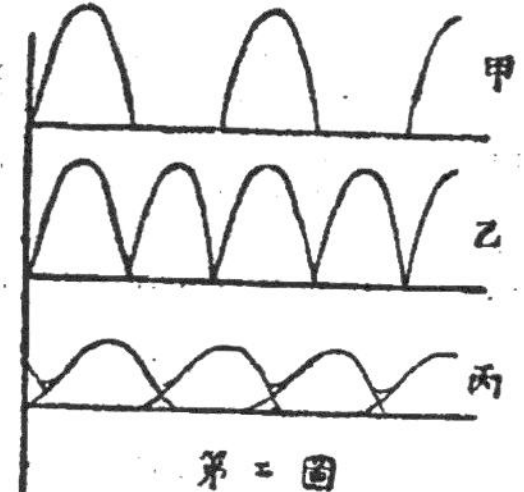

第二圖

乙 水銀整流器困難之所在

由上述之現象觀之，水銀整流器必要之條件，爲高熱之陰極，低溫之陽極，及器內有相當之真空。故其構造之簡單，可以想像而得之。第三圖爲瑞士卜郎比廠(Brown Boveri Co.)之十二陽極鋼槽整流器。第一圖爲卜郎比廠六個陽極整流器之剖面略圖。其中A爲陽極，外圍之鋼皮排作肋狀，所以增加冷却之面積也。B爲鋼槽，內部常有相當之真空。C爲陰極槽，滿盛水銀，工

第三圖

作之時，熱度甚高。總觀其構造，似乎一覽已盡，較 converter真有天淵之別。但此器由實用以來，自亦有不少困難，當經逐步改良者。譬如鋼槽內需要甚高之真空，而陽極陰極插入之處，復若是其多，欲求其絕不漏氣，不可得也。製造家經數年之研究，各有發明，各獲專利。如 B.B.C, 之用水銀作 packing ，而環以石綿等物。 A.E.G. (謁益吉)之用 Gum packing ，而以鋁爲環。亦有用 Lead Packing 者。皆已著効成功。然仍互有短長，尙未能有絕對不漏氣之方法。倘聽其自然，至一月之後，真空之跌落雖微，然已達不可用之程度矣。故必須附有抽氣機一座，以維持槽內之真空。不過抽氣機所費馬力，尙稱有限，構造亦頗靈巧，未足爲害也。爲工作之穩健起見，則可附以真空計，真空警報器，自動抽氣等裝置。當鋼槽初用之時，槽壁上不免有吸着之氣體，(Occluded Gases) 不能於咄嗟之間吸盡，常需歷數月之久，不停的抽氣，方能散盡。此部時間，謂之 ‘‘Formation” ，實爲最費事之一點。

論其工作上最困難之問題，厥維逆點火 (Back firing 或稱 Back Starting) 。逆點火者，電流不依一定之規則自陽極流至陰極，乃亦自陰極流至陽極。是爲一種交流之電弧，亦可稱之爲 Internal Short Circuit 。其原因之重要者，約舉如下：(1)水銀氣之由電離而營瓣塞作用也，亦僅恃有一定之電壓而已。(參觀第四圖表)。電壓過低，則電流不能在真空中通過，當然無所謂整流。(圖中之 no-conduction 是也)。電壓太高，則兩極間通過電

火 (Spark) ，構成交流電弧，遂得逆點火之結果。故整流器之電壓，不能過高，過高則發生逆點火矣。觀夫第四圖表，則水銀之整流域顯然最大，此所以水銀整流器之能獲成功也。(2)在整流之時，陽極必須有相當之低溫，若溫度太高，則在此極面甚易發生交流電弧。(參觀第四圖表)。電弧之發生，或在陰陽兩極之間，或在鄰近陽極之間。前者成Internal Short Circuit,後者成Phase Short然陽極之溫度，亦不宜太低。太低則水銀凝結於極面，又將引起逆點火矣。防止此種病因之方法，係用唧筒(Pump)將冷水灌繞陽極，使之勿熱。同時水流之速度，用法調節，毋使過冷。則逆點火自不易發生矣。(3)工作之時，其所負之電流，亦有一定之極限。倘過量負荷，爲時太久，則熱度異常，亦可以致逆點火。(4)真空低落，則交流電弧容易構成。逆點火亦隨之而起矣。

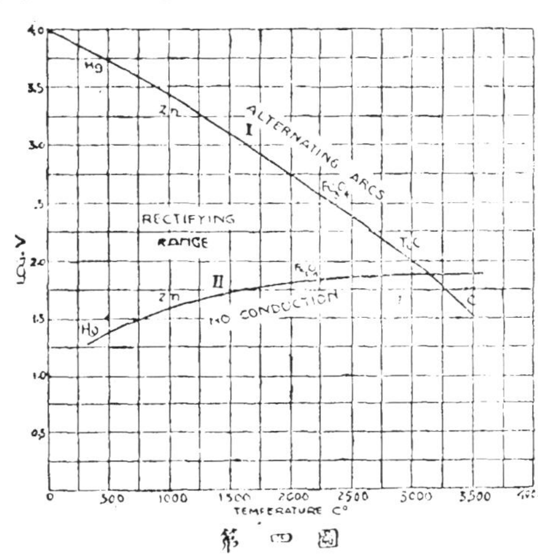

第四圖

爲水銀器安全之計，直流線路及交流線路內，均須有安全器(Protective Relays)。一旦發生逆火，則電流驟止，整流器卽絲毫無損。不若 Converter 之常將 Commutator 燒壞也。一俟危險過去，便可重行工作，停止至多數分鐘耳。

丙 水銀整流器之運用

開動 Starting

水銀整流器開動之簡易，實爲其特長之一。開動之手續，直不過點火而已。點火云者，使陰極面灼熱，水銀化氣，由電離而開始營瓣塞作用也。從前之玻璃整流器，備一水銀之點火陽極，(Ignition Anode)，如第五圖乙。開動之初，將器斜側，如第五圖甲。陰陽兩極之水銀相接，電流遂通。此器乃漸漸復至正位，兩極之水銀復漸分離。然電流仍通，即從兩極間躍過，構成電弧，發生高熱，一部份水銀即被化氣，乃開始電離而營瓣塞作用矣。

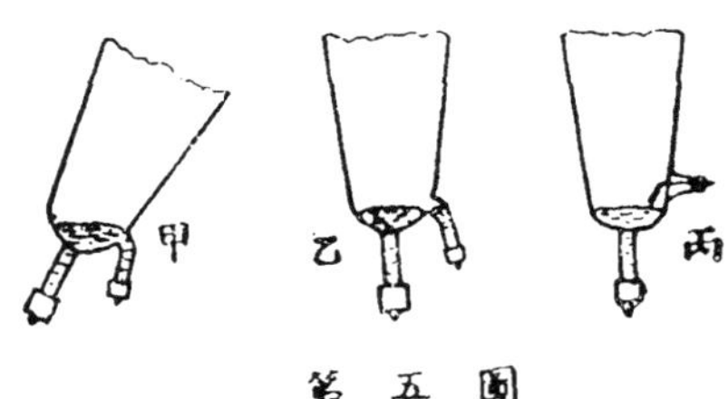

第五圖

吾校電機試驗室內之玻璃整流器，即用此法開動者也。然此法甚笨，尤不適用於鋼槽整流器。故近日無論玻璃或鋼槽之器，均不用此法，而用一炭精之點火陽極

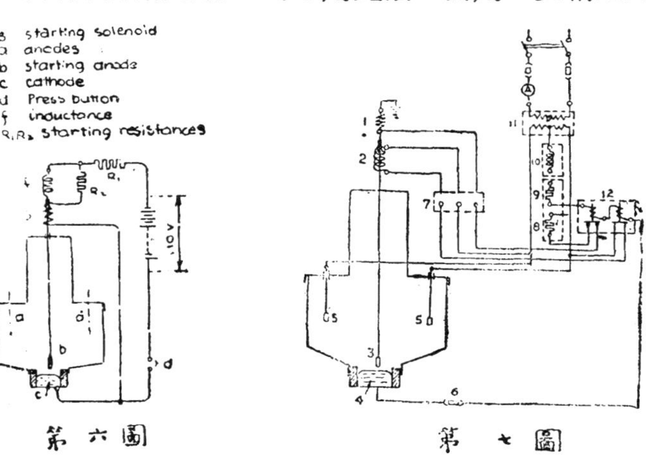

第六圖　　第七圖

。(第五圖丙)。開動之法，可用第六圖示之。點火之初，按電紐 d，則 b 極依 S 線圈吸引之力，伸入陰極水銀之內。但一旦 b 極與水銀接觸，卽不啻與 S 圈以短徑(Short Circuit)。故電流卽不經 S 圈內流過，而 S 圈卽失其吸力。b 極遂復欲自己拔出，囘至原位，電火卽於此時構成；開始點火矣。是以一按電紐，點火之手續，卽能自已做完，其便利實遠勝於Converter 矣。點火之電流，可以用直流電，如第六圖之法是也。亦可以用交流電，如第七圖所示者是也。其理與直流開動之法正無大異。至其於開動時結線之大要，略述于第八圖中。此係卜郎比廠之直流開動法。點火之直流電，來自發電機(23)或蓄電池，經過安全器(24)，Press Button c(25)， Resistor (26) • 而入點火線圈 (27) 。其整流器主要之線路如下：交流電在圖頂之總線流過Disconnecting Switches(1) Oil switches (2)，Main transformer(3)，而至主要陽極 (5) ，乃經過水銀氣入陰極，通過電流表(6)， Circuit Quick Breaker (7)，而送達直流總線。其囘路則自直流總線，經 Cathode Coil (4)，而入主要變壓器之Neutral Point 。圖之右方，有一排直線，乃所以輸送交流電以驅動打水抽氣等唧筒 (21)(22) 者也。(14) 爲勵振用之變壓器，述於下節。

勵振 Excitation

水銀氣之所以能營瓣塞作用者，亦恃其有一定之電壓及陰極之熱度而已。工作之時，電流不斷，則陰極之熱度自能保持不跌。倘負荷 (Load) 偶降，電流減至若干 ampere 以下，則陰極熱度減退，水銀氣之瓣塞作用，於是乎驟止。縱令其電流之減少，僅歷 1/100000 秒鐘，已足以使瓣塞作用停止·故爲免除此種困難，必須另備一勵振陽極，(Exciting Anode)，與陰極間互通電流，永久不斷·則陰極之熱度決不致減退矣·其所費之力，亦至有限，故亦無損於效率。第八圖之 5，卽勵振陽極，第七圖之 5 亦是·

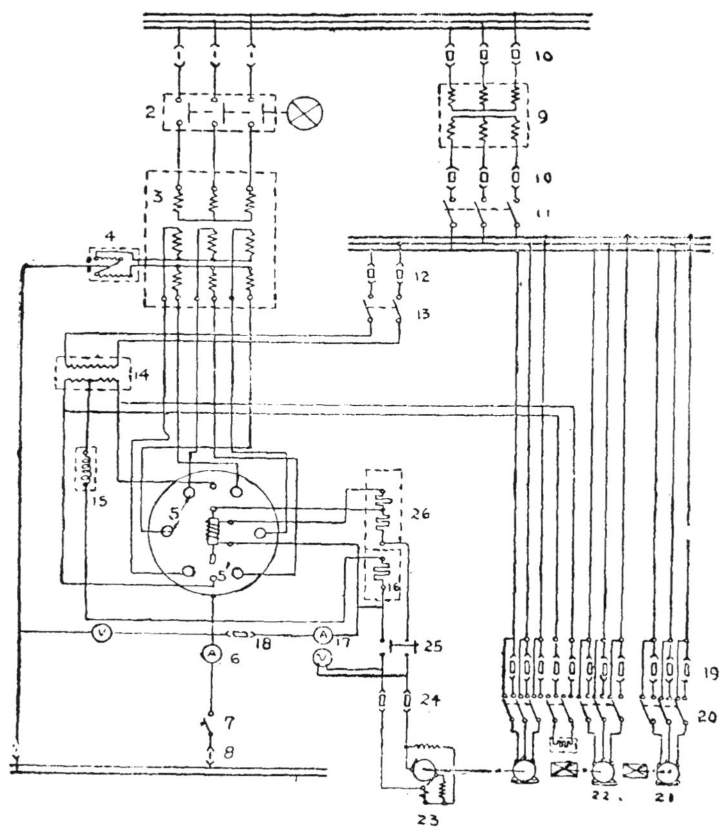

第 八 圖

并車 Parallel Operation

水銀整流器之容量，不能過大。蓋電壓過高，或電流過大，均足以發生逆火等困難，已如上述。且用數個較小之器，以應負荷，視單用一個大器，每多經濟而便利之處。故欲供給大量直流電，必賴并車。水銀整流器并車之要件，正與普通電機之并車要件相同，蓋需要分捲特性也。(Differential or Drooping Characteristics)。然同時兩器之特性，又必相等，至少亦當近於相等。故其電壓低落（Internal Drop），必須相等。水銀整流器之電壓低落，在任何一種負荷時，大概無甚變動，終在 20 Volts 左右。故其自身之特性，近於帶複捲(Flat Compound)之性質。以此與分捲性之他機相并車，其結果必不易止於良好。此時必插入 Reactance Coil，以使其特性變成分捲性，然後卽可以毫無困難矣。水銀整流器之電壓低落，旣無甚變動，常在 20 Volts 左右，有如上述；則欲使其電壓能隨人意而操縱，殊非易事。其僅有之法，可將交流電之電壓變化，則用感應調節器 (Induction Regulator) 爲經驗上最佳之法。其佈置亦種類繁多，因限於篇幅，玆不備述。

丁　鋼槽整流器之特性

容量與過量負荷 Capacity and Overload Capacity

水銀整流器之容量，全視其逆點火爲限，已如上述。目前對於逆點火防止之方法，確已進步多多。卜郎比廠所製造者，在1927年，低壓之容量，已達 1600 amps at 300 Volts 。高壓者達1200 amps at 1500 Volts，及 500 amps at 5000 Votls 。其試驗成功者，曾達 20,000 Volts 之高壓。然實際一過 1500 Volts，卽容易發生危險矣。至於其耐受過量負荷之力，已能副下列之規定：

鋼槽水銀整流器標準過量負荷量

過量負荷數	卜郎比製造者		藹益吉製造者	
	D.C.800V 以上	D.C.800V 以下	D.C.1000V以上	D.C.1000V以下
200%	——	瞬間或一分鐘	——	瞬　間
100%	瞬　間	——	瞬　間	1分鐘
40%	3分鐘	20分鐘	1分鐘	4分鐘
25%	30分鐘	30分鐘	2分鐘	60分鐘

大概增加陽極之數，可以增加容量。故十二陽極之器，最適用於大量之整流也。

效率 Efficiency

水銀整流器最大之優點，卽其效率之高，實他器所弗及。其損失 (Loss) 之大宗，要在於槽內之電壓低落。然此項電壓低落，常在 20 Volts 左右，無甚變動。故電壓愈高，其效率亦隨之激增。譬如在 500 Volts 之整流器，則 20 Volts 之低落，約當 4 %；若在 5000 Volts 之整流器，則僅當 0.4 %。其效率卽可概見。觀下表，卽見其效率之高，在 3000 Volts 者，已達 99.3%。惟因變壓器之效率，僅有 98.3 %故得合計效率，僅97.5%。然已遠非他器所能及矣。

3000KW水銀整流器全廠效率比較表

直流電壓	300	500	600	1000	1500	3000
每器所任電流	1665	1500	1665	1500	1000	500

整流器個數	6	4	3	2	2	2
變壓器 能率%	97.9	98.0	98.2	98.3	38.3	98.3
變壓器 損失KW	63.0	60.0	54.0	51.1	51.0	51.0
槽內損失KW	219.8	132.0	109.9	66.0	44.0	22.0
空氣喞筒損失KW	2.7	1.8	1.4	0.9	0.9	0.9
勵振損失KW	3.6	2.4	1.8	1.2	1.2	1.2
冷水喞筒損失KW	3.0	2.0	1.5	1.0	1.0	1.0
合計損失KW	292.1	198.2	168.6	120.1	98.1	76.1
合計效率	90.3%	93.4%	94.4%	96.0%	96.8%	97.5%

水銀器效率之奇特，尤莫過於始終優越，不因負荷之輕而銳減。若在普通之發電機或Converter，則負荷低至 1/4 時，其效率每因之減至80%左右。而水銀整流器，則仍在90%以上。所以在電力鐵道之用電忽多忽少者，尤爲水銀整流器所獨能勝任。整流之改用水銀器者，故亦以電力鐵道爲先焉。下表示水銀器在各種負荷時之效率：

負荷	1/4	1/2	3/4	1	5/4
效率	93.3	94.8	95.1	93.1	92.8

力率 Power Factor 及高調波 Harmonics.

水銀整流器之力率，在本身常爲 100 % 。故其全廠之力率 (Power Factor)，視其附件與變壓器之力率而高下。故不能如 Rotary Converter 之佳，更不能如 Synchronous Motor Generator 之能增進總廠之力率也。然比之感應馬達 (Induction Motor) 等，尙稱佳勝，故亦不足爲其病。

整流器之電流仍不免略有脈動，（Pulsation），故有高調波

Harmonics 可以擾亂附近之電信及電話。其擾亂之法，以感應結合(Inductive Coupling)爲大宗，不可不除去者也。普通 Rotary Converter，亦有高調波，所謂 Slot Hamonics ，與 Commutator Hamonics 是也。此等擾亂信話之波，均當用濾波器(Wave Filter)除去之。濾波器者，以 Inductance 與 Capacity 用各種方式結合之線路也。其結果之佳良者甚多，以其種類繁多，茲不備述。

結 論

水銀整流器，尙爲極新之器械。其最初之材料，用玻璃爲槽壁，然其容量不大，應用不廣。卽觀其玻璃之脆弱易破，已無雄偉之氣概，故不可以成大器。後在 1910年 ，瑞士之卜郎比公司(B.B.C.)，卽開始研究鋼槽之水銀整流器。堅强而牢固，容量加大，遂呈無窮之希望。斯時適逢歐戰，瑞士國得免戰禍，潛心研究，至今其成績冠絕世界。及歐戰以後，德國鑑於此器之重要，亟起直追，卽有西門子，蘐爺吉，及 Bergmann 等。而美國之西屋電機公司 Westinghouse 等， 亦開始製造 。惟目前 Converter 充斥於市，投資浩大，而電業工人 ，對於此器之知識 ，較新進之整流器，反爲熟練。故水銀器問世之初，决不能將 Converter 完全打倒 。然每次採用 ，均有極佳之成績。試翻閱近數年中歐美之雜誌 ，常可獲見其美譽 。故日本在力圖振興工業之際，對於此器，亦早已研究而著有經驗。芝浦與日立兩製作所，均已有應用之出品，吾人惟有羡慕而已矣。中山先生言：吾國效法歐美,當迎頭趕上去。然以吾國工業之落後，何必論自已製造。國士之博大如彼，而電業之幼稚如此，百廢待舉。卽能利用外國之機器，以開發自己之富源，已足以自臻富强。取證不遠，日本卽可爲我先例，彼於維新之初，亦恃採用外國之機器而已。故在談製造之先對於將來極有希望之電器，若水銀整流器者，似亦有有相當知識之需要。作者本平日讀閱時膚淺之扎記，編錄此篇，以就正於讀者，亦所以期拋磚引玉耳。

參攷書 水銀整流器の理論と應用 北村末造

Alternating Current Rectification Jolley.

Brown Boveri Co Bulletins

A. E. G. Progress

A. I. E. E. G E Review

參觀蘇錫工廠記

王 運 治

機四同學，由胡嵩嵒教授率同赴蘇錫一帶，作短期之旅行參觀，十一月九日晨出發，三日內共參觀七廠，十二日返校，茲記各廠詳情於後：一

I. 蘇州電氣廠 商辦

參觀日期 十一月九日上午十時至十一時 地點 蘇州胥門外

營業範圍 供給蘇州，望亭，蕩口，滸墅關等處電燈及動力（織綢廠，絲邊廠）

工 程 師 張寶桐 （本校老同學）

原 動 力

1. 煤 開平煤。每噸十二元。購自上海，由運河運來，每日之消費量爲四十八噸，每 kw. hr. 之消費量爲3.2磅

2. 水 來源爲運河，鍋爐用水經沙濾，凝汽器用水不濾，

3. 鍋爐及附件 總數有七只，式別均爲水管式，內 double drum 五只 single drum二只 •

汽 壓 200磅

熱 度 310°C 卽 590°F

超熱度 200°Superheat

工率 800 boiler hp.四只；400 boiler hp.二只；500 boiler hp.一只

製造者 B. & W. Co.五只 J.M.W (Sweden) 二只。

附　件　　（煤自平台經煤倉至煤柵）

加煤機　　Chain grate　超超器　超熱200°

進水機　　(feed pump)　二座　　冷水幫浦　(Intakepump)二座

烟　突　　磚料　約150尺，natural draft.

4. 透平Turbine及附件	號　數	第一號	第二號
	式　別	Impulse & Reaction	
	工　率	3600 kw.	750 kw
	真　空	27 in.	27 in.
	每分鐘轉數	3000	3000

製造者　　Brown, Boveri & Co.（新通公司經理）

每日開車時間　下午五時至上午六時　上午八時至下午四時

附　件

潤滑油　　透平油（輕）　　每桶三百磅。價八十餘元

油幫浦　　Oil pump　在開車前打潤滑油至各部，如軸承(Shaft bearing)等處·

冷油器　　Oil Cooler用冷水流通，吸去潤滑油中熱量，使勿過熱

離汽器　　Steam Separator　Steam trap

5. 凝汽器　　Condenser及附件

凝汽器　　二只，均爲Surface Condenser

凝汽面　　一爲3600方尺，一爲1000方尺，各附於第一號透平，

製造者 Brown Boveri & Co.

冷水溫度 Inlet Circulating temperature 18—21°C.

附 件 Cinculating pump二只 均爲離心式，每只凝汽器附一只，

Condensate pump二只 { 1—triplex pump(第二號凝汽器)
1—centrifugal pump(第一號凝汽器)

Air pump 二只

WaterjetAir Ejector 一只

6. 發 電 機 Generator及附件

號數	第一號	第二號
式別	交流，三相(3-Phase)	交流，三相(3-Phase)
電壓	2300 volt	2000-2200 volt
電流	2300-1410 amp.	—
工率	4500 kva.	940 kva.
每分鐘轉數	3000	3000
Cos Φ	0.8	0.8

製造者 The Brush Electric Co., England

每日開車時間 如第一號透平 如第二號透平

附 件 D. C. Exciter 23 kw 與發電機同軸

Air Filter. 濾清發電機內流通之空氣

7. 變壓器 Transformer

號 數 P. V. S. V. Kva 製造者 Wabsun & Co.

第一號	2200	400-230	2200
第二號	2300	220-380	2300

8. 配電板 Switchboard 第一號(第一號發電機)大理石料 總配電板及路線 feeder

1	2	3	4	5	6
長途綫	南路	中路	閶胥路	北路	房內線
Transmission line	South feeder	Central feeder	West feeder	North feeder	Station feeder

第二號(第二號發電機)大理石料

無長途線，祗供給蘇州本城，餘同前其他設備 另有馬達多只，共 1000 hp., 專租給農人灌田用，透平房內均有 Overhead travelling Crane 汽管綫中，有極大之鵝頭頸接法 (Goose-Neck Connection)

蘇州電氣廠每日電力記錄表

日間電力 Day load

鐘點 hr.	8	9	10	11	12	1	2	3	4
電力 kw.	396	396	430	440	460	458	468	468	473

晚間電力 Night load

鐘點 hr.	5	6	7	8	9	10	11	12	上午
電力 kw.	—	2820	2900	2800	2590	2220	1800	1500	

鐘點 hr	1	2	3	4	5	6	下午
電力 kw	1400	1370	1200	1220	1220	1200	

附註　自上表中可見該廠實給電力（Actual load）常小於發電機工率定數(Rated Capacity),夜間尤甚，透平常未開足（running under load)，用汽（Steam Consumption）較多，燒煤不甚經濟，

工作概況　　　　　　　　　　(平洋附)

蘇州電氣廠之電力總廠，在胥門外，其 transformer substation，散佈四鄉，鐵工部在滸墅關，製造打米機，離心式幫布，及修理方棚馬達等，當予去年在該廠實習時，正是盛暑之日，田中亢旱，該廠用幫布爲農民灌田，射水旣高，灌田又廣，故高岸之田，尤利賴之，因是日間給電，爲量本小，此時乃特多，有如下表：

	hr	Volts	Amp's	Kv-a	Kw.	Cos Φ
上	5	2300	590	1350	601	0.445
	7	2300	618	1420	700	0.493
	6	2300	590	1360	600	0.443
午	11	2300	600	1380	580	0.420
	1	2300	660	1520	630	0.415
	3	2300	690	1590	680	0.429

日電原由較小之機供給之，但此時則似有不能勝任之勢矣，下午三時以後，小機停止，迨五時卽開大機，需時約二十分鐘，其工作情形，有如下表、

hr	Volts	Amp's	Kv-a	Kw.	Cos Φ
5	2308	600	1380	700	.506

下	7	2300	1310	3020	2430	.805
	9	2300	1130	2600	2150	.828
午	11	2300	854	1965	1500	.765
	1	2300	750	1725	1300	.755
	3	2300	726	1670	1240	.744

由上表觀之，在七時以後，電燈之負荷漸多，cos Φ 卽逐漸增加，竟達 0.8 之數，而最低之數則僅0.42 也。

II 江蘇省立農具製造所　蘇州胥門外

參觀日期　十一月九日午十二時至二時

資本　六萬元　每月經常費(省府農鑛廳給)三千二百元

工程師　周承佑

工人　一百餘人

出品　16,12,24 hp　柴油引擎，8, 10 in, 離心式抽水機，犂頭及其他農具發動機

狄思爾柴油引擎　式別　四行程式　雙汽缸工率　44-48 B.H.P.　實用　8hp 每分鐘轉數 375 價三千餘元　製造者 Crossley Brothers, Manchester　燃燒油　美孚油（蘇州購）每噸四十二兩每馬力每小時之消費量爲0.7磅　每日開車時間上午七時半至十二時，下午一至五時半潤滑油用紅車油每日(九時)八磅　開車用壓縮空氣 (Compressed air) 發動，另儲於鐵桶內

翻沙廠　內有熔鐵爐及烘爐　鍛鐵廠　內有 Air blower, Die or Press(打犂頭用)，及燒鐵爐四只模型廠　極小全用人工　金工廠

設備有 1 planer 1 radial drill, 10 lathes, 2 universal milling machines, 1 plain milling machine 1 drilling machine, 1 tool grinder ,1 hack saw裝置所 引擎，抽水。在此裝置後須經試驗，即用引擎拖帶抽水打水。

附註：所造柴油引擎 價格尙廉，每馬力値八十元，惟開車時震動甚劇， 工資按工作鐘點計算 ， 各程工作均定有規定時間 (Standard working time) ，工人若在規定時間之前完畢所指定工作，給以規定時間應得之工資，以奬勵工作迅速。

III. 戚墅堰電廠 建築委員會管理

參觀日期 十一月十日上午九時至十二時

營業範圍 供給無錫，戚鎭，常州等處電燈電力，另有馬達連抽水機，租給農人灌田用，

廠長 吳玉麟 總工程師兼電務科長 吳新炳 機務科長陳良輔

副工程師 陸競智 孫寶豐 吳錫銀

煤 購自上海（上海有購料委員會），車運至戚鎭，再用駁船運廠，運費每噸約一元，平均每噸煤價爲八兩半(連運費)，每月約共用煤二千餘噸，煤入廠先須經化驗師（專司）取樣試驗 (Sampling & testing) ，所含水分，不得超過 3.5 %。過此，於購價內計算照扣，經第一次過磅後，堆積場內，取用之先，須經第二次過磅，以備計算實用煤量，

所用煤類別甚多，各種攙用，每日按照電荷 (Load) 情形配合，電荷重時，用煤須含較大熱量，並易化氣質者，電荷

輕，燃燒可稍緩，可用質地稍次之煤，此種辦法，目的在適合電荷情形，試得一最經濟之配合，並須燃燒時無礙於爐，如發生結塊 (Clinkering) 等患。

煤灰坑 (Ashpit) 在鍋爐間下，煤灰落於煤灰車(Ashcar)內卽用人工將車由軌道推出。

煤別，煤價，每日用煤量及配合成分，均詳在下表。

戚墅堰電廠燃煤收發日計表十八年十一月十九日

煤號	煤別	單價	昨日結存噸數	今日共收噸數	今日共付噸數	今日結存噸數	今日結存煤價
裕昌	頭號撫順	9.20兩	40857			40875	376.05兩
裕昌	白谷屯	8.50	24500			24500	208.25
遠東	賈汪	6.00	110750			110750	664.50
購委會	崎戶	11.00	15125			15125	166.36
中開灤	特別屑	9.194	128125		11000	117115	1076.88
協成	山東屑	8.75	186000		11625	174395	1525.77
新興記	白谷屯	8.75	952250		24000	828250	8122.19
中開灤	頭號屑	8.294	10500		6500	4000	33.19
長興煤礦	長興	6.00	65750		5000	60750	364.50
麟號	溜川	8.30		74125		74125	615.24
合計			1533875	74125	58125	1549875	
合計煤價			1303445	61524	49676		13152.93

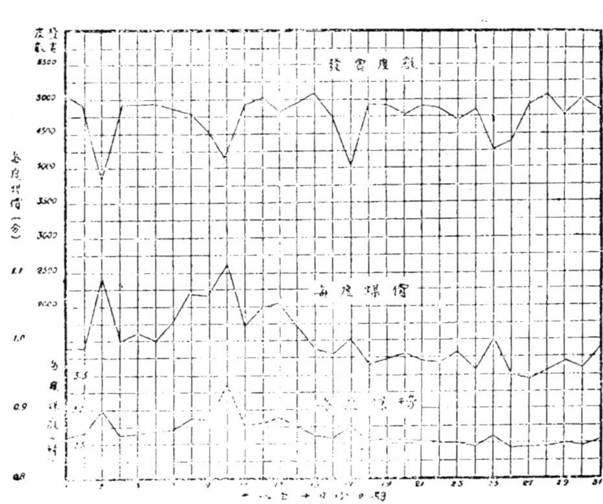

建設委員會戚墅堰電廠
燃煤日報表

18年10月21日					11月10日				
(煤　別)	開特	開一	白谷屯	淄川	開特	開一	白谷屯	義生	長興
上午 7—11		2	2			1	3		
11—3		2	2			1	3		
下午 3—8	2		2		2		2		
8—11	1	1	2		2		2		
11—5		1	1	2				2	2
上午5—7		2	2			1	3		

(項別)(班次)	早班	中班	夜班	全日
燃煤噸數	20.625	20.750	15.125	56.500
燃煤共價	175.79兩	184.37	119.76	479.92
平均噸價	8.57兩	8.89	7.92	8.49

發電度數	18050	19750	11510	49310
每度磅數	2.56	2.35	2.94	2.57
每度煤價	0.00974兩	0.00934	0.01040	0.00973

十一月九日

	每度磅數	每度煤價
早 班	2.42	0.00931
中 班	2.28	0.00909
夜 班	2.91	0.01016

2. 水 鍋爐用水大部爲凝汽水(Condensate),另用 evaporator 加水(Makeup water) 。 Evaporator 共有三只，冷水（連河水）被生汽(live steam)蒸發與凝汽水混合同至省煤機 (economizer) 自省煤機至鍋爐熱水溫度爲 110°-120°C 。凝汽器 Condenser 用水(Cooling water)直接由運河抽取，入口處有鐵絲網圍護，隔絕穢物。出口處在入口處下游，使不影響入水溫度。

入水 (Inlet Circulating Water) 溫度爲67°F. (十一月十日)

出水 (discharge water) 溫度爲72°F. (十一月十日)

3. 鍋爐及附件 B. &. W. Double-drum 鍋爐四座

每座4510 sq. ft. H. S. 450 B.H.P. 平時祗用二座

汽壓 200磅 超熱 200 度

附件 Evaporator 三座

加煤機 Chain grate mechanical stoker

省煤機 Economizer, 進水機 Feed Pump. 三座 儲水箱二只

煙突 (水泥料) 高 200 尺 Draft 1.2" H_2O. CO_2 meter 5-6°/。CO_2 at peak load

附註　電荷重時，將 By-path Damper 關閉，使 Flue gas 直接至煙突，不經省煤機，如是燃燒可以更速，　電荷變動時，用下列三法變動發汽速率，使適合電荷情形，

(1)用齒輪 (Changing gear) 變動煤柵 (Chain grate) 轉動速度

(2)變動煤屑厚薄

(3)使用 Damper, 以調劑 Draft.

煤屑結塊 (clinker) 多在火磚上，不在煤柵上

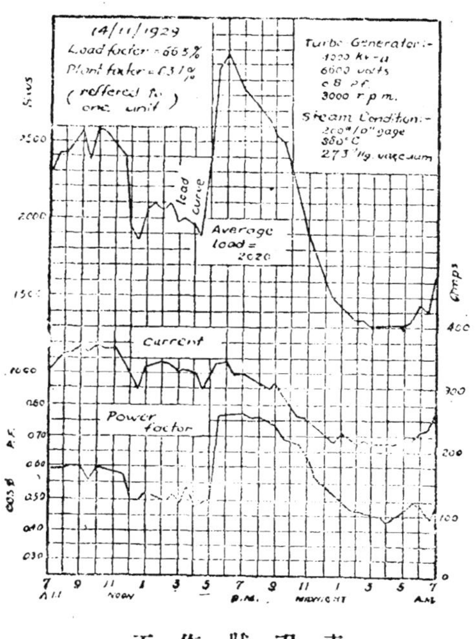

工 作 狀 況 表

省煤機 (Economizer) 附有 Automatic Chain Controlled Sootcleaner.

4.　透平　　同樣二座，同時開一座每月調換一次

式別　Zoelly Impulse, 9 pressure stages each with one velocity. stage. Throttle govezning

4560 3000 R. P. M. 73 Cm. Vasuum

製造者　Friedr Krupp

每日開車廿四時

附件 潤滑油用透平油

油幫浦 Oil pump, 冷油器Oil Cooler離汽器 Steam Separator

附註： 透平停車 Turbine trip

(1) Oil indication Cut-off

(2) Over-speed centrifugal cut-off.

(3) Manual trip (operating handle) cut-off

油幫浦壓力爲 30磅

透 平 端

發 電 機 端

製造者 Siemens-Schuckert

5. 凝汽器及附件

凝汽器同樣二只均爲

Surface type

凝汽面 660 sq-in

附件Condensate pump

Circulating pump, air pump

發電機及附件 同樣二件(一備用)

6600 volt. 350 amp.

3000 R.P.M.

4000 kva. Cosф＝0.8

50 cycle

附發電及配電概圖

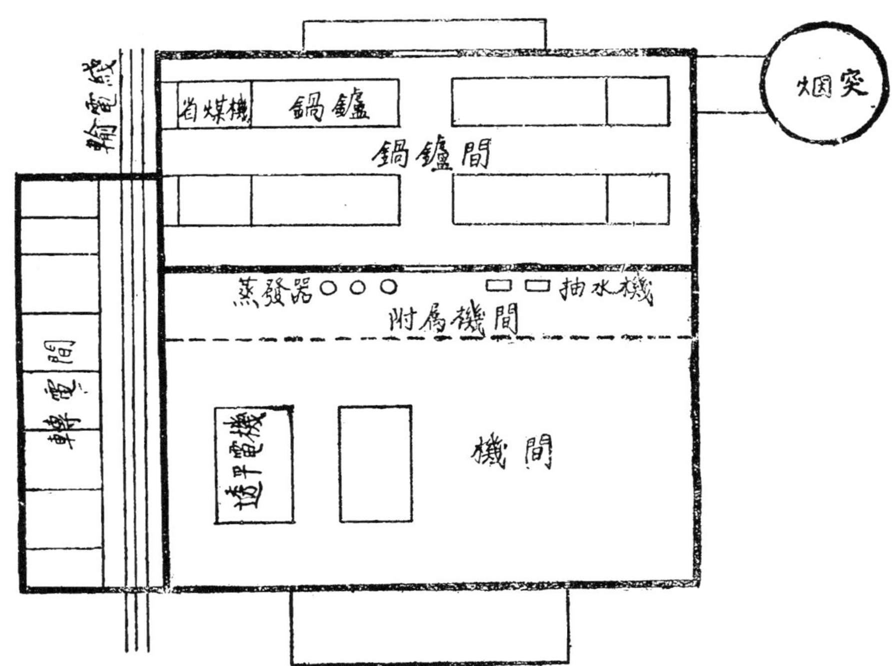

廠　房　大　概

鍋鑪間之下爲灰坑

透平間之下爲凝汽器間

轉電間之後爲總銅排室，其下爲油開關室，再下爲變壓器室。

附件 Air filter

7. 配電板　大理石料

發電機用二座，Synchronizing 用一座。

另路線配電板一座。

8. 變壓器

step up變壓器二座

2000 kva 6600/33000 Volts Step-down 變壓器二座（本廠用）

150 kw 6600/380/220 Volts

無錫總分站有變壓器二座，每座 1500 kva

常州總分站有變壓器二座，每座 1000 kva

Voltage ratio 30000/12100

至用戶時，電壓再變小為 line voltage 380, phase voltage 220.

IV. 恆德油廠（無錫）　十一月十一日上午九時至十時參觀，

性質——商辦，資本——五百萬，出品——荳油及荳餅，

榨油法　將山東黃豆，用機滾軋碎，經汽蒸漲，用榨油機壓緊成餅，油用幫浦打至大桶中儲藏備用，榨油機上壓板，由油傳壓力推動，油被汽機，經管，打至榨油機下，徐徐將壓板推上，至荳餅壓成為止，

原動力及機件

1. 鍋爐　火管式　三座（祇用二座）

汽壓　120磅　製造者 Erie City Iron Works

2. 蒸汽機

雙汽缸蒸汽機一座　200 hp.　(常用)

單汽缸蒸汽機一座　150 hp.　(備用)

小蒸汽機一座　(發電用)

3. 凝汽器　二座 Jet Condenser

200 hp. 及 150 hp. 蒸汽機各附一座。

4. 打油機或油幫浦

大小共八座

5. 發電機　二座

6. 搾油機　數十座，軋豆滚機九座

附註：　每日開車約八小時，惟常因無原料暫停。

每搾黃豆一千石，約用煤八噸，此廠爲無錫油廠中著者，廠房規模一切頗大，惟管理經營，似甚忽略，未見有何可取之處，

V. 慶豐紡織公司(無錫)　十一時至十二時參觀

商辦　工師范壽康，工人一千　有 16400 梲子，出品爲十，十二，十四，十六，十八，廿支紗

1. 紡織機

軋花機四十部，彈花機五部，一號清花機三部，二號清花機七部，三號清花機五十部，打包機一部，鋼絲機二百部，梲子機六十六部，搖紗車三百部，織布機六百部，絨布機一部，

2. 原動力　(發力廠價値三十萬)

(1)煤 厚池煤及崎戶煤，每日共三十噸每噸價 15.85 元，每Kw-hr. 消費量爲2.8至2.9噸。

(2)水 凝汽水及運河水(沙濾後儲水塔內)

(3)鍋爐 水管式三座 每座285 b.hp. 2852 方尺 H.S. 汽壓 200磅 超熱200度

附 件

(A)煙突 磚料 高一百尺

(B) Feedwater Open Heater 一座，(用Exhaust steam) 入水溫度 70°F.出水溫度150°—180°F.

(C)Economizer 省煤機三座

入水溫度 150°-180°F. 出水溫度 240°—260F°.

(D)抽水機二座

(E)加煤機

(4)透平 一座 Impulse & Reaction

冬日29"真空，夏日26"真空

(5)凝汽器 一座 Surface Condenser 蒸汽面二千方尺

附件 抽水機三座

入水溫度 66°--67°F 出水溫度 79°--80°F

(6)發電機 一座 3-Φ

1250 kva 2300 V. 814 a. 3000 R. P. M.

附 件

(A)配電板(石板)一座

(B)變壓器 二座 1—750kva, 1—2000kva.

(7)電動機

大小共四十座,馬力自5—100不等

附 原動部每日報告

厚池煤九噸,崎戶煤二十噸,

煤	443 元	
折舊利息	150 元	(資本三十萬)
用電(馬達用)	34 元	
員薪(原動部)	4 元	
工資(原動部)	20 元	
消耗(油等)	5.5元	
添置	○	
修理	○	
雜項	○	
總計	656.5元	
總共發電量	22800kw.hr.	

日間 956 kw. hr. 晚間 944 kw. 每度發電用煤2.85磅,電價每度2.879分 每磅燃煤可發汽6.35磅 每日開車廿四時。 (完)

民國十九年四月出版

編輯者 交大出版委員會

發行者 上海交通大學

印刷者 科學印刷所

上海慕爾鳴路一二二號

電話三三六五九號

蔡司空中測量應用之照相機及一切用品

各種經緯儀

各種水準儀

CARL ZEISS
JENA

總經理 德商禮和洋行光學部

地址上海四川路二百二十號

電話一四二七二號

ZEISS ZEISS

德商蔡司測量儀器之構造，係根據科學原理。其特點在望遠鏡光力加大，式樣精巧。攜帶既便，使用尤易。故在工作時，可收事半功倍之效。至如堅固耐用，價值公平，猶其餘事耳。年來各測量機關，各大學校，均已採用，足證此言之不謬也。凡欲購者，請駕臨或賜函接洽。敝行當將完美之購置計劃供獻，以答惠意。備有中英德法文測量樣本，承索卽奉。此啓。

上海禮和洋行啓

交大季刊

孫科題

經濟號

C. F. TANG, M.D.
University of Michigan

University Physician of
Nanyang University

美國密歇根大學醫學博士
上海交通大學校校醫

湯兆豐

赫德路春平坊七十七號

交通大學經濟學會出版物：

（一）經濟論叢

民國十八年十一月出版—內容關於交通經濟工商業財政金融等都二十餘萬言精裝上下二冊定價二元四角（現售對折）由上海廣益書局發售

（二）全國鐵路概要

民國十九年三月出版—國內所有國有民業及承辦鐵路靡不紀述取材新穎紀載翔實爲今日國內最新之鐵路書籍定價四角上海民智書局廣益書局均有代售

（三）經濟周刊

每星期二出版專討論各項經濟交通問題已出十六期每半年報費五角前報可補欲訂者請與本會出版部接洽

中華民國十九年五月出版

交通大學季刊第二期

經濟號

每本大洋二角

編輯者 上海交通大學出版委員會

發行者 上海交通大學

印刷者 科學印刷所

編輯者言

本刊自今季開學來，即積極籌備出版，初以稿件不甚豐富，曾有與工程號合刊之議。最近數星期同學方面投稿者甚形踴躍，故仍分別付梓。定第一期爲「工程號」第二期爲「經濟號」此次先後共收到稿件十五篇，排列次序，係按照每篇字數之多寡，採長短互間制，藉以調節讀者之興趣，盧前王後，並無軒輊之分。

鐵道「國有國營」「國有民營」或「民有國營」「民有民營」問題，極爲重要，而各項制度利弊互見，故論者紛紜，莫衷一是。本刊錢益君之「鐵道國有論」及王同文君之「鐵路國有國營之研究」二文，對此問題，有詳細之分析，深切之論斷，其間雖不無數點相同，但立論着眼之處，亦大有輕重之別，幷刊於此，俾讀者得相互參證之。

本刊原爲師生合作之刊物，但此次本校教授方面，僅刊載王志剛先生一篇，其他諸教授作品，以交到稍遲，不及編列，將來經濟號繼續出版，當再行刊入。

最後一言，敢爲讀者諸君告，本刊匆促付印，關於編輯方面，難免疏忽遺誤之處，尚希各界進而教之，

—王　叔　龍—　四，二五，一九．

交大季刊經濟號目錄

國有鐵道最近貨等運價之進展

王志剛

鐵道爲公共利益事業，東西各國所共認，故其運價之高低，以及計算方法之適當與否，對於一國經濟之情況，實業之振興，關係至切，吾國鐵道既屬國有，是上裕國計，下厚民生，職責所存，尤不容怠廢，鐵道當局，有鑒於斯，有貨等運價委員會之設立，從事整理各路現行運價，修改貨等及運價制度，並訂定計算運價方法，其目的在求各路有劃一之辦法，如不能劃一者，則變而通之，有益於社會而無損於鐵路，茲將最近貨等運價之進展，作簡明解析於后，

(甲)貨物分等表

(一)貨物分等表之解析與原有貨物分等表之內容

貨物之由鐵道運輸者種類繁多，故鐵路爲便利徵收運費計，有貨物分等表之編製，按各種貨物通常之重量包紮之方法，體質之大小，及其價値與性質等情形，分別研究，加以考慮，然後將貨物分門別類，各規定等級，凡客商運貨時，參閱分等表，卽可知所運貨物之等級，再閱價目表，便知其應納運費之多寡。

吾國鐵路貨物分等，於民國十一年始獲劃一，便利貨運，殊非淺鮮，共列七表，卽普通貨物分等表，貴重物品分等表，危險物品分等表，貨車運輸牲畜價目表，貨車運輸舟車轎靈柩等件價目表，鑛用材料名稱表，貨車運送之元寶金銀塊銀行鈔票等項價目表，拖送機車及空儎車輛能自輪轉者之價目表，及貨車運輸回頭空箱等價目表是也，普通貨物分等表內載有貨物名目千餘種，共分六等，貴重及

危險等物品，則依照普通貨物等級，加成收費。

原有分等表，印有中英文兩本普通貨物分等表之用中文印就者，共分五門，鑛產品，農產品，森林品，禽畜品，工藝品，各佔一門，各門復爲分類，英文本內，並不分門，惟以字母爲依據，檢查尙稱便利，但因訂定時期已久，經商業之變遷，貨運之增加，行之於今日，難免有不盡美善之處矣。

(二)現行分等表之訂定　原有分等表之內容，既如上述，鐵道當局業已將其重行修訂，按目前貨運之情形，配量添列貨物名目，編成新表，於十九年一月一日起，分飭各路實行。

新訂分等表，係中英法三文合璧刊印，所載頗詳，普通分等表，仍分爲六等，惟根據原有華文分等表，照貨物分類目錄編製，探其理由有三：(一)與中文分等表編訂目錄辦法符合，(二)便於各路會計人員編製所運貨物分類統計，而改訂貨等及運價，亦較易辦理，(三)譯文較易編印。

爲便利檢查起見，表內有例言一項，按物品之原質，說明其應入之分類，及審察之方法，對於檢查方面，甚爲敏捷，如貨物可并列於兩門以上者，則一例載入，用附註以聲明之。

除原有之貴重物品分等表現已删去外，其餘各物分等表，仍編入新訂分等表內，且對於進口以及外國製貨物，詳加說明，大都較國貨提高一級徵費，蓋運價可以振興國產，鼓勵本國實業，況洋貨之質料，較國貨爲優，故進口或洋商製貨物其運費等級應較國貨爲高，亦爲理所當然，此種經濟政策，泰西各國，多有採用者。

雖然原有分等表亦有外國或進口貨物與國貨之分，但其對於洋商在中國境內及租界內所製貨物，經由鐵路運輸時，其運費是否應較華商所製貨物爲高，抑屬同等待遇，則並無專條規定，殊欠明瞭，此次編訂新分等表時，該項問題亦經提出討論，根據工商部十七年九月二十二日公佈之中國國貨暫訂標準，確定辦法，編入現行分等表內，並說明進口或及外國製(Imported or /and Foreign Manufacture)貨物，即包括下列各貨，是故洋商在中國境內經營所製貨物，及參國貨之應入等級，由此解決。

(一)在外國製造各貨運入中國者

(二)在中國境內照下列標準製造各貨

(甲)中外合資外人經營中國原料國人工作

(乙)外國資本外人經營中國原料國人工作

(丙)外國資本外人經營外國原料外人工作

(丁)外國資本外人經營外國原料國人工作

(戊)外國資本外人經營中國原料外人工作

由上可觀現行分等表較原有分等表，不無改良之處，惟吾國實業仍屬幼稚，將來商業情形之變遷，以及鐵路運輸貨物種類之增加，概可想見，今日訂定之貨等，經年之後，必有修改之必要，故對於路運貨物，務宜繼續調查，調查之方法及步驟，業已由鐵道當局擬定，不久各路即須依照實行，一方面各路會計處並須按照分等表之類別，編製所運貨物之統計，作改訂貨等與運價時之參考，以上兩種辦法，如可次第實行，對於將來修改貨等運價問題，不無稗益也。

乙 運價之制度

（一）運價表之編訂　國有鐵道現行運價表係由各路自訂，蓋各路情形迥異，難於劃一也表內載有整車，公噸，及五十公斤三種運費，分六等貨物收費，起碼二十公哩，至各該路之最長哩程爲止，客商運貨時，若知貨物之等級，及到達站之哩程，便悉應付運費之幾何，故運價表之構造，頗爲簡明也。

運價表內之公噸及五十公斤之運率，較整車價目爲高，藉以低償零批貨物虛縻車輛之地位，邇來鐵道當局，爲求貨價之簡晰，以便客商及路員之計算起見，將運價制度改訂「整車(Carload)」與「不滿整車(Less-than-Carload)」兩種，此項新訂運價制度，不久卽可實現，各路所用貨運表格，亦將加以修改，以資劃一。

「整車」與「不滿整車」訂價制度訂定以後，運價表內祇須載整車價目一種，所有不滿整車之貨物，無論屬於何等，其運價皆可依據整車一律加若干成收費，以作鐵路車位損失之酬報，雖然鐵路營業自以多裝整車貨物爲有利，惟對於小客商之需要，亦不能兼籌並顧，是以此次訂定貨物不滿整車之最低運價，係按五十公斤計算，超過五十公斤，則以廿五公斤爲單位，加收運費，每批貨物，至少徵收費洋五角。

（二）整車與不滿整車運價之比例率　不滿整車之貨物，其運費既須根據整車貨價加若干成計算，則整車與不滿整車運價之比例率，應如何確定，方稱適當，實一重要問題，解決方法，大致可分爲二：（一）訂定一種比例率，適用於各路，（二）由各路按照各該路情形，分別訂定比例率，呈部核准施行。

以上兩種辦法，皆經貨等運價會之詳細研究，然後方始定奪，採用第二種辦法，由各路自定比率，其原因爲目前就五大路而論（津浦北寧平漢京滬滬杭甬）其整車與不滿整車比例率之參差，爲百分之三十三至百分之三百廿五，若實行第一種辦法，而定比例率，不免有感困難，譬如所定之比率過低，則鐵路目前之比例率高於所定者，其收入自必減少，際此各路需款孔亟，以圖改良一切設施，一旦驟將路收減少，實屬不妥，間接亦將因不滿整車運價之低廉，以致增加不滿整車之貨運，而運用車輛遂不能經濟，若鐵路因不滿整車運價之減低，而增加其貨運，則鐵路可籍此而得增加其收入，惟就目前情形觀之，各路對於現有之貨運，不過僅能應付，若鐵路以貨運之驟增，而不得不添購車輛，則是項開支既鉅，其財力亦恐有所不逮，且車輛驟增，在貨運減少之淡月期間，廢置不用，鐵路對於此項車輛之利息及折舊費，無形中損失極鉅，或將比例率提高，適用於各路，則鐵路目前之比例率較低者，其零貨運輸必受影響，而減少其收入，並失去修改運價之初旨，綜觀上述原因，此次議定採用第二種辦法，由各路斟酌情形，分別自訂比例率，用意至善也。

（三）基本運價之標準　鐵路主要營業，爲客貨運輸，其用款大半含有聯結關係，故欲求貨運事務之費用，難能得真確之數目，吾國鐵道之基本貨價，向係按運輸成本（Cost of Service）爲標準，以每公噸每公里之運輸成本，作爲最低等（六等）之基本運價，惟亦有鐵路因成本過高，而將最低等基本運價，憑運輸之情形，以百分數而酌減者，然此項運輸成本之計算方法，各路大致相同，先求營業用款之總數，以營業進款中貨運所占之成數乘之，其得數卽爲貨運之用款，再以運價延噸公哩之總數除

之，即爲每公噸每公哩之營業費用，例如

(1)貨物延噸公哩總數一千萬延噸公哩

(2)營業用欵總數洋三百五十萬元

(3)營業進欵總數中貨運進欵所占之百分數百分之二十五

(4)營業用欵中貨運用欵洋八十七萬五千元

(5)每公噸每公哩之運輸成本卽以(1)除(4)爲八厘七毫五

最低等貨物之基本運價既已訂定，則他等貨物，卽以最低等貨物之基本運價而定比例，視各路本身情形，而定其高低，惟其中之要素有二，卽「貨運擔負之能力 (What the traffic will bear)」及「運輸之價値 (Value of Service)」是也，蓋運輸成本，乃定最低之運價，運輸之價値，乃定最高之運價，因客商所付運費，決不願較運輸之價値爲高，而運價照「貨運負擔之能力」訂定者，必較最高運價爲低，其目的在求運輸之發展也。

此次鐵道當局修訂運價初意，欲將各路基本運價劃一，惟念各路運輸情形及成本之不同，目前決定用遞遠遞減方法，由各路分別自訂各等貨物之基本運價；其辦法係先將各路之總共哩程分爲若干區，每區定一基本運價遞減之比例率，以各路通常貨運平均哩程爲標準，鐵路方面則將各種貨運營業費用如車輛因裝卸貨物而停站之普通費用 (Ovrehead Cost of Immobility of Wagons during Loading and unloading) 到達站之費用 (Terminal Expenses) 行車費用 (Running Expenses) 營業費用 (General Cost of Operation) 所有超過平均哩程以上各段路哩，每公哩之運價使逐漸減低，以達到實在之運輸費用爲止，基本運價按此法計算，在營業用費外，各路僅可依照貨運情形，酌量加溢利若干，作所投資本之收益。

（四）遞遠遞減之意義及方法　吾國鐵道之基本運價既須依照遞遠遞減方法計算，則運輸之哩程愈遠，每公哩之基本運價愈小，其目的在提倡長途運輸，使車輛時常行駛，蓋鐵路方面車輛因裝卸貨物停站之時間，無論運輸之遠近無異，此項費用，再加以其他運輸費用，即使鐵路貨運之費用按每公哩計算，路程愈近，費用愈大也。

各路原有運價大致皆按遞遠遞減方法計算，但辦法略有不同，（一）有先訂一每公噸每公哩基本價目，按區遞遠遞減若干成者，惟此種方法，似有窒礙，因分區減收成數，如運輸哩程適在分區邊界相差不遠者，則到邊界內之運價，反比邊界外者較高，故所算出之運價表，對於是項情形，務須酌量修正，例如某路計長二百公哩，每公噸每公哩之基本運價為八厘七毫五分，哩程分為二十區，每區十公哩，如一百二十一公哩至一百三十公哩區內，應減成數為三成五，則一百三十公哩雖較一百三十一公哩為近，然其運價即較一百三十一公哩為高，其計算方法如后

一百三十公哩　八厘七毫五減去百分之三十，再乘一百三十公哩，即得一百三十公哩之每公噸運價七角九分六厘二毫五。

一百三十一公哩　八厘七毫五減去百分之三十五，再乘一百三十一公哩，即得一百三十一公哩之每公噸運價七角四分五厘零六二五。

第二種遞遠遞減辦法，爲今最通行於各國，而此後吾國鐵道亦須一律採用者，其計算之法，乃先將某路哩程分爲若干區，每區訂一基本價目，每等貨物不同，第二區之基本價目較第一區略低，其餘各區依次類推，及達該路之最長哩程而已，如某路之總共哩程爲二百公哩，其各區之基本運價，可舉例於后.

遞遠遞減之整車每公噸基本價目

哩程	一等	二等	三等	四等	五等	六等
二十公哩以下	九分五厘	四分二厘	六分五厘三毛五	一分五厘一	一分四厘	一分一厘五
二十一至五十公哩	六分一厘七毛五	二分七厘三毛	一分六厘四毛八	九厘八毛二	九厘一毛	七厘五毛
五十一至一百公哩	四分六厘三毛一	二分○四毛八	一分二厘三毛六	七厘三毛六	六厘八毛三	五厘六
一百零一至一百五十公哩	三分四厘七毛五	一分五厘三毛六	九厘二毛七	五厘五毛二	五厘一毛二	四厘二
一百五十一至二百公哩	一分九厘一毛	八厘四毛五	五厘一	三厘○四	二厘八毛二	二厘三

照以上辦法計算，客商之欲將貨物運往遠處者，其負擔必較照劃一基本運價計算所得運費爲輕，而鐵路方面卽不負謀公衆利益之使命，今如欲將二等品貨物，裝一二十五噸整車運往一百公哩者，則鐵路方面應納之運費爲六十七元零七分五厘：

(1)第一段一至二十公哩　四分二厘乘二十公哩　得數爲洋八角四分

(2)第二段二十一至五十公哩　二分七厘三毛乘三十公哩　得數爲洋八角一分九厘

(3)第三段五十一至一百公哩，二分零四毛八乘五十公哩 得數為洋一元零二分四

(4)每公哩為二元六角八分三乘二十五噸，其運費即為洋六十七元零七分五厘。

(丙)特價及專價

(一)特價及專價之區別 各路除普通運價之外，計有特種運價藉資招徠大宗運輸，或應付他項運輸機關之競爭，此項特種運價分二種，一種以貨物為標準，於民國十二年第五次運輸會議決定，以百分數計算，務須許給於公衆一體適用，又有一種以公司為限制，凡公司欲按特價運輸，必須與鐵路訂立正式合同，鐵路所購用各該公司之貨物，亦須減收價格，譬如鐵路運輸煤鑛之煤斤，訂定特種運價，許以減收運費，而煤鑛公司售與鐵路之機用煤斤，亦即減輕取價是也。

此次在運價會議，鐵路當局以上項特別運價各路皆通稱為特價，名目不分，殊欠妥善，業已將此種特價改為二種名詞規定，以資區別，特種運價其適用於公衆者，名之為「特價」，英文譯為 (Commodity Rates) 其與公司訂有合同者，名之為「專價」，英文則譯為 (Special Rates) 查吾國鐵道，目前特價較專價為多，惟較英美兩國當屬少數，蓋英國鐵道運價八成至九成為特價，而美國鐵道之特價則在七成半以上也，

(二)編訂特價專價辦法之規定 吾國鐵路所有特價及專價，向由各路訂定，呈部核准，方可實行，惟無一定之辦法以作標準，此次訂價會議，為求編訂特價或專價之劃一起見，議決辦法數則，俾嗣後各路之遵守，茲將該項辦法錄之於后。

(一)凡特許給公司之專價，經定有合同者，稱

爲專價，其許給公衆者，則稱爲特價，所有專價或特價，均須呈部核准後，方可施行。

(二)專價僅可許給公司以有特別情形者爲限，並須專案呈部特許。

(三)所有許給公衆之特價，凡遵守該項特價施行辦法之任何商人或公司，均適用之。

(四)適用專價及特價，應有定期，至多以一年爲限，但如有充分理由，可由部核准較長期限，此項期限，並應於施行辦法中訂明之，至期限屆滿時，該項專價或特價，須經審核，如認爲必要時，仍得另訂期限，繼續施行。

(五)爲免除運價表之繁雜起見，訂定專價及特價，可就尋常運價減成者，應即照尋常運價減收成數，

(六)許給專價或特價，須具有特別情形如下：

(i)凡有大宗貨物一次裝足一列車運輸者，或此項貨物須分批裝運，而其確定期內保證裝運確定之數量者。

(ii)與他種運輸機關競爭者。

(iii)爲謀特種實業之發展，或特種區域之發達，須由鐵路協助者。

(iv)爲發展現有運輸業務，或創辦所運輸業務，而尤以此項運輸業務能利用往返車輛以免空載者。

(丁)結論

新訂分等表，業已由部頒發各路實行，至於邇來規定之運價制度及計算方法之實行，各路務必將現行運價表通盤計劃，根本修訂，以歸統一，將來對於各路貨運以及民生與實業影響如何，今日尚難斷言，務必經相當時期之試驗，方能知確實之結果也。

農民經濟與民生主義

張迺修

農民問題之重要

中國最大之問題爲農民問題，而農民問題中最主要者爲農民經濟問題；所謂農民經濟者，不唯增加生產量，且須增加生產值，尤須減少生產費也。此問題就於農民人口之數量與夫人類生存之關係，及對於工商業之影響，卽可知其重要矣。我國農民爲五九四〇二三一五戶，平均每戶以六人計算，則中國之農民爲三三六四一三八九〇人。另據一九二七年武漢土地委員會調查，全國農民爲五六〇〇〇〇〇〇〇家，約爲三三六〇〇〇〇〇〇人；此二種統計雖不甚準確，但可決定農民數額在全國總人口中占百分之八〇至八十一左右。國民革命本爲解決民生問題，而農民之數額既占其十分之八九，故農民問題之解決，卽是民生主義之實現。且人類生存之需要爲衣食住行四項。總理曰：「如果吃飯問題不能解決，民生主義便沒有方法解決。」又曰：「在民生主義裏頭第一個重要問題是吃飯，第二個重要問題是穿衣。」衣食二字固人類生存之本，然衣食之原料無一不出於農；故古者勸農之政，凡宅不毛者有里布，田不耕者出屋粟，民無職事者出夫家之征，庶民不畜者祭無牲，不耕者祭無盛，不蠶者不帛，不績者不衰，其寓懲於勸，以勞萬民者，蓋恐農政不興，飢因以起，寒因以至，飢寒交迫，人類將無以生存，而其他工商事業不堪論矣。夫工業之發達，爲物質文明進化之原動力。但工業之盛衰，當以農產之原料爲前題。若其原料缺乏，價値昂貴，則貨本既重，銷售自難。反之，若原料豐富，價値低廉，則貨本既輕，銷售自易。至於商業之振興，亦以農業爲基礎。我國制作文字，所謂富者家有一人必須有田；富基於田，田以致富，既富矣，則慾望大，慾望大，則需要多，故商業之盛衰，以一般人民之購買力爲標準，購買力增加，則商業盛，購買力縮減，則商業衰，苟非農業之發達後，則工業之製造，商場之銷售，均無以推廣，於是可見農業對於工商之關係矣。

農業衰敗之原因

農業之重要已如上述，在昔閉關時代，我國農業最爲注重，大則遣使，次則設官，爲之別土宜有高下肥瘠之異，爲之授民時有生長成熟之候，爲之思患預防，俾無旱乾水潦蟲獸之害，有土化之法，有種植之宜，有耕蒔先後遲速之分，勤勞農事，視爲急務。

其時芸芸衆生，一年耕則有三年之食，三年耕則有九年之食；故國家之財賦以漕糧爲源流。迨海禁大開以後，出口之貿易亦以農產品占全額四分之三，以此現象觀之，我國農業其發達當在預料之中；但事實方面則有大不然者。邇來江蘇南部，是稱魚米之鄉，其農民終日辛苦，一至青黃不接之時，則有斷炊之虞。去年上海各地米價飛騰，以致影響貧民生計。若以全國而論，每年自安南暹邏印度各處輸入之米，約有一萬萬元之譜。且近數年來山西，河北，河南，甘肅水旱頻仍，餓莩盈野，待賑之民在數千萬以上。國內農業狀況既如是，則其在國際上之地位，自有江河日下之勢，終有破產之患。其原因固多，茲將其歸納而擇其重大者分述於後：

（一）荒地之增加：

我國素以地大物博冠於全球，如新疆蒙古

及北滿一帶廣大之平原，固無人間津；卽內地已開墾之耕田因水旱兵蟲之災，多棄其鄉里而赴城市，以致膏腴之土地日漸荒蕪，生產之田畝日以減少，觀數年來荒地之統計卽可見其一斑矣。

一九一四年	三五八，二三五，八六七
一九一五年	四〇四，三六九，九四八
一九一六年	三九〇，三六一，一一一
一九一七年	九二四，五八三，八九九
一九一八年	八四八，九三五，七四八

(二)農產品之減少

我國農民於普通常識之缺乏，及守舊觀念之牢固，實爲農業退步之一大原因；對於生產之方法，農具之改革，肥料之應用，毫不研究，不知以最少之犧牲，而得最大之效果，以致農產品日見減少。美國每石小麥之生產，在一八三〇年須費人工九小時，至一八九六年減至三十分鐘，而我國農業尙無精確之調查，頃據金陵大學農林科農場管理科之調查，估計平均至少須費四日，每日以十小時計，尙需四十小時，以此比例計算，美國一農夫以同等之時間所產生之小麥，當較我國農夫多至七八十倍。耕田既見減少，而生產方法又不能改善，而欲求出產品之增多，何可得哉。

(三)內爭之頻仍

自民國以來，連年兵燹，幾無省不捲入旋渦，各軍集團在所據地盤內各事搜括，一面飽實其私囊，一面擴充其軍備，於是苛捐雜稅疊出不窮，而此項稅捐之担負，尤以農民爲重。當稼穡成熟，干戈突起，在火線邊之村落田園阡陌盡作戰場，廬舍茅綯被軍佔據，牲畜農具蹂躪一空。軍隊朝退，盜匪夕起，良善者東流西徙，狡黠者引類呼羣，焚燒刦掠，到處爲墟，此亦爲農業衰敗之原因也。

(四)農民經濟之壓迫

金融之調劑在市場固所應有，而在農村亦不可缺，我國農民無確實動產之擔保，故於金錢之通融，極非易事，其告貸得手者，亦無非出利甚重，既乏金融之調劑，又缺消費之合作，故有時不得不賤售，有時不得不貴買，有時終歲之勞力，無非爲他人之子金。當豐盛之年，上者或可糟糠相安，下者已不免于衣不足以蔽寒，食不足以糊口。一旦歲穀不登，有鬻妻子者，有轉溝壑者，有咬樹皮草根者。至於如何肥田，如何選種，如何預防旱乾水潦，更視爲不急之務。於是中農變爲小農，小農變爲無產之農，輕去其鄉，別謀糊口，往往被驅入于市場之中，此一農業衰敗之一原因也。

農民經濟改良之方法

我國農業衰敗之原因已如上述，就農之本身言，民無常產，則無常心，民無常心，則不由常道。就農民與國之關係言，農事傷則飢之本也，女工害則寒之本也，一夫不耕，天下有受其飢者，一婦不蠶，天下有受其寒者。苟欲拯我國之前途，達民生主義之目的，則首先當自農民着手。蓋農民爲鄉村之中堅，而鄉村又爲一切政治經濟之歸宿。故民生問題必包含農民生產問題，農民合作問題，農民生活問題，地方交通問題，及其他關於農民之一切問題。茲分述其改良之方法於後：

(甲) 生產方面

(一)改良種子　我國農產種子不事精選，實爲農業生產減少之原因，每年之損失實不可以數計，若與歐美各國相較，以同等之人工資本，因種子之優劣而生產之質量有天壤之別。其改良之步驟有四：

A規定改良種子之目的——(一)產量增多。(二)促進品質。(三)抵抗病蟲。(四)抵抗寒濕。(五)成熟提早。此五項雖均爲改良種子之目的。但須决定何者爲主，何者爲賓，如是方可免雜亂無章之弊。

B查調已有種子——詳細收集國內外各項種子，俾便試驗其優劣及適合。

C種子分類——將各處種子收集後，按其性質之異同，分門別類，並須製一檢查表，俾便參考。

D比較試驗——將各處種子生產之數量品質，比其優劣，擇其最善者出售，或以交換辦法分給農民，使此種良善之種子，得以廣爲播散，使農產得以增加。

(二)整理耕地　地有山川原隰之不同，卽有寒燠肥瘠之相差，高者多風，土脈寒冷，易患旱乾。下者多水，土脈滋潤，易遭潦浸。高者開鑿陂塘，用以瀦蓄，旱則灌漑，潦不瀰漫。下者高大圩岸，用以保障。既免衝突，又便排洩。其他整其區劃，寬其壟塍，地位有高下之別，收穫無豐歉之分，則可以整齊耕地之形式，增加土地之生產，又可以改進生產物之品質，促增農具之利用，欲達到此目的，須地方之農民有合作之精神，而政府有詳細之計劃，始可收效。

(三)利用肥材　土壤氣脈其類不一，肥沃磽埆，美惡不同，要在治之如何。雖云磽埆，苟加滋培，則苗蕃秀而實堅栗。雖云肥沃，苟非疏爽，則苗蕃茂而實不堅。土敝者則五穀不生，氣衰者則生物不遂。故古有不易之地，一易之地，再易之地。

講土化之法而用糞治我國農產多恃土地之自然生產力，不使其常爲新壯。但土地之生產力本屬有限，因之農產品之數額有退無增。以日本而論，近五年以來，米之收穫已二倍於四十年之前。雖國內人口日益繁殖，而單位面積量亦同時增加，米糧因之尙可維持。考其調劑之法，全持肥料之力，故利用肥料爲發展農業之要圖。至於以何種肥料爲宜，常視肥料之性質，耕地之土宜，氣候之寒暑，詳細硏究，而同時價值之低廉，收效之迅速，亦當加以注意焉。

(四)改良農具　我國舊有農具大都用力多而收效少。詩曰「庤乃錢鎛，奄觀銍艾」傳曰「收而場工。錡而畚揭」時代雖有變遷，而器具尙復仍舊，此與農業之不能進步，生產費之不能減少，亦至有關。雖農業若爲機器化，在我國內地之小農制度，何時方可推行，尙不無問題。但師其意而改爲之，仿其法而小製之，按國內之現狀及需要加以改良，未始非當務之急。同時於墾種地方提倡大規模之農業，而採用新式機器，以爲並進之道，自有觀成之日。惟此非農民易辦之事，政府當予以相當之援助也。

(乙)　金融合作方面

(一)信用合作社　我國農村組織本不完備，缺乏正當之借貸機關實爲農業衰敗及生活艱苦之主要原因，無正當之借貸機關，則擁資者得以任意提高利率，朘剝小農。其結果乃使有產者變爲無產，小地主變爲佃戶，佃戶變爲僱農，富者愈富，貧者愈貧，甚至農者非因自用而生產，有時乃因被用而生產，此係資本勢力侵入於農村之後必有之現象。欲拯此危機，必使農民知善用個人之力量，即所謂信用者，而加以團結互助之功用，施以科學之方法，使之具體實現，方可免上述之危機，其法爲何，即所謂信用合作社是也。其特點有二：

A信用合作社之管理權操之於社員之手，而同時信用合作社社員爲利用合作之人。

B信用合作社之放款，專注重個人之信用，而不須抵押品。

信用合作社之資本可分下列數種：

A收入股分之資本。

B自社員或非社員所得之借款或存款。

C自他社所得之借款及存借。

D自農業銀行所得之借款及存款。

E公積金。

每年盈餘之分配，普通分爲二部，一部充爲公積金，一部作爲股東之紅利，除直接分紅法外，尙有間接分紅法，即（一）儲蓄利息增高，（二）借款利息減輕。其每年所儲之公積金，除作爲彌補虧損外，不得挪作其他用途。如是則股本公積金及社員之無限責任，組成合作社穩固之信用基礎，使得一般農民之信仰。合作社之原則，分爲普通特別兩種。茲述於下：

甲 普通者

A凡一合作社應以人爲單位，不可以股分之多少爲標準，社員對於社務之權限處於平等之地位。簡言之，即一人一權制也。

B無論任何良善之人民，於任何時期均得加入合作社，並無優先與非優先之別，以促成民衆之經濟解放，經濟平等之主旨，及一般民衆互助團結之精神。

C合作制度基礎之鞏固當由下而上，使一般貧民有深切之覺悟而自謀經濟之解放，除政府應負指導之責任外，其他應由人民自行團結使合於科學之原則，而用科學之方法組織之。

乙　特別者

A合作社地域之範圍不宜過廣因合作社社員借款之擔保，非財產之抵押，乃個人之信用，故非有確實之明瞭，則流弊易生。

B合作社不可孤立，當互相聯接以增加其信用及財力，便於應付特殊情形之發生。

C合作社之營業應以切於社員之需要爲前題，非以謀利爲目的，乃係解決社員經濟之困難。

(二)農場簿記　此係數種帳簿集合而成，按簿記之原則，將一年度內全農場之經營狀況，及出入數目詳細登載，至會計年度終了時，依法結算，卽可明瞭此年內在農場之盈虧，及利弊之所在。茲將其重要及其內容分述於後：

一農場簿記之重要　凡謀事業之改進，必須先有確實之明瞭，然後可探其病源，施以療治。農場簿記既可以供場主私人之計算，又可藉爲改良農場之借鑑，並對於一般農業之調查及統計，亦有莫大之貢獻。

二農場簿記之內容　農場簿記應力求簡明，方可適合農民實際之應用。其主要之賬簿可分三種。

A總登……此種賬簿以土地及所產之物品及其他會計科目爲綱，將各種出入分類歸納記載，使其盈虧情形得一目了然。

B 流水……此種賬簿乃以日爲綱，按日記載，可分爲下列三種賬簿。

1. 現金收支簿　記載全年內一切現金收入及支出。

2. 工作簿　記載全年內所用之人工及畜工之數額，並須詳加解釋，俾便分類統計。

3. 農產簿　記載全年內各種農產收獲之數量，及其售出之價值。

C 資產統計簿　記載每年所有動產與不動產之估價，俾便計算盈虧之比例。

（三）消費協社　農民物質之慾望雖寡，但一切必需之消費品皆仰給於商人之供給；而農民缺乏商業之知識，昧於市場之情形，因是不道德之奸商，遂得任意操縱其物價；以低廉之價格收買農民血汗之農產，而以高價售其所運來之消費品，致使農民所得之酬勞有限，而商人不費舉手之勞，坐獲重利，此亦非公平之道。故消費社之組織，極不可輕視。茲將其意義及功效分述於後：

A 消費協社之意義……消費協社乃一般人民自由組織之團體，將日常所需之消費品，不經商人之轉運，直接以社員之資本由出產地大宗購買；以達到美滿安適之生活。其特點有三：（一）自販自銷（二）價售低廉。（三）應於社員消費之需要。

B 消費協社之功效

1. 提倡國貨　消費協社所售之物品多採運土產，故國貨得以暢銷。

2. 廢除利潤　消費協社所得盈餘一部分提作本社之公積金，一部分按照消費量，之多寡分給消費者，如此可免去利潤瓜分之制。

3. 易於儲蓄　消費協社即無形之儲蓄，因社員於購物之時已付其款，而屆年終時可得盈餘，是於不感痛苦之中，又可得一項之儲蓄金。

4. 集合散資　農民之資本有限，多不能獨資經營。消費協社可以吸收零星散資，組織成較大之企業。

（丙）生活方面

（一）肅清土匪　自民國以來，兵燹連年，民不聊生，以致挺而走險流爲盜匪。所謂衛國保民之官軍，其善者陽剿陰合，狼狽爲奸。其劣者化軍爲匪，變本加厲，是以越貨殺人日有所聞。爲今之計，惟有各地人民以團結互助之精神，組織保衛團加以訓練，以禦匪患。但團出於民，實力不充；匪屬於土，滋長甚易，縱爲權變之計，實非根本之策。苟欲圖久安之方，當解決民生問題。然此問題之重大，非片刻所能解決者。就目前之情形而論，苟地主能對於近代之趨勢，有確實之認識，關於公共之企業有濃厚之興趣，而各以一部份之土地作爲發展工商業基金。集散爲整，積微爲巨，不難開設工廠，廣闢利源，使一般失業之人民得有所事事。則匪患可漸消於無形，而人民亦得以安居樂業矣。

（二）農民教育　所謂增加生產量，增加生產值，減少生產費，均係知識問題；而知識之源必本於先受教育。我國農業之衰敗，農民之疾苦，雖於所處環境有種種影響，而由於缺乏知識不能自謀福利，實爲主要之原因。故根本之計，惟有提倡識字運動。普設農隙傳習所通俗圖書館農事演講會農民識字所。農民指導所，使一般之農民得有普通之知識，尤當注重鄉村師範，鄉村兒童之教育。蓋今日之兒童，卽來日之中國。苟能普及教育則非特爲振興農業之策，亦救國之要圖也。

（三）農婦　我國農婦之疾苦與農夫相較，無有不及，且復過之。薅耘也，糞治也，收獲也，牧畜也，其工作與農夫同。內而有飲食之事，洗濯之事，補綴紡績之事，夜以繼日，無時休息。又有養育之責，保抱之勞，婚男嫁女之務，終其一生，無有暇日。因是渾渾噩噩，缺乏知識亦與農夫相同。既無健全之農家，安得有健全之農村，至於有害健康之預防，自謀經濟之獨立，更不易言。今後補救之方，惟有先注重女子教育組織婦女職業養成所，婦女指導所，產科指導所，天足會等，如是則可直接間接促進婦女之知識。改良婦女之生活，以達到健全之農村而謀農業之發展。

（四）租佃制度　我國各地租佃制度不同，其納租方法亦因之而異，大約可分爲產物納付，及貨幣納付兩種。其得貢法之遺者地主取之甚微，佃戶得之甚多，然遇凶年饑歲，難邀豁免。其仿助法而加厲者，地主於農產之總額往往取得七八成之多。苟力有不勝，則以撤田爲武器；當此人口過剩，佃田不易，亦不能不有所忍受。故農民方謀自活之不暇，安有餘力而圖農業之改良。今後應當規定佃農與地主間之關係，而保持兩方正當之權利。

一地主不得無故辭退佃農，但有下列情形之一者，得撤退之。

(甲)土地荒蕪。

(乙)佃農將土地出租於人或有毀壞土地之惡意者。

(丙)佃農積欠地租達二年之總額者。

(丁)佃農患精神病者。

(戊)佃農破產者。

(巳)仲裁委員會之裁判。

(二)規定公允之納租率。此項規定當適合地方之情形，及社會經濟之原則。

(丁) 交通方面

(一)道路 交通與農業有密切之關係，苟交通不便，則知識不能交換，而農民守舊之觀念，既無法破除；卽其農業之改良，更難以實現。且道路狹小，運輸不便，所恃者惟有人力，其載重之數

量既寡，而所需之時間又長。不唯生產費用不能減少，而農產品之成本增高，自不得暢銷於市場。故首當計劃縣道，次及鄉區，備有詳細之路綱，擇其緩急，依次修築，俾大規模之農場，得以創設，健全之農村得以組成，亦卽民生主義得以實現也。

(二)河渠 水利爲交通之一種，水運之費，自較陸運爲廉，運費廉，卽生產之費減少，亦卽生產之值增多，此就運輸而言也。苟河渠暢通，亦足以灌溉田畝，河隄宜高大，河身宜深闊，深闊則足以有容，高大則足以有用。隄之上可植桑柘，可繫牛羊，下得以固土質，上得以受涼蔭。隄得牛踐而堅實，桑得肥水而沃羨。旱卽決水以灌溉，潦卽不致於瀰漫而害稼，此就灌溉而言也。至於已成之河渠，乃係天然之力，如何施以人工

爲之連接，亦不可忽略也。

結　論

農者我國之大本，衣食財用之所由出。在昔農產甲於全球，富饒聞於天下，莫不以農國相欣羨，今則產量不能增加，農値不能增加，產費不能減少，事事落於人後，言之實可痛心。推其原因，固由於自作農日見其少，而佃農日見其多，自作農少則農產減，而進步之速度小。社會之貧富相懸，卽階級之觀念產生。農村之不安，未始非基因于此。但最近原因國內之紛亂無已，到處民不聊生，害傷農事莫此爲甚。故欲求農業之發展，民生之解決，非停戰不可；言其他，非裁兵不足以言救國，非耕者有其田不足以言民生。但欲使耕者有其田，一在於限制土地之所有，尚可以法令定之。一在於農民經濟狀況之富饒，則非生產增加，生活改善，合作普及，交通便利，不克至此。願國內人士，同心協力，以求貫澈總理之民生主義焉。

近年以來中國農民離村運動急劇增加的原因

（1）帝國主義之壓迫與窺覦
（2）歷年政治變動的影響
（3）地主富豪的搾取
（4）民團土匪的猖獗
（5）天災的頻發
（6）買辦階級操縱農產物的市價

統計與數學

美國哈佛大學教授 W.L.Crum 原著
楊燮廷譯
汪仲良先生校閱

譯贅

吾人之研究焉，每持三種方法，以資格知格物。卽：（1）個體研究。Case Method （2）試驗研究。Experimental Method （3）統計研究。Statistical Method 問題研究，每持各個問題之特殊情形以為研究對像，情形既不一致，結果亦不易歸納，乏統一之價值，故問題法祇能用以處置特殊事實，而不能應用於一般事實。自然科學每持試驗以得某種現像之規律——自然律——其律每循一定之方式而變遷進展，或與某種情形相依為用，故其關聯與變率，每可用微積方法以求之，其變化之最高限度最低限度，及其在某時間時，某物體變動之程度如何，均可一一依法探得，依圖表之。至社會現象，則以各種社會情形複雜，且各種事實每有連帶關係，試驗某種事實，欲其不受旁的事實之影響，實無法以制止旁的事實之變化；故試驗法不能適用，而採用統計方法。統計原理根據大數變遷之事理，先將社會存在事實，加以分類之調查，取其例而表以圖示；然後觀其中心勢力之傾向事實分佈之狀況與其相互間之關係，每能覘社會變遷之傾向及因果善惡事實之關聯，而定社會改進之準則。當其圖表既成之後，其變遷傾向有所遵循，有時有一定之規律可循，若以代數式表之，則微積之術，間亦可應用，以求其變率與限度之大概，蓋微積者實能抉天地之精英，窺造物之奧妙，凡研究高深之學術，莫不應用之以闡求真理。吾校每年招生，數學素所注重，微積亦多習知之。惟現在本科四年內課程共二百四十餘學分，較之國內其他大學學士學分，已超出一半，時間已不夠分配，微積一科，認爲高深研究之工具，而非普通應用所需，故未列入課程，以免喧賓奪主。將來研究院成立後，當能加重於此，以求完美，惟目的在於應用闡發，若以習微積爲可矜，自視爲萬能，藐視精神與物質一切實際現象之存在，忘其收求探討之天職，則失其研究學術之本旨矣。

統計之爲學也，如僅欲有閱讀能力，或深切瞭解統計之意義，則最易方法，乃直用若干專門名詞，及數學之程式可矣。故對一般學生之有數學訓練者，教授統計學說與方法，莫不欣然聆悟，而有效率；準是以往，學生至少須具有治力學之數學訓練，進授統計，則可事半功倍，而收效圓滿也。且統計之方法與理論，極爲繁複，其高深處，卽知積分與初級微分方程者，亦不易領悟也。必也熟習函數與高級微分方程，方能領略統計原理之本質耳。

立芝克來爽教授 Prof. Rietz and Crathorne 曾說：『誠以吾人計劃所欲實現之目的，工作僅及初步，卽需此淵博之數學根底，如在作回轉綫 Regressive line 時則更需最小二乘方 Least Square 排列法，Determinant 及精密之積分 Definite Integral 多爲初學微積者所未習到；在用比例法及求近似總值時，卽需應用有限差；Finite difference 不然惟有擯此而不談耳。餘如級數輳合性，亦甚有用。有時此種級數，卽須一一用積分方法以求得其積數，惟此法之有用與否，全持輳合性之均勻。吾人因此卽感到解決問題，可有無數方法，惟需數學理解之助，』最近韋克失爾 Wicksell 曾有一文云：『吾人需要分數的微分方程 Partial differential equation 爲基礎』足見統計理論之研究，如欲探其本質精微，則必副以廣博之高深數學，亦彰彰明矣。惟尤有進者，則僅習微積之學生，未足以爲貫澈統計之專家。故學生縱有熟習微積之程度，實未能與以統計理論原則之領悟訓導也。

在初讀經濟與商業統計者，每觀日常問題之發生，謂必有一大部分之統計方法，及統計理論，不必有數學根底，亦可研究；有數學根底，固較易教學，惟對缺少數學根底者，謂卽無教授之可能，亦未足深信，如某時期，多數學生屬經濟與商業二系時，缺少高等數學之訓練，則教授方法，自將特別講究。使學生有統計之日用智識，與現代研究之工具。如教法不能改良，則非於數學有相當研究，進習統計，必難開卷有益，已成明顯之事實。此種注重數學，以完成統計教育之辦法，不僅數學家與少數有研究統計興趣者所贊同，且據造就經濟商業統計人員之經驗，亦頗感此種缺陷，教者縱十分辛勤，授以統計應用智識，終覺對有限之數學訓練，有補習之必要耳！譬如現代工程教育，數學爲主要訓練，故對於基本數學，十分注重，現代工程師，平均之智慧，實遠勝於前代，因事實上，現代許多工程問題之解決，雖未必需要非常之腦力，及特殊之思想訓練，以解決其繁複，然數學首占重要。且現代之教育制度，將造成多數之工程人才，方堪以勝任繁劇而有效，或爲高等職業之領袖人才，統計之地位，類似工程，故宜與學者以適當之訓練，使能應付實用統計問題。同時須設法有定數之精深專家，以爲解決特別難題之助，並指導高等職業之進步，若担任初級統計教授，在使大部分學生得到應用所需適中之智識，目的至爲明顯，惟所懸而不決者，仍爲學生學習統計以前所應具數學程度之一問題耳。數學對於個人之思想行爲，確有鉅大之影響，簡言之，可有二端：(一)數學爲智慧之鎖鑰。(二)數學之訓練能使思想有步驟，有條理。有數種學科，如統計等，每持一定之數學方式，助以解決，必較漫無方法者，爲有效而敏捷也。且有時特殊之數學方法，往往爲解決特殊問題而著名，專精的數學家，恆具整飭智慧之工具，可隨時應用以解決難題，而得圓滿結果。記號與數學所存之關聯，每能滲透深刻理解之訓練，而得羅輯方法之捷訣，捨短取長，尤爲數學家之特長，而大有價值於研究學術者也。而精密之思考，使與數學之原則一致，則尤非於數學素有根底者不爲功，觀獨納氏 Donald R. Belcher 所著數學與物理一文，更覺數學訓練影響心意之一般。現代教育，實無其他方法能收訓練思想與養成想像力之效，用數學所得之智識，不論其是否應用公式，能使人深信其結果之不錯，此種準確之智識，與理解方法所得之結果，苟非將假說之真相，爲明確之研究，必堅信原有觀察而不疑。且數學每多教以特殊與一般之通則，如無適當之根據，不敢遽下結論，一切推演均可一一試證，同一問題，尤可用多方以解決，實用之統計家，如兼爲數學家，必常用數學方法，其思想每受數學意識之暗示，避免無謂之分析，與錯誤之理解，此種由習數學所開發之心意，亦爲統計專家所必須，雖欲習初級統計者，僅持代數與對數亦能瞭解，惟此有限之數學根底，未必有充分之智慧力足以領略統計之專門學問耳。故有代數訓練，閱讀能力，如研究經濟商業等等，則對初級統計未始不可教授，惟對代數之各項定理，如對數二項定理，複分數根等原則，直線，曲線，及簡單的超然式之圖示法，排列法，連合法，互換法，高次方程，及圖示分數的分方程式，均須熟習。以上所述各節，雖均屬須要。惟較之能用微積者，則轉屬次要耳。現爲初學者便利起見，所增加之代數訓練，未必均爲必要，惟大小代數之基本訓練，如對數等，則絕對需要。學生如有數學基礎與普通閱讀能力，進究經濟商業統計，尚屬可能，

美國航空運輸之發達

（叔龍）

自一九二六年至一九二九年，四年間，美國空運事業之發展，極爲迅速，頗值得吾人之注意，茲將概況列表如左：

	一九二六年	一九二九年
搭客人數	五，七八二	一五〇，〇〇〇
郵件運送	八一〇，〇五五鎊	七，七〇〇，〇〇〇鎊
航行里程	四，二四〇，四〇七英里	一六，〇〇〇，〇〇〇英里
航空公司	一八	三五
航線	一八	九七

鐵道國有論

錢　益

鐵道國有，殆最近鐵路界中之一大問題也。良以鐵道事業範圍廣大，而其影響國計民生，尤偉且鉅。經營良窳，社會利害隨之，其關係於一國實業之發展，商業之興盛，民智之啓發，以及國防之鞏固，要非普通企業之所可得能比擬也。雖然，欲求其經營之完善，當取其管理之嚴密，而嚴密之管理，尤繫於健全之制度。考近世鐵道制度，約略言之，可分爲下列數種：

甲國有　如德，意，澳洲等國鐵道是，

乙國有私營　如墨西哥鐵道是，

丙私有國營　如昔之意國鐵道，大戰時之美國鐵道是。

丁私有　如英美等國鐵道是。

戊國私混合　如我國及法比等國鐵道是。

上列分類，足以統括近世各國鐵道之制度，就中乙丙二項，（國有私營及私有國營之制）因政府與私人間之契約，每難期其完善，故採用之者，似不多覯。戊項國私混合制，則境內所有鐵道，國私兼備，除我國及其他少數國家外，他國採用之者甚鮮，故此五種制度之中，其採用最普及，而其成積最卓著者，厥推甲丁兩種制度。德意二國，以鐵道國有國營，得稱霸於全歐，英美二國，則以鐵道私有私營，得躍居世界鐵路事業之首席。此數國者，所採用之制度雖不同，然國內工商事業，均藉制度之適合，遂得能突飛猛進。取途雖異，所歸則一。是鐵道國有私有制度，固各有其所長，談鐵道者，正未可以不顧一切，從而武斷也。雖然，自十九世紀以還，鐵道國有之聲浪，頗喧囂於一時，迨夫歐戰告終，又復漸趨於沉寂。一般研究鐵路學者，因情形之懸殊，所見遂亦紛歧。鐵路究應國有，抑應私有，時至今日，蓋爲世人所公認爲一大問題矣。吾人誠能將此二種之制度，加以理論之探討，事實之研究，反覆比較，詳細分析，就中權衡利害，得一結論，期解決此問題於萬一，其亦斯篇之本意也乎。

國有私有，利弊並見。從事研究，非一言一語之所能統括，嚴密比較，當於下列各點中始能得之：

一經營之本意
二管理之效率
三政治之影響
四勞工之待遇
五運價之厘訂
六證券之價格
七政府之監督
八各國之現狀

今請依序申說於次：

一 經營之本意

鐵道事業，本意有二：一爲公衆謀幸福，是曰公用事業；一爲本身求利益，是蓋無異於普通之企業。惟其含有公用性質，故曰運價必須求其低廉，設備必須求其周全，勞工待遇，務須期其增善，社會人民，務須輕其担負；然亦惟其類似私有企業，故主持鐵道者，每冀其運價之提高，設備之廉省，工資之低微，以求得最大之利益。因此二層本意性質之迥異，遂發生絕對相反之現象。鐵道國有，其經營本意，自趨重於前者。私有鐵道，因類似普通私有之企業，故其經營之本意，前者究不若後者之爲重。視此國有私有制度，其經營本意，固絕對不相同也。

以鐵道經營之本意而言，國有制度，當較私有爲良。蓋鐵道之建設，既受社會之扶助，（如土地之收買，勞工之供給）故其經營之本意，究宜以社會謀幸福爲前提。持國有說者，因而力主國有之議。蓋鐵道國有，社會當必蒙其利益，其利益凡四：

1. 運價得能低廉也。 私有鐵道，苟獲有盈餘，必將此盈餘，分派於私人，此私有企業之原理也。國有鐵道則不然，鐵道既屬國有，政府卽爲股東，政府既受托於人民，其目的當在造福於人民，決不在謀些微之利益，一切之收入，當期其適足補償一切支出而已。遇有盈餘，政府當卽減低運價，間接卽以此盈餘交還於人民。貨運運價若減低，則是生產激增，社會當可蒙物價低廉之利益；客運運價若減低，苟所減者爲鄉村客運運價，則社會人民，遷移鄉村而居者必多，城市區域，因可免人口擁擠之現象；苟所減者爲長途客運運價，則社會人民，當可多獲長途旅行之機會，既可啓發其智識，又可互通其風俗，其貢獻於國計民生，誠非私有制度之得能及也。

2. 設備得能增進也。 國有鐵道之盈餘，卽不用以減低運價，亦可用以增進設備。夫鐵道既爲公用事業，則其服務於社會者，自當期其周密與妥全。社會因鐵道經營不善，致蒙極大之損失者，厥惟兩端：貨車缺乏，致運貨者每因之而蒙損失，其結果必至貨物價值抬高而後已。貨價既高，社會卽受其累，此其一。行車設備，（如壓氣制動機，行車信號等）未臻完備，使車輛行駛，屢發生危險，社會人民，以及鐵路員司，因而時遭不測，此其二。凡此二端，實爲鐵道之通病，時爲公衆所詬訾，尤以私有鐵道爲甚。今若鐵道國有，則所獲盈餘，政府當可用以多購車輛，以應社會之需要改良設備，以減行車之危險。較之私有鐵道，當可易舉也。

3. 員司待遇得能改良也。 欲期鐵道營業之發達，當先謀鐵道員司之舒適，此人事管理之所見重於現今鐵道管理也。鐵道茍屬私有，則管理當局，傾其全力以求最大之盈餘，員司待遇，不惟不加以增進，抑或任意剝削，時加摧殘。坐視鐵道人員，感待遇之苛刻，因時發生罷工怠工等事，使社會間接蒙其損失。鐵道既歸國有，政府既不斤斤於利益，自能爲員司謀幸福；工資之增加，工作時間之減少，工作狀況之改良，以及其他種種，有利於員司之設施，凡此數端，均足以增進員司與政府之感情，藉以獎勵員司等之服務，使社會亦蒙其利益，此亦國有制度之利也。

4. 社會負担得能減輕也。 政府收入，全賴一

國之稅收，而此等稅收，率皆取給於人民。今鐵道國有，政府自可將其一部之盈餘，用諸其他公共事業，不必再徵之於人民。是則國有鐵道制度，當可減輕社會之負担，其理殊顯。雖然，是不可一概而論也。原夫國有鐵道經營本意，既在謀社會之幸福，則不宜求盈餘之增加。善經營之政府，當求其所入，適償其所出而已。且鐵道盈餘，原取之於鐵道之顧客，今若將此盈餘，用諸其他公共事業，則是不啻犧牲少數有關係人之利益，而謀多數無關係人之幸福。如是措施，殊難期其公允。不啻惟是，鐵道既歸國有，則應納之稅，自當豁免，是則徒使政府之收入減少，其結果必仍復取之人民而後已。是吾人當研究國有制度得失之際，不可不加以相當之注意也。

二 管理之效率

以管理之效率，而權衡國有制度之得失，論者

每感意見紛歧，莫衷一是。主其說者則謂鐵道國有，其結果因競爭之減少與夫經費之節省，使管理上得臻最大之効率。反是說者，則謂鐵道苟歸國有，因政府經營之不善，求利動機之缺乏，故其管理效率，反不若私有制度之偉大。孰是孰非，殊難斷言。茲請將此二說之意見述之於下：

主國有說者，僉謂經營之結果，可收下列之成效：

1. 借欵低廉。 鐵道建築，無時或已，不論何時，必須有鉅大之欵項，以改良及增進原有之建設。借欵之利息，原視乎鐵道之信用。國有鐵道，信用自較私有鐵道爲高，故國有鐵道，向外借欵，自較私有鐵道借欵爲廉也。

2. 管理統一。 管理統一，亦爲鐵道國有之特效，一切行政，皆探之於政府，於是機車機廠，得以綜合，貨運里程，賴以縮短，重複設備，既可免除，鐵道用具，又可劃一，廢除各鐵道公司間之關係，冗贅人員，遂可從中裁撤，增進鐵道與政府之連絡，公用事業，因之益形發達。凡此種種，均國有鐵道顯明之利也。

3. 毋須監督。 私有鐵道，政府必須嚴加監督，此爲私有制度之不二原則。因政府之監督，故所費殊堪驚人。美國之監督機關，聯邦商務委員會，卽其一例。誠能使所有鐵道均歸國有，則是鐵道與政府，既聯成一體，自無須再有監督之必要。以是一切調查各案用費，監督官吏薪給，訴訟案件，罷工情事，當可減少，其貢獻於社會之處，良有以也。

反對國有說者所持與前迥異。綜其所言，不外下列各點：

1. 缺乏人才。 鐵道管理，爲專門之技術。業此者，非有充分之學識與經驗，斷難期其經營之完善。

私有鐵道，因以獲利爲目的，故不惜糜費鉅款，以羅致此項之人才。國有鐵道則反是，既無競爭之束縛，又無獲利之可言，管理之權，自必操諸政府之手。執政人員，其中具有優越才能者，殊不多見。且也鐵道既歸國有，政府爲經營效率計，當必綜合各綫以成一大系統，此大系統之管理，較諸單綫之管理，其難奚止十百倍。如此重大責任，誠欲付之彼碌碌之政府官吏，管理之效率，固猶一問題也。

2. 人才難用。 非才之難，所以求用之實難。自古至今，成爲定列。鐵道用人，何獨不然。國有鐵道，用人之權，當必操諸政客之手，以是權高者總攬全局，勢盛者屢握大權，鐵道用人，一憑政治上之權勢爲依歸。以是鐵道因所托之非人，每遭極大之損失，庸碌者流，既得濫尸其位，真正人才，反而屈居其下。此種情形，徵諸各國實例，在在可見。是則國有經營，反不若私有爲愈也。

3. 行政迂緩。 鐵道既歸國有，行政自必集中，庸詎知鐵道事業，其範圍遠廣於普通私有之企業，誠非少數人之所得獨攬。故欲求經營之完善，首當賴有嚴密之組織。雖然，鐵道業務發展固基於此，而阻障亦基於此。良以組織既繁，一令之行，必須歷轉曲折，課別既多，殊難收手臂之效也。例如車輛調度，原係隨機應變之事，爲站長者，惟求其迅速而已。今乃條例苛嚴，手續浩繁，站長調車，苦受牽制，因施行之迂緩，坐使車輛能力耗費，鐵路營業因受損失，此殆亦國有制度下之一疵也。

4. 因循辦事。 私有鐵道，其目的既在謀利，故對於服務人員，皆有嚴密之督率，陟黜臧否，務期其服務項真而後已。至若國有鐵道，經營本意既異，督率職員之方法自不同。每有以職員在位之久暫而決定其升遷。於是服務人員，率皆得過且過，更不復有積極改良之意志。所兢兢者，惟恐其位置之不永久耳。此種因循辦事之惡習，實爲國有制度之通弊。

5. 難期發展。　宇宙間凡百企業，必須有不絕之發明與改良，然後始能求其進步。鐵道事業何獨不然。世界自有鐵道以來，遞嬗迄今，其間蓋經過不少之改革；始獲有今日之效果。而此種改革之可能，原皆基於各鐵道私有之國家。吾人試一讀世界鐵道發達史，可知鐵道之能得有今日，英美各鐵道私有之國家，實有以造成之。彼日耳曼人，才非不足也，力非不逮也，然於鐵道事業，絕少貢獻，其誰使之。亦惟因鐵道國有，私人發明，絕少獎勵使然耳。

6. 政治影響。　國有鐵道，每易受政治之影響。關於此層，當於後文述之。惟其爲政治所牽制，故舉凡一切之設施，難免有倒逆之趨勢。吾人苟徵諸實際情形，當可知斯言之不謬。如鐵道財政之紊亂，服務人員之歧視等等，凡此數端，皆足予鐵道營業上一絕重大之打擊，斯亦國有制度下之一弊也。

國有鐵道，其爲害既如斯，故其經營本意雖正大，然結果必發生巨大之耗費。果若是，則運價何從減輕，設備何從改良，工資何從增加，卽有之，亦必取之人民，其結果徒增人民之担負而已。此反對國有制度者有所持之論也。

三　政治之影響

鐵道與政治，其間關係頗爲密切。良以鐵道事業，足以左右一國之實業，政府非從中加以主持或監督，則難期其造福於社會。雖然，持之過嚴，固足以妨礙鐵道之發展，然縱之過寬，反足以養成驕恣之惡習。此政治一層，亦爲國有私有二說者所爭論之問題也。

持國有說者，謂欲免去一切營私舞弊賄賂當局之惡習，其根本辦法，當自鐵道國有始。鐵道既屬國有，則成爲國家事業之一種，管理人員，卽國家之人員，種種設施，卽國家之設施，其中一切與政府之瓜葛，當可消除殆盡。觀夫私有制度之惡習而益信。私有鐵道，因競爭之結果，各鐵道公司，每竭其智力，以籠絡政府官吏，冀獲得最惠之權利。於是賄賂金錢，贈送股票，妄施折扣，濫發免票，諸如此類，雖糜款至鉅，亦無吝色。以致片面法律，得以施行，鐵道運價，賴以提高，使社會民衆，蒙莫大之損失，此蓋爲私有制度下不可免之現狀。誠能將鐵道收歸國有，政府行政人員，一因凜於社會之輿論，復因感於收入之有限，（如鐵道所得稅之豁免等）自必兢兢於經營，斷不復有賄賂之惡習。經營效率既得增加，鐵道信用又得提高，裨益民生，造福社會，計良得也。

主私有說者，所持適反。據此派之理論，則謂鐵道國有，僅足以使鐵道公司超越政治之影響，終未能使鐵道本身超越政治之影響。試觀各國有鐵道，其中重要人員，何一非政府所委派。鐵道建設，何一非由政府所決定。因受政府之委派，故各職員，難免有聯絡政府之嫌。因受政府所決定，故一切建設，每皆憑個人意志爲依歸。抑尤甚者，政府每將巨款，不用以改良及添設路軌與車輛，反用於私人無謂之消耗，以是每年糜費，視私有鐵路爲尤甚，此國有制度一不可掩飾之弊也。

四　勞工之待遇

鐵道事業範圍既廣，故所用之勞工亦特多，勞工待遇問題，亦國有私有兩制度爭論之焦點也。倡鐵道國有說者，咸謂鐵道苟歸國有，則勞工之待遇，當必改善無疑。舉凡工資之增加，工作時間之減少等等，惟政府始能爲此。是以國有鐵道，罷工情事，發生絕少。鐵道既得免業務之停頓，社會因亦蒙間接之利益，是皆國有制度所賜也。

雖然，國有鐵道，誠能改善勞工之待遇，惟其結果，適足養成私惠之惡習，此主私有說者所持之理由也。勞工待遇之改善，於國有鐵道之下，非創之於國會，卽出諸於管理當局。因國會有解決勞工問題之權，故國有各國，每當大選之時，難免有利用勞工以壯聲勢之舉。鐵道勞工既多，果能設法引爲己助，則選舉獲勝，當可操左券。於是一般野心政客，於大選之前，每倡改善待遇，增加工資之高調，期博得鐵道勞工之同情。是則鐵道勞工，不啻爲政治之傀儡，所謂增加改善云云，徒爲少數野心家之口號而已。

改善之權，設操諸鐵道管理當局，亦足以造成管理當局傾向勞工之局勢。何以言之，蓋私有鐵道，既以營利爲目標，勞方之要求，尚可公然拒絕。今鐵道既屬國有，勞工卽佔優勝之地位。於是管理之申請，過分之要求，接踵而至，管理當局，既未便公然拒絕，反抱凡事遷就之態度，冀得避免公衆之抨擊。又可保持一己之地位。此種情形，徵諸鐵道國有諸國，當可得處處之證明。是則改善勞工待遇，不論其出諸國會或當局，其足造成勞工驕奢之地位，殆無疑義也。

以言罷工問題，則主私有說者言曰，鐵道國有，雖足以減少罷工之次數，然終未能弭患於無形。蓋勞工要求，誠難饜望。苟政府不能處處容納勞工之要求，則罷工等事，固可隨時發生。國有制度，是未必較私有爲優也。雖然，鐵道國有，則政府處置勞工問題，其效率自較私有鐵道公司爲大。蓋政府權力，既較大於各鐵道公司，且能藉國家之法律，以限制勞工之舉動。觀夫國有事業，如郵電等，其罷工情事，遠少於私營企業，是皆國家能善處罷工等事之一明證也。

五 運價之厘訂

鐵道運價，論者每以公允爲前提。公允云者，係指社會公衆及鐵道本身二者而言。公允之運價，不惟使社會蒙其利益，抑能使鐵道本身足以償付一切之開支，此鐵道運價厘訂之原則也。運價如何能使鐵道得充足之收入，此係一大問題，茲限於篇幅，未便詳述。今所欲論者，卽運價應如何厘訂，使社會公衆，得其公允。考諸鐵道一切運價，每因競爭之劇烈，輒發生歧視之景象。或則運價屢次變易，致不能有穩固之收入。此種情形，於歐美鐵道，屢見不鮮。運價問題，蓋亦國有私有兩制度爭論之點也。吾人苟欲明其理由，可於下列三點中見之：

1. **人的歧視。** 鐵道運價之歧視，其根本原因，卽爲競爭。競爭愈烈，運價愈歧，而以人的歧視爲尤甚。同一貨物，運送至同一里程，甲所付之運費，反比乙所付者爲高。於是鐵道徵收運價，不以生產力反以私誼爲標準。此種現狀，不公允孰甚。誠能將各鐵道使爲國有，政府徵收運價，旣不復受競爭之束縛，自必以公允爲前提。所取運價，不論何人，均皆一律。夫然後公允可得實現，運貨方面，旣可免除一切爭執，鐵道方面，亦無復有運價時易之麻煩，此國有說也。

言私有鐵道者，則謂此種歧視運價，雖可於國有制度下，得能有相當之制止。然若謂欲弭患於無形，非國有不能者，則殊未可以爲信。蓋私有鐵道之運價，苟政府能加以嚴密之監督，良善之法律，以限制彼等之競爭，獎勵彼等之聯絡，冀得減少競爭之可能，則運價人的歧視，亦可從而消弭。法國鐵道，雖屬私有，然各鐵道，均爲分區獨佔，故既無競爭之可言，遂無歧視之現象。英國鐵道，自私有競爭時代轉爲私有獨佔時，運價歧視現狀，亦已減少，即在競爭劇烈之美國，鐵道因有嚴密之監督，故運價歧視程度，當不復如前之甚。然則歧視運價，固未必國有鐵道始克消弭之理，當可明矣。

2. 地方歧視。 私有鐵道，因競爭之驅使，故其運價，不惟發生人的歧視，抑亦發生地方的歧視。例如同一貨物，運至距離相等之二處，運往甲處之運費，反較運往乙處者爲高。蓋乙處所在，非爲該鐵道之所最惠，（如鐵道職員於該處有特殊利益時，）即爲商務輻輳衆所並爭之區域。此種地方的歧視，其不公允之現象，直不亞於人的歧視。且貨物運至大城市，其運價既廉，其結果必足以加重城市擁擠之現象，此蓋自然之趨勢，未容以人力得能挽回者也。主鐵道國有者，遂謂國有鐵道既無競爭之可言，則此等地方歧視，當可一概消滅，政府釐訂運價，自當斟酌情形，務使鄉村僻壤，得能獲低廉運價之利益，城市擁擠現象，當可減少，而鄉村實業，又可藉此發展，一舉兩得，計莫過於此也。

國有制度，雖可制止地方之歧視，然一切運價釐訂之權，皆操諸於政府。主私有說者，遂謂長此以往，不啻將商業之歧視，轉變爲政治的歧視耳。其名稱雖異，而同爲歧視，固無容置辯也。不寧惟是，私有鐵道自有其過去特殊之成績，如美國鐵道運價，經數年來聯邦商務委員會之經營，始得有今日之著效，今設一旦歸爲國有，則不惟將前功盡棄無餘，且自後鐵道運價，當一惟政府意志爲依歸，運價前途，寧堪設想。此私有鐵道度制之所以不可遽爾廢止也。

3. 運價固定。鐵道國有，則運價藉此而固定，得免變動之不便，生產者因是得有較安全之保障，而安心從事於生產。其結果使社會得享有物價低廉之利益。此國有制度之利也。

雖然，鐵道國有，能使運價固定不變，私有鐵道亦未嘗不能也。誠能由政府加以相當之監督，鐵道公司，苟能早自覺悟，則運價亦能日趨固定，固未必國有後，始克臻此也。且也運價一旦固定，其究能稗益於國計民生與否，殆亦不無疑義。蓋運價雖期其穩固，然尤貴有伸縮。蓋鐵道徵收運價，皆以運輸能力爲原則。運輸能力既時時變動，鐵道運價，自當脗合環境，隨之更易。不然者，運價苟不失之過高，卽失之過低。過高則有害社會，過低則有損鐵道，此運價貴有伸縮之理也。例如固定運價，每依路程距離之遠近，以定運價之高低，然按諸實際情形，長距離之運價，必較短距離者爲廉，俾使生產區域，得能擴大，生產效率，藉此激增，鐵道社會，兩蒙其益，此鐵道運價之遞遠遞減原理之可貴也。

六 證券之價格

夫證券之種類不一，有政府之證券，有省縣之證券，有公用事業之證券，有普通實業之證券，名稱繁多，殊難枚舉。就中以政府發行之證券爲最可貴。蓋政府之信用與能力，自較其他發行者爲高大，故其證券之價格，鮮有漲落靡定之現象，使社會絕無投機之可能。鐵道苟歸國有，則一切證券，皆由政府所發行，卽成爲政府之證券，價格既較固定，投機又可杜絕，其稗益於國民經濟，誠匪淺鮮。故曰欲求鐵道證券之完善，鐵路財政之鞏固，當自鐵道國有始。此國有說者所持之論也。

雖然，鐵道證券價格之變動，固於鐵路私有制度下爲較彰，然苟能加以嚴厲之監督，則私有制度，亦未可因之而厚非。如或不信，請以美國鐵道證券證明之。在昔嚴密監督未施時，美國各鐵道證券固時有變動，然自一九二〇年愛煦哥明法（Esch-Cummins Act）通過以後，鐵道證券之價格，遂日趨穩固，然則證券價格之穩固，不僅見諸於國有制度，抑亦見效於私有制度也明矣。

七　政府之監督

私有鐵道，須受政府嚴厲之監督，斯殆一不容置辨之原則。原夫鐵道爲公共之事業，亦爲國家交通之命脈。鐵道國有，則無論已。苟屬私有，則欲免私人之操縱，求其造福於社會，非賴政府監督不爲功。雖然，政府果能施行監督耶。卽或果能施行監督，究得何種之效率耶。是皆不無疑義，蓋私有鐵道，經營者每利用種種之方法，以巧避政府之監督；或籠絡政府人員，或購買監督官吏，甚或公行賄賂，抗違命令，務期政府之監督，不爲已害而後已。若是則私有鐵道，反不若收歸國有之爲愈，此國有說也

主私有說者，則所持迥異。據若輩之所言，國家監督私有鐵道，殊未可認爲完全失敗。溯自美國聯邦商務委員會成立以來，關於一切鐵路行政，均有詳細之規定，從中監督，成績卓著。雖或失之過嚴，難免有阻礙鐵道事業之發展，苟能逐漸改良，寬猛並濟，則鐵道事業之前途，抑或超國有制度而勝之，殊未可一概抹煞而論也。

八　各國之現狀

國有制度理論上之利害，前已分述之矣。今請臚列各國鐵道之現狀，作一實際上之研究。

據戰前德國鐵道管理處之調查，一九一三年

各洲鐵道之里程如下：

一九一三年各洲國有私有鐵道里程統計表

洲名	鐵道里程			里程百分率	
	國有	私有	合計	國有	私有
歐洲	115,369	99,644	215,013	53.7	46.3
亞洲	44,010	23,150	67,160	65.5	34.5
美洲	28,045	325,994	354,039	7.9	92.1
非洲	16,458	11,058	27,516	59.8	40.2
澳洲	20,391	1,517	21,908	93.1	6.9
總計	224,273	461,363	685,636	32.7	67.3

就上表而言，一九一三年世界鐵道，其中國有鐵路實佔其大多數，設美國不計，則國有鐵道當佔
佔32.7%，私有則佔67.3%，然私有鐵道之中，美國52.1%，而私有鐵道僅佔47.9%，今更證之以下表：

一九二〇年各國國有私有鐵道里程統計表

國名	鐵道里程			里程百分率	
	國有	私有	合計	國有	私有
波蘭	7,295	—	7,295	100	—
拉太維亞	1,829	—	1,829	100	—
布加利亞	1,581	—	1,581	100	—
羅馬尼亞	2,350	38	2,388	98.4	1.6
德意志	34,689	1,230	35,919	96.6	3.4
新西蘭	2,996	138	3,134	95.6	4.4
暹羅	1,376	65	1,441	95.5	4.5
芬蘭	2,499	186	2,685	93.1	6.9
意大利	8,761	980	9,741	89.9	10.1
澳大利亞	23,147	2,089	25,956	89.2	10.8
挪威	1,748	289	2,037	85.8	14.2
印度	31,283	5,746	37,029	84.5	15.5
土耳其	1,200	231	1,431	83.9	16.1
南非合衆國	9,542	1,933	11,475	83.2	16.8
墨西哥	12,795	3,415	16,210	78.9	21.1
俄羅斯	37,800	11,281	49,081	77.0	23.0
秘魯	1,385	599	1,984	69.8	30.2
奥加利亞	2,661	1,270	3,931	67.7	32.3
日本	6,202	3,016	9,218	67.3	32.7
埃及蘇丹	2,705	1,676	4,381	61.7	38.3
捷哥斯拉維亞	5,105	3,392	8,497	60.1	39.9
比利時	2,759	1,890	8,649	59.3	40.7
中國	4,001	2,835	6,836	58.5	41.5
智利	3,125	2,270	5,395	57.9	42.1
加拿大	22,673	16,711	39,384	57.6	42.4
瑞士	1,788	1,533	3,321	53.8	46.2
希臘	775	695	1,470	52.7	47.3
荷蘭	1,238	1,151	2,389	51.8	48.2
丹麥	1,287	1,407	2,694	47.8	52.2
匈牙利	1,868	2,514	4,382	42.6	57.4
巴西	6,872	10,734	17,604	39.0	61.0
瑞典	3,407	5,880	9,287	36.7	63.3
葡萄牙	712	1,334	2,046	34.8	65.2
阿根廷	4,136	19,020	23,156	17.9	82.1
法蘭西	5,641	27,641	33,282	16.9	83.1
西班牙	—	9,538	9,538	—	100
英吉利	—	23,724	23,724	—	100
美利堅	—	55,180	55,180	—	100
總計	259,231	222,359	481,590	59.3	40.7

一九二〇年，各國凡有鐵道一千里以上者，計三十八國。其中國有鐵道較私有鐵道多者，凡二十八國。私有鐵道里程較國有鐵道爲多者，僅十國。其中鐵道完全國有者，有三國。完全私有者，亦凡三國。至於我國鐵道，公私兼備，惟國有鐵道，其里程自較私有爲多，雖此中所載，或異於實際情形，然相差究屬無幾，爲研究計，固未必求其十分精密也。

觀夫上列兩表，足知各國鐵道，泰多皆爲國有，持國有說者，遂引以爲提倡國有之理由。蓋非有實際特殊可取之處，國有制度，決不得有若是之風行。不特此也，現今世界各國鐵道，其趨勢皆漸傾向於國有，試以下列事實證之：

一八九八　瑞士人民，公決鐵道國有政策，瑞士政府，於一九〇一至〇九年，遂購有全國主要路綫。

一九〇五　意國政府，實行國有國營政策。

一九〇六　墨國政府，購買大多數私有鐵道公司之股票。　同年日本通過國有政策提案。於二年中，各主要私有鐵道，均由政府收回。

一九〇九　法國六大幹綫中之西部鐵道幹綫，由法政府購回。

一九二〇　希臘原僅有私有鐵道計九九九里，至是年已增至一四七〇里，此中過半數，均由政府所有。　加拿大於一九一三年，國有鐵道，僅有一七七一里。至是年已增至二二，〇〇〇里。現私有鐵道中之較爲重要者，僅 Canadian Pacific 一路而已。

一九二三　美政府於阿拉斯加境內所建約五百里之鐵道，於是年竣工。

誠如上表所言，吾人可知國有政策，已爲世界鐵道必傾之趨勢。其制度本身之優點，自不言可喻矣。

雖然，以上云云，亦未能使私有制度主張者緘默也。夫一國有一國特殊之狀況，因情形之特殊，遂有不同之制度。德與各國，誠足爲國有制度之懿範矣，獨不思及採行私有制度之英美各國乎。英國爲鐵道建設最早之國，然迄乎今日，全部鐵道，固仍屬私有也。美國鐵道，其里程之綿延，經營之良善，管理之嚴密，與夫營業之發達，非他國之所能及，然一切鐵道，何一非爲私人所有。如是則國有私有制度，惟一國之情形而得定之。德與以國有而强盛，英美藉私有而稱雄，談鐵道者，未可一概而論也。

國有制度實行之條件

國有制度利害，並見上既詳論之矣。是故營之妥善，足以裨益於民生，造福於社會，然偶失於經營，則是鐵道本身，既受其害，社會公衆，亦蒙損失。利誠多而弊亦復不少，此當局不可不詳加審慎者也。雖然，國有制度，誠欲付諸實施，是必須有后列數先決條件，斯能收其利而袪其弊：

（甲）管理人員，當一以才行爲任選之標準，擇其學識經驗充富而品性忠良者任之。薪給不妨從豐，俾得獎勵其服務能力，其地位更須有切實之保障，不受任何勢力之支配，庶得安心從公，而無惴惴之顧慮。

（乙）職員勞工，當須待之以公允。工資既不可過微，工時亦不可過長。凡一切政府會議，當有權得派代表出席，使不良待遇得能訴諸公衆，因得逐漸改善。夫然後各人皆能安心樂業，儘量發展其原有技能，以服務於社會。

（丙）鐵路營業，當絕對隔絕政治之影響。鐵道雖屬國有，然政府僅能以監督地位自居。斷不可干涉其中營業。一切鐵道問題，當由鐵道本身解決之。政府僅能於必要時，與以相當之援助而已。

(丁)鐵道財政，當絕對獨立，決不可與國家財政混合。蓋鐵道原爲公用之事業，取之於公衆，自當還之於公衆。故遇有盈餘，當用以減低其運價，或增進其設備。苟爲政府所攫奪，是不啻將一般人民納稅之責任，加諸少數鐵道顧客之身而已。

(戊)鐵道當局與公衆，當有密切之聯絡。或組織聯合委員會，或儘力接受人民之建議，庶運價得求其公允，設備得臻於完善。使鐵道營業能發生最大之效率。

(己)接受公正之輿論，服從社會之指導，使鐵道之設，專爲人民謀幸福。蓋政府之意見每失之過偏，誠能採納社會之輿論，當造福人民不淺也。

上列六條，爲實行國有制度時之必要條件，欲求國有制度經營之完善，當必視此數條件爲依歸，否則任意從事，漠不經心，其結果徒致流弊百出，民衆怨尤，反不若私有制度之爲善也。

結論

鐵道一公共事業也。欲其經營良善，稗益民生，當必須有完善之制度。國有私有，孰優孰劣，殊非一語所能盡答。蓋國有有國有之利，亦有國有之弊，私有有私有之利，亦有私有之弊。持論者每惑於片面之理解，致造成莫大之錯誤。誠欲解決此問題，是必須審時度勢，詳加考慮，要非一時之見所能著效者也。國有制度，大體言之，自較私有制度爲完善。然欲期其實施，當恃乎下列三大原則：

(甲)一國經濟之狀況如何。　一國之經濟狀況，實爲選擇之第一原則。國中實業發達，民力充足，則鐵道之建設，儘可由人民任之。苟或民生凋敝，無力敷設，或建築之後，盛衰難定，則國有制度，當須採行，政府當自膺此重任，藉以發展原有之財力。

(乙)一國社會之需要如何。　一國之社會需要，實爲選擇之第二原則。國境廣泛，亟賴鐵道從中聯絡者。政府當採取國有制度。如西伯利亞鐵道是。因地方之特殊需要，亟賴建設鐵道以促現者，政府當採取國有制度。如加拿大之建設鐵路，用以接連美國市場是。因治安之必要，而覺鐵道敷設不可或緩者，政府亦當採取國有制度。如德意志鐵道是。

(丙)一國政府之效率如何。　一國之政府效率，實爲選擇之第三原則。曷言乎效率。曰，是有賴於下列三點：

(子)政府本身之組織。　政府之組織，苟爲集權制，則易採取國有制度。反之則須採取私有制度。故專制之政府，國有政策，自屬可行。反之共和政府，欲求偉大之效率，當須採取私有政策。

(丑)職員委任之方法。　政府委任職員之方法，苟不幸以私惠爲標準，則所委職員，自必無良好之成績。此種現象，必不能採用國有政策。反之，職員之選任，以個人才能爲標準時，國有制度，自較私有爲善也。

(寅)在職人員之獎勵。　鐵道人員，其中才能優越，成績卓異，苟政府設有條例以獎勵職員之勤勞者，當可採行國有制度。反之職員服務，毫無獎勵之標準，則國有制度，反不若私有鐵道爲完善也。

上述三大原則，或可解決國有私有之爭執。誠能得讀者指正之，其亦作斯篇之本意也乎。

鐵路之重複報運業務

—Reconsignment—

劉應騏

(一) 引言

今日中國之鐵路，僅與水道運輸以及其他舊式運輸工具稍有競爭；但在實際方面，殆已壟斷所經區域內之一切貨運。故其供給大宗特別業務及特別權利之需要，極其鮮少。至於美國，則有相反之情形。近年來，美國鐵路大受平行路線劇烈競運之影響，以致各路給予寄貨人或收貨人之特別業務及特別權利，均日見增加。

所謂特別業務及特別權利，係與鐵路已收運價必須供給之普通中途業務及終點業務分別而言。前後二者之性質，固屬不同，卽其功用，亦各有異。車輛爲裝卸整車貨物在公共支軌相當地點之停放；零車裝運貨物在貨棧之受授；貨車在起點及終點間之轉運；貨物到站通知書之遞送；車輛之視察；甚至若干進展貨運業務之完成——例如提前運輸，捷運，聯運等等；牲畜及鮮貨快運業務之經營，以及商品聯運或包件車輛之營業；鐵路均已視爲尋常貨運業務，並不另外征收特別運價。至於特別業務之供給，其中雖有多種，不於運價之外，另多收費；但在近十年內，已有一種趨勢，卽是在規定幹路運價中所注意之尋常貨運業務，與可以另外加價，並在許多地方業已實行另外加價之特別業務，各有不同之點也。

美國鐵路之特別業務及特別權利，概分兩大類：(一)特別中途業務，(二)特別終點業務。前者係指一切特別業務，僅在運輸中途供給者而言；後者包括所有特別業務，僅在原輪起點或最後鐵路終點供給者而言。或以爲若干特別業務及權利，既在中途發現，又在終點發現，二者相混，不易辨別；然而特別業務及權利之大多數，祇爲兩大類之一，並不混雜。特別中途業務，更可分爲兩種：（a）屬於製造及裝配者，（b）屬於尋找市場及利便運輸者。第二種特別中途業務更有許多分目，而現在所欲討論之重複報運(Reconsignment)，實爲其中重要分目之一。重複報運業務，現在美國全境極其通行，而在中國不過略具端倪。將來中國鐵路事業日漸發展，則全部特別業務及特別權利，皆有供給之必要，又豈僅供給重複報運業務而已哉，玆請先以重複報運業務提出研究，俾得借鏡異邦，他山攻錯，至於其他特別業務及特別權利，俟稍有暇，當再分別論之。

（一） 重複報運業務之界說

對於重複報運業務之界說，美國聯邦商務委員會 Interstate Commerce Commission 主張不加以特別需要之性質，祇須運輸終點，運輸路線，或是收貨人，發生變化，卽是重複報運。同時許多鐵路以爲如無運輸終點之變更，祇是收貨人姓名之變更，不可作爲重複報運。但商務委員會所給定義，却是根據最普通之實用習慣而來。並有許多鐵路規定重複報運與分向報運 (Reconsignment and Deversion) 之區別，以爲前者係指一批貨運已抵原定終點以後所發生之變更而言，而後者係指在中途所發生路線或終點之變更而言。但此二者往往互相通用，多數承運人給以共同之廣義界說，概謂重複報運或分向報運，是包括：（一）運輸終點之變更，（二）收貨人姓名之變更，（三）寄貨人姓名之變更，（四）運輸路線之變更，以及（五）任何需要更改路單或車輛行動之變更。無論如何，當征收重複報運費時，其數量之多寡須視重複報運業務之類別而後定奪。有數項重複報運之請求在一方面寄貨人需要較繁之業務；在他一方面，承運人須費較重之成本。故欲在任何情形之下，征收一種同樣數目之重複報運費，是決不可能。

（三） 重複報運業務之經濟價值

重複報運可以調濟商品市場之盈虛——重複報運對於商品市場，極有功用。蓋許多種類貨物之寄貨人，得其幫助，可以預防過剩時期及缺乏時期之發生。重複報運之效能，要在平均許多重要物品之市場供給。寄貨人縱然在產品到市場以前，尙未預先售出，或是縱然未知所運產品究往何處市場一定卸出，但因重複報運之使用，亦可由遠處出產區域，運出大批貨物。此種重複報運業務，大概皆於位置在生產區域與消費區域中間，並有適當設備之重複報運地點完成之。承運人爲執行重複報運業務，必須預備廣大之場所，以便停放業已到站等候重複報運之車輛；並須多備員司，以便執行重複報運請求，繕寫路單，保管文卷，以及實行關於重複報運業務與重複報運費用之各項規則。

重複報運可以加增商品銷售之速率——另有一種原因，需要重複報運，卽是爲加增營業之效率，並非爲物品鮮性問題，希望許多重要物品在市場上之銷售，可以迅速。試舉一例以明之。譬如美國糧食向東轉運，多應用重複報運請求，其主因並非由於東方許多糧食市場之糧食市價高低不同，乃由於希望所運糧食，不爲手中已有之請求書所束縛，並不限制運到東方任何固定經紀公司。美國向東運輸之糧食，久已交與承運人向北大西洋沿海一帶運出，蓋以糧食市場之穩妥狀況，足使寄貨人在其糧食達到中間重複報運地點以前，或是稍後，即可尋到售主矣。

重複報運可以便利寄運貨物之脫卸——重複報運尚有另外一種經濟功能，即是所運貨物，萬一因爲損壞殘缺，或是因爲與樣品不符，或是因爲不合定格，或是因爲其他原故，收貨人勢必取消定貨原約或拒絕收貨等等情形，而爲原來之收貨人拒絕領受時，則可用重複報運，促其脫卸也。

(四) 重複報運費

美國聯邦商務委員會往往主張重複報運業務，對於託運者，固有價值，但於承運者，則需成本。故於尋常運價之外，可以加收特別費。無論如何，在實際上，多數承運者常常並不加收重複報運費，而供給數種重複報運業務，例如僅需路單更改之業務以及其他無需成本之分向報運是也。普通貨物之重複報運規則，大都釐定若於車輛離開貨場之前，收到重複報運請求書，同時並無需過多車輛行動，則第一次重複報運，可不加價。又規定在車輛停放鐘點預備卸貨時，設若請求將其中貨物卸給另外一人，與路單所載及承運者終點經理人所認可之收貨人並非一人者，而同時既不需要車輛行動之加增，又不影響關於路單之文卷，則特別重複報運費，亦不征收。尚有數種通常情形，可以放棄特別費之征收，例如重複報運請求書祇在運輸終點，要求收貨人之姓名更改一次，並將終點交貨地址，更改或加添一次，而要求此類更改之請求書，係於貨物達到終點或終點貨場以前，貨場員司可以接受通知時收到；或是請求書祇在車輛離開簽發路單之地點以前，要求變更寄貨人之姓名，而車輛行動並不因此加多；或是在起運地點承運人業已接收一批運貨以後，忽然發生封鎖，因而原定路線爲之影響，不得不有改變，或是在車輛爲卸貨停留時，要求重行運送車輛到某地點，而此地點仍在相同之搗車範圍以內；在以上任何情形之下，重複報運費皆可放棄不收，重複報運納費規則對於多種貨物，如新鮮蔬果，糧食，植物種子，煤炭等等，均各有特別待遇，而在許多情形之下免收重複報運費之待遇，亦較對於普通商品寬大，實用於特殊貨物之納費規則，往往至少允許重複報運，可以免費一次，縱然發生例外車輛行動，或加增承運人之費用，亦所不計。

在以上所述各種情形以外，對於普通商品之重複報運業務，大概皆於尋常運價外，另加重複報運費。此費係以每輛貨車平均計算，但隨所給重複報運業務或權利之類別，而有不同。此費實爲特別業務及權利而加收，至於重複報運本身，固爲一種業務，亦是一種權利，對於託運人則有價值，對於承運人則有耗費，故在尋常運價外，另收合理之特別費，亦完全近於人情也。

（五）　重複報運之規則及其要點

美國鐵路對於重複報運請求之如何應用及如何允許，與夫重複報運業務之如何完成，均有極詳細之規定，今試擇錄數項重要規則於后：

（a）重複報運請求（Reconsignment order）必須書面通知，並於說明所需要之重複報運或分向報運外，更須詳述本批貨運之名稱，形狀，性質等等，運輸起點與運輸終點，起運日期，託運人與收貨人之姓名，路線，若是整車貨運，則更須述及所載車輛之號碼。

（b）重複報運請求書須與起運地點之路員

磋商塡就，或與規定之普通車務或營業員司，例如運輸總管，接洽塡寫亦可。但所運物品，若已達終點，則重複報運請求書，可向終點之貨運職員，接洽塡製。

(c)凡要求所運貨物重複報運至一交通封鎖地點之請求書，概不接受，除非已得主管機關之允許，方可通融。

(d)重複報運業務，大都皆於車輛尚未零星拆散之情形下，始可允許執行。

(e)客商若欲重複報運，必須交還原來之寄貨單 (Bill of Lading) 否則在直接寄運 (Straight Shipment)之情形下，須示所有權之充分證據；在通知寄運 (Order Shipment) 之情形下，須交「遺失原據保領件證明書」(Indemnity Bond) 或是其他滿意擔保。

(f)重複報運請求人對於應付承運人之特別費用，大概必須預先繳淸，否則須有妥實保證。

(g)停放重複報運地點之車輛，對於此地點所應繳之一切車輛延期費(Demurrage Charge)，以及軌道占居費 (Trrack Storage Charge) 俱有同樣之負擔。等候重複報運之車輛，祇有二十四小時之免費時間，可以享受，逾時則於重複報運費外，須另付車輛延期費。

(h)若於車輛已到路單原定之終點，並已卸交聯運之鐵路後，再請求重複報運，則於重複報運費外，更可徵收照章應付聯運鐵路之任何搗車費。

所有重複報運規則，對于零車貨運，並不發生效力，除非此種貨運，是在所規定之最低重量範圍以內，始可有効。蓋零車貨物，若在中途停置，或是發生其他變更，既有手續上之麻煩，更有經濟上之耗費也。

（六） 中國鐵路之重複報運業務

在中國國有鐵路貨物聯運業務，若以記賬方法寄運 (Credit Consignment) 而最初承運之鐵路又不肯負責，則車輛在聯運交叉車站重行發單前進，須向代發此種路單之鐵路，另繳一種重複報運費。此費係以每二十公噸之車輛，須交國幣五元計算。以上規則，係由中央頒佈，至於許多鐵路之本路納費規則，罕有提及重複報運業務者。但在京滬及滬杭甬兩路之運費章程，則有下項條文：

「變更車輛指定地點——貨物裝車後，寄貨人如欲變更其指定之站，至少須在貨列車開行前二小時通知，否則按每車或不滿一車，須繳大洋五元，充作重複調車手續之費。」

上項條文，其中雖有重複報運或分向報運之意味，但在實際應用方面，祇是轉站而已，並不若美國鐵路重複報運業務之複雜及重要也。

附誌 此稿辱蒙鍾偉成院長及王志剛教授指正不少，至以爲感，即此鳴謝！

作者附識 十九，一，四。

「合理化」之定義

合理化者乃經濟組織之一種制度，此制度之目的，在使全國人民以最低之物價，購得質量幷佳之貨品，以增加國民之幸福是也。欲此目的得以達到，必須以科學原則應用于（一）人工，（二）管理。

——國聞週報——

初步之合理化包含兩事：一爲企業之集中，一爲常川工作之介紹，（Introduction of "Flowing Work"）二者均能輔助財政，增加流通資本。前者足以使企業聯合資本集中並可利用已無大用之固定資本。「常川工作」乃使自原料至出品間之一切生產程序繼續不斷之謂，此足以增加流通之速率。合理化包括產品之標準化及機器之專技化。此均不爲新奇，所認爲新奇者，乃其欲以有系統有目的之經營以補救國家之工業是也。 —合理化之分析觀—

—國聞週報—

鐵道行車號誌分區制度之研究

孫照南

行車之安危與緩急，鐵道之建築設備，車務之管理調遣，固負重大責任，而號誌制度之適宜完備與否，關係尤重！蓋苟無良善之號誌制度，雖有良好建築與管理，而最有效與最穩妥之行車，仍難獲得也。茲篇所及，首在述明分區號誌制度在行車上所占之地位；次將此種制度下各種辦法之原理施行，及其管理，加以說明；末則論列此種制度之優點以爲結束。

（一）分區號誌制度之說明

鐵路號誌，可分爲工具及制度兩項。號誌工具大致可分爲可視與可聞兩大類。屬于後一類者有汽笛，警笛及響砲等信號。屬于前一類者有燈，旗，亮光及固定信號等。固定信號爲傳達關于列車行駛命令之工具，以重要言，實居各種信號之首。此號誌工具之大略也。至號誌制度，亦可分爲二種。即：

一.互鎖制—用種種互相牽掣之機件，以使信號互相管束。此種制度，大半用以防止列車在軌道交錯或連接處互撞；或用以防止列車在吊橋及叉道處之出軌。

一.分區制　利用固定信號，以使列車相互間有相當之距離。此制主要目的，即防止列車在同一軌道上互撞。

由上而觀，可知分區號誌制之設，乃爲保全幹綫上行車隱妥起見，而對于單軌鐵路之行車安全，關係尤切！雖幹綫上號誌制度，固不僅此一種，然就已經施用之各種制度而言，單軌鐵路之號誌，除此制實無更佳者。其故當于下段論之，茲不預贅。吾國鐵路，除平奉一段外，幾全爲單軌。是以分區號制，極爲普遍。雖辦法各有不同，而大體則一，此其重要，蓋可想矣！雖然，分區既如此重要，如此普遍，究竟其內容如何，當爲留心鐵路事業者所極欲知者。請更進而觀之。

（二）分區號誌制度之緣起

列車之開離或到達一站，其最初之命令，乃行車時間表也。惟行車時間表僅能管轄普通列車之行駛；遇特殊行車，或普通列車時刻不能保持時，行車時刻表即不能引用。爲對付此種情形計，除分區制下之種種方法外，最普通者，尚有其他三種制度。茲分述如下：

（甲）列車急遣制(Train Dispatching System)——此制盛行於美國。在此種制度之下，各列車開離或到達一站時，須先以電報通知列車調遣員。(Train Dispatcher)調遣員將關於行車之種種消息，記入列車紀錄單。單中所載各節，包括(一)列車及機車之號碼。(二)車守及司機人姓名。(三)列車中所有各種車輛之數目。(四)列車開離發端站之時刻。(五)列車到達及開離中間各站之時刻。(六)列車到達終端站之時刻。有此詳細之紀錄，故列車調遣員能于任何時間指出任何列車之地位，及其到達任何站之時刻，以備必要時發出特別電報命令于各列車，俾各該列車得遵此項新命令行動，而行車時間表上所規定之時刻，則暫時廢止也。至用此項電報命令行車，亦有限制。通常需要此項命令之境況，大概不外下列五種：

一．當一列車在單軌鐵路上，因誤點故，不能于規定時間內，駛至行車表所規定之錯車地點時；爲免使對方駛來列車再因等候錯車而亦誤點起見，此錯車點可由已經規定者改至其他較爲適宜地點。其辦法卽用上項電報命令，分頭通知有關係各列車之負責人，使之照辦。

二.當一優先列車 (Superior Train) 在單軌鐵路上誤點時；爲免使其餘列車因讓此列車而誤點起見，此誤點之車，可由電報命令其照原定時刻遲去若干時。調遣員此種辦法，卽等于將該列車該日在指定之兩點間之行車時刻，退後若干時也。此項電報命令，同時須抄錄多份，以通知應受命令之各列車，俾得照暫時新定之時刻行車，而不照行車表所規定者。

三.當一較快列車欲使之超過前行較緩之同一方向列車時，此種電報命令亦可用之。

四.工程列車及其他無規定時刻之各項列車，均可遵電報命令之時刻行駛。

五.所有各種無規則或無定時列車之行動，均須遵電報命令行事。

(乙)複式命令制 (Double Order System) —

此制亦列車急遣制之一種，不過爲此種制度中之最穩妥一種辦法而已。其法卽行車命令，必須以同樣字句出之。此絕對相同之命令，凡有關之各列車及人員，均應給與一份。此項命令應簡單明白，所有不重要事務，一概避除。命令並須指定所有應受命令之人，及受命之地點；凡被指定之人，均須供給一份，以資參考。

在列車急遣制度之下，所有各種調遣命令，一經發出，除已經照辦或聲明廢止外，均繼續有效。凡有關係人員，一經接得此項命令後，卽有列車經過危險之「列車命令揚旗」之權。惟別項固定信號之顯示危險者，則無論如何，不應超過也。

（丙）時間距離制（Time limit System）—此制卽使各列車相互間，保持一定時間上之距離，以免彼此互相接觸。其辦法卽使各列車之開離一站，必須俟前行列車已開過若干時後方可。美國鐵路聯會，對於此種行車制度，作說明如下：

『當一次等列車於單軌上遇一優等列車時，次等列車必於五分鐘前停於車站叉道上，以待優等列車之經過於幹道後，再行前進。如兩列車在同一方向行駛時，次等列車，須於後方駛來優等列車應到某站之時刻前五分鐘時，卽先停於某站，讓出幹綫，以便後方優等列車之超過。各載客列車之同向駛行者，時間上至少須有五分鐘之距離。貨車亦大致相同。』

惟爲愼重起見，許多鐵路均以十分鐘爲最少距離。此時間距離制之大略也。此種制度，雖似可行；然詳細分析，則弊端百出。就大體言此制之缺點有四：

一．此制預先假定一種機械式之行車，而實際上此種絕對有規則之列車行動萬不可得。

二．就其本身而言，此制對於在兩站間快車追及慢車而互撞之危險，並無保護辦法。

三．此制對於單軌行車之最大缺點，卽其對於列車相向行駛之保護，毫未顧及。

四．對於錯誤或錯解無規定錯車點命令之保護及防止，此制亦付缺如。

以上四點，如在絕對分區制之下，則可確定做到。蓋分區制乃係將各列車隔開一定距離，撞車危險當然減至最低限度也。

（丁）分區制（Block System）—分區制開始

實行於英國。一千八百三十九年時，英國大西方鐵路開始以電報報告近倫敦一段各站列車到達及開離之時刻；以爲試驗。此乃古克及惠斯通兩人建議之結果也。彼等於一八四一年又將不同方向之車務，用兩套機件以行使之。各區間之有無阻滯，是否自由均可以此機件測之。電鈴制度，最後亦見諸實行焉。

關於分區制之各種特點，吾人可自英工程師古克君一八四二年所作『電報鐵路』(Telegraphic Railways) 一文中觀之。彼對於分區制之說明如下：

『鐵路任何部分均爲危險之點，而應受揚旗之保護者也。因是之故，整個路線，應分爲若干區段；各段之首末兩端均應有一揚旗，以便當某段內無阻礙時，將該段首端開放，以容列車之駛過此段，惟以區段過長，牽曳杖桿，不大適用，故兩端之連接，以用電力爲宜。各區之兩端，應各設小房一所；房內除一守路工人，及一具掌管揚旗之轉轍器外，各小房並須設通報器兩具。各器內均有磁針一枚，以表示「路線阻礙」及「路線無阻」兩種信號。至須用兩具之故，則以右方一具可與鄰近小房內之左方通報器相連，以傳信號，在左方者則備與鄰房右方者通報之用。』

以上說明，所有近日分區制之主要特點，大半均已包括在內。惟鐵路事業日臻複雜；此種雛形制度，實不足以維行車之安全。於是一八五一年英國東南鐵路渥克君遂有電鈴信號之發明——行車信號以聲音代表而不用磁針——。一八五四年英國倫敦西北鐵路，又有以一具通報器以接一根軌道，另一具以接別一根軌道之設置。——先用能表示三種信號之磁針，後改用電鈴語典以通消息。—嗣後則爲自動區段揚旗之發明及其實施。殆一八七五年時，又有莎克式分區號誌之發明；號誌制度，至此乃更進一步矣。蓋在此種制度之下，所有前一區段站之戶外揚旗，均用電鎖而使被後一區段站之揚旗夫所管轄；此種辦法，可使揚旗夫之錯誤疏忽，得充分之糾正。因不得後揚旗夫之許可並將前方之揚旗搬動機開放後，前方揚旗夫卽無法使該處之揚旗有絲毫之轉動也。

(三)分區號誌制度之原理

分區制卽一種使列車相隔有適宜距離之方法也。在此制下，全路分爲許多區或段；各區或段之入口處，均設種種適宜信號，以管轄列車之行動。至各區段之長短，大率以各路之物質情形，車務繁簡，及行車多寡而定。在車務繁重之路，一區或段有僅及數百碼者。而在車務輕簡之路，區段長度，亦有自三英里而至八英里者。惟無論在何種情況之下，區段不應短至使前一區站之外揚旗(Distant Signel)與後一區站者相接，或竟包括之；而外揚旗與內揚旗間之距離，並須至少能容一列車於內揚旗前若干距離內完全停止方可。通常在單軌鐵路上爲免列車相遇起見，區段之長度，大約均自此站之行車邊道(Passing Siding)起以達彼站之行車邊道爲止。

雙軌單軌鐵路之分區，其原理相同；所不同者，雙軌鐵路之分區，僅須顧及各列車在同一方向繼續之行動；而單軌鐵路之分區須兼顧各列車相對之行動。故雙軌分區與單軌分區之別，乃一爲不使列車相接，一爲不使相遇也。現在普通所用之分區制，大致可分爲五種如下：

(一)人工分區制 (Manual Blocking)—在此制下，所有各區段入口處之區揚旗或戶外揚旗均完全由在各該處之揚旗夫搬動及掌管之。

(二)互管人工分區制(Controled Manual Blocking)—用此制時，所有各區段入口處之區揚旗均利用電力(如莎克制)或機械而使之被前一區站之揚旗夫所控制；惟各入口處揚旗之搬動，則仍由各該處之揚旗夫執行之。

(三)自動人工分區制 (Auto-Manual Blocking)—各種揚旗在此制下之使用，均大致與人工分區制或莎克制相同；惟各列車之最後端經過後，各揚旗能自動回復『危險』地步。

(四)自動分區制 (Automatic Blocking)—揚旗之行使完全自動；普通均利用電力或電力及氣壓力並用以為此項工作之動力。在此制度下，揚旗夫不復用矣。

(五)機器分區制(Machine Blocking)—此乃互管單軌分區之法也。用此制時，除原有揚旗等信號外，同時並用一種器具。此器包含可以取出之部分；惟取出之先，須用電力使此器開放方可。

以上五種，乃根據分區制之原理而產生之各種制度也。就分區制之本身而言，此種制度可大別為兩種；即：

(甲)絕對分區(Absolute Blocking) 兩列車在任何情形之下，絕對不容同時在一區段內行駛，換言之，即當前行列車未入第二區段時，另一列車絕對不能駛入第一區段。以上五種方法，均屬於此一類。

(乙)準入分區 (Permissive Blocking)—當前行列車未出一區段時，後者即可駛入。惟嚴格論之，此制已非分區制之本身；蓋分區制之根本原則—各列車須有相當距離—已經失去也。『時間限制』制通常與此制並用。

就以上二種分區制而言，當然以前者爲佳。惟應注意者，即吾人不能因通常只容一列車在一區段內行駛之故，即認爲在任何情形之下，均僅容一列車於一區段內。蓋在必要時，爲救急起見。—如救險專車—兩列車儘有在一區段內之可能。不過此係特殊情形，對於通常行車分區制之原理，仍無抵觸也。至在絕對分區制之下，所有關於行車之各項規章及號誌，—如燈旗等—均應照舊保持不因行此制而有所變更。

此分區制原理之大略也；原理既明，請更言分區號誌五種辦法之設置及其使用：

（四）分區號誌各種制度之設施及其使用

『人工分區』—在此制下，各站之揚旗夫，管理各站之區揚旗。其各站間通詢之語典，大半均以電鈴代之。至慕爾氏之電報通詢，則以其稍爲遲緩故，用者較少。英國各鐵路用人工分區時，大都同時並用一種指示器 (Indicator) 表示一區段之情形。器之形狀如上：

各區段一端之區站，均備此器一具以用電圈而與彼端區站之器相接。各指示器之表面，均有「

路線開」「列車上道」及「路線閉」等字樣。以手指將此端站之指示器面上之針,移至任何地位,彼端站內指示器面之針,卽可移至同樣地位;而上述三項消息,遂以此而傳達矣。至此器與各站之揚旗,並無互鎖之關連,故器針移動,戶外揚旗不受任何影響。器面之「路線閉」字樣卽指示器因暫時區段間無車務行動而停止使用之意。此卽指示針之平時地位,亦卽其無表示之表示也。如區段間發生車務行動,而須傳達消息時,則指示針非向左斜卽向右斜,以作積極之表示。關於指示器之使用及其用時之人工分區號誌辦法,前英國倫敦西北鐵路運輸總管非德萊氏在其『英國鐵路使用及管理法』一文中,曾有詳細之說明。茲譯存於下:

『指示器乃一種包有一指示面及一可以轉動之柄或針之工具。此器使接一與磁石相通之軸;並與一卷電線相近;當正負電流通過此卷時,轉動柄或針卽受感應而向左右傾斜。轉動針之設置,並須能使電流隨意變更方向。至器上電鈴係單響式,其爲用一方在喚起彼端注意,一方則以彼此已經擬定之語與信號,以告知對方以各列車之性質。

指示器之平時地位爲直立,(表示路線閉)此時電流亦停止。當負電流經過時,指示針斜向右方以表示「路線開」。當正電流經過時,則指針左傾以爲「列車上道」之表示。

此制施用之狀況,略如下述:當一列車欲自甲站開往乙站時,甲站須先撳電鈴數下以使乙站注意。次則將「準備」信號,傳至乙站,法仍照規則撳電鈴若干下,惟列車性質亦應於此以撳電鈴之次數而表示之。乙站接得此項信號後,如確知前車已經開向丙站甲乙區段間暫時無列車行駛，則可將傳來之「準備」信號複述一遍與甲站。甲站至是乃可使列車自彼站開行同時甲站信號夫傳「列車上道」之信號與乙站，乙站信號夫承認之承認之法，卽將彼之指示器移至「列車上道」之地位，乙器旣移動，甲器卽自行移至同樣地位矣。乙站信號夫將此器移動後，立卽傳「準備」信號與丙站；乙丙間之通訊辦法仍如前述。如此繼續前進，以達終點。當列車自乙站開向丙站後，乙站站員立卽將乙站（甲站亦同時自然移動）指示器移至「路線開」地位；迨甲站承認後，指示器卽使之直立以示「路線閉」——卽暫時停止使用之意——如此則關於此列車之甲乙兩區站之工作，乃宣告完畢。由上述觀之，如果此種制度能確實奉行而實施之，則甲乙兩站間同時容留兩列車行駛之事，當然絕對不致發生矣！」

『互管人工分區』及『自動人工分區』——此二制雖名稱不同，而實則大同小異。在互管人工分區制下，區段入口處之戶外揚旗，均以電力而操縱於區段別端站上揚旗夫之手。在自動人工分區制之下，各區站均設置長達二三鋼軌之軌道電圈，以運用一種能使揚旗於列車最後一端經過後復自動返至「危險」地位之電桿，至揚旗之操縱，或彷人工分區辦法，（如上段所述者）或用互管人工分區辦法。後項辦法實卽「互管自動人工分區」制也。茲將此二種名異實同制度之行使，混合述之於下

在互管制下，其互鎖之機器，大概均設於揚旗夫地位之前而位於揚旗搬手之上。區段兩端均各有此項機器一具，而以電圈連之。兩站間信號之語典，亦如人工分區制，然以電鈴代之。當一列車自一

區段之一端（甲站）開至另端（乙站）之前，甲站揚旗夫必先要求乙站揚旗夫將甲之揚旗開放，俟乙站照辦後，甲始將揚旗搬至「平安」地位，以使列車向乙進行。當此列車尾端已開過甲站內揚旗後，如號誌制度爲自動人工分區式，則此揚旗自能借列車經過軌道電圈上之故而復返至「危險」地位。（此互管與自動之別也。然爲穩妥起見，兩制往往並用之。）甲站揚旗夫一見揚旗返至此位，應立卽將揚旗搬手搬至平常「危險」位置，而使此揚旗得以鎖起；俾不得乙站允許時，此揚旗卽無再行搬至「平安」地位之可能也。在此項互管電機之前方，另有一指示器，可以顯示各種方式，如「無阻」及「區內有列車」等字樣，以傳達消息。用此種互管及電圈制度，當區間有車行駛時，不特甲站不能自由將揚旗搬動以容別車駛入，卽乙站亦無法將甲站之揚旗開放；蓋此時兩站間之電流已被列車截斷也。在平常指示器均顯「鎖起」字樣，惟當揚旗已經開放時，「無阻」字樣卽於指示器上顯示。至已開放之揚旗搬手復返平常位置—阻礙地位—時，指示器乃復現「鎖起」字樣矣。自上述情形觀之，在此種混合制度之下，揚旗夫當列車入區後忘將揚旗搬至「危險」地位，而使第二列車繼入區內之危險，卽可免去。不特此也，當列車在區間時，甲端揚旗夫既無法將乙端揚旗開放，則乙站揚旗夫於列車未至彼站時，卽將甲站揚旗開放之錯誤，亦可不至發生；其辦法至爲完善也。

互管制亦有不用電鎖機件者；其辦法仍用軌道電圈以使區段兩端之揚旗相接。惟電氣連接器均設於前端站，而在平時此項連接並不存在。當後端站欲駛一列車至前端站，並得其允許時，前端站之揚旗夫卽將兩端揚旗之電氣連接器發動以使後端揚旗可以搬至「平安」地位。迨列車入區後，後端之內揚旗因電圈被列車截斷，兩端失其連接之故乃仍還原來『危險』地位。兩端之連接，非至列車已經駛出此區時，無法再續；故一列車在區內時，仍何一端揚旗夫均無力再給一「平安」信號與另一列車以使之駛入此區也！

『自動分區』——自動揚旗，均借列車出入區段時所給予電力或電氣合力之一種鼓動而運行之；不用揚旗夫爲助也。至其辦法，則大半均用軌道電圈以爲輸送電流至各揚旗之媒妁。設置之方，以蓄電池一具置於各區段之前端，供電器一具置於後端；蓄電池之兩極，接於該端軌道左右兩邊鋼軌之上。電流自一邊鋼軌經過供電器至又一邊鋼軌而返，以形成一電圈。供電器又管轄一運用電感磁之local Circuit 此電磁之作用，卽在運行與之相接之揚旗以顯各種信號也。如爲電力氣壓制，則揚旗當以氣壓力運用之。至電力之供給，用發電機或較適宜；惟當用電力氣壓制時，蓄電池可使電量電壓之供給更爲規則，營業費用，經濟許多也。自動制之分區辦法，或將全線分爲若干區段，或卽分爲若干電圈；各鄰區之軌道，則互相隔離。隔離之法，卽在兩鄰近區段之鋼軌連接處，用皮板或別種隔離物插入，其用以連接鋼軌之金屬魚尾板，則代以木製者。在區內之各鋼軌，爲求滿意連接計，均應於各尾端底部，以電線連接之，俾電流易於傳達。

自動揚旗之使用制度，可分兩種：(一)爲「平時平安信號」制，卽除區內有列車阻礙時，揚旗均顯示進行信號。(二)爲「平時危險信號制」，卽除被行近列車將揚旗轉至「平安」地位時，揚旗均顯示危險信號。列車之轉移揚旗地位，並須區內無列車方可否則雖列車臨近，揚旗仍示「危險」信號也。

在第二項制度之下，當一列車之前端，駛入一自動區之後，則經過供電器之電流卽可經機車之軸復還蓄電池，供電器乃失去電流，被其所轄之 local circuit 亦遂失其對於揚旗之作用，而揚旗乃移至「平安」地位矣。當列車後端經過揚旗後，揚旗因特殊構造，故而能復原位。—危險號。—當此時，電流既被列車截斷，雖再有列車臨近，揚旗亦無所感動而移其方位；直至前列車已經出區，前端電流復達後端爲止。在第一項制度之下，列車在區間時，因電流截斷之故，後端揚旗卽無推動力使其保持「平安」方位；直至前列車已經駛出區段，電流復通爲止。

以上所述，乃專用電力之自動號誌制也；至於電力氣壓力並用之制，可以「協合電力氣壓制」"The Union Electro-Pneumatic System" 代表之；此制之必需物有三種：（一）軌道電圈，蓄電池，及供電器；（二）氣壓機一部及與揚旗柱相通之氣管；（三）揚旗柱之本身，揚旗葉，氣缸，及電氣開關等。

距各區段後端約五十尺處，設一揚旗柱，上置揚旗兩葉。上面之旗作紅色，名曰「危險」或「內」揚旗；此旗用以管轄旗前區段之車務。下面之旗作綠色，名曰「謹愼」揚旗；其所示信號與前一區「危險」揚旗所示者同，故其作用完全在預示前區「危險揚旗」之方位也。各葉揚旗，均有一直徑三英寸之圓氣缸以運動之；至揚旗與氣缸之連接，則氣缸一端與總氣管相接，一端再裝一直接旗葉之抽送活塞。當區軌道無列車阻礙時，電動開關卽行開放以使總氣管之氣壓迫活塞，而將旗葉牽至「平安」方位。以容列車進行。各旗葉均附一有色鏡頭，內置燈光；當旗葉在平行線時，如爲上面之旗，則鏡頭作紅色，如爲下面之旗則作綠色。當上面揚旗在「平安」方位時，則白色鏡頭卽行顯出。上述辦法，名曰重複分區式(Duplex or Overlapping Blocking)依此制如甲柱之上面揚旗落下，下面揚旗平行，其表示爲甲至乙柱之區段無阻但乙至丙一段有阻。如甲柱上下兩旗同時落下，則爲甲至丙均無阻礙之表示。

電力氣壓自動式所用之氣壓機，除用於 air Brake 式者以其耗汽太多外，任何樣式均可。氣壓機通常均兩具並置，以備一具失職時別一具可立卽替代之。自氣壓機直接分佈氣壓於全線之總氣管，約二寸徑者卽可，揚旗所在地，均另設分管以爲總管與各圓氣缸間之連接。各揚旗柱之底部，均設一蓄水器以貯氣管內之水分；俾氣缸不至因冷而凍塞。每方寸之氣壓，並應保持六十磅之限度。此電力氣壓式之大概也。

以上四種分區號誌制度人工分區有易至錯誤之危險；其餘三種雖較穩妥，然非設置不便，卽不適汽力或單軌鐵道之用；其最穩妥而又最合單軌鐵道之用者，當推下述之機器分區制：

【機器分區】—機器分區爲單軌號制已經發明各種方法中之最妥善者。中國鐵路，現大都採用之。茲將其簡單歷史及制度，介紹於下：

在英國之單軌鐵路，起初行車制度爲「領導」Pilot Guard 制。—現仍有少數短距支線用之。—其辦法卽在可能範圍內使領導者隨列車出發。但當一區甲端有兩列車或更多列車於乙端列車開來以前，而須自甲端開往乙端時；則此區之領導者，應給一印就之「領導單」（照規則填就並簽名）與各先開列車之車守並應親給各攜有領導單之列車以開行之命令。彼自身則隨最後之一列車開往乙端。

領導制後，路簽制（Train Staff）即採行；後爲便利數列車於一端之列車開來之前，開往該端起見，將路簽制復增爲「路簽路票制」Staff and Ticket System 在此制下，各列車均攜一路簽或路簽票，無路簽或票之列車，任何區段，均不準駛入。路簽爲一木制或金屬（空心）之牌；路簽票爲一大小適中之印刷物；此物準許司機人於看見某區路簽之後，向該路簽上所指定之兩站間進行。各路簽上，均刻有各該路簽所屬區段兩端之「路簽站」名；路簽僅能在其上所刻之兩站間有效；在別段則無效。各區之路簽路簽箱，及路簽票，均漆或印作不同顏色；各鄰近區段之路簽，並樣式亦各不同，以資識別。路簽票均置於「路簽站」之票箱內；開此箱之鑰匙，即爲路簽之本身。在此制下之行車方法如下

如一路簽區兩端爲甲與乙；而同時有數列車須自甲開乙；則除最後一列車外，各列車均攜一路簽票開行。最後一列車則攜路簽而行。惟各先開列車之車守及司機均須先親見路簽，然後自甲開行，以免各列車入區時或有與攜帶路簽自乙開來列車相遇之危險。蓋如路簽不在乙端，則乙站決不能開車來甲也。最後取路簽上列車之人，須於開行前將路票箱鑰起。

此種行車制度，再加分區號誌一重保障，已亦甚臻穩妥，故此制在單軌鐵道上引用之時極久，直至近時始大半爲電氣路簽取而代之。

電氣路簽制 Electric Train Staff (or tablet)

System 爲單軌行車制中最進步之一種；其佈置如次：

各區段之兩端，均置機器一部；每區兩端之機器，均以電圈連接之。如此則每一區站，均應有兩部不相連接之機器，—一部屬於後區段，一部屬於前區段。故乙區站有一部機器與甲區站之機器接；同時並有一部機器以接丙站之機器也。各式機器—通常有 Webb & Thompson electric train Staff Machine及 Typer train tablet Machine 兩種—其使用

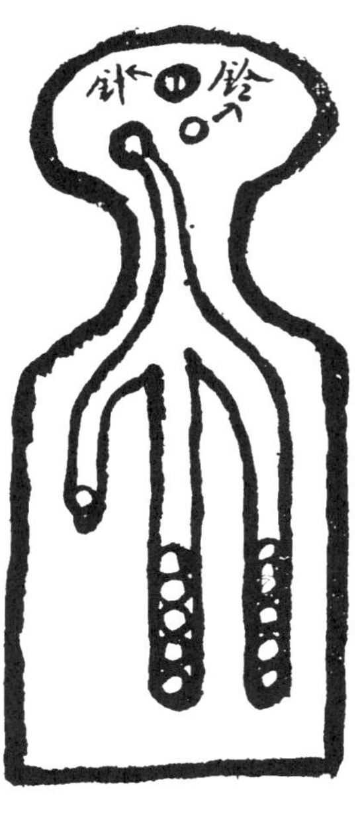

方法均極簡單，而極相同。Webb & Thompson 之路簽機器，包抱一鐵製之柱；全柱均爲直立之隙，隙內放置路簽。機器形式，大致示上：

機器之首端名曰鎖箧，內有電器機件，以爲使用此機之用。區段兩端之兩部機器，同時只可取出路簽一支；並且取此路簽時，出發站須得到達站司信號人之許可方能取出；蓋出發站之機器，單獨受到達站管轄也。一支路簽既經取出後，則此區兩端之任何一部機器，即無再行取出另一支之可能；直至已取出之路簽仍歸還於任何一端之器內方可。故當甲站既經取出一路簽後，不特甲站不能再自原器取出第二支，即乙站亦無自乙器內取出一支之能力。此種情況，直至已自甲站取出之路簽仍還甲器或乙器內方止。惟當將路簽歸還器內之時，對端站可不必預先通知。至區站互通消息之辦法，仍借電鈴之力；電鈴則均附於機器之首端，路簽機器

之使用如下：

設有兩區站甲與乙；當一列車自甲開乙之先，甲乙區段間之情形必先由甲站用電鈴語典以探明之。如段內無阻，則乙於甲請求路簽時，即將甲站之機器開放，以使甲可自器內將路簽一支取出，交司機人使之向乙開行。當列車至乙後，司機者立即將路簽交與乙站司信號人，此人乃將路簽歸還乙器內，如此則當一路簽在列車司機人手中時，列車所在區段兩端之任何機器，均無法開放，故當司機人交還路簽之前，絕對無第二路簽可爲另一列車之用也。

Typers train tablet machine 之用法與上述一種相同；所不同者，一爲路簽一爲金屬之牌耳。故此制實Webb and Thompson制之變相此。二制除用於幹線行車外，吊橋，叉道及分路站處用之，亦極適宜！

以上乃分區制下之各制大略情形也，至於詳細辦法，則以限於篇幅，不復贅述。謹再將分區制之優點，介紹一二，以爲結束。

（五）分區號誌制度之優點

就分區制之本身言，其優點約有三種；即（一）行車安全之增加（二）行車之經濟（三）行車之便利。茲分論於下：

行車安全——此制增加行車安全之方法有四：

一．使列車於路間有一定距離之間隔，則兩車相遇或前車於路間爲後車追及而至撞車之危險，可以減至最低限度。

二．揚旗夫既時時注意經過之列車及彼等附近之軌道，並與巡道夫看路夫等互通消息；則當路軌或列車有損壞時，彼等自能於事先將列車停止，以免危險。

三.在分區制下,信號較密,車守司機等均須隨時留意,確實遵守,故危險亦較少。

四.幹線上搗車—尤以用搗車機頭於工作繁重之車場爲最—乃鐵路發生事故主要原因之一;分區號誌之工用及效率,卽在能阻止此項事故之發生。

行車經濟—在此制下,無定時之列車,可不致彼此擁擠—處而使邊道空間甚小之車站或交錯點因此塞起。此時間上經濟也。列車行動,如時而過繁時而過簡,則車輛與機頭之分配,均難平均而自如,車場工作亦多無益之耗費,營業費用亦隨之增加。如用分區制,則列車到達終點時,可以較有規則;上述弊端,卽可免去。此營業費用之經濟也。

行車便利—在分區制下,無定時行車,可不用特別命令而行動之。蓋各區既有一熟習各區情形之人負責,則所有關於各列車在各該區行動之命令,均可由調度員 Dispatcher 同時交於一人。如在別種制度(如急遣制等)之下,此各項命令,須分頭交於有關之車守及司機,費時既久,易滋錯誤。故分區制對行車手續,既簡單而復敏捷,利益殊大也。惟此項特殊利益,自動分區制當然不能享受之。

分區號誌制度爲各種行車制度之最佳者,固矣。然就單軌行車而言,究以分區制中何項辦法爲最適宜,亦大有研究之價值者。以現在已經施用各種方法而言,最穩妥當屬機器分區,而尤以此法之電氣路簽式爲最。蓋此法不特較別法多一重保障,且對於兩站間有多數列車相對行駛時之穩妥與敏捷,尤爲任何制度所不能希冀者!吾國鐵路對機器分區制雖採用者甚衆,而機器分區下之電氣路簽式制度,除京滬等路外,採用者尚少。爲旅客安全計,爲鐵路自身計,各路均有普遍採用之必要也!

鐵道之通訊

陳宜譯

⊙電報電話及無綫電對於鐵道之功用⊙

▲行車之經濟端賴敏捷之通訊▼

凡稍具鐵道常識者，莫不知通訊組織爲行車之必要附件．故各站之設置電報房，電話室，及其他通訊設備之分布於沿路各處，其理由顯而易明．無庸贅述．然通訊組織，影響於鐵路行車之經濟者若何？影響於鐵道運輸者若何？及如何而能促進鐵道事業對於公衆之服務？則此篇所欲述者也．

當鐵道事業發軔之初，旣感妥捷通訊之需要。一八三七年莫爾氏 Morse 發明電報，實爲解決此困難之初步．一八四四年第一次商電傳遞於 Baltimore 及 Washington 之間．其時鐵道當局，卽認識電報之功效，多採用之，以傳遞行車之重要消息．

一八七六年電話發明．鐵道當局，亦知其便利，首先應用．本薛文尼鐵路於一八七七年卽就阿多拉廠 Altoona Plant 製造電話機．至今該路具有世界上最大之專用電報及電話室．每年本區電話約九千八百四十九萬次；長途電話約一千七百五十一萬四千次；及電報三千二百萬通．其關於調度車輛之電報電話，尚不計在其內．該路有分電話接綫室一百八十處；電話機三萬五百架；電綫柱四一〇五二〇根；各種電綫約長一二八〇八一英里．其規模之大，應用之廣，於此可見一斑。

初，電話本用以傳遞調車命令，Train order 及普通通訊；然因電話太多之路，鈴聲誌號，Code

Signaling 非常困難，人遂以爲電報較爲可靠；電話之應用，尙屬有限．延分綫器 Selector 發明之後，車輛調度員 Train dispatecher 僅須撥動其鍵，卽能與任何一站通話，電話之用於調度車輛．因而大增．

近來鐵道通訊設置之趨勢，大都側重於利用電話，惟各終點及分段間之通訊，仍沿用電報．業務繁重之區，亦有用攝影電報者．

爲行車之效率及便利起見，每一鐵路，常分爲若干段．Operating division 至各段之長短，則視當地之情形；業務之質量；及其重要交點之位置而定．卽通常客貨車行駛所需之時間，與路員服務時間之規定，有密切關係，亦應加以考慮者也．

車輛調度員常駐各段長辦公處，以便接洽．凡該段內車輛之行動，如兩列車在該區內之經過點及相遇點，Passing Point and Meeting Point 均由其指揮登記．以求減少危險，應付意外，各列車經過該段各區截 Block 及連鎖站 Interlocking station 時，各該處司事，卽將其正確之時間，隨時報告車輛調度員，以便登記於車輛登記表，Train Sheet 此種報告，利用電報電話均可，在應用電話調度制 Telephone dispatch system 之處，車輛調度員均備有頭戴受話器 Head Receiver 或揚聲器，Loud Speaker 亦有二者均備，任其選用．車輛調度員之受話器，常與各站之電話相連接，各站司事，可隨時直接報告，無須預用鈴號，以省手續，車輛調度員接得報告，如認爲明晰，卽答以 O. K. 然後登記於車輛登記表，此其手續之大概也．

欲明了電話調度制，可就任何一段中之設備及其運用之方法，說明之．譬如在本薛文尼鐵路之麥立並段，Maryland division of Pennsylvania Rd.

設車輛調度員一人,助手四人,處理一切.調度員辦公室乃該段行車之中心,辦事者多富有經驗學識;故雖日理百數車隊之行動,均能準確無誤,以從容鎮靜之態度,措置裕如,各助手秉承車輛調度員之命令,負責管理指定之一分段,其辦事檯上,各置車輛登記表一紙,凡列車在各該分段內之行動,概登記於其上,電話匣亦卽在其前,匣上之 Lever 貼以各區截之名字,如欲呼A站,將 Lever A 接上,卽可與A站通話,舉凡列車之行動,如何車須轉入何軌?何車應停於何軌?胥由此指揮之.

利用電話以調度車輛,其最著之便利,卽節省時間,車輛調度員可直接與各站通話,其答覆及報告,常較電報爲迅速,近來更利用揚聲器,可免去頭帶受話器之瘬累,處理事務時,得行動自如,方便綦多,車務繁重之處,Operator 及 leaverman 同時負責,彼此間之連絡,尤非利用揚聲器莫辦,以求減少麻煩,節省時間,并增進原有設備之運用.

有些鐵路備置輕便電話機,Portable Telephone 如列車因故中途停車,該車服務人員,卽將啣接器(Jointrod)搭於站路之電話綫上,隨時可與該段之車輛調度員,或附近區截站通話,報告列車之所在;停車之原因;機件之損壞,倘因誌號命令而停車;亦藉此而詢明其所以必須停車之理由.

亦有設置電話間於誌號及岔道之旁者,其目的固無二致,不過此種電話,非僅車上服務人員及車輛調度員,得以利用,其他視察人員,均得用以報告一切於其主管機關.

輕便電話,尤多用於工務段長,建築工人隊,修理誌號,巡視路綫之汽車上,以便與附近之車輛調度員及區截司事通話,報告軌道之狀况,詢問列車之行動，惟工人欲在軌道上進行工作，則須得書面命令，如是不僅可以減少意外，并足增進効率。

菓蔬牲畜，及其他易壞易腐之貨，常有目的地尚未一定，已經起運，投寄於寄貨者之經理人，同時寄貨者進行交易，每當貨車尚在途中，其所裝之貨，已經變賣，勢必改寄他處，或則定貨人於貨物起運之後，已至途中而辭退所定之貨，寄貨者不得另行設法處理，至裝運之貨物之全部或一部份，中途卸下，更屬常事，似此急遽之改寄，中途之卸貨，尤賴在沿路各處，有完善敏捷之通訊設備，以資應付，而免延誤，否則展轉担擱，因市場情形之定變，常使寄者或買者受經濟上之損失，由此觀之，通訊組織之臧否，非僅鐵路本身利益攸關，其影響於各路之惠顧者，亦甚大也！

近來鐵路行車之意外事件，所以日益減少者；

固由於安全設備，日臻完善，然而鐵道通訊，實有以促成之者，亦復不可忽視，如沿綫各處，例派工人隨時視察經過之車輛，有無損壞之處，足生危險，賴電話之便利，得隨時報告附近之區截站，於必要時停車修理，以免意外，又如發現路軌損壞，亦常用電話報告附近區截站，使來往車輛未至壞處前，及時停車，苟無電話之便利，則雖發見損壞之處，知其危險，而無從傳遞消息，其結果何似？可想而知矣。

各終點站之市區通訊組織，local Communication system 亦不可忽視，凡進出車輛之準備布置，胥有關係，如列車之開出也，行李郵件，捷運貨物，每於開車前數分鐘方始交到，而車隊之究由何軌開出，何時開駛？均須隨時詢明，如是必賴有便利之通訊組織，以節省時間，而作敏捷之處理，否則必至延誤，至於列車之開進也，其達到之時間，所停之軌道，亦須隨時詢明。以便管理人員，將行李郵件，捷運貨物及時弄妥，不爽分秒，又如重大之機器等物，用特制之敞車裝運，其廣袤多超過常度，清道工程師 Clearance Engineer 必須查察擬定路綫所有之橋樑地道等建築，是否可以安全通過？隨時電達業務處，以定此種笨重貨物之能否裝運。

公家之電詢車費運價，本屬常事，有時被詢之支站，不能作確實之答復，勢必電請總局明示，以便轉達，關於詢問之電報電話，爲數正夥，而速捷之答復，又爲商業競爭中必要之條件，欲得羣衆之好感，必雇經驗豐富，態度溫和，并明了本路及他路之情形者，司理其事，而完善之通訊設備，尤萬不可缺者也。

因是，各大終點站必設問事處，管理公衆關於詢問車費運價開車及車到時期之電話，其答復之態度，効率，禮貌，常促成公衆對於該路之好感或惡意，不可不注意也。

至各貨站 Freight Yards 之必需設置電報電話，顯而易明，大量貨物之裝運，日益增多，各站站長，辦事員，及機車房，均需隨時商洽，如貨物之分類；車輛之排列；車上員役之指派；空車之分配；運進貨物，及時通知收貨人；運出貨物，及時關照調度員；及其他類似情事，皆不可刻延者也。至若何之通訊組織，從經濟及効率觀點看來，最爲適宜，則須詳察各地之情形而定，難以概論，惟吾人試想，苟各大站無通訊設備，而賴郵寄及差役以傳遞消息，其不經濟之象，又將奚若！不甯惟是，即電報傳遞，亦不若電話之便，電話中可自由交換意見，宛若面談，有時利用電報，必須信息往還，方能商妥者，而利用電話，則立刻可以酌定，其手續之節省，時間之經濟，此其所以爲近日運輸中必要之利器也.

以上所述,皆關於電報電話者,至于無綫電之利用,鐵路方面,亦嘗嘗試矣;現在應用之處,尚囿於大港口之控掣駁船;車隊上司機司軔之通訊;及其他貨運事務外,則此電線被毀時,各站間亦利用無綫電以濟眉急.然無線電正在試用之中,將來改良進步,使合於鐵道上之應用,促進鐵道業務之經濟,其應用之廣,可以預卜.

如貨運車輛日益加多,列車延至數里之長,亦意中事,則當列車中斷之時,及其他行車命令,有關於司機司軔者,彼此之消息,必據無線電以傳遞之,又如貨站轉輸之商洽,港口駁船之指揮,利用無線電,大可節省時間,促進經濟,否則港口駁船,必須靠近碼頭時,用電話報告,不免因天氣及業務關係,虛耗時間,良可惜也.

總之,完善之通訊組織,有以促成今日之運輸便利,增加車輛之利用,實為鐵道上之一重要部份,所幸水陸電線之建造,修養,及其他必要設備,進步正速,在任何情形之下,均可運用如意,但欲在某一定之鐵路,建設一可靠的,適當的,經濟的,有効能的,通訊組織,必須從車務方面,認明該路各種設備之性質;所用之材料;及平時之需要,愼密考慮,方能達到目的.

無論從何方面着想,通訊組織,與一路行車之經濟;設備之利用;均可見其關係之密切,完善之通訊組織,能使同一設備,同一人員,在同一時間內,多理業務,措置迅速,不但用者滿意,營業亦可增加.

且運輸之敏捷,非僅有關運貨商人之經濟,在鐵道方面,亦可減少車輛及用具之設置,以供營業之需要,如是則資本負担因以減低;資本流動,因以益速，完善之通訊組織，直接促進鐵路運輸之効能；即間接影響全國之經濟也．

這篇文章，多從事實上着論，沒有多少理論，不僅可以說明鐵路通訊組織之重要，抖可見美國鐵道通訊之大概，特選譯以供改進我國鐵道通訊之參考

譯者一九三〇于交大

美國鐵路燃煤之大節省

（叔龍）

——成績大佳 每秒鐘幾可省煤一噸——

自一九二二年來，美國各鐵路曾設法節省燃料。結果成績大佳，去年內平均計之，每秒鐘幾可省煤至一噸之多。

在未施行增加行車效率及經濟燃煤辦法以前，貨運每一千延噸里需煤一六三磅；客運每一延人里需煤一七·九磅。在一九二九年同樣貨運僅需煤一二五磅，而客運亦只需一四·八磅，二者約分別減低百分之二三及百分之一七。

在過去七年中各路所省之煤爲一三〇，〇〇〇，〇〇〇噸，約合二，四〇〇，〇〇〇車，値洋三三八，〇〇〇，〇〇〇元。單就一九二九年論，所省之煤已達三〇，四一二，〇〇〇噸，平均每日約省八三，〇〇〇噸，每小時約省三，四七二噸，每分鐘約省五八噸，每秒鐘約省一噸弱。

至節省之方法，不外各種新式動力之引用，各種節省燃煤機械之置備，行車號誌之添設，藉以減少列車中途停頓之次數，以及雇用學識豐富之管理人員等等。

滬杭甬路之轉運公司問題

徐宗蔚

(一)作者之言

運輸事業之對於鐵路，實鐵路營業之命脈也，每年鐵路營業之收入，俱由於運輸之運費，以及一切附帶之收費，此項收入，或由於客運，或由於貨運，在客運之鐵路，貨運收入，則較客運之收入爲少，然在貨運之鐵路，則客運收入，反不及貨運遠甚，兩兩相並，實在鐵路收入上占同等之地位，而貨運之收入實可以占鐵路營業之一大宗也。

鐵路者，一種交通事業之產物也。其效用即在輸送各種貨物與人，是則運輸者，鐵路之天責也，鐵路者，以便民爲第一要義者也，求利次焉，鐵路之性質爲商民服役而稍取其代價也，非爲代價而服役也，鐵路辦事，即是爲公共服務，路局非官衙，路員亦非官員，本質之各殊也。

目前國內論及鐵路，必先及路之收入，然路之收入，端賴於運輸之發達，運輸之發達，則更基於客運貨運之加多，客運問題貨運問題，實現行鐵路整頓之根本問題。

在國內各鐵路欲談到貨運問題，連帶而起者，即是貨物轉運公司之問題，此問題者，複雜而困難，研究之非易，討論之更難，目前廢除各鐵路轉運公司之聲浪甚高，然轉運公司何爲而欲廢除乎？廢除之後又將何爲？此則研究路政者之所急欲知者也。

年來轉運公司廢除問題呼聲最高者，當推滬杭一路，爰就管見所及，略述於後，是否之處，則尚希諸師長諸同學進而教之討論之。

（一）轉運公司之廢除爲何？

轉運公司者，一代客運送貨物之團體，換言之，卽貨商運送之代理人也，其效用有三，一卽代客辦理託路局運送手續，而稍取代價，其次則爲供給貨商一堆放貨物之所，使客商不致於貨物運時到時感無處堆放之苦，三爲給客商以財政上之協助，如某客商欲自某地購大宗貨物，而苦於資本不足，則轉運公司可代其暫行先付，日後則按議定辦法償還，前二者普通一般轉運公司類皆能之，唯後者則非有巨大之資本堅固之信用不能，滬杭一路之轉運公司，屬於一二者爲多，第三者實未之見，津浦膠濟則間或有之。

轉運公司既有三者之効用，則亦大有利於商民矣，然其對於路局則實一種寄生虫耳，溯自轉運公司制度創設以來，歷二十年，習慣既久，積弊發生，其公司中人之干涉路局，阻礙行政，實超出根本能之外，而對於客商運送貨物壟斷操縱，非特路局受其害，卽商民亦受其害也。

現今各地之轉運公司，類皆舍其本有之效用，而反操其奸商壓迫商民之手段，憶去年滬杭路斜橋站有羊毛商高某，託某轉運公司以重價運羊皮兩大包，及運到時則兩大包俱遺失不見，高某以羊皮爲其生計所託，哀求路局代其設法，然路局方面以該貨係某公司所經運，規定僅由貨主負責，路局又未便多方干涉，高某轉求之轉運公司，而轉運公司又不能賠償，閙高某後因失業而瘋，因瘋而自殺，亦可慘矣。

轉運公司之與客商爲害較烈於此者，不勝枚舉，普通一般商人，如欲將一種貨物由鐵路運送至某處，非經轉運公司之手，則其目的必不能達到，質是之故轉運公司乃更形專橫矣。

反自路局立場上觀之，年受轉運公司之損失，亦屬不少，目前此項損失之統計，尙付缺如，未能核查，玆將有明文可考者列舉一二。

按十八年以前之路局與轉運公司協定，規定凡某公司結至年底止其營業總額在五萬元以上者，得有百分之十二個佣，不滿五萬元者得有百分之五之個佣，民國十八年滬杭路重行修改條文如下。

「凡經正式承認之轉運公司，本路准許其照下列規定運費給予回佣，

每年運費不滿二萬五千元者　無回佣

每年運費在二萬五千元以上至五萬元者　百分之二五回佣

每年運費在五萬元以上者　百分之五回佣」

是則若每年該路貨運收入平均一百萬元，則勢必有五萬元之譜屬之轉運公司，此其損失一也。

又按新協定，凡經正式承認之轉運公司，得按其運費特給免費乘車證若干張，而此項免費乘車證，轉運公司每借用以送客商親友之往來，如此則頻添許多之免費乘車人，此其損失二也。

轉運公司之於客商，既有壟斷之勢，普通一般客商，感於路運之不便，都舍而走水道，遂使路局貨運收入，年受影響，此其損失三也。

其他各轉運公司之以貴報賤，以多報少，如加以正式統計，損失亦必不小，總之轉運公司爲路局之寄生虫，寄生既久，必起腐化作用，而客商路局兩受其害矣。

（一）所謂轉運公司

轉運公司既有害於客商路局，則其亦無一定存在之必要，此廢除轉運公司之所由來也，數年前滬杭路車務副總管司徒錫氏，有廢除之議，後又不久他去。其議未克討論，今者車務處有商務科之設，其宗旨卽爲達到廢除轉運公司之目的，成立不久，尙未正式辦事，成績如何，未能斷定．

前已言之矣，轉運公司者，一運送貨物之代理人也，其効用有三，滬杭甬路則僅有效用二普通轉運公司之資本有大至萬餘元者，有小至數十元者，除一二殷實公司外，其餘類皆時起時落，故轉運公司之總數，不能查考，每轉運公司有總經理一人，或二人，司賬一人，其餘夥計若干人，其組織情形則亦視其範圍之大小而定，未可一概而論也．

（一）過塘行是滬杭路一種特殊的組織

在滬杭路之轉運公司中，有一種謂之過塘行者，實亦轉運公司之規模大者耳，其內幕，其營業，實爲滬杭路轉運公司問題之一焦點，茲爲詳述之於後：

錢塘江自杭州灣而上，卽達富春江，桐江，衢江（又名信安溪）馬金溪，（在常山爲由浙入贛之要道由常山經贛爲旱道，常山以下可走水道）新安溪，（卽徽江）沿途經過城市，俱係物產豐富之地，其最著者有皖之茶，贛之布烟葉，衢富之紙，沿江一帶之木板及柴，均須延流而下，抵杭州之江干，海寧塘上，及石塘頭，（在海寧相近）起岸入杭州之城河，放入運河，或由海寧塘上轉入浙西之下河，或由石塘頭而轉入杭州長安間之上河，運送各處，司運輸上塘下塘之職者，名爲過塘行，緣浙贛皖閩腹地之產物，均須由水道而過錢塘口，然後可走鐵路，或走水道內河，過塘行之名，卽起於此，而其營業亦卽基於此也。

以沿江經過地方之不同，營業之目標各異，然其爲招待運輸人則一也過塘行之區別有徽埠，衢埠，嚴埠，蕭紹埠，毛紙埠，木板埠，柴炭埠等等，其中之徽埠衢埠，嚴埠，蕭紹埠，毛紙埠則專司轉運客貨，木板柴炭埠則除經營運送過塘事宜外，亦有兼營買賣者.

過塘行之營業性質如此，其資本之大小亦各有不同，要亦如轉運公司之視其營業範圍及目標而定也然最多者亦不過萬餘元耳.

過塘行之組織亦各有異處普通過塘行之設立，必須經財部許可，蓋過塘行者除代客運送外，一切內地之關卡釐金，亦歸其代行料理，是故過塘行非普通之轉運公司可比，普通之轉運公司，雖亦有代理關稅釐金等事，然其範圍及權力，殊不若過塘行之可以伸縮，過塘行行內組織大概有行主一人，經理帳房夥友司招待客貨，招待水客押客，（押運貨物之人）及賬目等等，攏船司貨物之裝運起卸，或場棧司分理堆置貨物，及與船戶或貨主間授受貨物，責任甚重，權力亦大，因貨物之分辦保管均須出之或場棧司之手也.

過塘行之營業大抵以行主經理之面情信用及勢力，爲招待之工具，次則以減價相競爭，或予水客押客或經辦人以回佣，凡此種種，均係如過塘行競爭之手腕，故過塘行設立，必先邀集勢力雄厚之水客，或行商，加入股分，廣招徠可以依持，而其營業得以發達也.

過塘行之兼稱轉運公司者，如某某轉運公司過塘行，係自上江運貨物過江，再走鐵路運送各地，故過塘行漸漸而至於鐵路有密切關係，其運送貨物有上水下水之分，上水者如由上海或杭州運赴上江各地之物，蓋由錢塘江而上也，下水者爲上江各地運來之物，各項貨物之運送，過塘行負有完全責任，此過塘行之遠勝於普通一輩轉運公司矣．

過塘行之代客運送貨物收費中有競爭，羣趨低廉，間或有一二行主自願虧本者，競爭之烈，可以想見．

（一）廢除轉運公司之困難

轉運公司之創設，已有將近二十年之歷史，積習相因，若欲一朝廢除，必致發生許多困難，茲分數點述之。

習慣問題，　十數年來，商人託運貨物，概由轉運公司代辦一切手續，習慣相傳，普通一般商人，每不諳於路局各種章程，而不願顧問，卽各站站長及貨員，亦慣與轉運公司接洽，單簡易行，今若收歸路局自辦，商人方面卽不得借手轉運公司，而路局亦不能與轉運公司接洽一切，雙方多許多麻煩，然鐵路既爲運送貨物之工具，則爲路員者實應努力以免去客商方面之困難也．

另車整車問題，　鐵路貨物運輸之運價，整車與另車相差甚巨，茲錄中華民國國有鐵路貨車運輸通則第二十四條如後。

甲．凡以公斤計算運價者，每批至少應按五十公斤計算，倘重量超過五十公斤者，除照五十公斤之運價計算外，所有超過之重量，應按二十五公斤爲單位，遞進計算，加收運價，卽不及二十五公斤者，亦仍照二十五公斤計算，每批貨物運價，至少以現銀五角爲起碼之數．

乙．凡以公噸計算運價者，每批至少應按一公噸計算，倘重量超過一公噸者，除照一公噸之運價計算外，所有超過之重量，應按一公噸四分之一爲單位，遞進計算，加收運價，卽不及一公噸四分之一者，亦照一公噸四分之一計算，每批運價至少現銀一元爲起碼之數。

丙。凡整車運價計算者，當照所定整車之運價計算，但起碼之數至少應按所用車輛之載重量，每公噸收費現銀五角。

按右通則，則整車運價殊較廉於另車多矣，普通客商，如以另件託路局代運，其運價必貴於整車，若由轉運公司代辦，該公司卽可齊集各客商之貨物，而向路局要求整車計算，此其間客商應出之運價，必較往者爲低廉，若轉運公司廢除之後，路局方面之通則關於整車另車問題，必須改善，否則客商貪圖微利，必仍託轉運公司代辦也。

招待問題　各站站長猶之一分公司之經理也，其責任負有管理站務，與主持營業之職，而普通一般之站長，大多不注意於此，客商託運貨物，既由轉運公司代辦，站長亦聽其自然，不加過問，轉運公司廢除以後，舊有之各公司必挾其顧客舍鐵路而走水道，則路局運輸收入年將銳減矣，至各過塘行之招待，則更屬困難，過塘行營業之範圍與來源，既若是之廣大，其招徠既以行主經理之努力及信用爲轉移，若一旦由路局自辦，則上江貨物全走水道，路局雖與競爭，必無結果。

貨運釐金問題　轉運公司過塘行之貨物運送，其應回釐金，概由該經手行家與稅局直接辦理，其應納釐金，或以長年計算，或以巨額計算，必較普通客商爲低廉也，按路局定章，凡託路局運輸之貨物，共同納釐金等事，概由貨主自理，若轉運公司一旦廢除，則客商運貨必須自納釐金，手續既繁，費用又大，兩兩相較，客商必不願再走陸路，而仍託過塘行而走水道矣.

路員問題　普通一般之路員，薪水甚少欲謀生活之解決亦殊難事也，是以習慣相傳，多有向轉運公司索取者，在轉運公司方面，爲求運貨迅速起見，亦祇可稍給若干，而各站之重重索取，爲數殊屬可觀，聞某站有每車貨物之運出，站長私人須取費五元之說，是以在一站中，上自站長，下至工役，都依賴於此轉運公司，廢除之後，路員薪金收入，發生巨大應響，服務上必不能盡心，而在實行廢除時，路員必極加反對，余嘗與路局中人談及轉運公司廢除問題，渠等大加反對，目爲萬不可能，而亦萬不必行之事，利益所關，實亦難怪.

右列五種，僅就其大者言之，總之轉運公司廢除不易，若非愼之於先，則損失必不堪問也.

(一)結論

轉運公司問題之複雜，既如上述，欲求廢除之法，實不能以一句一言以定之，轉運公司之存在，既將有二十年，則在社會上有相當之地位，廢除之談，何容易，現下情形，路局之貨運收入，既操之轉運公司之手，而轉運公司又可壟斷客商，其於供求二者方面，皆有一部分之勢力，則除之實難也.

然事在人爲而已，轉運公司之廢除，必須以漸進的手段，以達到最後之目的；愼之於始，持之於終，事未有不成者.

前已言之矣，鐵路者以便民爲第一要義者也，路局之與客商，如能熱忱招接，以利民業，則貨運之收入，不招自來.

陸運與水運，以時間而論，自以陸運走鐵路爲速，而穩，卽以運價而論，亦以鐵路之成本爲廉，是則鐵路運價之與水路競爭亦非難事，運費既廉，時間又短，手續又簡，則客商安有不走鐵路哉，轉運公司之存在與否，將不成問題矣．

上江一帶貨物，都由水道過錢塘口，若杭江鐵路得以築成，則此一帶可辦聯運，上江貨物亦可無憂，現有之過塘行主，既有其情感與信用，大可用為路局之代理人，招待一切，使向有之營業不致失落，則此後之營業將日見發達．

目前商務科欲得若何效果，未敢斷言，以愚見僅能為將來之整備工作耳，然源深沉長，基礎鞏固，將來結果自好，此則所厚望於商務科者也．

附誌　此篇於開學前數日忽忽草成未能十分詳盡為憾且在目前研究中國路政每感統計缺乏此文更感此病內舉各節不能一一證明尚祈諒之

中國傳統的經濟思想及組織

中國傳統的經濟思想爲一「安」字。組織爲一「均」字，具體言之；更可謂之爲「倫理思想」「家庭組織」。以近代經濟學上意義言之，可以謂之爲注重「分配」而不注重「生產」，又可謂之爲注重貧富階級之「減差」，而不注重一般生活之「向上」也。

——吴鼎昌——

法國鐵道購置及存儲材料方法

姚藻新

譯者按：斯篇原著係美國鐵道專家海列門氏。所舉法國鐵道購料及配料方法，以該邦大北鐵路為主例。全文特別注意於分權購置材料制及材料標準化兩點，茲譯之以供關心鐵道事業者之參攷。

法國之大北（或稱諾特Nord）鐵道，係該邦最扼要最發達鐵道之一。其主線蜿蜒二六〇六英里。全路共有機車二九一九輛，客車五一八六輛，捷運貨車及普通貨車各三四四七輛九一七五二輛不等。

該路之購置材料方法，與美國鐵路所採用者，互有差異，蓋除去少數材料；如鋼軌軌枕由該邦各路合組專部掌理外，他項材料之購置，其責任分別劃歸各處，各有專職，不容越俎，此即所謂分權工作(de-centralized Work)制度也。按諾特鐵道公司共分三大處：即行車處車輛及工務處，及養路處是也。每處之上，有一總工程師，職掌及監督各該處購置材料事宜焉。今將各處職責權限分別臚列於后，以資參攷：

（一）車輛及工務處(Rolling Stock & Engineering Department)　此處掌理購置機械零件，車輛，車輪，新式鐵件，火油，肥皂，鐵筲，螺旋帽等材料。他如鐵路職工互用之物品，亦在其列。據公司精細統計，一九二八年關於上項材料作存儲用者，其總值達美金二，八〇〇，〇〇〇元。其他材料，其總值達七，四〇〇，〇〇〇元。

煤炭一項，該路消耗頗巨，每歲總額，約在二，〇〇〇，〇〇〇噸左右，皆由鐵路設法自遠地煤礦轉運而來者。其購置亦在該處總工程師直接指揮之下。此總工程師須將所需煤炭數量，呈准管理局後，方可發送購料單。購料單內所開各欵，係根據契約規定，價格亦經詳細載明，數量至少能供鐵路二月之應用。

關於機車頭等客車車輪等，得管理局核准後，由車輛處購置之。

(二)養路處(Roadway Department)　此處有購料專部二：其一司養路及屋宇方面什物之購置，惟木料及鋼軌，不在此列。一九二八年購進總值，達美金五，六四〇，〇〇〇元。其二司購置木料，惟軌枕不在此列。一九二八年購進總值，(連軌枕)達美金二，二八〇，〇〇〇元。至於購進鋼軌，由各鐵路合組專局管理之。另有中央木料局，(Timber Central office)司購置軌枕，以供各路之需要。

(三)行車處(Operating Department)　此處亦由二專部分配掌理：一部司購置辦公處用品及各種附屬品。一九二八年此項購進，其總值達美金八四〇，〇〇〇元。一部司購電器及火爐用件。一九二八年總值達美金四〇〇，〇〇〇元。

關於瑣碎材料，無補於鐵路者，由各處處長分別公開變賣之。

購料委員會

鐵路普通材料之定購，其號單可由有關係之各處長發出之，唯須經購料委員會之核准，該會每二週集會一次，由購料處工程師及各處處長聯合組織之，該會純係代表管理委員會(Managing Committee) 行使職權，此管理委員會由董事會選出六人組織，爲行使職權之最高機關。購料委員會集會時，至少須有董事一人參加，其議決案，方生効力。

購料委員會必自信所發之購料單，無論爲存儲或爲指定某種工作所應用，必須適合材料廠之眞實需要。並決定定購材料之數量及品質，交貨期，及承攬者之姓名等。各處如遇關於履行契約上任何困難，可呈請購料委員會核奪。如發覺所購材料，違反契約原則者，亦須經該會查明後，方可退還。設各處所需材料，非屬普通品而係新定之什物，則各處所發之購料單，須經購料委員會及管理委員會雙方核准後，方生効力。

購料之組織

購進大宗物品之各處，均設有購料專部，掌理商務貿易，藉供各該處業務上之需要。購料單就其性質，可別之爲二：

（一）所開材料，可由路局自辦之廠方供給者。

（二）必須由客廠方面供給者。關於第二類材料購置，路局可與客商訂立合同，以供給鐵路一年之應用爲度，惟此指貨價不變者而論。若貨價漲跌無定者，鐵路公司不妨另結特種條約變通辦理之。

關於同類貨品，可開列一紙，惟須將各貨需要之品質，詳細註明，以資參攷。每個承攬者經購料委員會核准後，存案備查。嗣後各處需索材料，卽由該承攬者供給。委員會所發之購料單，共計四紙：一紙交承攬者收執，一紙存案，一紙存留稽核處，另一紙留作需料之某處及化驗處之應用。

每項購進之材料，必須詳載登記簿上。應特別注意之點，爲購料單發出之總數及登記號目，價格及承攬者之姓名。

請求購料單，泰半由本地材料廠或鐵路本部所發出，可別爲三類；(一)請求發給新貨，以供存儲者。(二)請求另易新貨者。(三)緊急請求購料單。凡遇緊急請求購料單。不必先送購料處，可逕致普通材料廠，俾得將廠內所存材料，儘量供給。如感缺乏，不妨擇可代用之材料交出，以濟燃眉。正不必向材料處請求，徒費周折，而貽誤時機也。但有一點，爲材料處長所應特別留意者，即每個材料廠存儲之材料，勿使過多。爲節省經費計，至適中數量足矣。

材料之化驗

購料處定購之材料，經過化驗處正式化驗後，然後發交材料廠。此項化驗工作，歸一工程師監理。在彼指揮之下，有工業實驗室一所，所內施行各種物質化驗：如機車化驗，彈簧伸縮化驗，及鐵質摩擦，木料化驗等。此外另有化學實驗室一所，專爲分析鐵條絲織物，繩索，染料，顏料，煤油，水份等用。在承攬者廠內，由檢查員攷察物質狀況；在交貨時，由材料處長對校貨物數量，是否準確。養路處爲化驗材料計，恆聘請無數商業及工業專家，命駕製造廠從事化驗工作焉。

材料之標準化

法邦各鐵路，合設一中央標準劃一專部。(Central Standardization Office)舉凡機車客貨車之設計及說明書（各種重要附屬品，亦在其內）均經詳細規定。創設斯部者，係該邦公共事業部長，大戰後正式成立。當時鐵道事業，歸國家主辦，受戰事影響，車輛毀損不少，當局不得不購置新貨，並積極從事整理，以資革新。在中央總購買制未實行以前，先將少數新購機車客貨車，劃一設計及說明書，使之標準化，以代曩昔習用之不適用條例，如此逐漸推行。收效自廣。此中央標準劃一專部成立以來，深得各鐵道公司熱烈贊許。其所施政策，概由代表該邦七大幹路之委員七人所決定。此外各路工務處長，合組一工業諮詢所。該所工作由各路技正合組工業委員會負責施行之。

中央標準劃一專部，與法國標準聯合會，（French Standardization Association）有密切關係。後者爲該邦全國標準聯會之最大組織。至於中央標準劃一專部，在農商部監督之下，從事工作，其總辦事處設在巴黎法國商部內。

現下法國所有貨車已一律標準化。他如機車客車之設計，其標準之劃一，亦在積極進行中。雖各路中仍有沿用舊式設計之車輛，爲數已少。逆料三數年後，該邦各路所用車輛，將一律依照標準規定，可斷言也。

所謂交通機關之發達者，非單爲交通機關增加之意味，實由左列五要素綜合而成者也：

（一）交通之迅速，（二）交通之頻繁，（三）交通之正確，

（四）交通之安全，（五）交通之低廉，

——國民經濟原論——

電車業務之研究

陳汝善

電車交通爲公用事業之一.其業務,與他種運輸事業有同等之重要吾人既研究運輸科學,烏能置之不顧。本文之作特發其端耳,斯篇從車務方面立論,財政方面恕不涉及.

甲. 電車業務之特質

電車業務,與民衆有密切之關係,偶有失當,即遭世人之批評.故定業務之標準,須先明其特質,特質既明,則業務原則之釐定有所根據。業務之特質,請分述之.

一.行車之速率
二.行車之秩序
三.行車之次數
四.路線之便利
五.設備之舒適
六.安全及禮儀

一.城市運輸之首要問題,莫過於在某一路程所耗之運輸時間,速率云者,非僅車輛行駛之快慢已也,舉凡由甲站到乙站實耗之時刻,停站所費之時刻,均在速率範圍之內。照普通之規定,擁擠時間內,速度每小時九·四三至十英里,不擁擠時間內,每時可行十二·三五英里,此大約數目,須視下列諸點爲轉移。

(1)車輛之形狀及其設備
(2)售票制度
(3)停車地位及久暫
(4)街市交通擁塞與否

(5) 路線交叉道之多少

(6) 街市交通之調度如何

(7) 街道之坡度

二、行車班次參差不齊，常使乘客感不便，風雨天氣，尤爲特甚，是故車輛供給，雖有時缺乏，然每趟行車有一定之距離時間，仍於營業不生影響，若夫路軌電線或車輛陡生意外，或開駛上有不能或免之困難致行車遲緩者，是不能盡歸咎於業主者也。

三、行車之次數，以交通之密度爲衡，在擁擠時間內，每十分鐘開行一次，不嫌其短，而在交通閒空時刻，每二十分鐘開行一次，仍不算太長，乘客最擠之時，宜謀行車次數（Frequency）加多，以供應時之需要，查業務供給之數量，恃車輛之供給，車輛之供給，又須視其運用之經濟與否爲斷，總之求業務之發達者，不可不求社會之需要與營業成本之平衡。

四、路軌敷設與車輛支配，俱與路線之便利有關，蓋路軌敷設與交通支流地帶，不宜過遠，過遠則乘客難於追趕，通常不過相距六分之一英里。車輛之支配，第一須使大多數民衆有乘載之機會，此外各路之聯絡，市際之聯運等，俱爲便利路線本身必要條件，營電車者不容忽視者也。

五、行旅之舒適，爲人之所樂，顧車輛之舒適，要與業務頻數及車輛設備有關，如何能使乘客舒適，當視下列各點之能否辦到。

(1) 確定幾何乘客，須得一至少之延車哩。

(2) 每百乘客，應得一定之座位。

(3) 每車之適合運儎量，應根據乘客站立地位限制之。

(4) 車輛之組合，及其正當保養，熱氣設備，淸潔設備，及路軌保養等。

六．安全及禮儀　二者亦爲發展運輸事業之重要方法，電車行駛在公共汽車競爭之間，對此二者尤須講求。行車之安全非獨對於乘客已也，凡道路行人，沿途建築等，均息息相關，故今日各項交通無不有安全之設施，行車管理法規，及司機人之氣質等之嚴密規定。良以電車業務，爲電車公司售與民衆之唯一商品，其行車人員對待乘客，應以禮貌出之，儼如普通商店之對待主顧，和顏悅色，備極殷勤。否則乘客將趨向別路，而於營業之損失，匪淺鮮矣。

乙．車務處之組織

車務處在電車公司爲營業機關，對內對外職司重大，其組織不尙宏大，而重單簡及效率，員司不重數量，而尙專才，今世電車企業多爲市有，或私人經營，行政組織各不相同，茲將一較爲普遍之車務處組織，表之於次。

一．車務處在電車公司行政組織系統上之地位。

董事會—總經理
- 機務處
- 建築處
- 車務處
- 會計處
- 秘書處
- 材料處
- 賠償處

二．車務處之組織

- 車務主任
  - 副主任
    - 時刻表排製員
    - 辦事員
  - 稽查長
    - 分段稽察員
    - 車場管理員
    - 稽察員
    - 司機人及售票員
  - 核票查賬主任
    - 副主任
    - 銀票檢驗員

丙　釐定行車時刻之基本原則

近年來汽車運輸之發展，一日千里，城市汽車與電車之營業競爭，異常劇烈，為競存計，為發展計，電車公司亟應從圖業務之改善，蓋業務為電車公司販給社會唯一之商品故也。業務改善之道多端，而釐訂安善之行車時刻，則為當務之急。準確之行車時刻，一方面可使公司在任何路線距離上之業務，有利可圖，他方面可使乘客得滿意之服務，若行車時刻不準確，必致交通漫無定時，尤不免以過剩之業務獲不足之代價，或不足之業務，得過剩之代價。斯二者俱為公用事業所宜忌，抑亦世人所深為妒病者也。

適量之業務，應有四種先決條件：

(1)備充分車輛供運輸之需要

(2)行車之班次足予民衆以充分之便利

(3)嚴守行駛時刻表

(4)行車迅速而不失安全原則

前列二項之先決條件何由解決，吾人亦不可不注意者，正確之乘客數目，與其行程上之習慣——路線方向及時間——之統計，足為解決(1)(2)兩項之借鏡，乘客數目與行程習慣之統計，可由「業務視查」方法搜集之。

「業務視查」由公司派遣得力之車務視查員爲之，其工作方法分二種，一爲車上視查，一爲站上視查。

車上視查

車上視查由車務視查員自路線起點至終點，在車上考查每站乘客上下之數目，開停之時刻，實際行車時間，與規定行車時刻表之差異，以及與本車平行之公共汽車之運載情形等，一一作詳細之記錄，根據此結果，一路線上之乘客行程之分配，可以測出若此行程之分配，以圖表之，卽成該路電車車務之特徵表，根據此表，卽作下列數種之測驗：

一、運輸密度之測定：任何路線皆可分三種區域：(一)爲乘客上車區域。(二)中心區域，每行車至此運載量已達至高點，上下乘客之多爲該路任何地段所不及，(三)終點區域，爲多數乘客下車之處。

二、業務伸縮之測定：擁擠時間之起訖各站，業務須隨之澎漲，乘客極少之區，過剩路軌不妨截去，以期車務成本與業務價值之抵償。

三、站上視查地點之決定：車務特徵表中所示運輸密度最高之車站，卽可取爲站上視查之適當地位。

站上視查

車務視查員選定一運輸密度至高之車站，觀察整個營業時間內之運載量，及運輸之分配，每車乘客人數，各車經過之時刻，車輛號牌，及他有關於業務發展之種種情形，此項工作，不僅可度測乘客之數目，行程之習慣，抑可以表示車務一切意外之現象。

由車上視查及站上視查之結果，則乘客數量，及其行程習慣兩問題，均可解決，此二者既已解決，則準確行車時刻之製定，思過半矣，雖然行車時刻之編製，又非僅憑上項結果所能謂爲完善者，容有特殊情形須遷就之處，不能不顧慮周到。若夫運輸輕鬆之路，無緊接行車距離 (Headway) 之必要者，業務之需要較少，則時間表之排製，不能恃之爲主要原素也明矣。總之，每趟行車時間不宜規定過促，若過短促則司機人難於遵守，苟勉强依從，是不免發生出軌撞碰事變，而失安全原則，反之又不可過遲緩，過緩則車輛運行必慢，乘客之極欲藉電車代步以速達其目的地者，必有厭倦焦灼之狀，毋寧乘坐公共汽車之爲得也之感。

行車時刻表，須本之交通最稠密區域所需之運載量。城市間，清晨與薄暮兩刻之交通，異常擁擠，所以一日間不同之時刻，及不同之方向，應有不同之行車時刻。若其爲短期內製成，供通常之運用者，尤不可無伸縮之餘地。

一市之內，營電車者必不祇一機關，就上海一埠言之，已有三種機關經營，英工部局，法工部局，及華商電車公司，因主管人之不同，故行車時刻表之形式各異，然熒熒數大基本原素，大都不相上下者也：

(1) 路線起訖兩端之開達時刻

(2) 每哩運轉實際所費時間

(3) 居間各站之開停時刻及方向

(4) 簡明準確俾司機人易於遵守

丁. 市際電車運輸之特點

以上所述，俱限於市內之電車運輸時刻表，今再將市際運輸之特點，爲申述之。

一. 市際運輸時刻之制定原則，與市內行車時刻之制定，逈有不同。許多市際路線，尤其是聯絡各實業中心者，早晚二次之擁擠時間，必須增加車輛運載量，以資調劑，此運載量之增加，可以三種方式實現之，(一)增加行車班次，(二)多掛拖車，(三)縮短兩列車間之距離。

二.市內電車運輸注重行車班次之多少，而爲市際用之時刻則不然，其首要者爲多路之聯運，業務之需要，及與聯接各線車輛之互換等問題。

三.市際運輸既不注重行車班次之多，則站上視查方法無甚用途已。

四.市內電車，有車務管理員，直接監督，業務可靠與否，恆視直接管理制度如何爲斷，而市際運輸不然，因路線聯接數市區，行車管理委之車輛調度人員，此類員司，藉車輛登記表及電話之通訊，互相核奪行車事項。

上述諸端，爲釐定市際行車班次及時刻之張本，業務之發達，祇要有精確之車務分析，與實用之時刻表，第因此與市內電車運輸有別，故特爲提出。

戌. 業務之測驗

電車行駛之延車哩，及行車所用之時間，二者爲度察業務成本趨向之工具，故業務之測驗，有賴於斯者甚大，茲復將測驗方法，補贅於後，以終吾篇。

一.路線哩程對人口之比例，卽每一萬人應有路線若干里，人口多之城市，路軌輻輳，蓋非此不足供民衆之需要也，查一九二四年英國之六大城市每一萬人口有路線一八·二哩，上海一埠，未有此項統計發表，殊爲可惜。

二.每一萬人運輸所需車輛之最高數量，亦爲測驗業務之方法，車輛少而載客多者，其效率亦大，成本必小，蓋乘客數目，車輛數量，及業務成本三者，有聯帶之關係焉。

三．市內電車業務之最佳指數，爲每年每人所乘之延車哩，在普通情形之下，約三十哩至五十哩，數字大者，業務成績必良，毫無疑義。

四．每年每哩路線運用所得之延車哩。斯項要以左列四點爲前提：

(1)人口之密度

(2)交通之需要

(3)路線敷設之完備

(4)汽車運輸競爭之程度

美國諸大城市每哩路線之運用，平均達十萬延車哩，紐約街面電車則倍之，而小城市尚不及其百分之二五，由此觀之，四項之中，當以人口密度較爲準確。雖然斯四者，互爲消長，實一而二二而一者。誠，以人口稠密之市，商務實業必繁盛，商務繁盛，則交通之需要必距，乃自然之現象，交通需要大，則電車路綫之敷設，應求其完備，即路軌所過之區，必能供給大多人民之便利。(一)(二)(三)三項，乃測驗業務之積極方法，至於消極方面，則須考查汽車競輸競爭之程度，大凡繁華商埠，無不有電車及公共汽車之競爭，電車票價廉，而速率較慢，汽車速率快，而票價較昂，電車內部設備欠佳，而且擁擠，汽車較爲舒適，坐位有限，故少爭搶之弊，上海一隅，街市交通，爲國內最旺暢之區，計電車路綫，(有軌暨無軌)約三十路，—公共租界十五，法租界八，華商四—公共汽車十二路，公共汽車爲最近五年之產物，路區擴大，業務優良，誠有後來居上之勢，本文擬將上海街市交通，作一研討，苦無統計資料，未償所願，深致遺憾焉。

參考書：一 Glaeser: Outlines of Public Utility

Economics, Chap. XXVII

二 S. B. N.Marsh: Org. & Adm. of Tramways Department Chap I.

三 The Purdue Engineer, Dec. 1929: Traffic Analysis and Schedule Making as apdlieb to Street Railways.

四 Nash: Economics of Public Utilities Chap XIII.

今日中國之病在「生產」而不在「分配」，是均而不富，不是富而不均，是無可均，不是不能均。貧之爲患，非富之爲患也。中國今日之急務，卽在「中國傳統思想及其組織」之下，予以若何必要而相當之變更，使之能容納物質文明之發展，得盡力于大量生產之工作而已。

—吴鼎昌—

鐵路國有國營之研究

王同文

鐵路政策之種類

就各國鐵路政策或制度形式言，大別爲四類，此皆各國所既行，或至今尙行之者：(一)國有國營—卽鐵路由國家建築並經營之，換言之，操鐵路所有權者爲國家，操鐵路運輸權者亦爲國家，此制稱歐洲大陸派，中國鐵路制度，卽屬此類。(二)國有民營—以國有鐵路，由私公司租借經營之，二三十年前，意法曾採用之。(三)民有民營—卽鐵路之所有權與營業權，皆握之於人民之手，此所謂英美派鐵路制度也。(四)民有國營—國家經營私公司所造成之鐵路，卽民有鐵路而貸之政府行使運輸事業者是。以上四種制度之採用，就當今各國情形論，國有民營與民有國營制度，採用者爲最少。

鐵路國有與民有之特性

鐵路事業，爲公用事業之一，與公衆利益，關係甚切。是以民有鐵路，決非以私人謀利爲目的，應與國有路，處於同等地位，共同發展交通，以謀人民之幸福。故國有與民有，就原理及營業基礎言，無所差異；但試觀事實，適得其反。民有鐵路，常受私人生計利益之影響，欲其企業得最大贏利，並時時濫用其獨占權，又以增有利之運輸業務爲先題，而背爲民衆謀利益之原理，故欲民有路開發富源，以濟民生，誠難得也。然國有鐵路制度，是否能完全維護公衆利益，適宜促進直接有關係者之利益，乃依國家之實在狀態而異。若一國家官吏組織與管理不良，不能言國有鐵路，一國之財政狀況，亦與構成國有及民有鐵路，有重大影響，一國之財政紊亂，受債纍纍，賦稅力甚薄弱者，自然不能收民有爲國有，因一時欲支出一大資本頗非易事；况將來收入不定，含有危險性質。例如澳意二國，當財政困難之時，卽以國有鐵路，轉入私人之手。反之資本薄弱之民有路，不若收歸國有爲妙，如澳國在一八七九年卽是。又鐵路之收入驟增者，亦惹起收歸國有問題，以使公衆均蒙其利，於是議論龐雜，幾使原則不易明瞭。批評民有鐵路，且一部分實行國有鐵路者，實有下列完全殊異之二大重因：(一)私人資本不欲在恐慌時期建築路線，因此後數年，不能獲得預期之純收入，或所築地方，無利可圖。(二)私有鐵路，不願於延長路線，或加築雙軌，常以無純利收入爲辭。國家須要純利，不若私人企業之急，輒當金融或工商恐慌時期，仍能維持其現狀。

鐵路國有之特殊優點

凡欲築一鐵路，必先預定路線，測量土地，然後實行收買路線內之土地。若鐵路由國家建築，則便於購地，民間無多大反抗。譬如築路，有礙風水，拆毀房屋坟墓，並欲生意外危險等等。但政府有權力，可用法令强制收買，此所以謂國有之一大優點也。其次對於鐵路之註册問題，民有路註册，政府必有重大考慮與審查。如路線之通過區域，有無競爭或獨占性質，或是否有築路之必須，資本之是否雄厚，將來能否有成效。但國有路註册，則不然，各種手續較易，並政府早已明瞭築路之眞相，此其特點二也。

國有與民有之爭論點

(A)管理與業務方面

主張國營爲比較的經濟派，其理由如免去各路之種種競爭，對於業務方面可得合作之精神。但其反對者主張以為不經濟，因私人創始能力發達，對於經營鐵路，如同切身問題。茲將主張鐵路國有國營派，得到管理與業務上之經濟理由，約述如下：（一）利息上之節省—以政府公債票代替鐵路股票債劵每年可省去數百萬之利息。因政府公債票，利息較低。換言之，卽鐵路公司之利益。（二）管理劃一之經濟—如果鐵路由國家經營，在鐵路終點與交點站，可得種種劃一制度，以致管理易於着手。如共同互用機頭各式車輛及修理廠，除去雙倍與重覆事務，省去多量之廣告費，及種種引誘增加貨運之方式。站上一切設備，能有一律標準，交點之工役與設備，得共用之効用。（三）財務上之優點—國有鐵路，資本雄厚，來源較易，不若私人之難於聚集。當鐵路財務地位危急時，政府定能救濟，使其穩固。民有路股票與債劵之價格，時有漲落，投機性因此而生。在國有路方面，難於發生。如是鐵路則財力無憂營業可靠。（四）減少監督機關之費用—如鐵路統歸國有國營，則管轄統一，上下一致，不必多設職員，祇求辦事有効率，簡接卽節省開支。

反對國有派（主張民有）之理由，以為國有國營，雖能保持上述一二優點；但不足抵消其短處：（一）難於物色相當人才，有經營鐵路之能力與經驗，以如是偉大超過一切工商業之國有鐵路制度，在少數人手中，誠難發達。Railway Age 的主筆先生 S.O. Dunn 嘗言：國家鐵路問題，至為覆雜，時時在變遷發達之中，而言其內部，有系統有組織有條理，使各部皆能一致，有照此資格之人才，不易得到。（二）卽有人焉，政府能否錄用，亦一問題。大凡管轄鐵路之最高職員，含有政治色彩。設有一人，為政治之能手，而未必卽為鐵路專家，竟執路政大權，其對於鐵路前途，可量矣！(三)國有國營之鐵路，對於形式上太注重，近乎官僚化Red Tape。茲以一有趣之事實作證：鐵路規章謂不論任何站長，未得該路本段內車輛支配局之命令，不得任意裝車。某次，一站長收到裝牛的二輛車並飭該站，將牛起卸後，卽將空車轉至 Caen 地方。該站站長，欲免去增加空車哩程，卽將堆在該站數天適要運到Caen去之二百袋穀，裝在二輛空車內，順便帶去。不幸翌日站長見原車退還，飭其將二百袋穀取出，再行送去，站長從命將空車送到 Caen。明日，站長另外收到二輛車作裝穀之用。（見The State in Relation to Railways 一書第六十一頁至六十二頁）如是空車之來往，卽增加空車哩程Empty Car Mileage 換言之，此卽鐵路公司之損失，若是之形式急宜廢除。(四)民有鐵路職員辦事熱心，効率Efficiency 極大，因有切身利害關係，且富有進趨與創造能力。國有路職員，適得其反，辦事隨便，以保持飯碗了事。且以鐵路利益，以飽私囊，對於鐵路生利虧本全不過問。(五)Jones 氏主張，鐵路若爲國有國營，能阻礙一切新發明與工程上之新建設，因政府對於鐵路有獨占權，各路無競爭心，對於一切設施，不必求新，藉可省經費。據英國有名鐵路著作家W.M. Acworth 氏關於此點，謂民有較勝於國有，以鐵路發達史證之，可以明矣。如機車鋼軌號誌制動機各式車輛，以及種種工程上之建設，皆由英美（主張民有國家）發明。

(B)鐵路與政治之得失影響

鐵路國有派主張，謂民有能影響牽動政治不良變遷，有害於一國政治大局。Dunn 氏曾言：「鐵路對於政治，有不良影響，若民有路用種種不當手段或金錢，賄賂政局權人與立法當局，如蠻訂國家津貼民有築路條例，以及撥給優選權種種特許利益。」（見Dunn, S.O. Gov't Ownership of Rys 一書第三五一頁至三五三頁）當一國有政局變遷內亂蜂起或國際間軍事問題發生，若在國有國營鐵路制度下之國家則鐵路權能集中，得軍事上之効用。不觀乎歐戰時，大多民有鐵路之國家均轉爲由國家經營。

反對派主張，雖鐵路能牽動政局；但鐵路歸國有，則鐵路或爲政局之工具，鐵路最高人員，由其指派，爲其服務，造成其勢力。一旦政府財政不濟時，就向鐵路提欵或强借，是以在政局紛亂腐敗不堪之國家，不能言鐵路歸國有國營政策。

（C）職工問題

贊成國有國營派，謂鐵路歸國有，能增進工人利益。如遞高工資縮短工作時間待遇改善。如是鐵路與職工，能有合作精神，工作效率增加，鐵路因此獲利。例如一八九八年之瑞士，與一九〇五年之意大利，當鐵路收歸國有後，對於以上條件，均已施行，結果圓滿。職工既得種種利益，對於罷工之舉，自能免去，間接致於運輸事業，一無間斷，民衆能盡享其利。並鐵路方面因罷工而致發生之損失，亦能盡量免去。反對派主張，增進工人待遇，是造成一斑左袒者，其他工商業之職工，並不能得同等利益。由鐵路職工問題，遂能引起工商業之勞資問題。據 Jones 氏「在鐵路運輸學原理」一書內云：若鐵路歸國有，勞工之工資與工作鐘點，皆由政府機關訂定，照此工人可以藉此團結起來造成一種勢力，擁護爲工人謀幸福者，做高級官員。

（D）運價問題

贊成派關於運價問題，理由有三：國有國營，能

(一)免去各個人間運價之不公平，Personal Discrimination (二)減少運價地段間之不公平，Territorial Discrimination(三)運價有固定性，Stability of rates茲詳述如左：

(一)個人間之不公平　美國民有鐵路論及此點，尤爲顯著。如是之不公平，能造就袒護一部分運商，或竟給以專利，往往同等哩程，同樣貨物，到甲乙二地，竟有不同運價，不顧其他運商，有失其鐵路應盡之使命。雖有法律與運輸規則限制之，但成效寥寥；且運商請撥車輛，亦有不均支配。鐵路國有派宣稱，若鐵路爲國有，能盡量免去。據 Frank Parsons 氏經歷年深刻之考查，得一結論，謂國有鐵路國家，如德奧瑞士比利時丹麥澳斯大剌拉西亞 Australasia 以及南非洲 Anglo-Saxon 共和國等，完全脫離一切不公平之差別。彼等運商，彼此各自信實，所付運價，一無偏向，從未有向鐵路當局質問或抗議。(參見 The Heart of The Railroad Problem 一書第三一五頁）主張民有民營派，對於上述，亦能表示相當同情；不過欲免去個人間之不公平，不獨鐵路歸國有能然，民有亦無不可。如各個運商有運價之差別，大都起源於鐵路競爭，苟能避免鐵路間之競爭，改爲各種聯合(Pool)與合併(Combination)則不公平之問題，亦能減少。法國鐵路，雖兼有國有與民有制度，但絕對無不公平問題發生，因法國之國有民有鐵路，爲分區專利制，並有嚴勵之法律限制之。(參見Acworth, W. M. 『Historical Sketch of State Ownership』 第七十六頁）

(二)地段間之不公平　民營路，因甲地有競爭性質，即偏利於甲地，而虐待乙地。例如運價得一折扣，或運貨上得種種優先權，或因高級路員，對於甲地，有私人特殊利益，則設法對於甲地，有差等優待。若處於國營制度下，不致有若是之差等焉。

（三）穩固之運價　國有派主張，民營鐵路對於運價時有高低之變動，有變動則生投機性質，以致影響工商業，或由此失敗；苟有穩固不變運價，製造者可同商人訂長期買賣合同，冒險交易性減少，由此得一較低市價，間接減少商人與鐵路之意外爭折。反對派主張，固定運價，並不盡善。運價宜有伸縮與變更之可能性，隨工商業之實情而更改，處於特殊狀態之下，某種貨物，應得較低之運價，對於長距離每哩之運價，應較低於短距離每哩之運價，其用意卽擴大推銷出產品區域，使製造者得一競爭，消費者得一低廉價格。

世界各國鐵路國有之趨勢及其得失

據一九一一年至一二年之調查，五洲中各國國有與民有鐵路之比較表如下：

洲別	國有鐵路哩數	民有鐵路哩數	總哩數	國有鐵路百分比	民有鐵路百分比
歐	一〇七，六六三	九九，六三二	二〇七，二九五	五一·九	四八·一
美	一二，一九〇	三一四，六九三	三二六，八八三	三·七	九六·三
亞	三六，七一〇	二六，五八一	六三，二九一	五八·〇	四二·〇
非	一一，四七八	一一，四一二	二二，八九〇	五〇·一	四九·九
澳	一八，〇二七	一，二三五	一九，二六二	九三·六	六·四
總計	一八六，〇六八	四五三，五五三	六三九，六二一	二九·一	七〇·九

上表內民有鐵路，占百分之七〇・九，其所以大於國有者，因英美二國之鐵路，（幾占世界鐵路哩數二分之一）皆係民有故也。又據一九一三年之統計，雖僅一年之差，但其結果各異。由左表可以窺見全世界鐵路發展之猛進，與其所取政策之趨勢。

據一九一三年之統計，五洲中各國所採鐵路政策如左：（表見Parker, F., E. Monthly Review of The U.S. Bureau of labor Statistics PP. 1071—1072)

洲別	國有鐵路哩數	民有鐵路哩數	總哩數	國有百分比	民有百分比
歐	一一五，三六九	九九，六四四	二一五，〇一三	五三・七	四六・三
美	二八，〇四五	三二五，九九四	三五四，〇三九	七・九	九二・一
亞	四四，〇一〇	二三，一五〇	六七，一六〇	六五・五	三四・五
非	一六，四五八	一一，〇五八	二七，五一六	五九・八	四〇・二
澳	二〇，三九一	一，五一七	二一，九〇八	九三・一	六・九
總計	二二四，二七三	四六一，三六三	六八五，六三六	三二・七	六七・三
除去美國	二二四，二七三	二〇六，一八三	四三〇，四五六	五二・一	四七・九

由右列二表比較，可見一年來國有與民有之百分比，已有增減，國有鐵路之百分比，由二九・一增至三二・七，此即鐵路國有趨勢之一證也。若照第二表，除去美國，民有鐵路計算，則全世界國有路

之百分比，驟增至五二・一

茲述世界主要各國所取鐵路國有政策之時期於后：最初在一八九八年，瑞士人民用公決法 Referendum 通過一鐵路收歸國有之議案，卽於一九〇一年與〇九年之中，將所有主要路，一律收歸國有。意大利在一九〇五年，因國有民營制度，時遭失敗，卽改民營爲國營。於一九〇六年，墨西哥亦收買各民有鐵路之股票，同年日本亦通過鐵路歸國有之法令，竟於二年內完全實現。同年法國收買六大鐵路系統之一，曰西方鐵路公司。他若比利時，早已在一八七一年實行國有，俄羅斯在一八八一年，亦已採取鐵路國有政策矣。

當一九二〇年，除美國外，三十七國中，有二十八國爲採用國有政策，其他九國，爲民有鐵路國家。鐵路哩程，除美國外，三十七國總數爲四二六，四一〇哩，內中二五九，二三一哩爲國有，一六七，一七九哩爲民有，如是國有鐵路則占百分之六〇・八，民有占百分之三九・二。在三十七國中，布加利亞有一，五八一哩，拉脫維亞　一，八二九哩，波蘭有七，二九五哩，皆完全爲國有鐵路。他如西班牙共九，五三八哩，英國共二三，七二四哩，完全爲民有。欲知各國詳情，願閱者參見 Jones 氏之鐵路運輸學原理第五三一頁。

於一九二五年，國有之趨勢更甚，全世界國有鐵路，（除去美國計算）占百分之六三・九，各國之詳細哩數，及其所取政策，可於下列比較表內研究之。

一九二五年統計之各國民有與國有鐵路比較表

國別	哩數			哩數百分率	
	民有	國有	合計	民有	國有
亞爾日利亞	757	1,861	2,618	29	71
何根廷[1]	19,186	4,112	23,298	82	18
澳大利亞	994	24,845	25,839	4	96
奧地利亞	516	3,609	4,125	13	87
比利時	216	2,977[3]	3,193[4]	7	93
波利維亞	1,491	——	1,491	100	——
巴西	3,298	15,728	19,026	18	82
布加利亞	——	1,700	1,700[8]	——	100
加拿大	19,604	20,748	40,352	49	51
智利	4,437	3,772	6,209	40	60
中國[2]	3,108	4,662	7,770	40	60
科崙比亞[2]	333	776	1,109	30	70
古巴[2]	3,573[5]	49	3,722	96	4
捷克斯洛佛克	——[6]	8,149[6]	8,149	——	100
丹麥	1,643	1,505	3,148	52	48
荷領東印度	1,853	2,571	4,424	43	57
厄瓜多爾[1]	——	470	470	——	100
埃及[1]	852	1,947	2,799	31	69
愛沙尼亞	——	1,130	1,130	——	100
芬蘭[1]	150	2,754	2,904	6	94
法國	20,431	5,628	26,059[4]	78	22
德國[2]	2,917	33,074	36,991	8	92
希臘	1,156	827	1,983	58	42
荷蘭[2]	900	1,351[3]	2,251	40	60
匈亞利	868	4,548	5,416	16	84
印度	8,514	29,756	38,270	22	78
愛爾蘭[2]	2,999	24	3,023	99	1
意大利[2]	2,861	10,244	13,105	22	78
日本[1]	2,577	7,837	10,414	25	75
拉脫維亞	——	1,743	1,743	——	100
璘尼亞	——	1,052	1,052	——	100
墨西哥	4,861	8,336	13,197	37	63

紐芬蘭	——	906	906	——	100
新西蘭	119	3,085	3,204	3	97
那威	271	1,959	2,230	12	88
秘魯	596	1,494	2,090	30	70
波蘭	——	10,420	10,420	——	100
葡萄牙	1,180	825	2,005	58	42
羅馬尼亞	——	7,424	7,424	——	100
俄國	14,144	31,547	45,691	30	70
暹羅	126	1,486	1,612	8	92
南非洲	566	11,528	12,094	5	95
西班牙	9,854	——	9,854	100	——
瑞典	6,196	3,734	9,930	60	40
瑞士	——	3,708	3,708	——	100
英國	21,158(7)	——	21,158(7)	100	——
烏拉圭	1,633	——	1,633	100	——
委內瑞拉	593	68	661	89	11
尤哥斯拉末亞	576	5,572	6,148	9	91
土耳其(歐洲)(9)	231	1,200	1,431	16	84
各國總計	165,338	292,841	458,179	36.1	63.9

附註：（1）1926 統計

（2）1924 統計

（3）民辦路

（4）狹軌鐵道不包括在內

（5）糖公司自有路不在內

（6）國有或國營路

（7）愛爾蘭北部之 765 哩亦在內

（8）約略之數

（9）1919 統計

（10）參見 Johnson, Huebner & Wilson, "Principles of Transportation," pp. 352-3 (1928)

參見 Jones, "Principles of Railway Transportation pp. 531 (1924)

由上表之觀察,得一結論,在全世界五十國中,實行國有政策者凡三十七國,鐵路完全爲國有（並無民有）者計有十國,完全爲民有者,僅四國而已,茲欲引起讀鐵路者,有研究之興趣,不得不將主要各國,採取鐵路國有之經過,歸國有後之經營實情,以及其得失結果,詳述於后:

(1)德國

行鐵路國有國營,成績最顯著者,決惟德國,自聯邦時代之普魯士至共和時代之德意志,均採用國有國營政策(或曰制度)在一八四八年,鐵路歸國有思想益盛,乃於一八七一年,完全收歸國有,自是以後,Bayern 國境沿萊因河右岸,永守國有鐵路制度;惟Pfalz鐵路至一九一三年,方始收爲國有。畢斯麥首相之主張,以爲鐵路歸國有,(a)可增進國內政治上之聯絡與團結,(b)並使鐵路能得軍事上之效用,(c)次能促進工商業發達,(d)增加國庫收入,(e)避免種種運價上不公平,(f)最後主張,因最初民有各路經營腐敗,不能盡其鐵路之使命;且不願延長哩程,改良設施而謀發展,故不若收歸國有爲妙也。當一八七九年 Meyback 執政時,用大規模收鐵路爲國有。一八九六年普魯士與Hessen(聯邦之一)立約,將 Hessen 境內所有最大民有鐵路,由兩國共同收買經營,未幾,即Hessen 國有鐵路,亦歸普魯士管理。當歐戰起時各鐵路均由中央政府處理管轄之,軍事上大受其益,其所以能主持多年戰爭,亦由鐵路有軍事上敏捷運輸之效用。考國有國營在德國之所以有若是之成效,大半歸功於鐵路組織精密,管理有方,職工之忠實盡職,政體之鞏固等是也。

(2)意大利

於一八八五年以前，意國鐵路制度，混亂無緒。國有國營者有之，民有民營者有之，國有民營者亦無不有，迨一八八五年，始確定鐵路歸國有民營。於是將國有路租給三大公司，(1. Mediterranean, 2. Adriatic, 3. Sicilian) 並特許有獨占權，其租借年限爲六十年，但任何一方可於二十年末解約。在初三公司不主力於改良，與不願集資以謀發展，並時與政府爭折，於是政府因其不能實踐契約，乃於一九〇五（二十年末）年解約，收爲國營。故自一九〇七年起，意國之主要鐵路，均歸國有。在一九〇五與一九一三年中，鐵路毛收入，有增至百分之五十，工人之工資，遞高百分之二七，職員之數目，增百分之二三。約言之，國有國營之在意大利，其成效不若德國遠甚。蓋因其政體不固，管理不得其道，職工時有罷工，效率缺乏，是以鐵路損失，頗非淺也。

（3）奧國

於一八四一年，政府已確定鐵路爲國有政策，因私人所選定路線，僅顧及私利，不願於人口稀少，工商業不振區域，建築鐵路；且不易籌集雄厚資本。在一八四八年革命之前，國有路已占半數，但於匈澳戰後，因政府經濟困苦，負担太重，乃照法國爲例，轉讓國有爲民有。在一八七五年，澳國共有鐵路六，四〇五哩，其中七一哩，僅爲國營之路。當澳國與普法兩國二次戰爭失敗後，軍政當局，卽覺悟鐵路非國有國營，不足以達到軍事上運用之功效，並鑒到德國之所以勝，亦因有集中鐵路權，於是仿德國爲例，在一九〇六年收爲國有國營。鐵路哩程共一三，〇〇〇哩，其中六，二〇〇哩歸國有國營，並三，〇〇〇哩民有路，亦由國家經營。當歐戰前，澳國諸大鐵路，除南路 Kaschau- Oderberg 鐵路及 Böhmen 境內二處鐵路外，其他皆已歸國有矣。

（4）法國

述及法國鐵路政策，民有與國有，均已行過，以法國鐵路發達時期而言，可以明瞭每一時期所取政策及其因果，時期約分為四：（a）自一八三三年至五一年—法國於一八四二年七月十一日頒佈一法令，確定全國鐵路計劃，由國家自造路線，讓私人公司設置一切行車設備，並經營之，合同為四十年，期滿國家能收買歸國營。此計劃因受國內革命，以及財政恐慌，未有良好結果。（b）自一八五一至五七年—拿破崙第三在位時，於一八五二年，得合同延長至九十九年，於將來一九五〇年與六〇年中，所有民有鐵路，即無費收歸國有；雖有合同延長之特許，但六大鐵路公司，因遭一八五七年之財政恐慌，竟停止建築工程。（c）自一八五七至八三年—於一八五九年六月十一日之法令，凡投於建築新路綫之資本由國家担保收入，與債票之還本付息，對於新路線竟放棄滿期無費收回權，惟保留收買權而已。（d）自一八八三年至今—為採取國有政策時代，當普法戰爭失敗後，即察覺鐵路國有，果有莫大效用，Gambetta 當國政時，以仿德國，踐行鐵路國有政策。

國有國營政策之在法國，可為一失敗之例，根據鐵路專家 Acworth 的批評，其失敗之原因有三：（a）鐵路成一種官僚化，形式太重，（b）鐵路局長，由部長任意調動撤廢，無永久性，（c）鐵路內部缺少紀律，如是則其營業比例，由百分之七三（一九〇九年）直升至百分之八五（一九一三年）中央辦事處之職工，由一，五二六，增至二，五八七人，由是則支出大增，職工人數雖增，但各不盡職，請假與無故缺席者日增，此所以鐵路每年約虧本一千萬元美金也。

(5)日本

日島國是完全主張鐵路國有國營之一，凡短距離局部鐵路 Local Lines 可歸民有民營。日本鐵路始祖，自東京至橫濱，共十八哩，於一八七二年，由政府建築。二十年後，鐵路國有化問題，曾在國會提出討論，經多年之商議，於一九○六年通過一鐵路國有法律。竟於○六與○七二年內民有路由國家收回者凡十七；但政府財力薄弱，即發行國內公債，五厘起息，收買哩數共二，八二三哩，資產爲一○八，七六三，○○○圓，而國家收買價在四八一，九八一，○○○圓左右。於一九○七年時，共有主要路四，三四○哩，由國家直接經營，發達日蒸。鐵路國有法律，曾特准凡短哩程含有局部性質者，可由民有民營之。近十年來日本有鐵路電化趨向，因感到日本煤原缺乏，工業用之尚不敷，但日本天然水力豐富，此其所以主張電化者一，日本地形，高低不平，用電力能得運輸安全，且多隧道，此其不宜用汽力(因煤煙不宜於隧道)者二。最後因日本地狹，是以鐵路距離較短，用電力又得經濟上之功效。論及國有政策之成績，大可貢獻讀者諸君。運輸業務特別改進，並擴充路綫至民有路所不能或不願建築之地方；雖鐵路職工薪金遞高，一班物價亦漲，但客貨運價仍能降低。在一九二○至二五年中，收入平均爲資本之百分之八·九，等於一九七，○○○，○○○圓，其營業比例爲百分之五四。所得收入，除一部分爲付息外，餘作爲資助民有輕便鐵路，及本身之種種建築，與謀發展之運用也。

(6)美國

美國本爲主張民有之國家，但亦有國有鐵路，在巴拿馬阿剌斯加與菲列濱三處。巴拿馬鐵路長四七哩，爲巴拿馬大企業之一，鐵路歸其經營，至於阿剌斯加鐵路長約五百哩，爲美政府建築，其目的含有殖民與開發富源性質，因阿剌斯加地居西北，人口稀少，此所以難於採用民有政策。於一九一七年時，美領菲列濱政府，收買該島主要路孟尼剌鐵路，爲國有國營，自後該路關於財務業務，極爲發達，設施均有改進，可稱爲國有國營之成功者。

當歐戰時期，美總統於一九一七年十二月二十日，宣告以鐵路暫歸國有，以應軍事上之需用。於是董事長立即釐訂十三大計劃，藉資可增進運輸上管理上之效率。並得敏捷軍事運輸。茲分條述之：(1)主重於短距離運輸，(2)各路設備歸一，(3)減少客運業務，(4)遞高車輛延期費以勵迅速御貨，(5)主重於逐肆提送業務 Store door delivery (6)規定包紮貨物之收貨日期，(7)若遇特種貨物，可用列車載重法自起點運至終點，(8)軍需品應得優先運輸權，(9)指定有煙煤銷售區域以省運輸忙碌，(10)貨車與機車有一定標準，(11)合併售票房，(12)改良會計制度，(14)發展內河運輸，以補鐵路之不足。

論及戰時國有國營之結果，軍事上雖得益非淺；但其鐵路本身之運輸事業，影響極大。(1)在和約未簽字前，客貨運輸，大受打劫。(2)在一九一八年五月二十五日時，貨運運價增加百分之二五倍，客運每哩增加三分，職工在中央管轄下，時有問題發生。(3)職工人數大增。(4)各種經營運輸上之效率大減。(5)在國營之下，鐵路虧本，不能維持其預算。

（7）匈牙利

最初之鐵路政策，爲採取由國家担保利息制度，後經失敗於一九〇七年，將全國五分之二鐵路，歸國有國營。其他五分之二爲民有國營，五分之一爲民有民營。在一九二三與二四年之報告，謂鐵路經營虧本。因用人太多，各個無規定之職務。效率全無。因此工資之支出占收入項下百分之六六。後於一九二四年，各路卽實行改組。在內務部之下，另設一管轄機關。

（8）捷克斯洛佛克

在歐戰前大半鐵路由匈澳帝國 Austro-Hungarian Empire 承築，當匈澳脫離後，歸鐵路於捷國，於一九二四年十一月中賠償委員會議決，謂捷政府應付給Ferdinand North 鐵路公司，每年一一九，〇〇〇捷國Crowns （錢幣名），直至一九四〇年十二月三十一日清。於一九二五年十月之戰前債務整理委員會在巴拉加開會，議決捷政府應付與澳國國家鐵路公司，每年爲三，四八三，〇〇〇法郎，迄一九六五年十二月清。照一九二六年十二月三十一日之預算表上，捷國國有鐵路債務總數爲六，一三一，〇七四，〇〇〇捷國Crown。捷國之國有鐵路，統由巴拉加之鐵道部管轄，其經營國有路，有一特點，卽徵收一鐵路運輸稅Federal Ry. Transportation Tax 客運與行李運輸占百分之二，貨運占百分之十五，此外又抽百分之十之客運稅，作爲職工之養老金。

結論

總之，一國之鐵路政策，不論爲國有或民有，在先必有深刻考查，比較其利弊，研究其一國之特殊情形。兹有四原則，足以論定一國之所採政策應如何：

(1)鐵路所處的地位—若其所築鐵路，目的爲國防或殖民，以開發邊境富源，如是之鐵路，非採國有不可。商民不願投資，因其營業前途，茫無把握。含有危險投資性質。如橫跨歐亞之西伯利亞大鐵道，其所通過之區域，人民稀少，出産寥寥。其目的卽有軍事上作用，使聯絡極東之海參威軍港，以鞏固其海軍勢力，並爲侵略遠東之先鋒隊。若鐵路處於出産豐富工商業發達之區，不妨採取民有政策，政府加以監督之。

(2)一國之經濟發達程度—若國內個人資本力强，國民經濟發達，人民樂於投資，則不必使政府多一負担，採民有而可。反之，若鐵路建築工程浩大，資本不敷。政府宜設法集資，因政府籌款，如發公債較商民爲易，而由政府建築之，此卽所謂國有政策。

(3)一國之國際地位—兹以德美作明顯之例，德國處於歐洲大陸中部，四有强敵，暴俄在西，世仇的法國在南。如是欲鞏固其國防，達統一之軍事運輸，非採納國有國營，不足以達其目的。反之而視美國，其國際環境，適得其反，北爲友鄰加拿大，南爲落伍之小國，鐵路無國防之須要，此美所以實行民有民營理由之一也。英倫三島所處之環境，與美相像，故現世談鐵路政策(或曰鐵路制度)可分爲英美式，卽民有民營，大陸式，卽國有國營二種是也。

(4)政體之效率—(a)一國之政體形式，應注意點，卽其國家是中央集權，或是地方分權。當普魯士處於 Hohenzollern 權威之下，其鐵路之組織管理與經營，曾達到最高效率。迨至民主政體時代，效率大差？（b）有 Spoils System 存在否？換言之，卽視其政府官員。是官僚化腐化否？若含有此種色彩。其鐵路之決不能歸國有國營也，明矣。

中國水利掌故與書籍

燮廷

中國古代水利之治績，以大禹爲最著，導江淮河濟而注之海，功誠偉矣！後黃河爲患，濟水失迹，淮爲黃奪，而注之洪澤，沿淮一帶，時有洪濤之驚，波臣之慘，惟以長江爲最平靜；然至今亦漸形淤塞矣，我國古時各藩屬貢物，均假道黃河，而運河爲糟粮運輸要道，故運河與舊京城亦有密切關係，朝廷時欲從事治理，以利糟運，但運係縱貫黃河，河道變遷，而運亦受影響，故治運兼及治河，民亦略得安居樂業航行便捷之利，若江淮爲災，痛苦由平民受之，與政府無直接影響。政府因亦未暇慮及江淮之利害，故中國歷代水利之掌故，治運與黃河而已矣，運河本爲汴河，（汴河經開封歸德徐州淮陰入淮）爲交通要徑，有舟楫之利，亦時遭泛濫之災。隋陽帝時，開通濟河，由歸府經宿州泗州入淮，又邗溝爲吳王夫差所開，即今淮揚運河，隋陽之開運河焉，以龍舟百葉，流連揚州，宮女數千，衣錦繡以拖扦，香聞百里，錦帆蔽日，勞民傷財，耽時逸遊，其亡也宜矣，然唐宋即用以運輸糟粮，大受其利，至元又開會通河，即運河，自山東濟寧北至臨靑，南達徐州，明淸沿其舊觀，黃河由渦穎入淮，明時黃河改道山東，而運病矣。淸時黃淮運交匯於淮陰，分河北，河東，河南三部，皆置總督以理之，此河運掌故之大要也，民國以來，北京政府有水利局及順直水利委員會之設，導淮治渭之議，雖未實現，而黃河防堵頗能注意，自國民政府成立後，水利事業隷屬於建設委員會，導淮工程現在積極進行，其他水利亦多採用新式工程，功效易著。惟熟悉中國水利情形之專家，仍當盡量延攬，俾得駕輕就熟，而能及早完成建設也。中國水利書籍，書有禹貢，漢有史記，賈讓治河三策，漢書地理志等書，後有桑欽水經，後魏酈道元（善疑）著水經註，至元有至正河防記，明有劉天和問水集，潘季訓河防一覽，清有靳輔治河方略，張伯行居濟一得，張鵬翮治河書，齊召南水道提綱，至康熙末乃綜歷代而爲行水金鑑，自嘉慶末年至道光有續南河成案，餘則史方志奏議，歷代皆有，然各書編而不全，掛一漏萬，未易審利害而竟源委也，惟行水金鑑一書，總歷代之大成，考前後之得失，誠研究中國水利之惟一書籍，願靑年之留心水利者，加以參考則必更爲適用也。昔詹天佑發明自動接車機，宋希尙在南通之水壩計劃，勝於西人，爲張謇所器重，乃派送出洋，誰謂華人智慧不逮於西人耶？中國各項建設，除技術或科學上可請外國顧問協助。若一切建設計劃則以外人不悉中國情形與歷史沿革，故外人所擬計劃大半不可靠，非待吾人自己努力不可，願靑年同志，力加奮勉耳。

介紹美國 Union Pacific 鐵路所採用之鐵路材料管理制度

龔清浩

近年來,吾國各路財政之枯竭,幾達極點,一路如有現金數十萬元,已屬罕見,然所存材料,北寧聞有千二三百萬元,平漢八九百萬元,津浦七八百萬元,其他較短諸路,亦有存料二三百萬元不等,較之各路常存之現金,奚止數十倍,乃歷年來路政當局,對於材料一項,向不注意,現金方面,如有毫厘之錯,亦必計算再四,以求符合,而正千正萬之材料,反托之於毫無管理常識之庶務員之手,舍本求末,莫此為甚,方今革命告成,建設開始,鐵道部對於各路之材料處,想必有澈底整頓之計劃,茲將美國 Union Pacific 鐵路最近採用之鐵路材料管理制度,

鐵路材料,在帳目上,與現金同屬流動資產,其管理之善否,影響於一路之成敗甚大,故歐美日本之鐵路,對於材料管理制度,莫不悉心研究,銳意改革,如改善堆藏法,以便利收發,用科學方法,以減少無用之存料,分工合作,以節省開支,集中事權,以免除積弊,諸此之類,皆所以使材料管理,增至最高效率,而同須符合本路之需要,與別處能互相合作為主旨,良以鐵路上各處之組織,皆息息相關,如有一處組織不善,或管理不良,則全部工作,每為連帶不前,此證之去歲京滬路列車誤點之原因,當知不謬。

介紹於下，以便共同研究，並提倡焉。

甲，組織，管理，

依一九二一年三月間之估計，Union Pacific（以後悉用U. P.代替之）全路所存之材料，值美金三千八百六十四萬九千一百十五元之鉅，以全路之長九千五百十六哩除之，每哩約有存料計四千元之譜，衡之普通規定，每哩需要材料二千元之通則，高出幾至一倍，此種過量存料之來源，實當時特殊情形有以致之，第一因大戰後，幣價跌落，物價飛漲，材料本身之價值，因之增高，第二因當時尚在軍事狀態之下，海外材料之來源斷絕，而國內各種交通器具，大多被徵爲軍事運輸之用，故材料之購買，遲慢異常，合同訂定後，累月而不能交貨，且市面上材料之供給，亦形減少，故不得不多購材料，以備後用，第三，當軍事運輸緊急之時，路軌與車輛，最易損壞，材料之需要，朝不知夕，當時各段之材料廠，又一無聯絡，周轉爲難，故須多置，以備驟然之需，綜上數因，存料過多，自屬必然之趨勢，迨對德軍事底定，各路均交還各公司管理，而如何縮小存料，以減輕鐵路負擔，遂爲當時材料管理上之緊要問題矣。

自一九二一年三月至一九二二年十月，十八個月中努力之結果，U. P.全路之存料自三八，六四九，一一五，〇〇元，減至二〇，八〇〇，〇〇〇.〇〇元，減去之數，佔全數七分之三之譜，全路之材料共分五十二類，減少數量之價值如下表：

名稱	存料總數之價值		減少數量之價值
	1921, 3.	1922,10 10	
空氣制動機用料	390,166.00	184,239.00	205,927.00
車輛內附屬品之材料	230,780.00	119,781.00	110,999.00
石綿，皮帶，軟管及繩索	368,533.00	143,357.00	225,176.00
列車上，車站上，及工場所須之供給物	409,819.00	172,265.00	237,554.00
工場中所用之器具及機械	408,824.00	217,265.00	191,559.00
細巧管子及配件	376,684.00	208,813.00	167,871.00
架子，金屬器具及釘類	204,391.00	100,887.00	103,504.00
緊釘，螺旋，冒帽釘等	954,187.00	473,595.00	480,594.00
鎔鐵用器	252,747.00	132,634.00	120,113.00
熟銅材料及軸頸	606,006.00	300,982.00	305,024.00
生鐵及鋼型	292,158.00	703,399.00	588,751.00
鐵板鐵條及鋼料	533,054.00	768,021.00	765,033.00
金屬原料品	64,280.00	44,318.00	19,962.00
機車及車輛用之彈簧	193,364.00	92,172.00	101,192.00
聯軸節及配件	357,793.00	125,632.00	232,161.00
輪，輪軸及輪箍	,647,348.00	900,219.00	747,129.00
制動機及車輛上所用之支托物	868,796.00	387,725.00	481,071.00
汽鍋烟突	745,131.00	372,699.00	372,432.00
原動機及引擎配件	117,358.00	77,932.00	[illegible]9,426.00
20 機車汽鍋用之大箱	220,813.00	316,442.00	4,371.00

已鑄成之機車配件	1,366,667.00	1,005,915.00	360,752.00
材料在製造中者	167,887.00	195,093.00	+ 27,206.00
材料已發而退回者	602,008.00	525,803.00	76,805.00
發光用之燃料	45,029.00	18,679.00	26,350.00
潤滑料	173,331.00	121,296.00	52,035.00
滑油	102,517.00	13,355.00	89,162.00
油漆，及玻璃	473,998.00	221,139.00	252,859.00
化學品	133,632.00	57,306.00	76,326.00
汽油，及其他燃用油料	156,195.00	61,810.00	94,385.00
30 煤及木柴	2,138,275.00	705,727.00	1,432,548.00
冰	47,684.00	2,578.00	45,106.00
文具	319,957.00	161,949.00	158,008.00
代辦之材料及供給物	408,169.00	333,310.00	74,859.00
養路或築路用之器具及車子	506,301.00	300,828.00	205,473.00
引擎汽鍋	310,737.00	251,863.00	58,874.00
誌號用料	455,334.00	279,269.00	176,065.00
電氣材料	471,066.00	293,165.00	177,907.00
建築用之鋼料	565,342.00	407,671.09	157,671.00
陰溝管子	150,272.00	86,136.00	64,136.00
建築屋宅中所須之鉛管	267,554.00	195,331.00	72,237.00
電話及電報材料	14,617.00	28,612.00	+ 13,995.00
柵欄，營壘及各種牌記	153,150.00	84,481.00	68,669.00
電桿	124,667.00	82,766.00	41,901.00

築屋，造橋用之木料	2,118,961.00	913,184.00	1,206,777.00
枕木	5,127,438.00	2,498,011.00	2,629,427.00
道釘及絆繫鐵軌用之鐵板	3,972,928.00	1,776,843.00	2,196,085.00
轍叉道，交叉道等用之鐵軌	828,255.00	529,697.00	298,556.00
頭號新鐵軌	2,852,195.00	852,911.00	1,999,284.00
貳 ,, ,, ,,	181,403.00	149,081.00	32,322.00
50 舊鐵軌之可用者	2,860,139.00	2,524,330.00	336,209.00
各種廢棄材料	213,873·00	247,736.00	33,863.00
廢棄之鐵軌	96,203.00	112,761.00	+ 16,558.00
總計	38,649,018.00	20,780,015.00	17,869,003.00

注意：上列材料中煤，鋼軌，及枕木三種，並不直接屬於材料處管理之下，惟帳目，亦歸材料處記載，故亦列入各項材料之中

存料總數之疾減，雖各處之能通力合作，不無影響，然其成績能如此顯著，收效能如此神速者，實由於材料處組織之改善，與管理方法變更之所致，一處組織之良否，關係全路之收入，至巨且大，觀此益信不謬。

(1)集權管理制之實行

U. P. 鐵路，整理材料之初步，首即採集權管理之制，U. P. 鐵路長九五一六哩，雖同隸一總管理局統轄之下，然實際上，係由情形各異之四段所連成：(如下圖)

(一)自 Ogden 以東一段，長三七一七哩；

(二)自 Los angeles 至 Salt-Lake 間一段，長一

二〇九哩；

(三)自 Ogden 北至 Butte 西至 Huntington 一段，長二三八三哩；

(四) Oregon-Washington & Navigation Co. 一段長二二三六哩；

在一九二一年以前，各段之材料，皆自行購買，四條不相統屬之路相同，各段各有其購料機關，儲料機關，其中組織管理，幾全不相同，在此種情形之下，各段之材料，幾完全不相流動，爲完成材料之流動起見，集權管理之制，遂應運而生也，

在集權管理之下，各段仍各有材料處之設立，分購料與儲料二部，其內部組織統系，幾與以前無異，所不同者，只各段之材料處不復對各段負責，而直接隸屬於總管理局之下，向一局長之助理負責，助理之權，不但得顧問各處用料之數量，即全路各段用料之適當與否，亦屬其管理之內，

各段材料處上，設一材料總管，（General Supervisor of Store）下有材料總視察員一人，(General travelling Storekeeper) 後者之責任，在使各段之材料，互相流通，緩急相濟，且得視存料之多寡，市價之漲落，以決定材料之應否購買，在何處或用何法購買，

(2)改良路用木料之運輸與存儲

新組織實行之初，首先注意於如何改良材料中木料之運輸與存儲，依前表所列一九二一年中只造橋蓋屋用之木料，已存有二一一八，九六一元之多，枕木一項亦值五，一二七，四三八元之鉅，其他細微木料，存備他用者，尙在不計之中，其數量之多，價值之巨，殊堪驚人，故 U. P. 鐵路不欲減少存料則已。欲減少存料，非先減少木料及枕木之存數不爲

功，

U. P. 鐵路所用之木料，大多係松柏杉樹之屬，產自美國西北部，首要之改良，卽使木料之運輸，不致多費往返，同時又能使各段之木料，得緩急相濟，爲完成此項目的起見，乃設立三木料場，以供給全路所須之木料，

第一木料場之所在地，爲 Port-Land 爲西北方面運來木料所必經之地，其所存木料，係供 Oregon-Washington & Navigation Co., 及 Pocatello 以西之 Oregon Short line 一段所需者，第二木料場在 Pocatello 埠，所儲木料係供 Pocatello 以東之 Oregon Short line 一段及 Los angeles 與 Saltlake 間全段之用，第三儲料場在 Cheyenne 埠，凡自 Cheyenne 至 Omaha 及至 Kansas city 一段所需之木料，皆取給於斯也，(見後圖)如此則如某處需用木料，則須將木料自儲料場運至該處，自出產地起至用料場，只須一次運輸，不致有往返轉折之弊，

除杉樹松柏以外，尚有槲樹一類，產自美國之東南部，雖其用不甚廣，然亦爲鐵路上所必需者，故在 Topeka 一埠，設有一槲樹儲料場，如別處需用，只須由 Topeka 西運可也，

除此四儲料場外，爲應付特種情形，或一時急需起見，後設小木料場四十二處，以備就地驟然之用，惟此類木料場所存之木料，不得溢出一固定數量之限制，且規定爲某項用途之需，不得隨意應用，

上述之木料，係專指用於營造橋樑房屋及車輛之用者，枕木一項，不在其內，枕木之存儲，亦分三處：

(一)一在 Walles 係供給 Pocatello 西一段之所用者，

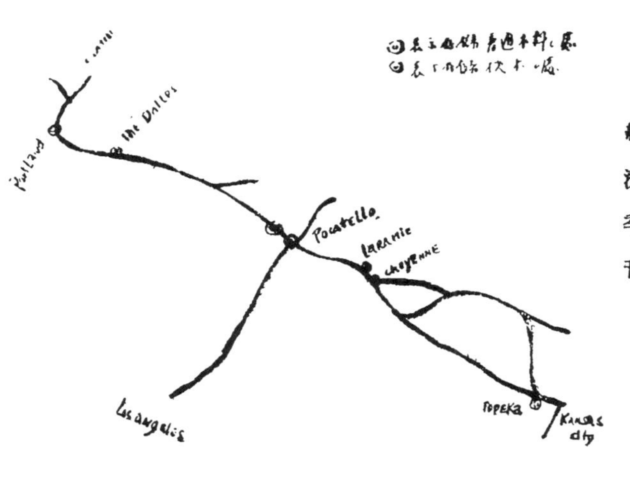

(二)一在 Pocatello 係供給 Laramie 以西及 Losangeles 以北一段之所用者，

(三)一在 Laramie 係供該埠以東一段之以所需者，

此項制度，實行之結果，不但木料之運輸費用，無形中省去不少，即購料方面亦能一致，便利不少，故施行只一十八月，而木料與枕木之投資上，竟減去逾半數之鉅，其成效之顯著，於此可見，

(3)改善材料帳

材料處既經如此改組之後，欲求管理事權之統一而敏捷，須先使管理者隨時得知全路各項存料之總數，與其所在地點，此在一九二一年以前，幾爲一不可能之事，雖當時各段材料處，亦有材料帳以記載各段存料之總數，價値，及收發之數量等類。然皆各自爲政，不相統屬，某月中全路某項材料之總數幾何，價値幾何，收發之數幾何，常在不可知之中，且各段材料帳之記載與材料存儲之方法，亦不一致，自一九二一年後，方漸趨劃一，此後在 Omake 之材料總管理室中始有一全路材料總登簿(Master Stock Book）凡全路各項材料之存數價值，與其大小種類，用途及所在地等皆得依此查知，

U. P. 鐵路所用之材料帳，皆依照美國鐵路聯合會（American Railway Association）所頒佈之標準而設置，自四二七七起爲 Master Sheet（以後統以M. S. 代之）在M. S. 上凡各項材料之形狀，大小種類，爲記帳或請領材料時所須知者，皆行塡入，此外如其分等號碼，每年存料數量應佔之地位，及用料時特別注意之點，亦皆列入，此種M. S. 在每本材料總登簿中皆有之，其所列之材料，與別本同頁上所列者相同，自四二七七A起係一 additional Sheet在各段之材料賬中用之，以記載某一月中各項存料之總數，材料請領而未給者幾何，前三月中每月材料消耗之平均數爲幾何，材料已購定而未交貨者幾何，及請領單之號碼等類，自四二七七B起爲另一 Additional Sheet 在四二七七A之下，作雙聯式，此上之所列，全與上者相同，待塡滿後，即行撕下，交進材料總管理室，以便轉入四二七七D. 內，四二七七D. 者係一空白紙在總登記簿內，與M. S. 相對，如此，每月中全路各項材料儲存之情形，只須翻閱材料總登簿自可一目了然矣，

（4）分類按時檢點法（Time Schedule System）之採用

U. P. 鐵路全線，計有材料廠，大小四十九處，所用儲料器具不下七萬餘件，欲管理此項制度，非利用科學方法不爲功，分類按時檢點者（Time Schedule System）爲其中最緊要之一種！

爲實行此項檢點法起見，先將全路所須各項材料，分爲五十二類，（見前表）

依前表之分類，所有制動機用料（air brake

Materials）皆列入第一類，所有皮帶軟管（Hose Bope）等，皆列入第二類，在材料帳上，亦依此程序記載，幾庶M.S.上之列類，不致混亂，而管理材料，亦可易於着手矣，

材料廠中存儲材料之分類，與記帳時之分類，完全符合，凡同屬一類之材料，常置在一起，而一類之中，復分次序，庶於檢點或發料時，不致有遺漏或困難之弊，

如此存儲後，依分類按時檢點法（Time Schedule System）之規定，凡全路各廠中同類之材料，皆須於同一日中檢點，視實存之數，與帳上是否相符，然後決定該段是月中所有存料幾何，須購材料若干，用料率如何，及由別廠轉來之材料共幾何，此幾項填入後，即將該項報告，於規定之時日中，郵寄至總管理室，寄去之後，復將原底交至發料部，填入各部請領材料之總數，亦於規定時日中，寄至總管理室，後者根據此種報告，即可計算當時全路某項材料之存數，及其請領之數量，以決定該項材料，是否有添購之必要，

如有某項材料，在甲廠爲供過於求，而在乙廠爲求過於供，則總管理處即可命甲廠所多之數，轉至乙廠，庶幾一路材料，不致有多購之虞，

分類按時檢點法之利益有三：

（一）全路各項材料之情形，一待該項材料檢點完結，即可知道，不必待全部材料之檢點完竣，

（二）各段同類材料，須於同時檢點，並於同時報告，故當請領材料總數交進時，當時即可知全路上該項材料之有無，

（三）各項材料之檢點，皆須依規定時日交進

報告,故總管理處不致因工作過繁而發生錯誤之處,

與分類按時檢點法有連帶關係者,卽材料廠內之分部負責制度是也,依此制度,每一材料廠常分爲數部,或十數部,每部由一分部管理員(Section store Keeper)負責之,一部所司之材料,少則數類,多至十數類不等,視存料數量之多寡而定,此種分部管理,界限異常明晰,各部責任,不致有互相混雜之處,一部中各項材料之裝卸,分發,存儲,編碼,以及一切應爲之事,胥由該部管理員一人爲之,彼亦有材料帳以記載收發,及存料之數量,彼之責務與各段之材料廠長,不過大小之別,

贊成此種分部制度者,謂其:

(一)用費較省,檢點時不致有錯誤之處,

(二)用人較少,而成效不弱,

(三)分工合作,適合於現代工業制度,

(四)一部所負責者有限,使新進者易於熟手,

乙 存料方法

(1)單位堆藏法 Unit Piling System

西諺有云,一鏈之强否,視其最細之連接處爲定,蓋謂一良好之制度,如在緊要之處有一弱點,則全部制度,等於無用矣,管理鐵路材料之事,奚獨不然,如在U.P.鐵路上,事權已集中矣,組織已改善矣,材料帳目之規定,不可謂不精密矣,然欲此制行之有效,尙有待於各廠能交進正確之報告,但正確之報告,基於正確之檢點,而檢點之能否正確,全視材料堆藏之善否爲依歸,故材料之堆藏,實爲全制度之最緊要關鏈,亦猶一鏈中最細之接連處,爲管理材料者所不能忽略者也,

單位堆藏法(Unit Piling)者,卽各項材料

之儲藏，悉依一相當之單位而堆積也，此法盛行於美國之各路，普通材料，皆不直接置於架上，而放在一金屬鑄之盤中，材料中有平放者，亦有直置者，視其形狀之大小長闊之不同而異，

盤之大小，亦有不同，當一盤中材料裝至規定容量時，其上須標明字碼，表示其所裝貨物之數量，如一類材料，能於一盤中裝完，此盤上卽不復有數量之標明，因盤內材料，卽須應用故也，如二三盤中所裝者，皆屬同類之材料，則每盤上皆有數量之字碼，以便檢點時，易於計算，凡屬空盤，皆不置架上，

儲料盤之深，皆係半英寸，闊自四呎至十二呎，長十七呎，如螺旋釘，活塞，燈罩，等皆置入盤內，有數種材料，因其大小或形狀之關係，不能置入盤中，但亦須依單位堆藏法以存儲之，如螺旋帽，道釘，襯圈等皆須置入匣內（Bin）匣上亦標明內藏材料之數量，以便檢點或發料時，易於估計，其他如輪箍，鐵管，木桶等則有梯形之鐵架以存儲之，總之U.P.鐵路上，無論何種材料，卽重大如鐵器配件等，亦悉依單位堆藏之原理而存儲，惟笨重材料之放置，大都堆積在鐵鐙上（Unit Platform made of iron）而不置在普通之架上，

單位堆積法，初行之際，頗多非議之者，以爲其須用多量之盤匣，似太不經濟，材料放入後，又復取出，旣繁手續，又易臻混亂，但一經實行之後，此種懷疑，均經逐漸消除，不但所用之盤匣，價値甚微，材料之放入取出，亦並不引起混亂，除此以外，尙有以下三點之利益：

（一）各段材料廠之堆藏法，皆能劃一，

（二）細小之材料，在檢點或發料時，可免點數之煩，而鮮錯誤之虞，

(三)經濟地位，　或問有多量之盤匣置在架上，何以能經濟地位，其理由有三：

一，材料堆置正齊者，當較雜亂者所佔地位爲少，

二，木架之分格中，自用盤匣置料後，可以全部應用，不然一格之上部，常留有空隙之地位，

三，用盤匣後，材料之縱長橫狹者，可以峙置，亦能經濟地位，

據U.P.路職員之估計，自實行單位堆藏法後，各材料廠所節省之地位，至少有百分之二十五，聞該路曾規劃一材料房，原定長二百呎，後以實行單位堆藏法，故將長度縮短四十呎，此制之能節省地方，於此可見一斑，至於其能使材料處正齊美觀，提高在內辦事員司之興趣，使檢點材料者，不致發生厭惡之心，此猶其小者也，

前曾言之笨重之材料如鐵軌，機器配件等，皆堆在鐵鑄之 Platform 上，此種 Platform 大都闊六呎長三十呎，其爲用甚大，不但使堆積方面正齊美觀，且使材料不致有侵入走道之虞，

(2)用具之劃一

U.P.鐵路上，不但各項材料堆藏之法，一致無二，卽所用之各種儲料器具，亦各處相同，此點有下列三種利益：

一，各項器具之形式，大小，有一定之規定後，材料房內易臻正齊美觀，

二，各部員司，得互相調換，而不致對於新司之事，發生錯亂，

三，用具有一定之標準後，將來修理，補換，亦可較易，

（丙） 發料及收集廢料方法

（1）專開材料列車以發給材料

以上二段之所述，係關於U. P.鐵路上材料處之組織，及其管理存料方面，其範圍限於如何使現存之材料，適合所需，如何使材料之堆藏合法，如何使路局投資於存料之價值，減低至最少限度，諸此之類，自一九二一年材料處實行改組後，成效已見，除此之外，尚有值得我人之注意者，即U. P.鐵路上現行之發料手續爲如何，

發給材料之法，爲美國各路所採用者有三：

（一）材料依請領數量之多寡，及時日之先後而逐一發給，

（二）材料裝成整車，由本路運貨列車拖帶發給，

（三）專開材料列車發給，

在U. P.鐵路上，依第一項辦法，發給材料，殊不便利，原因有三：

（一）各處所需之材料，多寡不同，種類有別，近遠各異，時日亦有先後，如逐一發給，將不勝其煩矣，且一種極微細之材料，常須轉換數種交通，亦殊不經濟，

（二）逐一發給，往往將材料與運貨物，混爲一起，易臻紛亂，

（三）如材料與貨物一起裝運，往往多費貨物員司之照料，

第二種辦法，曾一度實行於U. P.鐵路上，但不久即爲廢除，其主要缺點，不外二點：

（一）遇段停留，常因裝卸材料而使運貨列車誤點，

（二）材料車與普通貨物車同時到站，在業務

較繁之時，每每引起擁擠，而致照料不及，

第三種辦法爲現在U. P. 鐵路所採用，亦卽羣認爲最佳之一種，此法卽將各項材料，裝滿一列車，車內且預備各種用具，以便沿路收取廢料之用，此項列車只在日中通行，每月一次，其開行時刻，須預先規定，每經一段，必有該段之上級職員及材料處辦事員各一人在上，此二人得視當地之需要如何而決定材料之應否發給，或發給之種類數量等類，每一材料列車，駛至一段，須有該段上級職員在者，係備遇一段用料過費或不當時，得隨指出以糾正或改良之，省去往返函件，避啓誤會之弊，專開材料列車之利，有下列諸點：

一，各地之存料，得減少至最低限度，因羣知下月中某日又有材料列車開到，故不必多儲材料，以備後用也，

二，材料車不由普通列車拖帶後，後者卽少一誤點之因，

三，凡貨物不直接交與用貨者，皆須包札，捆裹並附件作記，以便運送，材料如由普通列車帶運，自不能例外，但開材料專車後，此種煩瑣手續，均可省去，

四，鐵路材料，如爲運貨列車拖帶，每屆該列車到站時，常須往來搗車，以便將所裝材料，送至用料各部，此事在業務較繁之站，每引起擁擠，U. P. 鐵路上自實行此第三種辦法後，此弊已不除自去，

材料列車除發料外，又沿路收集各段之廢料，運至總廠，俾便早日賣却，或加修理，改作別用，致利息不致坐費，而購料可無過多之虞，

爲便利裝卸起見，材料列車上又裝設各種器

械，以節省時間與手續，據該路材料處之估計，自實行材料列車後，平均爲裝卸材料而耗消之時間，可減少至百分之五十以上，其便利之處，概可想見，

（2）材料直接發至用料塲

發給材料方面，除施行材料列車外，尚有一事足述者，卽 Shop Delivery 之制度是也，Shop Delivery者，卽請領之材料皆直接發給與用料塲是也，此制在U. P.鐵路實行至今，不過五年，往者凡發給材料，須先經用料者所隸屬之處，然後再行發下，費時費力莫此爲甚，自 Shop delivery 制度實行後，在材料處雖較爲煩瑣，而在用料者，則爲莫大之便利矣，

用料塲距離材料廠，有遠近之不同，故發料時所用之法亦有二：

一，在距材料廠較遠而需料較大之處，建造附屬材料房，以存儲該處所需材料之大宗，俾節省運輸費用，

二，用料場如距材料廠較近，則有送料夫(Delivery Gang)以輸送材料，並同時收集廢料回廠，

（3）收集廢料之法

前曾言之材料處之責任，除購料，儲料，發料外，尚有收集廢料之一事，在U. P.鐵路上，專司此事者，爲 Reclamation Inspector 彼之責任，除設法利用廢料外，且有糾正用料過費或不宜之職，

U. P.鐵路上，收集廢料之法，與美國別路，微有不同，往者在材料房旁設立一棄料庫 (Scap dock) 之法，今已廢止不用，爲便利運輸起見，新法將各段之廢料，皆裝入陳舊之車輛內，此種棄料車大都停留在鄰近於工用場之軌道上，一待裝滿後，卽運至

該段之材料廠，然後用機頭起重機（Locomotive Crane）將廢料從車內取下分類列等，其中如有能改作別用者皆行檢出，餘則運至附近市場出售，或定期拍賣，月必一次，所運至之市場，不外下列數處：如Omaha, Kansas-city Losangeles, Salt Lack city 及 Port Land 等處是也，

（丁）利用圖表，以促進管理制度之改善

自U. P. 鐵路上材料集權管理制實行之後，各段之存料數量用料情形自在總管理處洞悉之中矣，但各段間之情狀，仍無由互相知悉，當新制初行之際，各段情形須互相討論改良者極多，如仍各行其是，不相問聞，殊失當時改組之原意，故為實現前項目的起見，各段上級職員常利用通信方法，互相研究，或討論存料，或發料方面改良之法，參入各地情形，酌加意見，然後由總管理處根據討論或報告之結果，繪成各種圖表，分發各處，以便參考，

圖表中最重要者有二，一圖係表示全路現存之材料共幾何，及今後努力所應達之結果。如圖上表示一九二一年四月份之存料若干，同時並畫出翌年四月時應減少至若干，此表再依實在情形，每月繪入一次，分發各段，視所得結果與意料者所差幾何，一圖分四部，（一）表示全路一年中每月存料數量之比較，（二）表示全路各段存料之情形，（三）每月購進材料之數量，（四）每月發料之數量，以上二圖皆以全路為單位，各段亦有各段之圖表，再如枕木，鍋爐管及其他消耗量較大之材料，亦另有圖表以表示之，

此種圖表，卽係全路材料處工作之統計，每月一次，其功用不但能顯示已往之情形，以便管理者決定未來之政策，且使各段各地材料處明白現行

制度之目標，及其已得之功效，使在下者，益加勤奮自勵，俾致不落人後，

(戊)舉行各種集會，以免誤會之發生，

一事之成就，一制度之能實行，莫不待羣策羣力，互相合作，而後方能有事半功倍之效，鐵路材料管理，奚能例外，即以U. P.鐵路而論，全路之長凡九千五百餘哩，儲料之處，共四十九地，此四十餘處之職員相隔既遠，會面自難，在此種情形之下，各處間因事而發生誤會，亦屬意中之事，故U. P.鐵路上，時有各種集會或討論會之舉行，材料處職員，常能相聚一處，一面可以互相磋商討論，以便改良，一面可以解除種種誤會，藉利工作，此種辦法，雖非盡善盡美，但至少可以免除誤會之一部分，而不致有乖隔過甚之弊，

全國公路概覽

胡繼藩

大凡一國欲謀工商業之發達，國庫上之裕如，首必注重交通。然陸上交通之發展應以鐵道爲主，以公路爲輔，脈絡貫通，相關至鉅。如就經濟上而言，鐵道之爲用一時不易普及全國，蓋以其建築之材料特殊，需費亦較爲鉅，既成之後，行駛其上者，又限於專用車輛，反不若公路之易於增設而又得公衆駛用之便利也。故全國陸路運輸欲專恃鐵道，以謀盡量發展國內各地交通宏收公用普益之效者，實未之有也。美國土地面積，約與我國等，然已成鐵道，其長爲四十二萬八千餘公里誠可謂密如蛛網矣。後於一九二二年，猶擬經營三十二萬公里之道路，其國家對於已成道路所發之輔助費且在一萬七千萬元以上，足徵全國道路之經營確須與全國鐵道計劃相輔而行以期補助鐵道之不足。我國以四萬萬以上之民衆二萬萬方里之土地，物產豐富，勝於各國，而工商事業，迄未振興，社會狀況，迄未改進，溯厥原因，雖至複雜，而路政失修，交通阻梗，實爲政治經濟敎育實業未能發展之一大原因也。

我國國有之路，雖號稱二千餘哩，然而多係狹隘。輓近以來，各省大都名鎭，多以砂石闢築大道，如北平，天津濟南太原福州廣州等處是也。民國八年十一月十五日，政府復有修改道路條例之命令。其實施之能力，雖不可知，但各省主席爲行軍迅速計，各界人士爲交通便利計，對此築路計劃，多不遺餘力，積極進行。至民國十年五月五日上海因有全國道路建設協會之發起。又美國紅十字會及華洋義賑會等，近年在華所辦社會事業極多，亦嘗以救濟饑饉拯恤災民爲目的。迭在北方各省開築道路。年來汽車發達甚速，要亦促進築路之一動機也。茲特將國內由北平直達全國各地固有道路，其他重要幹道及新築道路表開列於後。（附註）本稿輯時倉促，其間不完備及錯誤之處，在所不免，尚希閱者隨時指正之，

由北平達全國各地固有道路表

（一）北平—通州—永平—山海關—奉天

（二）北平—熱河（一四四）—齊齊哈爾

（三）北平—多倫諾爾—開喇

（四）北平—張家口（一一五）—庫倫—哈克圖

（五）北平—張家口—歸化城—烏里雅蘇台—科布多—塞米巴拉丁斯克

（六）北平—太原—長安（七七〇）—蘭州

（一一二〇）—涼州—甘州—肅州—（戈壁沙漠）—哈密（二〇九〇）蘇勒—迪化（三四九三）（或自哈密西北至西山尼湖）

（七）北平—蘭州（同上）—西寧（距蘭州一五九英里）—拉薩—加托（距喇薩八百英里）

（八）北平—太原—長安—成都—打箭爐—裏塘—巴塘—拉薩

（九）北平—正定—開封—襄陽—常德—貴陽—雲南—大理—騰越—八漢（自雲南府至蒙自與河內或思茅）

（十）北平—正定—開封—漢口—岳州—衡州—桂林

（十一）北平—漢口—衡州—廣州

(十二)北平—德州—許州—廬州(安徽)—九江—南昌—廣州(欽差路)

(十三)北平—德州—濟南—鎭江—杭州—溫州—三都澳—福州

其他重要道路:

(一)成都(四川)—萬縣—宜昌—漢口—安慶(橫過揚子江)—大通—蕪湖—南京

(二)漢口—安陸—襄垣—西安—蘭州—哈密—齊山泊 (Lake, Zeisan) (共計二五八〇英里)

(三)濟南(山東)—周村—煙台—威海衛—威縣—青島

全國各省新築道路表

(一) 故都

從何處	至何處	路長英里	開設計劃者	備註
北平(西直門)	海甸，圓明園，清華園，	八	本埠	
北平(阜成門)	黃村，香山，玉泉山，萬壽山，海甸，	二八	同上	
北平(西便門)	跑馬場	三	同上	
北平(永定門)	南苑	五	同上	
北平(東直門)	古北口，熱河	一四〇	同上	
北平(安定門)	北苑	三	同上	
北平(朝陽門)	通州，天津	七二	美國紅十字會	
靑龍橋	湯山	二五	本埠	
黃村	三家店，門頭溝	一七	同上	
通州	玉田，豐潤，永平，秦皇島	—	華洋義賑會	
同上	三河，薊州	五〇	本埠	
北平	長辛店，涿州，蘆溝橋，	七〇	同上	

(二) 直隸 (河北)

從何處	至何處	路長英里	開設計劃者	備註
天津	保定	七五	美國紅十字會	

從何處	至何處	路長英里	開設計劃者	備註
同上	塘沽	三五	本埠	
滄州	石家莊	一九三	交通部	
南宮	德州	五三	個人	
邯鄲	肥鄉，廣平，大名，山東界			建築中
同上	武安	二〇	華洋義賑會	
曲陽	阜平及山西界	—	同上	
贊皇	鄰近村莊	—	同上	
澤洲	同上	—	同上	
巢縣	元氏	—	同上	
望都	清風店	八	交通部	
昌黎車站	撫寧	一三	同上	

(三) 山東

從何處	至何處	路長英里	開設計劃者	備註
濟南	濼口	六	個人	
芝罘	濰縣	一八〇	政府	
曹莊	沂州	一五〇	山東省	
黃河路及支線		一二三	美國紅十字會	
周村	利津	—	華洋義賑會	
濟寧	經過嘉祥曹州及古冶至河南邊界	—	同上	
德州	恩縣，高唐，東昌，及陽穀	一〇〇	美國紅十字會	
武城	恩縣，平原，	三〇	同上	
恩縣	臨清，南館陶，直隸邊界，(到大名)	九〇	同上	
高唐	禹城，武定，程子口，海濱	一〇〇	同上	
武程線	鄰近河流	—	同上	
黃河涯	Szenussu	八	同上	
沂州	嶧縣	五〇	個人	
曹縣	定陶，荷澤，朝城，莘縣，觀城縣，館陶，	—	山東省	
聊城	陽穀，壽張，鄆城，濟甯，	—	同上	開設一部
濰縣	壽光，博興，青城，	—	同上	
聊城	南館陶	五〇	個人	

(四) 山西

				備註
太原	太谷，祁縣，平遙，介休，洪洞，平陽，	二〇〇	山西省	
同上	忻縣，崞縣，陽明堡，	一〇〇	同上	
陽泉	平定，遼縣，	七五	美國紅十字會	
太原	交城，文水，汾州，汞石，柳林，	一五〇	同上及華洋義賑會	
忻州	五台	三〇	山西省	
太谷	遼縣	七〇	同上	
汾州	平遙	二〇	美國紅十字會	
平陽	蒲縣	—	華洋義賑會	
絳縣	鄰近村莊	—	同上	
澤州	同上	—	同上	
安邑	茅津渡	—	同上	
（五）河南				
信陽	黃山	—	同上	
新安	獅子鎮	一〇	同上	
清化	濟源及黃河岸邊	—	美國紅十字會	

滎陽	密縣及鄰近村莊	四〇	華洋義賑會
登封	鄰近村莊	九	同上
臨汝	同上	一二	同上
嵩縣	鄰近村莊	一二英里	華洋義賑會
禹州	石固鎮	一五	同上
魯山	寶豐	一四	同上
南召	鄰近村莊	六	同上
汝南	遂平	二三	同上
確州	正陽	三八	同上
商水	上蔡及西平	六二	同上
息縣	羅山	二一	同上
光州	光山	一三	同上
永治	平漢路	二	同上
鞏縣	鄰近村莊	八	同上
許州	，穎橋鎮，襄城及鄰近村莊	三〇	同上
穎橋鎮	郟縣	二六	華洋義賑會
項城	沈邱	—	同上

				備註
鹿邑	鄰近村莊	一二	同上	
西華	扶溝以外	五三	同上	
扶溝	鄰近村莊	—	同上	
杞縣	太康	三八	同上	
睢州	隴海路上李拔集	二〇	同上	
甯陵	柳河	一四	同上	
虞城	夏邑及永城	六三	同上	
閿鄉	潼關	二七	同上	
隴海路上之柳河站	甯陵，柘城，太康，商水，上蔡，汝甯	九〇	河南省	開設一部分
商水	項城，沈邱及太和	一〇〇	同上	
洛陽	南陽	一〇〇	軍事機關	計劃中
同上	西安	二〇〇	同上	
同上	鄭州	八〇	同上	
（六）甘肅				
甯夏	蘭州	二二〇	甘肅省	
平涼	長武	七〇	同上	
（七）湖北				
襄陽	沙市	二三〇	湖北省	
同上	花園	二三五	個人	
漢口	蔡甸	三〇	同上	開設一部分
同上	宜昌	二七〇	同上	計劃中
同上	黃陂	—	同上	
（八）湖南				
長沙	湘潭，寶慶，晃縣及貴州邊界	一一〇	湖南省及華洋義賑會	開設一部分
衡州	郴州	一〇〇	湖南省	
湘潭	湘鄉	三〇	同上	
永豐	寶慶	三三	同上	
（九）江西				
上高	羅田	—	個人	
九江	牯嶺	一三	同上	
玉山	常山	二七	江西省	
（十）安徽				
泗州	靈璧，泗縣，五河，	—	華洋義賑會	

蒙城	鳳陽	—	同上	備註
鳳台	鄰近村莊	—	華洋義賑會	
阜陽	正陽關	六〇英里	個人	
蚌埠	合肥	—	同上	計劃中
蚌埠	懷遠，蒙城，渦陽，亳州，太和，	一二五	華洋義賑會	
（一一）江蘇				
南通	Kenmusiang	六五	個人	
同上	如皐	二〇	同上	
同上	海門，經過金沙，	二三	個人	
贛榆	東海及沭河集	六二	江蘇省	
同上	房山，沭陽，錢集，	七〇	同上	
泗陽	運河	七〇	華洋義賑會	
清江浦	淮安	七〇	同上	
泰州	鄰近村莊	一〇	華洋義賑會	
鎮江	句容	—	同上	
同上	碭山溫泉及南京	—	個人	開設一部分
揚州	瓜州	—	同上	
海安	泰州，仙女廟及揚州	—	同上	
嘉定	馬落	一三	同上	
沛縣	徐州路站	—	同上	計劃中
上海	閔行，柘林	二〇	同上	
同上	太倉，劉河	一四	同上	
同上	吳淞	九	同上	
同上	川沙	一二	同上	
同上	龍華	七	同上	
上海	新塲	二〇	個人	
同上	下沙(Siasha)	—	同上	
同上	周浦，南匯	—	同上	
（一二）浙江				
杭州	餘杭	二一	浙江省	
餘杭	武康	三五	同上	
武康	莫干山	—	同上	
同上	雙溪	—	同上	

				備註
杭州	蕭山，紹興，嵊縣，新昌，天台，台州，溫州，福鼎，	三〇〇	同上	
餘杭	臨安經過於潛	五五	同上	
黃巖橋	臨海(Tiaoyukiao)	一〇	同上	
杉口	天台	一一	同上	
黃巖	子口鎮(Tzekouchom)	一四	浙江省	
溫州(Wenchow)	狀元橋	七	同上	
甯波	慈谿及鎮海	—	個人	
杭州	靈隱(沿西湖)	—	華洋義賑會	
同上	海甯	三〇	浙江省	
（一三）福建				
浮宮	海澄，漳州，南靖，龍巖，上杭，武平，	一八〇	福建省	開設到南靖
詔安	雲霄，漳浦，漳州，長泰，同安，泉州，惠安，福州，福鼎，浙江，	五二五	同上	開設在漳州與泉州間
泉州	永春及德化	三二	同上	
仙遊	永春	三五	同上	
泉州	安海及同安	二六	同上	

同上	洛陽橋	—	同上	
福州	鼓嶺	一三	個人	
漳州	龍巖	三三	福建省	計劃中
南靖	官橋	二三	同上	
泉州	圍頭	二七	個人	
（一四）廣東				
廣州	江門及新會	—	廣東省	計劃中
瓊州	海口	—	本埠	
鶴山	新會	—	廣東省	
嘉積	樂會	一〇	本埠	
同上	定安	—	同上	
同上	文昌及靑蘭	四〇	同上	
同上城中	—	—	同上	
三水	肇慶，開平，陽江，電白，高州，化州，廉州，欽州，防城，及Moncay	六〇〇	廣東省	計劃中
紫金(Tzeking)	公平及汕尾	—	同上	
廣州	惠州，平山圩，海豐，陸豐，惠來，揭陽，潮州，黃崗	二六五	同上	開設一部分

同上	增城，博羅，河源，龍川，長樂，興甯，江西邊界	—	同上	計劃中
澳門	石岐	六〇	本埠	
北海	石康，廉州，靈山，欽山及廣西邊界	六〇	廣東省	開設一部分
海口	(Lamko)	七五	本埠	
瓊州	隆源(Lungyuan)	一一〇	同上	
（一五）廣西				
龍州	水口	八八	廣西省	
南甯	思恩	七八	同上	
梧州	博白	五〇〇	同上	計劃中
南甯	龍州	一七〇	廣西省	計劃中
同上	桂林	三三五	同上	
同上	馬民(Moming)	三〇	同上	
同上	北海(廣東)	二二〇	同上	
平樂	梧州	一六六	同上	
南甯	Suilu	八四	同上	
柳州	南甯	三〇〇	同上	
同上	慶遠	六七	同上	
同上	桂林	一二七	同上	
同上	平樂	一六七	同上	
（一六）雲南				
雲南府	大理府	一一	雲南省	開設(到碧雞關)
（一七）貴州				
貴陽	鎮遠	—	貴州省	計劃中
同上	赤水	二三三	同上	
同上	安順	一〇〇	同上	
同上	南丹(廣西)	一六六	同上	
都勻	古州	—	同上	
遵義	赤水	—	同上	
安順	雲南邊界	—	同上	
（一八）四川				
成都	雅州	一三二	四川省	
同上	灌縣	三五	同上	
長壽	墊江	六七	四川省	計劃中

逢州	營山	二三	本埠	
（一九）奉天				
遼甯（奉天）	山海關	三〇〇	遼甯省	計劃中
大連	旅順	—	個人	
（二〇）黑龍江				
海拉爾	庫倫	—	個人	計劃中
（二一）察哈爾				
張家口	庫倫	八〇〇	國辦	
同上	多倫諾爾	二〇〇	同上	
同上	平地泉	一七〇	同上	
張家口	滂江	二五〇	國辦	
（二二）綏遠				
包頭鎮	甯夏，經過五原，臨河補隆源，定口	四二〇	本埠	開設（到補隆源）
（二三）陝西				
西安	三原	三〇	陝西省	
同上	潼關	九七	同上	
（二四）吉林				
吉林省城	樺甸	一〇〇	吉林省	
（二五）蒙古				
庫倫	恰克圖	一五〇	蒙古	
（二六）西康省				
康定	甘孜	一七一	西康省	
康定	雅安	一六〇	西康省	

最近日本經濟侵華之實況

黄明培

一　總論

自民國四年，袁氏與日本訂定二十一條中日協約後，日政府對於山東南滿，內蒙東部，卽加以積極侵略，可謂已逐漸成功。後復與俄政府締結密約，欲協以謀我，而宰割中國之全局，尤以近十餘年來，中國內亂迭起，軍閥相爭無已時，於是日人益得以從容進攻，陽借和平之美名，陰行鯨吞之險謀，民國以來之柄政者，袁氏而後，如段（其瑞）也，曹（琨）也，張（作霖）也，無一不陰結日本，以行其借欵購械之私，而作禍國殃民之舉。今也，日人侵我，猶方興未艾，得寸進尺，豈有已乎？吾人若不加以警惕，而思有以預防之，則國破種滅，必不旋踵而至也。蓋日本地狹民衆，勢有所不能不向外發展也。加以我國地廣人稀，又有所不易拒人之向我發展也。以不能不向外發展之日本，隣我不易拒人向我發展之中國，是猶膏近於火，其不引燃者幾希矣。然則日人安得易與言親善乎？國人其識之！其愼之！

二、日本向我中國進攻之略史

日帝國主義既有不得不向外侵略之隱衷，然欲東進則不但與美國遠隔重洋，且美之國勢隆盛，遠在日本以上。欲南進，則南洋羣島及大洋洲等處，均已爲白人的固定殖民地，更不易爲日人所染指。翹首四望，能爲彼之被侵略者，其惟就近之弱而龐大之支那！茲將日本對華侵略之簡略年表列後，以明真像之一班：

一八七〇年　日本國使臣副島種臣等到北

京請求立約。

一八七一年　中日修好條約成立。(今廢)

一八七四年　日本派遣軍艦五隻，伐台灣，清廷命沈葆楨往訪英使威妥瑪調停中日台灣事件，清廷賠欵五十萬兩。

一八七七年　日本滅琉球爲縣。

一八八五年　朝鮮有新舊黨之爭，日本駐兵爲清兵擊敗，日本使臣至天津與李鴻章會議，解決規定「將來朝鮮若有變亂重大事件，中日兩國或一國要派兵，先互行文通知，及其事定，仍撤回不再留防」(今廢)

一八九四年　中日宣戰。

一八九五年　中日馬關條約成立，中日訂立交還奉天南邊地方條約。

一八九六年　中日訂中東公立文憑。

一八九八年　中日協定福建不割讓租借與別國文.

一九〇〇年　日本等八國聯軍入北京。

一九〇一年　中國與日本等十一國締結辛丑條約。

一九〇二年　日英第一次成立有侵害中國主權之條文中日續訂通商行船條約。

一九〇五年　日俄戰爭，俄敗，以南滿州讓給日本，日本誘清廷訂立中日新約及五種密約。英日第二次同盟成立有侵害中國主權之條文。

一九〇六年　中日會訂交收管條款。

一九〇七年　日本與俄法訂約，謀壟斷南滿州權利，中日訂定新奉，吉長鐵路協約，中日會訂大連灣關稅條約。

一九〇八年　中日第辰丸案發生，中日會訂

合辦鴨綠江採木章程，中日會訂採木公司事務章程。中日會訂新奉吉長鐵路續約。

一九〇九年　中日圖們江中韓界約成立，中日訂立間島及東三省五案條約。

一九一〇年　日本滅朝鮮。

一九一一年　英日續訂同盟條約，有侵害及中國主權條文，日本單獨借與盛宣懷日款一千萬元。

一九一三年　日本等五國大借款合同成立，南京事件發生，日本兵艦開至南京示威，並要求中國政府允許賠償，及滿蒙五鐵道建築權讓與日本。

一九一五年　北京政府向日本借款五百萬，日本逼袁政府簽認二十一條約，中日鄭家屯案發生。

一九一七年　日本與英法俄意訂立分贓中國密約。美日藍辛石井條約成立，美政府承認日本在中國有特別利益。

一九一八年　中日軍事協定成立，西原借款成立，福州事件發生。

一九一九年　巴黎和會中國為日所制而失敗。

一九二〇年　中日琿春事件發生。

一九二一年　華盛頓會議，日本百般謀制我國。

一九二三年　日人擾亂廈門，中日六一慘案發生。

一九二五年　上海日人槍殺顧正紅，激成五卅慘案。日本並於是年出兵東三省助張作霖，擊敗郭松齡。

一九二七年　日本出兵山東。

一九二八年　日本再度出兵山東，演成五三慘案。並在皇姑屯炸死張作霖阻止張學良易幟壓制反日運動，演出漢口水（杏林）案，亦於是年。

從上文，吾人知日本自千八百七十年以至今日，對中國無日不在積極侵略。此種情形，在日本固以爲快，然其他資本主義先進國亦有所不能坐視，必起而與日本爭。但其他資本帝國主義之存在條件，皆已具相當基礎，並不若日本之純恃中國爲寄生也。無如諸資本帝國主義仍時與日本爭，故日亦只得擇一就近而物產豐饒之地，圈爲其勢力範圍，俾得專心盡力于經營焉。該地爲何，即東三省是也。故此後論及日人侵東省事爲特詳。

三．侵略滿蒙之真像。

茲僅就日人設立於奉天之生產機關列如下表，即可推知日人在滿蒙各地之經濟勢力之一般：

名稱	資本額	營業事項
南滿製糖株式會社	一千萬元（日金）	製糖及酒精
滿蒙牧場株式會社	一百萬元	畜牧牛乳
滿州自動車株式會社	十五萬元	汽車運輸
秋田商會株式會社	三百萬元	製木業
滿州日夜銀行	五十萬元	銀行業
滿州釀酒株式會社	五十萬元	燒酒酒精
南滿州工業株式會社	三百萬元	澱粉
奉天製麻株式會社	一百五十萬元	麻袋帆布
滿州製冰株式會社	五十萬元	汽水人造冰
滿蒙毛織株式會社	一千萬元	各種毛織品
大陸窰業株式會社	五十萬元	陶磁業
瀋陽窰業株式會社	五十萬元	瓦及水管
滿蒙殖產株式會社	一百萬元	皮革及化學用品
滿州殖產銀行	五十萬元	銀行業
秋田商會	三百萬元	木村業
實信洋行	二百五十萬元	電器及機械

奉天證券	二百萬元	買賣證券
奉天取引所	三百五十萬元	
東亞勸業株式會社	二千萬元	荒田地買賣及開墾
清澤鐵工廠	三百五十萬元	鐵器製造
藤田洋行合資會社	十萬元	販賣機械
上田洋行	——	五金及化學品
大安烟公司	五十萬元	紙烟
三浦製材所	二十萬元	製木
廣豐九銀行	——	銀行業
南滿鑄物工廠	一萬元	鐵器
滿蒙殖產株式會社	五十萬元	出賣農具收買穀物
滿州證券株式會社	五百萬元	證券買賣
滿州共益社	一百萬元	織布
南滿印刷會社	三百萬元	鑄字印刷
松隆洋行	一百萬元	輸出入
佑伯洋行	——	棉紗棉布
天來銀號	三百萬元	銀行業
橋口洋行	十萬元	特產輸出
東亞烟草公司	一千萬元	紙烟
奉天窯業	一百萬元	陶磁器製造
滿州窯業	四十萬元	煉瓦
東省實業會社	三百萬元	不動產抵押及拓殖業
滿州製冰會社	五十萬元	汽水人造冰

共計有機關三十九所，資本逾九千萬元，而資本過小者尚不在內，然此猶僅就奉天一省而論，若由一省推之滿蒙全區，再推之全國，其經濟勢力之宏偉，誠有不可言喻者矣。近有人調查日人於最近二十年來在南滿一路所攫金額且逾二億八千萬餘元之巨茲列逐年之情況，以彰其侵略之跡。（以日金萬元爲單位。）

年度	收入	支出	盈利
一九〇七	一二五四三	一〇五二	二〇一
一九〇八	一七六一五	一五五〇	二一一

一九〇九	二三一一三	一七三四	五七七
一九一〇	二四七七七	二一〇六	三七〇
一九一一	一八一五五	二四四八	三六六
一九一二	三三五四六	二八六二	四九二
一九一三	四三四一七	三五二四	七一六
一九一四	四四六七〇	三七一二	七五四
一九一五	四三七八六	三五七〇	八〇八
一九一六	五二四〇二	四二二九	一〇一〇
一九一七	六九四二九	五四五〇	一四九二
一九一八	九六二五七	七四〇六	二二一九
一九一九	一三五一三三	一二八七五	一四三七
一九二〇	一四七三八八	一四七三四	二七三九
一九二一	一四七一〇〇	一一五七一	三一三八
一九二二	一六九九六五	一三四八七	三五〇八
一九二三	一八五六九八	一五〇九二	三四七九
一九二四	一九四〇八一	一五九六二	三四五五
一九二五	二〇一四九八	一六六七三	三四八六
一九二六	二一五六一四	一八一四五	三四一五
一九二七	三三〇五五〇	一九四二八	三六二七

近者，日人因我國之多故，陰謀百出，而侵略益亟，十八年二月十八日報載奉天特訊，謂近來奉天哈爾濱等處忽發現所謂滿蒙自決會名義之宣傳文。後經多方調查，始悉此項宣傳文來自大連，其中心人物爲一滿人薄益三，該會乃日人援助下而成立者。並謂現任日人經營之日蒙產業公司，又有庫倫方面蒙人多人主其任，該宣傳文內容，主張滿州及蒙古實行自決，並決有大綱數條。此固顯爲日人居中挑撥者，果如是，則日人之於我滿蒙，除經濟侵略而外，又施以政治侵略，詭哉日人，殆哉岌岌乎滿蒙也。國人曷速醒乎。茲再據最近消息，(三月三日奉天訊) 述日人搾取滿州之計劃如後：

日政府對於滿州各地農業，特加注意，樹立所謂「滿蒙農業開發策」認爲日本人口問題解決之重要方針，屢向奉天當局交涉商租問題，然迄無結果，滿鐵當局認該交涉永無順利進行之可能，遂擅自派遣經濟調查員，遍赴各地調查土地產物及交通狀況，又恐引起國際交涉，各調查員皆喬裝華人，祕密進行，近日調查已完，滿鐵當局根據該項調查，議決「滿蒙農業開發實業計劃」劃分爲兩步進行，其內容如下：

第一步計畫　第一步計畫係實現第二步計畫之張本，即開拓滿州內地之先決計畫，專以研究爲主，設立農場以實驗之，先以二千萬日元之資本設大農中農小農三種農場。一．對於大農，滿鐵當局，擬收關東州碧流河附近三百町步之土地，供給其實驗之用，向本國招聘曾在南美以水田經營成富之佐藤信元等四人，經營美國式大農水田農業，二．對於中農，每人暫予以卄町步之土地，三．對於小農，每人予以十町步之土地。免除一切租金，並貸與無利息之資金，又關於小農，滿鐵當局於去年度已出五百萬日元買收土地，目下在關東州熊岳城設立農業實驗所，養成農業實習員六十人。

第二步計畫　滿鐵當局擬買收東亞勸業公司，（資本在二千萬日元）在滿洲各地已收買之土地，從日本招募農民，借與田地，並聘日本農業學校畢業生指導之，滿鐵現有之農場，約可供三四萬人，又與日政府協力從速解決商租權問題，以便進行此計畫，一．爲華人所厭惡之農業勞工（賤農）應不招入，而招入能有相當資本及技術足以指揮中國農民之高級農民。二．爲避免華人之惡感起見，應先在日本管轄下之關東州地方實行第一步計畫，三．應用新發明之機械及化學技術。四．從速解決商租權。

吾人照上文以觀察日本，其計深慮熟，似非達到吞併我滿蒙不止。國人國人！外侮日逼，猶鬩於牆，尙不思所以抵制之方，而必追亡羊而始補牢乎。

四．最近日人在華經濟勢力之總估

在最近兩年（一九二七年及一九二八年）國內雖有統一之名，然而擁兵者終不澈底覺悟，而仍危機四伏。以致雖曾有多度激烈之反日，然若斷若續，終不能致日人之死命，而仇貨之暢消如故也。據今年大藏省發表最近兩年日本對華之貿易狀況如下：（單位千日元）

地域	一九二七年（卽十六年）	一九二八年（卽十七年）
滿州	五一・五一七	六五・二二五
華北	九八・五五二	九六・九五九
華中	一四八・五四〇	一七九・二三三
華南	四・九二九	一・四二六
旅大	八一・五一八	九八・八四四
香港	六・五一七	五二・〇二四
共計	四四六・二一三	四九三・七一一

上項情形，大藏省尤謂中國方面如無反日運動，日本對華貿易必益呈激增狀態，此言誠然！蓋我國對日經濟絕交，實日本惟一之致命傷也。然發起反日運動有極長時間，而十七年間九，十，等月較上年同月日本對華貿易之出超，不特無退減之勢，且有激增之象者，實以反日未加緊工作也。玆述其情形如後：

據日本大藏省發表九月對華貿易額，輸出四千三百九十六萬二千元，輸入一千四百八十九萬四千元，輸出入合計五千八百八十五萬六千元，相比出超額爲二千九百零六萬八千元。

再本年（十七年）一月以降的出超額（八月至）與上年同期比較增加九百四十六萬元，再以本月輸出與上年同期比較，滿州增加二百三十四萬二千元，中國北部增加五十萬元，中國中部增加一百八十三萬八千元，關東州增加一百七十七萬七千元，反之，中國南部則減少二十六萬四千元，香港減少一百六十七萬三千元，結果輸出總額增加四百四十八萬元（按當日中國南部反日較盛，故減少；北部未能十分反日，或竟不反日，故增加。）

至於輸入方面，滿州增加八十四萬五千元，中國中部增加六十七萬二千元，中國南部增加三十萬八千元，關東州增加一百零四萬七千元，反之，中國北部減少一百二十一萬八千元，香港減少二十五萬二千元，結果相差一百四十萬二千元之入增，故九月出超額增加三百零七萬八千元，將本年九月中之中日貿易，列表如下：（以千元爲單位）

	輸出	輸入
滿州	七·九二〇	一·三〇六
中國北部	九·四二四	三·六四三
中國中部	一三·六八九	四·四九六
中國南部	三五	七六五
關東州	九·六六〇	四·六七二
香港	三·二二六	一二
合計	四三·九六二	一四·八九四
輸入超過	二九·〇六八	

上述九月中之貿易狀況，固已可驚，然十月日本對華貿易益加進展，輸出更爲增加，據大藏省發表十月之對華貿易，輸出四千七百十五萬四千元，輸入二千二百五十七萬七千元，輸出入合計六千九百七十三萬一千元，相比出超額爲二千四百五十七萬七千元，至本年一月以降之出超額（九月

至）與上年同期比較增加九百六十八萬七千元，再以本月輸出與上年同期比較，滿州增加一百七十三萬二千元，中國北部增加一百四十一萬七千元，中國中部增加一百九十一萬一千元，關東州增加一百六十三萬元，反之，中國南部則減少二十九萬八千元，香港減少一百四十三萬五千元，結果，輸出總額，增加四百九十五萬七千元，至於輸入方面，滿州增加四十八萬六千元，中國中部增加一百三十萬二千元，中國南部四十九萬二千元，關東州八十七萬八千元；反之，中國北部減少三十五萬九千元，香港減少五萬六千元，結果相差二百七十四萬三千元之入增，故十月中之出超額增加二百二十一萬四千元，現將本年十月中之中日貿易列表如下，（單位千元）

	輸出	輸入
滿州	七·二六八（千元）	一·六二八（千元）
中國北部	八·五五四	六·二六三
中國中部	一八·〇五五	七·七四六
中國南部	四三	八一七
關東州	一〇·〇二六	六·一〇三
香港	三·一〇八	二二
合計	四七·一五四	二二·五七七
輸出超過	二四·五七七	

由上文，日本出超之所以不但不退減而反增加者，實因抵貨不力之所致，自十月後因國中抵貨運動加緊，故日本對華貿易十一月起卽漸趨惡化，吾人可據日本郵船會社大阪支店報告，可知其情形之一般：八月份以大阪港運赴中國之貨物，比七月份之九千噸增至一萬二千噸，九月份又增至一萬七千噸，十月份又增至二萬二千噸，但自十一月一日以來，輸出不滿一萬噸，預料全月至多不過一

萬二千噸云云於此可證明反日運動確能獲有相當效果也(至十七年十二月份貿易情況未詳)

日本自十七年十一月輸出卽呈不旺現象以來,十八年一月份雖較上年同期輸出增加三百六十五萬元,然此係我國實行新關稅之前日人先期輸入,欲趁得機會少納關稅故也,故日本對華貿易二月份後卽又有不振之象,茲據三月九日上海日報載謂東報載;日本對外貿易於二月中旬輸入超過二千七百〇八萬二千元,較上年同期增加一千九百〇七萬五千元,以二月全月計之,日本僅輸出六千一百餘噸,又就三月份計之,亦復平平,較之上年同期,並無若何增加,一月以降,輸入總共一萬一千〇四十萬二千元此與震災翌年大正十三年以降逐年減少之傾向逆行云云,並謂此實華人抵制爲一大因,際此正以爲可坐視日貨之不得暢消與日本之崩潰。不謂霹靂一聲,寧漢之戰再起,南京政府因種種關係,遂單獨與日本締約,解決濟南諸懸案,並令同時取消反日運動,因之,甚有謂爲當時政府對日已轉取親善政策者,迨至三月廿八日濟案雙方甫簽字,二十九日輸出據報載卽突然激增,下旬輸出數,竟達五千餘噸,合上旬兩期之數字,三月貿易共達一萬千餘噸,

吾人於此安得不嘆我國人之無恆,而盡棄前功也!是故吾人不欲自强則已,若欲自强,其惟對列强經濟絕交抵制外貨之一法。雖然,局部之抵制無用也,暫時之抵制無用也,必也全部而永久,始能致他人之死命!後之談抵貨者,當鑒斯次之失敗也,不然,徒多遺外人笑柄而已,安能獲得經濟絕交之效哉,

茲再就日人在華扶殖之勢力作概述如左;

（一）投資現狀，據最近日本商工省調查，一九二八年度日本在外國之總投資額，共計十萬萬一千九百四十萬日元，而在我國投資之總額，竟達八萬五千六百十萬日元，可見我國爲日本之最重要之投資地。至其投資內容如下；（以百萬日元爲單位）

事業種類	東三省	中國本部
鐵路	二·二五〇	未詳
鑛業	一七五·六	四·六
水運業	五四·一	未詳
工業	四九·六	二七·七
紡織業	一二·九	一二六·三
電氣煤氣業	三一·六	未詳
其他	一四八·七	未詳
共計	六九七·五	一五六·八
收益額	三五·八	八·九

上之統計，日本在華銀行業航船業保險業，及其他商業公司方面股資額，尙不包括在內，又據日華協會發表在華投資調查，似較可靠，因並記之如左；（以一千日元爲單位）

各種製造業	六五·四一一
輸出入及其他一般商業	八二，三八三
金融信託業	五九·七三六
鐵路運輸及保管業	五二二·一二三
土木工程業	二七·六一六
農業	三三·二六一
其他	二四六·七二九
共計	一·一五七·一八二

以上兩種統計，均以較大之投資機關爲調查標準，個人投資中較少者，則概未列入，故如將日人全體在華投資額合算，則總額必超過上述數字無疑。

（二）人口移殖及商業機關之狀態　據日外務省最近統計如左：

	商業機關	人口
日本人	四·七零八	二二五·三三九
其他外國人	七·五七四	三四六·八八三

日人對華移民及其在華總店數，有迭年增加之勢，查一九二五年度商店僅有四千四百四十六所，人口亦不過二十一萬八千三百五十一人而已，至日人在華企業，除東三省外，在中國本部紡織業勢力最大，我國全國錠數三百六十萬之中，日人竟佔百分之三十七，其總投資額則達二萬萬二千萬日元，

（三）航業方面之勢力　各國在華航業勢力，亦以日人爲第一，英美次之，我國本國反在末位，據最近日人調查各國船舶在華勢力如下：（單位爲千噸）

	對外 輸入貿易	對外 輸出貿易	國內 移入貿易	國內 移出貿易	共計
日船	七·七九七	七·二五七	一一·八六六	一一·七二七	三八·九四八
英船	五·六三三	五·五五一	一八·一八三	一八·二七八	四七·六四五
美船	二·二〇四	二·一六六	一·〇七五	一·〇四九	二八·三九三
中國	八六一	八二五	一三·三二四	一三·三五九	六·四九六

由上之數字觀之，英國似佔首位，而據日人推定，英國近來航業之加增，係排日期中暫時現象，平常則日人佔首位云，又據日商工省最近發表，日本郵船以中國爲中心活動之結果，國際運費收入如下：（以千日元作單位）

中國歐美間　一三·八七〇

中國美國間　七·〇〇〇

中國南洋間　四·六七〇

中國南美間　二·一一〇

中國斐列濱及澳洲間	三七〇
中國印度間	六・三六〇
中國沿海各港間	一〇・〇九〇
共計	四四・四七〇

(四)最後再列最近八十年間，日本對華之貿易總額。借知其逐漸擴張趨勢之一般：(單位為一千海關兩)

一八六六年	三・六七四
一八七六年	四・八五三
一八八六年	六・九一三
一八九六年	二八・七六八
一九〇六年	九四・三五七
一九一六年	二七三・四三二
一九二六年	五四八・六一〇
一九二八年	七五六・八五三

查日本對華輸出，多係工藝品，由我國輸入之物品，則為原料及食料，數十年來日人工商業之猛烈發展，實以我國為對象，觀於上述貿易之趨勢，其理明甚，我國若欲發奮圖強，必先振興實業，而後始可以言抵制日貨，不然，則必發生口上高呼打倒日貨而不自覺手中之已有日貨之滑稽而又矛盾之現象也，

五，已往之反日與今後之努力，

回溯反日運動，由來已久，蓋反日運動，實係一種排外運動，數十年來，國內凡稍有識之士。無不憤外人之侵凌益亟，而憂我民族之淪亡也，故莫不思有以抵抗，清季義和團之變，與當時廣東平英團之起，皆足充分表現斯項精神也，顧當時發起之人，其動機雖為可嘉，然究屬一時義憤，事前並無若何之計畫與設備，故及一經事敗，因外人之迫於外與政

府之壓於內，於是有志之士，皆作鳥獸散矣。故每多一度排外，卽多一度割地賠款之事！然此非排外之過也，排外而無深遠計畫與充分準備之過也。民元以來，各帝國主義雖仍齊向我國進攻，而尤以日人之侵略爲最顯著，因之國人眼光，咸集中於日本，顧近刻人士，知帝國主義之非可以武力對付者也，故咸不在出於殺敎士戕公使等之計，知日人生貨少，也乃不給以原料品，知日人之熟貨多也，復拒絕輸入而阻其銷路。是誠以逸制敵之計也。然十餘年來，列强固仍急迫於外，而上之歷來柄政當局，因欲遂一己之私，壓迫小民且視有清爲有加，此所以近來反日雖高唱入雲，而仍不能收若何效果也。良因今日出令反日而明卽取締反日，此無恆心者一；又因此處反日而彼處或尙有大宗外貨輸入，此政令不統一者二。夫以每次反日槪爲暫時，且又係局部運動，安見其能有成也？例如濟案發生後，我國民衆，雖一致進行反日，各地紛紛組織反日會以抵制日貨，使日本貿易確呈一時不振之現象，（詳情已詳上文）及至濟案一決，日貨輸出卽立時激增，是以中國人鬧反日，可說每次只給日人一些虛驚而已，因吾人慣作虎頭蛇尾事也。吾人當知日人在華之經濟力量，並非一朝一夕所能造成，故亦須有相當時期始可將其破壞，但吾人固深信全部而且不斷的反日，實爲促成此種經濟勢力的崩壞之惟一武器。吾人今後欲言救亡，惟有澈底進行反日運動之一法，當使日人之各種投資事業及航海事業，齊歸失敗；固不僅使其貿易受損而已，最後當作結論曰：國人値此反日之際，當一面對日經濟絕交，而一面尤先積極振興本國實業。蓋國貨不加以提倡，則外貨一絕，又將苦無貨可用也，安可不愼所從哉！

交通大學經濟學會出版物：

（一）經濟論叢

民國十八年十一月出版—內容關於交通經濟工商業財政金融等都二十餘萬言精裝上下二册定價二元四角（現售對折）由上海廣益書局發售

（二）全國鐵路概要

民國十九年三月出版—國內所有國有民業及承辦鐵路靡不紀述取材新穎紀載翔實爲今日國內最新之鐵路書籍定價四角上海民智書局廣益書局均有代售

（三）經濟周刊

每星期二出版專討論各項經濟交通問題已出十六期每半年報費五角前報可補欲訂者請與本會出版部接洽

中華民國十九年五月出版

交通大學季刊第二期

經濟號

每本大洋二角

編輯者 上海交通大學出版委員會

發行者 上海交通大學

印刷者 科學印刷所

交大季刊

孙科题

第三期

中華民國十九年七月出版

交大季刊第三期

每本大洋三角

編輯者

上海交通大學出版委員會

發行者

上海交通大學

印刷者

科學印刷所

交通大學出版委員會編輯　　民國十九年七月出版

交　大　季　刊

第　三　期

目　錄

總理遺像

總理遺囑

余致力國民革命凡四十年，其目的在求中國之自由平等。積四十年之經驗，深知欲達到此目的，必須喚起民衆及聯合世界上以平等待我之民族，共同奮鬬。現在革命尚未成功，凡我同志，務須依照余所著建國方略建國大綱，三民主義及第一次全國代表大會宣言，繼續努力，以求貫澈。最近主張開國民會議及廢除不平等條約，尤須於最短期間促其實現。是所至囑。

總理遺訓

「實業之範圍甚廣農工商礦繁然待舉而不能偏廢者指不勝屈然負之而可舉者其作始爲資本助之而必行者其歸結爲交通……故交通爲實業之母鐵道又爲交通之母國家之貧富可以鐵道之多少定之地方之苦樂可以鐵道之遠近計之……」

「……以吾策之溝通全國之真幹路則有三條(一)南路起點於南海由廣東而廣西貴州走雲南四川間通入西藏繞至天山之南(二)中路起點於揚子江口由江蘇而安徽而河南而陝西甘肅超新疆而訖於伊犂(三)北路起點於秦皇島繞遼東折入於蒙古直穿外蒙古以達於烏梁海」

——節錄　總理對民立報記者談話

卷頭語

王　叔　龍

本刊這一期原定在本年九月裏出版的，因爲稿件中有幾篇是本屆畢業同學的作品，所以特爲提前趕在七月一日出版，藉以表示對於本屆畢業同學的一點紀念。

黎副校長的『告本屆畢業同學』一文，對於畢業同學期望非常的熱烈偉大，眞是金玉之言，盼望同學特別地注意一下。

實習報告第一篇，是關於京滬路的，第二第三第四篇是關於粵漢路的，末一篇是關於膠濟路四方機廠的，都可以供諸同學的參考，尤其是已畢業將去實習的同學。

這一期因爲提前趕印的原故，時間上更比以前兩期來得匆迫，裏面錯誤的地方也許比上兩期更多，我們希望讀者加以原諒和指教！

告本屆畢業同學

黎照寰

我們無論要做那一種建設事業，都需要三種不可缺少的準備第一是建設的計畫，第二是建設的經費，第三是建設的人才。中國的建設事業，直是千頭萬緒，但任何一項決不是例外，比如現在就拿交通建設來說，交通建設是我們公認爲建設事業中所最需要最急切的，關於建設的計畫，總理已經在實業計畫內爲我們規定了，祇要我們能按步去做就好；關於建設的經費中國雖然狠貧乏，但是籌措起來還不十分的困難；至於建設的人才確實在比較上是最困難最缺乏的，我們交通大學就是爲製造整個交通建設的人才而設立的，那麽我們可以說畢業同學人人都負有建設交通事業的使命，建設新中國的責任，而且同學畢業的一天也就是同學開始去完成這種使命和責任的一天，

現在中國政治情形的混亂和社會環境的惡劣，處處都可以使得同學們遇到挫折，覺得灰心，假使同學一遇到挫折就灰心喪氣了，那麽中國的交通建設便沒有什麽成功的希望。因爲真正建設

的人才不單是要有優越的學識和技能，更其是要有革命的精神去抵抗環境去改造社會。要不然，一入社會，就爲社會環境所同化，建設人才自身已失去了獨立的精神，那還能做什麼建設的事業呢？所以我第一希望畢業同學出校後，人人都能以革命的精神去抵抗環境，去改造社會，不要因爲環境的引誘，而忘卻了自身的責任，拋棄了固有的事業，也不要因爲社會的惡劣，而逐漸趨於灰心消極，然後交通建設的前途才有莫大的希望，

世界上的事業，不論大小斷沒有不經過相當的勞力而能獲得成功的，事業愈大，所需的勞力也愈大；反過來說，所用勞力愈大，所成就的事業也愈大；交通建設是非常的事業，所以需要的人才是非常的人才，是堅苦耐勞的人才，我第二希望畢業同學到社會服務，總要抱定肯耐勞肯吃苦的決心，目光要放得遠大，不要存着「苟且偷安」的心思，『因循敷衍』的意念，時刻的盡心竭力地往前做去！

此外我希望同學們務要隨時隨地虛心去求知，平日時刻注意個人的衛生，體察各人自身能力和志趣，善用各人的專長，我們在這裏狠願意盡力幫助你們，但同時也狠盼望你們能常常來扶助母校的發展。

鉄路管理與管理人才

鍾偉成

此稿係作者在本校經濟學會之講辭，因本刊提前出版，時間急迫，故對文字方面，多未追細加修飾，閱者鑒之！　　編者附誌

鐵路爲營業性質。猶私人營業，惟求收入之增加，支出之減少，然後可以獲利。管理愈佳，則收入愈增，支出愈減而獲利亦愈巨。不過私人企業之目的，專在餘利。今我國鐵路係屬國有；鐵路之主人卽爲國民，則其圖利之目的有二：但求獲利，以供一時急要之需，或竟減輕運費，以圖協助農工商業，促進各地分工互助之效。前者固不論矣，卽或專以減輕運費爲目的，其經營之方法，亦仍與私人營業無異，倘非增加運輸數量，及節省支出費用，則運費之減輕，終成夢想，欲求營業數量之增加，及支出費用之節省，爲管理鐵路者惟一重要任務。

假使今有一甚小之商店於此，係各種企業中之最簡單者。一旦主人他往，欲委其事於一人，猶必細心選擇，惟恐其人之不能勝任也。至於鐵路規模如此宏大，組織如此複雜，而謂盡人可以委託，豈有不僨事者。雖然，試一攷察吾國鐵路既往之情形，乃竟完全與此相反。鐵路僅僅容納庸碌無能之輩，竟似無損其營業於分毫。豈不怪哉？攷其原因，可分爲下列四項：（1）獨占性質。惟其獨占，乃無競爭。既無競爭，卽無心比較。運費任憑增加，車底任憑需索，而營業之增加如故也。薪工材料任憑浪費，而

餘利之增加如故也。祇以餘利之有無，定成績之標準。殊不知其真正應得餘利之數，或倘十倍於此，都耗蝕於無形之中，而不自覺。(2)敷衍公事。鐵路之高級員司，孜其職責，本爲計劃，督率，與指示三者。今既敷衍公事，則無所謂計劃與督率，且亦不必能指示。祇由僚屬擬具辦法，加以「可」「否」二字之裁決而已。凡能書「可」「否」二字者，卽可居高位而無慚色也。(3)人數衆多。譬之某路有二萬人，卽或此輩無能之人達二千之數，亦不過十分之一。其影響於全體仍可不甚顯著。觀於上星期南滿鐵路仙石貢裁汰冗員幾達千人。以卓著成績之南滿路，倘有冗員千人，吾國各路可想而知。(4)交通缺乏。不良之路，勝於無路，需要既殷，何惜重費。處此情形之下，營業終當發達。（軍事影響，係另一問題。）卽或以無能之人主持其事，亦似不見其短。綜上四種原因，可見我國鐵路太少，需要太殷，性質獨占，無與競爭。遂令極難之事，一似變爲極易之事，無形之中所喪失之利益，十餘年來，誠不可以數字計矣。

鐵路營業數量如何可以增加，支出費用如何可以節省，此等問題範圍廣泛，內容複雜。卽欲撮舉大要，亦終限於篇幅，不能敍其萬一。但試由普通人之眼光觀之，其推廣營業之法，不外下列六種：「甲」定價適當。鐵路爲公共利益事業，故其訂定運價之高低，計算方法之適當與否，與工商業之振興，及本身之營業，均有密切關係。卽如晉煤產量，甲於全國。而近年來石家莊大同府之大小煤公司以停辦虧蝕聞者，百十餘家。或因鐵路運價過高

『捐稅爲另一問題』運商無利可圖，便不販運。或因鐵路當局訂立專價，此輕彼重，有失公平。更以軍閥把持路政，卽此既定之專價特價，亦須朝更夕改，擾亂市面，致鐵路與商民交受其困。以致吾人旅居上海，耳所聞，目所睹，日常所用之煤炭，不爲開灤卽爲撫順。名列第一之晉煤，反絕跡於市場。此因定價不適當，影響及於生產，消費，而同時亦太有損於鐵路運輸數量之實例一。北寧鐵路近年來營業不可謂不發達矣。近且積極開闢葫蘆島，以圖將來與南滿路爭一日之短長。然而吾人試將東北各路與南滿路貨物運價作一比較。南滿四等貨整車運價在二百公里之距離中，平均每公里平均每噸合一分六厘；北寧二分三九；四洮洮昂瀋海打通三分五厘；吉海呼海五分。再將南滿鐵路與東北各路之主要運輸貨品二百公里整車運價作一比較。（專價不成問題，因南滿之專價，較北寧爲尤賤）

	南滿	北甯	吉長，吉敦	四洮，吉海，瀋海，洮昂	呼海
豆麥糧食	四元九二	五元九六	六元	七元	九元
煤	三元三〇	二元六三	三元	五元	六元
木材	三元三〇	三元九六	六元	七元	九元

觀乎上述二種比較，姑不論我國各路訂立運價之背景如何，然而在數目字上，吾人殊爲不利，再加各種稅，裝卸費、及種種陋規，據日人宣傳，每噸至少須另加費用若干，更使北甯處於不利之地位。關於此節，吾人竊願北甯當局有以善其後也。(乙)改良售品。鐵路所售與公衆者，爲客車運輸與貨車運輸。所謂改良

售品，卽改良客貨輸運，使之安全敏捷經濟而已。美國 Pennsylvenia Ry. 紐約芝加哥間特別快車之速度，蒲爾門客車之舒適，均表現其售品改良成績業已登峯造極。歐美姑不論，卽以南滿鐵路旅客運輸業務（Service）與我國國有各路之旅客運輸業務，兩兩相比，則至少感覺有下列不同諸點：（1）車票可以早買（2）搬夫（Red Cap）決不敢爭多較少，一律五分日金一件。（3）行李零件，可以隨時存站，俟上車時再行提出。（4）無論二三等車，決無有票無座之苦。（5）二等車盥洗室手巾祗用一次。（6）便所清潔。（7）客車決對守時。（8）列車之停駛小站時間平均不及一分鐘。（9）風扇與煖汽管設備完美。（10）驗票者對於旅客極其謙和。（11）飯車上之廚房與食物時常受鐵路職員之檢查。（12）觀光車及雜誌板紙之預備。（13）車行時不搖亦不顚。上述諸點，雖不免近乎瑣碎，亦足見日人之對於改良售品之思慮，固無微不至也。（d）增加存貨。因營業發展之需要，鐵路應擴充設備；（如站台貨棧岔道等等）添購車輛；并充分利用已有之車輛，無幾大宗貨物，可以儘量容納，而免顧客之失望。吾人旅行東北時，曾聞黑龍江廣信公司有糧石五十万噸，擬由洮昂四洮經打通北甯運往營口及秦皇島，因缺車輛之故，鐵路不能承受此大宗賣買。坐視爲南滿中東奪去，可深慨也（丁）推廣售品種類。如魚肉鮮菓豆油之類，須備冷藏車溫暖車油車保存適當之溫度以運赴遠道。（戊）便利顧客。如南滿路之混合保管制度，四洮路之貨運負責，提單押匯，均便利顧客之良法也。（已）輔助顧客。如助修站線公路；售賣棉花及樹苗；

刊佈各地產銷實況皆屬之，

節省支出之法，約略可舉七種：（1）組織適當。事事有人負專責，權限分明，不容其互相推諉，但組織亦不可失之太呆，致運用不靈，辦事遲鈍。(2) 用人得當。務使各展所長，賞罰公平，務使人人自勉而不失望，且自願各顯其長，(3) 分工合作。指導有人，督率有人，稽查有人，考成有法。一切工作，均按照最經濟的方法支配，使人人勤勉各個發揮其本能，庶免勞逸不均之弊。(4) 逐漸改良。無論其爲改良某種制度，或添換某種設備，均須經完備之調查，精確之研究；然而施諸實行，在上者如妄事更張，在下者必易滋紛擾。(5) 材料之購價低廉。購進之數量品質適當，使用之節約，以及備用材料之妥愼儲藏。美國工業團花克哈氏(A.B. Fargnhar)在參加法國工業會議以後，曾有言曰："工廠管理概括下列諸端：第一，司採購者，應在適當時期購買材料，研究全世界市場現狀，并確定貯存材料之數量。國際匯兌價格，以及外國進口貨之情形，均應了然胸中。……" 工廠如此，鐵路又何獨不然。(6) 稽查弊竇，并研究防止之方法。(7) 比較各種成績，研究財政狀況。

總之，以上所舉各種問題，在規模甚小之營業，尚須費幾許之研究。至於規模宏大如鐵路者，其管理之方法，自當煩難萬倍。吾人以爲一鐵路管理成績之良否，全視下列四點爲轉移：(1) 人才 (2) 組織 (3) 設備 (4) 規章則例，統計表册。雖各鐵路之組織，設備，及規章表册皆係大致相同，但因地制宜，隨時變通之處究亦不少，欲求一鐵路之組織，設備、以及表册規章，完備適宜，固非易事；卽使完備適宜矣，而一遇非常意外之事，普通員司，便覺束手無策，此時爲長官者，卽須運用其學識經驗，盡其計劃及指示之責。若以我國各路而論，試問組織適當否？設備精良否？一切制度完備否？夫人知其爲不然。故在我國，各鐵路之高級職員，責任更爲重大，其盡責也亦較難。然而苟有通權達變之才，督率於上，雖有上述種種之困難，終必有逐漸進步，達到組織適宜設備精美，一切制度完備之希望。反言之，倘徒有完備之制度，而無適當人才以運用之，則未嘗不可謂與無完備之制度無以異也。從前軍閥時代，常聞有局長處長幷畫行而不能，安望其計劃督率哉。吾人此次參觀南滿鐵路，因知其正式職員三千餘人中，七成以上均係國內大學畢業生，其餘之三成，亦係中學畢業，在路服務至少經五年以上，此外該路每年更派送歐美留學生五人實習生五人，以期養成專門人才，每人歲費五千日金，更以其原薪之七成，津貼家族，其重視人才也如此。

有所謂用科學的方法而管理者(Scientific Management)，卽利用上節所謂統計表册以管理鐵路而已矣。美國之大鐵路公司，路線橫貫數萬英里，公司總理，安坐辦公室內，其所賴以統轄全路者，各種統計表册上之數目字耳。統計中所羅列各數字，一一均有其意義；均有其用途；均有其利用之方法。一處之效率。一部之成績，均一一由統計之數目字而表現，一目了然，決不容有所朦蔽。設備之改良，制度之更變，亦均根據此數目字而決定。總理之下，各處首領，亦利用統計數字，將該管理之職務，分析至於極微之部份，而各立一適當之表準，以定其成績之優劣。去年十月，鐵道部令飭各路舉辦車務統計，京滬鐵路奉行數月，已收宏效。對於機車白費時間於調車(Snunting)及車輛在站，虛糜時間等問題，均藉統計數字之效力而研究改良。統計之功效有如此者。雖然，車務統計不過統計表册中之一小部份耳。其他各種統計，如材料工廠等，均亟應一一施諸實行者也。

綜上所述，可知鐵路管理，決非如常人所見之易固須有良善之管理方法，更須有專門之管理人才，相互爲用，而後鐵路管理方可完美。對於鐵路管理專門人才，更須儘量任用，極力保障，使各安心服務，完成鐵道事業對於國計民生之大功。

十九，六，一，上海

中國交通主權之收回問題

劉 應 騏

（一） 引言

（二） 路政主權之收回

（三） 電政主權之收回

（四） 郵政主權之收回

（五） 航政主權之收回

（六） 結論

(一) 引 言

民族主義之根本精神，在求民族自決，所謂『民族自決，卽是各個民族，無論該民族本身，如何落後，如何野蠻，關於該民族內部一切軍事上政治上經濟上財政上司法上教育上，以及其他社會上之事件，應由該民族自行決定，自行主持，任何民族不能假借任何口實，干涉他民族之內政，損壞他民族之獨立。』故民族主義係以民族自決爲依歸，而民族自決更以政治軍事經濟社會以及其他一切事件之自主爲原則也。進而言之，各種事件，尤以濟經自主爲最要。蓋民族欲保護其政治勢力及經濟生活，使其穩固，不受外界之搖動，必須擴充民族經濟團體之生產，民族經濟能力發展一步，則民族之獨立性，增加一步。但民族經濟能力之發展，必須先有經濟方面完全自決之主權，而後計劃始得進行，目的始能達到，否則處處受制於人，豈能運轉自如，完成福國利民之使命耶！是故經濟自主，方是民族獨立之基礎。

中國民族在經濟上爲種種不平等條約所束縛，早已失去獨立之性質，而淪爲次殖民地。欲求中國民族之獨立，自當首重經濟自主之恢復，而欲求中國民族之經濟自主，則對於中國交通主權之收回，亦自有努力奮鬪之必要。蓋交通之效能，可以造成生產之地位價值，可以擴大人類之消費欲望，可以加增貨物交易之便利，可以促進財富分配之平均，其與經濟之相互關係，至爲密切，至爲重要。今日中國之交通，主權，喪失殆盡，幾乎完全落於外人之手。噫嘻！中國交通在此種狀態之下，欲求其完成發展中國民族經濟之責任，豈不嘐嘐乎難哉？現爲促成中國民族經濟自主計，爲促成中國民族獨立計，自當積極收囘中國交通主權。應騏不揣寡陋，敢將中國交通主權喪失之情形與夫收囘之方略，劃爲路電郵航四大要政，分別研究，錯誤之處，倘希讀者正之。

(二)　路政主權之收回

交通爲經濟之命脈，設若交通尙未發展，則經濟發展，亦不可能。交通事業之重要，於此可知，而於各種交通事業中，鐵路尤爲重要。故中山先生云：『交通爲實業之母而鐵路又爲交通之母。』中國鐵路之幼稚已屬可憐，但卽此少之又少之寥寥數條鐵路，設若主權盡在國人手中，猶爲可說，不幸寥寥之數條路線，主權幾乎全在帝國主義者手中。試觀路政外債狀況，卽可推想而知。

中國路政外債表

（見財政整理會著交通部經管各項款說明書）

第一項　正式發行債票各款

款　目	截至民國十四年底共負本息折合銀元數
1. 京奉路關內外鐵路借款	10,925,000.00
2. 津浦鐵路原借款	40,397,375.00
3. 津浦鐵路續借款	28,879,470.00
4. 粵漢川鐵路借款	59,240,115.00
5. 隴海鐵路借款	41,000,000.00
6. 隴海鐵路比荷借款	36,454,674.00
7. 隴海鐵路八釐短期借款	3,548,571.42

8. 滬甯鐵路借款	29,000,000.00
9. 滬杭甬鐵路借款	9,750,000.00
10. 正太鐵路借款	2,653,214.29
11. 汴洛鐵路借款	3,714,385.71
12. 四鄭鐵路借款	5,000,000.00
13. 道清鐵路借款	4,957,000.00
14. 廣九鐵路借款	11,292,875.00
15. 膠濟鐵路國庫券	40,000,000.00
16. 匯豐匯理銀行借券	32,500,000.00
17. 正金銀行借欵	10,300,825.00
18. 比國營業公司第一批購料借款	8,320,000.00
合計	377,993,405.00

第二項　材料借欵

款　　目	截至十四年底止共欠本息折合銀元數
1. 京奉鐵路衛德公司貨車債款	4,792,529.92
2. 京奉鐵路各洋商零星料價債款	437,981.49
3. 京漢鐵路巳爾偉機廠機車借款	3,843,084.76
4. 京漢鐵路太康洋行貨車債款	2,305,584.64
5. 京漢鐵路三井洋行枕木借款	1,008,515.38
6. 京漢鐵路比國商業公司客車及零星材料債款	641,937.70
7. 京漢鐵路各洋商零星料價債款	2,732,498.24
8. 津浦鐵路仁記洋行五十三輛全鋼客車債款	3,071,677.19
9. 津浦鐵路仁記洋行鋼軌及零星料價債款	1,954,734.25
10. 津浦鐵路怡和洋行零機及電料債款	574,136.08
11. 津浦鐵路三井洋行敞車債款	1,801,194.54

12. 津浦鐵路三井洋行漢森公司車租債款	1,84[illegible],145.59
13. 津浦鐵路祥泰木行枕木債款	958,273.84
14. 津浦鐵路各洋商零星料價債款	1,236,010.99
15. 京綏鐵路三井洋行機車債款	4,128,298.96
16. 京綏鐵路三井洋行枕木及機車配件債款	1,512,730.41
17. 京綏鐵路美國機車債款	3,189,320.90
18. 京綏鐵路美國鋼公司鋼軌債款	1,590,574.00
19. 京綏鐵路太康洋行貨車債款	4,077,812.06
20. 京綏鐵路太康洋行枕木債款	900,493.14
21. 京綏鐵路各洋商零星材料債款	1,086,179.34
22. 漢粵川鐵路怡和洋行車輛債款	1,305,491.42
23. 湘鄂鐵路各洋商零星料價債款	43,599.10
24. 滬杭甬鐵路怡和洋行橋價債款	2,522,50
25. 廣九鐵路洋商零星料價債款	43,431.67
26. 膠濟鐵路通用電器公司交換器借款	3,520.00
27. 株萍鐵路愼昌洋行機車及保險費修理費借款	171,698.68
28. 漳廈鐵路茂生洋行承造碼頭債款	37,210.00
合計	44,495,302.92

第三項　各種墊欵借款

款　目	截至民國十四年底止共負本息折合銀元數
1. 京奉鐵路新奉借款	35,555.56
2. 京奉鐵路唐榆雙軌債款	4,744,164.42
3. 京奉鐵路各外國銀行短期借款	972,997.69
4. 津浦鐵路德華銀行墊款	13,005,567.38
5. 京綏鐵路東亞興業會社第一次借款	3,321,356.83

6.	京綏鐵路東亞興業會社第二次借款	4,153,515.45
7.	京綏鐵路建築京門支路借款	300,000.00
8.	京綏鐵路鄂葛嶺借款	144,512.00
9.	吉長鐵路改訂借款	6,500,000.00
10.	吉長鐵路南滿株式會社借款	1,001,000.00
11.	四洮鐵路短期借款	34,888,000.00
12.	四洮鐵路墊款	19,000.00
13.	道清鐵路購車借款	659,377.24
14.	清孟枝路墊款	1,077,952.29
15.	廣九鐵路墊款一	238,175.46
16.	廣九鐵路墊款二	57,850.83
17,	廣九鐵路匯豐銀行透支款	7,189.33
18.	濱黑鐵路墊款	1,005,007.41
19.	甯湘鐵路墊款	3,764,119.00
20.	浦信鐵路墊款	2,291,210.08
21.	同成鐵路墊款	1,138,745.17
22.	株欽鐵路裕中公司墊款	3,260,419.12
23.	隴海鐵路比公司墊款	4,799,357.14
24.	隴海鐵路荷公司墊款	365,750.00
	合計	98,418,412.78

以上三項外債總額　520,907,121.54

上項統計發表時間較近，但未標明各路債權人之國別，請再參考下表。

民國十一年十二月爲止之路政外債表

（前北京政府交通部發表）

借款名稱	債權者	訂借期	原借債額	利率	現欠額
京奉	英國中英公司	1898	英金 2,300,000.00	五釐	1,322,500.00
同上	同上	1922	英金 500,000.00	八釐	500,000.00
同上	同上	1922	英金 2,000,000.00	同上	2,000,000.00
新奉	日本南滿公司	1909	日金 320,000.00	五釐	777.99
正太	道勝銀行	1902	法金 40,000.00	同	24.785.00
汴洛	比國鐵路公司	1903	法金41,000,000.00	因	39,760,000.00
滬甯	英國中英公司	1903	英金 2,900,000.00	同	2,900,000.00
同上	同上	1913	英金 150,000.00	六釐	60,000.00
道清	英國福公司	1905	英金 800,000.00	五釐	635,000.00
同上	同上	1918	英金 126,838.00	八釐	60,000.00
同上	同上	1919	英金 126,838.00	七釐半	101,471.00
廣九	英國中英公司	1918	英金 1,500,000.00	五釐	1,368,000.00
津浦	德國德華銀行及英國華中公司	1908	英金 5,000,000.00	同	4,000,000.00
津浦續借	同上	1910	英金 3,000,000.00	同	2,850,000.00
津浦墊款	德華銀行	1912	英金 900,424.00	七釐	900,000.00
滬杭甬	英國中英公司	1918	英金 1,500,000.00	五釐	1,200,000.00
實業借款	英匯豐銀行及法匯理銀行	1918	英金 500,000.00	五四釐半	425,000.00
郵傳部	日本正金銀行	1911	日金10,000,000.00	五釐	9,124,000.00
川粵路	英法德美銀團	1911	英金 6,000,000.00	同	5,908,691,00
湘鄂	英國中英公司	1919	銀元 2,000,000,00	八釐	100,000.00
隴海	比國鐵路公司	1912	英金 4,000,000.00	五釐	4,000,000.00
同上	同上	1919	德金20,000,000.00	七厘	20,000,000.00
同上	同上	1920	法金75,000,000.00	八厘	75,000,000.00
同上	荷蘭銀行	1920	荷金16,667,000.00	同	16,667,000.00

浦信墊款	英國華中公司	1913	英金	198,792.00	六厘	198,792.00
同上	同上	1913	英金	8,792.00	七厘	8,463.00
同成墊款	德比兩國鐵路公司	1913	英金	77,271.00	六厘	1.235,383.00
同上	同上	1913	德金	5,789,518.00	同	9,271,691.77
甯湘墊款	英國中英公司	1914	關平	2,000,000.00	同	2,000,000.00
同上	同上	1914	規元	486,000.00	同	486,000.00
滬楓	同上	1914	英金	277,000.00	同	275,000.00
四鄭	日本正金銀行	1915	日金	5,000,000.00	五厘	5,000,000.00
四洮	日本南滿公司	1922	日金	12,500,000.00	九厘半	12,500,000,00
株欽墊款	美國裕中公司	1916	美金	1,150,000.00	七厘	1,150,000.00
濱黑墊款	道勝銀行	1916	規元	1,150,000.00	同	1,150,000.00
吉長	日本南滿公司	1917	日金	6,500,000.00	五厘	6,500,000.00
吉會	日本台灣朝鮮等銀行	1918	日金	10,000,000.00	七厘半	10,000,000.00
滿蒙鐵路	同上	1918	日金	20,000,000.00	八厘	20,000,000.00
高徐順濟	同上	1918	日金	20,000,000.00	同	26,000,000.00
京漢	英滙豐銀行及法匯理銀行	1908	英金	50,000,000.00	五厘	未詳
同上	英國倫敦非色爾公司	1910	英金	50,000.00	七厘	未詳
同上	日本正金銀行	1910	日金	21,450.00	同	未詳
同上	英國非色爾	1910	英金	1,941.00	同	未詳
同上	日本正金銀行	1911	日金	100,000.00	五厘	未詳
同上	德華銀行	1916	銀元	5,500,00	八厘	未詳

自1895年至1905年間，外人在華競爭投資築路之情形，復可歸納起來，列如下表：—

國別	自由經營		享有建築權者			
			單獨		合同	
	哩數	投資額	哩數	借款額	哩數	借款額
英國	22	500	2,874	26,700	2,646	17,600
俄國	1,077	66,200	1,077	66,200		
法國	346	17,040	346	7,041	1,880	175,600
俄法比	——	——	3,710	47,340		
德國	286	3,000	1,247	8,040	1.200	6,000
日本	695	12,400	1,952	14,637	——	——
總計	2,426	89,140	11,206	169,857	3,025	227,000

附注：此表錄自中國交通與外國侵略一書，其中未曾註明投資額單位，確係一大缺點。

竊按鐵路與政治軍事經濟，息息相關，故除無主之地任强權者自由佈置者外，所有完全適立之國家，沓無甲國承辦乙國鐵路而不受乙國統治之先例可尋。其特創此惡例者，厥維我國。我國鐵路因借款關係所損失之權利，約有分爲下列數種：

(甲) 管理權——如建築管理權行車管理權委託借款公司代辦或總工程司執行是；

(乙) 稽核權——如洋代表及總工程司有稽查出入欵項及行車運價等大權是；

(丙) 用人權——如總工程司會計總管行車總管及養路總管等多由借款公司指派是；

(丁) 購料權——如路用材料多由借款公司代爲定購是；

(戊) 採礦權；

(己) 設警權

(庚) 行使鈔票權

(辛) 伐木權

(壬) 徵稅權

(癸) 築港權

由此觀之，我國鐵路事業，乃不幸而爲借資興築，喪失主權之代價。自鐵道部成立以來，雖在積極進行，收回路權，然而障礙叢生，至今猶未能自由處置。目下中國經濟困窘，財政支絀，欲完成中山先生之十萬英里鐵路計劃，又非假借外資不可，故借資築路，實爲現在完成中國經濟建設欲已而不得已之籌款方法，但在借款之際，必須注意所借之外債，是否用於生產事業，並不喪失國家主權耳。無論借何款項，而路權必須保留不可喪失者，則有下列各點：(子)路線由我自擇，(丑)運費由我自定，(寅)材料由我自購，(卯)管理由我施行，(辰)用人由我支配，(已)款項由我存儲，以及(午)文字由我訂定。

以上所述，不過鐵路方面對外政策之片面而已，至於整個之對外政策，則可歸納爲下列數端：一曰取消外人有在中國築路權之各種不平等條約，二曰收回因條約而爲各國建築之鐵路，三曰廢除各路因借款關係與各債權國所訂合同中之特別條件，四曰進行不喪主權之借欵，吸收外資，發展鐵道事業。欲完成上列四項目的，固在於鐵道當局之努力奮鬭，與夫外國人士之同情援助，而全國民衆，積極爲政府外交之後盾，尤爲根本成功之要素。故望舉國上下須持路權存亡匹夫有責之觀念，一致努力，務底於成，然後路政主權之收回，自可指日而待矣。

或謂自一九零五年收回鐵路運動發生以來，道清粤漢二路，首爲我國收回，京漢鐵路管理權，及膠沂鐵路之承辦權，均次第收回，滬杭路現亦收回，然則收回路權運動，固在進行不已，方興未艾。殊不知一面收回，一面仍與外人訂立契約，許給外人若干權利，即收回之各路，雖有收回之名，而其實權仍操諸外人之手，除滬杭線外，其他各路，尚未解除束縛，况大戰以後，時聞國際共管中國鐵道之意訊，而日人積極奪取滿洲路政之事實，亦復昭然若揭，故我全國民衆對於收回路權運動，仍須孜孜從事，千萬不可稍怠，而後關係國計民生之路政主權，方有收回之一日也。

(三)　電政主權之收回

電政之於國民革命，外交軍政，民生問題，國家經濟，現代文化，均有莫大關係，故一國電政建設力量之强弱，即爲一國國力興衰之表示。我國電政興辦以來，垂四十年，創辦之初，工程仰賴客卿，財物求給國外，國際電報以及領海水線，皆任外人處置，其關係之重要：茫然不知。因此外人乘機而入，越俎代庖，國家主權，喪失淨盡。至於電政之發展，更無庸論，欲求其逐漸擴充，躋國家於國際平等之地位，豈不難哉！我國現有電氣事業，殆亦外資興辦，主權喪失之代價，請閱下列各表，即可知其然矣。

(一) 電政借款名稱表

(1) 大東大北水線公司滬烟沽正水線借欵
(2) 烟沽副水線借欵
(3) 預付報費借款
(4) 馬可尼無線電報公司無線電報墊款
(5) 中日實業公司擴充電話借款
(6) 東亞興業株式會社擴充及改良有線電工程費墊欵
(7) 中華滙業銀行借欵

以上七種借款，截至十六年六月底停，未還借欵本額，共計英金四十九萬零四百九十餘磅，日金四千零二十二萬二千餘元。至於到期未付利息，已積至英金十八萬二千餘磅，日金一千四百餘元，其未到期之利息，尚未計算在內。上列借欵移作其他用途者，雖屬不少，而大宗欵項，皆爲電政方面對外之擔負。換而言之，明爲列强對於中國電政之財政援助，實爲列强對於中國電政之經濟侵略。

請再以中國所負無線電債務，列表於下：—

(二) 中國所負無線電債務表

債權者	負債額	利率	已還未還數	期限及辦法	負債原因	直接關係人
英國馬可尼公司	二十萬磅	年利八厘	本利未清	無期限	購買及建築圜北三電台	交通部
英國馬可尼公司	二百萬元	年利八厘	本利未清	組織中華無線電公司	購買軍用機二百架	陸軍部

日本三井洋行	五十三萬六千二百六十七磅	年利八厘	本利未清	分三十年或一次清償	建設雙橋電台	海軍部
美國德非再德公司	六百五十萬美金	年利八厘	債券未發行	二十年期抽籤分償	建設上海北平廣州哈爾濱電台	交通部
德國德律風公司			已還一部份尙領約三分之一		購買北平吳淞武昌三台眞空管機三座	交通部

總計計：美金六百五十六萬元

國幣二百萬元

英金七十三萬六千二百七十七磅

我國無線電之創設，不過十二年，向以國內不甚注意，事業未興，債欵本少，惟自三井無線電合同暨費德爾無線電合同訂定以後，債額驟大，糾紛更甚，而種種主權之喪失，遂成爲獲到借款之交換條件矣。

以上所述，尙不詳細，請再列一表，作爲各國對華電氣事業侵略之概觀。

(三)　各國在華電氣事業投資表

（見去年時事新報交通大學經濟週刊）

(子)　日本在華電氣事業投資

事業者名	所在地	創立年	資本	備考
東京建物	天津	1908	200,000元	日本官營
靑島發電所	靑島	1914		
大正電氣所	漢口	1914	50,000元	
滿州發電所	大連	1906	2,000,000元	
營口水電	營口	1907	2,000,000元	中日合辦

滿鐵發電所	安東	1910	400,000元	
都督府發電所	旅順	1908		日本官營
鐵嶺電燈	鐵嶺	1910	190,000元	中日合辦
遼陽電燈	遼陽	1911	120,000元	中日合辦
滿州電燈	開原	1914	150,000元	
公主嶺電燈	公主嶺	1917		中日合辦
瓦房店電燈	瓦房店	1911	15,000元	中日合辦
大石橋電燈所	大石橋	1918		
金州電燈所	金州	1918		日本官營
四平街電燈	遼陽	1918		中日合辦

(丑) 英國在華電氣事業投資

名稱	訂借期	年限	原有債額	現欠債額	債權者	利率
滬烟沽正水線	1900	30	210,000鎊	101,770鎊	英大東丹大北	5%
滬烟沽副水線	1900	30	48,000鎊	13,000鎊	大東大北	5%
西大東北公司	1911	20	500,000鎊	314,855鎊	英丹	5%
馬可尼公司	1918	$4\frac{1}{2}$	200,000鎊	200,000鎊	英	
合計			558,000鎊	639,625鎊		

(寅) 美國在華電氣事業投資

奇異電燈泡廠開設上海曹家渡路其產品銷路極廣

(卯) 法國在華電氣事業投資

名稱	所在地	資本	創立年
法國租界發電所	天津		1905
法國租界電車電燈	上海	8,000,000佛郎	1908

(辰) 俄國在華電氣事業投資

名　　稱	所在地	資　　本
中東鐵路電燈	哈爾濱	300,000盧布
杜林會商會	哈爾濱	48,000盧布
依內爾奇選商會	哈爾濱	40,000盧布
米紀考夫發電所	崧爾濱	110,000盧布
馬家溝發電所	哈爾濱	10,000盧布

以上統計，雖多遺漏，（例如日本部份未曾提及三井洋行無線電合同：以及美國部份末曾提及德非德爾無線電合同皆是）然而包羅各種電氣事業，外人投資概況，已足令人一見驚心。

以我國之有線電報而論，雖號稱始終由國人自辦，庸距知無形中久受丹麥國文化之支配，已失獨立之資格，請證以最重要之事實。

(甲) 管理——有線電報創辦於前清光緒五年，由直隸總督李鴻章聘用大北工程師，承辦電線工程，及開郵後，各大郵皆設洋總管，以大北公司丹人充任。迨光緒二十七年，電政總郵於總幫辦外，設參贊一缺，兼洋總管主任，由丹人蘇納充任。光緒二十九年，丹人德聯生繼任此職，權力益大。民國後丹人伊立生繼之，雖權力稍殺，仍不免遇事干涉。

(乙) 教育——前清光緒六年，在天津設立電報學堂，聘丹人爲教授，迨光緒八年，復由商董盛宣懷創辦電報學校於上海，聘唐璧田教授，其後增設測量班，由丹人先後充任教員。光緒二十八年，改設爲高等班中等班，以丹人爲總教，厥後滬校教員。大都係丹人之門人。

(丙)設線——外人之在我國境內，强自設線，收發電報，以侵犯我國主權者，丹人實爲戎首，嗣後英之大東，日之三井，以及其他外國公司，遂皆羣起而效之。

(丁)電碼——中國電碼之編訂，實濫觴於丹人，中國電報郵之編訂電報新書，亦受中丹合同之束縛。

我國有線電報事業之喪失自主，已如上述，玆爲收回主權計，則必須積極努力之工作，不外乎下列數端，望國人注意及焉。

(一)取消或改訂中國電報局與大東大北及其他外國水線公司各項合同，

(二)廢除電政上外國專利特權，以謀電政自主。

(三)外人不得在境內任意設線，而我國自行設線，亦須以完成全國交通網爲目標；萬不可採用丹麥化之直線式；

(四)指定的款，償還外債；

(五)取消舊有電碼，改用國音電報字母、其利益如下；(1)關於文化者，可以促進國音字母之推行，可以改成電報事業爲純粹本國式，可以抵制日本電報符處之侵入，(2)關於電報本身者，可以無須翻譯，手續簡便，可以無需電碼站，可以使密語因須另訂而得充分利用，可以利用國語擬稿免除冗長之弊，可以照用閏音及濁音，(3)關於電報局者，可以因通俗電報之普及而增加營業收入，可以消滅譯費陋規，可以逐漸廢止明語電碼，並無形取銷大東大北電報公司所定之電報新編；

(六)有線電報管理全權，應由國人自主，縱須聘用客卿，亦不可喧賓奪主，遇事干涉；

（七）努力刷新有線電報事業，例如造就高就人材，改用新式報機，甄別在職人員，整頓全盤組織，以及公佈各省統計，皆爲急不容緩之刷新工作；

（八）積極整理有線電報事業，例如統人大權，制止軍人借用路線，電費一律收現，改善工人待遇，修改擴充路線以及會計獨立，均係最重要之整理工作。

論及我國無線電事業之主權，則有兩大要點，必須努力收囘，第一關於國際通信及合同者，第二關於外國政府及外人在中國境內私設電臺者，請分述於后。

（甲）關於國際通信及合同者

（子）國際通信之獨立，爲獨立國家所必要，取消妨害我國國際通信獨立之一切障礙，自爲毫無疑義之問題。其辦法有三：—

（一）廢除橋政上外國公司專利特權，以謀國際通信獨立；

（二）收囘北通縣雙除無線電大電臺，以保持國際通信權；

（三）設立國際通信電臺，以充實力而免操縱。

（丑）已往之束縛及合同之糾紛，現在急需解除者，約有三種：—

（一）將屆滿期之專利特權合同，亟須廢除，例如大東大北公司水線對利合同應於民國十九年底期滿，此種條約，雖非直接關係無線電，惟查中國與某一國訂立商約，如有特別優惠之處，則其他國家往往以最惠國待遇爲口實，起而爲同樣之要求，因此英丹水線既專利於前，而日本無線電專利遂繼承於後，故廢除即將滿期之大東大北合同，洵爲免人口實從事其他電政條約運動之先聲。

(二) 已經實行而未完成功用之專利合同，亟須改訂，或竟廢除，例如中日合同所訂電臺，雖已在雙橋地方，建築工竣，而歐美通信迭經試驗，未克奏効，技術上缺點甚多，早經各國專家公認，此項合同，自須從速改訂或廢除。

(三) 尙未實行之喪權條約，亟須聲明無效，例如中美合同爲期已久，所指電臺，迄未籌辦，債券亦未簽字發行，則合同不啻未生效力，故可聲明無效，作爲取消。

(乙) 關於外國政府及外人在中國境內私設電臺者

(子) 嚴行取締各國在我國境內私設無線電臺——按各國通例，任何國不得在其他獨立國內，任意裝設無線電臺。我國前以內政紊亂，無暇及此，以致外人在國內設立大小電臺(詳表見後)，私自通信，以致妨礙主權，侵害電政，洩漏祕密種種弊端，不一而足，故撤除並禁止外人在中國境內設立無線電臺，洵爲收回電政主權之要舉。

(丑) 取締外艦無線電不得私自收發官商報——查外艦所裝無線電機，大多係老式之大花式發報機，以致發出電浪，對於他台擾亂頗甚，故以後各外艦停泊或經過我國領海區域時，宜規定其發電時間，以免終日擾亂我國海岸各電臺通電。

外人在華設立無線電臺表

(甲) 日本

(1) 北平公使館

(2) 天津兵營

(3) 秦皇島兵營

(4) 哈爾濱

(5) 滿洲里

(6) 公主嶺

(7) 龍井村

(8) 南滿鐵路地帶

(9) 大連ＪＤＡ長波火花式及眞空管式

(乙) 法國

(1) 上海工部局顧家宅
- 顧家宅花園
  - 長波火花式 8 KW一副 ⎫ FFZ ⎧ 船舶通信及
  - 長波火花式25KW一副 ⎭ ⎩ 國內通信
  - 長波收信機三副一法國通信
  - 短波收發機1KW一副8 X X一國內天津雲南漢口重慶通信
- 福履理路一長波眞空畢式3KW電報電話雙用正在建設以備代用火花式
- 文林路一短波1KW兩副 8 X X1 歐美南洋羣島印度中國通信
- 法大馬路四號一營業處

（該台前由商人私設，大戰後，法工部局收買之。現在用報告天文名義，收發國內外一切官商電報，且有與中國軍閥勾結利用之事實。）

(2) 廣州灣租借地FFW　收發官報

(3) 天津兵營　收發官商各報

(丙)英國

(1) 北平公使館

(2) 上海跑馬廳兵營

(丁)美國

(1) 北平公使館N P P

(2) 天津W X N

(3) 上海新聞路兵營

(4) 上海領事館N P J

(5) 上海開洛公司K R C　廣播及電話

除有線電及無線電外，其他在華外人電氣經營，或依靠不平等條約之非法保障，或仰賴租借地租界之無理袒護，喪我國體，損我主權，皆待舉國上下，共同奮鬬，促其收回。近聞交通部對上海租界電話，曾函致外交部，請與租界當局交涉，給價收回部辦，以挽國權，嗣以租界當局招致外僑投標購買，已由國際電報電話公司得標，並擅予公司以四十年專利，殊屬侵害主權，致租界大多數華人及原公司華人利益，均將有所損害，且引起租界收回後之糾紛，決再請外部積極交涉，務達收回目的。吾人對於交部此種奮鬬精神，深盼其堅持到底，不達目的不止，則爲幸甚！

(四) 郵政主權之收回

郵政爲重要交通之一，與經濟文化政治社會，皆有密切關之係。昔日我國並無所謂郵政，祇用驛站遞信而已，沿襲數千餘年，始終未曾進展。及至海禁大開，中外交通，我國之郵傳方法，依然如故，並未革新，於是在華外人，感覺不便，遂在通商口岸各自設立郵局，投寄信件，嗣後續漸擴充，以致我國之重要商埠，皆有外人之郵局。其時各國先後設立之郵局，概有下列各處

(甲)日本郵局所在地

大連，旅順，廈門，廣州，長沙，芝罘，鎮江，福州，杭州，漢口，九江，南京，牛莊，北京，山海關，沙市，上海，蘇州，汕頭，天津，蕪湖，塘沽，錦州，長春，昌圖，鳳凰，城，撫順，海城，新民府，蓋平，開源，公主嶺，遼陽，瀋陽，平頂堡，蘇家屯，四平街，大孤山，大石橋，大東溝，鐵嶺，烟臺，安東，柳樹屯，熊安城，貔子窩，瓦房店，草河口。

(乙)英國郵政局所在地

廈門，廣州，芝罘，福州，漢口，海口，寧波，上海，汕頭，天津，威海衛，喀什噶爾，亞東，江孜，非格里。

（丙）俄國郵局所在地

芝罘，漢口，哈爾濱，張家口，寬城子，古城，北京，天津，齊齊哈爾，庫倫，庫倫，阿什河，陶賴州，伊犂，茂林，伊滿堡，巴彥州，周蘭屯，葉赫城，漢道齊治，普格蘭宜司那，楚嘎恰克，阿蘇米，亞門。

（丁）法國郵局所在地

廈門，廣州，芝罘，福州，漢口，甯波，北京，上海，天津雲南，重慶，蒙自，北海城，廣州灣，海口。

（戊）德國郵局所在地

廈門，廣州，芝罘，鎮江，福州，漢口，南京，北京，上海，汕頭天津，濟南，膠州，青島，歷城，濰縣，薛房。

按各國在華設立郵局，祇准外人投寄信件，能我國之郵件，則不許轉寄，其專橫無理，有如此者。當時我國感覺外人之侵略，以及郵權之喪失，日趨險惡，不知伊於胡底，於是開始自辦新式郵政，以圖內利交通，外抗强權。故我國自設郵政，實因外人在華設郵，過於專橫，有以激成之耳。

中國郵政創始之時期，係在光緒二十二年。其時派總稅務司經理一切，於是總稅務司又兼領總郵政司，並根據海關之組織，以每一海關區爲郵務區域，每海關稅務司卽兼充各該區之郵政司。其所轄以海關人員，亦兼領郵政文牘及賬務，祇有實際上之郵件事務，另以郵務大員經理。未幾關於管理郵政事務，乃專派一郵務長充任，起初駐在上海，嗣後移住北平總稅務司公署，歸總稅務司節制，所有一切進行之方針，仍歸總稅務司核定。由此可見郵政創辦之始，即與關務混合，同受外人之挾制也。迨郵政改歸郵傳部辦理，郵政總局局長一職雖由華人李經芳充任，但外人帛黎當時派爲總局總辦，於是行政管理諸大主權，皆落他人之手嗣後舊制相沿，鮮有改革，縱然稍有變化，而郵政主權之收回概未與焉。

我國郵政，非徒總局總辦，在國都奠定南京以前，歷年皆爲外人，即其他上級員司，亦多爲外人相繼把持。請閱以下民國十五年及十六年郵政人員之統計：一

民國十五年郵政人員統計

(甲)洋員

截至是年年底，洋員之中，計有郵務長二十五員，副郵務長十九員，其中九員署理郵務長之職務，郵務官七十二員，其中一員署理郵務長之職務，二十八員署理副郵務長之職務，郵政建築測繪員一員，印刷處管理員一員，郵務佐二員。

(乙)華員

截至是年年底，華員之中，計有郵務長二員，副郵務長二十四員，其中二員署理郵務長之職務，郵務官七十六員，其中一員署理郵務長之職務，十員署理副郵務長之職務，十員署理副郵務長之職務，郵務員一千四百二十七員，雜項人員四十一員，郵務生四千二百零三員，郵件接收員三十員，揀信生三千二百四十一員，代辦九千六百六十三名，信差七千八

百七十二名，郵差七千七百八十七名，航工水手等項，共八百四十六名，聽差九百二十八名，雜役二千三百七十三名，以上共計三萬八千五百十三員名。

民國十六年郵政人員統計

(甲)洋員

截至本年年底止洋員之中，計有郵務長十九員，副郵務長十五員(其中六員署理郵務長)，郵務官六十三員（其中一員署理郵務長二十四員署理副郵務長），此外計有郵政建築測繪一員，供應處印刷課經理員一員，郵務佐二員，共計一百零一員，比較上年減少十三員。

(乙)華員

截至是年年止，華員之中，計有郵務長七員，副郵務長二十員(其中一員署理郵務長)，郵務官七十六員（其中十三員署理理副郵務長），郵務員一千三百六十六員，雜項人員四十六員，郵務生四千二百十三員，郵件接送員三十員，揀信生三千二百八十五員，代辦人九千六百五十五名，信差七千八百八十九名，郵差七千二百七十名，舵工水手等項共八百四十七名，聽差九百四十七名，雜役三千四百七十名，以上共計三萬八千一百二十八名，比較上年減少三百八十五名。

今試分析上項統計，可得數結果如上：(1)每年郵政洋員總額雖與華員總額相差懸殊，後者幾有前者四百倍之多，但洋員皆是上級職員，位高薪厚，待遇極優，而華員則多爲中下級職員，對於行政管理大權，絲毫不能與聞，此洋員操縱我國郵政之證一；(2)每年郵務長多爲洋員，華員迥不及洋員之衆，此洋員操縱我國郵政之證二；(3)每年副郵務長署理郵務長者，洋員亦較華人爲多，例如民國十五年副郵務長署理郵務長者，華員副郵務長二十四員中祇有二員，而洋員副郵務長十九員中竟有九員，又如民國十六年副郵務長署理郵務長者，華員副郵務長二十員中祇有一員，而洋員副郵務長十五員中竟有六人，此洋員操縱我國郵政之證三；(4)每年郵務官署理郵務長及副郵務長者，洋員多於華人，例如民國十五年，洋員郵務官七十二員，其中竟有一員署理郵務長二十八員署理副郵務長，而華員郵務官七十六員，祇有一員署理郵務長，十員署理副郵務長，又如民國十六年，洋員郵務官六十三員，竟有一員署理郵務長，二十四員署理副郵務長，而華員郵務官七十六員，祇有十三員署理副郵務長，至於署理郵務長者，華員並無一人，此洋員操縱我國郵政之證四。由此可知，我國郵政用人，久已喧賓奪主矣。

附註：上項統計，擇自民國十五年十六年郵政事務年報，十六年本係最近出版者，其中所述，仍多爲北伐成功以前之情形，蓋十六年十月國民政府始在南京新都設立總局管理郵政，而原來北平之郵政總局，至十七年始遵令裁撤。

雖然，我國郵政自開辦以來，確在日漸進步，請觀民國七年至民國十六年收寄郵件之數目大致逐年加增，卽知此說之不謬。

收寄郵件數目表（民七至民十六共十年）

民七	302,269,028
民八	339,922,922
民九	400,886,935
民十	446,363,616
民十	442,116,358
民十二	473,641,716
民十三	522,352,095
民十四	565,007,763
民十五	579,857,397
民十六	585,768,468

民國七年以前之統計，可惜現在手中缺乏，但余敢謂民七以前，我國郵政尙爲新興事業，其發展之速，恐較民七以後，有過之無不及焉。蓋民國肇造，我新政府一面裁撤各省驛站，統一全國郵政，一面加入萬國郵會，聯絡世界交通，勵精圖治，尙未稍怠。在此種狀況之下，昔日外人在華設郵所藉之口實，業已完全不能存在，則其所立之各處郵局，自無繼續之可能。然而實際方面，在華外人郵局，非但絲毫未減，甚且增漲不已。然則外人奪我交通盜我主權之野心，於此可以大白矣。吾人須知客郵一日不廢，則我國郵政所受之影響，一日不除。請略述客郵對於我國之妨害，卽可知其裁撤之必要。

（一）郵政爲國家專營事業，久爲東西各國之通例。我國採取此制，已於民國十年以公布之郵政條例第一條第二條及第五條內，明白規定。外人在華設立郵局，則與我國郵政事務應由政府單獨經營之政策，根本抵觸。

（二）外國郵局之存在，實妨礙我國郵制之發展，並增加其困難，且剝奪該制應有合法及平等之收入。

（三）外國政府在中國維持郵局，既侵害我國領土及行政完全，且無條約及其他合法之根據。

是以華會開幕，我國遂持上列三種理由，力爭客郵之裁撤，其間經過專家代表之折衝樽俎，美國人士之同情贊助，於是其結果也，英國在華郵局裁撤十二所，法國在華郵局裁撤十三所，美國在華設局裁撤一所，日本在華郵局裁撤一二四所。然而所謂裁者，並非無條件之裁撤，乃係有條件之裁撤。其條約為何？（1）一為規定外人郵局在租界地或條約特別規定之範圍內者，不在裁撤之列，（2）二為規定中國政府對於外國會辦之地位，不能隨時更動。然則以郵權而論，華會之後，我國客郵，雖多裁撤，而同時亦增加許多束縛。近來日人侵略滿州郵權，進行無已，甚至不許我國在南滿鐵路區內，執行郵權，概亦利用華會規定為口實耳。故吾謂我國之客郵問題，至今並未澈底解決。

再者，我國因無郵船，故與世界各國來往郵件，除由西北利亞一途外，其餘多賴外輪轉遞，以致付給各國之運費甚巨，且益以金匯之虧累，此亦列强經濟侵略影響我國郵政之一端。

自國都奠定南京郵政總局遷滬以來，執政當局，對於郵政設施，固在努力整理，積極擴充，例如考察郵政專使之派遣，以及儲金匯業總局之設立，皆其最顯著者；而余以爲我國郵政主權之收回，猶待政府與全國民衆之共同奮鬭。至於奮鬭之目標，不外乎下列三點：(1)客郵之澈底廢除，(2)郵船之完全自辦，(3)洋員之逐漸淘汰。以上三點完成之日，殆卽我國郵權收回之時矣。

(五)　航政主權之收回

航業在一國之經濟生活上，佔據非常重要之位置，非但祗有商業上謀利之意義，並對於政治軍事文化，皆有極大之密切關係。航線爲我國南都之交通幹線，確與鐵路爲我國北部之交通幹線，有相同之情形。故航業對於我國南部經濟生活之關係，尤爲密切。試觀長江一帶，所以工商發展，地方富庶，非與長江航業有相互之聯係耶！設若長江不能通航，則其結果恐與黃河一帶相差幾希，而沿岸商埠都市，亦萬難有今日之盛矣。非特長江爲然，卽在其他各處，經濟之發展，與夫文化之宣揚，皆在在與水利航運問題，息息相關。然則航業之重要，爲何如耶！帝國主義對於中國，所利用之侵略具，雖非一端，而航業實爲主要工具之一，而航業對於帝國主義之作用，自非僅在謀利，卽軍事政治之侵略文化之侵略，以及商品之侵略，亦莫不依賴航業爲其進行之根據。請就中國航業之現狀，略爲研究，卽知中國航政之主權，幾爲帝國主義者剝削無餘，嗚呼！國家主權，而今安在！

近數年來，中國航業非但未見發展，且有逐年向下之趨勢。試觀年前海關册所載最近五年之船隻與噸數，卽可明瞭：—

	1923	1924	1925	1926	1927
中國新式船隻隻數	45,830	44,806	44,734	39,614	35,934
中國舊式船隻隻數	56,415	49,945	44,110	38,549	43,601
共計	102,245	94,751	88,844	78,163	78,538

	1923	1924	1925	1926	1927
中國新式船隻噸數	29,022,086	29,418,575	29,908,706	26,451,690	19,218,215
中國舊式船隻噸數	3,411,761	3,869,788	3,094,230	1,941,941	3,418,178
共計	32,433,487	33,288,363	33,002,936	28,393,631	21,636,391

年來中國航業所如此漸衰落，其原因雖非一端，而帝國主義者之猛烈競爭，洵爲各種主因中之最重要者。請先覽下列一九二七年海關往來船隻噸數表，卽可感覺所謂中國航業者，實已不成其爲獨立國家之航業矣。蓋中國航業在本國領土內，祇佔百分之十八强，而在此極小之百分數中，猶有在二十世紀業潮流中，不能與人競爭之帆船三百四十餘萬噸，至於海關往來中國汽船，祇佔百分之十五强耳。

一九二七年海關往來船隻噸數比較表

國別	噸數	百分比
英	40,258,049	34.64
日	35,745,535	30.76
華	21,636,391	18.62
美	5,577,115	4.80
德	3,260,717	2.81
挪威	2,932,578	2.52
荷蘭	2,273,536	1.96

其他國	4,526,864	3.89
總　計	116,216,785	100.00

以上噸數皆是虛數，至於中國汽船實在噸數究有若干，以及在華外國船舶實在噸數究有若干，則在一九二八年中國年鑑內，可以尋出下項較可信任之統計：

國　別	船　隻	總噸數
英	155	299,286
日	75	102,449
中	92	159,451
荷	14	92,139
美	12	6,838

中國航業在本國領域之內，尙佔百分之十八强，若論其在海洋航業上之地位，則更可憐矣・請證以下列二表（錄自英商公會月刊第壹壹六號）：一

中外輪船來往美洲太平洋口岸(美國加拿大)之噸數與百分比

	1926		1927		1928	
	噸　數	百分比	噸　數	百分比	噸　數	百分比
美	2,329,029	49.97	2,025,590	51,74	2,191,913	52.80
英	1,199,088	25.80	863,721	22.04	822,401	21.25
日	1,054,088	22.70	992,355	25.34	961,097	23.15
挪威	51,748	1.11	32,096	0.82	78,988	1.90
中國	8,704	0.19	——	——	3,530	0.09

大 洋 航 業

1926	1927	1928

	噸數	百分比	噸數	百分比	噸數	百分比
英	4,768,534	27.56	4,090,039	26.10	4,675,089	28.15
日	5,962,929	35.46	5,305,468	33.75	5,001,174	30.11
美	3,797,027	21.94	2,889,291	18.44	3,228,394	16.44
法	744,869	4.30	683,969	6.29	1,081,425	6.51
德	623,071	3.60	843,248	5.32	884,374	5.33
中	24,489	0.14	77,727	0.50	51.464	0.31

列强對於在華航業，取積極侵略政策，觀其投資之踴躍卽可窺見一班·下列統計雖不甚新但頗可靠·

(甲)　英國在華航業投資

名稱	資本	船隻	噸數	成立年
怡和公司	1,200,000磅	52	58,842	1875
太古公司	1,000,000磅	42	60,495	1875

(乙)日本在華航業投資

名稱	資本	船隻	航線
日本郵船公司		81	中歐，中美，中印，中澳，日滬
大阪公司		81	中歐,中美,中印,中澳,中台,中日
三井公司		27	中美，中日，近海
東洋汽船會社		10	中美，大西洋，太平洋，中日
日清輪船公司	16,200,000日金	12	中日
南滿及大連公司		8	上海青岸大連
天華洋行	1,200,000日金	6	中日
三菱公司			中日

(丙)美國在華航業投資

名稱	船隻	航線
提督東方輪船公司	41	中麗(太平洋)
大來洋行	10	中麗(太平洋)
花旗公司*	5	中美(太平洋)
中美郵船公司	4	中美
福來洋行		中美(太平洋)
太平洋郵船公司	5	中美
美國鋼鐵公司	10	中義
華洋公司		中美

*或云該公司業已拍賣

(丁) 法國在華航業投資

名稱	所在地	船隻	航線
法國郵船公司	上海	23	中法比
彙成公司	上海	1	中法
立興公司	上海	1	中法

我國航業不振之情形，業已詳述於前，考其主要原因，概有二端：一爲由我國以條約明許外人在我國領海上航行，一爲由我國默認外人之侵略·因此，下列兩種主要航權遂完全斷送於外人之手，噫嘻，豈不痛哉！

(一)我國航業專有權之喪失——按各國航律，禁止外國商輪經營國內航業，卽外國商船，載運貨客，自本國之甲埠，至本國之乙埠，其間雖經過外國之丙埠，亦所不許·惟我國則以條約之故(例如中英江寧約，卽其開端)，許外人經商於各條約港口之間，而外人得寸進尺，卽內地內河，亦多外船行駛，以致我國不能發展，水運事業，盡操諸外人之手，他種實業，均受影響。

（二）我國航業保護權之喪失——世界任何國家，皆有其保護航業之權力，保護航業之原則有二：一曰獎勵自國之航業，二曰限制外人之航線，例如英國在十七世紀，頒布航海條例，日本在大正四年，補助在華航線，均為實行航業保護權之明證，惟我國因受條約之束縛，旣不能隨意運用關稅，又不能自由徵收噸稅與內地貿易稅，在此種狀況之下，欲其保護本國之航業，抵抗外人之侵略，豈可得哉！

今為完成中國民族自決起見，則航政主權之收囘，自不容緩，試舉數項辦法於后以資參考（見交通會議彙編航政組議案程振鈞收囘航權提案）

（1）喪失航權之約章廢除　由交通部會同外交部財政部將關於喪失航權之一切不平等條約查明提出，請國民政府向各國交涉廢除，其有新訂不平等通商條約者，務將航權絕對收囘之。

（2）先行接替代管理輪船之手續　由交通部將從前交由海關代辦之本國輪船註册給照事宜，及交出海關掌理之輪船檢驗結牌事宜，先行改為交由各省政府代辦及掌理，并由部規定此項章程，普行各省照辦，以歸劃一，

（3）人才之養成　由交通部依全國航務人才需要情形，設立關於航務之專門學校；或於交通大學添設專科以造就管理及技術人才，為管理航政及發展航業之用，以免航權收囘後，仍須

借人異地，

（4） 由交通部先籌鉅款，購買新輪，并由造船廠多造新輪，為替代外輪之用；一面極力提倡商辦輪船公司，擴充航線，由政府輔助或獎勵之。

船隻之準備

（5） 航權收回之後，各外國公司輪船，原在吾國營業者，如願出售，卽由交通部以公平之價格，收買之，其原用航務專家，亦可暫予留用。

收回之處置

（6） 由交通部籌辦海外航輪，或獎勵商辦海外航輪，以期推廣航業。

營業之推廣

進而言之，按我國航業，除招商局尙能邯鄲學步，追隨於外人之後外，其他弱小組織，亦不過攬其裝賸儎餘之客貨，食其餘粒而已。故欲發展中國航業，則整理招商局自爲第一要著。該局總辦趙鐵橋氏前在中華國貨展覽會特刊內，曾發表整理該局計劃大綱，其程序共分三步，請列於下：—

(一)第一步根據國民黨政綱十五條之規定，及準備收回航權之政策，清查積弊，監督管理，從事整頓；

(二)第二步廢止老船，添置新輪，開擴航線，籌備車船聯運，請求政府獎助，培植航務專門人才；

(三)第三步設置內河國外航線，添置航海巨舶，建設海外碼頭，自設船塢船廠，請求政府保護航業。

竊意上項計劃一一完成之後，非徒招商輪局可以發展，卽我國航業之振興，與夫航權之收回，皆可操左券矣。

（六）結論

吾嘗論中國交通主權之收回問題，性質既非單純，內容亦極繁雜。蓋其範圍，非僅限於交通本身，並且牽涉其他許多事件，譬如各種不平等合同之廢除或修改則關係外交；譬如對外債務之整理或清償，則關係財政；譬如本國交通建設人才之養成，則關係教育；譬如獨立主權之恢復，行政完全之維持，以及鞏固國防之籌劃，則關係政治軍事；譬如交通制度之符合國情，以及行政管理之適應環境，則關係社會文化。此皆收回交通主權問題與其他重要事件之相互關係，至於交通與經濟問題之息息相聯，更無庸贅，然則吾人現在所欲研究之收回中國交通主權問題，其內容之繁雜，範圍之廣大，爲何如耶？故應驟主張應由交通主管機關（鐵道部及交通部）會同其他各有關係機關，合組一收回交通主權問題討論委員部，將該問題，詳加研究，切實磋商，以期統籌全局。決定方針，然後顧此失彼之弊，方可免除，並籌兼顧之功，方可奏效。不然，祗由交通主管機關自行籌劃，單獨進行，而其他各有關係組織，概不與聞，則方針之決定，固難顧及全局，卽策略之實施，亦不易有功效。然則中國交通主權之收回，所賴於交通機關與其他各有關係組織之合作者，深且切矣。

進而言之，所謂交通主權者，並非政府之主權，乃係我全民衆之主權。蓋權在人民能在政府，政府祗有執行人民賦予主權之能力，而權力之根源，仍在人民。故中國交通主權之喪失，卽係中國人民主權之喪失，現欲收回中國交通主權，亦卽係欲恢復中國人民之主權。旣明乎此，則中國交通主權之收囘，豈但僅爲政府當局之責任，全國人民更當一致努力，促其成功。然後非但中國交通之主權可以收囘，卽中國民族之獨立，亦可實現矣。余言及此，不禁馨香祝之！

附本篇參考書目

（1） 中國交通與外國侵略（中華書局國民外交小叢書）

（2） 曾鯤化：中國鐵路史

（3） 財政整理會著：交通部經營各項借款說明書

（4） 戴麟書：中國鐵道方面應興應革事項之最近觀察與建議

（5） 葉恭綽：交通救國論

（6） 全國交通會議彙編

（7） 王鈞璈：中國電報事業講義

（8） 樊正渠：日本對華經濟侵略之調查（見時事新報交通大學上海交通管理學院主編經濟周刊第五十四第五十五期）

（9） 樊正渠：列强在華投資之概觀（見時事新報經濟周刊第六十四期六十五期及六十六期）

（10） 北京政府交通部郵政總局民國十年及民國十五年郵政事務總論

（11） 國民政府交通部郵政總局民國十六年郵政事務年報

（12） 趙鐵橋：航業與推廣國貨之關係（見工商部中華國貨展覽會紀念特刊）

（13） 垂　雲：中國航業之現狀「世界月刊」

我國鐵路轉運公司問題

王 叔 龍

一 緒言

二 定義及由來

三 營業發達之原因

四 內部之組織

五 營業種類及設備

六 收入之種類

七 各種之弊害

八 贊成及反對者之理由

九 實行取締之方法

十 結論

(一)緒言

一國之强弱，視乎鐵道之多寡及其事業之發達與否爲定，而鐵道事業本身之發達，端賴設備之完善，運輸之安全敏捷；招徠之周密，推廣營業之得當；設備與運輸不良，則客商裹足不前；推廣與招徠欠周，則營業頹靡不振；二者影響鐵路事業之發展至深且巨，故泰西各國，對設備運輸之改進，招徠推廣之研求，視爲同等重要，各設專部以處理之，如運輸部專司設備與運輸之改良，營業部力求招徠客商及推廣營業，分工合作，故營業得以蒸蒸日上。我國鐵路初設，當局者昧於情勢，對於組織既不求其完善，運輸設備亦不加以改良，最可笑者，對於營業抱獨占之觀念，夜郎自大，對客商既不能殷勤招徠，復不能設法推廣營業，一聽其自然。而客商方面，亦以種種隔閡，無由與鐵路接近；坐視轉運公司崛起，滋生蔓延，勢益雄厚。降至今日，國內各鐵路營業，幾全在轉運公司掌握之中，大有一日不可無此君之慨，各路一面既須年給優厚之佣金，以豢養此驕子，而轉運公司一面又恃其地位之優越，肆意妄爲，舉如私設商號，把持商運，販賣車輛，以少報多，以高報低，結納路員，營私舞弊，直接剝削客商，間接阻障營業，言之殊堪痛心。刻國內各鐵路有鑒於營業之發展，必須赤地立新，獨樹標幟，萬不能專仰轉運公司之鼻息；而運輸之改進，亦有待於種種積弊之擴清，對於轉運公司，頗有積極取締之趨勢。北寧京滬兩路，先後添設商務科，一面調查沿路之商業，以謀發展及推廣營業，一面招徠客商，預取轉運公司而代之，意至善而法至美也。惟轉運公司成立二十餘載，根深底固，一旦從事取締，斷非空言所能奏效，必也實際上妥爲籌畫，詳爲准備，務使鐵路營業，在此轉移期內，不受若何之影響。斯篇之作對轉運公司之由來，內部之組織，營業之種類，略爲敍述，俾得明瞭眞相。於利弊所在，亦分別比較，以示取締之不容或緩也。至取締之方法，則詳爲思索規畫，聊供當局之參考，作者不敏，文筆又苦羞澀，恐無以副其所見，惟希高明進而教之。

（二）定義及由來

轉運公司爲一種商號，（簡稱運商）介乎客商與鐵路之間，專門承攬客商之貨物，轉向鐵路報運，吾人顧名思義，卽可知轉運公司，實處第三者之地位，而代人辦理一切運輸事務者也。換言之，轉運公司爲客商之報運代理人，亦客商與鐵路間交易之媒介也。

轉運公司在我國已有二十餘年之歷史，衷考其始，大都發源於南方之過塘行，及北方之鏢局。過塘行代客報關納稅照料裝卸貨物；鏢局承運貨物，派人沿塗保護；蓋皆爲代客辦理運貨之機關。迨鐵路成立，北方之鏢局，逐漸絕跡，南方之過塘行，以地位特殊關係，迄仍存在。而通都大邑，輪軌輻輳之區，大小轉運公司櫛比林立，蓋皆由上述兩種蛻化而來也。

（三）營業發達之原因

轉運公司營業發達之原因，自表面言之，當爲社會之繁榮興盛，及交通事業之進展，殆無疑義。但鐵路與運貨客商，原有直接深密之關係，何以必待轉運公司介乎二者之間，始能完成雙方之交易耶？且轉運公司，寄生於客商鐵路之間，勢力寖長，營業發達，客商雖受其剝削勒索，而反表示信任歡迎；路局雖明知其弊端，亦不加取締，反給以優厚之佣金，推原其故要有數端：

（甲）鐵路成立之始，組織殊欠完備，而當局者缺乏遠大之目光，同時又抱獨占觀念；路員既昧於商情，又多少帶有官氣，不願招徠客商，而客商亦以種種隔閡，不便於直接報運。轉運公司，則派人各處接洽，四出兜攬，完成交易，實際上討好兩方，故受歡迎。

(乙)鐵路運貨手續繁多，如索車裝車過鎊起票納費寄出提單等等，普通客商，既不諳熟，則易於訛錯，鐵路工作，亦易因之而稽延。轉運公司，專辦此事，經久練熟而敏捷，故雙方皆樂與接近，且委託轉運公司代運，則一般不肖路員之索詐及種種留難胥可避免，

(丙)我國稅制紊亂，苛捐雜稅，不一而足，鐵路所經之地，釐卡密佈，客商運貨，一再重徵，且徵收人員，往往額外勒索，不饜其慾則故意刁難，普通客商，往往窮於應付，其勢不能不託轉運公司代運。

(丁)我國鐵路因辦理欠善，各種設備不周，加之戰爭頻仍，盜匪如毛，對客商運貨，倘有遺失損壞概不負賠償之責。有時雖可負責，而運費則須增加一成之多。轉運公司代客運貨，派人隨車押送，如中途有遺失損壞，則照全行公議之規章賠償，故甚爲客商所信任。

(戊)我國普通商人，知識淺薄，鐵路規章繁複，不易了解，且鐵路因債權關係。往往採用外國文字。各種規章。俱輾轉繹出，字句詰曲聱牙，意義含糊黯晦，尤非一般商人所得領會。轉運公司結識路員，諳悉內容極爲便利。

以上五種原因，特其犖犖大者，然已足證轉運公司之發達，

實應鐵路與商人急切之需要，有非偶然者也。

(四)內部之組織

轉運公司之組織，頗爲簡單，大概每公司設總經理一人，總攬全部事務，其下分設會計，庶務，及交際三股，會計股處理公司賬務，大都沿用舊式賬簿，間有採用新式會計者；庶務股專辦運送裝卸客商貨物，事務最繁，用人亦最多；交際股專司招徠客商，兜攬貨物；總公司之設立，多在通商巨埠，沿路各重要城市，亦擇要設立分公司，以謀營業上之發展，及運輸上之便利，其範圍之大小，一視所在地商業繁榮之程度而定。各分公司設協理一人至二人，以管理全部事務，其他各股與總公司相同，但分公司與總公司之關係有縱的及橫的兩種：前者係各分公司之用人行政權，悉由總公司掌握，一切營業盈虧，胥由總公司負責；後者係由各地商人獨立經營，不過借用總公司之名義，與總公司訂有合同，每年之內，最低須包辦若干元貨運所得佣金，按所攬貨運均分，惟總公司須扣除百分之二，以補償所繳保證金之利息損失。(保證金之利息，路局年給息四釐五)，其用人行政權，總公司不得干涉，營業盈虧，亦由各分公司自理。但有不端行爲，及招徠不力者，總公司得撤消所訂之合同，收回公司之名義。

公司資本之大小，恆視其營業範圍而定也。最小者，專營運輸業務，及招徠客貨，然後再交由大公司集合報運，無須得鐵路承認，不用繳納保證金，資本不過數千元。較大者向路局註册，須繳納保證金。照京滬杭兩路之規章，每路註册，須銀五千兩，津浦則依起運貨站之等次分列，或分段繳納，例如：第一等站每站四千元，二等站兩千元，三等站一千元，按段則自五千元至萬二千元全路則需一萬六千元。其資金總須四五萬元，最大者除代客運貨并兼營貨物押款，貨物保險，及堆棧旅館業，資本恆在一二十萬元以上。且與各地銀行錢莊互有往來，以謀資金之周轉便利。

(五)營業種類及設備

轉運公司之營業，大概可分爲兩部，一部爲轉運本身之業務，一部爲各種附屬營業；而第一部又可分爲下列數種··

「甲』招徠客商，兜攬貨物，轉運公司最重要之職務，卽在招來客商，兜攬貨物，轉向鐵路報運，從中取利。故每一公司均雇有跑街多人，四出兜攬，對於客商殷勤接待，曲意逢迎，譬如客商好酒者，則不厭飛觴共醉，嗜曲者，則無惜引吭歌和，間或動以利害，繼以哀懇，總使客商樂與之處，信任不疑、然後貨物悉可由其承運矣。

(乙)代客報捐一貨物起運之先，須向關行或捐局報捐納稅，此項手續，均由公司派人代向捐局報繳，無庸客商過問。

(丙)代客報運及照料裝卸一客商貨物，如係出口，（此指由一處運往處而言）則既經報捐之後，卽可運至車站待裝，至索車裝車過鎊起票納費等手續，均由公司人辦理，如係進口貨『指他處運至此處而言』則卸下後，另雇汽車或拖駁牛車或馬車運送至目的地。凡承運貨物，如非路局負責，或中途另有裝卸，向例在北方及路線較長各路，均由公司派人隨車保護照料。惟京滬滬杭兩路，禁止派人押車，均由路警保護。第二部附屬營業。可分爲左列數種：

「甲」貨據押款，我國鐵路運貨，大都不負責任，且貨物收據，又不能轉讓，故銀行錢莊，均拒做貨據押款，以致客商資金多難周轉。轉運公司爲便利客商起見，自辦押款，或代向銀行錢莊抵押，如客商欲將貨據抵押，只須向轉運公司聲明，轉運公司看貨後，卽可按照市價幾折給以現款。待客商將押款本息歸還，卽可向轉運公司領取貨物。

(乙)貨物保險—客商運貨，如須保險，可由轉運公司自設之保險部代保，收取相當之保險費，或由轉運公司代向各大水火保險公司代保，而取若干佣金。

(丙)堆棧旅館—轉運公司資本大者，多於各大站建築貨棧，以便貯存貨物，幷按日收取棧租，或設置旅館，供給外來客商膳宿，取費則較一般旅館爲廉，藉廣招徠。

至公司之設備，亦視營業種類及範圍而定，擇要言之，有左列數種：

(甲)自建築房舍，以備辦事之用，另以餘屋供客商住宿，略取費用，津浦路各轉運公司類皆如此，京滬滬杭兩路之轉運公司，則罕有供客住宿者。

(乙)租用鐵路岔道，及站旁隙地，以裝卸及堆存貨物，租建房屋，設置分公司。

(丙)建築堆棧，存貯貨物。

(丁)備置汽車手車，租雇拖駁汽船，運貨送物，購備繩索雨篷油布，以供需用。

京滬滬杭兩路，爲客運線，貨運不及津浦北甯平漢諸路遠甚故轉運公司之規模，亦俱不如以上諸路之公司爲宏大，故其各項設備，亦欠完備。

(六)收入之種類

轉運公司之收入，一視其營業範圍而定，其最要者爲

(甲)客商貨物照料費——公司代客報運索車裝車過磅起票納費押車，照例須向客商徵取手續費，此種費用，總謂之照料費。其數目有整車另噸之別，各路亦徵有不同，大概由轉運公司同行公議訂定，京滬滬杭路整車貨物，每公噸取費洋壹角，例如一車載重三十噸，則取費洋三元。至零件則按物件大小而定，每件取費自一二分至四五分不等，津浦北寧等路，大約整車每車取費洋壹元。

(乙)鐵路之佣金一鐵路爲鼓勵轉運公司報運起見，訂有發給佣金條例，其辦法係由鐵路規定，每年中報運滿若干萬元者，卽發給百分之幾佣金，不滿定數者不給，茲將津浦路民國四年所訂及京滬滬杭兩路民十六年所訂佣金條例列左：

津浦路(運費按年計算)

(1)不滿一萬元者無佣金。

(2)一萬元至二萬元者給百分之五佣金。

(3)二萬元至四萬元者給百分之七、五佣金。

(4)四萬元以上者給百分之十佣金。

京滬滬杭兩路

(1)五萬元以下者不給佣金。

(2)滿五萬元不滿十萬元者給與百分之二、五佣金。

(3)滿十萬元或在十萬以上者給百分之五佣金。

此項辦法，係公開劃一，以示待遇之公平，但欲領取佣金之轉運公司，概須向路局註册，繳納保證金，得路局之正式承認方可。蓋所以嚴防不肖之徒濫設商號，希圖漁利也。

轉運公司有註册及不註册之別，而總分公司之間，又有所謂橫的關係既如上述；則此種公司與公司之間，總公司與分公司之間，恆有一種關於分潤佣金之協定，例如不註册之公司，用註册公司之名義報運，每年由註册公司手中應分得若干佣金。在此應得金內，酌提若干，作爲報酬註册公司之用，再如總公司對於橫的分公司，每年應得之佣金內，得扣除若干，作爲補償保證金利息上之損失，其辦法皆屬私的協定，極不一致。

(丙)釐捐之折扣——轉運公司代客報捐，捐局爲鼓勵報捐，每與公司以相當之折扣，而客商仍係十足報付。例如貨物一批，須納捐百元，由公司代報，只需九十元，客商付出百元，公司從中可取得十元之折扣。

(丁)整車與零噸運價之差別——我國鐵路運價，整車與零噸相差頗鉅，茲錄國有鐵路運輸通則中，整車與零噸運價之算法於下：

(1)凡以公斤計算運價者，每批至少應按五十公斤計算，倘超過五十公斤者，除照五十公斤之運價計算外，所有超過之重量，應按二十五斤爲單位，遞進計算，加收運價，即不及二十五斤者，亦仍照二十五斤計算，每批貨物至少以現銀五角爲起碼。

(2)凡以公噸計算運價者，每批至少應按一公噸計算，倘重量超過一公噸者，除照一公噸之運價計算外，所有超過之重量，應按一公噸四分之一爲單位，遞近計算，加收運價，即不及一公噸四分之一者，亦照一公噸四分之一計算，每批至少以現銀一元爲起碼之數。

(3)凡以整車運價計算者，當照所定整車之運價計算，但起碼之數，至少應按所用車輛之載重量，每公噸收費銀五角。

按以上計算法，五十公斤與一零公噸運價相差爲十倍，一零車公噸，與整車公噸運價相差爲兩倍，轉運公司收集客商零噸零件貨物，向鐵路整車報運，公司享用整車運價，而客商仍付公司以零噸運價，譬如公司集得零貨一千公斤，轉向鐵路以一零車公噸報運，則運費僅需現一元，而客商取費，以每五十公斤爲單位計算，則共得銀十元，再如公司收集零車公噸貨，客商方面概付零噸運價，「每噸一元」公司鐵路整車報運，則付整車運價，一轉移間，公司即可獲利一倍之多，其收入亦頗可觀。

(戊)保險公司佣金，公司代客向保險公司，例有佣金可得，其百分率之規定，極不一致，大概各公司與保險行家亦訂有合同，以免受競爭或傾軋之影響。至保險之手續費，大都不向客商收取，卽取爲數亦甚小，轉運公司亦有自辦保險，其保費與正式保險公司保費不相上下。

(己)押欵利息收貨據押款，大都由公司代客商向銀行錢莊接洽辦理，但轉運公司亦有自營者。公司普通對客商照市價六折給款。每日以一釐五計息。銀行錢莊對公司約係八折每日以一釐計息。公司自辦押欵，如係熟識客商，一經磋商，折扣可增，利息亦可略減。

「庚」堆棧租金搬運雜費等轉運公司自建堆棧，存貯貨物，按日向客商收取棧租，此外代雇拖駁汽車苦力等零星雜費，公司亦可從中取利。

「辛」旅館房金膳費等轉運公司附設旅館，供客膳宿，取費低廉。其目的原不在謀利，不過藉廣招徠，每月所入除能敷開支外，略有進益。

以上八種收入，要以照料費所入爲最多，其確數雖無統計，但照京滬滬杭兩路論，整車貨物每公噸收照料費洋一角，每車以三十公噸計，可收費洋三元。卽北寧津浦兩路，每車收費一元計，則每年之收入，已屬可觀。而況實際所收連同酒資雜費，其數尙不止此乎？其次爲鐵路之佣金，年入亦多，查鐵路發給公司之佣金，最高爲百分之十，最低爲百分之二、五，京滬滬杭自民十六年修訂佣金條例，始將百分率減低，自一九一九迄一九二六年，十年中發出佣金，最高數爲二十萬四千八百二十九元，最低爲四萬六千七百六十七元，平均爲十四萬四千八百六十三元，百分率平均爲八、六。「參看附表」此單就一路而言，其他如津浦平漢北寧等路貨運數倍於京滬滬杭兩路，其數斷不止此。至釐捐回扣爲數亦頗不小，整車零噸運價之差雖大，但在北方貨運繁重各路，仍以整車爲多，零噸貨物極少。京滬滬杭兩路，又有零噸貨車之開行故是項收入，並不如理想之多。至其他三項，或受市價之牽動，或受同業競爭之影響，多寡不均，都屬次要矣。

「七」各種之弊害

轉運公司在我國有二三十年之歷史，根深底固，又恃其所處地位之優越，不免任意橫行，結果弊害累累，今擇其數端，縷述如下：

「甲」代客運貨取費漫無限制，對一般客商，肆行勒索，直接剝削客商間接妨礙鐵路營業之發展，爲害甚大。

「乙」結納不肖路員，營私舞弊，賄賂公行，使道德淪喪，人格墮落，世風日赴偷薄。

「丙」濫設商號，把持貨運，使客商視鐵路爲畏塗，貨運多趨向水路。

「丁」收集零噸貨物，按噸運價向客商取費，轉向鐵路按整車報運給價，坐享零噸整車運價之差，使鐵路無形中受重大之損失。

「戊」以多報少，以高等報低等，從中收利，尤爲運商之慣技。破壞路局規章，莫此爲甚。

「己」裝車之時，恆使所載貨物越過該車應載之量，如一車應載三十公噸，則常裝至三十多公噸。希圖取利，結果恆使油箱發熱，發生危險。

「庚」售賣車皮，把持貨運，尤爲最顯著之弊端。公司請得車輛，一時無貨裝運，則轉撥與其他公司，而取得相當之代價。此不啻以鐵路產業，私相讓售。成何景象。尤可恨者，值軍運緊急之際，車輛缺乏，公司索得車輛，視爲奇貨，待價而沽。商人出價最高者先得。儼然拍賣車皮，數年前戰事初起，車輛缺乏，津浦進口貨，不克運銷內地，內地貨物，以來源短少，市價飛漲。尤以紙張糖類爲最，商人見有厚利可圖，無不爭見裝運，公司方面因不惜故意把持車輛。結果每一車輛竟有售至三四百元者，豈非怪事。此外非正式之公司。時假用正式公司之名義報運，希圖分潤佣金。例如提單上載明某某公司爲寄貨人，或收貨人，但試問該公司所寄爲何貨，則茫然莫對。蓋另有其他公司暗中假借名義。逈向路局領取貨物，而領貨之人，并非提單所載之正式收貨人。此種辦法，易使貨物輾轉遺失，發生重大之糾紛。

「辛」偷漏捐稅，使國家地方兩受損失。

「八」贊成及反對者理由

以上列舉八端，爲運商最顯明之弊害，於此可見轉運公司之急宜設法取締，殆無疑義。然贊成轉運公司者，亦有說焉。吾人爲徹研究起見，爰臚陳其理由于下：

「一」贊成轉運公司者之理由：

「甲」轉運公司有種種設備，并代客辦理保險報捐等事，便利客商，路局則獨付闕如。一旦取締，客商將大感不便，鐵路營業，必受影響。

「乙」鐵路有水道之競爭，轉運公司如經取締，則可使陸運貨物轉趨水運，鐵路運輸，將大減色。

「丙」轉運公司雖不得鐵路之正式承認，實際上仍照舊營業，且爲保護本身之利益起見，將實行大聯合，購備船隻運貨，以示與鐵路抵抗。結果不僅取締徒託空言，而鐵路因此反大受打擊。

「丁」鐵路自行招徠，勢必雇用大批人員，一切開支浩大，不如轉運公司辦理之經濟。

「戊」正式註册之公司，資本雄厚，照章繳納保證金，平素行動，亦絕少犯規，無須着手取締。

「己」關於旅客方面，有旅行社代爲招徠，鐵路每年尙給以百之五佣金，對轉運公司則取締綦嚴，同爲鐵路之代理人，何獨厚於彼而薄於此，揆之情理，似欠公允。

以上六說不無一部分之理由惟反對者又有說焉　，　玆列舉如後：

「二」反對轉運公司者之理由

「甲」鐵路之設備未周，基於組織之欠善，及在昔當局者之昧於情勢，并非根本上無力設備。今旣鑒已往之失，力事革新，則設備方面，終能使之日趨完善。客商方面，更覺便利，以一路之力從事設備，其收効當越過轉運公司數倍。

「乙」水運不如陸運之敏捷，輪船不如火車之安全，此水陸運輸根本上優劣之別，有非人力所可彌補者。客商運貨，既圖敏捷，又求安全，當然捨水運而取陸運。且貨物宜水運者，必由水運，宜陸運者終須陸運。斷非轉運公司所能左右，且鐵路方面廣爲招徠，態度公允，不事勒索，必能受客商之歡迎。

(丙)鐵路取消轉運公司之承認，無非欲取收回所給與之特權，并非根本上取消其營業，夫運商原有正當營業之權，誰得而取締之，況在現時情勢，誰又能禁止其大聯合，保其不與鐵路對抗耶？

(丁)據目前國內情形而論，鐵路運輸，求過於供，客商之所以競趨轉運公司之門者，實因鐵路已往之失策，不願與客商接洽，今鐵路既願與客商接洽，則客商未有不惠然肯來者，蓋既可免轉運公司無限制之剝削，又可獲運輸上之便利，可謂一舉兩得。故鐵路以少數人員，從事招徠，而收效當數倍於轉運公司，可斷言也。

(戊)註册之轉運公司，平時能恪遵路章者誠屬少數，若謂多數公司亦絕少犯規，未免大言欺人，且轉運公司居客商與路局之間，恪遵路章，未能卽謂爲盡職，必也一面服從鐵路規章，一面對客商竭誠接待，不濫取費，不事勒索，然試問轉公司能盡第二項之職責者，果有幾耶？

(己)我國鐵路客運與貨運情形不同，客運不必恃代理機關之招徠，而貨運十分之九，爲轉運公司所招徠(見附表)旅客招徠機關，接待不周，取費過昂，則旅客可棄之而不顧，轉運公司勒索把持，客商別無門徑可尋，只得俯首帖耳聽其所爲，鐵路從而取締，正爲保持社會上之公允，豈得謂爲厚彼薄此耶？

(庚)國內沿路各站，轉運公司林立蟻聚，以京滬滬杭兩路而論，貨運本輕，據調查所得，大小轉運公司，不下三四百家，合全國各路計之，其數當甚可觀，此中資本雄厚，專事招徠，固不在少，然虛設商號，希圖漁利者，亦所在多有，此種招徠業務之重複，直接養成多數游惰之人民，間接減少社會生產事業，致使一般生活標準向上不可遏止。

(辛)以現時國內鐵路各種設備而論，貨運營業，大有應接不暇之勢，暫無須廣大深切之招徠，而況轉運公司，實際所做之招來工作甚少，將來路政發達，自有鐵路辦理大規模之招徠事業，

(壬)轉運公司既多，又無完密之組織，同行間彼此傾軋妬嫉，致招徠工作，毫無效率之可言，今後如由鐵路接辦，則組織完善，管理集中，招徠工作，既較爲一律，而效率亦可大增所謂合理化者是也。

(癸)鐵路每年所付與轉運公司之佣金，爲數頗鉅，依京滬一

路而論，自一九一九年至一九六年每年所付佣金可於附表觀之。以京滬貨運甚輕，佣金支出若此，如合全國各路計之，數目之大可想，轉運公司一經取締，則此項金額，卽可移作設置商務科之用，

總之吾人爲發展鐵路營業計，爲便利客商運輸計，爲提倡招徠業務之合理化計，對於轉運公司不能不有相當之取締，至剔除路局之積弊，以提高人格，俾路政日趨完善，社會風尙得稍轉移，尤非先從取締轉運公司入手不易爲功。故今日轉運公司問題討論之焦點，已由應否取締問題，移至如何取締問題，亦彰彰明矣，

(九)實行取締之方法及步驟，

吾人旣知轉運公司勢非取締不可，則在實行取締之前，必妥爲規畫，詳爲籌謀，確定改進之辦法，何者宜急，何者可緩，妥畫實施之步驟，若者應先，若者應後，然後依次進行，則收效自易，蓋轉運公司勢力頗大，鐵路貨運百分之九十賴彼等招徠，在此過渡期內，措施偶一不當，則影響鐵路營業匪淺，作者不揣簡陋，擬具辦法步驟分期實行，則轉運公司不難被取而代也

第一期

(一)設置商務課——就各路局添設商務課，擇學識豐富熟悉商情者充其位，其下設經濟調查股，組織經濟調查隊，人數不可過多，三五人一隊卽可，分赴各站調查當地工商業發展狀況，貨運情形，以及轉運公司之營業，作成詳細之報告，以備將來發展運輸之用。

(二)宣傳工作，組織宣傳隊，仍以調查人員充任，分赴各站向客商接洽，并向社會宣傳直接報運之利益，及轉運公司之弊害，并將路局規章，隨時講解，使人民明瞭鐵路情狀，并灌輸以鐵路常識，出示各種貨物等級表册，運價單，證明轉運公司取費之漫無限制，鐵路取費之公允低廉，說明直接報運之辦法。

(三)增加設備改良運輸鐵路在可能範圍內，增加車輛，修理路軌，以期運輸敏捷與安全，

(四)建築堆棧——於各站擇地建築，以備貯藏貨物，蓋路局缺乏堆棧，則貨物易受損壞，遺失，於負責運輸之實行，極關緊要。如一時缺款，則不妨與各地商家聯合集資舉辦，庶幾衆擎易舉，然後由路局按年出資收回。茲錄北甯路局在該路商務會議關於此事之提案如下：『查站本路擬卽實行運輸負責辦法，所有易於損壞，易於偷竊，且價高而須避風雨等貨，如綢緞布疋雜貨等，皆應歸倉庫內保管，而本路各站多無倉庫之設備，事實上殊感困難，如各站同時并舉，本路財力亦有所不及，若次第建設，又需數年之久方可告成。茲爲倉庫速成起見，擬請各站客商聯合集資，同時建築，由本路指定地點，爲之設計監修，築成時由本路按年發給租價，并由雙方規定由路收回辦法，卽築成之第一年，應按原價收回，第二年扣幾成，第三年扣幾成，』

此種辦法，頗覺可行，全國各路如能仿照，則建築倉庫問題不難在短期內解決也，

(五)改良警政——貨物損壞或由運送之延緩，或因設備之欠

周，但中塗遺失，或被偷竊，則不得不歸咎於路警保護之不力。查北方各路，運貨中塗，時有少數盜匪，登車搶刼，押車之人每被綑綁威迫，輕則衣物被奪，重則生命遭危，竊假客商畏懼，不敢派人押車。又聞北甯路運貨中塗，時有宵小用長繩一端繫一大鐵鉤，一端繫於道旁大樹上，待火車駛過，則將鐵鉤拋至車上，鉤下貨物，此時押車人目覩亦無可如何年來內亂頻仍，盜匪充斥，刦車掠人，時有所聞，其原因本甚複雜，非一時所能清正，但如上述事件，則防止較易，我國路警平素缺訓練，內容窳敗，亦爲不可掩諱之事實，今後各路如實行負責運輸，則勢非整飭警政不可，平素應注意訓練，各站間盜匪出沒之區，尤宜勤加巡檢，嚴查密拿，務使宵小絕跡，貨運安全。

第二期

(一)實行招徠——將商務課之調查股改爲招徠股，股員分任招徠事務，赴各站與客商接洽直接報運，并實行指導協助。態度務宜誠懇謙和，一切費用，除照路局現定者徵收外，嚴禁勒索分文，違者應行重懲。

(二)貨物運輸實行負責一我國鐵路以設備不周，警政窳敗，對客商運貨少有實行負責者，卽有而運價又須照普通加一成。（膠濟路例外不加負責費）以故客商多樂於委託轉運公司代運。蓋公司旣能負責，又可省運費一成，一舉兩得，曷樂不爲。轉運公司之得有今日之發達者，以實爲最大之原因也。查國有鐵路運輸通則，原有關於運貨負責辦法之規定各路所以遲遲未能一一見諸行者，徒以設備不周，警政未臻完善耳。倘第一期內能增加設備，改良警政，則貨物無虞損壞，與遺失。則鐵路卽可實行負責，運費亦不必照普通加收一成，如不能將一成全除，亦應酌減。篷索油布一律免費供用。所有客商託運之貨，如有損壞遺失，爲定章所承認者，應照章迅速賠償。如此客商方面，旣無須派人押運，費用自可省節；而鐵路運輸亦能簡捷安全，客商之信任日深，營業自能發達，轉運公司之勢力，將不期減而自減矣。

（三）支配車輛——照鐵路現行規章普通客商除報運零噸貨物外，如有整車貨物，不能直接索車裝運，非經轉運公司之手不可。而轉運公司，又須按起運站分別繳納保證金，領得請求車輛憑證，始有請求車輛之權。考其用意，係因沿路運商龐雜，大小懸殊，往往有濫設商號，希圖投機取利，不得不加以限制。但矯枉過正，反使轉運公司得互相結合，虛請車輛，私相售讓，把持貨運，以遂其勒索敲詐之慾。而一般客商，如欲運貨，非俯就其範圍，聽其剝削不可，忍痛負屈，莫可告語。久之視鐵路爲畏塗，無形中影響鐵路營業匪淺。今後旣實行直接報運，則此種請求車輛特權，當無存在之必要，凡屬客商，有貨待運卽可向路局索車。一面由招徠員負調查監督之責，以防虛請車輛，私售車皮等弊。對於車輛之支配，務求公允均平，如有急待起運之貨，亦可按急運辦法處理。

（四）代收捐稅——我國捐稅制度紊亂，困商病民，無人不知，而尤以釐金爲最。沿路各地、釐卡櫛比，貨物每過一處，必經查驗報捐。客商勢非委託轉運公司代辦不可，而公司人員，結納捐局，上下其手，營私分肥，客商方面之消耗，固屬不貲，而鐵路方面因須停車查驗，往往延誤時刻，損失亦鉅。至商客因捐稅太重，改途運送，不獨鐵路營業減色，即捐稅收入亦同受影響。况鐵路實行運輸，更非改善捐稅徵收辦法不可，現聞財部曾召集裁釐會議，准備裁撤釐金，將來如能實現，則各方受益甚大。惟在釐金未裁撤之前，鐵路應試行包稅制度，如此項制度一時不易舉辦，則捐稅可由路局代收，一如現行代收交通附捐辦法。凡鐵路運輸貨物，在起運站由路局會同捐稅機關，將貨車固封加蓋印誌，俟到達目的站後，再行檢驗以免沿塗查驗納稅之煩，及中塗行車之遲延。則鐵路客商捐局三方面同受其益，轉運公司亦無從弄其狡獪矣。

(五)收集及分送貨物——路局可與汽車駁船公司訂立合同，凡鐵路往來貨物，概由公司裝運分送，訂定運送費，揭示客商，或由客商於運貨時直接交付，或由路局代收。路局每年於公司所得運費內，酌提百分之幾佣佣。關於零噸貨物，可仿各國之收集制度 collteing system 雇用汽車，派遣招徠人員隨車往各處收取，彙集裝運。

(六)實行各路聯運——我國地大物博，工商業中心地點。往往與原料出產地距離甚遠欲謀運輸上之敏捷、非實行聯運不爲功。且鐵路營業之發達，大半恃聯運爲定，一孤立無聯絡之路，斷無有十分發達者。吾國鐵路，自民國二年創辦聯運以來，迄今十有七載，其間因種種窒礙，如貨等之迥殊，沿途釐稅之差異，未能大見成效。鐵路對貨物既難辦理聯運，客商祗有羣趨轉運公司之門，轉運公司於各地設立分公司，承辦聯運事務，客商稱便今後各路應速謀聯運辦法，迅卽實行，竭力擴充範圍，以求運輸上之敏捷，則轉運公司之營業，勢必削減，終至難於維持也。

（七）代辦貨據押款——鐵路與銀行之關係甚深，其中最要一點，在以貨據押款辦法，流通客商資本。我國鐵路所發之貨物收據，僅足供收貨人在到達站領取貨物之用。幷無轉讓之可能，如客商欲行單獨押款，而銀行方面缺乏相當之信用，且所運貨物，鐵路又不能負責，職是之故，銀行自不能承做押款。轉運公司以公司地位，出具提單，代向銀行押款，信用自較單獨客商爲好，易得銀行方面之信任。故客商勢非與之接洽不可。鐵路如與各大銀行接洽，代客辦理押款，以路局之信用，高出轉運公司之上，銀行自必樂於承辦。況今後鐵路運貨，實行負責，尤足堅銀行方面之信用。轉運司公處此情形之下，而不敗者鮮矣。

（八）代辦保險——客商貨物保險，亦可由鐵路與各大保險公司接洽承辦。略取手續費，保險公司與鐵路接洽，自較與轉運公司接洽爲優，蓋亦以信用關係故也。

（九）減低整車另噸運價——整車零噸貨物之運價，勢非有差不可，蓋鐵路承運零噸貨物，爲補償車輛地位損失計，非多收運費不可。轉運公司利用此點，從中取利，將來路局如實行取締，則彼等爲謀抵抗計，則勢必將向客商方面收取之零噸運費減低，以示優待。例如以前零噸每噸取費一元者，今則減去二角，而公司以整車報運，故仍屬有利可獲。此為公司最佔優勝之一點。雖然不足慮也，將來路局能將零噸運價減低更好，如誠不能，則不妨施行收集制度，Collecting System，力求運輸分送上之敏捷，而減低其費用，則客商方面，為謀便利計，必樂與路局接近矣。

(十)添建旅館——擇沿路要站添建旅館，已有者（如津浦路各站之鐵路賓館）加以擴充，供給客商膳宿，取費低廉以廣招徠

(十一)取消佣金——鐵路所給轉運公司之佣金，在實行運貨負責之際，不妨減少，此時則全部營業不啻已由鐵路取而代之，則所給佣金即可完全取消。

結論

總之鐵路對於轉運公司，無論如何，勢非加以取締不可，所須研究討論，特取締之辦法與步驟耳。至辦法與步驟確定之標準，總以能使鐵路營業在此過渡期內所受影響最少為至善，以上所舉各端，皆屬易為，施行與否要恃當局之決心如何，不為是不為也，非不能也。至各種事業舉辦之程序，全賴主持者於實行時審其利害，衡其輕重，分別先後緩急，因時制宜，隨機應變而已，天下事固無一成不易之計畫也。

附京滬鐵路貨運及支付佣金表：

年份	貨運總收入 元	由轉運公司招徠者 元	所付佣金額 元	佣金之百分數	轉運公司運貨之百分數
一九一九	1,738,698.16	1,606,900.	153,453	9,54	92.5
一九二〇	1,762,239.57	1,617,580.	156,967	9,70	86.1

一九二一	1,862,012.69	1,699,139.	166,519	9,80	91.2
一九二二	2,009,017.35	1,779,345.	164,398	9,24	8·58
一九二三	2,352,867.17	2,154,392.	204,829	9,49	91·6
一九二四	1,875,590·04	1,696,741.	160,017	9,47	90.4
一九二五	1,488,664.22	1,394,132.	122,847	8,81	93.6
一九二六	2,137,407.57	2,016,530.	190,810	9,46	94·3
一九二七	999,163.44	773,433.	467,67	6,05	77.4
一九二八	1,944,514.55	1,787,342.	817,30	4,57	91.4
平 均	1,817·016.37	1,652,755.	144,863	8,60	90·9

OIL ENGINE FAILURES.

By

C. M. LEE.

Oil engine failures are many. For the successful operation of the engine, intelligent case and accurate Adjustment are neccessary. It sometimes happens that the engine fails to start, although the ordinary starting operations have been carried out faithfully. The most common cause of this difficulty are incorred strength of the mixture, failuse of ignition, or leakage of the charge. The setting of the valve which gives a satistory mixture one day, may give a non-explosive mixture on the following day due to the change of pressure or composition of the gas or other causes. The strength of the mixture should be varied in case of failure to start. If this is ineffective the ignition should be tried. The battery may have run down as a result of much use or short-ciscuiting. If the battery is in good condition, the trouble may be with the electrodes through their having become fouled or wet; or, in the maker and break system, through a gumming of the spindle of the moving electrode which makes it sticky and slow in action. The igniter plug should be withdrawn, and the electrodes examined. If the trouble is not with the igniter, it may be caused by leakage of the charge. To test this, the engine, if not too large, is pulled over by hand. The resistance to turning, on the compression stroke, should be very considerable. If the resistance is not great enough, the compression charge is escaping. The leakage may be either pass the piston, the igniter plug or the valves. If the leakage is past the piston, it is due either to the weasing of the cylinder or to the sticking of the piston rings. The latter is likely to occur especially if the cylinder has been permitted to get very hot; it can be remidied by taking the piston out and loosening and cleaning the rings with kerosene. A leakage past the valves is due either to gumming of the valves or other deposit which keep the valve off its seat, to wearing of the valve, or to shiking of the valve stem in its guide as a result of imperfeet lubrication. The gumming and wear of the exhaust valve are the most common causes of leakage, and may be remedied by grinding the valve on its seat with flour of emery and oil.

The following Schedule shows the location of gasoline engine troubles.

- **The engine will not run**
  - Ignition in working order
    - Good compression
      - Carburator in working order.
      - Carburator not in working order.
    - poor compression
  - Ignition not in working order.
    - With batteries
      - No spark of end of pluy
        - spark at trembler
          - voltage or amparage sufficient
          - voltage or amparage insufficient
        - no spark at trembler
      - spark at end of spark play (unscrew it)
    - With magnets
      - spark at the spark play
      - no spark at the spark play.

The engine starts but stops after a few revolution·

- Carburator in working order.
  - Ignition timing incorrect.
  - Exhaust valve does not open.
  - Gasoline is too dense or contains water.
  - Gasoline tank empty
  - Gasoline feed pipe is clogged or cock closed.

- Carburator not in working order
  - Carburater flooded—needle valve needs grinding, float is too heavy, float leaks, or float or mechanism stuck.
  - Too little gasoline—needle valve setting bad, float is too light, feed pipe or jet obstructed.
  - Auxiliary air valve adjustment incorrect, or air valve does not seat, due to dirt on the valve seat or stick valve stem.
  - Throttle valve losse on stem.
  - Balance lever broken.

Poor compression	Valve broken Valve stem sticks Valve spring broken or too weak. Cylinder cracked or worn Broken piston rings Slots in piston rings are in line. Piston rings gummed (inject gasoline) Leakage past valves (regrind them if corroded). Valve stem too long: Valve tining incorrect Leakage past igniter (if make—and-break system) or spark plug not screwed in tight
Voltage or amperage sufficient	Trembler screwed loose. Trembler stuck Leak between coil and spark plug. Broken or grounded secondary wire
Voltage or Amperage Insufficient	Replace battery.
No spark at trembler	Battery run down Leak in primary circuit Tsembler dirty or too far from platinum point. Timer misplaced.
Spark at ends of park plug.	Broken spark plug. Dirty or moistened spark plug. Spark plug points broken or too far apart. Voltage too low for the conditions inside the cylinder.
Spark at the spark plug	Magneto out of time. Wiring incorrect

No spark at the spark plug	No contact (carelessness or broken wire Make and—break badly set, or damaged. Carbon brushes worn or used up. Distributer contact bad. Wiring incorrect. Grounded princary wire. Water or moisture in parts Bad insulation of wipe?s or spark plugs.
The motor starts, but stops a fer a few revolutions.	Piston seizes from lack of lubricant or cooling water. Too much oil in crankcase. Water leaks into the cylinder from jacket. Poor carburetor or stuck float. Exhanst clogged Water in gasoline tank. Adjustment or auxilliary air valve too light.

Whatever the failures may be, those which are more liable to happen are the failures of the crankshaft the connecting rod bolts and the cylinder jacket.

Cranks are usually made of ingot steel, and when a frachere occurs it is usually not if recent origin, but has gradually been developing for some time, often months, occationally years. Such a fracture gradually occurs at the junction of the crank pin or the shaft with the crank web. What probably happens is this. A surface crack is set up in the first instante and this is gradually developed until there is not enough sound metal to carry the load; it is then that the final fracture occurs.

Much may be learned from an examination of one of the fractured crankshaft. It will usually be noticed that quite a considerable area of the fractured surface is black and oil, and is wom smooth by the relative movement of the two surfaces. Such an appearance sometimes leads engineer to the conclusion that the fractured is not due to an old deflect or to a flaw in the metal. Though such a conclution is somewhat natural in the circumstances, the fracture is generally due to some overstress, and a lest of the shaft material in a good engine, would show the metal to be sound.

As might be expected that part of the shaft which is most likely to fail is where it is most highly stressed , i.e. between the flywheel and the crank. In the earliest stage the cranks are difficult to see and a slight surface mark is not easily distinguished from a crack.

If a crack is suspected a spring test may be carried out as follows. Place a block of wood under the crank web, and then exert a pull on the suspected crack in torsion. The surface should be subbed quite clean, and if there is a crack it will show up after a few pulls at the flywheel, as oil will be exuded from the fractured part.

Another method of detecting the crack is to built up a dam of putty or red lead around the suspected crack and fill with gasoline oil, which is allowed to stand for several hours. The putty and oil are then removed and the crack wiped thoroughly dry and polished with a clean rag. A white cigarette paper is then placed over the suspected crack and the journal given a heavy blow with with a lead snaul. If the crack is deep the paper will be well oil stained but if only a surface crack no oil will show on the paper.

Anything which cause a shock of the moment explosion is likely to overstress the shaft, and an engine which has been subjected to pre-ignition or has been worked with a slack flywheel key is very likely to break down sooner or later with a broken shaft. The effect of a slack flywheel key is similar to suddenly applied load, as instead of the load being smoothly transmitted from the piston to the flywheel sim and then back again to the driving pulley, there is a slight movement of the shaft backwards and forwards in the flywheel boss, resulting in a series of blows. As the effect of applying a load suddenly is to double its intensity, it is evident that a slack flywheel key may result in stressing a shaft far be-gond the point for which it was designed.

Another cause of overstress in the shaft is sticking or seizing of the piston. Some manufacturing process require irregular and sudden applications of load, which useless carefully regulated, may cause over-stress of the crank shaft in the same way as the sticking piston.

If all the bearings are in line and the shaft correctly beded, these should be no bending moment on the crankshaft as the stress will be torsional, when, however, fractures occur across the webs, it may be taken that the shaft is subjected to bending due to the bearings being out of line and all probabilities the outer bearing is no longer in correct alignement with the engine frame. By careful ganging the distance between the webs with a miesometer gage, both when the crank is at the top and when at the bottom, the amount by which the webs are spring out of the true parallel can be measured and the height of the outer bearing adjusted until this springing eliminated.

Persisting heating of the center bearing, excessive endwise movements at the ends of the crank shaft, if obserbed, should at once be attended to.

In another way also, hot bearings influence the life of a crankshaft, since if it is over heated, the journal may develop surface cracks and if the shaft is moderately stressed, one of these endivise hasacless cracks may from the starting point for a much more serious crack.

To make a summery of the crankshaft maintainance, attention should be concentrated on the following points:

1. See that the piston and combustion chamber surfaces are clean and tree from carbon deposit, as such a deposit is likely to become in candescent and to cause pre-ignition.

2. Make sure the flywheel is keyed tight and no movement, however slight, can take place between the flywheel bossand the shaft.

3. Keep the surface of piston and liner clean and the cylinder lubricator in good order. Use a good engine cylinder oil, it will pay.

4. Attend regularly to the main beasing lubricators. These beasings are usually of the ring oiled pattern, and the oil wells require occational cleaning out and filling with fresh oil, otherwise the oil may become too thick and the rings will cease to revolve.

5. Have the alivement of the shaft bearings checked from time to time by a man who knows the job.

The failure of the connecting rod bolt is one of the most frequently occuring accidents, and owing to the extensive damage which often results, repairs are a costly matter and the engine is likely to be out of commision for a considerable time. It has been estimated that the failure of the convecting rod bolts is responsible for 25 per cent of oil engine accidents.

A broken piston and liner and bent connecting rod is the least amount of damage which may be expected and in some cases the engine has been completely wrecked through failure of one of the connecting rod bolts. As the piston is not infrequently shot out of the cylinder, there is also considerable risk if injury to life and property other than the engine itself.

Bolts break through overstress, and in most cases this overstress is caused by fanty adjustment of the brasses, result in knocking. Other causes of overstress in the connecting rod bolts are pre-ignition seizing or sticking of the piston, in the case of small engines using excessive force when tightening up.

In a correctly adjusted bearing the two halves of the brasses are quite hard up together, while there is just sufficient clearance between the pin and the brass to allow of a film of oil. In no circumstance should the bearing be run with a space between the brass and the bolts slack. If necessary a thin lines may be inserted at this joint, but the bolt must be quite tight and the brasses solidly together

Crank pin bolts are commonly fitted with double nuts so that when adjusted and tightened up the nuts may be locked together they are also fitted with a split pin for security. As a rule when first sent out from the makers, this split pin is hard up against the outer nut, but after the brasses have been adjusted once or twice there will be a clearance between the split pin and the nut. This clearance should be fitted up with one or more washers so as to prevent the nuts from slacking back.

Users of oil engines are advised to renew the connecting rod bolts every three years if an engine has been operating overordinary industrial hours, say eight hours a day. It is advisable to obtain a new set of bolts from the makers, but if for any reason it is necessary to have bolts made elsewhere, the greatest care must be taken to ensure that both the material and the design are suitable.

In most of the oil engines, the shank of the bolt is turned down to a a diameter equal to that at the bottom of the thread, and the change from one size to another is not sudden so as to have a equare shoulder but is gradual. This is an important point as an bolt subjected to repeated stress will fail much sooner at a sudden change of section than at any other point.

The commonest cause for the cracking of cylinders castings is overheating due to defect water circulation and scale in the pipe or jacket is also common trouble, as most water puts down more or less deposit when heated. If the city water supply is known to be hard, it is advisable to avoid its use as far as possible by collecting water from roofs or similar means. Whenever the jacket water spaces are washed out and seale removed the pipe should be cleared as deposits may be formed at the points where the pipe bents.

The cylinder also cracks through the use of very cold water and several such accidents have occured in ice-making plants where cold water from the refrigerators has been passed through the engines.

Whenever cold water from city mains is used it is neccessary to regulate the quantity carefully, so as give an outlet temperative of 120° to 150°F., and it is also important to fit a funnel on the outlet so that the temperature may be checked from time to time, and also that should the supply be out off at any time, the fact will be noticed at once.

Many oil engines are in use only at irregular intervals, and in such cases it is neccessary to guard the risk if a cracked jacket in winter time owing to the water freezing.

I tis not only engines located in out buildings, on farms, sewage pump stations and the like, which are liable to become frozen up, but the hazard applies in a greater or less degree, to plants in any situation.

Many means have been used to prevent freezing. A safer plane is to drain the jacket, but when that is done it is neccessary to make sure that the stop cock is fight. Bursting of the stop tap occurs frequently, and though renewal is not an expensive matter much inconvenience is caused through the engine being out of service till a new one can be obtained. These stop taps are usually made with a hollow plug and when closed the plug remains full of water, which may freeze up and burst the tap. An accident of this kind may be guarded against by drilling a drain hole in the plugin such a position that the taps are shut, the hollow plug will drain itself.

In most cases the tap is placed in a vertical position, and all that is required is to drill the plug at right angle to the port. In other cases, however, it may be found that the stop tap lies in a horizontal position, and it will be neccessary to provide both the shell of the tap, as well as the plug, with a small drain hole. It is not essential that the drain hole be in such a position that the plug will entirely empty itself, although that is desirable when it can be managed. If the plug is even half emptied of water there is not much risk of being burst.

References: Power 1925, 1926,

Diesel Engines---by Morrison

Gas Engines — Gas Producers—by Marks.

Internal combustion Engines—by Hogle

Diesel Engines—by Jones.

A GREAT CHINESE ENGINEER

During the year 1929, the students of Nanyang University had the good fortune on several different occasions to meet and hear Dr. J. A. L. Waddell, the internationally known American engineering expert who had been retained as Consulting Engineer by the Ministry of Railways. This was during the period of Dr. Waddell's second engagement in China. During his first engagement in 1921, when he was a member of the High Commission of Advisory Engineers for the Yellow River Bridge, Dr. Waddell formed friendships with a member of ranking Chinese engineers, then leaders in their profession in China.

One of these engineers, Mr. K. Y. Kwong (because of his noble qualities and the record he had made) appealed particularly to him. The two men became deep friends and upon this occasion of Dr. Waddell's return to China, had an opportunity to renew again their friendship. Last October, Mr. Kwong passed away. Dr. Waddell then wrote the following article "In Memoriam". It is now presented to you with the hope that you may be inspired to emulate this fine character whose life reflected those high ideals which should motivate every engineer.

H. E. Wessman

IN MEMORIAN

K. Y. KWONG

BY J. A. L. WADDELL

Technical Advisor to the Ministry of Railway, First President of the Association of Chinese and American Engineers, President for many terms of the Chinese Institute of Engineers, Member of the American Society of Civil Engineers.

On October 19th, 1929, at Peiping, there passed to the beyond one of the truly great men of this country, K. Y. Kwong, affectionately termed by his brother engineers "The Grand Old Man of the Engineering Profession in China." All who knew him intimately dearly loved him, and everyone acquainted with him held him in profound respect, not only because of his genial, kindly nature, but also on account of his noble qualities and high ideals in relation to both professional and social life. He was a true friend, an engineer of wide well known, a man of usual intelligence, broad vision, and sound judgment, a most interesting conversationalist and a highly polished Chinese gentleman—than whom no finer type of man can be found anywhere on earth.

His passing a distinct loss to the Chinese Republic; for, although failing health for several years had interfered with his active usefulness, he has always ready to aid the younger men of the profession with sound and kindly advice and to give counsel to the country's rulers whenever so requested.

K. Y. Kwong was born in 1863 in the district of Nan-hai, in the Province of Kwangtung. At the age of twelve he was sent abroad by the Manchu Goverment to study in America, first under private tutelage for two years, then in Williston Seminary at Easthampton, Mass; and after graduating there he entered the Civil Engineering Department of the Massachusetts Institute of Technology, where he made an excellent record for scholarship, as well as numerous friends.

Unfortunately, in 1882, before he had finished his course, he was recalled with one hundred and twenty other Chinese students from America by a most short-sighted order of the Empress Dowager, who had been told that the yound men were becoming too greatly Americanized and thus spoiled for living in China.

Immediately after his return to his native land, he was given a position as Assistant Engineer to the Kaiping Coal Mining Company, where he served some four years.

In 1886 he was appointed Section Engineer for the first section of the railway starting from Tongshan, now known as the Peping-Mukden Railway.

Mr. Kwong had the distinction of being the first Chinese to join the service of the first railway built by the Chinese Government. In that service he rose steadily; and in 1897 he was placed in full charge of the road between Lien-Shan and Chinchow, which station is just outside of Shanhaikwan, where the Company's main shops are located. He was also given charge of the construction of the Nü-Erh Ho Bridge, the piers of which were sunk to bed-rock by the pneumatic process.

In 1900 he was made Principal Assistant Engineer on the Ping-hsiang-Li-Ling Railway, sixty miles in length. After its completion in 1902, he returned to the Peking-Mukden Railway, where he took charge of the section from Kou-Pang-tzu to Hsin Ming Fu. In 1904 he was placed in charge of the construction of the Han-ku Bridge across the Pei-tang Ho, one of the most difficult pieces of work on that line.

In 1905 he was appointed District Engineer of the Peking-Kalgan Railway, and had charge of the section at Nankow Pass, the most difficult portion of that railway. It involved grades of one in thirty, curves having radii as short as six hundred feet, and a tunnel two thousand feet long.

In1906 he was appointed Chief Engineer of the Canton-Hankow Railway. On this job, besides the solution of numerous technical difficulties, such as soft foundations and the flood problem of the North River, he had to overcome the superstitions prejudices of the natives and to train inexperienced workmen. His activities on this line included the bridges at Ying-te and Shaochow; the installation of a temporary workshop at

Huang-sah for the building, assembling, and repairing of locomotives and cars; and the construction of a wharfs long the Pearl River with a twenty-five-ton crane to handle freight from ocean steamers.

From 1911 to 1916 he was the Chief Engineer and Locomotive Superintendent of the Peking-Suiyuan Railway, an extension of the Peking-Kalgan line. In 1914 he was appointed, concurrently, Managing Director of that railway.

Among his most noted works thereon were heavy rock cuttings, the construction of a long bridge at Tatung, the installation of air-brakes on cars for the safety of traffic across Nankou Pass, and the building of a branch line to Kou-Chuan-Chen for tapping the Tatung coal-field.

When in 1917 there occurred a great flood in Chihli Province, seriously damaging ten miles of the Tientsin-Pukow Railway, Kwong was called there to do the necessary repairing and to restore traffic, his official position being Chief Engineer of the Northern Section of the System. Traffic was resumed in a very short time; and plans were made and carried out by him for additional culverts, and the installation of safety devices to prevent collision of trains.

After the completion of that work he was appointed in 1920 Locomotive Superintendent of both the Peking-Hankow and the Peking-Suiyuan Railways, as the two lines were under one administration at that time. After their separation he served only on the latter railway. When this was nearly completed, it was found that the mumber of trains was not sufficient to meet the immense traffic, on account of the limitation of train-loads across Nankou Pass. Heavy engines were proposed by Mr. Kwong and were adopted. They are the heaviest locomotives yet used in the Far East.

In 1921 he was again made Chief Engineer of the Peking-Suiyuan Railway; and his work included its extension from Suiyuan to Pao-tou, on the bank of the Yellow River; also the strengthening of both bridges and track in the Nankou Pass section to carry safely the heavy loads imposed by the new locomotives.

In 1922 Mr. Kwong retired from railway service until last spring, when His Excellency, Sun Fo, Minister of Railways, appointed him Technical Advisor to the Ministry.

In addition to being the first man to enter the Chinese Railway service, Mr. Kwong built more lines of railway in China than any other engineer. Throughout his whole career he adhered strictly to professional work, and kept entirely away from politics. He was absolutely honest and unusually diligent; and he was possessed of wide vision and marked initiative. He was also greatly interested in the promotion in China of technical education. He was the very first Chinese to join the American Society of Civil Engineers.

It was about the end of May, 1921, that I had the good fortune to become acquainted with Mr. Kwong; and during the next six months we were thrown much together, so that our acquaintance soon ripened into a deep and lasting friendship. He was the host of my party on an inspection trip that I made over the Peking-Suiyuan line, and a charming and hospital host he certainly was! That was a trip never to be forgotten by anyone who made it.

Soon after my arrival in Shanghai last January I learned that my old friend had retired from active practice, but was not told that the cause therefor was failing health; hence, because of his being nine years my junior, I wrote urging that he get back into harness and take charge of some important field-work, telling him that his country needed his services, and that he ought to give them, even if he were a millionaire, as I had been erroneously informed that he was. He replied stating that his health would not permit of his going into the field, but that he would be able to do advisory work; consequently, I recommended to the Ministry that he be retained as such—and he was. Soon afterwards, at my request, he agreed to give an intensive course of instruction in railroading at Tongshan University; but an attack of his old heart-trouble prevented his doing much more than make a start on the work.

Last May I spent two hours with him at his residence in Tientsin, and had a most enjoyable visit, talking over the past, present, and future. He then appeared to be on the mend; but soon afterwards he had another attack of two or three months' duration. He was sent by his physician to a hospital at Peping for special treatment; and I called upon him there in September. Although then confined to his bed, his mind was as keen as ever and his conversation just as interesting. Some five days thereafter he returned my call at the office I was then occupying with Mr. Mantell.

He spent a full hour with us conversing mainly about China's condition and needs. Both Mr. Mentell I were deeply impressed with the profundity of his thoughts, the mental grasp he had of both current and past events, the altruism of his kindly nature, and the impressiveness of his personality. Directly after he left us to return to the hospital, Mr. Mantell remarked "that is truly a great man!"

A month later he passed away.

It has been suggested by some of his friends (and I have officialy endorsed the suggestion in writing) that the Government confer upon him posthumous honors. I do not know of what these would consist; but, whatever they might be, his record, both personal and professional, would certainly warrant their bestowal.

The record of his entire life should serve as a shining example for emulation by the young men of China, and especially by her engineers.

十月實習回憶

吳祿增

韶光易邁，時節如流，增自開始實習以來，倏已十月。此十月之中，所習之科目凡十餘，所至之股部車站可數十，所獲之經驗與見識，雖不足以語博大，要皆於增爲新，多所補益，兹值暑假畢業期同學多以畢業後實習之事垂詢，爰特將增個人已往十個月實習之經過及增個人對於實習時期內之感觸管見，略述如次。

(甲)實習經過

按照路局章程，交大畢業生到路實習，自報到之日起，作爲每月實習開始之日，增於去年八月十二日起開始實習，故增之實習月份，以每月之十二日爲始，至下月之十一日爲止。增之實習程序，共十二項，於一年內完畢，列之如下：

第一月　上海北站售票房

第二月　上海北站行李房

第三月　上海北站車場及揚旗間

第四月　隨車守實習

第五月　麥根路貨站

第六月　隨西段貨物巡察員實習（往南京）

第七月　學習站長（南翔）

第八月　上海北站做賬間等

第九月　車務處調度課調車股

第十月　隨中段車務段長實習（往常州）

第十一月　隨車務總段長實習

第十二月　車務處各課股

第一月，上海北站售票房——京滬滬杭甬兩路客運最繁旺之車站，卽爲上海北站。故上海北站之票房，組織上，設備上，營業上以及管理上，最爲完善。增於本月內所習者，爲各種車票之形式內容，領取及售賣辦法，售票房內各售票員間之分工情形，每次列車開後之結帳法，每日各次之解欵手續，及每月月底關於售票進行之報告等等。增每到一處實習，常先從靜的部份下手，觀其組織與設備如何；靜的情形已明瞭，然後再從動的部份學習，觀其工作進行如何，如此學習，雖不能窺其全部，要亦能得其大概。再凡到一處實習，一方固當對於該處之內部，詳加學習，但同時對於該處與外界與其他各處之關係，亦不能不兼顧。又在實習之時，往往有時不能明瞭，及至他處實習時，一經感觸，反能瞭然，此無他，「熟能生巧」之故耳。

第二月，上海北站行李房——行李房與票房，有密切之關係。凡客運業務興旺者，行李必多，兼之上北行李房，又有代運包裹之業務，故該房之內部，亦較兩路任何車站爲繁複。增於該站所學者，爲行李及包裹之收受，運送，提取及存儲種種辦法與手續，行李房之內部組織與分工情形，各種表簿之內容及用法，過限行李之收費及包裹運輸之取費，以及其他有關行李及包裹之種種事務。

第三月，上北車場及揚旗間——本月所學者，完全屬於行車方面，與上二月所學者，性質不同。上北車場。爲北站客貨列車裝合，撤散，及調配之所；而上北揚旗間。則專事號誌之運用，以節制列車在車場內與出入車場時之行動，蓋儼然司令臺也。增在揚旗間內，專學習本路所用各種號誌之形色，裝置及使用。在車場內則學習客貨車輛之調配，客貨列車之裝撤，調車時之規則，裝撤時之步驟，列車之組合，京滬滬杭兩路聯運車輛之周轉及列車月臺之分派等等。又車場內亦設辦事房，該房爲車場人員辦理戶內工作之所，如車輛之抄號，貨車掛出日報單之塡造，車輛在站狀况之報告等等。增亦一一學習。

第四月，隨車守實習——每一列車之開行，必有車守一人或二人隨車同出。車守之職責，爲負責辦理列車在途時種種規定或臨時發生之事務，並負責保護列車行駛之安全。車守之職務，除開車停車時打旗，及塡造列車日報單，車守報告單等端外，其餘之職務，客車車守與貨車車守，多有不同。增在實習時，曾隨過客車車守甚多（特別快車車守，快車車守，三四等車車守，區間車車守）惟貨車車守，因滬地貨車，多在午夜開出，而實習時間，又値隆冬天寒，深夜隨出，多所不便，故未曾隨過。然亦曾一度試隨貨車車守，借宿無錫，預計某次貨車由滬至錫，已經天明，可以隨往，不料翌晨到站詢問，該次列車，臨時不開，祇得廢然而返。故增在隨車守實習一月，貨車車守，始終無機學習，及今思之，猶有餘憾。總之，隨車守實習一月，最爲散漫，而且車守之職務，規定者固多，臨時發生者更不少，設非詳加觀察，多多詢問，則一月實習，殊難言有若何心得也。

第五月，麥根路貨站—— 京滬路二大貨站，一爲南京江邊，在幹線之極西，一爲上海麥根路，在幹線之極東。京滬路貨運業務，雖遠不若客運業務之興旺，但麥根路一站，在無戰亂時期，貨物出入，終年無間。增在該站實習，先於內部組織，工作分配，貨棧車場設備，貨物分等，貨物運價，運輸規則，表册單據等端，加以觀察，然後再於貨物之收受，運輸，提取及存儲，詳加學習。又在本站實習時，第一感覺者，卽爲轉運公司勢力之巨大，舉凡出入貨物，十之八九，皆經轉運公司之手，現在鐵路當局，對於轉運公司之廢除問題，已多討論，我人學習車務，對此轉運公司問題，亦可特加注意。

第六月，上海北站做帳間——所謂上北做帳間者，實卽上北售票房，行李房及吳淞支路售票房結帳之所。每日兩處所收入之欵，所售之票數，均一一報知該做帳間職員，由該職員等入簿做帳。增在該間所學習者，爲客運業務進欵日記簿，客運業務進欵撮總簿，客運業務平準表，解欵單，本路售票報單，聯運售票報單，營業進欵概數旬報單等之記錄及編造，事極簡單，學習甚易第七月，隨西段貨物巡察員實習——京滬路關於貨運稽查事務，分三段以三貨物巡察員駐段辦理之。東段自吳淞起至蘇州止，中段自蘇州起至丹陽止，西段自丹陽起至南京止。增所隨者，爲西段貨物巡察員，故所至之車站，包括自丹陽至南京爲止。貨物巡察員之主要職務，包括二類，一爲推廣貨運營業，一爲查察關於貨運所發生之種種事務。但現在之貨物巡察員，大多注重後者而忽視前者。在增之實習期內，增一方注意事件發生後之調查及處理辦法，同時又於西段各站之貨運狀況，加以考察。又在本月實習期內，除到外站時外，所隨者祗一貨物巡察員。從前在他處可以親自工作，如賣票，打行李票等，至此已無此類實習之可能。總之，在本月實習期內，我人不能因所隨者祗一人，而視爲事極簡單，其實在本月內，我人所可學習者，廣至一段之地也。

第八月，南翔站學習站長——站長之主要職務，爲辦理或統轄一站之工作，及處理列車之入站，交錯及出站。普通大站站長，其職務專而少，小站站長，其職務既多又繁。南翔站站長之職務，雖多不繁，故實習之時，尚覺不難。增於該站所學者，爲電氣路簽之使用法；列車在站交車法，電報收發法，月台上一切工作，及其他站長應有之工作等等。在本月之內，一切工作，均可親自動手，南翔站長，亦頗樂於指導。增實習以來，覺站長平日工作，除有時須經驗及機警者外，其餘祗須純熟而已，初無若何困難也。再關於電報收發一事，增僅學其大概，至於實行收發，則非有三月或半年之練習，不足以語閑熟。

第九月，隨中段車務段長實習——中段車務段長，常駐武進，其所轄路線，東起蘇州，西迄丹陽，約一百二十公里。車務段長之職務，爲管轄本段內各站一切事務，上承車務處長之命，下達各站辦理，蓋車務處之主要人物也。車務段長平日之工作，爲調派本段內替班員工，發給免費乘車證，優待券，病假准許單等。遇有特別事故發生時，則親自前往調查，稟明處長核奪辦理。平日亦當不時外出巡察各站，遇有不照規章或員工失職等情，卽當秉公辦理，此爲車務段長職務之大概，增在常州實習時，於規定工作以外，又注意於中段各站之運輸情形，然因時期不久，一月易逝，中段各站，卒未能一一到遍，至足憾也。

第十月，車務處各股——在未述本文以前，有須特別聲明者，卽增之實習程序，因本路實習生衆多，路局辦公室多小，爲便利實習起見，故實習程序略有變動。增本月內所實習者，爲車務處處長下文牘商務兩課之各股，表列如下：

車務處 處長—副處長
- 文牘課
  - 人事股
  - 檔卷股
  - 文書股
  - 庶務股
- 商務課
  - 客貨股
  - 調查股
  - 餐務股
  - 廣告股
  - 商務統計股
- 調查課（另月實習）
  - 調車股
  - 行車股
  - 行車統計股

車務處各股，事極繁複，實習以後，對於本處內部管理情形，可以瞭然胸中，惜增自開始本月實習以後，不到三星期，車務處長因行車統計股缺人辦事，調增補用。增一方喜工作之確定，同時又惜車務處各站實習之未遍。有志竟成未到課股，故待來日，然增之實習經過，至此遂告終結矣。

(乙)個人實習期內之感觸及意見

增個人實習期內之感觸，可分三端言之：(一)實習之意義及其目的——實習之意義，至為廣汎。未正式錄用，而先工作者，固謂之實習；未正式錄用，又無工作可為，僅就各項觀察，知其底細，而亦自能知之者。亦不能不謂之實習。交大畢業生在京滬鐵路車務處實習者，每不派定工作，僅一月一易科目，使練習生自行觀察並學習，一年期滿，然後再派正式工作。補缺錄用。此種辦法，在增個人認為非常得計，蓋實習生經此一年之實習以後，對於車務處各部之工作及情形，均能大致明瞭，他日正式辦事，自能便利不少。然普通一般路員，不明交大實習生實習之目的，以為我等東奔西走，無所專職，名為實習，實即遊蕩。因而加以非議者有之，橫加譏刺者亦有之，殊令聞者浩嘆。

(二)實習之困難——實習既為增加見識與經驗，則凡關於為實習而所須之便利，不可或缺。增於實習期內，最感困難者，即每到一處，往往連坐位而無之，欲抄錄資料非俟有人離座，即靠立桌旁為之。公事房之大者，倘可設法借坐位，其小者則竟無法可想。此其一。章程通則等類，為運輸業務之根據，實習時萬不可少，然竟有時因缺貨而始終不得者。此其二。通告通函，局處刊物，關於興革事宜，路員之可以按期索獲者，實習生每不易獲得，此其三。每到一處實習，上之既未有指導之人深切曉解，下之又無從一一探究，澈底明瞭。含糊過去，實習之功效難宏，此其四。此外實習時所感之困難，不一而足，然皆較爲微細，恕不贅。

(三)實習生之名譽——現在京滬路實習生中，可分四大來源：(1)外國留學生，部派或非部派，爲數極少。(2)交大畢業生，部派，爲數最多。(3)交大以外大學或中學，部派或非部派，爲數不多。(4)軍官學校學生，軍政部派來，爲數不少。以上四類，在路統稱之曰實習生，英文曰Prebationers然四類之中，在路實習之成績不同，勤惰不同。路員取其惰而例其餘，一若凡爲實習生者，皆其類也。交大畢業實習生之名譽，處此環境之下，安能無所損乎？

增實習期內感想三點，已如前述，玆再將增實習以後意見兩點，分別述之：

(一)實習程序之改訂——現在實習程序，按月計算，不論事務多寡，均以一月爲期，事實上已頗多時間不足或不經濟之弊，再現在實習程序中，尚有一二種新添項目，未曾加入。此後新實習程序訂定時，應將該新添項目，一併加入。按增個人意見，此後實習期間，應不以月計，而以星期計，視事務之繁簡，實習之難易，而定星期數目之多少。一年十二月，改爲五十二星期。玆將增試擬之新實習程序表列左。

實　習　報　告

項　　目	現在時間	擬改時間	說　　明
北站售票房	一月	二星期	售票房事務不甚繁，且皆易學，不必練習，故二星期已足。
北站行李房	一月	二星期	同　　上
北站做帳間	一月	一星期	同　　上 又因做帳間工作，與售票房及行李房有密切關係，故實習時，應密接以上二處。
麥根路(及上北貨站)	一月	四星期	麥根路貨運多整車，上北貨運多零噸，二處貨運性質，微有不同，現在實習程序上，祇列麥根路而無上北貨棧，此後新程序中，擬能加入上北貨棧，爲期一星期。
上北揚旗間	一月	一星期	鐵路所用號誌，雖極繁多，然大部均載之路章，學時有所根據，容易了解。
上北車場(及麥根路車場)	一月	三星期	車場內學習者爲調車，排車及拆卸列車等項。上北車場多客列車少貨列車，麥根路車場，純係貨列車，兩處同學，較爲完全，而以麥根路之時間爲一星期。
隨車守實習	一月	三星期	二星期隨上下行各種客列車，一星期隨貨列車。
隨車長及查票員實習	(原缺)	一星期	特別快車及快站有車長，查票員可兼隨一四等列車。
隨站長實習(南翔)	一月	四星期	站長主要工作，爲使用路簽及停車，交車，開車，等工作，大部均可實地練習。
隨站務巡察員實習	(原缺)	一星期	大站站務巡察員，總綰一切事務，爲實習管理事務不可缺之一項。
隨貨物巡察員實習	一月	六星期	貨物巡察員所轄路線，均在一百公里以外，大小站十餘。實習時，除學習一切稽核巡察事務外，又須親到各站覺察問⿰貨運情形，故爲期應稍長。
隨車務段長實習	一月	六星期	理由同上
隨車務總段長實練	一月	六星期	車務總段長所轄路線，包括全路三段，但因在隨車務段長實習時，已有一段到過，故隨車段總長實習，六星期亦足。

調度課各股（調車股，行車股，行車統計股）	一月	六星期（？）	（增未曾到該課實習，未識六星期間，適當否也）
車務處其他各股（商務課下五股：客貨，調查，餐務，廣告及商務統計。文牘課下四股：人事，檔卷，文書及庶務。）	一月	六星期（？）	（假定商務課四星期，文牘課二星期）
共　計	十二月	五十二星期	

上表係增個人意見，是否合宜，有待研究。

（二）實習生之指導，督察及考績——據增個人意見，實習生在實習期內，應有負責人員，剴切指導，蓋一年實習，爲期至短。在實習生本人，固當專心學習，不得蹉跎良機，但鐵路當局，爲增進實習生實習之功效與開發其了解起見，對於指導人員之聘任，實屬應有之圖。國家培植鐵路人材，年費鉅萬，交大畢業生到路實習，又爲實際從事鐵路事業之開端，此時期內之訓練，無論從理論上言，或從實際上言，均屬最關緊要，但現在鐵路當局，對於實習生負責指導之專員，尙付闕如也。

實習時期內之指導，固屬重要，實習時期內之督察，亦不可忽。依增意見，路局應有負責人員，專司或兼司切實督察實習生勤惰事務，使勤者加勉，惰者知所警惕。再實習時期內考績一端，亦不可忽視，現在實習生實習期內，除須按日到路實習外，每月實習完畢，應有報告一式二份，呈送車務處長評閱，此項報告，蓋卽實習生實習後有無心得之表現，閱者應明加察閱，評定成績。報告中錯誤各點或編造不合諸處，亦應分別更正或指出，發交實習生修正及知曉，限日交還，由車務處長呈部或保管。

此外又有一事，與實習生之前途有重大關係者。卽實習期滿後之考績與錄用是。交大實習生不經考試而錄用，每爲一般路員輕視交大畢業生之所由來。而錄用後之無一定考績與升級辦法，尤爲交大畢業生不能自顯才能癥結之所在。依增個人意見，考試或同樣性質之考績方法。爲實現人才主義唯一之正軌。不依正軌而用人者，雖可施之於一時，但決不可行之於久遠。故增常謂路局苟無意羅致鐵路專門人才則已，如其不然，則對於用甄別方法而錄用交大畢業及其他鐵路專門人才，實屬一賢明政策。

至於交大實習生之指導及督察機關，依增意見，應由鐵道部，交通大學及鐵路局三方面共同組織之。其組織內容及人數，可依實際上之須要定之。組織方式，以委員會最爲合宜。委員會之職權，須包括 (1) 負責辦理交大實習生實習期內一切指導事務，(2)協助解除交大實習生實習時之困難，(3)督察實習生實習期內之勤惰，(4)攷核實習生實習期內成績，如詳閱報告，更正錯誤等，(5)辦理實習期滿時之升級考試，(6)會同實習生共同研究本路當今車務及其他運輸問題，並負開導指教之責，(7)其他有關事項。

* * * * *

增十月來實習之經過及增個人對於實習期內之感想與意見，大致已如上述，同學中如有關於實習上種種事項垂詢者，增苟熟知，無不竭誠傾告。再本篇本擬登載三日刊藉作通信。頃悉三日刊業已停版，故改由本刊刊載，匆忙草此內容草率，諸希見諒。

實習電報報告書

陳 鑑

本路原爲商辦，因商人目光短小，祇圖及早通車，以獲目前之利，對於行車各種設備，極爲簡單。卽於保護行車安全，極關重要之電汽路簽及號誌，均付缺如。平日行車係採用清道法，全賴電報電話以通消息，故每次列車開到時刻，均以電報電話通告，由電報生隨時登載於列車開到時刻連環登記簿上，以爲根據。實習生亦首先練習電報，茲將實習情形，分別述之如左：

電報電話線路

本路電報電話雖極關重要，然亦不甚完備。在現在運輸較少之時，勉可敷用，將來修築與湘鄂段相通，再與平漢路銜接，成爲我國南北主幹線，則客運貨運當甚發達，斯時電報電話尙須擴充也。現在電報分爲二線。第一線由黃沙站直達韶州站；除樂同昇平二站外，其餘沿路各站均可由此線互相通報。其第二線，亦係由黃沙站直達韶州站，中間僅與銀盞坳英德兩站相通，因黃沙韶州爲本路兩端終點站Terminal 銀盞坳與英德爲大站，客運貨運較多，電務亦必隨之增繁。故設此線以救第一線之窮，至於電話則分爲兩段，全路尙不能全由電話通信。其第一段僅由黃沙站達樂同站，其間各站均可互相通話；其第二段係由橫石站至波羅坑站；其間各站亦可互相通話，茲將電報電話線路略圖附之如左：

N
E
S
W
符號
電報第一綫
電報第二綫
電話綫
鐵道
車站

電瓶電池

電瓶爲發電之源，係電報中最要之物。蓋路線之通阻，全視乎電池之合法與否也。電瓶之種類繁多，造法各各不同，其合於電報需用者，須具三種條件：(一)發生之電須勻，(二)易於整理者，(三)所發之氣，不碍衞生。今本路所採用者，多係雷氏電瓶 Leclanché Cell ，瓶有二種，一種係用白泥罐者，以玻璃特製之瓶內，置鍍有水銀之鋅條及白泥罐一個，罐如竹筒，有底無蓋，中置炭精片一塊，周圍以輭錳礦屑灰屑和勻填實，罐中罐口以松香膠密封，僅留一小孔以洩氣，幷露出炭精片之上端，炭精及鋅條之上，均有一螺旋，以便接銅絲之用。其螺旋須以鉛銲用鹽化錏裝入玻璃特製之瓶中，達白泥罐高之半爲度，一種係用炭精片者，炭精片一塊上端有螺旋，左右各用輭錳礦炭屑精膠水三者造成之炭塊夾住，使炭塊之凹面向炭精，再以白泥槽一條，附於炭塊之外，用橡皮圈二道束之，其上一道，須與水平，另用鍍水之鋅條插入白泥槽中，置於玻璃特製之瓶內，入鹽化錏約盛瓶內四分之三卽可。

電瓶相接以此瓶之鋅條彼瓶之炭精片，蟬聯相接，卽爲電池。電池必置木箱中。務使不受塵埃，尤須設於透風之處，勿令受潮濕氣。且必擇寒暖得宜之處，勿使忽寒忽熱，炭精片之螺旋，須洗淨抹乾，玻璃瓶之上口，尤須抹乾，勿令其引出水氣，以致漏電，故應用時瓶口必塗蠟，亦防漸之一端。

凡電池裝成當記其年月日於紙，以備日後之考查。

電機及點畫符號

本路所用電機，均爲磨而司式，Morrce 故其所用之符號，名曰磨而司點畫符號。其符號共計八十個，係字母號碼及點句之符號，編成點畫以代之者，玆附之如下：

字　母	ü ••——	9 —•	從何字下起
a •—	v •••—	0 —	•——•—
â •——•—	w •——	／——	等　待
ä •—•—	x —••—	句勒句讀記號	•—•••
b —•••	y —•——	• ••••••	有　報
c —•—•	z ——••	; —•—•—•	—••
ch ————	號　碼	, •—•—•—	無　報
d —••	1 •————	: ———•••	—•
e •	2 ••———	? ••——••	寨子接通
é ••—••	3 •••——	! ——••——	———•
f ••—•	4 ••••—	( ) —•——•—	待二分鐘
g ——•	5 •••••	hyphen	•—••• ••—
h ••••	6 —••••	——••••—	是
i ••	7 ——•••	Apostrophe	•—••—••—•
j •———	8 ———••	, •————•	問早安
k —•—	9 ————•	Quotation mark	——•——
l •—••	0 —————	,, •—••—•	問晚安
m ——	／——————	under line	——•—•
n —•	縮　號	••——•—	在　此
ñ ——•—•	1 •—	New line	•••••—•
o ———	2 ••—	•• ••	來
p •——•	3 •••—	錯　誤	—•—
q ——•—	4 ••••—	•••••••••	校
r •—•	5 •••••	始　終	——•—•
s •••	6 —••••	•••—•	字數
t —	7 —•••	從何字起	•———•••••
u ••—	8 —••	••—••—•	

外國文字皆以字母合成，故電報點畫所記之字母，隨手鈔寫，使能成文。若中國文字，聲義雙兼，雖亦有字母切音，而聲同字異者，多用之匪易。故不得不編部目與號碼對照，乃以每字之首代以四碼，故傳華字較外國文多一傳碼譯字之煩，若於兩機上以外國文互相問答，直無異對面筆談也。夫電報貴在神速，近來多有主張鐵路不採用外國文者，竊以爲對於電報一項，未可以因噎廢食也。

茲將點畫符號相離分寸述之如下：

畫較點適三倍，卽一畫等於三點相併之長。

每字母中點畫相隔，其所空之處，適如一點之長短，卽所空有一點之地位。

每句中每字母相隔，其所空之處，可容三點，卽所空有三點之地位。

每篇中每句相隔其空氣之長短適與六點相同，卽所空有六點之地位。

以上點畫符號及點畫規則，初學者務須默記純熟，無毫釐之誤，然後用電鑰Key練習，測其準則，使能心手相應。以點畫清楚爲度，因電報之相通，全賴所發號碼之點畫，而號碼之分點畫，全賴電之一按一離，由電氣之或通或斷也。故電鑰實電報中之要樞，初學者如能將電鑰學習嫻熟，收發電報，當無若何困難也。

收發電報規則

每站必有一名，尋常發報先於機器上呼之。習用簡號，如發報與彼站，三呼其名，併通已站之名，通名後即連一 －‥之符號，－‥符號謂「有報與汝」之符號也。

假如黃沙有報欲發往韶州，即於通韶州之機器上呼（韶州韶州黃沙 －‥）－‥ 即有報二字之符號，以此呼喚，俟韶州站來譍。若韶州站一聞人呼，即於機器上答覆，（韶州在此—•—）此—•—即來字之符號，謂已整備以待，可發來也。於是黃沙站即發電報，其發去之始，先發 •‥－• 符號數個，此符號係令彼站查察點畫，以便整假機器，然後將電報發去。設彼站當時因有緊要之事，不能立即接收，須復一 •－•‥ 即等待二字符號。而必聲明時刻如（•－‥• ••－）即待二分鐘也。以待至五分鐘者乃至多之時間，若須逾此，必有正式之報告，聲明其緣由。

發報之次序，	等級
(1)防止危險十萬火急電報，	DDD
(2)行車發生甲種危險意外急緊電報，	XXR
(3)發生危險或意外及各種緊急電報，	XR
(4)普通鐵路電報。	R
(5)官報，	S
(6)車報，	M
(7)商報，	C

處理以上各種電報辦法，另有詳章規定之。

每報所發之次序

(一)所至之站名(二)注明國文或外國文(三)號數(四)等級(五)字數(六)發報之站名(七)年月日上下午鐘分數(八)餘數(九)空格(十)收報人(十一)空格(十二)電報正文(十三)空格(十四)發報人姓名(十五)結尾 ·-·-· 卽此報完畢之意也(十六)如倘有報當續發 -·-· 之符號如無報則續發 -·- 之符號

如外國文報中間有數目，當在結尾時將數目用縮打點畫復傳一通。

如國文報因係四碼成一字，故皆用縮打。倘報中有數目字，卽作爲外國文報，當於餘事中聲明正文之號碼係縮打。

每一報區分四節，如上文所云，次序之數自三至八爲第一節，名曰報目。其十爲第二節，名曰住址姓名。其十二爲第三節，名曰正文。其十四爲第四節，名曰發報人名。此四節間，每節各空一格，以便區分，故共空九·十一·十三·三格

彼站接報之人視來報或與本站者，或係辦往他處者，立卽分別取紙照發來之報，順序鈔錄。當將二·三·四節之字數核對來報所注之字數是否相符，符則將號數囘答，發報站卽以其囘答之號數爲收到之據。遂復以 ·-· 之符號者三次，此卽符合之謂也。如接報站有報欲發往發報站，應於囘答號數後，卽續發 -·-· 之符號，後發報站卽易爲收報站，可於發 ·-· 復號三次，後卽續發 -·- 之符號。

每一報收發完時，當將年月日時刻注明，並自己簽名於下，以便查核。

設接報人鈔碼時遇一字之點畫不清，立卽詢之發報者，其符號爲 ·——·—（從何字下起）··——··（此卽詢問語）發報站便照所詢之何字復之，或接報人鈔過數字後，覺前文有疑，應詢以··—··—·此卽從何存起之符號，發報站亦卽照復。

如接到之報，與中所注之字數不符，當將實在收到之字數告之發報站。發報者立卽將原稿核算，如彼收到之字數實符，而所注之字數本誤，當卽告明可也。若所注之數未誤，而所收之數不符，卽從第二節起，每句之第一字重復發往，發報者卽以此順序核對，對至誤處，卽告發報站，令其將誤字之句全覆，立卽更正。

無論收發電報皆以···—·爲始，以···—·爲終，是卽始終之符號。

在電報機上機不可按電鑰，而發極長之畫，發長畫卽能損壞本路之電池，萬不得已可用三點一畫一點爲是。

凡彼此兩站往來電報，有經過中間站者，彼此覺中間站有不善之處，或幫電或中間式之不妥，以致有點畫錯誤之弊，或此站或彼站當發 ———— 之符號，疊連數次，中間站一聞此符號之報響，立卽查察機器，惟不得中斷遲誤彼此兩站之往來。

接報站接得來報後，或係本站或係轉往他處者，均須登載簿記，然後立卽遞送。尤須注意勿將甲報誤投入乙報信封之內，必細心檢點，親自封函。

凡發報收報轉報須將報歸入帳案記注號數時刻，分別發遞，或卽轉傳。其報底須留存備查。

接報站將來報送與收報人，收報人卽蓋章於收據，此收據須黏於報底之上。

按 報 要 訣

按報之法，必先正其位，坐必直，毋曲躬，毋疊股，身體與機器之距離約八九寸許，以機器之左角(卽出紙條之一端)當人之中心，乃以右手按電鑰，其臂旣勿直伸，亦勿過曲，方可舒展。乃屈無名指與小指，毋實於掌，乃伸次指中指，平按電鑰之上，以大指當鑰之左，然後按之，貴在虛靈，於是按下成點，放起成劃，按久成畫點畫之分，卽在按之久暫，先將各種符號習練極熟，然後試按，按報之法，貴在不輕不重，不疾不徐，不過通其電氣耳，第一要訣，以指按鑰時，毋左右搖動中止。

習練至字母熟點畫勻，然後以成文之電報學習傳遞，其報底當置之機器左邊，以右手按之，毋欲速，須一字不錯，大約每一分鐘以能發洋文十字爲度。每字以七個字母爲則，以此度之可知不貴速矣。大凡習練時，先貴不誤，久久手熟，自能敏捷，不誤而速固佳，若速而有誤，彼收報者回電詢問，卽須重發，以致欲速反遲，不若一無錯誤，雖徐徐發往，亦不至過遲也。

本路常用簡號

本路爲經濟時間，儉省材料，及便利敏捷起見，將本路常用各名詞定以簡號，電報中均應用此等簡號，茲將各簡號列表如左

職員簡號

職　銜	簡　號	職　銜	簡　號
局　長	P.	電報稽查	I.T.
副局長	V.P.	電報生	T.C.
總務號長	S.G.D.	站　長	A.S.M.
購料課長	P.A.	副站長	A,S.M.
會計處長	C.A.	替班站長	R.S.M.
出納課長	Cshr.	司客票	B.K.
車務處長	T.M.	司貨票	G.C.
車務段長	T.I.	倉　長	G.N.K.
運輸課	T.S.	車　守	C.R.
核計課	T.A.	驗票員	T.E.
各站查帳員	T.T.A.	收票員	T.K.C.
電報領班	CMC.	工務處長	M.E.
總工程司	C.E.	機務處長	M.S.
工務段長	P.W.L.	機器廠長	W.M.
建築監工	C.F.	機務段長	L.I.
軌道監工	T.F.	司　機	E.D.

車輛簡號

種　類	簡　號	種　類	簡　號
客　車	(Coaches)	二三等客車	S.T.P.
花車(即包車)	P.C.	三等客車	T.P.
頭等客車	F.P.	餐　車	D.C.
頭二等客車	F.S.P.	行李車	B.V.
貨　車	(Wagons)	砲　車	P.V.

煤車	H.S.	防險車	B.D.
蓬車	Cov.	起重車	Cn.
牲口車	P.g.	電燈車	P.C.
牛車	C.C.	加車(特別專車)	Spl.
平車	F.L. or F.T.	上行列車	U.P.
沙車	L.S.	上行列車	D.N.
各種雜車		車站	Stn.
機車	ENG	椿位	Sta
守車	B.C.	損壞車輛	D. 加在車輛簡號之前或後
空車(需用)	E. (此項簡號加在車輛簡號之前或後)	掛來重車	L. (此項簡號加在車輛簡號之前或後)
空車(不需用)	E.r.	載出重車	L.D.

站名簡號

站名	簡號	站名	簡號
黃沙	W.S.	新街	S.K.
西村	S. ch.	樂同	Lk T.
小坪	S.T.	軍田	Q.T.
大朗	T.L.	銀盞坳	N.S.
江村	K. ch.	迎嘴	Y.C.
郭塘	K.T.	源潭	Y.T.
琶江口	K.H.	英德城	Y.K.C.
昇平	Sh. P.	河頭	H.T.S.
横石	K.W.S.	沙口	S.H.
黎洞	L.T.	大坑口	T.H.H.
連江口	L.K.H.	烏石	W. sh.
波羅坑	P.L.H.	馬壩	M.B.
英德	Y.K.	韶州	Sh. K.

上海交通大学百年报刊集成·第一辑（1896—1949）·学术学科

實習客貨沽售及站賬報告書

陳 鑑

鐵道以客運貨運二宗爲主要營業，凡旅客乘車，商人運貨，須事先將運費交付清楚，然後由鐵道給以車票。此種車票，即作爲乘車運貨之憑據，此種先行付欵之營業謂之預付營業。但貨物有時須運到訖站交貨後再付運費者，謂之應付營業，并有由會計處開具清單，向鐵路特准記賬各商家或他項人等收取運費之營業，謂之記賬營業，管理此種事務者，爲車站之票房，Ticket office 此種車務極爲簡易，不過司其事者，除各種票價價率及運輸規則須明瞭熟記外，尤必愼重精細，辦事敏捷，方不至憤事。愼重則款項車票不至有失，精細則賬目不至有誤，敏捷則購票衆多時不至超過限定鐘點以外，玆將其情形分別縷陳如下：

車票種類

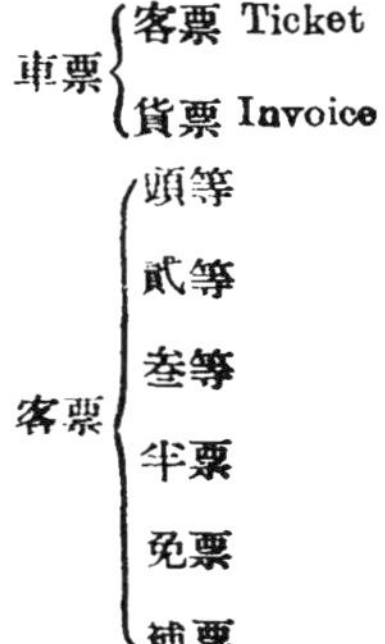

薄紙票

本路現時頭二等旅客極爲稀少，故頭二等客票，完全使用此種薄紙票，如所往之站旅客過少，如昇平樂同波羅坑等站，及團體旅行人數衆多，亦均使用此種薄紙票，頭等票係紅色，二等票係白色，三等票係藍色，每等票編以連號，裝訂成册，所往之站名及票價，隨時填寫。但此種辦法，臨時填寫需時太多，究不若硬紙票之便利也。

硬紙票

本路客運以三等爲最多，除昇平樂同波羅坑等站應用薄紙票外，其餘各站均用硬紙票。故現在每站票房之三等硬紙票有二十二種，此種硬紙票係用藍色印有號數等級起訖站名及票價等項。

半票

凡孩童未滿四歲者，免收票價，其已滿四歲至十二歲以下者，減半核收，其已滿十二歲者概收全價，半票係將全票翦去下截，加蓋孩童二字。

免票

本路職員或其他人員因公差行經本路，得由主管首領發給此項免票應用，卽鐵道部頒定之公務乘車證是也。

補票

補價票係條紙形式，以若干張訂成一小簿，內印簡單說明，填發補價票緣由辦法。所收之欵，或係票價，或係罰金，其補票緣由，多係旅客無票乘車，或越站乘車，或越級乘車，此種事務，由車守及查票員執行，然後報告站長入賬。

客票價率

本路客票價率以中里爲標準，但各段價率不同，玆列表如左。

三等每中里黃—新六厘，新—英七厘半，英—韶九厘。

二等每中里　　較三等加二分之一，

頭等每中里　　較三等適加一倍，

計算時不及一里者作一里計，零數爲五分或不及五分者概作五分計算，在五分以上一毫以下者，概作一毫計算。此種價目另有詳細客票價目表。

旅客行李免費重量之規定：

頭等旅客，每人限帶行李一百斤。

二等旅客，每人限帶行李七十五斤。

三等旅客，每人限帶行李四十斤。

各種重要通告，

車站票房應備左列各種規章，懸掛於候車室或車站通告處，俾便衆覽。但失效者，須卽時撤去。

(一)行車時刻表，

(二)客貨票價目表，

(三)客貨運輸通則，

(四)各站距離表，

(五)其他各種通告。

本路各站，對於客貨運輸通則甚少揭示。急宜將此項通則揭示於候車室或其他適當地點，以利客商。

客票沽售手續

司票於領到車票時，即登記於領票簿上，以備查核。但每屆二星期須查核票櫃內所存之票，是否敷十五日之用。否則應速領取以敷十五日之用爲度。按例存票，須敷三個月之用。近因軍事影響，土匪搶刼，甯可少領，以免難於保存也。領到車票後，將其置於票櫃內，其裝置之法，係以起號置於下端，(櫃底之一端)止號則在上端，沽售時由下而上。再以至各站之票，各置一格，以便沽售時舉手即得，茲繪圖如左。

黃沙站票櫃

西　村	末號……7 6 5 4 3 2 1 起號（←）
小　坪	
大　朗	
……………	

按例在車開行前一小時開始售票，在售票之先，須將票櫃每格之底票抽出查明其號數，是否與前一日客票沽出日記簿上所登記之訖號相符。然後售票，售出之票須在印機上軋以本日日期方爲有效。本路各站，多有用膠印印日期者，常有塗改之事。應一律改用鋼針軋機，將日期用鋼針在票上軋穿成孔，照之可見，如此可免塗改之弊。

至本日末次車開行後，又須詳細檢查本日各站車票訖號，及實售若干張，售出票價總額，一一登記客票沽出日記簿。并將各欄結算清楚，再填客票沽出日報單三份，一份存站備查，一份寄交車務處，一份寄交會計處查核，

北外另有一舊式單張客票沽出日報單。係本路以前用者，均多塡好，如有臨行意外發生時，以便攜帶，庶免將來無從查考。

各站每日沽出客票日記簿

…………站　　　　中華民國　　年　　月　　日

站名	等級	本日起號	本日止號	半票張數	廢票張數	是日實沽張數	價率	共銀			附加				備攷
								元	角	分	元	角	分		

各站沽出客票日報單

…………站　　　　中華民國　　年　　月　　日

站名	等級	起號	止號	半票張數	廢票張數	價率	頭等		二等		三等		幼童		政府半價		合計		附加		備攷
							實張數	銀數	實張數	銀數	實張數	銀數	實張數	銀數	實張數	銀數	張數	銀數			

貨票

貨票分全車與散貨兩種，全車貨票係用紅色；散貨貨票則用藍色；每票分三聯，第一聯，爲貨物收據，交寄貨人直接寄與收貨人，以便貨物到站時憑此聯提取貨物；第二聯，交車守帶交貨

物所至之站站長，以便收貨人提貨時核對；第三聯存站備查，各聯式樣如左：

第三聯　　廣東粵漢鐵路貨單　　單號　字

寄貨人記號

貨車號數　噸量　列車號數　日　點　分

由　至　月期　月　年

寄貨人　　收貨人

貨件若干	貨色與特務	等	重量		價率	共計	裝卸力	統共	未逾或已逾收數
			噸	担					

第二聯　　廣東粵漢鐵路貨單　　單號　字

寄貨人記號

貨車號數　噸量　列車號數　日　點　分

由　至　日期　月　年

寄貨人　　收貨人

貨件若干	貨色與特務	等	重量		價率	共計	裝卸力	統共	未逾或已逾收數
			噸	担					

貨脚無論已收未收收貨站與發貨站均應負修正不足額收費之責

頁　收貨部　已收貨　年

收貨站長　　發貨站長

第一聯　廣東粵漢鐵路貨單　單號　字

已交　寄貨人記號

由　至　日期　月　年

寄貨人　收貨人

貨件若干	貨色與特務	等	重量		價率	共計	裝卸力	統共	未逾或已逾收數
			噸	担					

上述貨物祇能憑單交收貨人　上述貨件貨脚均經收妥

上述貨物業經收受完妥

收貨人　發貨站長

貨運價率

貨物價率分爲六等，何等貨物屬於何等，另有詳細貨物分類等簿規定，每等貨物均以中里運費若干計算，列表如左：

頭等貨，每中里每噸按五分四厘，每担五釐四計算。

二等貨，每中里每噸按四分四厘，每担四釐五計算。

三等貨，每中里每噸按三分三厘，每担三釐五計算。

四等貨，每中里每噸按二分二厘，每担二釐九計算。

五等貨，每中里每噸按一分七厘，每担二釐二計算。

零担錢不及一仙，均作一仙計。

整車仙數不及一毫，均作一毫計。

里數凡遇奇零，均作一里計。

運費最少五十里起碼計算。

沽售貨票手續

凡商人欲運貨者，須先至車站貨票房（本路各站沽售客貨票均在一票房，其他各大路大站，多有各設一票房者）索一托運貨物清單，其式如左：

托運貨物清單

至　　站	搭　　次車
件數	
重量	
貨物名目	
貨票號數	

寄貨人或商號……………

商人索得托運貨物清單後，按單填好。再將貨物由司磅權其重量，并由司磅給以貨物過磅憑券，其券式如左：

過　磅　憑　券

頭等	貨	担	件
二等	貨	担	件
三等	貨	担	件
頭等貨磅碼			
二等貨磅碼			
三等貨磅碼			
〃	司磅(簽名)		

不過此券貨物僅列三等，貨物原分六等，如遇有四五六等貨物，須行塗改，極爲不便，且恐錯誤，此券須稍加改良。將四五

六等貨物加入，則較爲適用也。

寄貨人將以上手續辦好後，以上述兩單交貨票房司票，核其運費若干。然後寄貨人將運費交付清楚，司票乃將貨票塡好，查核無誤，以第一聯交寄貨人，直接寄與收貨人，俟貨物達到時，作爲提貨憑據。再以第二聯交車守轉交貨物訖站站長，以便收貨人提貨時核對。不過收貨站長務須查明票內各項運費，是否付清，暗號是否相符，一一清楚，方能交貨。

至本日末次車開行後，司票須卽時塡造每日沽出貨票日報單三份，一份寄車務處，一份寄會計處查核，其餘一份存站備查，結算清楚本日貨票收入總數。不過本路各站貨票物沽出日記簿，尙未設備。急宜添設此項帳簿，以臻完備也。玆錄貨票日報單式如左：

各站每日沽出貨票日報單

…………站　　　　民國　　年　　月　　日

至站	貨票號數	貨物名目	等級	價率	普通貨物						裝卸費	共運費	備攷
					公衆			政府					
					噸	担	銀數	噸	担	銀數			

裝卸及延期費收據

裝卸收據係商人運貨其上下車裝卸貨物之費。延期費係貨物已到站後，而收貨人未能卽時卸貨，以致佔用車輛超過規定時間所收之費。其單式如左：

延期費收據

號數

……站

延期人

車輛號數 車輛重量

貨票號數			
貨 名			
由何站來			
交車日期	日	時	分
自何時起	日	時	分
至何時止	日	時	分
共計時間	日	時	分
作若干日計			日
延 期 費	元	毫	分

其計算之法，每六小時每十噸收延期費二元。不及六小時亦按六小時計算另有詳章規定。

收入電報費日報單

本路電報原爲行車而設，但有時商人運貨，須發電報。本路得代爲拍發，并按章收費，故另電報費日報單，除一份存站備查，車務會計兩處各寄一份報告，其單式如左：

收入電報費日報單 年 月 日

收發	等	文	次	字
共收		元	毫	分

電報生(簽名) 站長

解款單

本日客貨收入及各項收入結算清楚後，乃由客貨司票彙齊各項總數，塡造本日解欵單，查核本日共收若干，先繳若干，尾存若干，一一照單塡寫清楚，玆將單式抄錄如左，以資明瞭：

解 款 單 （正面）

類別	營業進款實收數				本日解款分別		
	日期	現款	憑單	共計	補繳昨日	先繳是日	共計
客運業務							
貨運業務							
雜項費							
提倉費							
捷運費							
裝卸力							
附加 薪費							
附加 路費							
電報費							
補解退 四次款							
共計							
共計							
總數(對照前頁)							
附說							

1.倘有短欠原因或點交其他款項及補繳退回次銀應於附說欄聲敍
2.昨日經未收各款應卽於本日如數清交毋得截留
3.凡本日於解款車未開以前所收各款均應如數先繳
4.凡盈虧之數應歸客運項下收支
5.半票盤票及憑單或雜項欵項應分別於附說欄下紀錄

解 欵 單 (反面)

第　　號　　　　　　　　　　銀袋數號

營業進款民國　　年　　月　　日解送會計處

款　　別		
現款 匯票		
現款 紙幣		
現款 銀圓		
現款 銀毫 雙毫		
現款 銀毫 壹毫		
現款 銅元 ……枚伸合		
……		
現款共計		
憑單		
憑 單共計		
總計		

站　長（簽名）

此項解欵單共填三份，一份存站備查，一份寄交車務處，一份連同現欵解送會計處，然後將本日收入應解之款項，連同解款單及客貨單出日報單與其他日報單一併交付站長。并另設一交銀簿，站長由票房收到款項時，將收到款項數目登入此簿，簽字爲證。站長收到款項及各項報單後，一面根據各項報單登入客貨總彙簿，及營業進欵日記簿(有司帳者由司帳代爲登記)，一面將解款單及欵項由收欵車或其他方法送會計處出納課；由出納課給以收欵單，作爲收到之據。

報尾銀

每日在未作解欵單之先，須將本日收入情形由電報報告車務會計兩處。其中各欄與解欵單各欄相同，但各數不甚確實，此不過由電報通告本日收入大概之數，與解款單相差不至甚遠。因解欵單至速須次日方能寄送，此種辦法名曰報尾銀。

客票總彙簿

此簿係根據客票沽出日報單填造，每兩頁 Page 分為十日。每日分為七欄，將每日客票止處半票廢張數價率實共張數共銀等項填入，每旬再一總結，以便查核，簿式如左：

客 票 總 彙 簿

…………站　　　　中華民國　年　月　旬

	日									合計		備攷
	起號	止號	等級	半票張數	廢票張數	實共張數	價率	共銀		共張數	共銀	
黃沙												
西村												

營業進欵日記簿

營業進欵日記簿係根據解欵單收欵單客貨票單出日報及其他各項單據填造而成。將各項收入按科目填入，每旬一分結，每月一總結，本月每項收入共若干，各項收入統共若干，共解若干，尙餘若干，此乃車站營業進款之完全帳簿也。其簿式附後：

進款平準表 Balance Sheet

此表係根據營業進款日記簿，分類登記一月間車站之借貸兩方帳目者。其借方 Debit 列客運貨運裝卸費延期費電報費租金補票及其他各項收入；每項總數每旬一合計，每月一統計。其貸方 Credit 列已解交之數目，按日登入，每月總結；於是借方再加上月結餘，貸方再加本月總結存，則借貸兩方之總數，自當平均。否則必有錯誤之處矣。此表究非真正平準表，不啻現金簿 Cash Book 而已。因借貸兩方，均係現金也。竊擬不若名爲準表，Trial Balance Sheet 較爲符合也，

本路站帳制度似覺不甚完備，務須依照前交運部頒布之會計分類則例，及其他規定加以改良，方能收其實效也。

帳簿上之數目如有錯誤，應將原數用紅色筆輕輕畫去，改正之數，應在原數之上另寫一行。其原數仍須顯明，改正之傍，並應簽名爲證，司帳者務宜注意，不可隨意塗改也。

……站進款平準表

中華民國　　年　　月份

借方類別		日期	貨方類別		
營業進款	總計		現款	帳單	總計
上月結餘					
R—1					
R—2					
R—3					
R—4					
R—6					
R—8					
R—9					

合計(除去上月結餘)　　　　合計

上月結餘　　　　本月結存

總計(連上月結餘在內)　　　　總計

隨車實習報告

陳 鑑

粵漢綫自廣州直達廣東北部之韶關，其中所經過之府縣大鎮多係出產豐富之區，故粵漢營業完全以貨運爲大宗。北江雖與之同趨，究難相對競爭。因北江河道淤淺，汽船不能通行，徒恃帆船，其運輸能力有限，且年來地方不靖，土匪蠭起，常有勒索搶刼之舉，商人咸視爲畏途。故其貨物多樂於由鐵道轉運。鐵路旣有大宗貨運，收入自屬可觀。然必使客運同時發展，因行旅均樂出其途，貨運自更有起色，無形之中，仍有連帶關係。其招徠之法，則在本路各段站長熟察地方情形，以爲招徠之計，非紙上談兵，所能發展者也。

鐵路欲發展營業，除段站長因地不同，用種種招徠方法，呈報路局領袖，請具採納施行外，其主要原因，不外於顧及成本範圍內盡量減輕運費，招引客商；其次則在行車安全，旅客利便：執行此等職務者，除站長而外，車守及司機負有重大之責任焉。按通例列車未離站以前，旣抵站以後，當然由站長負責指揮，若列車未抵站以前，旣離站以後，全車事務，則完全由車守全權負責指揮。任此職者，雖屬低級員司，而於行車極關重要，其人須勇敢機警，態度和藹，熟悉本路行車規則，及其他規章，則於行車事務，招待旅客，當能勝任愉快也。

行車規則爲行車員役遵守之準繩，本路行車規則編訂已久，其間經過年月太長，其路上情形，自多變更。且廣三又歸併本路，急宜斟酌現時情形，從新編訂頒佈。令各站車員司遵守，即上述之列車離站抵站，亦無一定標準。依有號誌之路。均以遠離號誌(Distant Signal)爲抵站離站之標準，本路旣無此項號誌，暫時宜就現有之岔道號誌，定爲標準，載於行車規則之內。以免有意外發生時，致責任不明，互相推諉也。

粵漢車隊分爲九隊，完全受南段段長命令支配，輪流來往於黃韶黃英黃新三段之間者七隊，其餘二隊則爲預備車隊，以便輪流休息，或加開專車時即派遣此種車隊任之。其輪流之法，係半月一換，因行長途者較爲辛苦，如此分配，則勞逸平均，可免爭執之弊，茲將車守各項分別述之：

行車以安全爲貴，故當列車未開行以前，車守必親自檢查各車之車鈎是否掛妥無失，否則必有脫鈎之虞。不過本路守車，多掛在列車中部，如列車行至中途，後部車卡設若脫鈎，車守或難知道，或俟知道時，而列車又駛離極遠矣。如此殊非安全之道，按理應將守車配在列車之末，設如有脫鈎之事。當能及設法，較爲迅速便利。美法諸國均在列車前後，各掛守車一輛，以便有意外時可彼此呼應，其安全之道，更無論矣。其呼應之法，因列車過長，或已脫鈎相離過遠，除用警笛外，則另製一種旗語，以相通告，此種辦法，設備無多，不妨倣行，以利行車。

路簽保障行車安全，極關重要，凡列車在未開行前，站長傳遞路簽；車守應幫同司機察看無誤，方可開行。如係給予鐵牌路簽，更宜察看銅牌路簽，確在站長之手否？如一有差錯，則危險不堪設想矣。

本路各貨車守車尙無汽制（Air brake）裝設，設一旦意外發生，而欲列車停止，則無法可想。似應增設，以防不虞，至於手制則久多不靈動急宜加以修理凡爲車守者，應時常檢查手制是否靈活，以免事出張惶，無從措手。

本路各站月台太低且太短，宜先擇客貨較多之黃沙新街源潭英德韶關各大站，斟酌平日掛入車輛數目情形，將其增長增高。近軌道之上邊，宜用方角，再塗以白色油漆，當列車入站時，遠望而知其爲月台所在，且旅客上下，亦不致有滑入車底之虞。

本路月台每站多祇一個，宜先選上下旅客較多之站，增設一月台，分上行與下行兩種月台，兩月台連以福橋(Overhead Bridge)或地道，（Subway）以免旅客下車時行經軌道之上，庶幾可免撞斃生命之虞也。

本路旅客以黃新間最爲擁擠，每次列車多無立足地。新源間較少，至英德以北，車內寥寥數人，如少掛車輛，在黃源間擁擠不堪，如多掛車輛，至英德以北不免多費機車能力與耗用車輪，殊不合經濟原理。其補救之法，宜將各段間旅客人數切實統計，依統計，結果，支配車次或多加短程車，以救此弊。

本路頭二等旅客極爲稀少，考厥原因，并非旅客中無欲搭頭二等車者，因黃源間三等旅客擁擠，多佔入頭二等客座，而查票者又不嚴厲取締越級乘車，以致頭二等旅客均不樂購頭二等客票，因權利義務兩不平衡，此乃當然之現象。嗣後如欲發展頭二等旅客，當以取締越級乘車爲入手。

三 查票及收票

查票爲車守重要職務之一，每列旅客列車旅客衆多，而列車所經過之站，多有旅客上下，故列車離一站後，勢必查票一次，以免漏票。因之查票事務，極爲繁劇，車守一人精力，勢所不逮，且有其他事務，尙須親自辦理者。故另設查票員，以助車守之不及。不過車守每隔數站，必親自抽查一次，以防查票員與旅客夥同作弊。國內各大路另設總查票一職，直接由車務處管轄時常在各列車抽查，其防弊之法，更爲縝密也。

查票時查票員向旅客索閱車票時，態度言語須格外溫和。凡遇有無票乘車越級乘車越站乘車者，示以規章，勸之以理，未有不心悅誠服而補票者。設若橫蠻無理，則會同稽查路警干涉之，切不可與之作無謂之爭，以亂車中秩序。總之，鐵路爲營業性質，應如普通商店之殷勤招待顧客也。

查票時須特別留意票上之日期車次及等級是否與本日本次及等級相符。如無誤錯然後用剪刀軋以小孔，以免漏收之車票不肖旅客日後再行持用。凡查票至旅客所購之票至次站即已達目的地者，則將其收繳，俟列車抵終站時（規定本列車所經行程之最末一站）將所收繳之車票，依號數車站次序及等級一一彙齊，然後塡造收繳客票日報單，一併送局核銷，其收繳客票日報單式樣如左：

粵漢鐵路

收繳客票日報單

次車　隊　　　　中華民國　年　月　日

日期	由站	至站	起號	止號	等	旅客數	共張收數	遺張失數	附　說

本路採用車上收票制，國內各大路多採站上收票制，蓋恐漏票故也。不過本路各站多無圍站欄柵，站上收票殊感困難，究不若車上收票爲便也。

補票

凡搭客乘車應行補票者，不外以下數種情形；玆將各項情形述之如左：

無票乘車—凡旅客乘車，務須先行購票方可登車，否則一經查出，當令具補票。其辦法除追繳原價外，另加五罰收。

越級乘車—凡旅客所購之票，務須按照所購之等級乘坐。否則應按照所越等級補繳票價，另加五罰收。

越站乘車—凡旅客乘車，倘越過票上所載之站，仍未下車，除追繳所越行程之原票價外，另加五補收罰欵。

廢票乘車—如旅客中有將以前漏收之廢票塗改日期以圖濛混

者，除追繳原票價外，另十倍罰欵。

孩童無票乘車—旅客中常有以爲已滿四歲孩童，毋庸購置車票查票員向其索閱車票時常有引起爭論之事。查票員應以和平態度喻之以理，併示以本路規章，孩童四歲以上購半票，十二歲以上購全票，如此當無不心悅誠服矣。

凡旅客補票時，先將票價交清後，車守應給以補票收據，作爲乘車之證。到站時仍如車票將其收繳，俟本次列車達末站時，將本次列車所有補票，塡造補票價徵收日報單，送局查核註銷。其式樣如左：

客　補　票

第　號　　　年　月　日

第　隊　第　次

由　站　至　站

等　客　位

應繳補票如下

類　別	金　額 元　角　分
客票原價	
加一補票價	
五倍罰款	
附加	
共	

站長或車守（簽名）

上項補票爲三聯式，甲聯交搭客乘車用，到站時由驗票員收回繳送會計處；乙聯繳送會計處檢查課；丙聯則作爲存根。

補票費徵收日報

核數員簽名＿＿ 中華民國 年 月 日 第 隊車守簽名＿＿

車次	補票費徵收區間		補票號數	乘車人數						補票費銀數	加收銀數	合計	記事
				頭等		貳等		三等					
	發站	到站		大人	幼童	大人	幼童	大人	幼童				
合計													
是日補客票價		除繳銀		存數尾銀			上存數尾銀			共存數尾銀			

行李

本路對於旅客行李尚無特別設備，凡旅客所攜帶之行李，如不超過限定重量者，則旅客親自照料，攜置客車之內。如已超過限定重量者，則作頭等貨物計價，給以散担貨票，以代行李票。此種辦法，殊不盡善，各種小件包裹手箱置於客車之內，尚屬可行，若笨重之物，且佔面積過大者，置於客車之中，諸多不便。急宜倣照國內各大路辦法，另行詳細規定行李運載規章，專設行李房Baggage Office以司其事，凡搭客購票後，即將行李（小件不在此限）送至行李房，權其輕重，由司磅者給以過磅憑券，然後持此券連同車票，送交司行李票者，憑券磅依車票張數及等級計算，是否超過限定重量，如未超過限定重量，鐵路則僅取下上車

營業進款日記簿

年		R1旅客業務一旅客								R2旅客業務一其他										R3貨運業務一貨物		R4	貨運業務一其他			其他營業進款		R9	是日共計			
月	日	普通	政府		優待票	游覽票	補票價	特別票	定期票	行李及貨幣		色件		車輛及動物		專車		郵務	其他	普通貨物		調車	裝卸費	延期費	其他	R6	R8	雜項進款		解款	結餘	備攷
			民事	軍事						公衆	政府	公衆	政府	公衆	政府	公衆	政府			公衆	政府					電報	租金					
上旬共計																																
中旬共計																																
下旬共計																																
是月共計																																

裝卸費，爲數甚微。如已超過限定重量(俗名過磅)則照運載運行李價章收費，行李房給以行李票，交旅客收執，以便至目的站領取。此外另在行李上粘一號票，然後依次裝入行李車內，依次卸落，旅客持票領行李時，先與所粘之號票核對無誤，方可發給。如此不特客車內可以無礙，而於旅客可免照顧之勞，其利便不少也。

車守記事報告單

此單爲車守重要報告，每次列車須填寫兩份，一份送呈南段段長；一份寄呈車務處運輸課課長察閱；以便明瞭每次列車運轉情形。其中項目除某次上行或下行列車，由何站至何站，車守司機及隨車員役姓名，機車號及種類，須一一填寫外，其由某站至某站開到，原定時刻，及實在時刻，遲延時刻，亦須詳細填明。再則脫時之故，此項極關重要，其脫時原因，或由車務稽延，或由機務所致，所由工程所限，須詳細填明，以憑改良。再則本次列車車輛種類號數數目重量或空及共起止站，亦須報明，其格式如下：

車守計事報告單

粵漢鐵路　由　　至　　於　　日　月　年

第　次車
上　行

正車守　　　　副車守

第　段　　　機車第　　　種類　　司機人

同上　　　　同上　　　　同上　　同上

其他員役

第　次車
下　行

站名	原時定刻	確實到點				遲時延刻	脫時之故			趕補時刻		車輛數目			一切阻止 事記故車
		到		開			因車務	因機務	因工程所限制	由車務	由機務	掛上	放下	總數	
		點	分	點	分										

上差到値之時刻在　　　掛上機車頭之時刻　　在　　站

下値時刻在　　　放下機車頭之時刻　　在　　站

承列之鐘點　　　加掛機車頭之時刻　　在　　站

接替在　　　放下掛機車之時刻　　在　　站

放下機車之時刻　　在末端車站

（閱後頁）

車上存物

號數

搭客數目

天　氣

總結

凡有輛車之號數等類以及某輛在某棧出發某輛在某站停駐均須於下格填明之

站名	掛上	放下	重車或吉車	類	車輛數目	車號

車守簽字

日　月　年

列車統計日程表

此種日程表爲鐵道部新近所頒布者，表中格式，極爲完備·其塡造手續，約分三步：第一步由車守塡寫，送交段長；（每段分別各塡一份）第二步，則由段長統計，塡造每日列車統計日報單，送交車務處運輸課；第三步，則由運輸課彙齊登簿塡造全線旬報及月報由車務處長審核，呈報鐵道部。

列車統計日程表，分旅客與貨物兩種；旅客列車則塡旅客列車日程表，貨物列車則塡貨物列車日程表，若係客貨混合列車，則將客車與貨車分別塡寫兩紙，若列車經過數段，應分別塡寫。凡列車在未開行前，車守應另備日記簿，將機車號數種類及車輛號數種類，按照所配之次序抄下，以備塡寫。

塡寫之法，先將表首Headnigs日期，（注意：從每晚半夜零點起至翌日二十四點止爲一日）車次由某站開行時刻，（實在時刻）抵某站到達時刻，機車號數(查前述之日記簿)及其載運容量，(查機車拖載能力比較表)一一塡好。再由車守簽名，然後塡格式中第一欄第一項鐵路名稱，第二項車輛種類，（根據抄下之日記簿并按其所掛次序）但每行只得塡寫一輛，第三項車輛號數，(根據抄下之日記簿併與第二項對照)第四項車輛皮重，(查表)第五項空車或重車，第二欄塡掛上之站與摘下之站，如有其他情形則在備儎欄內說明。如係貨車，更須載明車輛噸量，(查表)及貨票號數。此外車守最宜注意，統計欄內無論如何，不得塡寫隻字。塡寫之後，須細心檢查，是否有誤，不然作統計者，須多費一番檢查與更正之手續矣。

行車意外報單

若列車發生意外時，除先用加快電報，報告各關係首領外，併塡造行車意外報單，將日期時間車次機車號數肇事地點，及傷亡人數外，最宜將肇事緣由，詳細報明以憑辦理。

衛生

凡列車達到終站後，車守應督率打掃夫將車輛掃除。車上所設廁所，車抵站時，則將其封鎖，車開行後，然後將其啓開，本路車上廁所，極不清潔。嗣後各車守務宜時加注意，以重衛生，不過本路各車鎖鑰，均多損壞，急宜修理，以便執行。

膠濟鐵路四方機廠實習報告

實習生施覆楷自民國十八年十二月二十三日至十九年二月二十三日三月期間實習情形彙報

上海交通大學機械學院鐵路門民十七級畢業生

民國十八年十二月二十三日奉命報到後，承機務處派至四方機廠設計室實習，以便對於機車客貨車上，各種構造情形及尺寸等，可以熟悉，至相當時間後，再派往各處輪流實習，意至善也，到廠之第一日，先往全廠各處參觀，玆將於工程方面有關係者，略分述之，廠中組織，自廠長下分事務處工作場二部辦事，事務分工務室，設計室，賬務室，庶務室等，工務室所掌理之事務，大概分為三種，一，掌各種工作命令及分配事項，二，掌各種工事考核事項，三，掌材料預算編造事項，設計室所掌理之事務，大概分為四種，一，掌機車客貨車及機械脩造設計製各事項，二，掌關於轉車台水塔等項機件脩造設計製圖事項，三，掌材料試驗及材料說明書編造事項，四，掌機械書籍圖樣表册保管事項，關於工作場分為五場(Five Individual Shops)，第一場，掌理組立機車，及脩理鍋爐工作，橋梁水塔轉車台等項機件脩造工作，以及一切燒焊工作事項，故又分組立場(Erecting Floor) 鍋爐場(Boiler Shop)及車場 (Round House) 第二場掌理機件旋工作，裝配機件銅錫等件，及一切工具工作，全路磅砰燈錶脩理事項，故又分旋工場(Machine Shop)，車輪場 (Car Wheel Shop)，銅錫場 (Tinsmith & Coppersmith Shop)，裝配場(Fitters Shop)第三場掌理鑄鐵鑄銅鑄鋼工作，模型工作，鍛冶彈簧工作，故又分鍛冶場(Forge Shop) 彈簧場(Spring Shop) 鑄銅場(Brass Foundry)，鑄鐵場(Iron Foundry，鑄鋼場 (Steel Foundry) ，及模型場(Pattern Shop)，第四場掌理客貨車木工與車架工作，客貨車油漆縫紉工作，全路應用傢具脩造工作，故又木分工場(Carpenter Shop)車台場(Car Under Frame & Truck Shop)油漆場 (Paint Shop) 縫工場 (Upholstry Shop) 第五場掌理發電發汽與壓氣工作事項，給水工作，各種電機電鍍工作，電燈及暖汽爐裝脩事項，故又分發電場(Power House) ，汽壓場(Air Compressor Room) 電機脩理場 (Electric Repairing Room) ，蓄電場

(Battery Room)，電鍍場(Electric Plating Room)，全廠所用之原動力，皆取給於第五場，可不受外界之影響，此關於四方機廠組織大概，及分配工作情形也。

設計室之事務，既如上述，故來後之翌日，由主任林工程司命印曬紙圖三張，B 號大小，圖名爲 Tonum Type 十九葉蓄電池，在校讀書時，關於印圖方面，功課所占時間不多，故經驗甚少，畫線每粗細不勻，儀器應用，尤不能純熟，故往往曲線與直線相接處，不能銜接光滑，此乃初習印圖時之一大缺點，然練習相當時間後，手術上當較前靈便，曲線必須先畫，直線乃可銜接光滑，以及各種線之粗細，如何能調配美觀等等經驗，遂亦俱進，所謂熟能生巧，信然此後關於自製各圖，有自印或請他人代印，此件工作，一星期後告竣。

印圖工作完畢後，由林工程司改換他種工作，命改造十五噸蓬車中梁，先是在德人經營路政時代，兩車相接，用鐵鏈鐵鉤，車頭上二邊裝有緩衝枕 (Buffer) 故中樑 (Center Sill) 所吃之力，祇爲拉力 (Tension) 而兩邊所受衝激力，都在邊樑 (Side Sill)，故邊樑所吃之力甚大，所用之槽 (Channel) 亦較大，迨後日人改用新式碰接機後 (Coupler)，全機車所受之衝激力，都在中樑，而中樑甚小，不能抵受外來之力，故中樑及橫樑(End Beam) 往往灣曲易斷，損失甚巨，廠方決意改造中樑，十五噸蓬車之中樑，本爲 $6'' \times 3\frac{1''}{2} \times \frac{4''}{3}$ 之槽，現改爲 $9'' \times 3\frac{1''}{2} \times \frac{4''}{3}$ 之槽，所改之中樑，係改造第二梁止，第二橫梁，本爲 $6 \times 3\frac{1''}{2} \times \frac{3''}{8}$ 槽，現

亦改爲 $9'' \times 3\frac{1''}{2} \times \frac{3''}{8}$ 之槽，橫樑與中樑連接處，都用角鐵(Angle)鐵板及 $\frac{5''}{8}$ 直徑之帽釘連接之，此件脩改工作於一星期間完成之。

十五噸蓬車中樑改造完竣後，復由林工程司命計劃一鑄鋼(Casting)，卽新式碰接機之裝口(Coupler Pocket for 3rd Passenger Car & Remodelled 15 Coal Car)(此圖樣附後可參觀）（編者按此圖因顏色關係未能製版)用之三等客車及改造十五噸煤車上者，在德人經營時代，用鐵鈎鐵鏈，在後日人改爲新式碰接機後，由原有之車台橫樑上，挖去一孔，以置此機，但洞口以手術太粗，皆不錯光，形如車齒，故碰接機與洞口相接觸處碰接機易受毀壞，損失實大，乃決計計劃一鑄鋼以代之，玆將此鑄鋼之大槪情形略述之，鑄鋼分成爲二塊鑄鋼，一塊鑄鋼之大小，以能置在中樑中間，同時所成之口能適置碰接機，但不能過大，以太過大，倘碰接機之中心，偏左偏右，當二車相碰接時，易肇翻車，或他種之重大危險，但以兩邊所留尺寸太厚，故與中樑連接處，中間隔以一塊鐵板，約半英寸厚，中樑與此鑄鋼相接二邊，各用 $\frac{5''}{8}$ 暗帽釘(Counter Sunk Rivet)，以便不與碰接機相阻，此鑄鋼外面，並有外邊(Flange)，可與橫樑用 $\frac{3''}{4}$ 帽釘四個連接之，再與橫樑之下邊，連以二只 $\frac{5''}{8}$ 帽釘各一端，再有一塊鑄鋼，可以裝在上面所說之鑄鋼下面，該二塊鑄鋼，用一個 $1\frac{1''}{4}$ 螺釘(Bolt)連接之，並有 $\frac{1''}{4}$ Split Pin，以防螺釘帽之脫落或鬆寬，前一鑄鋼二邊有突出，同時後一鑄鋼有一孔隙，故該二塊鑄鋼，可以由前置入，該二塊相接處，必須錯光，後一鑄鋼上面，成一凹限制面（ConstrainingSurface），故上面可安置一塊鑄鐵，形如凸式上蓋之，此種做法，可使蓋板（Cover Plate）不易脫落，且因與碰接機時常相磨，倘已使用過久，磨擦甚薄，可再換以他塊，不須全體更換，而碰接機所磨之面較光，不易損壞矣，迨計劃完竣後，路上所用之三十噸煤車（Coupler Pocket for 30 ton Capacity Side Dump Coal Car.）又須裝以上述之裝口，此種煤車上裝口之構造及形式悉如前述，但以中樑中間之尺寸不同，以及洞口之大小不同，橫樑之大小不同，故所計劃之鑄鋼大小及厚薄等，略有更改，以便適宜於此種車台之用，及完竣後，路上所用之十五噸煤車及蓬車，亦以構造之不同，上述二種之鑄鋼，皆不能適用，乃又另行計劃，總計所計劃之裝口，共有三種，嗣後全路所有煤，蓬，客車，都可裝置之，廠方預備於進廠脩理時，倘已損壞，必須續行裝置，以求一勞永逸之計，然統計所費，亦甚大也，此件工作，於三星期間完成之。

計劃裝口完竣後，復由林工程司命從路上所用之（ConsolidationType(2-8-0)）之機車頭上，加上 Trailer Truck Equipment，如用之於Pacific Type(4-6-0)機車頭上者，一變而爲 Mikado Type (2-8-2)，Pacific Type 上之 Trailer Truck Equipment 係有二後輪（Trailing Wheel），在火室（Fire Box）之下，傳動輪（Driving Wheel）之後分負全機重量，Trailing Truck 裝有Radius Car' 能在樞軸（Pivot）上自由轉動，故二輪隨之亦能左右轉動，在未改以前，先行計劃何者宜換，何者宜改，但能多用原有物則最好，以省時而便利也，此件改動計劃，雖已有一月餘之時間，但以附件甚多，設計需時，故至今尚未完全告就，不得以全機改動計劃，完全報告，但關於構架上各部之裝置，以及及鍋爐之按置，大部分已可决定，茲略述之，原有之主要構架 (Main Frame) 嘗不敷用，故必須接上一小構架，全機機身共添長七十三英寸，用 $1\frac{1''}{4}$ 螺釘連接在主要構架上，關於彈簧之裝置 (Spring Rigging) 除前二個傳動輪上改換外，餘均改成如 Pacific Type 上所用者，但以構架之不同 Pacific Type 上之 Equalizer Fulcrum 不能適用之於現在，故此鑄鐵，必須重新計劃並再鑄 Pacific Type 所用之 Spring Yoke Bracket 在一端亦須縮短 $1\frac{1''}{2}$，以在 Pacific Type 上之 Main Frame Distance 83 英寸，但在 Consolidation Type 上爲40英寸，並以構架厚原薄微有不同，故同時所用之 Spring yoke Bracket 上有一鑄鐵，釘在構造上者，亦須另行計劃而改鑄， Radius Bar 轉動支點之横柱 (Traverse Brace' (亦以構架中間之距離不同，而更動重鑄，關於 Expansion plates' 有仍照原有者之地位，而加改換形式及尺寸者，有添加者，有更動地位者，要能將 Pacific Type 上之鍋爐，能安置在所改成之 Cons'idation Type 構架上，照長度計之，Paciffc Type 上之鍋爐，倘置在改動之構架上，相差不過一寸，故當可設法使能安置，至 Foot Plat e Radius Bar. Trailing wheel, Trailing Wheel Box' 以及種種零件，都照 Pacific Type 機車上所用者，一無改動， Cyclinder Saddle 亦不改動，但須加上鐵板一塊，以二車種機上用之鍋爐，外直不同，結果鍋爐之周圍亦微有所不同也，鍋爐上種種之裝置，以

及 Cab 內之裝置，須追鍋爐按置後，再行詳細計劃，故現在不能詳報也，

現在既從 Consolidation Type 加上 Trailer Truck Equlqment 變成 Mikado Type' 先將該二種機車之利弊言之；Consolidation Type 機車頭在傳動輪上，所負之重量，占全機重量之 85%—90%' 所以有較大之牽動載量 (Hauling Capaclty)' 如與前機重量之比例，此種機車用之於重而且慢載貨車輛甚宜，但此種機車頭所發之蒸汽量 (Steaming Capacilty)' 與黏着力 (Adhesion) 之比例，較之 Mikado Type 有不及也，故於行車之情形中，無須更多之蒸汽量，則此種機車頭，最爲經濟，而最有效力也，Mikado Type 機車頭實從 Consolidation Type 機車頭脫胎而來，以加一個 Trailer Truck Equipment 之裝置，結果能有較深較大之火室，同較大之鍋爐，於是蒸汽量亦當增加，可用之於較高速率矣，我人熟知當機車速率增快，機車所發生之有用曳引力 (Available Tractive Force) 續漸降落，當鍋爐內之蒸汽量不能源源供給汽缸所需用者(At full Stroke)倘速率再欲增加，蒸汽之關閉（Cut-off）時間，必短，而有用曳引力之發生，亦必因之驟減，從此觀察，我人明知機車所發生之曳引力，不獨依汽缸之大小，傳動輪之大小，抑且與蒸汽量之多小，有密切之關係也，在實際上言之，機車上鍋爐所發生之蒸汽量，可與全鍋燃燒面積(Heating Surface) 成正比例。

現在既將機車鍋爐增大，同時蒸汽量亦增加，林工程司云，本欲裝上一個 Locomotive Booster 連在後尾輪軸上，按此種機件

，可利用加多之蒸汽量，而轉動後輪(Trailing Wheel)’故後輪本爲被動輪(Driven)’一變而爲自動輪 (Driving)’當在機車出發時，或在慢速度時，如經過坡度相差(Grade)較大之時，機車須有較大之拉力，則Locomotvie Booster 乃可使用，而後輪亦能如傳動輪幫助工作，Locomotive Booster 本一簡單之蒸汽原動機 (Steam Engine)’有二只汽缸，全部裝在一鑄鋼板上，同時用一個Idear Gear’ 齒連在後輪軸上，總之我人當需要時，此機之 Control Latch 一拉，當即齒連軸上，同時蒸汽亦進，而此機能動作矣，但以此機價值甚貴，此議遂罷。

現在既改用Pacific Type上之鍋爐，則現在機車所發生之曳引力(Rated Tractive Force)’或可較大，以原有之鍋爐汽壓，是 180 lb／Sg. in. 現在是200lb／Sg in. 從公式上：$T=\frac{.085P\times C^2\times S}{D}$可計算得之，此公式內之。

T = 能發生之曳引力 (Rated tractive force) 在傳動論之邊上，單位是磅數。

P = 鍋爐之蒸汽壓力，(Boiler Pressure) 單位是磅／平方英寸。

C = 汽缸之直徑，單位是英寸。

S = 汽缸內之活塞來往距離(Stroke)單位是英寸。

D= 傳動論之直徑(Driving Wheel Diameter)單位是英寸。

曳引力既較增加，但此機牽動載量 (Hauling Capacity) 是否能增加，實一疑問題，我人熟知一機車之牽動載量，是與機車所發

综合卷（第四册） 交大季刊 第三期（1930）

生之曳引力，及所發生之阻力（Rail Resistance）’或稱之爲黏着力（Force of Adhesion）’有密切關係，從實際觀察，凡機車能利用他能發生之曳引力，則必須全機之重量，載在傳動上者，至少在曳引力四倍以上，換言之，倘傳動輪載量過輕，則滑動(Slipping)遂之矣，此當可用力學證明之如下：

當右面汽缸之活塞在不能向前動時(End of Stroke)’則左面之灣軸(Crank)與傳動輪，必成90°直角，在上或在下，如圖二。

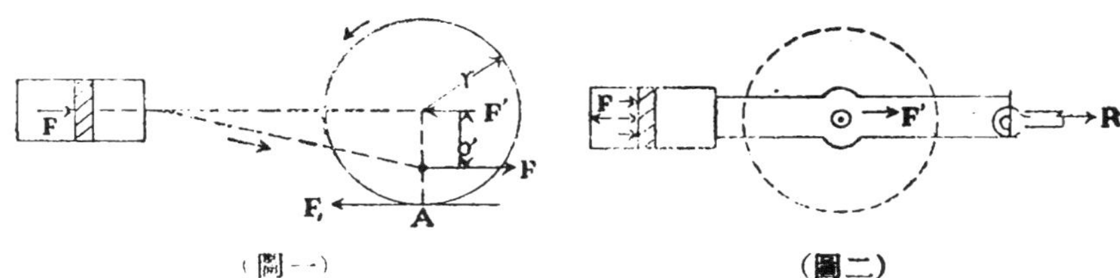

（圖一）　　（圖二）

現在假定F，從活塞上傳到灣軸釘上(Pin)，無磨擦力損失，（Frictional Loss）同時接桿(Connecting Rod)是無窮之長，傳動輪當作槓杆(Lever)AB，支點(Fulcrum)在A.F. 是構架之橫壓力抵在傳動輪軸上，現在取力(Moment)在 A 點上，倘使均勢（Equilibrium)’則 $F'r = F(r-a)$ 或 $F = F-(\frac{a}{r})F$x（1），在圖二，構架上 F' 力反其方向，但F力亦反其方面，而壓在汽缸蓋上，則橫力倘能均勢，必 $F-F' = R$，或 $F' = F-R$（2），此式內之 R，是拉力，從(一)同(二(式內，又可得 $F = (\frac{r}{a})R'$ 或 $R = F(\frac{a}{r})$(3)從此式內可知F力之 Moment 在輪軸上，是與R力之 Moment 從路軌上之 Instant Center 相同，再取力 B 點上，則 $F_1r = Fa$，或 $F_1 = F(\frac{a}{r})$ (3)，此式內之F，

是黏着力，從(3)(4)二式內，可知 $F_1=R$ ，此乃直接證明，機車之拉力，是被路軌上之阻力所限制，現在既加上 Trailer Truck Equipment ，則火室之重量，幾全在後輪上，在傳動輪上所負之重量，勢必減少，職是此故 Factor of Adhesion 必須先行詳爲計算，現在從事鍋爐燃燒面積之計算，結果尙不能報告，此關於改造 Consolidation Type 機車頭之工作，迄今雖已有六星期之時間，尙待繼續也，(關於 Type B Type C 及擬改之機車頭可在附圖參觀（編者按此圖因顏色關係未能製版特此誌歉）楷來廠三月間之實習工作，既如上述，但平時引爲欣慰者，在廠實習，尙無無事可做之缺憾，且對於設計上種種常識，往往失之過宜，而設計室主任林工程司，儼若師生，循循指導，不憚其煩，尤深感謝也。

民國十九年三月二十三日，施履楷謹報

演講

金貴銀賤與關稅徵金

馬寅初演講 程志政筆記

金貴銀賤。是一個很重要的問題。不論男女老幼。都受着影響。未來的情形怎樣。現在還不能知道。今天所要討論的。一是將報上論調的謬誤點。加以辯明。一是將報上沒有詳細講的。加以解释。

有人說。銀子跌價。對於中國工業有好處。因爲銀跌則開銀礦的以無利可圖都不願意開掘了。那麽。銀子自然要回漲。這話是不對的。理由是世界銀子的產自純銀礦的。不過百分之三十。而從銅礦的副產中出來的占百分之七十我們知道副產和成本是沒有關係的．它是Joint Cost Production (混合成本)譬如殺一頭猪。如果成本十六元。賣二十元。其中有四元利益。自然可以做得。反之如成本爲二十元。賣出僅十九元。那就無人肯做。這是很明顯的。所謂成本。是指全部而言。硬要派猪頭若干。猪腸若干。那是不可能的。猪毛和猪血。本來是不要的。換句話說。是一文不値的。後來因爲大家要買。所以價錢也慢慢大起來。實際上他與成本。毫沒有關係。所以副產的價值。不是根據於成本原理。而根據於需求原理。銀子的出產正也是如此。他既與成本無關。自然將來的出產仍然是很多。第二點。墨西哥是大宗產銀國。現在因爲內亂。大部分銀礦還波有開採。將來戰事一定。實施開採起來。銀額還要增加。第三點。印度改爲金本位。 (gold bullion standard) 也與銀價大有影響。所以就我看來。銀子依然要跌的。銀價低落。百物都要漲價。譬如有三只船帆。構造和船員都不同。所以行起來的速率也不同。如今添了一重風的力量。那麽。

二只船都比從前快了。然後依然是有先後的。現在洋布毛葛價漲得最利害。米煤稍爲好些。雖各有各的特別原因。然而漲價是一致的。

還有些人說。銀價跌則中國出口貨可增加。利益也很大。這種見解也不對。比方假定中國從英國進口一百磅。出口到英國一千元。那是金銀的比率爲一等於十。所以兩方是平衡的。中國千元的貨。拿到英國賣百磅。再拿百磅買東西回到中國依然是一千元。（利益不計）現在譬如銀子跌價。金銀比率是一等於二十。那麼。英國拿百磅的貨價中國賣二千元。拿二千元買貨再到英國（假定物價不變）英國商人可得二百磅。他更一回轉間。賺了百磅。所以物價不變。中國出口雖增加。但他一百磅可買中國二千元的貨。所以中國把雙倍的貨物。送給英國人了。吃虧的到底是誰呢。除此以外。還有一個結果。就是把國內的貨品。也漸漸提高。譬如絲千兩一担。外國人大家來爭買時。結果必漲至二千兩。到那時。外人無利可圖。然而絲的價錢。即使不出口。就是在國內。也要賣二千兩了。所以不但進口貨貴。出口貨亦要貴。否則既然銀跌我們有好處。大家天天希望他跌好了。

進口貨出口貨漲價。其餘東西也都要漲。第一個理論是替代律 (Lawof substitution) 譬如麵是進口。於是大家都吃米。米因爲需要增加。也漲起價來了。第二理論是機會均等問題(Opportunity cost) 輪船上的水手工資增加。那麼工廠的工人也要增加。其餘的工人。都想加入和國外貿易有關地方工作。雖然各有各的專門技能。不能勉強。然而他們的子孫。無論如何要改業了。所以幾年之後。情勢就可改換過來。工廠裏的人少了。工資自然要增加了。第三個理論是調和律(Arbitrage)譬如甲處蛋比乙處貴。則商人紛紛從乙處運蛋到甲地來。結果乙處的蛋。因需要增加之故。也漲價起來。這是地位 (Space) 的關係。還有一種人來投機。比方米商看看米要漲價。他於是今年須買了許多。待來年再賣。這是時間(Time)的關係。如此影響下來。百物都要漲價。不但經濟問題。而且成爲社會問題。不但是社會問題。而成政治問題。因爲外債原來預算一萬萬可付的。現在要一萬五千萬。政府如何能維持呢。

再講關稅征金。這個發明。可算得異常巧妙。方法是從二月一日起至三月十五日止。以一海關兩等於一·五單位。一個單位。作為美金四角。所以一海關兩便是六角。自三月十六日起。一海關兩改等於一。五七單位。就是等於美金七角。所以凡是在二月一日至月十五日中間要完納一海關兩的。改付美金六十分。沒有美金。可賣匯票。否則出口簡(Ex-port bill)也好。如果三項都沒有。那麽。可以買値美金六角的銀子交付。至於那時美金六角是否可以一海關兩買得。那政府却可以不管了。(或買金磅日金亦可)三月十六日起。又須照一·七五單位去算。海關征金。雖有人說是政府的利益。但銀價漲時。商人便很合算了。這實在雙方都有好處。還有一樁可取的。便是海關雖然征金。而稅則表依然不變。仍照銀兩算。如是更省却一種修改稅則的麻煩。而且外國人更是毫無反對的餘地。這個方法。公平而易行。確是們所想不出恐怕是總稅務司所條陳的。

最後再論關稅征金和幣制改良的關係。近幾月來。報章上關於討論金貴銀賤的問題。非常之多。就中以天津大工報爲最有價値。天津銀行界先進吳鼎昌言政府的征金。是爲自已着想。這是不成問題的。及說關稅征金與改良幣制無關。這句話我却未敢贊同。我以爲征金就是改良幣制的基礎。海關征收金簡位。其影響最大。從前人說要廢兩用元。須從海關改起。現在金子也是如此。出口貨的利益。進口貨的價格。都照金子算。自然商人也沒有什麽不便。而且消費者也可以便宜些。譬如現在中國用銀商人每每要將貨物的價格提高些。免得匯兌而折本。今雙方都是金單位。自然信種弊病可免。第二。要用金本位。先要宣傳。海關與各方最有關係。所以宣傳起來。更有效力。商人腦筋中有金的印像。以後的進行。便很容易了。其次。海關有一個金簡位那以後中央銀行。可分金賬位與那銀賬位兩種。人民存款。可合金單位存避免風險。但有人說。中國既無金幣。都麽。提款時依然是要用銀子。危險還是有的。可是將來貨物變成金單位算。就可以金存款直接付了。中央銀行有了金簡位。其他各商業銀行。也必跟着設金賬位。以便匯劃。中央銀行更可發金兌換劵。最初數目要大些。譬如出口商賣絲一萬兩到英國。値一千個簡位。可寫一張匯票。向中央銀行貼現。中央銀行便給以一千單位的金兌換劵。由中央銀行到英國去收款。就存在英國。結果在中國有一千金單。在英國有一千磅（比方）以後雖不兌金子。但可匯劃到英國去。久而久之。再發較小的金兌換劵。所以最初不必要有金子。但有貨就可以。這樣一來。改革幣制的根基已立。時機一熟。水到渠成。政府但須下一紙命令。金本位馬上就可辦到了。

京浦輪渡之計劃

橋梁專家鄭輔華博士演講　　葉仁薄記略

溯自津浦滬甯兩路，落成以來，已數十年矣。而浦口至下關一段，迄今仍然斷離，不能一貫運輸。實以揚子江深測殊甚，建築旣難，而經費亦缺乏故也。曩者政府，曾委遣何君及王君，赴歐美考察橋梁，以資借鏡；並請華特爾氏，計劃一長跨度鐵橋，顧均以費値過鉅而不果。然此段之宜從速連結，乃各界之所殷期者；蓋其影響于政治，財政，商業，及民衆旅客等，不知凡幾。譬如煤價在山東不過三元餘一噸，而上海則十六元。偌大之差數，遂使日煤得暢銷于申江。試思之，非津浦滬甯兩路，運輸不能貫一，有以造成耶？故此段若能及早告成，僅以滬杭滬甯兩鐵路而言，每年可省煤費，約十萬元之譜。遑論其他矣！

按跨河接連列車之方法有十，如下：

（甲）屬于橋梁方面，

（一）高水平橋 。(high level bridge) 此法乃建築規模較大之鐵橋，如懸橋及臂梁橋等。

（二）低水平橋(low level bribge)。此法乃建築鐵橋，具有活動橋空(span)，如升降橋及旋轉橋等。

（三）浮橋 (Pontoon)——以若干平底舟，啣接跨河成橋，火車行駛其上。

（乙）屬于隧道方面，

(四)高水平隧道 (high level tunnel) —隧道之上層距河床甚近，火車卽由此隧道穿過，而達彼岸。

(五)低水平隧道 (low level tunnel) —與(四)同。惟隧道之頂與河床，距離頗遠。

(丙)屬于輪渡方面(Ferry)，

(六)輪渡具有升降之甲板——按輪渡乃一面積廣大之船，上置數行鐵軌，與岸上軌道相接合，火車抵岸，卽由輪渡運達他岸，惟因潮流之漲落不定，故渡船具有升降之甲板，隨潮水而升降，俾渡船鐵軌與岸上鐵軌相啣連。

(七)兩岸備有升降機——火車至岸，升降機卽將其陸續移動登船。

(八)Dock and lock——斯法乃築一船塢，倘遇潮流漲落則鍵塢門，以幫浦抽水或加水，俾與岸齊平。

(九) Fixed incline —此法乃于兩岸各築一雙橋空之(transfer bridge)，橋空之一，傾斜約3%或5%之固定斜度。故雖潮流漲落，而渡船仍能與橋上軌道相接合。此法在美密西西比河多用之。

(十) Movable incline ——與(九)同，不過橋空之傾斜，可以隨意活動。且全部(transfer bridge)均露出水面，不若 fixed incline之一部浸于水內。

接連之方法既已略言之矣。然究以何者適宜採用，則請先行分析其優劣之點。

(一)高水平橋，基礎建築，頗非易易，加之揚子江深度，約一百六十尺有奇，是以益形困難。而建築費須 30,000,000 元左右，處於現在中國情形之下，固非宜也。

(二)仝上

(三)浮橋建築費約 9,000000元，雖次于前二者，然修養費一層則頗鉅。

(四)與(五)隧道若引用河床淺處則頗宜，惟施之于揚子江似不宜，蓋所費頗夥也。

(六)在加拿大嘗曾有採用者，計有二渡船，每船約 3,000,000左右，加之運用費約7,000.000許，然運行遲緩，若遇猛風，則又搖蕩不穩，故殊不適也。

(七)用升降機雖亥優于(六)，然建築費仍大，而運用亦遲。

(八)是法運用極遲。建築費約6,000,000元，而運用費亦鉅。

(九)下關與浦口雖高度相差約二十四尺，然此法能不爲任何兩岸高度差數所限止，是其優點，但劣點甚多，如下：

(1)建築與修養兩費甚大。(2)水中淤泥，常于附于transfer bridge 上。(3)結構不能堅實(4)因一部浸于水內，是以不便視察與修理。

縱覽上述九種，非費用過鉅即運用遲緩。總之弊勝于利，良非所宜。惟Movable incline 上優點較多。蓋(1)建築，運用，及修養諸費，均較其他爲小(2)斜度隨潮流上下，由 bending screw 轄之似頗便利(3)每次跨河，計費時間，不過二十分鐘(4) Transfer bridge 露出水面，故銹蝕不易發生，且便于視察及修理。(5)渡船鐵軌只一行，材料較省。

亦浦口與下關之行車接連方法，已决採用 movable incline 輪渡。刻正在進行之中，對於計劃及施行等，頗宜注意之。

(I)對於計劃方面者：

(一)輪軌與岸軌之接合(二)發動力之供給——水力(三)bending screw 之彎曲與保護(四)火車之衝擊力 (Impact load)——約活重(live load)之20%(五)風力——約 400 lb/sq.ft.(六)塢所(七)渡輪之鎮定物(七)冷熱之伸縮(八)建築費之預算——約 2,000,000—3,000,000 元(九)完成時間之預算——約十月

(II) 對於施行方面：(一)財政(三)各部之斟酌(三)工人管理

余以目今計畫尚未完成，至不能詳述，僅作一段小報告而已。倘能日後竣功，則或能與貴校同學作較長之討論也。

機滑油之研究

周朋西先生講　　成貽典筆記

周先生亦本校校友，歴任機械工程師，飛機工程師，及漢冶萍公司工務處處長諸要職，且曾一度任某保險公司總會計之職，現任德士古煤油公司銷貨工程師；學識淵博，經驗宏富，對於機滑油之研究，造詣尤深，此次之演講，計分二次講完，此其一也，演講時並攜有機滑油樣品數十種，故聽者更易領會，臨行時，並分贈同學以機滑油月刊多本。

機滑油之功用——機械之作用，在傳動及力，機件相互間因磨擦發生阻力，工能遂致減低。阻力之性質，除去極少數情形，如制動機等，足以利用外，綜觀之，實爲工能之大礙。機滑油者，卽用以減少機件間之阻力者也。

機滑油之種類——在昔機械事業未昌明時，機件運轉之速度不大，機滑油之選擇，尚無多大關係。在今因機件運轉速度之激增，有時爲滑油選擇之不愼，致影響全部之運動，遂乎飛機所用之滑油，皆須經一番考慮也。機滑油之種類頗多，大別之爲

1. Fixed oil, Drying and non-Drying. 2. Mineral oil

Fixed oil 卽動物油與植物油，此在昔多用之，後以消費激增，如在 1914 年消費量爲 325,000,000 加侖， 1921 爲 756,000,000 加侖，十年間增至一倍，加以來源缺乏，遂代以礦油 (mineral oil) ；近來則礦油之用途，駕乎 Fixed oil 之上，蓋礦油價廉種類多，且其間不含氧之成分，非若 Fixed oil 之易被空氣發生作用也。

礦油之提鍊：——

機滑油亦係從黑油中蒸溜而出者，其來源大別之有二，其提鍊之過程，有如下表

1. Paraffin Base—Gasoline, Keroseen, Gas oil Diesel,

Wax distillate, Cylinder stock.

2. Asphaltic Base—Gasoline, Kerosene, Gas oil Diesel Lubricating oil,Asphalt.

從 Paraffin Base 所提出之機滑油，與從 Asphalic Base 所提出之油，無大差異，但呈紅色，惟前者之反射光作綠色，而後者作藍者而已。

機油之性質：——

1. 比重 (specific Gravity)

自機滑油滑潤之價值言之，比重雖非重要，然礦油與樹脂油及 coal tar oil 之區分，則賴之以定，而礦油種類之分別，亦依此爲準，膩度不大之機滑油，其比重可用比稱 (hydrometer) 以測之，若此稱本身無差誤，則此爲最簡便最準確之方法。比稱之刻度有二種，其一則普通所用者，直接刻所量之比重，其他則易刻一憶定之刻度，此種刻度因制者而異，普通所用之 Beaume 度數，其於原有比重之關係爲

$$\text{sp. gr.} = \frac{14.15}{131.5 + \text{Be'度數}}$$

比重因溫度而異其值，故稱某度爲若干度，則測度時之溫度，亦當述及。

2. 膩度 (Viscosity)

液體分子間之阻力，可以膩度測之，膠度關係機滑油之性質頗大。機滑油之使用，原不過爲減少固體與固體直接之磨擦，而代之以液體分子間之磨擦也。凡膩度過小之油，用於高壓力之處，勢必被擠出，而機油之作用全失

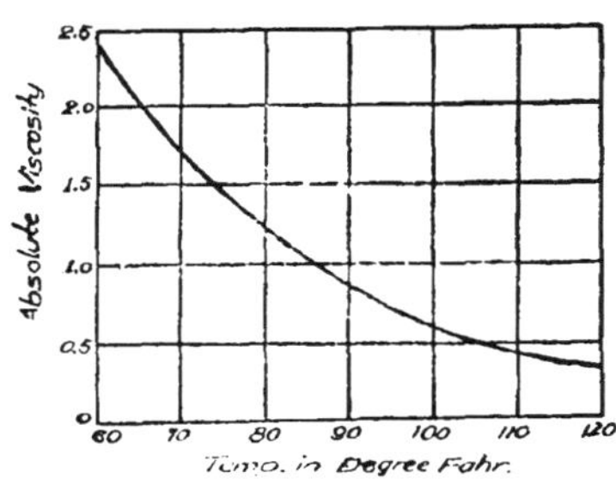

膩度與溫度發生影響，大率度溫愈高，膩度愈低，是以汽缸內所用之滑油，與普通所用者自有差異，其關係有如下圖。

膩度之測度，在德用 Engler 試驗法，在美用 Say bolt 試驗法，普通所用者，係從盛油器內，於規定之溫度，經一定管徑之出

口，流出若干之油，於此規定體積流出所須之時間，卽用以測量膩度之大小，蓋流出所須之時間，與膩度爲正比例也。

3. 燃着點 (Flash point) 與發火點 (Fire point)

此二種性質，於滑潤之價值，本無關重要，然爲安全計，亦不可不注意及之。機滑油加熱，發生氧化作用，以火觸之，如發生火焰，而瞬卽熄滅者，此時之溫度，卽名爲燃着點。如氧化作用更盛，則發生燃燒作用，呈連續之火焰，此時之溫度，時名爲發火點。潤滑機件用油，此點當不能過低，不然，機滑油着火，其危險爲何如。

4. 冷凝一遇低溫時，機油亦能凝固，如製冰所用者，與普通所用者，當有差異，不然，一經凝固，尙何潤滑之可言。

5. 酸度一滑油內含酸，則影響及所接觸鋼鐵之壽命，故亦當注意及之。

6. 色澤一機滑油之種類既多，其色澤亦因之而異，有清白若水者，有濁如墨者。其外有黃，紅，棕，綠色。大凡 fixed oil 既經提鍊之鑛油，多係透明，未經提鍊之油，則反是。注酸於棕，其色亦可變淡，此外有用濾過法者，其値自貴，飛機上多用之。

7. 滑油 (Carbon Residue) 與比熱 (Specific Heat)

機灰爐之攙和：——

有時爲求某一種性質之油，或兼二種滑油之長，或爲價格所限，得攙和不同之油類，而利用之，或相Eixep oil與mineral oil相和，或mineral oil 自相攙和，大概不外下列四種方法：

1. mixing 2. Compounding 3. Blenbing 4. Adulterating

機器之潤滑問題

周朋西先生講　　成貽典筆記

大凡兩機件經一度之磨擦，其結果不外機件之發熱，材料之磨損；單就火車電車制動機所磨去之材料言之，年可達十餘萬噸，其他能力之消耗當屬不貲；機油之使用卽在減少此弊。蓋任何表面平滑之金屬材料於顯微鏡下觀之，則顯凹凸不平之象；兩機件之間所使用之機滑油卽儲於此面處，而營其滑潤之責。有時油質亦可被金屬所吸及，呈玻璃之光澤，汽缸內常有此現象。

機滑油之種類既多，而應用之方亦異，略言之如下：

1.機軸及軸承之滑潤：當機軸運轉時，基於劈尖之作用，(Wedge action) 軸身因以增高，其間之壓力，因以有最高最低之處，機滑油之加進，當在壓力最低之處，其理甚明。

I. 滑潤器(Lubricator)之種類：其用於機軸及軸承者不外（a.)oil hole，卽在軸承上穿一孔，時時注油於內。（b.)Siphon 用一端浸入滑油之棉紗條，其他一端則下臨軸上，油滴得以間歇落軸上。（c.）Needle Lubricator 軸與軸承之間，常略留空隙，故運轉時遂發生震動，因以引動一滑潤器之針形活門，滑油得以流出；當機軸靜止時，針因動力下垂，滑油得不漏出；因有此種之調節，是以較上述二者爲經濟。(d.) grease cup (e.)cnain:圍一鏈索於軸上，而下端浸於滑油內；鏈一轉動，遂攜滑油以俱上。(f.)collar：其作用與上同，惟易chain爲collar 而已(g.)mechanic lubricator：滑油因 pump 之緊壓，遂形成一 circulating System；用過之污油，經一度之濾過，得以再用；且軸承所生之熱，亦可因滑油之循環運轉，得以散出；此乃Lubicator 中之最經濟而最著成效者，機器無論大小多樂用之。

II.滑油之標準　高速度＝＝100"-150'（膩度）　普通速度——200"　低速度及寬鬆之軸——300'如壓力加大，油易被擠出，則改用 Gease, 至於鋼珠軸(Ball bearing)

因油無停留之地，亦用 Grease.

2. 透平之滑潤：透平上所用之滑潤器，即利用上述之 forced Lubrication ，其力重二磅至十五磅每平方英寸不等。其所用油，對於下例各項之傾向，須爲極小：(1) Decomposition (2 Emulsion (3) Sluge (4) ；Foaming且須 (5) Freedom from acid。透平所附屬着高速度之齒輪，因高壓之關係，須用重油，膩度自 300"至 500"之間。

3 汽缸與汽餅 (Cylinder and pistor) ：引擎之功能，消耗於汽缸與餅汽之阻力者，有時逵百分之十；不充分之滑潤，則汽缸間發生糟雜之音，(Groaming) 可聽而知。其所用之滑潤器，爲Hydrostatic Lubricator,利用冷凝水(Condensed water之壓力，營滑潤之作用；另有用噴射器 atomizer 者；要之不外期滑油形成細小之油點，混於蒸汽內，附着於汽缸及汽餅口而已。普通有用混合油者，惟附有冷凝器之蒸汽器則不可用，須完全用鑛物油。

4 其他(a,) Water pump—以不增加硬度爲準。(b.) Marine engine— 用混凝油，因其間之植物油易於附着也。(c:) Air compressor—須 Low Carbou之滑油，不然所分解出之炭，過高溫易至爆發之險。(d.) Refrigerator逍冰器—滑油用 Aspaltic bose，膩度在100,,-200,,之間須經過冷試者。(e.) Internal Combustion Engine 膩度須較高，因可彌縫汽餅與汽缸間之空隙也 ； 炭之成分，亦須極低 ， 滑潤器則用 Enclosed System。

車輛用油之發明： 關於電車火車所用之滑油， 近來發明一種 Car oil (即 Louis A)，極合適用。其性質如下：

Specific Gravity 24° (Be') Viscosity 100°F (Saybolt) 600" For summer. Viscosity 100°F (Saybolt) 400" For winter。Pour Test 20° F (standard) Pour Test0° F (winter)

土木工程事業之大概

凌竹銘先生演講　　王兆藩記錄

三月二十四日下午四時，前校長凌竹銘先生蒞校演講，講題爲「土木工程事業之大概」。凌先生爲土木工程專家，此次演講，以其所有經驗，指導同學求學及將來辦事之方針，勉勖備至。玆將是日演講，記之如下：

土木工程人材，中國現在非常缺乏，故余任職母校時，竭力設法恢復土木科，卒以種種關係，未能成功。今玆母校土木科已於上學期繼續開辦，而今日復得與諸君聚談於此，尤覺快慰。

土木工程是建築之基礎，電機工程及機械工程，必於土木工程有相當基礎之地方，始能實行，故土木工程實爲物質文明之嚆矢。歐美各國，建設之基礎，已經鞏固，故電機工程及機械工程之工作至多，而發達異常。返觀中國內地，毫無發展，幾與數千年前無異，故以現在中國情形而論，土木工程較任何其他事業爲重要。諸君學習土木工程，對之必有相當認識，而於將來職業狀况，亦宜注意。所用非所學，大都皆因對於所學未有認識。故希望諸君於努力功課之餘，詳細研究土木工程於現在中國之地位，爲將來一生事業之目標，否則所用非所學，實國家人材之損失也。下列數項，應當注意。

(一)爲多數人謀幸福——無論學習何科，不能無目標，而爲多數人謀幸福，尤爲目標之大者。中山先生倡三民主義，爲人民求自由平等，人民受其惠；林肯解放黑奴，黑奴蒙其恩；吾人學習工程者，亦當從此平着想。若學成之後，計劃自己住宅，供一家之安適，則僅實施工程之餘緒，依理言之應當推至一市一省而一國，視人民之所需要，而爲之謀幸福。譬如上海道路不平，工程師當設計改良，使之平坦；電燈線電話線穿街過巷，形如蛛網，殊不雅觀，工程師當設法將其埋之地下，以壯觀瞻；上海土地殊鬆，建築高大洋屋，頗感困難，工程師當盡心研究，以期高大之房屋建築極易；以上種種，雖然亦係爲多數人謀幸福，然而上海情形，較之內地，勝似萬倍，此種建設，所謂錦上添花。諸君當知今日中國所需要之事，不在此也。黃河決口，人民之死傷，田廬之湮沒，損失浩大，陝西災荒，餓莩載道，四川一省，人口達五千萬，而並無鐵路；環視全球，此種情形，殊屬罕見。夫浚河之利益，足救生靈之塗炭，其造福之大，鮮有其匹，然而竟無人肯爲之，殊堪浩歎。余在隴海路時，目擊陝甘災況，備覺可憐。蓋陝西農產頗豐富，所產棉麥兩宗，足與美國所產者相抗衡，然而美國農家之麥，可以汽車運至鐵路，由鐵路運至太平洋岸，經海輪而至上海。復運至漢口，其價則反較之陝產者爲廉，交通之不便，於此可見。且中國之農民，其勤苦未必遜於美之農民，然美之農民，豐年可以其所餘，運出售賣漁利，荒年則可以重價向鄰近購買糧食；而我國陝西之農民，豐年不能以其所餘運出售賣，祇能任其腐爛，迨至荒年，則雖有重價，無從購買糧食，所謂樂歲終身苦，凶年不免於死亡，設使交通便利，則陝西雖三年之中，有一年歉收，尚不致釀成凶災也。是故諸君異日爲國家服務，當耐勞苦，做此等生死人而肉白骨工作也。

（二）工程事業與社會之關係——工程是應用科學，與自然科學不同，自然科學與社會毫無關係，而工程與社會則關係密切，不容忽視，然在學生時代，每以爲學工程者將來完全做工程事業(pure technical)社會情形，可置之不問，此實極大之謬誤，蓋建設賴乎工程，而建設之背景，則社會與經濟是也。譬如南京擬設自來水廠，若不顧社會情形，則可於自來水學書本中，於得平均水之消耗量爲100 gal/cap/day 南京市民有五十萬人，由此卽可計算廠中一切設備，若水管之大小等等，而開辦之經費亦可算出，假定爲五百萬元，此種計算，固易事也然而按之實際。此五百萬元之經費，如何籌措，卽爲最大問題，設使國家不能担負此項經費，則勢必徵之人民，假定每戶平均担負五十元，而開辦之後，每月水費五元，試問南京生活程度，是否有此能力，担負此項經費，卽工程師之所宜注意之社會經濟狀况也。猶憶遜在梧州計劃自來水時，曾經親自調查，水之稍耗量，平均每人每日僅用五加侖，設使當時照書本上之平均值計劃，則豈不荒謬絕倫，是故工程師當明瞭環境，然後可以言計劃，否則紙上談兵，無俾實用也。抑又有進者，工程之進行，材料與人工兩者，不可缺一，在歐美各國，人工貴而材料賤，中國則反是，工價僅歐美二十分之一，而材料則因本國並無出產，必須購自外洋，故價殊昂。而購買之時，必須審慎，蓋同一外國貨爲，而各國之價目，自是不同。譬如建築橋梁，必須用鋼鐵，我人當知美國鋼跌業雖至發展，然而用之於本國，尚嫌不敷，若向之購買，價必奇昂，若向歐洲之小國如比利時者購買，因其所出產之鋼鐵過剩，故價亦低廉。又如各國材料之尺寸，暈通皆有一定，所謂 Commercial Sizs 若計劃之時，並不顧及此點，則所需材料，俱要定做，較之普通尺寸，其價必較貴。以今日中國之財政狀況言之，必以最低之價，得最多之材料，切不可造次，蓋今日中國之於世界上，無異於窶人之謀生活於上海也。彼窶人者，其所以能生活於於上海，端賴謹謹持重，不肯虛糜金錢耳。其欲購買肥皂焉，必先擇定減價之時，探聽價廉之商店，而後購買，雖所省僅錙銖，而彼窶人者，實受其惠。設使因急於需用，遂不顧價格之如何，遽乘汽車至先施公司購之，雖得之迅速，然而所費則不貲矣。今日中國工程界，恆犯此病，往往因急於施工之故，遂不顧一切，用數倍之價以購，所須之材料，其不爲此窶人者幾希，此語雖不免言之過甚，要之不明社會及經濟情形，枉費金錢，實爲今日之通病，願諸君注意之。

（三）通才與專才之分別——學工程者，每喜專攻一門，以求深造，其思想固不錯，然而在中國現在情形，則不適用。歐美各國，分工制度殊發達，故專才得發展其所長。今日中國之情形則不然，社會往往視工程師爲萬能，初不問其爲土木，電機或機械工程師也。且工程規模狹小，各門專家，不能羅而致之。譬之建築橋梁，則用機器打樁。及裝置電燈以備夜間工作等，亦工程師所宜計及，設使對於此種學識，並不知悉，必感困難矣。因憶求學時，每覺土木科所學，既繁且夥，而於化學，電機工程，機械工程等，尤以可與土木科無關，遂亦漫不注意，迨日後應用及之，始悔當時忽視之非。譬如設計自來水，則水中所含雜質之多少，與衛生之關係，俱需了然於胸。又如建築橋梁及鐵路，必須用鋼，鋼之力量及價格與其中所含之碳，磷等俱有關係，工程師亦必知之綦詳。此化學對於土木工程之應用也。建築橋梁時裝置電燈，及活動橋梁運用時所需之機械等，則電機工程智識之不可缺少也。橋梁所以備機車之行駛，則機車之動作，及其對於橋梁之影響，必當稔知。此土木工程師之必需兼諳機械工程也。他若法律，經濟，土木工程師亦應兼及之。實施各種工程，在在俱需簽訂合同，則商業上之種種習慣，法律上之種種手續，均宜熟諳，始不致受人之愚。且設或自己做包工者（Contractor）則合同上對於自己之保障，亦宜爭持，設或昧於此種學識，則必爲人所欺也。工程所用材料，以何者爲經濟，亦當有充分之經濟學識，始能計算。而材料購自外洋，故對於世界商場市價，亦當時刻留意也。尙有一點，應當注意者，卽 field work 與 Office work 應當並重，外國人每謂中國人對於計劃非常精密，而一旦實施工程，則殊不高明。此點之養成，蓋以在學校內，計劃之時間多，而實習之時間少，迨畢業之後，服務於社會，卽能發覺偏重用腦之非，要知非先做此種下層工作者，其所計劃，必不能切合實用也。綜上所言，可知在今日之中國，通才之需要，遠勝於專才，深望諸君勿固執，而多吸收各種智識也。

（四）工程師之生活——諸君旣已學習工程，對於工程師之生活，當必略有所知，惟就余之經驗而論，則工程師之生活，謂之苦亦可，謂之樂亦無不可。土木工程師之生活，較其他任何工程爲苦，蓋土木工程乃建設之基礎，故人民所到之處卽土木工程師所當努力之處，而衣食住行，自無一件可稱舒服。現在上海大部分之學生，居則洋樓，食則西餐，出必汽車，有暇則看電影，而尤不愜於意也。試思土木工程師之生活，則日間在外測量，晚間於煤油燈於洋燭之下，繪製圖樣，其苦何如。然諸君旣學工程，卽當爲多數人謀幸福，不辭艱苦，以發展中國。將來之能任艱苦，當先自今日求學時代始，俾有深刻之影像。日本學生，生活簡單，足爲吾人模範。關於服裝不必華麗，尤有一實事，足資證明，前在隴海路時，有一分段工程師與一監工同行，工程師身穿工衣，而監工者則身穿西裝，途值土匪，監工爲所擄去，而工程師覺以衣褸得免。是故工程師當耐苦，犧牲一己之幸福，而爲多數人謀幸福。雖然，工程師之生活，亦未嘗不樂，特人之忽之耳。譬如學習銀行者，服用舒適，贏餘累萬，此其因錢財上之滿足而樂也。若工程師者，事業之成就，即其莫大之樂，此精神之滿足也。小而言之，興辦自來水，使一市之人，得清潔之水，減少死亡率，或放寬道路，使行人感覺舒適便利。大而言之，濬疏黃河，使沿岸居民，非但不受水災，且可享用水利以佐生產。此種事業之成就，利溥黎民，則工程師雖窮苦一生，其精神上之快慰，爲何如耶。雖然，工程師之報酬，於初入社會時，似較菲薄，待經驗漸多，地位漸高，則報酬亦殊可觀。且年來社會對於技術人員，頗爲注意，每加以保障也。

綜上所述，今日之目的，在希望諸君，於努力課本之外，研究社會情形，多求各種常識，將來學成之後，當不憚勞苦，爲國家人民謀幸福，勿遇阻而棄其所學也。

印度幣制之變遷

馬寅初博士講　　程志政筆記

——由虛金本位而至金塊本位——

印度的幣制。從前是虛金本位。辦法是假定一個羅定等於一先令六辨士。羅比是銀質。用法律來規定它的定價。實際上把羅比化成純銀。是不値一先令六辨士的祇値定價的三分之二。其餘的三分之一是空的。但法律旣經規定。人民便要當它一先令六辨士用。可是還要有兌現來維持它的法價。譬如一張鈔票値五塊錢。其所以能値五塊錢的。原爲了能兌現。現在印度呢。拿一羅比來換一先令六辨士。政府是允許的所於法價可以不跌。這是第一步。如果現在印度物價高。英國物價低。印度出口貨自然少。進口貨自然多。英國的情形。可巧相反。如果要物價低。印度的貨幣必定要收縮。印度沒有金子可以出口的。付銀子吧。英國又不受。所以就另外想出一個方法來。設一萬萬羅比等於X金鎊。印度便拿這一萬萬羅比向英國兌金子。（事前有準標金在英國）由銀行拍一個電報叫倫敦付出X鎊。印度的現銀少物貨便跌。英國銀子加多。物價便高。結果雙方還歸於平衡。至於準備金的源來。是因為羅比的法價。比實在的價格要高出三分之一。政府所賺的錢很多，就拿這賺來的錢去買金子。不過。法價可以規定。市價是可以變動的。如果銀價漲。那麼人民便要把銀幣化了。來牟利。譬如原定含三百格蘭姆的銀子的羅比。可換一先令六辨士。此刻銀價漲高。祗消二五〇格蘭姆便可換了。自然人民要把三百格蘭姆的羅比化了。提出二五〇來換一先令六辨士。還有五十格蘭姆的利益。不久便有銀幣絕跡的恐慌。所以要把分量定得低些。但太低又容易引起人民的私鑄。定真銀成分確不是件容易事。

在國際貿易上。平常時候。也動用不到準備金。何以呢。可以舉一個例子。英鎊的分量。等於美金四，八六六元如果美欠英多。那麼大家買英匯。滙價必高。所以一鎊也許要等於四，八七值或四，八八元。假定一鎊金子運到英國各種費用。。共要三分。那英匯漲到四，八九元時。便要受現金輸送點的限制而不能再上去。因為再高上去。商人直接。運金子好了。反之由英到美亦然。因此平時匯價在三分上下之間。商人可向銀行買匯票。直等到過了現金輸送點。方纔現金出口。印度的情形。正也如此。綜合它用虛金本位的優點共有四項。第一。銀子不會跌價。第二。金子用的數量小。因為非到上述情形不用。第三。利用餘利買金子。不費本錢。第四。金子不會漲價。

印度的虛金本位。中國是不合用的。(一)中國警察偵探不好。有時與匪通聲氣。假造貨幣。毫無辦法禁止。(二)印度沒有租界。中國人在租界上做違法的事。轉轉照會。早已捉不到了。(三)中國進口碼頭很多。海岸綫太長。到處可以由外國造好偽幣進來。(四)中國官吏。以為有利可圖。往往濫鑄不已。正權不統一。無法禁止。(五)虛金本位制度的機鍵在準備金塊然而準備金是在外國的。中國是獨立國。一遇戰事。便有危險。

現在印度改用金塊本位了。什麼是金塊本位。後面再講。不過它何以捨棄虛金本位而不用呢。理由是一。歐戰時銀價大漲。原來的幣。收回減輕重鑄。手續已經麻煩。但鑄好之後。銀價又漲。又須重鑄政府眞是疲於應付。二。印度人民不開通。智識很淺。其中運用。完全不了解。他們看不見金子心裏就非常疑惑了。放在英國。更難相信。中國情形。正也彷彿。

還有一層。貨票要有伸縮性。如物價高。進口貨多。便要將現幣收縮。使物價囘跌。中國往往不顧商業需要而濫發。貨幣自動伸縮的效用。便不能維持了。結果使拿財政來紊亂金融。

如今再談金塊本位吧。金本位原有幾種。不一定要用金子的。印度呢以爲要使人相信起見。所以主張用金子。但如果全用金子。有幾個害處。(一)印度是著名的藏銀國家。人民都喜歡藏銀在地下。結果。在市面流通的銀額。反不及私藏的多。如果一旦棄銀不用。那麼。一般藏銀人家。必定要大受損失。原值百元的恐怕四十元也不值了。(二)印度用金則金貴。世界用金各國的物價必受低落影響。工廠和商人不能維持了。即是印度。也要如此。(三)中國也倒霉。因爲中國是次於印度的用銀國。如今她既不用銀。自然銀子要流到中國來了。中國物貨必大貴。最後中國吃不起這個虧。也祗好用金子。金子更貴了。(四)估計很難。此刻沒有能估計印度需要多少金子。雖可以照人數算。但私藏是無限制的。(五)恐怕印度卽使要金子。也無可找。因爲要拿銀子去換金子。沒有人肯換給她。去借債。人家也不肯的。但是他們要用金本位。也有相當理由。第一。信用問題。虛金本位。是沒有金子看見的。如今實用金本位。人民有金子可以看見。便可放心了。第二心理問題。似乎印度採用了金本位。國際地位可以增高。第三。投資思想。可以漸漸發達。私藏的東西。都能出來。現在要想一個方法。保留用金的好處。而去除用金的壞處。這個方法。便是今天要討論的金塊本位。金塊本位還是用銀子。不過銀子可以換金子。而金子又是放在本國的。但金子是金塊。不能在市面流通。以二十一羅比許。換一個唐拉 (Tola)。准人民自由去兌換。雖金塊不能當錢用。但可以取信於人民。上面說過貨幣要有伸縮性。要隨商業狀況而特移其數量。用金塊本位。也有這種效用。譬如秋天棉花上市。市上須銀羅比五萬萬。到冬天祇消四萬萬。那麼，多出來的一萬萬羅比可以去換金塊。如此貨幣便收縮了。如果又要五萬萬。那不妨再拿金塊去換出羅比來。數十年後。金子多了。印度祇消把金塊改爲金幣。便立刻成爲正眞金本位國家了。

以上所說的方法。可算得異常巧妙。但它也有它的弱點。因爲私藏依然是不可免的如果人民儘管將銀羅比私藏起來。政府便不能自由操縱。補救方法。可以將唐拉的法價定得便宜些。如二十羅比十分之九卽可換一個。那麼。人民以有利可圖。便可紛紛將銀幣來換金。但是要是人民紛紛藏金。金塊也是有限的。恐伯容易用完。所以他們學美國用金劵。來代金塊。以四五年爲期。到期付現。按年付息。人民也異常信任。印度三年以來。採用金塊本位。尙無大弊病發生。在中國說。金塊本位比艫金本位容易實行。可是沒有金子目前，終是什麼都行不通的。

上海特別市之衛生行政

上海特別市衛生局局長胡叔威先生講　　葉仁溥筆記

上海特別市之衛生行政，可簡分三段講之。

(甲)　衛生局之組織——按特別市衛生局未成立之先，已有數處衛生機關。如南市之淸道處，衛生科。及淞滬之衛生處，閘北之淨汚處。然大多偏重于淸道方面。嗣後四者合併，組成淞滬商埠衛生局。歷八月後，又行更爲淞滬衛生局，旋復改組上海特別市衛生局。內分三科，職員三十六人。民十七年十月間，衛生局復分四科，職員增至四十四人，現則約八十餘人。偌大之增加數，外界每易發生懷疑。然其原由乃因：

(一)獸類之檢驗——去歲統計，第三科檢驗總數，猪約七十萬隻羊十萬隻牛七萬隻，病猪有六千隻之多。曩者無此檢驗之舉，若干病猪，不知受害幾何，實屬可怖！

（二）學校衛生——小學校大多無校醫，合計上海特別市內，小學約十九，學生萬許，是以衛生局每星期派醫士往診三次，護士則每日一次，其工作如檢驗體格等，然大都注意于預防方面。使傳染之病，不易撒播蔓延。

（三）鄉村衛生——上海特別市之範圍，約有三百三十方英里，面積之大，可與紐約相比擬，焉可無較大規模之鄉村設施！是以現今衛生局已組織兩試驗區，一在浦東高橋方面，一在吳淞方面，試辦最經濟之衛生設施。

（四）接辦死猪熬油廠——查死猪約百分之九十五皆自江北運來，昔年均爲慈善機關購去，熬油販賣，再將此款充作慈善經費。然嗣後經衛生局之調查，方悉該款，大率皆被中飽，故遂由衛生局接收，辦理兩熬油廠，熬出之油，用投標法，賣與工業方面。

以上所述均爲驟增職員之較大原因，至于零瑣之因，尙不在內也。

第一科分五股(1)文牘股，(2)會計股，(3)庶務股，(4)生民統計股，(5)醫藥管理股。文，會，庶，醫諸股，均係內部之事，勿庸談及，玆就生民統計股計之。人口生死增減之統計，頗爲困難，而處于中國現在情形，尤非易舉。蓋中國市民之生死，素不報聞，若恃調查，則成人之死亡，因有棺木尙可見而知之，若小孩則死後隨意投拋，玆就特別市每月所發見者約有三四千之多。至于生孩則愈形無從探索調查矣。是以統計結果，準確不過百分之五十，然此乃人民教育問題，非二三十年後不能見功。故十年後可得85%，觀之美國，至今亦不過百分之九十而已。中國現在死亡率約千分之三十，面美國則11-12|1000，總之，統計之準確，關係衛生設施予頗重，蓋知生民之死亡增減，方曉設施之有效與否也。

第二科辦理，清潔，清道管理及衛生宣傳一切事務。清道與衛生僅有間接之關係，在外國均屬于工動方面，如上海公共租界亦歸于工務局，至于特別市，則沿例仍屬于衛生局方面。

第三科管理檢查禽獸事務。

第四科，內分三股，(1)醫務股 (2) 防疫股 (3) 鄉村學校衛生股。預防病之最注意者有二，(一)天花一急性病(二)霍亂一此疫于國際地位有密切之關係。蓋霍亂亞洲患者最盛，是以海洋輪船，輒停數天，以受檢查，經濟損失殊大。中國死亡率爲30\1000，然7-8 |30 大概皆死于胃腸傳染病，如霍亂及痢疾等。是以若能努力預防，則或可減少死亡率約三分之一也。免費種牛痘。在衛生局創辦之第一年，約五萬人，第二年十萬人，今年則約十五萬人。工部局種痘人數不過四萬八千，其原因乃工部局不事強迫故也。今年衛生局調查草棚小船之貧民，約二十萬人，天花死者，以此等人爲最多，是以前請黨部方面宣傳並強迫使種，故每日約有千人左右。至于預防霍亂針之施射，在第一年時約七萬針，第二年十三萬，今年則預計約三十五至五十萬。現已遣醫士及護士，赴北平學習，約自下月起，擬卽着手進行，注射棚戶貧民及工人等。前英國在印度亦曾強迫印民注射，由此可見針之價値，蓋無效則英國亦決不願虛靡金錢也。

(乙) 衛生經費——公共租界工務局，清道經費約三十萬元，法界二十萬，衛生局所轄區域既較大三十三倍，然經費不過十一萬，是以種種事務，辦理頗見棘手。往年公共租界將每天 1100 噸之垃圾，均行堆至華界。 察其行爲 ，祗知顧及少數之30,000外人，而竟不問80,000華人之危險，實屬有背衛生原則。現經衛生局禁止其堆運，而彼方竟以十萬元來賄，爲我方拒絕，故不得已而購兩焚化垃圾爐，惟二爐只能焚化 400 噸，是以嗣後又來行賄，我方因彼以書面請求一切合作。故此問題迄今尙未解決也。十八年總收入約五十八萬元，計清潔捐約十四萬檢驗費十二萬，及零星收入約三十萬左右。衛生局經費爲二十三萬，內中十一萬用作清道。合計全市每人平均兩角小洋，亦可謂微矣。

(丙) 衛生之計劃——中國今日情形之下，萬事爲金錢所限止，因之各事牽掣，計劃實行，良深困難。且政治之影響，時局之變遷，或甲之計劃未成，而乙已易之矣。特別市區域廣大，而竟無一市立醫院，此皆爲金錢所限阻，蓋市立醫院非若私立之簡單，規模必須宏大，病房至少須千餘，然經費已達150,000至300,000元矣。茲將最近最切要之計劃述之于下：

(一)市立屠宰作——經費須40,0000-5 000,000元。中國豕肉從來未能販至外國，因屠宰檢查，有名無實。故屠宰作之宜成立，對於外業有密切之關係，而固不容緩者也。

(二)建築公墓——上海各會館之積棺及各地之浮厝，約有十萬餘，其對於衞生事業，妨礙幾何？然市政府旣無力代葬，故一方面限止令其遷出，一方面建築市立公墓，約二百畝之大。

(二)建築貧民住所——迫拆棚戶，似與總理之三民主義相背，是以祇能禁止無業者之到滬，而一方面建築貧民住所。然預計住所至少須25,000幢。所費約5,000,000 元。在最近期內，預備先造一千幢，其第二千間亦已籌款逐漸進行矣。住所內有警察所，禮堂，學堂等，建築費雖大，然社會，教育，及衞生諸問題，或可解決也。

余以飲食不愼，身子欠適，致不能暢言而拉扯講之，有負諸君所希，歉甚！然一語願爲諸君告，卽衞生事業與工程固亦有密切之關係，介乎其中。譬如法人開掘巴拿馬運河之失敗，因皆不注意衞生，致黃熱病之發生也。嗣美人致力研究衞生，悉前乃蚊所傳染，遂首爲驅蚊工作，故卒能完成此河爲萬民造福，試思之，衞生可不注意哉！

施行標準規定型式

特脫馬教授演講　　王平洋記錄

特脫馬教授 Prof. G. Dettmr ，爲德國實業考察團中之一人。上星期五(四月廿五號)來本校，在上院物理教室演講標準施行與規定型式。當時聽者甚衆，約逾百人。特氏用德語演講，由鮑先生翻譯，同時復映示幻燈影片。其講辭留記如下：

最近十年來各國對於施行標準與規定型式，均已有充分的注意。然其佳良之效果，與夫需要之程度，世人尚未能十分瞭解。故今日卽以以此爲講題，解釋一切。夫標準者，無非使人類的工作，依一定之秩序而進行也。標準以後之利益，可從各方面覺察之，(1)製造工廠方面，(2)買賣商人方面，(3)消費之羣衆方面。

製造工廠方面　當未有標準以前，每種貨品之式樣，甚爲繁複，而每種式樣又有數種大小。故製造者，必備有各種式樣與夫大小不等之造機械。於是其廠內之製造設備，亦不得不從而旣繁且雜。倘吾儕將此類貨物，標定數種合用之大小式樣；則製造者，只須依照所定之標準而製造，廠內之機器設備，可以大事簡省。且其種類之左別旣少，研究之精神亦得較爲專一；於是貨物之設計(Design)，必有優異之進步。同時廠內之生產力，亦卽集中於數種標準式樣之製造機，故每機工作之時間增加，貨品之成本亦卽自然減輕。工人熟習於標準貨物之製造，手段當然進步。且管理方面，與簿記方面，亦均有意想不到之簡省。不但此也，貨物旣有標準，則定價自然劃一，定價劃一，顧客可以無疑於其貴賤，信用隨之而益孚。從管理簡單，可得出貨迅速之益，從種類劃一，可得倉庫條鳌之益。顧客定貨又不必在標準以外，另尋花樣；則生意淸淡之際，仍可繼續製造，不慮其不適於時樣，生意擁擠之時，卽可以存貨應之。他如人員之減少等等，均足以節減經費者也。

買賣之商人方面　關於買賣方面，上節之理論，亦大半適用。譬如堆棧之減簡，簿計之省便，資本與人員之減少，管理與廣告之簡單，均爲極有利益之事。因與造方面相彷，故不再贅論。

消費之羣衆方面　機器之零件，本已極其繁瑣，而各種大小式樣之機器，復各有其零件。故一器之零件損壞，即不易添配。今將各件均定一劃一之標準，則旣便於添配更可增加機器之安全。且機器零件，亦必有預備不時需用之存貨，倘均合乎標準，則各機可互相交換，旣得其便，備件亦可節減。此外如出貨迅速，定價劃一而低廉等等，均予消費者以直接之利益。

由是觀之，標準之利益，十分廣大。蓋標準者，無非將消費者與者製造者之意志合一，自然可期較佳之結果。此意於第一張幻燈片示之，甚饒興趣。圖示有大耳之驢子二頭，有繩互繫其腿。傍有草食二堆，一左一右。二驢初欲各食一堆，然後足互絆，終各不可得。於是意志合一，先共吃左堆再吃右堆，遂均滿飽其腹；猶標準後製造與消費兩者，均共利也。

然標準之施行，不若談論之容易，亦當有一定之時機。施行過晚，則大小式樣，已雜然並陳於市上。再行標準，即有難於更換之弊。履行過早，則工業之進行，格於一定之標準，又少發展。且各方面有各種要求，以標準時均須顧到一待標準以後，則必須嚴遵選守，庶幾標準之實效可以獲得。且關於改動標準，亦須十分愼重。蓋改動與不遵守，均與標準之意義，大相違背也。

今可以德國施行標準以後之效果，略述其一二：(1) 機車廠修理機頭之工夫每以前每次須費一百十天，現在機頭上之機件已經標準，每次只二十天已足。以前廠設工具5000件，現在僅須2150件。此外在添購機件上，因標準而節之費用，約得60%，不可謂不巨也。(2) 有一大煤礦，各機器，均經標準，於是備用之另件大爲減省。以前備十二萬馬克，現在只四萬馬克已足(3)蓋有輪軸及皮帶輪 (Pulley) 廠，亦由標準而省下30%之費用。(4) 又有玻璃盆之價值，亦因標準而減去一半。以以上所舉者，僅隨意指出之數例而已，其餘各業之經標準者，當然亦有相當之成效。

於是復有多幀幻燈片，示德國已經標準之情形。若門，窗，活塞圈(Piston rinn) 鐵軌，皮帶輪，hand wheel 等市均經標準而得定價低廉之益。又如信紙亦已有標準的大小，於是信封之大小亦可以有標準。紙張有標準，書本書架抽屜書夾等等亦均可隨之而有標準。此中便利，頗有足以驚人者。故標準問題，在一國農工商業上，已成爲極重要之問題。自工業機器，理化器械，以至家用雜具，茶壺茶杯之類均已經德國標準局標準。影片所示者，種類已多，然只其一斑而已。

電氣工程，當然不在標準之例外。且四十年來德國之電工學會，始終十分注意於施行標準。其宣傳之努力，甚至用『請用標準貨物』之口號，與郵印同時加蓋於信封之上。

標準之施行，不限於一國，最好當設法普及於世界。現在德國每一次施行標準，必有一份說明書，印發各國。中國同濟大學，每次均收到一份。注意標準之國家，現在已有十七年，組織一國際標準聯合會。（英文名International Standard Sation Association）。會址設立于瑞士之 Zurich 城。足見各國已有合作標準之趨向，能一致進行矣。譬如德國規定之一種標準信紙，A4，其大小爲 210+297 m.m.（此紙示于一幻燈片），已經世界郵政標準聯合會（德文名 Der Internationale Einheitsbriebogel Weltpostverein）承認。歐陸上採用者，亦已有多國矣。

以上所講者，均談標準問題也。所請規定型式者，指全部機器之構造而言。先使其各部合乎標準。則即可進而將全部機器定一標準。其利益與上述者同，玆不贅述。此次所講。僅以標準之利益，作一簡單之解釋。倘有欲特別研究此問題者，則有書五册，專論此事，贈本校圖書館，可供參考。

從煤或重油中提煉揮發油

鈕因楚記錄

Preparation Low Boiling Oil from Coal and Crube Oil.

月之十六日，德國巴奇博士應本校演講委員會之聘，在機械院演講「從煤或重油中煉揮軍發油」，博士用德語講解，聽者均感興趣，爰將所記，大略錄之如后：

揮發油因世界之需要比供給爲多，於是各國工業人物，均竭監心計，以求製造揮發油之方法，於是從煤滓(Coal tar)中用蒸溜法可以取出Methyl alcohol (CH_3OH)與 Formal dehyde (CHOH) 二種，此二種皆爲化學工業之重要物品，染料，藥料，油漆等類，均需用此物。至於輕質油之需用於汽身及輕油發動機，固不必再由鄙人之講論矣。

玆將揮發油提油自煤或重油之情形一講之。其提煉方法，不外 Craoking 分裂 Synthesis 化合，Reduction with catalyst 接觸劑還原二種作用而已，在接觸劑運用之時，有時需要高溫度及高氣壓，揮發油之從煤中提煉，於此項問題，頗費研究也。再於普通各種化合時需用接觸劑，而化合物因有不潔，而致接觸劑失其效用，(Poisonedby im purity of reacting Compounds) 揮發油之提鍊，於此項問題，亦須注意及之。普通之煤氣廠，大約使蒸發熱度至 (1500°c) 攝氏一千五百度。自三百度至千五百度之間，煤氣卽從中蒸發而出，除焦煤及亞麻尼亞之外，其餘之煤渣液化物，均傾置於無用，如 H_2, CH_4, C_2H_4 C_2H_2, C_2H_6, C_6H_6 C_7H_8 之混合物，因無法利用，意於此，殊爲可惜。顧煤氣公司於焦煤及煤氣二項，所得代價，已頗滿足，更無而致棄遺Coal tar 之耗棄矣。

惟爲今之計，乃求揮發油之產生，不從石油之中，而從塊煤之中，其用意之深，非斤斤於代價之若何而已。今更談普通之提煉，蒸發祗可得百份之二十揮發油而百份之八十爲重油，如此少量成份之揮發油，實使人不能滿足。乃事有湊巧，在某蒸溜重油與輕油之廠中，某工人因貪睡而使所蒸之油量加熱，在無意中得多量之揮發油，而不知其所以蒸，及後加以研究，而知 Cracking之作用而已。蓋油經過度加熱之後，其分子之公式，變成一絕長之分子，....CH_2—CH_2—CH_2—CH_2—CH_2....
而不若 gas tar 中，

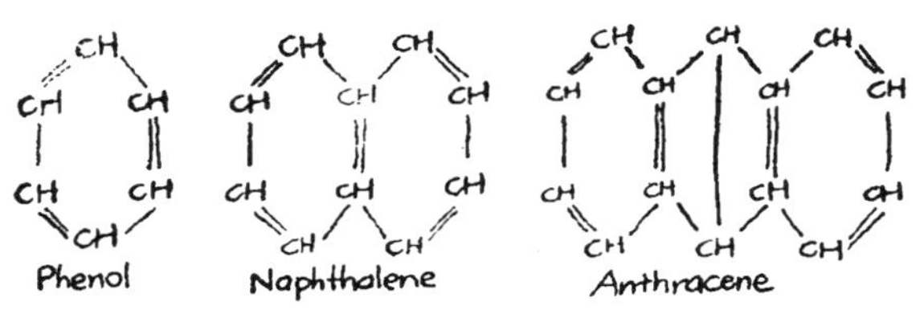

於是此一個長分子，因高熱度之蒸發，而分裂成二個分子，一個飽和 (Saturated) 分子，一個飽和 Unsaturated 分子，於是一半已覺成功，—CH＝CH(Unsaturated) CH_3—CH_2— Saturated)

此一半之 (Satura+ed molecules) 飽和分子，已成輕質汽油，而一半之(Unsaiuraetd molecules) 未飽和分子，更須用方法以使之飽和，於是又須加以深究矣。其法即如何以加H於未飽和分子中，經長期之試驗，方得成功，十五年前，英德二國，試驗煤之低溫炭化，(Low temperature Carboniztion or coal) 但所得之效，未見滿意，蓋揮發油之出產量，低百分之幾，祇可直接到 gasoline 及Phenol 二種，而大部份之煤，仍然未變其性質，(特別是黃煤 lignite)。於是此法不堪再用，直至近年，方得大規模之產額，而告成功，其法卽在加 H 之時，同時須有高壓而促之。盤琴教授(Prof. Bergin)曾試各煤之流質化，(Liquifaction of coal)其目的在求所經提煉之煤，全變 gasoline ，特別求之於黃煤之中，蓋德國所產之煤，以黃煤占多數也。盤琴教授之成功，在利用高壓及於一百五十氣壓(150 atmosphere)，而溫度祗及攝氏四百八十度更加以輕氣，所以使未飽和之分子亦變飽和也。在加輕氣之先，黃煤須研成粉末，然後潤濕之以重油，乃用幫浦送至高壓桶內，高壓桶之製造，有內外二重，如圖中所示：

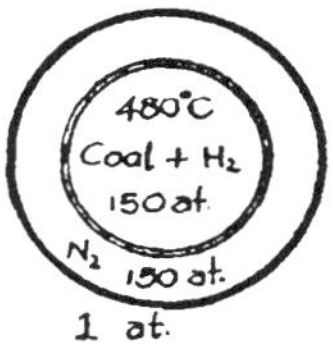

480°C
Coal + H_2
150 at.
N_2
150 at.
1 at.

如此裝置，則內桶所受內外壓力相等，輕氣納入其中，可無危險，外桶雖使不同壓力，而高壓一面，乃是淡氣，所以一切危險，可以避免。蓋桶乃鐵製，否則必爲輕氣所蝕也。

按此種Reduction Vessel,可以受CH 之類，分解而得 H ，其結果則 Benzenegasoline) 7.5 份， Diesel 10 份， fuel Oil of hight boiling nature 4份，Engine Oil 3 份。用盤琴之法，則 Nephthaline 與其相仿之副品，不再產生，而盡變有用之燃料矣。普通各國，於煤之液體化，亦未嘗不考究，其方法大都如此，卽從煤燃燎而成CO，再經 5000 C溫度，50氣壓，加輕氣而成HCOH (Formaldehyde)，再化合而成 CH_3OH Methyl alcohol)

Coal→CO +H50 c,a, HCOHC→H_3OH Coal→Co

是由watergas preparation,H_2是從 Reduction Process得之。

德國經攷究之後，用 Fe, Ni, 及 Co, 可從 CO 直接變成 CH_3OH，名之爲人加的 methano,其功用於染料藥料，固與 me+ hylacohol 絲毫無異。在一九二五年，運銷美國，取價低廉，美國須七十分一聽者，德國貨祗五十分，蓋直接提煉之結果也。於此種製品，更有副產售爲 $Fe(Co)_5$，乃一種 antiknocking remedy in motors.

飛煊教授，更從 CO 中加熱至 410°C與150 氣壓，而得 meohonal+ benzene之混

合液，其沸點之降低，對於汽油引擎可適用於冬季，而他種高沸點汽油所不能及者也

從約深之孜研，於絕大及完美之試驗所中，費去數十萬之資本，直至去年年秒，方得宣告成功，在二千五百個試驗實踐中，得到一個方法，可以使煤中百份燃料，盡變低溫揮發油(Low Bolingoil)

美國油井頗多，殊無從煤中提煉輕油之需要，於是從重油用分解法而得輕油，亦告成功，乃盤琴方法之變相也。美孚油行 (Socony Co.) 與德國之 F.G.Farbeunid urtric 二家，現已合作，在美國試用分解法 (Cracking Process) ，在德國用液化法 (Liquijaction Process)在美國已有三製造所，德國有二所，從煤滓中，用還原化可以製造染料，肥料藥料，非但如此，且養化而變成酸 (acids) 與酒精 (alcohol)，

$C_nH_{2n+2}\rightarrow$acid of$C_nH_{2n+1}OOH$重油可以養化能成Stearic acid 與 Palmic acid 於是爲洋燭肥皂等等之原料亦可從能得之。

法國各處焦煤廠或瓦斯廠，已漸見淘汰，而歸納成二廠，一廠供給西南部，一廠供給西北部，瓦斯用高壓輸迫各地，而煤滓可集合而製大量之輕油矣。中國爲產煤最富之國，如於此問題加以實行，則輕油無需外洋運來矣。

博士演講至此已止，錄者爰憶及此次東北旅行，於鞍山鐵礦，見於日人因製煉焦煤而將 Hyd o carbons 亦在提煉汽油，其方法雖不若巴奇博士所說之高明，而日人適需要各種副產，於是由廠中出產副產頗多，不及詳述，如樟腦粉，硫酸，柏油，燭油肥田粉等等，日人之試驗所，卽在大連，名爲南滿鐵社中央試驗所，其中化學工業試驗，成效最多。此次我等旅行，於事前無所準備，所以一至試驗所，有如走馬看花，只覺五光十色之炫人目光，而不知探其一二也。深望下數屆同學如有東北參觀，於此試驗，加意注意，並有準備，則獲益殊多。日人於大豆之分解試驗，亦用盡探索，實令人欽佩。至於此次旅行參觀，所得容後詳細報告，因非關本題，不再於此篇中贅述矣。

租佃制

馬寅初博士講　　婉芬女士筆記

租佃制 Tenancs 的發生是這樣的，佃戶有能力去耕種缺乏資本，地主有資本却又沒有能力，於是因為兩地相互的關係便發生了田租問題。中國在三代以前，土地本是公有的，那時皇帝僅徵收他出產的什一，到了商鞅纔取消井田，從此土地便變為私產，有錢的紛紛買田，因之大地主小地主也應運而生。向來地主將田租於佃戶：是可以隨意撤佃的，可是這種制度，實在有很大的弊端。譬如甲（地主）將田租給乙（佃戶），如東隨時甲可以將乙撤掉，那麽乙無論如何不願努力，而且不肯採用含有永遠性的肥料，因為他認為種這塊田，祇不過一個暫局，辛辛苦苦的把田培養好了，萬一被地主撤去，豈不是從前的辛勤，完全白費！非但沒有永性的肥料下，並且有時候，反而壞田。江蘇以前鬧蝗蟲，浙江也發現一種螟蟲。螟蟲是嚙稻根的，為害比蝗蟲更烈。所以浙江今年收成，祇有四五成。有人說：這和肥料有關係。自然這話也不是無因的。其實甲的田被乙弄壞，不但甲是受着損失，連社會上也同時蒙着影響。試看中國是出米的國家，但是現在每年進口的米，眞是異常可觀，糧食一項，已成為一個很重大的問題，所以　總理也有糧食政策。從前有倉，到米不夠的時候，還可以辦平糶；現在倉的制度也沒有了，平價實在沒有辦法。糧食不足，非將國內的生產力增加不可；要增加生產力，又非改良種植法不可；改良種植，必須首先來改善租佃制。

民國二年，北京開了一個農民大會，曾經議決了關於業租雙方的十五條規定，可是後來却沒有實行。民國七年，長沙地方，想拿這十五條來實行。最重要的，是田地租期，至少三年，至多三十年。業佃關係，以契約定之。這已使長沙地主們反對，因為他們是抱着業佃如父子的觀念的，倘以契約規定其關係，地主的身分，未免降低。這種契約。用三聯單式。由政府發給。除業佃各執一張之外，還有一張，是存在農民機關裏，而且要雙方簽字。地主們當然不贊成的，此外契約中要說明多少田，租額多少。如此一來。地主們的財產，統統被人知道了，他們又那能不反對呢！

兩三年前，革命軍到了江浙，於是改良租佃法，又鬧起來。第一層要研究的。是租佃法要不要改良？如果要改良的，那麽，第二層應留如何去由政府幫助他們，大家都說中國佃戶太苦，但是地主也未必有英俄那樣兇。英國的財產，祗分長子的，所以傳襲下去，田地不會分散開來。所以英國的長子，多半是浪子，好些的在上議院裏做一個議員，整日的吃喝，可以一點事情不要管。而大學問家，大科學家，大發明家，反多出在次子裏面。中國的情形，就不然了。中國的家產。是每個兒子都要分的，所以結果愈分愈微，到了後來，簡直生活還不能維持。所以要在中國說打倒大地主，這個口號，是不切當的。英國現在已感覺得這種制度不好，所以打算由政府把田地買囘來分給人民種，作爲 Po manent Tenancy ，由國家租出，使人民安心去種，和俄國的命令沒收，手段是兩樣的。

現在中國農礦部也定了一個租佃法，一共三十幾條，拿到立法院由我來審查。當中規定業佃契約，以五年爲最低限度，最多却沒有規定。英國的田地不分，所以永遠制可以適用；中國既然大家瓜分，自然永遠制是行不通的。租佃的期限也，不宜過長，因爲中國有一種特殊情形。譬如湖南地方，向有押租金的制度。這種押租金，至少須與一年租額相等。例如甲爲大地主，乙爲資本家。乙便出了巨大的押金，買進許多田地，但自己不能種，於是拿來轉租出去。不過他所收的押租金總要比原來所繳的多些，所以乙便變爲第二地主。他的態度。比第一地主還要兇幾倍，他又是地主，自然是社會之蠹如果佃租法上規定爲永遠制，則第二地主將永遠成爲一種懶廢階級，就算乙勤勞，但將來有吃有用，就不會再勞力了。照農礦部是沒有限制，讓業佃自己去定，不過不宜過長，

但是。押租金到底要不要呢？當然是不能存在的。因爲種田的已經苦了，既要下本，又要買肥料。如果再出巨大押租金，事實上擔負過重。不過也不能完全取消

，完全取消，則收租起來，必定大感困難。至於撤田，除合同規定外如果有下面四種情形之一，也可以撤。四種情形是：

(一)佃戶不交租；

(二)荒廢；

(三)有毀壞田之惡意；

(四)審判決定。

什麽是荒廢呢？譬如美國國的限制佃戶取除野草(Weeds Noxious)，野草不去，正產自然要受影響，這個規定是很好的。其餘如一年不交租，佃戶有神精病和破産，都可撤田。這是保護地主利益的。關於保護地主利益的。關於保護佃戶，倘使在不得已情形之下而要撤田時，須六個月前就通知，並且要在正產收穫以後撤之。否則佃戶臨時找不着田，而所種植的，地主也可完全吞沒了。

農礦部的大要規定，已約略述過，我以爲契約期第一次最好一年，第二次五年以，後就無庸規定。爲什麽要一年呢？因爲業佃之間，未必是完全認識的，倘一佃戶是個壞蛋，那麽，如果一定就是五年，地主未免大受其損失。所以先拿一年來試驗試驗，加佃戶是勤謹的，那麽，地主當然很樂意和他再訂期限，奧地利亞便是如此，聰明的地主，惟願佃戶好，租低些是不計較的。普通中國的租高，實在因爲中國的惡佃惰農多，所以危險性也很大。猶之乎中國利息高，實在眞正的利息並不高，不過要在利息上再加一些保險費罷了。因爲中國內地，錢借出去，討回來是很難的。租高的原因，正也在此，非敲竹槓可比，這是應當看清楚的。

可是有些地方，地主也有敲竹槓的現象。譬如什麽租鷄呀，冬米呀，都是無聊的舉動，於是佃戶爲抵制起見，乃在租米裏和水攙粃，甚至於蒸米，使容積加大。所以爲業佃之間，要開誠佈公，不得巧立名目，以相欺騙。法律的用意，正也在此，

預收地租，也是不好的。因爲佃戶在正產未收穫以前，何來錢繳預租，勢必出於借債，負擔很重的利息；地主先用了明年的錢，到明年便無錢可用，也不是正當

的辦法。包佃制也應取消，不准轉租給別人。

租額是最要緊的問題。農礦部草案規定爲正產之白分之四十。記得去年浙江省二五減租，鬧得滿城風雨。所謂二五減租，就是以正產百分之五十爲租額，再從地主方面，減去二五，給予佃戶。如果正產是十，那麼，地主拿四，七五，佃戶拿五，二五。附產則一切歸佃戶。但他們規定正產的意義，是同質的土地，不見得在一起。一般是 General Average ，可是拿它來做標準，幸勤的農民，便不高興。因爲他生產多了，而收入還同別人一樣，當然是不甘心的。所以便生出許多糾紛來，無標準，便無從定。現在農礦部規定的租額，比較浙江爲高，是根據各方調查的，太約爲百分之四十。現在這個問題，立法院已收到許多統計，可是我還沒有決定怎樣規定，留給諸君討論吧。

综合卷（第四册） 交大季刊 第三期（1930）

記參觀江南製紙公司

（青）

國產紙張，向用手工製造，無採用機器者。有之，則江南製紙公司是也。該公司工廠在曹家渡，日前參觀歸來，餘興盎然，因拉雜記之如下。

佈告如軍令　　工程學會參觀部，事先貼條告於走廊，徵求會員加入，爲節省時較整飭精神起見，定於是日午後一時正出發。屆時果會員畢集，無一遲到者，會員諸君之守時，無異武裝同志之守軍令也。

工程師原是老同學　　既抵該廠，老同學彭無荒君欣然出迎。彭君民國十五年機械科畢業，在滬服務有年，今歲應該店司之聘任工廠工程師，學問經驗，兩均豐富，對於母校同學，甚表親愛之忱。此次參觀，得其指導教益實多，彭君之惠，亦本校之光也。

河水不潔鑿井濟之　　該廠前臨蘇州河，距水源僅哥尺，然河水之污乃無倫比，不惟不堪作製紙及供鍋爐之用，即洗濯亦不堪。該林司自開自流井兩口用汽壓機(aircompressor)打水，而用五十匹馬力之馬達以推動此機，打出之水經過洗濾室，然後導入蒸水池備用。

哥哥教弟弟看機器　　電機之爲用便矣，然該廠用蒸汽處甚多，故亦備有汽機，機爲複式機，(Compound Engine)附有凝冷器，(Condenser)動力爲百五十馬力，供水機(feed pump)亦爲雙進水式(double acting)。彭君指示同學，觀摩此機，自飛輪之大(直徑廿餘尺)至一螺旋釘之微，不厭求詳，若哥哥之教弟弟然。

人工造紙　該公司設有工人造紙部，以應國內市場之須要。其法以竹簾承紙漿於漿池內，及取出則流質之紙漿，已成一大張之紙着於簾上，揭下烘乾，卽可寫字，其手續殊簡單，然亦迂緩矣。

碩大無朋之蒸球　廠內有製紙漿之蒸球二，以鐵製成，直徑幾三十餘尺。製紙漿之原料爲蘆葦，卽江北人造草房之蘆葦也。經洒碎蒸煮後加以化學藥品。大部份爲 Caustic Soda,，更和以木漿卽可製紙。惟木漿仍仰給外洋，庭來自造，猶望該公司之努力也。

製紙機　該機實由大小不等之機軸，穿插而成（請參看插圖）以轉動之竹簾，着紙漿於毛毯上，與人工造紙之着於竹簾上無異，經機軸之旋轉，而至於最大之捲筒上，（圖中白色處卽白紙繞於捲筒上也。捲筒內貯蒸汽，熱度甚高，紙過此已乾，再經過壓光軸，軋紙刀，則完好端方，錯白勻淨之紙張，可用人工收集成捆，運往市場，其出產之速殊非人工所可比廠內有此機二，圖中其一也。

工程師要萬能　參觀既畢彭君導余等至客廳稍憩，彭君自謂畢業後卽任電機職務，旣而任機梯工程，今則更兼任土木工程師，蓋新近廠屋之建築皆由彭君計劃也，雖非素習，在彩現在情形，廠方每視工程師爲萬能，何論何種事務，悉以委之，丕能不謀應付，於此可見工程常識之重要矣。

人人攜得樣張回　臨行時公司以樣張分贈同學，各取其一，皆仿造之國產紙張，而洋紙尙付闕如，此前非僅該公司之責任，亦吾工程界之任責也。

南京中央黨部廣播無綫電台參觀記

余　育　德

中央黨部廣播電臺設在中央黨部内，成立於十七年八月，爲中央黨部宣傳黨義，頒布訓令及報告新聲之重要機關。該臺呼號爲×G Z, 波長四十二公尺，發射電力約 400W 。電力雖小國内各地如北平，天津，開封，漢口，長沙，安慶，南昌，上海等處均可接收。在無線電後進之我國，有此成績，已可觀矣。

十一月廿四日余等參觀西華門發電廠畢，乃前往該臺參觀。蒙該航工程師劉振清先生(亦我校老同學)殷懃招持並加指示一切，盛意可感。玆將所見拉雜記之；然遺誤之處，在所不免，倘望識者教正之！

該臺可分爲三部(1)發音室 (Microphone Studio) (2) 增音室 (Studio Amplifier) 及 (3) 發電臺 (Transmitting Station)

(1) 發音室　發音室佈置甚麗，四壁懸絨幕，地上敷設地毯，以防免回聲 (Echo) 。傳聲器。置在室之中央，爲雙鈕式。 (Double Button Type Microphone) 。此式傳話器與普通所用者大致相同惟炭精盒 (CarbonGranule Ghamber) 有二，前後各一，薄膜 (Diaphram) 裝在中央。故出線有三根。優點在可除去雜波 (Harmonics) 所發出之雜聲 (Distortion) 。

(2) 增音室　傳聲器之電力甚小必需擴大之，方可傳至發電臺。增音室甚小即在發音室旁，裝有三級增顏機一具連同A,B,C, 電池等附件。傳話器來線先到傳話方棚 (Microphone Transformer)，經三級增音機，由輸出鉛皮包線，直達發電臺之管機員檯 (Operator's Desk) 。增音機第一級爲一UX201A 真空管 (此係新加者) 用電阻紋連 (Resistance Coupled) 。第二級爲一 UX210 ，第三級爲 UX210 二只成推挽式 Pushpull) 皆爲方棚絞連 (Transformer Coupled) 。線路可見第一圖。 (下期發表)

(3) 發電臺　發電臺位于後面廣場，離增音室約三百碼。天線鐵塔約百二十餘尺。天線爲三根並列T式。採用地網式(Counlerpoise)地線。其主要之機件如下：

(a) 管機員檯　此檯實致普通電話之交換檯(Exchange Desk)無異。裝有插座(Jacks)付其功用在接通發音室或他處之來綫。

(b)增音機　(Audio Amplifier)發音室之來綫電猶嫌太弱，故於此間再擴大。該機爲推挽式一級，所用眞空管前本爲UX210二只，現已改爲較大之UX250二只。出線直達調幅機(Modulator)

(c)調幅機(Modulator)調幅機之功用，爲將自發音室傳來之低週波(即可聞週率)(Low Frequency or Audio Frequency)，加之於自發電機發出之高週波上(RadioFreqency)，使成「經調幅後之高週波」(Modulated High Freqnency Wave)；然後可自天綫而向四方傳播。此機採用海生式(Heising's Constant Current Modulation)。所用眞空管爲1000W，UV851一只。近來趨向，調幕電方每較效射電力爲大，所以增大其調幅率(Modulator Factor)使收音機較爲清晰。此層於此間可見，調幅電力較效射電力約二十倍。調幅機出線直達發電機中之擴大機。

(d)發電機　該臺前用250W UV204A二只並列爲自激式(Self-exited)之發報機。此式劣點甚多如週率(Frequoncy)時變，不易固定(Unstability)第病。現已改爲他激擴大式(Master Ocsillator Power Amplifier)。其振擺機(Gcsillator)用UX210一只，採哈德列(Hartley)線路，裝在金屬箱中，以與外界隔絕(Shielding)。其出線經眞空管二只，一爲UX210電一爲UV211(TwoBuffer Stages)，達擴大機(Power Amplifier)。擴大機爲RCA新出之4000W，UV849一只。高週波自振擺機(Ocsillator)產生之，經調幅後(Modulated)，由擴大機，直接絞連(Direct Coupled)天線及地網向四方放射。各眞空管之燈絲(Filament)及屏極電皆來自一直流馬達發電機——發電機專爲燈絲之用，一高壓直流發電機則供給屏極之電。直流馬達由蓄電池發動。而蓄電池則當電臺停止播音時，取電自一用火油引擎拖動之直流發電機。惟振擺機中之UX210屏電則取自蓄電池。

試臺播音，昔時滬地接收甚難。自經改良後，收音尚稱清晰。惟吳淞電臺，(

XSG）之火花發報機騷擾極大。望我國能遵照萬國無線電議决案，早日廢止火花機則德衆之耳福也。

近聞中央黨部廣播電臺有增加電力，改建爲50KW之計劃。各大無線電公司如英之馬可尼(Marconi)德之德律風根(Telefunken)及美之合組(RCA)等皆已擬就計劃書以備採納。查50KW廣播電臺世界上尚不多見。余等但聆其能早日實現也。

線路略圖請見第二圖。（第一，二圖均廿八頁）

附錄該臺所用眞空管之DATA如下

	Filament		Plate		u	Output
	Voltage	Current	Voltage	Curreent		
UV851	11v	15.5 mp.	2000v	875 ma	20	1000w
UV949	115	2 ,,	2000	350 ,,	19	400w
UV212	10	3.25 ,,	1000	125 ,,	12	50w
UX510	7.5	1.25 ,,	350-425	60 ,,	7.6	7.5w
UX201A	5	25 ,,	45-90	10 ,,	8	----

五洲固本皂藥廠參觀記

王平洋

四月十九號工程學會參觀部十八人，赴徐家匯五洲藥廠參觀，承該廠張雪楊先生詳核指導，獲得確切之知識不少。該廠合具固本皂廠，五洲藥廠，亞林臭藥水廠，及南洋木塞廠等設備。吾人首先參觀者，即係

「固本皂廠」，製皂之原料，爲植物油(如椰子油，橄欖油，棉花子油等)動物油(如牛油等)及石灰蘇打粉(Soda ash Na_2CO_3炭酸鈉)製造之先，將油類用酸類(如硫酸)使其脂肪酸(Fatty acids)遊雙而除去雜質，即可以入鍋鹼化(Saponification)。油之性質不一。而鹼化之價值(Saponification value)亦不一。如猪油爲軟性油，牛油

椰子油爲硬性油，橄欖油棉子油等爲流動性油。而牛油之鹼化價，約在195左右，棉子油豆油等則約近250。廠所用入鍋之油類，用各種油類，依成分配合，約得平均鹼化價在195—200左右，而融溶點在42°左右，鹼化之鍋有四，所以將脂肪油先化爲石灰肥皂(Calcium soap)者也。蓋廠內製皂法，係某德人計所劃，用間接法將脂肪酸先化爲石灰肥皂，再用蘇打化爲蘇打肥皂(Sodium Soap)也。此法已舊，然以一時將原有設備改動，反不合算，故于可以改良處改良，而製法則一仍其舊。鹼化時之用水，來源有三(一)自流井，現用一井，水質尚佳，然鹽質仍嫌多，平時用之。(二)自來水，租界與閘北二處之水，均可輸送到廠，現在用閘北之水。自來水亦有鹽質，但較小耳。水量不及，故晚間用之，(三)河水亦尚可用，然必須待來潮之時，方得較爲合用。鹼化鍋內，脂肪油與石灰鹼化而成石灰肥皂後，必當用物掩蓋其面，待其徐徐冷却，成績可以較佳。此步之出品中，尚含有甘油(Glyceriue)。(化學作用見下式)

$$2C_3\ H_5\ (CO_2R)+3\ Ca\ OH\longrightarrow 2C_3H_5\ (OH)_3+\ 3Ca\ CO_2R)_2$$

脂肪油　　熟石灰　　甘油　　石灰石(炭酸鈣)

故當磨細成粉，再經Washing tanks(有六隻)將甘油提出。于是肥皂與甘油，分頭精製，各成一種重褒之產物。磨細之皂粉，由 Skew Conveyor 及 elevator 運至 washing tank 之頂，從此墜下，同時有水噴下，如雨霖浴之噴水然，將皂粉洗淨。夫甘油能儘量溶和于水中，故經此洗滌後，石灰皂中之甘油，僅在于0.5%以下。

洗出之甘油，從地下輸至精煉甘油之部，先以明礬將膠狀雜質(Colloidal dirty)沉澱，再經filter press濾過，在evaporatiug still內蒸發，然後卽可以精煉潔白。如此所得之甘油，常含雜質甚少。普通無機性雜質不可以在2 %以上，而有機性雜質，當在10%以下。今廠中所出，無機性雜質僅約1.5%，而有機性雜質僅7%，則出品亦可謂精良矣。

肥皂既經洗去甘油，卽可與蘇打交換金屬根而變爲蘇打肥皂。做此部工作，共有鍋五只，鍋內原料，大多爲石灰皂與蘇打(Soda ash Na_2CO_3)，作用如下：

$Ca(CO_2R)_2 + Na_2CO_3 \longrightarrow 2Na(CO_2R) + CaCO_3$

石灰皂　　　　蘇打　　　　蘇打皂　石灰石(炭酸鈣)

炭酸鈣下沉鍋底，蘇打皂上浮鍋面，中間一層，爲膠狀肥皂(Colloidal Soap)。欲將此膠狀肥皂取出，仍當用鹽析法(Salt ing out)。卽將食鹽加入鍋中，使肥皂完全脫離膠狀，而上浮於面也。此部工作，每鍋約八小時可以完畢。大概每天有二鍋工作。所得之蘇打皂，旣與炭酸鈣完全分開，卽可以加水玻璃 (Water Glass卽矽酸鈉 (Sodium Silicate) 及香料等。普通黃肥皂做得不好，面上有白色粉粒，初以爲是鹽析時留下之食鹽，實則因水玻璃加入太多，而析出之水玻璃粉也。此類充填劑 (Filler)加入太多，足損肥皂之質地；然少加之，則可使較爲堅硬。故在鍋傍，復有一加合水玖璃之缸。蘇打皂從熱鍋流經此處卽將水玻璃加入，而香料亦隨後加入。香料爲香草油，產南洋之瓜哇錫蘭等處，以瓜哇產者爲較佳，含90%錫蘭產者僅65%，故用爪哇者。

皂中各種需要之成分，旣經配合加入，卽流至 Cooling frameo Cooling Frame者，使熱皂冷却結爲硬塊，以便切壓打印者也。其中無非集許多Ni質之金屬片，肥皂流於其一面，冷水流於另一面，熱力卽由此傳散，其作用猶 Condener也。如不用此器，則只得待其自冷，於是費時約須一天或兩天。用此器後，只四十五分鐘，已可以打印矣。在三年以前，每日僅出400箱肥皂，二年以前已有800箱，至去年已增至1000箱現在每天出1500箱。正在裝置一具較大之Cooling Frame，迨此架應用後，預料可每日出3000箱。則僅觀數量，已可見進步之速，與社會之需要矣。

從 Colling Frame送出之肥皂，已經堅硬，先切至大小合度，經重力壓光，印上花紋，卽爲普通洗滌用之肥皂 (Laundry Soap)。或加顏色及香料，則產香皂。顏色及香料用冷法(Cold process)加入，可以顏色不變，香氣不失。其法先以肥皂製粉攙加顏色香料，用機器充分攪拌，再經一迴轉之機械，充分研和，卽可壓印。

肥皂中之水分，爲不適宜之成分，故有室待其自乾，或甲陽光晒乾。乾後驗其恙，卽可裝包。另有選椰子油依法製出之肥皂，貯乾燥室中，待四星期之久，其色漸漸潔白，品質自然更好，有紅肥皂者，其中多含lysol而已。至於透明肥皂，则另有製造之處，用直接法者也；卽直接以脂肪油與苛性鈉（Caustic soda NaOH）鹼化而爲蘇打肥皂，不經過石灰肥皂之一步，其作用如下：

$C_3H_5(CO_2R)+3Na_2OH \rightarrow C_3H_5(OH)_3+3Na(CO_2R)$ 此處共有圓形鍋四，以蒸汽管加熱。製出之肥皂，加糖與酒精，或再加香料顏色，卽可製透明肥皂。藥水肥皂者，含有20%之石炭酸(Carbolic acid)者也。

肥皂一部，大概已如上述，於是參觀製藥一部，則卽所謂「五洲藥廠」者也。吾人先到一室，正在磨大黄粉。大黄爲一種健胃之藥。由草根（大黄之根）提煉而得。磨成粉末，可以配入藥劑。該處用一馬達(Motor)驅動機械，十分靈便。次至蒸溜部，則有一約二三呎直徑之曲頭甑(Retort)，蒸製蒸溜水。滬上配藥水時用之，作化學試驗時亦需用之。又有一爐(oven)其上正蒸ether，醫用作麻醉等劑，或供化學之用者也。據云其原料爲硫酸與酒精，一蒸便是，似頗簡單。但時有炸裂之虞，則極危險。此處向未蒙炸裂之害，以其無走漏 ether 氣也。於是衆皆運鼻嗅覺，果然ethér之氣昧甚淡，僅瓶口之蒸發而已。同室又有蒸甘油者，所得之品十分清淨。更進，遂有研究部。分拆化驗等工作，皆在於此。壁懸一表，極爲注目。示祥茂肥皂(英國貨，銷路最廣之外國貨)與固本肥皂之分析比較，其所示數量如下：

成分	固本肥皂	祥茂肥皂	成分	固本肥皂	祥茂肥皂
Moisture	34.%	48.%	Total fats	55.19%	40.67%
Free Eat	0.39%	0.63%	Total alkali (as Na_2O)	9.17%	6.85%
Free alkali	0.01%	0.03%	NaCl	0 4%	0.35%
Rosin	8.99%	8.18%	Silieate	1.24%	4.10%

觀夫此，則祥茂肥皂中多水分，遊離脂肪，與矽鹽類；其品質實較固本爲劣。然英人志在打倒吾國國貨，略貶其質，可廉其價。國人不察，好其較廉，遂爭購之。然自與五洲競爭而跌價所失者。去年一年，已有 Tls.36,000,000 則挽回之利源亦可

觀矣。此外關於製藥部者，又有機械磨水銀原膏(Mercury ointment) 須歷一星期研磨，之工夫，方能使水銀之微粒十分勻和，而原膏之各部分均合于藥局方之規定。然則倘換以人工，非惟難獲佳效，其費時費力，更不堪設想矣。又有各種製丸機，有藉衝壓之力者，亦有用人工者又有製良丹之機，至爲靈巧。工作者用一手飼藥條，一手搖之，丸藥卽可續續而出，其理與日本法同。而效率與速率，則高出幾倍也。另有新建之屋內，爲自來血，地球牌蚊香，魚肝油等之工塲，與禮堂爲一體。

亞林臭藥水廠實可謂類乎熏焦之工塲，其原料爲從 Shanghai Gas Co. 內購來之 Coal tar，在此乾溜，發生Cresol與 Naphtealin二種。Naphthalin 經昇華後，十分潔白而純淨Cresol用塊尙含Carbolic acid，然以同有殺菌之效，故不復析，同製爲臭藥水，所謂亞林防疫藥水是也。

南洋木塞廠，專造木塞。以軟木切成方形後，置另一機上，一推卽切成圓塞，十分簡便。此機有一刀，可以隨手推進，當其推進之時，由一Worm gear 傳轉力動一持軟木之桿。故切刀進行之時，軟木轉動，卽切成圓塞。立待須臾，巳見其連切十餘個，機械之巧，可勝人力，於此小事，亦可略見一斑矣。

參觀黃浦江口工程記

舜 德

初黃浦江兩岸多曲折，河床深淺懸殊，商輪行? 停泊頗感不便。迨濬浦局創設以來，對於浦江工程之設施，不遺餘力，故得有今日之新黃浦江，實該局之功也。教授韋思孟先生欲使學生得實地參考之興趣起見，特函約該局，作一日之參觀。四月十七日八時土三甲組同學齊集上院，驅車至黃浦灘，由韋思孟先生率領。該局事先備有汽船兩艘，由本校舊同學黃君陪導，黃君該局副工程師也，對於浦江工程頗有經驗。是日講解說理，甚爲詳細。玆將參觀所得，略記於下。

(一)挖泥機(Excavating Machine)。挖泥機約有三十只吊桶 (buckets)以鐵鏈聯接之。江底裝有大木，以鏈繫於浮船之上，可以自動浮沉，由此可試挖泥之深淺。每只吊桶每次可挖泥約一立方碼，當轉下之時，桶中之泥卽覆入斜板而至泥船，左右二旁均置有斜板，以便更換泥船，不致工作間輟也。(參圖一)

(二)水泥碼頭。水泥碼頭尙在建築之中。基礎(Foundation)爲粗大木樁所成，深淺不一，最外其深爲一百板，最內深爲八十餘呎。木樁之上，蓋以水泥帽(Concrete Cap)然後置水泥柱及支撑(bracing)於其上。各肢節「members」均爲precasting之鋼骨水泥，因潮水漲落之故，水泥不易 Cast 且減少其力量。其銜接之處，則用quicksetting洋灰砌成之。「參觀圖二」

「三浮沉碼頭「Pontoon」。該碼頭係在浦東亞細亞油池之前，可以隨潮漲落而升降。以二橋聯接於岸，橋在岸之一端爲固，他端以鏈與浮沉碼頭相接，能自由滑動，當輪船抵岸之時，可以減少衝擊力「Impact force」。

「四」汽鎚「Steam Hammer」此機在上海甚爲少見，其便利在四方均可打樁，不限於一定之方向也。」參觀圖三」

「五」鋼骨水泥拱形橋「Reinforced concrete arched bridge 該橋全長三百餘呎，所費約7,0000兩。全橋分爲九個孔「spans」居中最長達一百呎，或一拋物綫維繫架「Parabolictruss」一端固定，一端裝有滑軸「Roller」。此維繫架最大之伸縮量爲一英寸。故滑軸裝置，不可或免也。其他八個孔，均在四十尺之下，以梁「beam」之原理計算之，該橋設計時以活動重量「Live Loads」每方呎一百十磅，及最大車輛二十四噸計算之。

（圖一） 挖泥機

（圖二） 水泥碼頭

（圖三） 汽鎚

（圖四） 導管

參觀彙記

(葉仁溥) (亮)

(1) 閘北水電廠

四月十九日，教授顧康樂先生率土三乙組同學，赴閘北水電廠參觀。承該廠陳君詳細指導，茲就所見，爰記之焉。

該廠前設立於蘇州河畔，嗣因閘北逐年以來，市廛繁盛，居民增加。需要既殷，而水質又以惡濁不潔，故于去年擴充，建築此完善之廠。此廠係股份性質，資本約四百萬元。廠址居于軍工路，距用戶頗遠，是以裝管費用，約一百零四萬元有奇。

進水機間 (Intake)——進水口前，有二道鐵絲網 (bar screen)，網眼約半方英吋，以免較大雜物，如魚等冲進。進水口內，則有 (Rotary Screen) 自動銅絲網，網眼約每方吋六百二十五個。故雖甚小之雜物，亦被阻止，被阻附於網上之污物，有清水時時冲除之。過清之水，由幫浦抽送經明礬間，而達澄凝池。

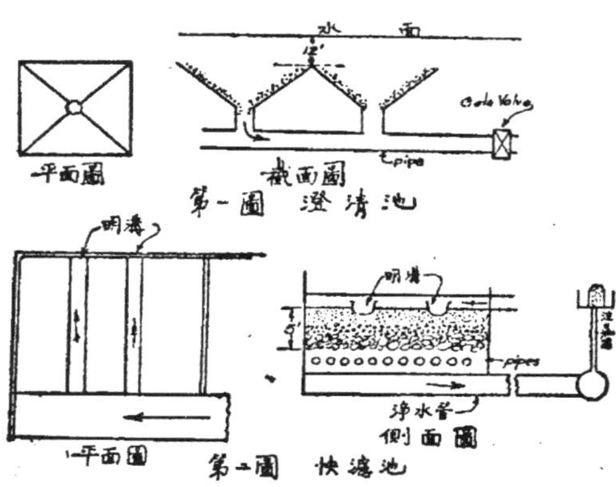

第一圖 澄清池

第二圖 快濾池

明礬間——間內設有撈斯明礬機--，該機乃 automatic

control，明礬徐徐滴落，與行經之水相混合。

澄凝池 (Coagulation basin)——江水加明礬後，先經十呎方十二尺深之斗式池(第一圖)十六道，每道有 Baffle ，故水行時，被阻而上下行動，猶如 Wave motion 水經此池時，其中所含雜質，已次第凝結，再經 10 × 40 方呎之池五道，更進經 30×190 之池三道，故水中凝結污物，皆可沉落。池均為斗式，下設污水管，故可時時開放 gate valve，除洩沉澱之物。

快濾池——快濾池 (Rapid Sand filter) 計六座，每座約一千方呎。是日恰適一池冲洗，內部構造，故得詳細察覽。澄清之水，由總管傳分至各地，由水溝流至明溝(第二圖)水即溢散于砂面上。池內砂石分三種，細砂在上粗石最下，三層約高五呎。粗石下有鐵管數十條。毋管鑽有細眼一排。砂濾水流入該管而從水溝出，再經注氯器，加以氯液 (Liguid chlorine)，殺除微菌，使成為適合衛生之飲料。約每日十五磅，但亦視水之情形及天時而定，知在黃霉時節，每日須五十磅左右，快濾池之沙石，每隔二十四小時即須冲洗，冲洗之時，清水由下面管子小孔中流出，經沙層而溢入明溝而流去。每隔年餘，池中沙石，須取出更換，而澈底洗淨之，然有時或兩年一次。

清水池 (Reservor)——清水池五座，在快濾池及澄凝池下，故是日未曾見之，僅在快濾池下之坑道內，察閱四個總管，即 Influent pipe, enfluent pipe, droïu pipe, 及 wasn pipe。管之直徑，為三十六吋。

化驗室——此室乃試驗水內之微菌多寡。其所試驗之水，為混水，R. F. 水(經礬而未進入池之水，凝水 (Coagulate water)，及清水四種。混水試驗後，霉點頗多，清水則甚少。

出水機間（Pump station）——該廠出水，係直接將清水池內之水，用幫浦打入總導管。機間內設有 800 H.P，幫浦兩座。壓力約60—70馬達係用交流電。每座幫浦之 capacity，每晝夜可出水一千二百萬加侖。上海閘北一帶消耗約每天 6,000,000-7,000,000 加侖。出售之水，乃係水表制（meteo system）價目為每千加侖計四角五分。

水塔——高約一百餘呎，共分五層，形如古之浮屠然。容水約十二萬加侖。專供反流冲洗快濾池等之用。是日以塔內容窄，未曾臨視。殊為憾耳。

（附註——照相係夏鄭鵾君所攝）

（11） 中央造幣廠

中央造幣廠創立於民國九年，是年分房竣工，而機件正向美國購辦；當時時局生變，烽火連天，以致接辦無人，而運滬機，因款項無出，貯存於碼頭堆棧。待國民政府奠都南京，於民國十八年始由財部償價，將機件裝置，今已整備開工矣。

上星期六下午一時，本會會員三十餘人，乘汽車赴該廠參觀，當由老學長唐叔評先生領導指示。先至試驗室，是室專備試驗生銀及銀條成分，內具鎔爐數座，化學藥品，天秤， Cutting machine 等。後至生銀庫，庫外磅秤高約丈餘，進庫及出庫生銀，均須經此磅過。庫圍以尺餘厚牆，門厚與牆等，用鋼鐵做成，其開闢均以電力。生銀由庫取出後，送至鎔爐室加銅鎔化，銅為11%銀為89%。鎔爐用煤氣燃燒。銅銀鎔化後，傾入模型而成銀條。鎔爐與模型間地板，均係鐵網板，蓋碎銀落於地上，即可流入網眼，免為工人踏去。銀條鑄成後，即送至滾壓機室，而有餘則存入銀條庫中。該庫構造與生銀庫相同，銀條先在大滾壓機（Roller）下滾過幾次，然後在小滾壓機至正確厚薄，乃將銀板用機切成圓塊 (Blank) 銀元形，於此始成。銀元流通於市上，無刻或息，甚易損蝕，故切成圓形後再送至 Annealing Furnace 着火，使其表面層堅韌耐用。但着火後之銀塊，失其光澤；乃用洗滌機洗淨之，此機係一傾斜旋轉圓桶，內貯清水，銀元放入其內，受旋轉之激盪洗滌盡淨。銀元上之花紋，在此時用壓印機印成，其緣係將銀元放口內，經過模型槽而壓成。至其面上之如孫中山像則用另一壓印機壓成，其機中之 die 卽花紋之模型，用 Carbonsteel 做成，堅硬非常，廠中自可製造，但因質料不佳，起初當向美國定製，以作標準。此項機件約大小二十餘部。銀塊印有花紋後；卽成銀元。但因輕重有差，須經 Weighing Machine 磅過，擇其輕者，仍鎔化重製，而重者卽存入銀元庫，備定期通用也。此項 Weighing Machine 每部有天秤十座，用馬達轉動，銀元自口投入，落於天秤之一端，而其他端置有規定重量(如七錢二分)之法碼。銀元如重於法碼則直降於下，如輕則斜落，以是輕重銀元分道滲出。每秤每分鐘可稱十元，每部十秤，故每分鐘可稱百元，廠中共計十二部。以是每分鐘可稱一千二百元之多。且其正確竟至1\500 gr,較之普通人工過稱，迅速正確，相差遠甚。最後至煤氣室，(Gas Plant) 有 Producer 二部，煤自頂入，而 Steam 與 air 由底壓入，所出之煤氣經過 Tar Extractor清濾後，通入廠內各部應用。廠中電燈及馬達所用之電，自備發電機供給，係新式之 Turbo-generator 廠中水料，均來自自流井 (Arlesian Well) 此井深約六百呎。於去年竣工，計洋七千兩。

該廠機件甚多，開工後預計每日可出五十萬元，爲世界上最大之造幣廠。惜年來戰爭無休，國庫支絀，迄今尙無確期開工，倘長此以往，卽利息一項，損失已屬甚鉅。該日蒙唐先生詳加解釋，獲益良多，借此並至謝忱。

有聲電影機件

琡

本會會員十餘人。於上月二十七日早。赴大光明影戲院。參觀該院有聲電影機件。由裝置該機之美國西方電氣公司工程師張坤賢先生指導一切。張君爲本校畢業學生。故對本校同學。甚覺親熱。

有聲電影可分爲兩類。一爲維太風(Vitaphones)。一爲慕維通(movetone)。維太風發明最早。其影片與無聲影片無異。不過在攝片時。同時用留聲機片收音。其片亦與平常唱片無異。惟直徑稍大。約三英尺耳。影片及聲片上。各有起點。開映時對準此二點。同時開動。且影片機與聲片機爲同一馬達所拖動。故其速率。時時有一定之比例。(平常。影片每分鐘一百英尺。聲片每三分鐘一百轉。)故聲與影能互相符合。聲片之振動。傳至針頭。卽發生電流。其電流之強弱。聲片之振動之快慢及性質而變。此電流經過 Fader, Amplifier 等而至銀幕後之喇叭。銀幕上有小孔無數。蓋使其音類似出之劇中人之口者也。機內又有 Equalizer 以減輕針頭與聲片由磨擦而發生之嘈雜之聲。

慕維通不用留聲機片。其聲片卽附于影片旁之聲帶上。聲帶毛光暗卽定其所發之音。開映時用光綫射過此聲帶。而達 Photo electric cell。 Photo Electric Cell 之形。甚類一大電燈泡。上有三層 coatings 。其中二層爲 KOH 等。最外一層。爲 activesurface 。至其係何種物質。則製造者現尙秘不告人。此 cell 能依所受光綫之強弱。而發生大小之電流。電流亦經過 fader ampljfier 等而至後台。其聲音之大小。可用 Fader 管理之。此外又有富托風 Photophone 一種。其原理與慕維通無異。故不贅述。

參觀濬浦工程再誌

王兌藩

本刊第十五期，載有舜德君之『參觀黃浦江口工程記』，所記各節，頗爲詳盡。玆者土三乙組同學，於上星期四(五月一日)，由李謙若院長及章，談兩教授率領，前往作同樣之參觀。所見各項，有爲舜德君之所未及者，爰爲補充之，惟爲免除記載之斷續起見，故間有與前篇重復之處；尙祈讀者諒之。

河道紆曲。則在同一截面之上，水流之速度，並不相等。其沿凹岸者，水流湍急，冲刷河岸；而其沿凸岸者，則因水流速度徐緩之故，水中爲挾之沙泥，逐漸沉積，終至河道阻塞，不能供船舟之用。黃浦江在亞細亞煤油公司以東一帶，驟然灣曲，故兩岸之冲刷與沉積，殊爲顯明。其可供建築碼頭，停泊船隻者，僅有凸岸一面，且受水流之冲刷，尤足以減短各種建築之壽命。是故該局於此灣曲部分之傍。另闢新港，橫越此灣曲部分而過。滬江大學卽在此港之傍。港與浦江之間，積砂之高，已超過最低水平面，故當潮漲之時，港與江連而爲一，而於潮退水淺之際，則積砂之隆起而超出水面者，歷歷在目，港與江之界限，宛然分淸也。積砂之南部，久經築堤塡平，而其北部，則刻正在進行築堤工作也。堤之基礎，係用茅柴堆積而成，所請 Fasin Mattress 是也。其堆積之法，先將茅柴紮成之網，平置於泥面，網眼之大小爲一平方碼，每眼之角上。植有樹枝一根，而用鐵絲或草繩，將網繫於此樹枝之上。然後將捆紮之茅柴舖於其上，先橫舖一層，更直舖一層。在此兩層之上。復置一茅柴之網，其形式與底層所用者，完全相同，並將底層網眼角上之繩，紮於此上層柴網之相當眼角，是故之兩網間所有之茅柴，不致散開。然後蓋石塊堆積其上，使之不受潮流之冲擊而移動其位置。此種基礎，價旣低廉，而又適用，蓋黃浦江之泥，非常鬆軟，其支持力 (Supporting Force) 頗小，若築混凝土之基礎，亦已不支，惟此種茅柴基礎，則所其本身重量甚輕，故至爲適用也。是日參觀至該處時，適值退潮之時，故工人正在趕舖該項基礎。所用柴茅石塊，悉來自寧波，柴茅基礎之工料兩項，約爲每平方碼銀二兩。並聞此項基礎之建築，初不限於積砂高出最低水面者，方可應用，卽積砂高度，在水面十餘呎以下者，亦可用之，惟須預先尋覓適當之處；將此種茅柴舖紮完成。然後將其運至需用之處；用石塊壓之沉下可矣。

迨此項基礎建築一年後，卽可將茅柴之腐爛者除去，而築高堤岸矣。堤岸或砌亂石堆砌，而上築土壩，或用大石塊堆砌，則價較貴而頗美觀。堤之坡度，現在浦江兩岸所通用着，爲縱一橫二 (2:1) 。其用大石塊堆砌者，則石與泥土之間，加以1:6:12 之混凝土，而各石塊之間則用 1:3 Mortar 彌封之。其用亂石堆砌者，則無須乎此。大石塊舖砌之堤岸，十年之內，可無修理而無需亂石堆砌者，則其壽命當較短也。

堤間所需填高之處，其泥卽係係自浦江挖起者，其間所經手續，簡括言之，卽於浦江中水淺之處，用挖泥機將泥挖起，裝入泥船，運至幫浦船旁，此船上有幫浦兩座，其較小之一座，將浦江中之水，打入泥船，使船中之泥，成爲泥漿。同時其另一幫浦，卽在泥漿打入導管，而至所需填平之處。每船泥約三百五十立方碼，打盡一船泥，約須二十五分鐘。泥漿出導管後，其流動之速度，逐漸減小，故所含之泥，漸次沉積，此尙含一小部分泥之水，卽由另一管子流出，用此方法，泥漿中所有85%之泥，可以積沉於此所需填高之處也。

此外吾人又見一潛水者 (Diver) ，係該局雇用，令其入水摸取沉舟中之物件者也。潛水時所用之衣服共重一百六十磅，計頭部四十磅，兩肩各二十磅，兩足所穿之鞋每隻重四磅十磅，蓋所以保持潛水者身體在水中之平衡也。入水之時，有二繩一管，隨之下水，一繩用以縋緣上下，一繩用以表示信號，其管則供給潛水者呼吸之空氣也。

综合卷(第四册) 交大季刊 第三期(1930)

鐵路之時間經濟

美國鐵路經濟調查局局長

巴麥利演說

荊生譯

光陰之可貴。在鐵路上尤爲顯著。

旅客列車之開行。有一定之時刻表。盡人而知之。且多甯願另付加價費而乘特別快車。以減少其旅行之時間，設或遲誤。則旅客所受之損失甚大。

貨物列車之開行。有按時刻表者。有不按一定之時刻者。應視各種貨物之需要而定。但果能按時。且能迅速。則商人可減少存貨。可縮小資本。其影響實亦不小。

列車不能按時開行。頗易發生危險。且妨礙路上所有各部分之工作。美國各鐵路所雇用之員役。約爲一百六十八萬人。計可分爲下列四部分。

車務員役	553,920
工務員役	499,198
機務員役	461,275
其他員役	165,174

總　　數　　1,680,187

其人數有如此之多。果人人不遵時刻。則影響不小。果人人能遵守時刻。則裨益於一國之生產者至巨也。凡車務員役。不遵時刻。其害顯而易見。工員役亦應遵時刻。應使列車得以暢行無阻。其他員役亦莫不應遵時刻。事無鉅細。不應稍有積壓。譬如賬目。應按期結束也。車輛之行動。應立卽登記也。運價之覆核。愈速愈妙。不得因每年貨票之數。常達二萬萬强之多。而遂任命稍有稽延也。

一秒鐘之關係

一九二八年美國各鐵路所運之貨物。超過十萬萬噸以上。計爲四千四百七十萬萬噸哩。觀此數目之巨。則雖每日每時每分每秒之微。其影響之大。亦可想見。試按一秒鐘計之。所運送之貨物。有 15.125 噸哩。所運送之旅客。有 1.000 人哩。營業收入有美金 1.936 元。營業支出有 1.402 元。其中所付之工資 849。所繳之賦稅有 12.34 元。

管理之成績

所有各種統計單位。常用以比較鐵路管理之成績者。計爲十五種。而其中與時間有關者。計爲九種。茲分述於下。

(一)貨物列車速度

凡一列車開行於兩終站時間。以其所費之時間。除此兩終站間之哩數。卽得每列車每時之哩數。卽爲列車速度。貨物列車速度。前在一九二〇年爲10.3 哩今在一九二八年爲12.9 哩計實增加有百分之25.2。

(二)貨物機車每機車日之機車哩數

(三)旅客機車每機車日之機車哩數

以上二者。卽每機每日所經行之哩數也。此數在一九二八年。較一九二〇年並未有所增加。但一九二八年存廢機車之數。較一九二〇年大有增加。故機車管理之成績。實亦大有進步也。

(四)貨物車輛每車輛日之車輛哩數

卽每車輛每日所經行之哩數也。在一九二〇年爲 251 哩。一九二八年爲31.3 哩。計增加百分之24.7 。

(五)每列車時間之總噸哩數

(六)每列車時間之淨噸哩數

前者包括車輛之重量。後者專指貨物之重量皆爲每一貨物列車時之噸哩數也。一九二八年較一九二〇年。二者均有進步。前者計增百分之59.0 。後者計增百分之39.8

(七)每車輛日之淨噸哩數

卽除去輛之皮重。專指貨物之淨重而言。每一貨物車輛每日噸哩數也。一九二〇年爲 498 。一九二八年爲 526 。計增百分之5.6 。

(八)每一千總重噸哩所費煤炭之磅數

(九)每一客車車輛哩所費煤炭之磅數

以上二者。前者指貨物列車而言。後者指旅客列車而言。驟觀之似與時間無關。但試一推究。卽知煤之消費。實與時間有關。蓋今日所以有如此良好之成績者。實由於兩終站間列車之稽延減少。而每時之速度增加故也。今日機車之程途。較前加長。列車之組織。較前整齊。因而機車升火靜待之時間。升火出灰之次數．及中途之車輛摘掛。均較前減少。故列車之稽延得以減少。而速度得以增加也。一九二八年與一九二〇年相較。煤之消費。計貨物列車節省百分之26.6。

時間價值之實例

假使美國各鐵路所有之貨物車輛。每日所行之哩數。能有增加。譬如每一車輛。每日增加一哩。其結果實與增加十萬之車輛無異。自一九二〇年至一九二八年。九年之間。計增加五哩。是猶增加五十萬之車輛也。中途延滯。較前減少。列車行動。較前增速。因之車輛行動。亦較前增速。故近年以來。雖貨運日益發達。然車輛較前爲少。竟能措置裕如。假使無此進步。車輛哩未見增加。則因近年貨運增加之故。應已添購五十萬車輛。計須增加資本美金七萬五千萬元。而每年應增之支出。當爲利息四千五百萬元。折舊三四千萬元。修理費七千五百萬元。是則此一項每年可節省一萬五六千萬元也。

試就煤之消費言之。假使每一千總噸哩所費之煤。能節省一磅。則美國各鐵路每年所省之煤。當超過三百萬元以上。自一九二〇年至一九二八年。九年之間。進步甚大。實已節省三十磅之多。是則此一項每年可節省九千萬元。

至於鐵路運送貨物。稍有遲速。其影響於工商業者。實不可以數計。卽專就各業所存之貨品及材料等項而言。果能運輸迅速。則其數量當可減。合全國計之。因此所可減少之資本。其數實可驚也。

以上所言。僅就數字之可以表現者。略舉數端以證明之。凡非數字可以表現者。其利益當更較此爲巨。時間經濟。在在與吾人有關。管理鐵路者。試逐項而計之。卽當知其影響之巨。然則雖一分一秒之微。亦何可忽視耶。

一九二八年美國每人所享鐵路貨物運輸利益

荆生譯

鐵路有縮地之效用。其有裨益於國計民生。可以下列之統計。窺見其一斑也。美國各鐵路所運各種貨物。就其到達地點之價値而言。計爲美金六百八十萬萬元。其中由整車運輸者 60,840,000,000 元。而由零担運輸者 7,391,000,000 元。

美國工業之發達。可於下列之數字見之。除零担運輸不計外。專就上列由整車所運貨物而言。其價値總數之中。百分之六十爲製造品。計所運製造品爲36,000,000,000元。牲畜竟佔第二位。爲8,300,000,000元。農產品佔第三位。爲 7,300,000,000 元。不過牲畜及農產品二者。實多同一產自農人之手耳。礦產品佔第四位。爲9300,000,000 元。但就所運礦產品之重量而言。實超過所運各貨物總噸數之半也。所運森林產品之總値値。在此五種中爲最小，計爲2,800,000,000元。

若就貨物之種類。更爲詳細分析之。則其中最可驚異者。實爲所運汽車及其附屬品。計其總價値爲7.418,000,000 元。所運農礦森林各種產品。其總價値均不能敵之。若以與各鐵路貨品運輸收入之總數相比較。猶超過百分之五十四也。

試更就關於所運貨物各種平均數字言之。每噸之平均價値爲5308元。各鐵路之貨運收入。每噸平均爲3.76 元。計佔貨物價値之百分之7.08 。若就每一人司之平均數字言之。則鐵路有稗於國計民生之巨。實爲甚顯易見之事。就所運貨物之價値而言。每一人口爲 597 元。就各鐵路之貨運收入而言。每一人口約爲四十元。蓋每噸每萬里之運費。約爲一分也。若就噸數英里數而言。則各鐵路實爲每一人口載運十一噸重之貨物。而輸送至三百三十六英里之遠也。試更一爲詳細分析之。則每一人口所享用之鐵路貨物運輸。實爲農產品6,160磅之重。牲畜 420磅之重。礦產品 11,600磅之重。森林產品1.620 磅之重製造品5,200 磅之重。以及零擔各項貨物620磅之重。以上各種貨物。均爲運送至336英里之遠也。

美國鐵路運輸。竟發達至此。究由於線路之長及設備之完耶。抑由於運費之低廉耶。抑由於管理之得人耶。茲姑不具論。然在今日世界各國之中。每一人口所享用鐵路貨物運輸之利益。則未有如美國之巨者也。

美國鐵路工資之一斑

荊 生 譯

一九二八年美國各鐵路計僱用員役1,656,289元。每工作時間計平均爲0955元。每員役一人每年之工資計平均爲 1,702 元。較之一九二三年所僱用之人數。計實減少 201.385 人。所付出之工資。計實減少 18.522.750 元。但每一工作時間。實平均增加四分五厘。每員役一人每年之工資。實平均增加八十五元。

一九二八年之營業。實較一九二三年爲巨。營業既已增加。則所付出工資之總數。本應增加。今反減少。則由於種種進步改良之故。其所以能有種種之進步改良者。則有兩種原因。其一。由於五年以來。各種設備上之改良。計增加資本4.000.000.000 元。其二。由於管理之得人。有此兩種原因。故能有列車速度增加以及其他各種之改良進步也。

一九二八年較之一九二三年所省之工資。從表面上觀之。似爲185.000.000元。而實際上所節省者尙不止此。果無種種進步改良。則所僱用之人數。尙應增加。故實際所節省者。當爲 390.000.000元。加以各種材料。計亦節省 300.000.000元 。故五年以來之種種改良進步。實可使每年節省700.000.000.元。

鐵路之管理進步。則社會上蒙其福利。計有二端。其一。每年可爲社會節省700.000.000.元。其二。凡在鐵路上服務者。平均每人每年可增加收入八十五元。此五年間進步效也此美國人氏之生活程度日益增高也。

鐵路運費之影響於物價

荊 生 譯

一九二八年美國各鐵路所運貨物之平均價值。在到達地點。計爲每噸美金53.08元。而各鐵路之貨運收入。每噸平均爲376 元。計佔貨物價值之百分之70.8

附註一美國各鐵路貨物運輸平均拖運三三六萬里。中國則約爲一一五英里。僅有美國三分之一。故中國每噸平均運費爲華幣2.70 元。

玆將各國貨物分爲五類計之。有如下表。

種 類	到達地點每噸平均物價	鐵路每噸平均收入	鐵路運費佔物價之百分數
農產品	6248	626	10.01
牲 畜	323.52	6.47	2.93
礦產品	8.98	1.91	21.30
森林產品	29.00	3.75	12.96
製造品	115.83	52.6	4.54
零担貨物	200.00	13.87	9.94
平 均	53.08	3.76	7.08

就貨物在到達地點之每噸平均價值而言。則以已製煙草爲最高。計爲1924元。以沙及小石子爲最低。計爲1.63 元。而已製煙每噸平均運費爲16.69元計估物價百分之0.87。沙及小石子每噸平均運費爲0.86元。計估物價百分之52.92。

就每噸平均運費而言。其最高者乘客用之汽車。計爲 35.45元。其最低者。爲銅類未製之鑛產品。計實0,37 元。而乘客用之汽車。在到達地點之每噸平均價值。爲 846.00元。運費佔百分之4,21 。銅類未製之礦產品。在到達地點之每噸平均價值爲 265.51元。運費佔百分之0.14 。

就運費所佔物價之百分數而言。以鮮葡萄爲最高。計爲百分之61。以銅類未製之礦產品爲最低。計爲百分之0.14 因鮮葡萄之每噸平均價值爲 50.63元。而每噸平均運費爲30.88 元。銅類未製之礦產品每噸平均價值爲265.51元。而每噸平均運費爲0.37元

玆更將普通日用貨物。選譯十種如下表。（所列數目。均係美金）

貨物名稱	平均躉售市價	平均零售市價	單位	平均運費
煙煤(Detroit)		7.83	每噸	223
無煙煤(Detroit)		15.50	每噸	2.87
麥	1.08		每布世 (bushel)	0.13
麵粉		0.60	每袋卽十二磅	0.03

鮮肉		0.38	每磅	0.01
鷄蛋		0.41	每打	0.01
糖		0.64	每十磅	0.04
棉花	1.857		每百磅	0.58
印花洋布	1.00		每十碼	0.01
洋松	70.00		每千木尺	11.00

幽谷中的花

銀 鈴

呈獻給憂愁和煩悶者

滿天漆黑的烏雲，
　為何儘遮住了陽光？
一陣陣吹來的狂風，
　又為何儘撑住了我前進之路呀！

山道是這樣的不平；
　峭壁又是這樣的危險；
掙扎呀！掙扎呀！
　你得耐着目前的苦艱。

你不要以為陽光將就此降沉；
　更不要以為你是永不能到達前程；

掙扎呀！掙扎呀！
　勝利之神在含笑待你前進。

努力呀！掙扎呀！
　上帝曾經給你很好的身軀和智慧。
努力呀！掙扎呀！
　環境又怎樣能撓阻你勇敢的進取。

掙扎呀！努力呀！
　現在的痛苦，將來的甜密，
掙扎呀！努力呀！
　不要辜負了勝利的期待。

這孤單苦悶的旅客，
　鼓動了他的興趣了。
搬動他健全的步子，
　漸漸向那艱難的道上行去了。

似乎是命運定了他的前途；
　又似乎上帝創造定了他的命路！
爲什麼當他舉步向前時，
　壓迫，艱難重重的又臨到了。

烏雲又是陣陣推起，
　帶來了傾盆大雨，
風吹得更甚了，
　濕了他一身的棉衣。

他顛仆在亂石道上，
　身上受了巨創。
他哀號在風雨聲中，
　訴盡他心中的悲喪。

命運呀！
　你是註定了我的一生嗎？
上帝呀！
　你賜我的就是這樣的一生嗎？

我自問沒有多大的慾望，
　對於我的一生，
我祇願得到同情和愛，
　在我一生的掙扎中。

跋涉在這塵世裏，

我曾得到什麽同情和愛？
反而層層的痛苦，
傷了我小鳥般的心靈了，

要如塵世真是這樣茫茫；
要如人間真是這樣卑劣；
那我甯願我的一身，
長拋在江心海內。

雨呀！請莫這樣的打我，
風呀！請莫這樣的吹我，
要如你們不能容我，
讓我去吧，到我愛去之所。

密密的烏雲遮得更甚了；
呼呼的巨風把山樹都搖動了；
黑暗中，大雨裏，細道上，
倒臥了創痛的旅客了。

他的足上，受了荆棘的刺傷，
他的身上受了亂石的擊撞；
但是最可痛呀！

他弱小的心靈碎了。

黑暗呀！別這樣的朦住我；
使我迷茫了東西南北。
世界呀！別這樣的欺誑我；
我不能知道了我該走的路。

他是極力的掙扎了；
他是漸漸的站起了。
但是可詛咒的黑暗呀；
迷住了他綿綿的長道。

他又欲囘頭，
他又欲沉淪。
想起了勝利的期待，
鼓起了他勇敢的心靈。

一步，一顚，
一顚，一步，
狼狽地在道上行去，
一再的迷住了他的路頭。

在這無邊的黑暗裏，
　發現了一道微光，
遠遠的，遙遙的，
　聽見了一曲歌聲

好像是「空山不見人」
　「但聞人語響」
好像是「返景入深林
　「復照青苔上」

這歌聲是怎樣的柔和呀！
　這歌聲又是怎樣的可聽，
這微光來處，
　一定是幽谷的詩人。

帶着蹣跚的步子，
　向前急急的奔去，
似乎無限的希望，
　消滅了他支體的痛苦了。

原來是叢山中的一個幽谷，
　圍住在青青的樹木裏。

原來是個避世的隱者，
　匿居在幽幽的茅屋裏。

她還在安慰着自己的空虛，
　用這柔和的歌聲，
她也在用寂靜的面容，
　悲傷自已的心情。

他奔到前時，
　已是無力的仆倒在地了，
在她的驚奇中，
　發現了這憔悴的旅客了，

青年呀！
　你又如何？
青年呀！
　你又何之？

我是這人海中，
　一個孤單苦悶的旅客，
我是這世界裏，
　一個失望者和苦痛者。

在掙扎中受了一切的壓迫，
　創傷了我的心情，
我便想長離塵世，
　永伴着波臣起臥。

你且莫悲哀吧！
　你也且莫愁煩！
在嚴寒的殘冬裏，
　也得期待着春天的和暖。

塵世原是混俗，
　塵世原是欺騙，
但是你須寶愛你的身軀，
　善用你的智慧，

在我這空谷裏，
　全有了大自然的一切神祕，
他們可以在你的心靈上，
　安慰你，鼓勵你。

他便這樣的住下了，

他便這樣的停留了，
享受着大自然的神秘美麗，
淘醉了他柔弱的心情。

在這幽幽的山谷裏，
隱藏着一叢幽靜的花。
花是多麽可愛呀！
花是多麽高雅。

每當清晨露凝時，
浸沈在露珠裏，
更當明月掛當頭時，
映照在柔和的月光裏。

孤芳呀，
容我介紹你，
這高貴的幽谷中之花呀！
她是無瑕的神聖自然，

陽光軟軟的照了，
風暖暖的吹了，
孤芳自高的他呀！

　欣欣然的安慰了。

幽谷中的花，
　帶他認識了許多自然的美，
幽谷中的花，
　可指示了他新的命路了。

他便漸漸的感覺了，
　他又漸漸的了解了，
他被了花的一切薰淘，
　他已振作自己了。

飛翔呀！飛翔，
　勇敢地步上人生大道吧！
該如翱翔萬里的鵬鳥，
　永永的遨遊在天空四方。

永保着活潑美麗的心情，
　不要被愁慘所苦呀！
塵世不能安慰你時，
　無偏的自然便可安慰你了。

感謝黑暗，
　你逼迫了我！
感謝隱者，
　你指示了我！

環境是這樣的照耀；
　心地是這樣的光明，
是誰給我這樣的環境？
　是誰拯救了我的心靈？

我愛陽光，
　陽光照臨到幽谷之花，
我愛春風，
　春風吹醒了幽谷之花。

我愛明月，
　明月專在黑暗裏照人，
我愛露珠，
　露珠專在乾燥時浸沈。

當你一夜的歇息後，
　太陽喚你起身了，

在你一天的工作後，
　明月催你去睡了。

點點繁星，
　照耀得像生命之燈，
他在月亮未來時，
　賜於人們黑暗裏的光明。

朋友們，醒悟吧！
　快別走向那煩惱的網裏，
萬惡的塵世，
　只會葬送青年們寶貴的心靈呀！

朋友們，醒悟吧！
　快走向生命的道上去，
無偏的美麗的自然，
會安慰你，給你同情的愛。

愁煩好比飛箭，
　愁煩好比利劍，
專會尾着青春的人們，
　像黃蜂一般的刺動他們的柔心。

人生好比什麽？
　人生好比嚴冬在風中行走
什麽使你感覺的，
　祇是疼痛嚴冷的意味吧！

人生好比什麽？
　人生好比飲惡酒，
原不是甜密的味兒，
　但是又如何一口一口的飲

青年們，醒悟吧！
　人生原是這樣的呀！
希望的夢，
　是不能長圓的呢！

在你不斷的掙扎中，
　在你繼續的努力裏，
願你將苦心交給自然吧，
　她會不斷地的安慰你。

別了，青年們，

願你快樂！

再會了，朋友們，

願你如花長好。

中華民國十九年七月出版

交大季刊第三期

每本大洋三角

編輯者

上海交通大學出版委員會

發行者

上海交通大學

印刷者

科學印刷所

交大季刊

第四期 經濟號

目錄

社評

論著

譯述

記載

專載

交通大學出版委員會出版品

交大年刊

交大季刊

第一期

第二期

第三期

交通大學鐵道管理學院經濟學會出版品一覽

經濟學報

全國鐵路概要

經濟論叢

現代經濟新論

交通管理學院院刊第一二期

經濟週刊一至三十二期

出版委員會名單

主席	鍾偉成		
常務	蔡星五		
秘書	蔡其標		
委員	陳嘉勛	劉泮珠	陳杜
	王繩善	張廷金	甯一白
	柯成楙	唐慶詒	李權時
	史譯宣	李書田	

中華民國二十年一月出版

交通大學季刊第四期 經濟號

每本大洋二角

編輯者

上海交通大學出版委員會

季刊編輯 鍾偉成 李權時

發行者

上海交通大學

印刷者

華僑印務局

總理遺像

總理遺囑

余致力國民革命凡四十年其目的在求中國之自由平等積四十年之經驗深知欲達到此目的必須喚起民衆及聯合世界上以平等待我之民族共同奮鬥

現在革命尚未成功凡我同志務須依照余所著建國方略建國大綱三民主義及第一次全國代表大會宣言繼續努力以求貫徹最近主張開國民會議及廢除不平等條約尤須於最短期間促其實現是所至囑

目錄

社評

論著

目錄

救濟世界幣制的最低策

（時）

現在世界各國的幣制的最大缺點，就是在乎有些國家採用金本位制度，有些國家採行銀本位制度，而金銀的比價又是時常搖動不定，不是金本位國吃虧，就是銀本位國吃虧。銀貴金賤，則金本位國吃虧；金貴銀賤，則銀本位國吃虧。進而言之，銀貴金賤，則金本位國買不起銀本位國的出品，而銀本位國亦覺輸出貿易消沈，終之反受銀貴之害；金貴銀賤，則銀本位國買不起金本位國的出品，而金本位國亦覺輸出貿易銳減，終之亦反受金貴之累。

『誰爲爲之，孰令致之？』此世界各國幣制的缺點，到底是誰的過失呢？金本位國曰，此銀本位國不採用金本位之過也。銀本位國亦曰，此金本位國鄙棄銀本位之過也。西方各國曰，此東方諸國不採用金本位之過也。東方各國曰，此西方諸國鄙棄銀本位之過也。用黃金的白人曰，此用白銀的黃人不採用黃金之過也。用白銀的黃人曰，此用黃金的白人鄙棄白銀之過也。婆說婆有理，公說公有理，其實世界幣制的缺陷，都是我們人類的『自作孽，不可活。』

諺云，『解鈴還是繫鈴人，』自作之孽，當然還是可以由人類自己去解除的。世間採行金單本位最早者爲英國，所以其作孽的程度亦最深，所以其解除罪孽的需要亦最亟。自然界告訴我們，每年世界上黃金的生產量與白銀的生產量的自然比例爲一與十二或十三；所以我們如果服從自然律，就應該規定一個國際複本位，其金與銀的比例爲一與十二或十三。最近英國有一位銀行家，叫做達令者，主張金與銀的比例爲一與二十，由英國永以此滙兌率爲國際金銀複本位的比例。方今金銀的比價爲一與六十許，我們且再退一步，以一與三十爲以後國際金銀複本位的永久平價比例。這是救濟世界幣制的最低政策。主張金本位制最力的英國，其亦有以救人而自救乎？其亦願稍稍懺悔以解除其自作之孽乎？其亦肯翻然改圖，以解鈴還須繫鈴人自任乎？

救濟世界幣制的最高策

（時）

救濟世界幣制的最低策，爲世界各國之共同採行一與三十之比的國際金銀複本位制。救濟世界幣制的最高策爲世界各國之共同放棄金銀本位制或任何貴金屬本位制，而共同採行紙本位制或勞力本位制。如果世界各國果真能夠採行此最高最理想的幣制，那末銀固不需，金亦不要，金貴銀賤的風險固可以永久避免，即銀貴金賤的危險，亦必無從發生。

知難行易，如世人對於最高的幣制改革策真能真知灼見，行起來實無多大困難。所可慮者蓋還是一般民衆不肯下一翻真求知的功夫耳。渦文氏的勞動券，孫總理的錢幣革命論，馬克思的勞動價值說，卡賽爾氏的購買力本位說，最近劉冕執氏的國幣代用券，凡此種種，蓋無往而非先知先覺之論調，可惜習俗之積重難返，徒使有高尚理想者大興望洋之嘆耳。

交大畢業生與鐵路之關係

（成）

邁爾科氏謂：『物質進步，日新月異，經濟變遷，瞬息萬變，苟非受有良好之高等教育，必難因時制宜；即以鐵道之運輸處而言，其處務之繁簡難易，已有今昔不同之感，如路員缺乏此項教育，鐵路即無以應時勢之需要……難以收事半功倍之效……而謀鐵路之發達……。』胡漢民先生曾於建設雜誌上一文中申述建設與教育關係之重要。由此觀之，可知交通教育對鐵路關係之密切矣。交通大學為今日中國唯一之鐵道教育機關，是則交大畢業生必須與各鐵路發生密切之關係，自不待言，然以今日之事實證之，又多不然者。其故安在？即在於學生與路員間不能合作。

在學生方面，因領有學校文憑，不免故步自封，而又以經驗不如路員，致不能互相融洽；在路員方面以不明鐵道與學校之關係，每認收受交大學生為被動之事，雖經鐵道部愷切闡明此意，在多數路局固已能誠懇收受，然有少數仍未能除此成見，此等影響，大足以造成學生與路員之分野，更或路員以經驗所得能切實用而鄙視學生，則其間又多一重鴻溝矣。總之，雙方均不能辭咎，固不能偏責於任何一方。

今欲謀鐵路之發達，必使教育與鐵道發生相銜接之關係；欲使教育與鐵道發生相銜接之關係，則必先矯正上述之弊害，需有二方面之注意：

(一)路員方面—學校固視鐵路爲已有實驗處所；然鐵路亦必視學校爲固有造就人才之機關，本互相愛護之精神，於是教育與鐵路之關係可相銜接。

(二)學生方面——務本虛心服務之精神，視發展路務與供獻所學爲天職，不宜自滿，應與路員多親近以求經驗，庶感情可謀融洽。

以上二者，如能切實加以改進，則交大畢業生之供獻於鐵路者必不可言喻，證以邁胡兩氏之言，於茲益信，

中東路之困頓

(成)

哈爾濱十七日電通社電，中東路因極度之財政困難，前曾向銀行借款三百萬元，其後營業依然不振，決裁去職員六百名，以節約經費等語。據上電可見中東路拮据狀況之一斑。原中東路在民十以前營業虧損，破壞不堪，民十交通部參加路政，竭力振作，自該年以後，迄至民十八，無年不獲盈餘，營業成績尤以民十四十五兩年爲最出色，民十六以後，進欵雖增，盈餘反減，直至近年，不圖復以虧損聞矣！方幾何時，乃至於此，誠足令吾人審愼研究也。考東路貨運以糧石爲大宗，而

糧石中尤以黃豆爲最多，佔貨運總額約百分之四十弱，目下豆價狂跌，銷路毫無，出口不動，商民當然無力購入因之東路出口進口之運輸，均大受打擊，以致收入驟減，財政困難，此其近因，然困頓之最大原因仍不在此，實因該路近數年來支出浪無節制之故，試以統計證之，民十七，該路營業收入爲六千四百餘萬，營業支出共計五千三百餘萬盧布，營業收入與營業支出之比率達百分之八一·九，以視國有各路之平均營業比率爲百分之五六·五，則不可同年而語矣，試更以十七年營業支出與十五年之營業支出兩兩相較，則十七年該路營業用款，較之民十五增加百分之七十二其間十七年之貨運之增加，較之十五年僅百分之二十五，卽此尤足證明該路營業支出之增加，並非由於運輸之變化，而由於別種浪費也，綜計是年營業支出中，理事會費達一千一百萬盧布管理局費則達八百萬，誠屬駭人聽聞，浮靡如此，値營業興旺之時，尙可担負，若一遇運輸衰落，安得不致拮据？民十四五年間，主持該路者，我國方面爲鐵路專家王景春劉景山諸氏，對於路務之開源，頗能竭力將事，對於節流，亦能向俄據理力爭，後此者，類皆遇事因循，才不稱職。於是俄員乃益形專橫，爲所欲爲，中俄戰後，其勢更甚，此亦可見鐵路人才之重要，與夫贖囘該路自辦，爲不可緩矣。

平漢鐵路平局之帳目

（成）

平漢鐵路北段，頻年來迭受政治影響及軍閥爪牙之蹂躪，行政系統，破壞無餘，而尤以會計爲尤甚，試舉該路帳目現狀言之，全路新帳僅結至十七年十月，尚餘二年未結，京漢時期之舊帳，僅結至十七年四月，卽營業進款之帳亦祇結至本年三月，并聞最關重要之現金簿亦未能按期記載，鐵路會計，有此怪象，洵屬可悲，考其所以致此之由，則純屬人的問題，絕非鐵路會計制度之不良也。在前軍閥時代，會計處長之進退，在局長掌握之中，爲處長者，祇求見好於局長，心目中不知有鐵路，更無論會計，且近二年來，雖間有一二專家承乏會計，然在位不久，整頓未遑，上焉者因循敷衍，下焉者泄沓成風，以致帳目愈積愈多，愈多愈亂，吾人竊以爲整理之綱領：一曰限期結束舊帳，二曰詳訂會計手續，三曰新帳按期登載，二三兩項由會計處長任之，一項則宜另派清理員專司其事，庶幾該路之新舊帳目，得早日揭示於國人。

整頓鐵路運輸負責之我見

鍾偉成

歐美鐵路承運貨物，普通原無負責與不負責之分。大抵運輸機關之接運貨物，必簽發提單爲據。殆貨抵止運車站，即憑提單提取，或認單，或認人，或人單兩認。情形不一，習慣不同。提單之內註明貨物種類，件數，重量，或照件數，或照數量，或件重幷用。均視貨而異。鐵路對於該項貨物自接運起以至卸運止，即應盡其權力之可能，而負保管責任。倘有短少例須賠償。攷其賠償之法，或照貨物原數，或照時價申算。總之，貨物既憑提單以提取。其多寡重量亦當然以單內所註明爲憑。此爲提單所自然發生之效果而毫無疑義者也。是故鐵路對於承運貨物不簽發提單則已。既簽發提單則其應負保管之責，爲當然之事，自無所謂不負責之理也。然鐵路所負保管之責，應限于其權力以內之可能。若夫事出于其權力所不能防而致之損失，則又非鐵路所能負責。譬如天時之變幻，政局之戰爭，兵燹，匪刼，罷工，暴動，水災，地震等等爲鐵路權力所難防，而法律所原諒者也。對於上述情事，鐵路既不能負責，此保險公司營業所由發展矣。是故鐵路爲責司運輸之機關。其權力所不逮者，即屬保險之經營。質諸經濟理論，運輸與保險業務性質各有不同。二者之責任範圍亦因之互異。實未可混淆而相提幷論者也。故鐵路只管運輸。保險公司只管保險。若以鐵路而兼營保險，則非於鐵路會計上另行劃分清楚不可。明此旨要，則國有各鐵路之對於運輸貨物，應設法整頓其管理上之設備與規條，冀可實行其權力以內所應負之保管責任。而不應加收類乎保險性質之一成運費，爲運輸負責之抵償也。至於一般的運輸負責實行後，運費應否增加，及如何增加，當視乎其營業之狀況，實際之權宜。審核周詳，然後决定。若現在之根據保險理論，而加收運費一成，似非經濟學之論也。然而以我國鐵路現狀而論，欲實行一般的運輸負責障礙頗多。茲就管見所及，左列諸端亟應先行整頓與提倡。

(甲)關於整頓貨運事宜

(一)宜添置車輛　貨運之收入，佔鐵路收入之最大部份。欲求增加其收入之總數，非認真整頓貨運不爲功。查鐵路所裝運之貨物，可分進口出口兩種。兩相比較，尤以出口貨物爲最巨。就以平漢北寧平綏津浦隴海膠濟京滬滬杭諸路，其每年所載運如豆子豆餅豆油花生花生油棉花大小麥高粱鷄蛋煙葉芝蔴絲與其他各種農產鑛產等貨物，或運往外國，或運往別省，爲數甚巨。每逢陰歷三四五八九十等月份爲旺月。旺月時期各路客商因市價起跌之關係，爭運應市。各處待運之貨擁集，以至各重要起運與轉運地點，貨棧月台旁近空地，轉運公司與私辦貨棧，堆積無空地，車輛往往頓形缺乏。賄賣車輛之舞弊因此叢生。各路局雖三令五申，從嚴查禁，唯根本解决貨運問題，仍非各路添置車輛不足以收運輸快捷之功，而增加鐵路之收入。尤以京滬路爲急不能緩。以備疏通津浦路南下之貨物。

(二)宜特別添置蓬車　查各路裝運貨物，可分躉運與零運。所謂躉運者，即全個車輛按照噸數繳納運費，任憑貨客載裝貨物是也。所謂零運者，卽鐵路接運零件零包或零箱之貨物。按件數重量繳納運費發給提單，而貨物不足一車者是也。鐵路對於躉運之貨物，旣全個車輛交與貨客自行裝載。其徵收運費，又係按車輛之噸數重量計算。故其對於貨物之多寡，重量之多少，與保管之手續，均不負何責任。此轉運公司之所由創設也。此等車輛如用以裝運豆子花生煤炭豆餅豆油花生花生油棉花大小麥高粱煙葉芝蔴等等，多屬無蓬車輛。所有裝卸與沿路押車看護等事務。俱由轉運公司担任。故其關於包運貨物章程甚爲詳細。現時各鐵路對於無蓬車裝之貨物，旣無包運辦法。不負保管與賠償責任。此銀行之所以不能視提單爲保證。而放心經營押滙者此也。

唯鐵路對於零運之貨物，則俱用有蓬車輛裝載。其運費旣按件數重量徵收。是以鐵路自然負担保管與賠償之責任。凡接運時卽須將貨物檢點裝載車內。關鎖車門。註明貨單。派員看管。俟抵收貨地點，乃由押車職員點交站長妥爲存貯。然後通知收貨人憑單提取焉。鐵路不欲擴充包運則已。若欲擴充包運大幫貨物。卽須添置有蓬車輛。以便易於保管。其或遇有需用無蓬車輛。亦須多置帆蓬蓋護貨物。每一列貨車須派路警掛車押護。以防盜竊而杜流弊。苟能着手整頓。擴充負責包運辦法。對於保管貨物詳愼辦理。則貨客自願直接交由鐵路代運。可免轉運公司之間接。而銀行押滙事業亦可因此而發展矣。

(三)宜整頓裝卸設備　每逢旺月貨運旣繁車輛又缺。貨物塞滯。堆積如山。無法疏通。貨客因市價之關係屢受損失。故卽照前議多添車輛。若不設法整頓裝卸。難收實效。茲擬應辦事項如下。

(子)擴大月臺　各重要起運與卸運地點。如上海浦口南京漢口天津青島徐州蚌埠濟南開封鄭州無錫張家口等處。與其他各貨物繁盛地點。亟應酌量擴大月臺。多設叉道。務期裝卸快捷。以免車輛塞滯而生種種之窒礙。

(丑)限期起卸　每一車輛之裝運，與每一貨車抵站。須限期起卸，訂定罰條。以免延擱車輛滯塞軌道。而阻礙車輛之流通。

(寅)多設貨棧　鐵路既擴充包運辦法，卽須於重要車站，多設貨棧。多設叉道。每一列貨車抵站。卽先行駛入叉道。將貨物起入貨棧。同時通告收貨人限期提取。逾期卽按日繳納棧租。此爲普通輪船公司辦法。鐵路當取法之。

(四)宜修改提單　鐵路既擴充包運辦法。其對於包運之貨物，應如何負責保管，賠償損失，限期起卸包裹之情形等事項。須詳細審訂。以免轇轕。每次提單須註明貨質件數包裹狀況運貨名字收貨人名字。或其指定人。如有封口破壞。或裝包不固等情形。須幷註明單內。以防疏虞。而免貽損失。應採取外國之鐵路或輪船公司提單格式參攷訂定之。

(五)宜改訂運費　各轉運公司包運貨物，兼包起卸與保管。其所收之費，除車資外，另加各種之苦力等費。若貨物中途應繳稅捐，或貨抵站時應繳貨捐，俱由轉運公司代墊。故若鐵路辦理包運大幫貨物，幷依照前議於貨抵站時先將其起入貨棧，限期提取，逾期繳租。則鐵路卽須多用苦力。多設貨棧。加多路警押護車輛。如此種種，處處增加費用。故鐵路不得不重訂運費。或每次應將各種費用附加。以昭公道而免損失。

（六）宜整頓渡江辦法　鐵路對於包運貨物。務須原車過站方免中途裝卸之煩。與損壞短少之虞。查北寧平漢平綏隴海津浦膠濟等路，既有接軌自可原車過站。於包運上應無何等窒礙。唯津浦與京滬兩路，因長江之阻隔。無法接軌。大幇貨物之聯運甚難辦理。目下津浦路南行貨物，只得運至浦口。其渡江手續俱由轉運公司代理。故無論由何地點起運。只能發票至浦口而已。此處渡江或用躉船，或用輪渡。一裝一卸，手續既繁。鐵路一日無妥善辦法。則該兩路之聯運一日不能發展。加以京滬路車輛甚形缺乏。而貨運客運兼重。貨運之遲滯。客商苦之。雖鐵路運輸比船運較廉。而各客商往往爲求快捷計。貨至浦口卽由輪船轉運至滬。遂使京滬路每年無形中損失甚巨。茲爲擴充該兩路聯運計。鐵道部所着手建築之有軌渡輪，切望其早日完功。庶可原車過江非如此不足以完全解決兩路之聯運問題。而實行運輸負責也。

（乙）關於整頓貨棧事宜

．貨棧營業與運輸營業關係至爲直接。各國專營貨棧之公司既極發達。而其運輸機關如鐵路與輪船公司等亦莫不設有規模宏大之貨棧。以利便貨客之堆貯。兼收獲優厚之盈利。蓋在貨物收集待運或待價而沽之時期。既須貨棧爲之堆貯。而在貨物抵運輸目的地點。又未必一時盡數散銷。仍不能不需用貨棧爲之堆存也。我國鐵路本此宗旨於各貨物繁集地點。與貨運重要車站。如津浦沿路之天津濟南徐州南宿州蚌埠浦口。與京滬路沿路之南京鎭江常州無錫蘇州上海等處。與其餘各路之首要車站。亦莫不建有貨棧。雖大小不同，其用意固甚善也。迺查各處鐵路貨棧。旣費巨款建築成立。而實際上則不論貨運之旺月淡月。幾乎全數丟空。并無客商堆貨。遂至每年所得進款幾等於無。推其原因不一而足。或因建築之不善。或因地位之不宜。或由於管理之失策。或因棧租之太昂。或由於習慣上與實際上之各種關係。經詳細調查尤以棧租太昂。及習慣上之關係。較爲最切實之原因也。

我國鐵路尙在幼稚時期。旣無切實聯運貨

物辦法。對於貨物之裝卸又全不負責。尤以中途之轉路。沿途之管護。各處之繳納稅捐等手續。貨客旣難於應付。不能不委託於代理機關。此轉運公司之所由產生。應時勢之需要而日加發達者也。各轉運公司旣代理貨客辦理貨運。更進而擴充其營業。建築貨棧以備貨客之堆存。墊放款項而作押滙之事業。在貨客旣得無窮之利便。在轉運公司又獲優厚之溢利。有此墊款之關係。益以其所收棧租比諸鐵路貨棧較廉。是以轉運公司之貨棧無空地則已。苟有餘地貨客莫不堆存該棧。旣可以省手續上之煩。又可以向該公司押借款項。此爲習慣上之重要原因。而鐵路貨棧收租之太昂。亦不無影響。明此形勢。卽知鐵路之包運辦法。一日未臻完備。則轉運公司之功用。一日不能消減。彼等之棧房建築上雖還欠美善。然租金甚廉。較諸貨棧，遂佔競爭優勝之地位矣。

茲爲詳細研究整頓鐵路貨棧之營業。藉以利便客商。而增加收入計。當先分別貨物之起運地點。與貨物運輸之目的地點。而求相當之辦法。查各處之貨物運輸可分爲進口與出口兩種。所謂進口者卽如貨物之由別地運來該地。以待銷售。或換輪船轉運者是也。所謂出口者，如貨物之由該地暫時堆存以待車輛運往別地者是也。單由鐵路方面而論。據現時貨運情形。則如天津靑島浦口漢口上海等埠，爲最重要之進口地點。而張家口鄭州開封豐台濟南徐州蚌埠南京鎭江常州無錫嘉興嘉定等處。爲重要之出口地點。至於鐵路載運之貨物。亦可略分爲出口與進口兩種。如大小麥花生花生油豆子豆油豆餅芝蔴蔴子油雜糧羊毛鷄蛋棉花高粱木料獸皮菸葉生絲蠶繭等等爲內地出口之大宗者。又如五金銅鐵洋貨雜貨煤油煤炭紙料紙煙化妝品藥料食鹽等等爲普通進口之大宗者。更有多數貨物，在一地爲進口。在別地爲出口。或同時爲進口兼出口者。有此類別卽可審察各處貨棧之需要。蓋出口貨物既急於待車運輸，故其堆存之日期短促。若不易於變壞。轉運公司貨棧既便堆存。卽旁近車站之空地與月臺。亦可堆積。無大妨礙。此等地點。鐵路貨棧之建設。較非急務。卽如現時已設之貨棧。亦幾乎全數丟空。職是故也。

唯進口貨物或待時銷售。或待船運出。堆存日期。較爲長久。不能不藉有堅固之貨棧。爲之堆存保管。轉運公司之貨棧既少完備。又無臺存零提辦法。遂使外人在我國各大商埠所創辦之貨棧幾成專利。卽有少數中國資本銀行或合資或單獨或自建貨棧。或租賃房屋兼營貨棧事務者幾如鳳毛麟角矣。

鐵路若欲擴充其貨棧營業，庶可利便貨客，又可挽回利權，當於貨運進口之重要地點如上海漢口天津青島等處爲首要。若夫浦口南京下關兩處則具有特別情形，貨運輸入，仍是輸出。目下津浦京滬兩處兩路旣不能築橋接軌。鐵軌渡輪原車過江辦法。短時間又不能實現。兩岸裝卸勢所難免。在今日車輛機車缺少時期。自難免旺月貨運塞滯之事實。但爲根本解決計。此兩處貨棧雖形不敷。仍以添置車輛機車。設法疏通車輛。弗使停滯。并在兩岸擴大月臺。添置叉道。直達碼頭以便躉船泊近裝卸

貨物。又添置拖輪以便拖帶躉船渡江。務使貨物渡江。不至延遲塞滯。爲最急於舉辦之事務焉。

至於改良保管事宜。可分兩項。一爲貨棧之建築與保管。一爲貨物出入之管理手續查貨物之堆存貨棧。旣防損失，尤防火險。故貨棧之建築須得信用昭著之工程師籌劃圖樣。并由信用堅固之營造公司承辦建築。材料旣須堅實。間格尤須利便。使貨物之保管，不至紛亂。上落務求快捷穩固，以免損壞。客商對於貨物或須向保險公司納費投保。則貨棧之建築與管理情形。須得保險公司之信用。乃得貨客之惠顧。故於建築事宜。非裝置種種之防火防水防盜防損壞最善方法不可。

貨棧之管理有關信用。最爲切要。貨棧旣受

貨客之委託，卽應担負相當之責任。故管理職員須具有充足之經驗及保證。簿記須詳細精密。棧單須謹愼塡發。貨物之出入應仔細檢驗。棧租須公平。工役須嚴愼監督。印鑑須妥愼保存與驗對。凡此種種咸應顧及。務求利便與穩妥兩者俱備則鐵路貨棧信用必臻臻日上客商可不招而自來矣。

(丙)關於提倡押滙事宜

押滙爲一種之貨物抵押放款。又爲一種之逆滙辦法。外國銀行不論對於國內貨運，或國際通商。莫不視之爲最重要之營業。與優厚之利源。近年來我國銀行對於國外貨物運輸。或進口或出口已逐漸推廣其押滙經營。而對於國內貨物運輸押滙。反往往因各種之困難。未能發展其計劃。無他，鐵路包運辦法未臻完備運輸不能負責故也。銀行之放款旣賴貨物之抵押以爲保障。則其對於該抵押品卽應具有妥當之關係。實際上與法律上俱有保障，方稱完備。今者鐵路之於大幫貨物旣無充足之包運辦法。其對於載運之貨物卽無充份之保管責任。加以內地缺乏保險公司。承辦此種貨物之保險。盜窃之事叢見叠出。是以實際上銀行之對於鐵路運貨提單。實不能認爲充份之抵押。此項放款不能冒險多做。此鐵路提單押滙之所以未能發展者，職是故也。

今之所謂提單押滙事業。大都由各轉運公司辦理。蓋轉運公司對於貨物實含有包運性質。自接收貨物之日起，以至交收貨人還款提取之日止。該項貨物無一時不在該轉運公司之保管中。其所墊放之款。普通爲貨價之五六成。故可認爲充份之抵押。唯此等轉運公司資本不鉅。絕無如許現款以作押滙之經營。自不能不借助於銀行。每幫貨物之運輸，轉運公司則發給貨票與貨客。轉將鐵路之提單。持向銀行商借現款。實際上鐵路不負保管之責任。又缺少保險公司之保單。所有沿途之裝卸保管等事。俱由轉運公司辦理。謂轉運公司辦理押滙。似近事實。而銀行只作一種之信用放款。視該轉運公司之信用而定其放款之限額耳。據此情形鐵路之大幫貨物包運辦法一日未臻完備。則銀行之於此種押滙卽無充份之保障未便盡量發展。更加以內地保險公司旣形欠缺。又大都不兼辦此等貨物之保險。銀行之辦理押滙。旣須提單與保險單同時繳交。以爲抵押。則鐵路更宜設法代理保險。或提倡保險公司之承保貨物。方足助押滙之發展焉。

總而言之。欲整頓運輸負責。以利便銀行押滙。必先規定包運辦法。添置有蓬車輛。多置帆布以爲包蓋無蓬車輛之用。多添路警。每列貨車須派警押護。修改提單以備塡註貨物名目件數與裝裹情形。幷須由運貨人或其指定人簽字蓋印方能提取。添用站員以專檢查收貨交貨之責任。添設貨棧以備貨物抵站時先行入棧保管。限期提取。逾期計租。規定鐵路發給提單之印章以憑核實。訂修貨單通知書以免失漏。每逢站長之調換，必須具有相當之手續。通知各銀行，與轉運公司以備查核，提單之真僞。全路職員對于提單應有互相查驗手續。以定鐵路之責任。須知鐵路旣處於包運地位。則其對於接運之貨物。自裝運發給提單之時起。

以至交還貨物收回提單之時止。應負有完全之保管與賠償責任。苟有疎虞貽患無窮。鐵路賠償之損失將不堪設想矣。

中美鐵路貨運規章之研究及其比較

黃宗瑜

(一) 緒論

鐵路爲公用事業。其最大目的爲供給民衆以完備之業務。及大量之運輸。欲求達此目的。則經營者必須有充分資本良好設備。及完善計劃。始克臻事。顧企業者之資產有限。如設備之購置。計劃之進展。日益無窮。故欲求運輸業賡續無間。是又不可不藉營業收入以資挹注。鐵路營業收入。大別爲二。(一)貨運收入。(二)客運收入。就二者收入之數量言之。貨物收入約二倍於客運收入。(貨運收入佔總收入百分之五十有奇客運佔總數百分之二十八有奇其他收入佔總數百分之十一(二)) 是則貨運業務。就進款言之。其地位實較客運爲重。故經營鐵路者。對貨運特加注意。而一切貨運設備亦較其他運輸業務爲善。路上員役大部分時間亦多耗於貨運業務。惟貨運性質與他項運輸不同。而其業務進行亦較其他業務爲繁複。蓋貨物爲財貨之一種。其流通轉散。在在均與實業有關。其運價之高下。對於經商利益關係尤巨。故往往有偸運逃費及逾量越等運輸之事情發生。且貨物交運及卸運之手續亦較他項運輸爲煩。蓋鐵路代運貨物負有特殊責任。其責任視平常代人管理貨物爲尤重。故貨物在交運卸運之時。其受運鐵路及託運商人均須經過相當手續。以免爭執。又貨物收入。既爲鐵路營業收入之大宗。則其運價之計算。亦必須有精確之法則。苟有錯誤。非但鐵路蒙其損失。而貨主亦受其害。且鐵路信用亦受影響。是不可不愼也。鐵路運送貨物。經過之地。不僅一區。行駛時間。不只一朝。其輾轉流徙。手續滋多。遺失損少。自所難免。不幸而此項事情發生。鐵路所負責任及貨主應得之倍償。均須事先言明。則一旦事生。均易了結。不致互相爭辯。卽居中裁判者。亦有根據。以免憑空臆斷。以上各點。均爲貨運業務常有之事實。苟處理不得其當。非特影響鐵路業務。亦且涉及社會安寧。民衆利益。誠未可忽視也。欲求免此糾紛。是則法規尙矣。歐美鐵路對於貨物運輸均有規章，詳爲說明，且是項規則。每依實業情形。社會進展。及國家法令，隨時修改。故遇有事故。得依法處理鐵路貨主。均得其平，毫無爭議。亦無損益，法至善也，顧我國鐵路貨運業務。其重要不亞於他國。如貨運規則。雖部中有運輸通則之訂定。惟就其內容言之。似尙未盡善。且訂定之後，更改甚少。在今日國有鐵路營業尙未十分發達。故用之尙無欠缺。他日貨運激增。則問題隨之發生者必多。則此簡短之規章。恐非增訂不可。作者有見於此，爰取美國鐵路貨運規章。與我國之貨運通則，加以比較。明其異同。詳其利弊。以供有意研究鐵路營業者之採納。並希高明有以指評也。

（一） 貨運規則之訂定

我國鐵路貨物運輸規則依下列三種規章訂定。分別處理。

(A)國有鐵路貨車運輸通則。鐵道部訂定之。

(B)貨物分等表。由鐵道部規定。

(C)貨物運輸附則。由各路擬定。呈由鐵道部核准施行。

美國鐵路，其貨物運輸規則，亦由三種規章規定。

(A)聯合貨物分等表，由全國鐵路協會會員鐵路共同協定，呈由美國聯州商務委員會核准施行。

(B)統一提貨單，規定各項貨運規則，由全國鐵路協會協訂，呈由聯州商務委員會核准施行。

(C)美國聯州商務委員會所定之規則及法令。

上列法規爲美國一般鐵路貨運之規章，以其用時有本路運輸及聯運之別，因之聯州商務委員會有本路提單及聯運提單之訂定。此種提單。用爲運貨之標準單據。所有鐵路一律遵用。此外尚有牲畜運送規約及提單。亦由聯州商委會規定。故其規章較我國爲繁。茲就其不同之點比較言之如下。

(一)美國鐵路規章先由各路協定，然後由政府採用，核准施行，各路不能一致。我國鐵路規章。完全由部中規定。但各路自定有附則。依其地方情形。亦未能一致。

(二)美國運輸規則與提單相連。爲完全契約式。中國則否。

(三)運送牲畜與運貨物不同。蓋其運價計算以頭計。而所負責任亦異。蓋牲畜爲有生性。故美國商委會。對於運送牲畜。有特別之規則。中國則將牲畜載入分等表中。

(三)起運時之規章

(甲)託運之手續，在貨物未起運之先，貨主應辦手續，其一切規則。中美鐵路大致相同。中華國有鐵路貨運輸通則。於此項手續之規定。計分兩點。

(a)寄貨人須照寄貨人聲明書所列條款。將貨物種類。及重量等。逐一塡寫。並簽名蓋章。但鐵路仍應逐一核對。倘貨物與聲請書不符。則須按照查得實有重量及種類收費。

(b)寄貨人已塡聲請書後。如其所運非零件貨物。則須向鐵路請求車輛。由鐵路給與請求車輛單。交寄貨人塡明。貨物種類及重量。由站長或段長核閱後。給與車輛。車輛請求單。須由貨主簽名蓋章。且所請貨車。須請求人自用。若轉租轉讓與他人。則須科以三倍延車費之罰金。且車輛立卽收囘。

美國鐵路其貨物託運手續。較中國爲簡。一切手續。由聯合貨物分等表中之第二款規定。其主要之點凡五。

(一)凡貨物託運時。路員及貨主均認爲已經明瞭一切運輸規章。凡遇有鐵路員司錯塡貨單及貨主之貨物說明表 Freight Description 有錯誤。雙方均須處罰。

(二)運貨路局在託寄貨物時。須由寄貨人塡具貨物說明表。但路員須注意一切規章。手續上如有錯誤。亦應處罰。

(三)凡鐵路貨員。於必要時。遇有疑點。可將託運貨物。開封查看。或開車查檢。以定有無虛報情形。及貨物之性質是否與報運者相符。如查有不符之處。可隨卽改正。

(四)運輸路單Shipping order及貨物提單內。只可記一貨主一受貨人。及一達到站。但到貨通知單可以送至另一處。

(五)車輛之請求。與中國略同。亦由寄貨人塡具請求書。交由站長或段長核准。撥給車輛。

玆就二國託運手續。加以比較。其大致略同。惟中國所定規則。對於錯塡貨物說明書及託運手續錯誤。無相當之處責。其弊可使路員貨主。對於貨物託運一切手續。漫不經意。應塡表册。任意塗寫。稽考無由。流弊甚大。此其一。 中國鐵路貨員遇對於寄貨人聲明託運之貨。只可按照聲明書。逐一核對如封固之包件。以及整車貨物。起運時，站員無開封啓車之特權。故往往有僞運及揑報之事發生。鐵路收入實受影響。美國鐵路站員有查驗貨物之特權。此弊自可減少。惟鐵路員司。須具有特殊經驗。對於託運之貨。何者須受查驗。必須處理得當。否則徒增煩瑣。無補實益。貨運稽延。貨物損壞。客路兩方。均蒙其害。

中國鐵路對於寄貨人受貨人及達到站往往漫無限制。而美國則限於一人一地。有此一層。可免一貨數主之弊。對於貨物交付實爲便利。中國鐵路對於貨主所請撥之車輛。限制須由貨主自用。如轉讓他人。則原請求人須加倍處罰。此所以防止商人包用車皮之漏習。法至善也。美國鐵路除征收延車費外。無此特殊規定。蓋彼邦貨車充足。調撥得宜。蹤有商人虛虛車輛。而影響路局甚少。且商人請求車輛。均爲有貨待運。少有轉租他人。從中利謀之事。故是項規定。亦可不必也。

(乙)託運之貨物 所運貨物，根據國有鐵路貨運通則。有下列之規定。

(a)普通貨物 鐵路於貨主託運之貨物，須依照分等表之類別，核算運價。代爲安全運送。不得拒絕，如有其他行爲，致使貨主蒙意外損失。或對於同一情形所報運之貨物如有不同待遇。鐵路認爲違法。

(b)貴重貨品　凡以貴重貨品由貨車運輸者。除貨主聲明自負危險責任及保險外，鐵路概不代運，此項貨物之運輸手續及徵費均由貴重品分等表處理之。

(c)危險貨品　凡以危險貨品託運者，概須事先聲明，且由貨主負責，否則一概拒運。

(d)違禁貨品　凡法律禁止之貨品，除有政府特許證外，一律拒運，如有私運或冒運違禁品，除將貨物充公外，寄貨人須交地方官吏重罰。

(e)難運貨品　凡貨主託運之貨物鐵路因設備不完善，難以代運，得向貨主言明，拒絕收受，但有時鐵路以所託運之貨物其裝卸時須有特別工具，或貨物之性質，重量，體積，以及包裝方法，不適于搬運，且有碍于其他貨品者。亦得向貨主言明，拒絕代運。

美國鐵路，對於託運貨物之規定。亦在聯合貨物分等表中說明。其大致如下。

(a)普通貨品，　鐵路非遇有特別事故或特別理由，對於貨主託運之貨物須一律代運，且不得于同一情形之下，對於任何貨物，有差等之待遇。

(b)貴重貨品　除有特別規定外，凡鈔票，貨幣，生金，契據，滙票，有價證券，珍珠，寶石，及郵票，鐵路均不可運送。

(c)難運貨品　凡貨物有危險性。運送時可以損壞運輸工具或損及其他貨品者。可以拒運。或貨物必須積壓。待有相當車輛。方可起運者。亦可拒運。但如所用之設備可以供給時。則不能託故拒絕。

(c)危險貨品　凡以危險或易爆裂之貨物託運者。其一切手續。則由特別法律。及聯州商務委員會所定之法規處理之。

由上列規章。加以比較。中美兩國鐵路。對於託運貨品。何者可以代運。何者須加拒絕。分別明晰。惟中國規章對於違禁品之運輸處罰至嚴。美國對於是項貨物。以警察稽查嚴密。且國家法令週詳。鐵路似可無須再有是項規定。故付闕如。而中國鐵路。對於違禁品之運送。如鴉片軍火。其利甚大。故有干冒法紀。私偷運之事發生。且警察稽查不周。甚或警士與貨主通同作弊。故不得不以嚴法繩之。至於貴重品之運輸。美國多由捷運公司代運。且法律規定鐵路。不可運輸貴重貨品。誠以其責任太大。且運載至難也。至運輸危險貨物及難運貨物，其一切規章，大略相同，惟美國鐵路以設備完善，故對於難運貨品。非該項貨品能損及其他貨物。或所用設備實在不符時。均須代爲運輸。不得藉故拒絕。中美貨運規章對於託運貨物之拒受。大致如此。

(丙)貨物之地址記號及裝包情形

貨物運送。往往有因地址不明。無從投送。記號不清。錯誤滋生。亦有因裝包不固。多所損壞。故地址記號及裝包。在鐵路及貨主均認爲重要。特具明文詳細規定。我國鐵路。對於上三項規章。俱載在貨運通則。其大略如下。

(1)地址　凡託運之貨物。須將收貨人地址姓名及運赴地點。詳細標明。

(2)記號　凡託運貨物。寄貨人須將收貨人姓名地址及其特具標識記號。於貨物上標明。如不能用普通方法標明者。則須由寄貨人於每件貨物上。繫以牢固之牌籤。詳爲標識。

(3)裝包　託運貨裝包方法。計有兩種。(一)普通貨品。凡以貨品報運其一切包裹箱籃均應整齊堅固。或封鎖。如不按照上項規定辦理。鐵路只依貨主負責之貨物承運。(二)凡包件箱籃內裝有易破壞之貨物。應於寄貨聲明書內註明。並須於貨物外端四面標明「易破」字樣。否則鐵路只依「貨主負責」承運。又或一批貨物分爲數件。其中有易損壞或包裝不固者。鐵路得將其全部或一部由鐵路負責運送。以上規定。大都貨物。須鐵路負責而言。若貨物由貨主負責運送。其包裝並無嚴格規定。

美國鐵路對貨物之地址記號及包裝具有特別規則。其內容至爲煩瑣。大略如左。

(一)地址　貨主對於所託運之貨物。其收貨人之住址姓名運達地點。須詳細規定。且貨物運送所經路線。亦可規定。

(二)記號　分普通及特別兩種。普通貨物。除將收貨人姓名住址說明後。外加寄貨人之記號。特別貨物。除有上項記號之外。再加特別標記。以明貨物之性質。其各種貨物須有特別標記者。載在規章。貨主運送是項貨物。須依此規定。

(三)包裝　物貨裝包。於運貨手續中至爲重要。故美國鐵路特爲規定。其條文討論至詳。難以盡述。茲摘其要點如下。

(1)包裝之大小，(2)包裝之輕重，(3)內裝之貨物，(4)所佔之地位，(5)包裝之材料，(6)包裝之方法。

中美鐵路貨運規章。其關於貨物之地址記號及包裝之規定。美繁中簡。上文已晰言之矣。其中除記號一項兩國大致相同外。如地址之標明。則美國對於所運經之路線。亦得由貨主規定。我國鐵路無此習慣。此項規定之不同。有三原因。(一)美國鐵路發達。平行線多。各路以競爭故。往往所徵運費不同。故鐵路爲使貨主得享此特殊利益起見。往往將貨物所經由之路線。由貨主規定。(二)各路運輸設備。大不相同。且運貨習慣亦復各異。故鐵路爲謀貨主之便利起見。對於所經之路。准由貨主規定。(三)鐵路雖爲平行。但長短不同。且較短之路往往有一段或數段。因季節關係。貨物堆積。疏通至難。其貨車轉送。反不如長線之便捷。故鐵路對於貨物運送。所經之路。得由貨主自加選擇。以上爲美國鐵路貨運路程歸定原因。至於我國鐵路。多爲獨佔。貨主無選擇之可能。故無是項規定。亦在所不須。至於包裝之規章。我國只對於鐵路責任方面着想。凡貨物由貨主負責者。則包裝情形不加限制。立意未免欠當。蓋包裝貨物。若不合宜。對於行車之遲速。收費之多少。車輛之效用。關係至巨。非僅於貨物有遺失及損壞時。鐵路須加賠償已也。且包裝不良。則裝卸遲慢。售主須貨應市。往往貨品不能按期運到。其中損失。不可數計。故立法不可不注意也。

(丁)運貨之費用

(一)運費　爲鐵路代貨主運送貨物所徵之費。在中國鐵路其徵收手續。計算標準。及數量。均於鐵路貨車運輸通則。貨物分等表。及各路之貨車運輸附則規定。其運費大別有二大類。

(I)普通貨物　凡各站所受人託運之貨物。不具特別性而無特別條件規定者均屬之。其運費之徵收規定於下。

(1)貨物分類　中國鐵路所運貨物。計分五種。卽農業品，工業品，礦產品，林產品，禽畜品，此外復以貨物性質不同。分貴重品，危險品，等重品。如棺木靈柩車輛機車等類。

(2)貨物分等　我國鐵路分等表。計分六等。路運貨物。概照表列等級。徵收運價。其路運貨物定有專章者。則不按表列貨等計算。

(3)運價標準　貨物託運依其數量不同。前定爲三種標準　(a)五十公斤　(b)公噸(一千公斤)　(c)整車　(按車輛容量公噸計)　自十九年起(貨運通則第六版)則只照整車不及整車兩種計算，不滿整車或零担之運價，則係根據於整車運價，另加百分之幾計算。(其比例由各路自定)此項比例，載在該路附則之中。

(4)運價低限　由上之標準。計算運率。每有一起碼。(卽最低)限制。其限制分三種。

(1)距離限制。　(一)計算貨物運價最少以二十公里爲起碼。不及二十公里者。亦照二十公里計算。(二)計算運價里程之零數不及一公里者。以一公里計算。

(2)數量限制。　每批貨物，不及整車者。每批至少以五十公斤起碼。但重量超過五十公斤者。以二十五公斤爲單位。加收運價。其計算用遞進法。卽不及二十五公斤者。亦依二十五斤計算。(2)整車貨物按每車容量公噸計算。其起碼數至少應按照所用車輛之容載重量。

(3)收費限制　零批貨物。每批運價至少收現銀五角。整車貨物。至少收現銀每公噸現洋五角。運價之零數不及銀元五分者。亦按五分計算。

(5)運費計算　每批貨物之運率。由各路自定。依貨物之分等及里程，規定整車公噸及五十公斤運率兩種。(見膠濟路運價表)此種運率卽每一單位(五十公斤或車量公噸)之運價。每批貨物以其單位之數。乘此運率。卽得其運價。

註　鐵路因情形不同。另訂專價。此項專價均載各該路貨運附則之中。但須呈部核准。

(6)積量折算。　每五十九公斤・六八合爲一擔。

每一千公斤(十六擔・七五)合爲一噸。

每一百五十立方公尺爲一噸。

(II)特殊貨物。　此貨物以其性質特殊。且運輸方法不同。其分類分等及計費均有特殊規定。載在貨運通則中。大略如下。

(a)體笨貨運計分三類。

(1)凡重五十公斤。其體積超過百五十立方寸。或重一公噸。其體積過三立方公尺者。

其收費辦法。(A)如用整車運送以車輛容積按每三・立方公尺合一噸計算運價之。(B)如不及一整車以貨物容積折合重量。每一百五十立方寸合五十公斤。或三立方尺合一噸。計算運費。

(2)貨物體積過大或其他原因不能將車輛所能載重量裝足。其運價應照所用車輛載重三分之二計算。

(3)貨物體積過長。致須二車裝載。應按其等級及所定運價。及照體積折合之重量。計算運貨。但起碼運價至少須照所用車輛載重之半核收。

(b)混合貨物。 此類貨物每因特別情形。須合併運送。其大別有二。

(1)一車有兩批或兩批以上貨物。其運費須按各批貨物等級及起碼運價分別計算。

(2)一不批同等之貨物。合裝一車。則其等第及運率須照其中最高等貨物運價核算。

(c)殊等貨物。 凡貨物未經分等表列定等級。均爲殊等貨物。其運價概依二等運價徵收。

(d)危險貨物。 凡危險炸裂及有毒貨物。其運費及分等另有特別分等表規定。其運率須照所定等次按不滿整車(公噸率)核收運價最少須二噸計算。

(e)貴重貨物。 凡銀錢票據及貴重物品。貨主須先保險方能代運。其分等及運率另有特別分等表規定之。

(f)負責貨物。 凡貨物運送須由鐵路負責者。則按照原定運價高出百分之十。徵收運費。

(二)其他費用　鐵路運輸。除以轉運貨物所收運費外。尚有其他業務或與業務有連費關係之費用。其大別之可分爲四種。茲逐一說明如下。

(1)裝卸費　以各路工人及設備不同。由各路自定。

(2)調車費　卽將車輛送至或拖出私有岔道。或租用岔道。其數目由各路自定。或鐵路與商人議定。未能一致。

(3)延期費　此種費含有罰金性質，非由鐵路業務而生也，計有二種算法，

(1)留用　車輛爲商人留用。超過六工作小時。每載重一噸之車輛每二十四小時，或不及二十四小時。應收延車費大洋五角。

(2)不裝　商人已索車輛。而不裝貨物。每留用一小時或不及一小時。應按車輛載重量每噸收洋一角。

(4)囤積費　貨物囤積車站或貨棧。按照各路定章。其手續各有不同。其費用互異。

(三)費用之核收　鐵路代客運貨。其費用之核收辦法亦經規定。(見貨運附則)

(1)凡一切運費除鐵路訂有記賬辦法外。須一律預付現款。所有支票滙票未預先接洽。概不接收。

(2)交付現款。其地點在起運站或在達到站。均由客人自便。但貨價低於運價時。必須在起運站付清。

(四)費用之溢收　計算運價，如有溢收，貨主

得於一月內聲明。然後核算。由鐵路找還之。美國鐵路代客運輸所徵費用與中國不同。茲爲比較起見。特將其異同之點。分析之如下。

(一)運費　貨物交由鐵路代運。所徵之費。在美國鐵路其一切徵收手續。計算標準。及數量。均由聯合分等表統一提單。及各路之運價表規定之。其大別爲二大類。

(I)普通貨物　卽貨物不具特別性質。且其託運時。無特別條件規定者。均屬之。其運費之徵收規則如下。

(1)貨物分類　美國鐵路所運貨物。其分類以各鐵路所運貨品不同。其所分類亦異。大別亦有農產品，工藝品，礦產品。牲畜品，及林產品等類，但各區分等表中，對於各種貨物之分類，尙未一律，

(2)貨物分等　美國鐵路大都私有。各自爲政。難求一致。故無一統一之分等表。全美鐵路其貨物分等表。計有四種。

1官定分等表　用於美國大幹線區域以內之鐵路。

2南方分等表　用沃海沃省以南及密士西比河以東區域內各鐵路。

3西方分等表　用於密士西比河以西區域內各鐵路。

4特種分等表　用於不在以上各區域內之鐵路。

以上四種分等表。其貨物之分等。未能盡同。各種貨物之等級。以所在區域內。所規定之等級。分別計算。凡貨物定有專價者。亦不按分等表。所列貨等計算。

(3)運價標準　運費計算標準。普通均依貨物之毛重。gross weight 按每百磅計算。但分整車及不及整車兩種單位。

(4)運費低限　運價之最低限制。可依整車及不及整車卽零車兩類分別論列。

(1)整車貨物之限制計分四點。詳述如下。

(a)普通限制　凡整車運貨。均須限于由一起運站。一人託運。至他一達到站。由一人接收。

(b)收費限制　整車貨物。其最高運價。不能超過同貨品之零車運貨，其低運價不能少過每車十五元。

(c)數量限制　整車貨物。其貨物分等表中，每種貨物均有一最低整車載重量。凡貨物實重或估計之重量。小於最低載重量。其運費照實重計算。凡貨物實重或估計之重量。大于其最低載重量。其運費照其最低載重量計算。但各種貨物。其最低載重量之規定各有不同。大都由於一定長車輛所能實裝之重量。及各地商業習慣而定。

(d)距離限制　美國鐵路運費之計算。對於里程無甚限制。

(2)零車貨物　凡零車貨物其限制，亦分四點，詳析如下，

(a)普通限制　凡零車貨物由一批運送。只須有一寄貨人。一運轉路單，一提貨單，同時由一站起運。送至一達到站。由一受貨人承收。兩批或兩批以上貨物。不能由一批報運。每批貨物須按

其規定之最低運價（各路自定）收費。又一批不同等貨物分裝數袋。須按每一種貨之等第。分別依其實在或估計之重量收費。

(b)收費限制　零批貨物其最高運價。不能超過其同樣貨物照整車最低載重，依整車運率所收運價。

(c)數量限制　各路之運價表對於零批貨物。均有最低載重量之限制。普通一百磅起碼。但各路以所運零批貨物之不同。彼此互易。此項最低載重之規定。均於公定貨物分等表中另有說明書。

(d)距離限制　貨物運轉里程。在美國鐵路。無大關係。故無限制。

(3)運費計算　貨物運率。由各路自定。載在運價表中。運價表分兩種。一爲分等運價表(Class rate Tariff)。一爲專價表(Commodities rate Tariff)其訂法與中國不同。每批貨物託運，先依其等級。查出運率。再以重量每百磅爲單位。計有若干單位。以其單位數位與運率相乘。卽得其運價。但貨物訂有專價者。則算法另定之。

(乙)特殊貨物　此類貨物因其性質特異。且運送方法不同。故其分等，報運，及計算運費均各不同。故須特別規定之。

(a)體笨貨物　計分二種

(1)以笨重貨物託運。如以零批運價費收費者。須由貨主自理裝卸。且依其體積折合重量。徵收運費，

(2)凡以重大貨物用整車運輸。其貨物體積過重。非貨車所能容載。如此項貨物之規定最低載重量爲三千磅以上。則其逾限之重量徵費方法。視所用之貨車而定。如係用敞車裝載。則依其實重或估計之重量計算。如係用蓬車裝載。則其運費計算與前相同。但其最低載量須照四千磅且依一等運價計算。

(3)凡以長大貨物託運。須用二輛或二輛以上車輛運送者。其聯串之車輛。一車按此貨車之最低載重量計算。以後依其附掛車輛之數。每一車加二千四百磅。以爲計算之標準。

(b)混合貨物　此種貨物因其特種之需要。必須合併運送。其費用規定之如下。

(1)連接物品，　凡兩種物品。須連接運送。則依其中最高等級之貨品徵費。

(2)凡貨物爲他種或他批貨物之一部分。如機器之零件由一批運送及一紙提單取貨者。其運費不論等級。照其整個貨物之等級計算。

(3)凡一包裹之中。裝有二種不同等之貨品。其運費須按其中最高等級之貨物收費。

(4)又有一種特別混合貨物。由整車送者。其運價由整車運率計算。或由零批運率計算。均有特別規定。其一切規章。均載在聯合分等表中。由美國聯州商務委員會訂定。其大綱略述如下。(A)每一種貨物均用零批計算。(B)全部貨物均依整車運價且依整車最低載重量折合。(C)就全批貨物中取其一種依整車運價及整車最低載重量計算其餘各種均依零批運價計算。

(c)危險貨物　運送危險貨其運費多爲專價由各路特別規定之。

(d)貴重貨物，美國鐵路關于金銀貨幣以及珠寶證券之運送均有法令禁止。故此項貨品大都由捷運公司代運。由鐵路于客車或特別快車中劃出一部分專供捷運公司運送該項貴重貨物之用。視其所佔地位之大小。徵收費用。

(e)殊等貨物　凡貨物未經分別等級。且未列入(未經指名)貨物表中者。(卽未列入"NOIBN,,"not otherwise index By Name,,)則由路局按此貨物性質相近之貨物之等第。分別計算運費。

(f)負責貨物　依美國運輸法。規定鐵路受貨代運。須負特別責任。其責任視平常代人保管貨物之責任爲尤重。但貨主如須鐵路完全依法律上所規定之條款負責。則所付運價須視原數高出百分之十。且規定每增重一百磅加繳運費一分。

(二)其他費用　凡運送貨物。除徵收運費(Line-Haul charge)外尚有其他費用。各路因業務繁簡不同。徵費亦異。擇其大者。略述如左。

(1)裝卸費　美國鐵路凡零批貨物。均由路局代爲裝卸。不另收費。但笨重貨物。則由貨主雇人裝卸。

(2)調車費　鐵路將車輛送至拖出私有岔道。或租用岔道。以供商人裝卸貨物。其用費之計算。有下列之規定。查美國之鐵路岔道。計用兩種。一種爲工用岔道。(Plant fability type) 一種爲公用岔道。(Common Carrien type) 第一種岔道。專爲一種實業而用。其一切設備。均由鐵路供給。其調車亦爲鐵路代理。故鐵路可向之徵收調車費。第二種岔道供大衆之用。其用處在將車輛由某一岔道拖至鐵路幹線。以便拖出或由鐵路拖入岔道。以供商人裝卸。其岔道調車費由管有此岔道者向用戶收得。且一切設備均由其供給。故此項費用。分有二種。(一)爲岔道所有主向鐵路取得不調車津貼(Shunting allowance)。即鐵路借用其岔道時或請其調車所付之費。二爲岔道主人向鐵路公司。分得一部分聯運費。(Division of Through rate) 其分法。或有一定成數。或依調車所費之多寡而定。

(3)延車費　延車費在美國由延車及囤積費管理處規定。一切法規。由各路採行。大略如下。

此項規則之應用於各種車輛。無論爲鐵路所有。或爲私人所有。其延車費均由此規則核算，但車中所裝爲鐵路公司之用品。及牲畜時。或空車停於運煤岔道時。不受此規則之限制。

凡商人持有車輛。不裝貨物。普通規定。凡

超過四十八小時後。則每過一日。每車徵收延車費二元。如過四日以上。則每日每車徵收延車費五元。

凡車輛因有特別情形。以致逗留。如天氣不佳。站員無故稽延。貨物到站通知未遇。鐵路裝卸遲緩或關卡查驗扣留。則此四十八小時之限期。可以延長。

(4)囤積費　此項費用。由各路依其地方情形自由訂定。未能一律。大概貨物到站若干時間後。客人如不提取。則鐵路代爲保管。徵收囤積費。

(三)費用之核收　鐵路對於所有託運貨物其費之收付辦法。亦由各路運價表中規定。經聯州商務運輸委員核准。其大綱如下。

(1)運價表各鐵路須公開。俾託運客人隨時可以參閱。

(2)凡鐵路員司計算運價。需時過久。或將貨物等級錯算。或徵運費欠當。以致貨主蒙市價或金錢損失。則鐵路須罰出二百五十元。以賠償貨主。

(3)貨主於起運時。即須將有所應付之運費及其他費用。一律付淸。鐵路公司對於任何客人。所應付各費。均不得通融或代爲墊付。此項規則。均於統一提貨單及聯合分等表中詳細規訂之。

(四)費用之溢收　凡貨物託運。溢收之費用。貨主可隨時向路局聲明複算。如果溢收。其多收之數。可隨時找還。

以上關於中美兩國鐵路。其貨運徵費辦法。已分別言之。其異同之點。讀者依其項目。加以比較即可明晰。玆更就優劣之點大略分述如次。

(1)繁簡之比較　徵收運費其計算務求敏捷。但其規章之訂定必須分析詳明。蓋計算方法敏捷。對於貨運效率。自可增加。且客人亦免受時間上之損失。惟貨物種類至繁。性質迥異。苟各種貨物。不按其性質視同一律。則運輸成本不同。鐵路方面實受損失。美國鐵路對於計算方法。以普通以百磅計算，且所計爲毛重。故較爲敏捷。惟貨物分等未若我國之簡明詳盡也。至於計算之時間及準確。美國有法令規定。路員未敢稽延。故較我國鐵路爲迅速。且錯誤甚少。故貨主均蒙其利。至於各種貨物何者須由普通運價收費。何者須按特別運價收費。以及貨物之最低載量。美國鐵路分析較我國爲詳。此蓋由於貨運數量之多寡不同耳。蓋貨運一多。則鐵路對於車輛之效用。運輸之手續。不能不加計較以免虛糜，故此點美國鐵路較我國鐵路爲詳。且所立限制亦較爲精確，他日我國貨運發達。此種規則宜設法仿行之。

(二)效用之比較，　貨物運規則之訂定。其最要目的。在促進鐵路運輸效能。減少糾紛。使貨主對鐵路規章。澈底明瞭。易於遵守。但欲達此目的。則各路規章務須一致。否則頭緒紛繁。莫衷一是。美國鐵路均爲私有。各自爲政。不相連屬。統一實難。且各路競運最烈。尤難一致。故誤會滋生。爭執紛起。故甲地商以貨物至乙地託運。往往以規章及習慣不同。諸多窒礙。故貨運規則對鐵路運輸效能。非但難以促進。且因之而多紛擾。我國鐵路。以國有故。一切規章尚屬統一。且以國家權力爲之後盾。故應用至便。遇有貨物之運送。鐵路貨主。按規計費。毫無爭執。手續既有一定。辯難自可簡少。如鐵路運輸效用亦無形增加矣。

（按）此文原分上下兩篇。茲以限於時間。僅成上篇。下篇計共四章。（一）貨物抵站

時規章。（二）貨運犯規事件之處理。（三）意外事變之處理。（四）鐵路之責任。因篇幅過長。未能盡載。俟下期出版，當再補刊。此稿是今年暑假在南潯路實習時匆促草就。以該時所攜書籍甚少。查考無由。錯誤必多。 師長同學希隨時教正爲感。

人壽保險與社會

周德熙

曩於交大季刊，曾有人壽保險與個人利益之論列，雖語焉不詳，要亦略供各界人士之研究，以吾國保險事業，尚未臻若何發達，其故不在東西習慣之異同，與夫營業之得失良以國人對於保壽一端，尚未能十分了解爲欲國人認識其眞實意義起見，故不佞於演述保壽與個人之利益以還，再以眞實之態度，將保壽與社會之利益，分晰言之。

（一）人壽保險可以增加人類之責任心　保壽與儲蓄雖有其相似之點，然儲蓄爲己，保壽爲人，何以言之，蓋儲蓄者，以日積月累之金錢，爲他日生活或其他企業之需要，儲固在我，而用亦在我也，保壽則不然，其所日積月累者，乃完全爲他人謀，其享用權，大抵屬之妻子兒女。關於此點，在未開化之人類日以利己爲能事者視之，誠足以引起其懷疑，文明程度較高之國家，其人民之感情意志，當有以異於是，父子之相愛，兄弟妻子之相親，生恐其離，病憂其死，爲家長者，謹愼戒懼以扶翼之，復恐一己之生命難恃，而使老弱失其憑依，遂有保壽之舉，一旦不諱，賠款隨之，不僅於生前謀家庭之安全，且並於死後謀家庭之福利，其心至公，其行至偉，故凡投保壽險之人，對於其家庭責任心，實較常人爲切，其所附屬妻子兒女，固無往而不拜受其賜也。

（二）人壽保險可以減輕社會之負擔　社會者，家庭之積也，家庭者，個人之積也。古人有言，一婦不織，則天下有人受其寒，一夫不耕，則天下有人受其饑，個人與社會之關係，如是其深且切也，況倍數於已者之家庭乎，蓄盛之家子，女或至數十，非皆能自食其力也。老者幼者，皆須待哺於人，故為家長者，不必以能贍養其家便為盡職，須知仰食者衆，皆屬社會上分利之人，一旦失其贍養，則嗷嗷者皆將待慈善機關之援助，剝削小餘，以補大乏，生之者寡，食之者衆，社會之貧乏，可立而待矣。故為維持生產計，為社會安全計，投保壽險，實減輕社會負擔之良法也。

（三）人壽保險可以維持生活程度　社會之進化，恆視生活程度之高下為轉移，生活程度逐漸增高，則社會亦日趨於進步，方之歐美諸邦，已有先例。吾國生活程度，較之各國，不及遠甚，因之社會進化，亦偃塞而蹇滯。此種現象，大不適於現世界經濟戰爭之時潮。吾人為補救計，雖不能使社會生活程度日趨於多漲，亦當維持其原有之限度，不至於低落，則人壽保險固有其相當之效力存焉。量入為出，家庭經濟之常軌也。有八十元之收入，則其生活費用，必以八十元為標準；有二百元之收入，則其生活費用，必以二百元為標準。一旦收入失其來源，而家庭食用又不能或缺，則惟有力事撙節以圖生存。昔日之所必需，今日可以無有也。昔日所有之向上的慾望，今已逐漸減低而至於無。已進而後退者易，已退而復進者難，宇宙現象，大抵如斯。故欲保持家庭生活程度，實有賴於人壽保險。蓋如此得不因生產者死亡，而使家庭收入失其來源也。家庭既不受經濟之影響，則凡昔日所有之需要與慾望，仍得循序漸進，以底於成，各個家庭如是，則社會進化之力强，使中國漸躋於光明偉大之域，固意中事也。

（四）人壽保險可以增加社會之健康　健全之社會，由於身體强鍛之各個人組織之。歐美各國人民，平時注意身體之鍛鍊，復借重於醫生之檢查。故其精神體魄，上焉者，可以勝艱鉅，拟大業，下焉者，亦可以保健康健血統。返觀吾國社會，上自官吏，下至平民，平時旣講求不運動，一有疾病，輕則視同淡漠，重則藥石誤投，其有傳染性者，又鮮知隔離之方，終至涓涓不塞，流爲江河，誤己誤人，社會實受其害。倘國人能注意保壽，則公司派醫檢驗，斯時也，有病者，例不能受保，因此而知愼擇方法以爲調攝，同時復能使無病者知所警惕而加以注意，法至良，意至善也。

（五）人壽保險可以發達國家之工商業　歐美各國工商業之發達，雖不一其端，然人壽保險，實爲其中之一部，蓋保戶之保費，雖屬無多，但積則成邱，其數亦足驚人，以之辦理各種企業，確有輕而易舉之收。吾國實業落後，有待於資本者實多，國人投保日衆，則金錢可以集中，而發達工商業之資本乃雄厚矣。不觀夫外人且在我國多設保壽公司，吸收我國之金錢，以振彼邦之實業者乎，事實俱在，無可諱言，願國人亟起而圖之，毋捨己之田而耘人之田也。

觀乎此，則人壽保險與社會之利益，實較個人之利益爲尤深且大，僕不文，敬以一得之愚貢之於右。

如何應付日本侵略滿蒙之二線二港政策

王同文

自日本於甲午之役勝我以還，卽思步武西洋帝國主義者之後塵，盡力向外發展，當時國內對外侵略說，有北進南進二派，主北進者，欲以大陸爲目標，主南進者，則以南洋爲對象；但南進政策，不免與列强發生衝突，難於實現，乃決計北進爲日本之國策。至是積極併吞朝鮮，進圖南滿，於是滿韓聯絡之交通，遂爲注意之焦點，並爲實現侵滿之工具。迨日俄戰後，日俄二國，劃分滿洲之勢力範圍，以北滿歸俄，南滿屬日，二國皆以鐵路爲侵略之主幹，俄之中東，成横斷之勢，日之南滿，成縱貫之局，二者以長春爲勢力接觸之點。

（一）　進一步的日本侵略滿蒙之鐵路政策

(1)放棄一線一港政策　日本原蹈襲俄國之方針，以大連一港及滿鐵一線爲主幹，以謀開發滿蒙，後因東北人民之反抗，決意欲籍連山港（葫蘆島）與打通瀋海二線，包圍滿鐵線，以亂日之鐵路系統，日本方面見一線一港政策之聯絡，受其打擊，勢將現於不利；況後方有俄國恃中東路一線與海參威一港之聯絡，顯然處於競爭之地位，更覺有計劃二線二港政策之必要。

(2)二幹線二港政策之運用　卽將廣袤無限之全滿，由二線包圍之，一線卽南滿鐵路以大連爲吞吐港，以安奉四洮洮昂爲營養線，一線卽長會路，（合吉長吉會兩路而稱）其終點港，以朝鮮之清津爲第一港，雄基羅津爲補助港，以計劃中之長大（長春大賚間）延海（延吉海林及依蘭間）吉五

(吉林至五常)三鐵路爲營養線,舉凡嫩江(長大鐵路範圍)牡丹江(延海鐵路範圍)之貨物,皆能集中於吉長及吉會鐵路,由清津港出口。換言之,此政策即建築吉會鐵路,欲由日本海岸而開發滿蒙之計劃。若吉會鐵路完成後,即以南滿吉會二大幹線,爲對付中東鐵路之向南發展,貨運又對於向來處爭執中之四洮洮昂二鐵路,決由南滿路從中取聯絡協定之方針,並俟取得長大線之建築權後,同時可吸收南滿線西部之貨物。

(二) 日人要求建築吉會鐵路之重要點

日人之要求建築吉會路,實爲貫澈大陸政策之張本,明白言之,日人之所以急求吉會路之取得,直接欲思佔我滿蒙,間接擬圖稱霸東亞,查此路線接於吉長鐵路之吉林站,跨老爺嶺,渡牡丹江以抵敦化,即已成之吉敦路,更南越踰哈爾巴嶺,而至延吉縣,又西南至龍井村,復過圖們江,以抵朝鮮之會寧,約長八百餘里。是路關係中日之軍事經濟至爲重要,誠東北命脈之所寄也。

(1)關於軍事方面 在昔日本對東省軍事交通之經路,不外從長崎港經由航線,分達釜山旅大,以聯接朝鮮南滿兩路,更以安奉之貫通,合併北上,以達東省腹地,照此形勢,爲自南向北,來自一方,設有軍事變動,應付尚易。若一旦吉會鐵路築通,南滿路既可由長春東曲橫越吉境,以與吉會鐵路相連,而直接清津港,由清津港東航日本海,可達日本北部軍港之舞鶴,朝發而夕至,數管齊下,將吉奉二省,完全包圍,再由計劃中之長大洮索二線,直達黑龍江,實足以制我東三省之死命。或曰,吉會鐵路足以造成日本軍備上之根據地,日本之海軍,因此得以實現其「日本海集中」政策,誠然不獨此也,即蘇俄亦有被其威脅之勢，蓋自吉會鐵路開通，可防俄兵之南下，可斷俄兵糧秣之根據地，易以供給日軍，可斷中東之線，而絕海參威之後援，吉會路在軍事上之重要可知矣。

(2)關於經濟方面　吉會鐵路完成，由朝鮮之清津吞吐港，可與南滿中東西伯利亞諸鐵路相聯，而使吉省之農鑛工商業易圖發展一也，吸收東滿與北滿之農鑛產品，自由供給二也，可奪海參威之繁盛，移於清津，使日本海將來可與地中海相比美三也。他若日本地狹人密，原料糧食素仰給於我滿洲，近年滿洲移民日衆，生殖漸繁，而沿南滿中東等線農鑛工商諸事業，均已着手開發。惟有延吉一帶，因交通阻塞，尚有廣大沃野，未能闢殖，富源寶藏，未能採掘，如森林煤金稻麥豆玉米之屬。故日人欲奪此富源，分佈其過剩人口，實行其經濟侵略，自非便利交通不可，是以吉會路，亦成一拓殖鐵路。且吉會路，西接吉長線，中接哈長線，可吸收中東西伯利亞二路之運輸，而將中東鐵路變成吉會路之培養線。即不然，亦可擊敗俄國之鐵路政策，得伸展其勢力於北滿。不甯惟是，日人之所以建築吉會線，尚欲奪海參威之繁盛，移於清津港，換言之，日本心目中在滿洲除開發大連之外，並欲開拓清津大港，由一線一港政策，進而爲二線二港政策也。如是南滿有大連與中國之葫蘆島對抗，北方有清津與俄國海參威相衡，有此南北二大港，日本貨物之輸出入，完全可以不借手於他人。

(三)　對付日本之二線二港政策與葫蘆島築港問題

吉會鐵路在軍事上與經濟上之重要，已如上述，今欲以東北轉危爲安，打倒二線二港政策，其唯一之對策，即希望早日完成葫蘆島築港。蓋因吉會線一成，東與朝鮮鐵路相連，而以清津爲吞吐港，東省之經濟動脈，成東偏之勢，而中國之吉海瀋海（奉海）二路，完全失其作用；況吉會路更北伸延海與吉五二線，則中東路在吉境之經濟價値，大半爲日所奪，至於西部，則更以長大路（直接延長南滿路）向西北伸張，又以洮索路接連四洮，間接的延長南滿，更向西北開發富源，設一旦長大與洮索之延長成功，則中國之打通線，北通洮昂之作用，完全喪失。現滿洲之中國鐵路，如北甯瀋海吉海打通洮昂等而欲不失其聯運之價値，能與南滿吉會相頡頏，更覺建築葫蘆島之重要。

現東省雖有鐵路系統，但因缺乏有主權自主之吞吐港，以連海運，一部分之鐵路，變成南滿路之營養線，是以東北之運輸，時在日本支配之下，爲今之計，非擇主權完全之地，建築海港，自成交通之脈絡，自立出入之門戶不可。是以渤海西岸葫蘆島之建築，及營口河北碼頭之修築，非特爲東北發展之急圖，亦國家興亡之關鍵也；但營口雖與各鐵路距離較近，惟口淺而隘，冬季結冰，又逼近大連，不如先開築葫蘆島爲要。

按葫蘆島築港之有具體計劃，濫觴於清光緒三十四年，緣光緒三十一年徐世昌爲東三省總督時，鑑於日本之經營大連港，蒸蒸日上，獲利甚多，而營口日益蕭條，一蹶不振，爲抵制日俄侵略滿洲起見，擬於渤海西岸，另闢一不凍港口，以奪大連之勢，乃於光緒三十四年夏季，曾聘英藉工程師休士，測勘檢關內外之海岸，其結果認葫蘆島爲最相宜；惜因歷年國內不靖，難於築成，直至本年七月，繼續開工，由荷蘭海港工程公司承辦，築港費定金元六百四十萬元，工期計五年半；於是二十年來國人所渴望之葫蘆島築港，至今始成事實矣。

葫蘆島位於遼甯省錦西縣之南，距北甯路連山站三十華里，全島斜峙海中，西以低窄之土腰，與陸地相聯，實係一半島，以形成葫蘆，故名。島之環抱處名連山灣，卽擬開港處也。港內波平浪靜，可避强烈之海風，海底多屬泥土，易施浚渫，且水量極深，大抵潮落淨時，水深尙有二丈六尺至八尺不等，潮漲時，則有四丈，故極大輪船，可自由出入，冰期每年平均不過十餘日。據葫蘆港開工紀念册中所載，該島防波堤共長五千一百英尺，碼頭計長三千七百英尺，護岸堤計長七千九百英尺，至其面積三十英尺深以上者，爲八百萬平方尺，同時可停泊五千噸以上之大船（每船停泊需六十萬平方尺）十三四隻，誠華北之良港也，如能盡力建築，略仿大連港之設備，則他日之繁榮，未可量也，

（四）葫蘆島與東北各大港各大埠之距離比較觀

至於葫蘆島開港以後，則東省之貨物，必不走大連而走葫蘆島，因此大連與海參崴日漸蕭條，而日本之鐵路系統，可由此而打破；因以各大埠之距離立論，葫蘆島較勝於大連或海參崴：（一）由昂昂溪而論，一可直往海參崴，二可經長春往大連，亦可經打通線往葫蘆島，倘各路辦理均善，貨物旅客，自擇價廉者從之，鐵路運價，恆以遠近爲計算標準，距離近者，其價爲廉，況需時較少，自然易受商人歡迎，昂昂溪之貿易，自被較近之吞吐港吸收無疑；幸昂昂溪距大連經長春爲一千二百十二公里，距海參崴爲一千〇六十一公里，距葫蘆島經打通線爲九百八十二公里，是以葫蘆島較近，當由此出口。（二）

其次爲吉林，亦一重要貨物積集之所，而吉林經海龍遼甯至葫蘆島，僅七百三十四公里，吉林經長春往大連爲八百三十四公里，相差計一百里，若由吉林經長春哈爾濱往海參崴，則爲一千一百五十七公里，相差更遠，不能與葫蘆島相比。(三)以鄭家屯爲起點，歷打通線往葫蘆島計五百三十四公里，歷四平街往大連計六百八十四公里，相差一百五十公里，若經四平街歷長春哈爾濱往海參崴，則爲一千二百二十四公里，相差更遠。(四)以遼甯爲起點，往葫蘆島計三百公里之譜，而往大連則爲三百九十六公里之譜。由此可知以昂昂溪吉林鄭家屯遼甯爲中心之貨物，因路途較近，運費低廉，均聚於葫蘆島而出口，如是大連不打自倒，同時葫蘆島距離熱河及內蒙古甚近，可由錦朝鐵路吞吐另一方之貨物，以完成中國之鐵路系統。茲附有鐵路聯絡之各大埠與各吞吐港之距離比較於后：

昂昂溪至洮南	二二四・二
洮南至鄭家屯	二二四・四
鄭家屯至通遼	一一三・七
通遼至打虎山	二五一・一七
打虎山至葫蘆島	一六八・九五
昂昂溪……洮……鄭……通……打……葫蘆島	九八二・四二公里
打虎山至營口	一三五・九七

昂昂溪……洮……鄭……通……打……營口九四九·四四公里

昂昂溪至哈爾濱 二七〇·

哈爾濱至長春 二三六·

長春至大連 七〇六·

昂昂溪……哈……長……大連一二一二公里

哈爾濱至綏芬河 五四七·

綏芬河至海參崴 二四四·〇三

昂昂溪……哈……綏……海參崴一〇六一·〇三公里

吉林至海龍 一八三·四

海龍至遼甯 二五一·二

遼甯至葫蘆島 二九九·六六

吉林……海……遼……葫蘆島七三四·二六公里

遼甯至營口 二六四·五四

吉林……海……遼……營口六九九·一四公里

吉林至長春 一二七·七

吉林……長……大連八三三・七〇公里

吉林……長……哈……海參崴一一五七・公里

鄭家屯至四平街 八七・九

平街至大連 五九六・

鄭家屯……四……大連六八三・九公里

四平街至長春 一一〇・

鄭家屯……四……長……哈……綏……海參崴一二二四・一二公里

鄭家屯……通……打……葫蘆島五三三・八二公里

鄭家屯……通……打……營口四九八・七〇公里

據表中所列，各埠往營口均較往葫蘆島略近，然則何不修營口而築葫蘆島，實因營口有如上述之缺點，以之為唯一之東北吞吐港，殊不相宜；至營口距離之近，適足為葫蘆島之翼助，營口港之背面聯絡，亦為我國鐵路，營口今日不發達之局面，恐將自葫蘆島築港以後，漸有轉變之機。

又據上表而觀，葫蘆島較勝於大連海參崴，實可制日俄在東省之經濟勢力於死地；但反之而觀吉會線，若吉會路完成，清津港成東省吞吐港時，或曰二線二港政策實現時，則葫蘆島失其在東滿競爭之能力，因（一）以吉林作起點，經吉海瀋海北甯至葫蘆島為四百五十英里，而吉林清津間之距離爲三百四十八英里，如是往葫蘆島則遠一百零二英里。(二)以長春作起點，由吉長經吉海瀋海北甯至葫蘆島爲五百四十六英里，而長春清津間之距離爲四百二十八英里，要遠一百十八英里，設由南滿鐵路轉入北甯至葫蘆島，其距離爲三百七十四英里，雖較長春清津間之距離近五十四英里，然南滿路爲日人所經營之鐵路，轉入北甯，非換車不可，運輸異常不便。總之，欲完成東北中國鐵路系統，發展葫蘆島，在消極方面，要不使吉會鐵路開通。

(五)　葫蘆島築港後東北交通之新局面

以今日東北鐵路系統觀之，中東鐵路爲吉黑二省輸送之主力，南路鐵路爲吉遼二省運輸之樞紐，北甯路雖爲國有，亦無良好營業，至吉海瀋海等路雖屬完全國有，直等於在南滿路支配之下，蓋此等路所運之貨物，終須經南滿路，以達大連，他如吉長四洮等路，因借款關係，處處受日人之操縱，更不啻南滿路之附屬線耳。

葫蘆島與北甯路連山站間，向有軍用路線，故與內地各鐵路聯絡甚易，將來港灣築成，宜成一有系統之聯絡。按今日之局勢，與夫葫蘆島之位置觀之，可以北甯路爲總幹線，打通通鄭四洮洮昂遙應以成爲中部支線，更跨越中東路與齊齊哈爾相接，並可聯絡齊克路，以吸收北滿之貨物。東部支線，以瀋海吉海銜接，將來再須向北發展，以達呼蘭，與呼蘭海倫路相聯，則黑省東部及吉省貨運，均可儘量吸收。西部支線，錦朝路雖短，則將來可延長至赤峰，以開發熱河之貨運。有此數線，足供葫蘆島之發展，向南滿路作包圍，使之不能踰東支線而東，越中支線而西，是以東北鐵路網之獨立，胥於葫蘆島築港是賴。

最後一點，而與葫蘆島之盛衰有密切關係者，卽急切發展海外航業。查吾國華北航權，率爲日本獨操，卽英國亦瞠乎其後，吾國航業直無運輸能力，設使日輪不來該港，則雖內地運輸便利，但海外運輸，勢將遲滯；卽日輪願來我港，亦難免受其操縱，更不啻爲其增添一裝貨口岸，而海運大利，仍爲外人所得，殊堪悲痛。是後希望東北交通當局，對於新港之設備管理，及鐵路之改進，均宜詳爲計劃，他如海外貿易商之擴充，航輪之增加，均爲刻不容緩之急務。

（六） 我理想中之東北鐵路網大計劃

（甲）遼甯西北部鐵路系統計劃：

（A）以北平爲起點，向東北經順義密云古北口灤平承德隆化圍場公爺府赤峰元寶山開魯，以連接通遼甯源，北與洮昂路接軌，南與北甯路相連，以出葫蘆島。

（B）以張家口爲起點，向北經白廟子台張南子井沽源多倫轉東至赤峰建平朝陽，與錦朝路接軌，而通北甯路，以開發內蒙古之貨運，由葫蘆島出口。

（C）從洮南向東，經廣安大賚扶餘，沿松花江流域以達哈爾濱，是線足以收吸松花江流域之農產品，奪中東路之貨運，棄海參崴而向南，走通鄭打通轉入北甯，以出葫蘆島爲目的。

（D）先完成洮南索倫間路線，再由索倫向西，經呼倫貝爾二湖中之甘珠寺，出呼倫湖以達滿洲里，本線橫過大興安嶺，富於森林與礦產，足爲開發黑省西境富源，與移民之用。

（E）完成齊克線，再由克山向東至通北，同時將呼海路延長至通北，自通北而至羅北，所過係金礦産地，二路相連，南可由洮昂路使通北甯路。

(F)從齊克路中段爲起點，北進向納河嫩江以達璦琿黑河，本線所經係嫩江流域平原，農産豐富，將來可由齊昂洮昂而下，由葫蘆島出口。雖清末所計劃之錦璦鐵路（起自北甯路之錦州出法庫門經通遼安達齊齊哈爾嫩江以達黑龍江西岸之璦琿長一百七十英里）未實現，其價值適能相等。

(G)自滿洲里沿線額爾古納河東岸起，向北經室韋奇乾二縣至石勒喀河口，向東沿黑龍江南岸經漠河，再向東南沿黑龍江經呼瑪黑河璦琿烏云蘿北，迄同江口，經過富饒之産金地，此線係沿國境而行，與黑龍江西伯利亞鐵路並行，其使命除開發富源便利移民及交通外，尚爲國防之必要線。

(H)自嫩江向北經額多河至漠河，再從嫩江向西經關帝廟至室韋，與(G)線之國防鐵路相聯，成一支線。

(I)其他如從(B)線之多倫，向北與(D)線之甘珠寺相聯，從甘珠寺向北，可與海拉爾銜接，向東南可與(A)線之開魯相通，成爲南下至葫蘆島之給養線。

(乙)遼甯東北部鐵路系統計劃:

(A)第一步當整理瀋海吉海二路，成爲一起，並與北甯路得確切之聯運。

(B)自吉林向北經舒蘭榆樹五常珠河同賓方正，沿松花江而北上，經依蘭樺川富錦同江以達烏蘇里河口之綏遠，此線伸入北滿重地，橫截中東路，吸收松花江流域之貨物，南由吉海瀋海北甯等路而出港。

(C)自北敦路之中段蛟河起，向北經額穆至甯安，沿牡丹江而至依蘭，由依蘭向東，經密山虎林沿烏蘇里河西岸北行至綏遠。

(丙)遼甯東南部鐵路系統計劃：

(A)自城子疃經莊河大孤山大東溝安東岔溝門揖安臨江安圖至敦化，與吉敦鐵路相接，與已成鐵路成一循環形。

(B)完成從打虎山過遼河經海城岫岩龍王廟至大孤山，以連聯海運，此線中截南滿路，處於競爭地位。大連必受影響，若日人在南滿之霸道勢力未肅清，決無實現之可能性，故抵可成一理想中之路線。

(C)自吉海路之海龍經永陵通化至臨江，沿鴨綠江至長白，由長白沿圖們江至琿春，再向北經東甯至密山，與(乙)項之(C)線接軌至綏遠，此線自琿春至綏遠一段，接近中俄國界，完成後，可爲防俄之用。

(完)

鐵路比較運價與社會經濟實業之關係

（許靖）

鐵路上之貨運品類龐雜，性質各殊，故運價亦有上下等級之分，輕重高低之別，此固理之當然無可疑也，惟本文所研究之問題，不在各種運價之有差異，而在各種運價相差程度之大小，何如卽兩貨相較，何者運費宜多，何者運費宜少，何時運費可以一致，何時必須有差，如有差異，則又以差至何種程度方爲適當，概括言之，所謂比較運價者，乃指各種不同貨物運價之相對比較（Ralative Rates on Different Goods）而言也，欲就一般之運價，比較其相互之關係，而判斷其高低適宜與否之問題，其立論之主要觀察點，必須首先確定，蓋以不有前題，則一切失其重心，無所準據，廣泛之觀察，勢難得到相當之結論也，誠依鐵路公共事業之性，假定以社會全體之福利，（General community welfare）爲比較各項運價之立場，則運價彼此之關係，（Relation of rates）應使其合於下列之三大原則，卽鐵路所定之無論何項運費，其高低之程度必須（一）能使國內各實業趨於最有利之途徑，（Will get industries into and keep it in the most profitable lines or channels）（二）能引導各實業位於最經濟之場所，（Should lead each kind of industry to the moste conomical location）（三）能使鐵路上之運輸設備得量其利用（Will result in the completest profitable utilization of the transportation plant）是也，試依次申論如后，第一為使國內各種實業得循其於社會上極為有利之途徑而發展,則在用途上有競爭性質或互可代替之物品,(Competing goods or substitutes) 其運價之大小,必以所費之運輸成本而決定之夫鐵路上之運輸成本,固多有彼此關聯,不可劃分之性質,然而在實際上規定運價之時,鐵路對於成本方面之概數,往往不能不予以相當之估計,如其運費所入,不足以抵償所生之特別運輸費用,而使鐵路發生虧本情事,則鐵路勢必予以拒絕,而不為之轉運,貨物之體積重量價值,各有不同,體積大者,佔車之面積亦大,重量輕者,耗費煤力較少,如其價值輕重大小相同,則有危險性者之運費,應較無危險性者為重,若軍火炸藥硝酸甘油等類之爆發物品,(Explosives)不僅在轉運中本身易於毀壞,鐵路須負賠償損失之責,而且爆發之時,同車之貨,及其車輛人員,均將連帶受其影響損傷,他如磁器等類,性質嬌脆,亦易於震動而致破壞,鐵路轉運時須加以特別看護,因而所花之費用當然較多,諸如此類,皆為構成運輸成本之要素,在貨物分等時(Classification of freight)均應分別考慮顧及者也,其在兩種性質相同之物品,彼此可以互相替代,例如建築屋宇,既可用磚,亦可用石(bricks and stones for building) 是磚與石在用途上有競爭之性質,若二者之運輸成本多寡大致相同,則運價不能有彼輕此重之差,假定於石取費較重,則磚之價格較低,人將以磚代之而不用石矣,甚至某種地方,本以用石建築房屋,較為堅固合宜,徒以運價不平之故,遂爾勉強代之以磚,造成不經濟之建築,而為社會上之一種損失也,然各運輸成本果有不同,高額之運費,適與相差之成本等,則又不能謂爲不合於經濟之原則，石之運費，理應較多，否則一般建築者將不明石之生產成本較貴，羣起用之，反使耗費社會上財力較少之磚，轉而減少銷路用途，其結果亦爲社會上之經濟損失，所以各種貨物之生產費用，及其運輸成本，能予社會經濟及國內實業以莫大之影響，鐵路在規定運價上，必須能於以上所述之種種經濟與不經濟之點，引起社會上一般使用者之相當注意，然後其所決定使用之物，方爲社會上之極經濟者，從而各種實業之出品，亦可按此需要而生產之，而供給之，於是各實業自然可以趨於社會上極有利之方面而發達，此競爭物品之運價，不能不按運輸成本而定之適例也。

其次氣候人工地利三者爲構成各種實業工廠位於極經濟地域之要素，實業必以能利用此類天然利益(Actual advantages)則其產品乃爲社會中極經濟之物，鐵路在運價上不僅不能消極的抹煞實業之自然經濟利益，且應積極的加以提倡之，促進之，對於各種原料品與製成品運費間之高低，務須斟酌至善至當，不得有所偏倚，試取麥與麵粉 (Wheat and flor) 木與木器 (Lumber and Furniture) 爲例以說明之，麵粉之價值，大於生麥，而在運輸時易於損壞之危險程度亦大，木器比木料貴重，而且同一重量之木器所佔之面積亦多，尤易損壞，因此麥木之運費，應較麵粉木器爲低，但其相差之程度，仍不能超過上述各項特殊理由正當限度之上 (Rates Should be Greater Only to the Extent that Such Special Considrations Justify) 否則不免一方失於太過，一方失於不及，流弊所及，勢必影響實業地位上之天然利益也，例如由此而南之生麥，若與麵粉之運費相低太多，則製粉廠勢將放棄在北方天然有利之地位，而移設於南方，蓋以逕行運麥於南方，然後製成麵粉，可以避免高額運費，其結果較爲有利故也，反之，如麵粉運費過於低於麥之運費，則在南方之製粉廠，亦將受其影響，而移設於產麥附近之區域，就近製成麵粉，然後運往南方銷售，而麥運之量勢必爲之大減矣，如此一遷一徙，而地理上天然之特長 (The Territorial Specialization of Industries) 卽莫能各盡其利用，其他各種實業工廠之位置均莫不有選擇天然設備便利地點之必要，倘鐵路在運價上而不顧及與實業有如此之影響，使實業爲遷就鐵路之運費，捨棄原有天然之形勢便利，而移於不經濟之場所，直接爲不利於實業，間接爲社會之損失，是以爲求國內各實業得以位於最經濟之場所，則於原料與製成品兩種運費之高低關係，不能不審愼斟酌也，

最後，運輸之設備，如欲使之盡利用，則惟有設法擴充營業，通常鐵路招徠生意之道，不外改業務 (Service) 與減輕運價而已，以減價而促進營業，則運價有時不能完全依照成本而規定，往往有兩種貨運，其耗於鐵路之額外運輸成本雖然完全相同，然運價亦多有不能一致者，蓋以某種物品，如由甲地運往乙地，運費非低不可，高則乙地可以就地製造，而不仰給於甲地之出產，則鐵路勢將完全喪失此項運輸矣，其次，仍有某種貨物，惟甲地能出產之，其他各處非從甲地購買不可，故鐵路對于此等運費可以略爲加多，不致妨礙營業之數量也，此外倘有一類物品，在本地固然不能製造，然而消費者每每可以其他物品代替之者，例如甲地出磚，則運往甲地之建築石，運費必須低廉，否則將磚所替代，

可能銷行，而石運之生意失矣，再者品質貴重之運費，應比低賤貨物較重，以其本身價值甚大，因運費而增漲之售價極爲有限，銷路不致感受影響，如於低等貨物取費相同，則結果適得其反，假定運輸皮鞋，每噸之重取費十元，一噸在美國等於二千磅，一雙皮鞋，通常約兩磅之重，是每雙之運費，爲數不過一分耳，按平均每雙價格以八元計之，是運費與原價相較，實屬渺乎其小，所以在消費方面，絕不至發生若何影響也，然如以同樣之運費，施於煤運，則煤價有如飛漲，銷路勢必爲之銳減，蓋以平常煤價不過每噸三五元之譜，如果忽然加以十元運費，則每噸貴至十三或十五元之多，於是人必改用他種燃料，而煤運必逐漸縮小矣，所以在此等情形之下，同一重量之貨，耗去鐵路上之同樣運輸成本，而不能取以同量之運費，必須按照各種運輸 (Traffic) 担負能力之大小，而定其運價之輕重，總以使各項營業皆得平均盡量發展，然後鐵路上全體業量（total traffic）方得爲之增高，一切之運輸設備方得爲最有效最圓滿之利用，但於此有一問題發生，如果某鐵路所獲之餘利過大（Excessive profits）則運價應予減輕，俾社會上一般人士皆得同享福利，方不背乎公共利益之原理，當此之時，減價已成必然之趨勢，因之不成問題，惟所費研究者，乃減價之方法耳，究應全體同等減低，抑或局部減少，或何者可以多減，何者應當少減，設有甲路之盈餘，已達於年利百分之二十之後，應當減輕運價，同時假定甲路之運輸，惟麥與煤兩項而已，二者之運價，皆係曾經斟酌至當至善，可以使運輸量發達至於最高之程度，但此時鐵路之設備尚未達於完全利用之境地，乃減價問題忽然發生，試問於二者之中，將從何方而減之，又將以若干爲限度，其答案之判定，則可視減價以後，兩項運輸將於鐵路營業方面所生之影響各多如何以爲斷，向使均比以前減低百分之十，煤運之量，可以增進百分之八成，而麥運或可能增進百分之一二成，則麥之運費不能與煤同樣減低百分之十，而應較爲少減，如是則一方面鐵路因減價而受之損失較小，其設備仍得爲更進一步之利用，有益於社會，同時運貨商人及一般消費所獲之利益亦大，運價必須如此調節適宜，乃得謂爲圓美無缺，雖然，猶有言者，煤之運費固當多減，然亦不能低至使鐵路虧本爲之運輸，(Carried At loss) 同時麥之運費固應較高，然亦不能過於鐵路應得之正當利益，以免引起麥煤商人及消費者彼此間之不平等待遇，(Undue discrimination between wheat shippers and Consumers and those of coal) 二者皆與社會全體福利相反，不能認爲正當，此乃就鐵路之設備尙未臻於完全利用之情形而言也，倘正擬減價之時，一切設備均已盡其利用，(Already pretty fully utilized) 以後營業縱然仍可添增，亦無餘力可以應付，處此情形之下，則減價與業量似無若何關係，麥之運價，亦可同樣減低，不至引起不利之影響，二者之間，可以任意酌劑，其問題較爲單純，不復如前此之煩難而複雜也，

總而言之，運價之標準，有時爲運輸之成本，有時須按運輸之情狀，要皆宜以全體公衆福利爲目的，各種運價高低之差，不能出於武斷，應按照運輸上之各種特別情況，而使彼此相對之關係，比較均得其平，然後在經濟學理上有相當之根據，(Economically defensible) 有一定之立場，競爭之

貨物，所運之距離相等，所爭之市場相同，苟非運輸成本實際上有所懸隔，則應予以同樣之運費，不得有輕重之分，如其不然，則易於使實業由有利之途徑轉於不利之方向，(tends to divert industry from more into a less profitable channel) 引起社會上之經濟損失，在原料與製成品之間，運價亦不近於武斷，否則實業之製造廠勢將逼入人工較爲不經濟之位置，不能利用原來之天然利益，亦爲社會上不利之事，若在此等流弊不至發生之時，而鐵路之設備，復可藉以更盡其利，則運價不按成本爲標準，彼此之間，可以略有出入，雖在表面視之，似乎近於不公，然而揆諸實際，究亦直在其中，無可非難，至於鐵路之利潤，如經超過適當一般法定之額以上，發生成價問題，則應於減價後所有可能發生之影響利弊，須爲之通盤籌劃，熟思審慮，總以一方使社會全體得以利益均霑，同時不使鐵路遭受過大之損失，爲決定各種運價減低標準及其限度之範圍，比較運價所涉及之要素，及其與社會經濟各項實業之關係，固不僅止於此，然而在學理上大體不外乎是，苟能於其根本上犖犖大者，能盡運用之妙，則其他枝葉問題，皆不難迎及而解也。

中日兩國鐵路之運費及業務之比較

（成）

本文係譯自南滿鐵路會社調查課所編單行本，文內所列日本各鐵路運價，係按照日金一錢合國幣一分，日金一圓，合國幣一元折算。近來金價大漲，日金一錢，約合國幣一分八厘，日金一圓，合一元八角，故若重行折算，則原文中所列比較，均不切事實，因日本各鐵路之運價，現在比較國有任何鐵路爲高。

成註

本文所稱爲中日兩鐵路者，其在日本內地之鐵路，則有國有鐵路（鐵道省經營者）與幾多之私有鐵路，又在東三省之日本鐵路，亦有南滿洲與金福之兩鐵路，此等鐵路之運費及業務，均各有不同，至中國鐵路，合國有與私有，亦有數十，其運費與業務自多相異之處，故欲網羅此等作爲比較，殊覺過於廣泛，所以本篇所列之比較，僅以在東三省中日鐵路（輕便鐵路除外）之運費及業務爲主，而附以日本鐵道省綫及在中國之主要鐵路。

第一　中日鐵路運費比較

(一)　旅客運費

(A)　普通旅客運費

種別	鐵路別╲等級	一　等	二　等	三　等	摘　要
日本鐵路	南滿洲鐵路	金七錢 每人一公里約四錢三厘五毫	四錢五厘 每人一公里約二錢七厘九毫	二錢五厘 每人一公里約一錢五厘五毫	單位每人一哩
	金福　鐵路	無	金九錢 每人一公里約五錢六厘	六錢 每人一公里約三錢七厘	單位每人一哩現在七折
	日本鐵省線	約三錢一厘六毫	約二錢一厘一毫	約一錢五毫	二百公里 每人一公里運費
中國	北甯　鐵路	四分五厘	三分	一分五厘	單位每人一公里,(現大洋)
	吉長 吉敦　鐵路	四分六厘	三分二厘	一分八厘	同上
	四洮 洮昂 瀋海 呼海 齊克　鐵路	五分	三分	二分	同上
	吉海　鐵路	七分	四分五厘	三分	單位每人一公里吉林大洋
	平漢　鐵路	四分六厘五毫	三分一厘二毫	一分二厘五毫	單位每人一公里(現大洋)
	平綏　鐵路	五分一厘二毫	三分四厘一毫	一分七厘一毫	同上

鐵路				
津浦鐵路	四分八厘六毫	三分二厘	一分六厘二毫	同上
膠濟鐵路	四分五厘一毫	三分二厘八毫	一分二厘六毫	同上
正太鐵路	四分八厘	二分六厘四毫	一分六厘	同上
隴海鐵路	六分二厘二毫	四分一厘五毫	二分八毫	同上
廣九鐵路	四分	三分	一分	同上
湘鄂鐵路	三分七厘五毫	二分五毫	一分二厘五毫	同上 外有四等車一公里運費七厘五毫
京滬鐵路	三分	一分五厘	七厘五毫	同上 外有四等車一公里運費五厘

中東鐵路之旅客運費係按站計値，不以公里規定者茲特舉一例揭載以哈爾濱爲中心而至滿洲里綏芬河及寬城子之運費，以資爲別表各鐵路之比較。（單位哈爾濱大洋）

等級／區間	一等		二等		三等		四等	
	全運費	每公里	全運費	每公里	全運費	每公里	全運費	每公里
哈爾濱——滿洲里間	三七•六〇元	六•一六分	三六•〇〇	三•八五	二一•六〇	二•三一	—	—
同——綏芬河間	三三•六〇	六•一五	二一•〇五	三•八五	一二•六五	二•三二	八•四〇	一•五四
同——寬城子間	一五•三五	六•四七	九•[illegible]五	四•〇三	五•七〇	二•四〇	三•七五	一•五八

日本一錢按照目下時價約合中國銀元一分八厘哈爾濱及吉林大洋一分約合現大洋七厘　成註

按中日各鐵路以中國之京滬路爲最廉，是蓋由於與商船競爭之故，此外中國鐵路之旅客運費，均較諸日本鐵路爲高率。在滿洲之中日鐵路，以南滿洲鐵路爲最低率，其中唯三等運費略較北甯鐵路爲高率，其次爲北甯鐵路吉長吉敦兩鐵路，四洮洮昂瀋海呼海齊克五鐵路吉海鐵路金福鐵路之順序。

又此運費之外，國有鐵路多有課以附加税者，試舉一例，如東三省各鐵路之教育附加税（每一〇〇公里一等二角二等一角三等五分）及膠濟鐵路之河工附加税（約運貨額之一成）等是。

(B) 手提行李運費

(甲) 手提行李免費運送斤量比較

	一等	二等	三等
日本鐵道省南滿洲金福各鐵路	百斤（六〇公斤）	七十斤（四二公斤）	五十斤（三〇公斤）
國有鐵路	八十公斤	六十公斤	四十公斤
中東鐵路	不拘等級以十五•六公斤爲限		

此則國有鐵路在旅客最爲有利而中東鐵路最爲不利者

(乙) 通常手提行李運費

南滿鐵路

斤量 / 哩數	約一•二公斤以內	約二•四公斤以內	約四•二公斤以內	約六公斤以內	約九公斤以內	約十二公斤以內	以上每增約六公斤
五〇哩以內約八十公里	一五錢	二〇錢	二五錢	三〇錢	三五錢	四〇錢	增一〇錢

一五〇哩以內 約二四一公里	一五錢	二〇錢	二五錢	三五錢	四五錢	五五錢	增二〇錢
三〇〇哩以內 約四八三公里	一五錢	二五錢	三五錢	四五錢	六〇錢	七五錢	增三〇錢
五〇〇哩以內 約八〇五公里	一五錢	二五錢	四〇錢	五五錢	七五錢	九五錢	增四〇錢
以上每增三〇〇哩 約四八三公里	增五錢	增一〇錢	增一五錢	增二〇錢	增二五錢	增三〇錢	增一〇錢

國有鐵路

北甯鐵路	二〇公斤			
吉長 吉敦 鐵路	每一公斤在六〇公里以內現大洋二分六十公里以上二分五厘			
四洮 洮昂 瀋海 呼海 齊克 各鐵路	每一公斤	五〇公里以內	現大洋	二分
	同	一〇〇公里以內	同	二分五厘
	同	二〇〇公里以內	同	三分
	同	三〇〇公里以內	同	三分五厘
	同	三〇〇公里以上	同	四分
吉海鐵路	每一公斤	五〇公里以內	吉林大洋	三分
	同	一〇〇公里以內	同	四分
	同	二〇〇公里以內	同	五分

中東鐵路之手提行李運費，爲每五公斤之計算法，不以距離爲比例，而按站規定者，茲揭載以哈爾濱爲中心至滿洲里綏

芬河及寬城子之運費，有如左表。（單位哈爾濱大洋）

哈爾濱——滿洲里間	八八分五九	（每一公里	〇•九五厘）
同——綏芬河間	五四分八九	（每一公里	〇•九九厘）
同——寬城子間	二五分五九	（每一公里	一•〇八里）

其計算基礎之不同，有如上述，茲試比較其對於十二公斤之百公里運費，則

日本鐵路		
（南滿鐵路）		五五錢
國有鐵路		
（北甯鐵路）	現大洋	二〇分
（吉長吉敦鐵路）	同	二八分
（四洮洮昂瀋海呼海齊克各鐵路）	同	二八分
（吉海鐵路）	吉林大洋	四八分
（中東鐵路）	哈爾濱大洋	六〇分

按上表可知手提行李運費，國有鐵路，較南滿中東鐵路均爲低率。

(C) 貨物運費

(一) 日本鐵路

(甲)南滿鐵路

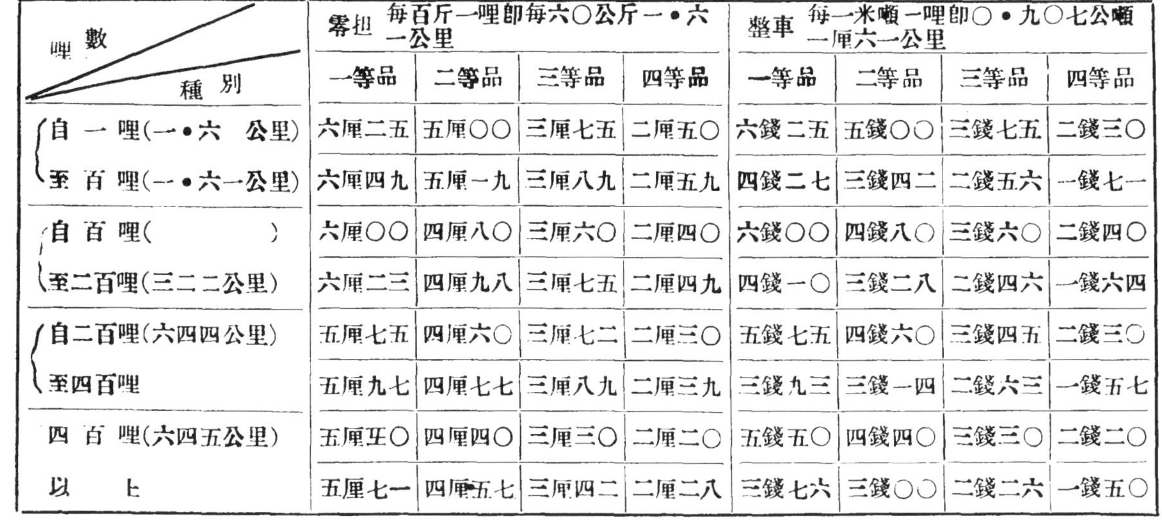

哩數 \ 種別	零担 每百斤一哩卽每六〇公斤一•六一公里				整車 每一米噸一哩卽〇•九〇七公噸一厘六一公里			
	一等品	二等品	三等品	四等品	一等品	二等品	三等品	四等品
自一哩(一•六公里)	六厘二五	五厘〇〇	三厘七五	二厘五〇	六錢二五	五錢〇〇	三錢七五	二錢三〇
至百哩(一•六一公里)	六厘四九	五厘一九	三厘八九	二厘五九	四錢二七	三錢四二	二錢五六	一錢七一
自百哩(　　)	六厘〇〇	四厘八〇	三厘六〇	二厘四〇	六錢〇〇	四錢八〇	三錢六〇	二錢四〇
至二百哩(三二二公里)	六厘二三	四厘九八	三厘七五	二厘四九	四錢一〇	三錢二八	二錢四六	一錢六四
自二百哩(六四四公里)	五厘七五	四厘六〇	三厘七二	二厘三〇	五錢七五	四錢六〇	三錢四五	二錢三〇
至四百哩	五厘九七	四厘七七	三厘八九	二厘三九	三錢九三	三錢一四	二錢六三	一錢五七
四百哩(六四五公里)	五厘五〇	四厘四〇	三厘三〇	二厘二〇	五錢五〇	四錢四〇	三錢三〇	二錢二〇
以上	五厘七一	四厘五七	三厘四二	二厘二八	三錢七六	三錢〇〇	二錢二六	一錢五〇

(乙)金福鐵路

爲南滿洲鐵路運費二倍之八折

(丙)日本鐵道省

日本鐵道省之普通貨物運費，在五哩以內，以五哩計，五哩以上至四九哩，每二哩。四九哩以上至百哩，每三哩。百哩以上至二百哩，每五哩。二百哩以上至五百哩，每十哩。五百哩以上至千哩，每二十哩。千哩以上每三十哩。皆爲同一運費，距離愈遠者，則其運費甚至有每一哩遞減者，茲將二百公里（一二五哩）之零担及整車之每公里運費，揭載如左，以資參考。

零担（百公斤每一公里單位厘）					整車（一公噸每一公里單位錢）				
一等品	二等品	三等品	四等品	五等品	一等品	二等品	三等品	四等品	五等品
六・八〇	五・二一	四・一二	三・三六	二・七六	三・三七	二・六二	二・一〇	一・八〇	一・五七

（二）中國鐵路

（甲）北寧鐵路

北甯鐵路之貨物普通運費不以運送距離爲比例，而多少採用長距離遞減法，若將此等運費表全行揭載，則過於廣汛，故僅就各鐵路運費比較之必要上，而揭載二百公里距離內之運費如左（查近來又增加約二十五%）

零担（每百公斤一公里，單位現大洋厘）						整車（每一公噸一公里，單位現大洋厘）					
一等品	二等品	三等品	四等品	五等品	六等品	一等品	二等品	三等品	四等品	五等品	六等品
八・八〇	七・四〇	六・一〇	四・八〇	三・四〇	三・二〇	四・三九	三・七三	三・〇六	二・三九	一・七二	一・〇五

（乙）吉長，吉敦兩鐵路

七・〇〇	六・〇〇	五・〇〇	四・〇〇	三・〇〇	二・〇〇	六・〇〇	五・〇〇	四・〇〇	三・〇〇	二・〇〇	一・五〇

（丙）四洮，洮昂，齊克，瀋海各鐵路

七・五〇	六・五〇	五・五〇	四・五〇	四・〇〇	三・五〇	六・五〇	五・五〇	四・五〇	三・五〇	三・〇〇	二・五〇

（丁）呼海鐵路

八・〇〇	七・〇〇	六・〇〇	五・五〇	四・五〇	四・〇〇	七・〇〇	六・〇〇	五・〇〇	四・五〇	三・五〇	三・〇〇

（戊） 吉海鐵路　　單位吉林大洋厘　　單位吉林大洋分

一一•〇〇　九•五〇　八•〇〇　六•五〇　六•〇〇　五•〇〇　九•五〇　八•〇〇　六•五〇　五•〇〇
四•五〇　三•五〇

（己） 中國本部諸鐵路

（由運送距離二百公里之運費計算單位整車每公噸一公里現大洋　分）

鐵路名＼等級品	一等品	二等品	三等品	四等品	五等品	六等品
平漢鐵路	分 一四•一八	分 八•八七	分 七•三八	分 五•四六	分 三•六四	分 二•八
平綏鐵路	七•三四	六•六一	五•七二	四•六三	三•二〇	二•二〇
津浦鐵路	四•五一	三•七六	二•八八	一•八八	一•六三	一•二五
膠濟鐵路	四•七〇	四•〇三	三•三六	（粗貨二•二三）		
京滬鐵路	一•七八	一•一九	一•八二	〇•六二	〇•五九	〇•四九

國有諸鐵路之最近貨物零担運費因未得有運費表，故不能記載，但就前表觀之，則京滬鐵路，運費爲最低，運輸競他其國有各鐵路之貨物運費因日金大漲概比南滿洲鐵路爲低率。

更以對於比較的主要貨物之穀類，木材，石炭，綿織物四種之二百公里運送之在東省各鐵路現行運費爲比較，以資參考。

對於二百公里運送之穀類，石炭，木材，綿織物等之中日各鐵路之零担運費比較表（百公斤）（單位錢）

路別＼種別	穀類	石炭	木材	綿織物
南滿洲鐵路	五八•三三	四九∘八〇	四九•八〇	九六•〇〇
金福鐵路	九三∘三四	七九•六八	七九∘六八	一五三•六〇
鐵道省	五五•二五	五五•二五	六七•一五	六五•四五
北甯鐵路	一二〇•〇〇	七九∘九〇	一二〇∘〇〇	一五二•五〇
吉長 吉敦鐵路	八〇•〇〇	四〇•〇〇	八〇∘〇〇	一〇〇∘〇〇
四洮•洮昂 瀋海∘齊克鐵路	九〇∘〇〇	七〇•〇〇	九〇∘〇〇	一一〇∘〇〇
呼海鐵路	一一〇∘〇〇	八〇•〇〇	一一〇∘〇〇	一二〇∘〇〇
吉海鐵路	九二•四〇	七七∘〇〇	九〇•四〇	一二三∘二〇

對於二百公里運送之穀類，石炭，木材，綿織物等之各鐵路之整車運費比較表（每一公噸單位圓）

路別＼種別	穀類	石炭	木材	綿織物
南滿鐵路	四•九二	三•三〇	三∘三〇	六∘六〇
金福鐵路	七•八七	五•二八	五∘二八	一〇∘五六
鐵道省	三∘一五	三•一五	三•六〇	四•二〇
北甯鐵路	五•九六	二•六三	五•九六	七•六四

吉長、吉敦鐵路	六•〇〇	三•〇〇	六•〇〇	八•〇〇
四洮、洮昂、瀋海、齊克鐵路	七•〇〇	五•〇〇	七•〇〇	九•〇〇
呼海鐵路	九•〇〇	六•〇〇	九•〇〇	一〇•〇〇
吉海鐵路	七•〇〇	四•九〇	七•〇〇	九•一〇

次就中東鐵路貨物普通運費觀之，從來中東鐵路本路之普通貨物運費（地方的運費）吾人可稱之爲特定運費。故茲不以中東鐵路之普通運費與其他各鐵路之普通運費爲同一之比較，而特述之於此者，蓋中東鐵路之普通運送不以距離而定，係按站頭規定，而下等品之運費反較上等品爲高率者，不在少數，例如哈爾濱陶賴昭之間爲一二二公里，哈爾濱安達間爲一二七公里，前者按五公里短距離，此兩區間之每一公噸運費，對於十四等品皆爲四留七五哥五，而對於十三等品，則哈陶間爲六留三〇哥五，而五公里長距離之哈安間，却爲四留八八哥四之低率。 又哈爾濱與南部綫各站間之運費，十三等品較十二等品爲高率，十一等品較十等品爲高，無論矣，即較之九等品，亦遙爲高率，至哈爾濱與東西部線各站間之運費，則十三等品較十二等品遙爲低率，十一等品，在東部綫各站間，雖較十等品爲高率，而與九等品相比，則各站間互有高低，而在西部線各站間，雖較十等品爲高率，而較九等品却遙爲低率，即其例也。

中東鐵路一面既定有普通運費，而猶採取此複雜之形式，且將貨物等級，定爲十九等之多者，（甲）與馬車輸送及船舶輸送對抗。（乙）使北滿洲與極東俄領之關係，較爲密接，而與南滿之關係，較爲疎遠，（丙）適應各地商工業之狀態，（丁）適應各地住民之現狀等故也。 此即吾人對於中東鐵路之普通運費，所以名爲特定運費者以此。

如此狀態，而欲以一區間之運費類推全部，殆爲不可能之事，以下只略舉一例，揭載哈爾濱寬城子間及哈爾濱綏芬河波格拉日市奈耶間對于穀類木材石炭及棉織物之零担乃至整車之全體幷每一公里之運費表，以資與上述各鐵路之普通運費爲比較。

裝法	區間	穀類 總運費	穀類 每公里	木材 總運費	木材 每公里	石炭 總運費	石炭 每公里	綿織物 總運費	綿織物 每公里
零担（每百公噸）	哈爾濱—寬城子間（二四〇公里）	一留六七五	〇哥六九八	一留五二六	〇哥六三五	一留二二六	〇哥六三五	二留四四二	一哥一七四
	哈爾濱—綏芬河間（五四六公里）	二留二〇三	〇哥四二一	二留二二八	〇哥四〇八	二留二二八	〇哥四〇八	三留五八五	〇哥六五六
整車（每一公噸）	哈爾濱—寬城子間	一一留二二六	四哥六七七	六留六九三	二哥七八八	五留〇八五	二哥一一八	無	
	哈爾濱—綏芬河間	一二留七四	二哥三三三	九留六四	一哥七六三	九留九三四	一哥八〇九	無	

註　上記穀類，係指除去籾米之粒形穀而言。所稱木材，係屬中東鐵路運費表之第十一集第一類，卽除薪材，小木頭，被材，敷藥木材，木屑，鋸屑，桶類，及裝飾用硬木材以外之原木，枕木，板等之普通木材綿織物係指無花之木綿織物。（包含關三五公分以下之染色織物）。

以上運費之換算，爲金留金哥，其一金留，依市價爲日金一圓十幾錢，則一金哥約爲一錢一厘幾毫。中東鐵路之地方的運費，其百金留之出入，約爲哈爾濱大洋百七元之比例，而哈爾濱大洋百四五十元，約與日金百元相當，故實際之運費額，約合上表記載之。

然此不過爲中東鐵路運費之一例，不能卽視爲本路之普通運費，以與上記各鐵路之普通運費爲比較。哈爾濱寬城子間之運費，無論零担整車，均爲中日各鐵路中之比較的高率者，哈爾濱綏芬河間之運費，比諸中日主要鐵路之日本鐵道省，南滿洲鐵路，北甯鐵路，約在伯仲之間。

以上爲各鐵路所規定之運費，而現於表面之數字比較而已，此外日本所無者，而在中國鐵路，則濫收各種附費者甚多，此中有爲公然之捐稅者，有爲鐵路人員私營之利益者，雖在中國鐵路中，原亦因路而異，而在後者，即同一鐵路之中亦且因站因時，而各有不同，甚至並公然領收證而亦無之，故欲爲正確之比較研究，亦屬困難。

茲就捐稅一項公然課於貨物者，略舉三四例如左。

鐵路名	開到站	貨物種類	運費	各種捐稅	計	捐稅對於運費之比例
平綏鐵路	自綏遠至西直門	穀類	(整車每二〇公噸)五七一元三二	(同上)七二七元三二	(同上)一，二九八元六四	一二七%
同	自門頭溝至西直門	石炭	(整車每二〇公噸)一一一元六〇	(同上)五九元一六	(同上)七〇元七六	五一〇%
津浦鐵路	自天津至濟南	穀類 綿花 牛 鹽	(整車每二〇公噸)一二一元二四	(同上)四八元五三	(同上)一六九元八七	四〇%
膠濟鐵路	自濟南至青島	石炭	(整車每一五公噸)八二元三六	(同上)六四元一五	(同上)一四五元五一	七七%
同	自青島至濟南	綿布	(整車每六公噸)五二元三〇	(同上)九一元八四	(同上)一四四元一四	一七六%

滿洲內之中國鐵路，如此多額之附加稅，並非現在。

次就非公然附加稅略舉一例，如

北甯鐵路由通遼運往營口之貨物，其不當諸費如下。

(甲)各站裝運人夫之酒錢　每整車　二元四角

(乙)貨車連結費(對站員)　同　四元五角

(丙)監視人酬勞費(五日分)	同	三元五角
(丁)打虎山之報站(報站者監視人因食事及其他事故不能監視貨車時，囑託該地之運輸公司代行監視貨車之酬勞費	同	九元
(戊)打虎山之夜警費(對站員)	同	六角
(己)溝幫子釐金稅關之報關代辦手續費及報站	同	六元
但此中之報關代辦手續費係公然費用。		
(庚)溝幫子之夜警費(對站員)	同	六角
(辛)監視人汽車費	同	九元
(壬)貨車注油費	同	約一元
計	同	約三六元六角(約爲運費額之十八%)

注　以上各項中自丁至辛各費用，除報關代辦手續費外，皆係路局由搬入遼通站起至交與營口收取人完了止因不負保管之責所需之費用。

究之中國鐵路中其歷史最古設備及其他目爲中國之代表的鐵路之北甯鐵路，尚且納付如此多額之不當諸費，(但中國鐵路中亦有勿須繳納此等諸費用者)故中國鐵路實際上之運費及各費全額，較之上表所列，遙爲高率大有注意之必要。

(3)特定或連絡貨物運費

玆先就特定運費述之，此特定運費，原非各鐵路皆有者，但就東三省各鐵路觀之，例如齊克，洮昂，吉海，瀋海等諸鐵路，則皆無有，又如吉長吉敦四洮各鐵路，雖有之而種類甚少，南滿，中東，北甯三鐵路，則特別加多。此中最重要者爲。

中東鐵路　以保護發達各種特殊生產業爲目的之特定折扣運費

（減價）

南滿鐵路　海港開到特定折扣運費

北甯鐵路　對於石炭及穀類之特定折扣運費

吉長吉敦鐵路　對於木材之特定折扣運費

中東鐵路之以保護發達特殊生產業爲目的之特定折扣運費，對於搾油，製粉，製糖，精米等各種製造工業，務使其關於原料品之購入及製造品之販賣，漸趨利便，以援助此等特殊工業之發達。又因保護石炭木材魚類曹達等生產品發達之故，特行減費運送，但此減費之減額，亦因種類及開到站而異，固不可以一概論，但因區間及貨物之種類，每一公噸一公里約爲七八厘之最低率運費亦有適用之者。

南滿鐵路之海港開到特定折扣運費，以其對於大連埠頭及其北方約一五三哩分水以北之各站間開到之普通貨物及煤油等，約爲每一公噸金二圓之減價，距離愈近，則折扣率愈多，大體可視爲二折乃至三折之減扣。安東與本線蘇家屯以北各站之間，亦有海港開到之特定折扣運費。其折扣率較諸大連港開到者爲低率，而此等各站與安東間之運費，較大連稍爲少額。

北甯鐵路之特定折扣運費中，石炭一項，每因開站與到站而甚爲差異，玆不列舉。至於穀類之特定折扣運費，不拘運送距離，在整車每一公噸一哩約爲現大洋三分，玆將由於特定運費率之對於穀類一公噸三百哩運送之北甯南滿兩鐵路之運費，比較之如下。

北甯鐵路 九•〇〇元

南滿鐵路 八•五二圓

此元與圓若爲同價時，則南滿鐵路猶爲低率。北甯鐵路之有種種不正當附屬費，已如上述，則實際上更爲高率矣。

吉長，吉敦兩鐵路對於木材之特定折扣率，爲普通運費之約二折五分。

次就連絡運費言之，中日鐵路間之連絡運輸甚多，其運費多爲除有免除裝卸費之一部分外，皆屬關係鐵路之普通或特定運費之合計。惟中東，南滿連絡及中東，烏蘇里連絡兩者，制定特別低率運費，爲其例外。但將來中國鐵路間，或亦有特別低率運費之制定，現吉海，瀋海，北甯並洮昂，四洮，北甯各三鐵路間，已有其制定之交涉。

茲先就中東，南滿及中東，烏蘇里兩連絡運費言之。

中東，南滿連絡運費，有由於兩鐵路普通運費之合計者；有由於制定特定之費率者。其由於合計者，無說明之必要；而由於特定費率者，由第一號起第三十七號止（中缺除六號）有三十一種類，此中之最重要者，爲對於中東鐵路發送之大豆，小麥，豆粕，豆油四種類，與對於南滿鐵路發送之石炭，綿織物，水泥，麻袋等。 茲將對於此等之連絡運費，記載如下。

大連哈爾濱間主要貨物連絡特定運費表。（每一公噸）

	中東收得		滿鐵收得		摘要
	總運費	每公里運費	總運費	每公里運費	
(一)中東向南滿	金留	金哥	圓	錢	
大豆	六•七一	二•七九	一六•一九七七	二•二九	滿鐵收得額爲由長春至大連埠頭F.O.B.之運費
小麥	六•七一	二，七九	一六•一九七七	二•二九	同上

小麥粉	二•五一八	一•〇四	一七•二六八二	二•四六	同上
豆粕	四•二八六	一•七九	一六•四一七六	二•三三	同上
豆油	一八•四二四五	七•六九	一六•一四七四	二•二九	同上
(二)南滿向中東麻袋美國麵粉袋（零担）	二三•五三八	九•八一	一三•一七	一•八七	滿鐵收得額爲大連長春間之運費
綿織物（零担）	四三•六七八	一八•一九	二六•二五	二•五九	同上
水泥	一一•一九八五	四•六六	六•五七五	〇•九六	滿鐵收得額爲周水子寬城子間之運費
煤炭	五•一五五〇	二•一五	六•〇四	一•六七	滿鐵收得額爲撫順長春間之運費

註　金留與金圓之換算率，每月各異。茲依民國十八年九月市價，每金百留約合金百十圓。

即中東鐵路除自本線發運至南滿之一部穀類，及南滿發運至本線之煤炭外，對於中東南滿連絡貨物，徵收較爲高率之運費，從可知矣。

又南滿發送綿織物之南滿，中東連絡運費中之中東收得額，較之上記同鐵路之本路運費，無甯謂爲高率，是蓋由於南滿鐵路之收得額，較諸普通運費爲減額，故其結果僅足相抵。

反之南滿鐵路對於連絡貨物之收得額，甚爲少率，對於上記輸出穀類四種以外之貨物，悉以中東之高率運費爲彌補。

次就中東烏蘇里連絡運輸貨物運費觀之，是亦有由於兩鐵路之本路及特定運費之合計者，與由於制定特定之運費率者，關於前者，雖無特別記載之必要，後者由第一號起至第四十一號止中（除八號外）有三十三種類。此等中之最重要者，爲對於中東鐵路發向浦鹽輸出穀類，及輸入雜貨之連絡特定運費。

茲試就哈爾濱發向浦鹽輸出穀類中之大豆，小麥及豆粕，豆油之四種類，并浦鹽發向哈爾濱輸入雜貨中之麻袋綿織物，水泥三種，而揭載中東，烏鐵連絡運費之兩鐵路取得額如左。(每一公噸)

哈爾濱浦汐間主要貨物連絡特定運費表。(每公噸)

	中東收得		烏鐵收得		摘要
	總運費	每一公里運費	總運費	每一公里運費	
(一)中東向烏鐵 大豆	金留 一一•九〇九四	金哥 二•一八	公債留 八•三八五〇	公債哥 三•五七	烏收得額爲由綏芬河至浦鹽埠頭F.O.B.之運費
小麥	一二•六九八三	二•三三	八•八〇〇一	三•七四	同上
小麥粉	一三•二八〇三	二•四五	九•八六四九	四•一九	同上
豆粕	八•五三二八	一•五六	七•一〇六七	三•〇二	同上
豆油	二五•一三三七	四•六〇	九•二〇四二	三•九一	同上
(二)烏鐵向中東麻袋(零担)	一六•七八八一	三•〇七	八•三五五九	三•五五	
棉織物(零担)	三五•三二四六	四•六三	一七•三五〇六	七•三八	
水泥	一一•一九六一	二•〇五	一〇•五八九四	四•五一	

若以此中之中東收得額，與上記南滿中東連絡之同鐵路收得額相比，遙爲低率。尤以哈爾濱綏芬河間，爲哈爾濱寬城子間約二倍之距離，而對於水泥，殆爲同額，對於綿織物，則二倍距離之哈爾濱綏芬河間之運費，反不及哈爾濱寬城子間運費之六折。

又此烏蘇里鐵路之收得額，較諸中東南滿連絡之南滿鐵路之收得額，甚爲高率。即此觀之，可見中東鐵路之庇護烏蘇里鐵路爲何如，而南滿鐵路遂不能不受其妨害矣。

次則吉海瀋海，北甯及洮昂，四洮，北甯各三鐵路間之連絡特定低率運費，尚未確定，今難預測，前者較吉長南滿之連絡運費，後者較四洮南滿之連絡運費各爲低率，以使經由滿鐵線之客貨容易被中國鐵路所吸收。

第二 Service 之比較

(一)對於旅客之處理

(甲)查票

日本鐵路在車內查票之際，車掌僅隨帶當差一人，中國鐵路則往往須有憲兵與巡警，附隨車掌巡迴車內者，其目的在幫助稽查無票乘車之冒充軍士，但其結果殊使乘客感受不快，

(乙)日本鐵路之盥洗所及廁所，設備頗稱完全，而中國鐵路之大部分，其廁所多未能保持清潔，盥洗所中並無熱水，即冷水亦有無從取得者，中國鐵路之一二等車內，雖有隨車茶房，時以熱手巾供給旅客者，但每須給與茶房以多少賞錢。

(丙)餐車

日本鐵路稍長之距離，車內必設有餐車，中國鐵路則有餐車之設備者極少，尤其是在滿蒙之各鐵路，不論延長達三千數百公里，而有餐車設備者僅北甯鐵路本線約百四五十公里，而其他線路則無，加以中途各站並無如日本之販賣飯食者。又如北甯線，雖備有餐車，而以中菜爲主，洋菜不甚佳良，是殊足使旅客感受不便。

(丁)車內之清潔

日本鐵路之車內，極爲清潔，若有破損，即行修理。中國鐵路則窗玻璃，窗簾，座席等偶有破損，每不能隨時修理，延擱多日或

且暫以紙張等糊用者。不特有損觀瞻亦增旅客之不快。

又車內掃除不力，中國鐵路遠不如日本鐵路，因之車中常有不潔之感。

(戊)採暖及納涼設備

日本鐵路冬期必通以蒸氣，使車內保持充分之溫暖，夏季之一二等客車，多設置電扇，足達納涼之目的，中國鐵路中在冬季雖亦裝有蒸氣，皆常因通過不良，致旅客感覺寒冷者，又其客車多係日本工場所製，所裝電扇，在酷熱中，亦多雖設而常關者，致旅客多數苦熱。

(巳)列車文庫

日本鐵路之一二等客車中，有文庫之設備。以供旅客之需，免費閱覽，圖書雜誌皆備，而中國鐵路無之。

(庚)瞭望車

南滿洲鐵路主要列車之最後部，掛有瞭望車，一等旅客，可以免費搭乘，增旅行之愉快，而中國鐵路無之。

(申)從業員之規律

鐵路人員之規律嚴正，旅客亦直接間接受其影响，且使乘客懷有好感，日本鐵路比較的尚能保持此種嚴正規律，而中國鐵路則甚爲散漫，尤以茶房視賞與之多寡，爲差別之待遇，軍人無票乘車，更使旅客受累不少。

(壬)列車之運轉回數及運轉速度等

日本鐵路運轉之回數既多，而且運轉之速度亦大，因之旅客所享之利便亦大，中國鐵路則完全相反，他如列車之震動及運轉事故等，亦較日本鐵路爲多，加以戰時軍事輸送等，往往將全部輸送力掠奪殆盡，日本鐵路則無其例。

(二)對於貨物之處理

(甲)貨車之支配

日本鐵路之支配貨車極爲公平，而中國鐵路在昔常有作弊情事。站員，常視賄賂之有無，爲配車之緩急，又受官商（多以自己發行紙幣圍買特產貨物，適宜發賣，吸取現金以圖暴利者）之壓迫，威挾站員，不管貨車是否不足，對於自己貨物，必須優先發送。此項情事，現在雖經改良，恐仍難禁絕。

(乙)保管　輸送　起卸

日本鐵路對於保管。輸送，起卸等，皆以親切，迅速，公平爲主，中國鐵路，親切迅速，均較日本鐵路爲次，且對於站夫等每須給以酒力，方能得充分之處理。又如南滿州鐵路，施行主要穀類之混合保管制，以圖貨主之便利，而中國鐵路則無之。

(丙)特殊貨物運送設備

日本鐵路有冷存車，保温車，重量品積載車，油水槽車，木材車，礦石車等之設備，以圖特殊貨物輸送之安全，而中國鐵路則此等設備，甚爲少數，亦有並此等特殊貨車而無之者。

鐵路車務管理問題

李書田著
徐明翼譯

鐵路運輸之便利與否。要皆視其軌道車場及終點各站之能力如何。與夫車務管理之方法如何。故鐵路車務人員。應專心注意設法增進現有各種運輸機械之能力。換言之。卽應先行充分利用目前所有各種便利運輸之設備。然後再議添設。蓋添置新設備。需款甚鉅。一時或難籌措。且是項資本之增加。果能得相當之酬報與否。亦未可定。而現有資產之亟應充分利用。固屬當然之事也。

惟此問題之範圍極廣。且爲篇幅所限。不克一一詳述。茲擇其重要者述之如次：

一、關於增加軌道能力(Road Capacity)之方法如：

(A)改進距離制度(Spacing system)。

(B)改良列車調度之方法。

(C)規定終點各站間之貨物列車。以免隨時增發臨時列車。

(D)規定行駛速率。

(E)設法滿載(Full Loading)但勿使過噸(Over Loading)。

(F)本地段內之運輸需用區間車。

(G)添設有力之輔助工作(Helper service)以增加其效能。

(H)使守轍夫各守其轍尖。

(I)列車之開駛當適應運輸之時間性。

二、關於增加軌道及車場能力之方法如：

(J)避免出軌及危險。

(K)處置機車於適當之情形。

(L)聯絡各車場之調車制度。

(M)遷移不滿車之裝載。

三、關於增加車場能力之方法如：

(N)避免最初之延誤。

(O)減少調車數量。

(P)疏車場之壅塞。

(Q)注意機車所在之處。

四、關於增加機車終點能力之方法如：

(R)使機車終點之調車迅速。

(S)修理之迅速。

(T)勿使機車房發生阻礙。

上列數端當擇尤以解釋之如次。并可知上列之改進。不但能增加運輸之能力。且可使行車務事員得一良好之工作成績使列車得以行駛迅速。及其所得工資。適合其所作之工作。不致過與不及等。

一、增加軌道能力之方法

(A)改良距離制度——軌道能力可增加之如下：

(1)以自動誌號代人工誌號管理行車次序及規則。

(2)增設電報房或誌號房以縮短自動誌號之距離。

(3)詳釋行車規則以求列車行駛迅速而免除危險。

上述改良各點均有添置設備之必要是以本篇內不予詳述。

(B)改良列車調度之方法——軌道能力亦可增加之如下：

(1)各地段調車人員之支配務須依照其才能。

(2)雇用得力之調車人員。

但考列車遲誤之原因每不在調車人員之失職而在工作過度。故必需規定替班之方法以調濟之。但替班須不使妨碍列車行駛事務爲要。

(3)在運輸充滿之時加用調車電話。

(4)調車員人數須充足。

(5)縮小地域使一調車員卽能作較有效力之工作。易言之卽多分調車地段及增加調車人員。

如運務繁重而尤以煤鐵一類之貨爲時多。其軌道之能力可增加之如下：

(6)用迅速之聯列調車制。卽在某一時間內各列車均向同一方向行駛。至相當時間乃停留於調車岔道或站內以待他方面各列車之行駛。

貨物列車以軌道上無旅客列車時調移之爲佳。蓋可略免其擁塞。

(7)謹愼調度車輛。以免壅積一時。故必需熟悉一日間列車之開行時刻。可知何時較適於調度重載車輛。何時宜於調度輕車等。

尙有二較佳之辦法。可助列車之調度者。如：

(8)養路工程之安排得法。如支配建築工程需用之機力與夫役。可以直接增加其能力。而不牽及其運輸者。

(9)命調車員每月至少有二日需出外視察各站情形。並隨車攷查區間貨運狀况。務使其熟悉車務情形。以增加其服務之效能。

(C)規定終點各站間之貨物列車。以免隨時增開臨時列車——於客車及快貨車極多之路上規定貨運慢車。每可增加行車之效能。於運輸集中之處。其列車之運轉。尤需注意此法。然後方能管理相對方向之列車。

規定之行車表內需註明各次慢行貨車在終點站出發之時間。此項時間之排列。應注意勿使在中途多所停留。應設法使每廿四小時間內。可行駛最多次之慢行貨車。如列車次數不必如此之多。則其所不需要者。當即於其表上銷去之。使其規定之表內。無例外行駛之列車。

臨時貨運列車。每易造成機車及夫役運用之不靈或壅塞。蓋臨時列車今日可有。明日可無。今日忽多。明日忽少。每易造成列車誤點及擾亂規定列車之行駛。某大鐵路在歐戰時。雖所雇列車員役及司機皆無經驗。每日貨車之運送爲行車表所規定者。自九百五十增加至一千〇二十輛之數。蓋亦爲免運輸壅塞計也。

惟行車表之式樣。必需適當。庶便分發於列車調度處車場機車房車輛處夫役值班處等。使各有關係員。可得以熟悉調車之需要。而可按時合作。此種行車時刻表之訂定。可造成下列三項之利益：

(1)機車可預先選定。

(2)車場夫役支配列車可有準備而得迅速。

(3)行車員役亦可依其排定秩序以備呼喚或執行其職務。其結果則緩行貨車可按時出發。不致誤點。因之亦無運輸擁塞等事情發生。否則機車及其夫役不能按時到班。需候列車調就。方能起運。其間因等候而生之損失。至少有二至四小時。且每有因此而限制或礙及路線之能力。

為求得最大之効能起見。調車處之位置。必需設於能使調車員便於管理車輛之處。其次則應確定零噸貨物列車行駛之時間。庶可規訂準則。使司機夫役等工作時有所遵循。如兩站或為港口或為輔助站。或為有斜度之處其決定之行駛時間。需用表印就於紙片上。或印於行車時刻表後。如行車員司能準此法則實行之。則必可得良好之效果也。

(D)維持確當之行駛速率——軌道之能力可由下列各點而增加之:

(1)避免過緩之行駛速率。以防誤點及減低效能。

(2)避免過速之行駛速率。以防發生意外危險。轉致誤點。

(E)設法滿載但勿使過噸——軌道之能力又可以下列之方法增加之。

(1)裝車需適合其載運能力。依其載重及氣候之情形酌定之。務使其適合於列車之載運能力。

(2)避免過噸。可以減少誤點及增加其效能。於運務繁重時。一切瑣事。應勿使總調車員負担之。庶可專心視察貨噸及列車行駛。與夫決定如何方能使每列車時可載運最多之噸數。以增進其軌道能力。每列車時 (Train Hour) 之最高載運噸數。可由其機車最高之馬力而決定之。此雖非最經濟之道。然用於解決貨運之擁擠。其效實大。

(F)本地段內之運輸需用區間車——軌道之能力又可增加之如下:

(1)以區間車接替聯運之零噸貨運。

（2）開駛區間車或另貨車以補救整車裝運之不及。而使路軌上行駛車輛得以自由。

（G）添設有力之輔助工作。以增加其效能——軌道之能力又可用下法增加之：

（1）通知輔助車站(Helper stations)緩行貨車之出站時間。以免長途聯運列車之等候。

（2）調換輔助機車之開駛索引聯運之車輛。以增加輔助機車與軌道之能力。

（H）使守轍夫各守其轍尖——使守轍夫固守於貨物繁重運輸經過最多之轍尖。於路清以前拉開其轍尖。以免列車進行時之停頓。此亦可大增軌道之能力者。

（I）列車之開駛當適應運輸之時間性——以解救一時運輸之壅塞。以免致其他各列車之誤點。而使之運轉迅速。

此種工作方法。可以實行於下列之情形：

（1）各大站間往往晨時來客甚多。夕時去客甚多。故必需預先設法應付此種運輸。

（2）如牲畜之運往大肉市場者。如美國中西各區。每星期內必有一日之晨需運大宗之牲畜者。故其他之運輸亦必暫停。而先行應付此項運輸。

此種情形每多擾及鐵路行車之秩序者。除非事先有特別之安排。方可不致延誤尋常較重要之列車。所幸此種緊張運輸。僅在一二設有複式軌道之大路。且正當該路對方之運輸稀少之時方有之。故不致影響及其他列車之延誤。祇需分別編排其急行緩行。使各不相擾已足。例如在運輸適值未繁之路段上。可駛行速行車。於每日規定時間內。以資調濟慢速零噸貨車。而免繁增之客車牛奶車快貨車之延誤。并可免其車身之延誤。要實行此種編排。初亦無難。祇需有聰明之列車調度方法即可。不必添置若何設備。蓋列車固有調轉之可能也。嗣後運輸增重。需要日亟。自可隨時增加其資本。如比列頓及所謂四大鐵路(Bnrling ton and Big Four.)之調轉車輛之方法。多數用人工移動轍尖。以倒行車輛。僅於運輸繁重之路段內。方用自動誌號或連瑣機械等。因此種倒轉轍尖之作用列車可以隨意倒行。故必要時可以略增資本添設此種轍尖制度。

此種轍尖制度之引用雖稍費資本。但可減少築造錯車道及其轉轍。

有時雖有危險。然如夫役熟悉其制度以後。即可減少危險。且如能引用自動號誌以資保護。則行車之危險更可減至最低度。至對於軌道夫之危險。如能隨時留神亦可不致發生。故此制實有利而無弊者也。

其行駛隨時或時間性列車之利益如下：

(1)可減少列車誤點。及失時之弊。

(2)增加機車及車輛之轉運效用。使每一車輛每日行駛之里程得以增進。而車輛費用等可以減少。

(3)車輛行駛之增多。即增加軌道能力。因之減少添設軌道之目前需要。而免不相當之資本增加。

(4)減少錯車道及其各種設備之添置。

(5)養路工作如易軌鋼重舖石基等。均感便利。因可使運輸與工作分開辦理。不致互相貽誤也。

二、增加軌道及車場能力之方法

(J)避免出軌及危險——出軌及危險每足造成列車之極度誤點。且足使車場與軌道效能非常薄弱。其避免之法如下：

(1)如出軌係因軌道及路基不良而造成者。則其列車行駛之速度應減少。同時急須修整其軌道與路基。使平常速率之安全行駛。於最短期間即可恢復。

(2)如出軌及危險係由軸端油箱之不靈而造成者。可在沿途各站機車加水時由行車人員迅速視察各車輛之油箱。

或停於私用岔道等處時視察之。如有疑點。急行修妥。

（3）如危險係由行車人員違章而造成者。須嚴加訓練其員役。

（4）爲避免鉅大之損壞以致延誤行車之時刻。則必需在安全條件之下。糾正其行駛速率。

（K）處置機車於適當之情形——減少機車行駛之障礙。亦可增加軌道及車場之能力。下列諸法。可使機車運用得較大之效能：

（1）每年至少有六個月時期。常有半數以上之機車行駛運送。其在廠修理之機車數。常使爲極度少數。以免機車缺乏。

（2）日常修理工作須注意其事。修理工人。尤須充足。務使修理迅速。而得有多數之機車。可供行駛之用。

（3）於機車開出預備行駛以前。須謹愼視督機車各部。

（4）用良好之燃料。幷須合於該機車之燃燒者。及注意其用水之性質。是否良好者。

（L）聯絡各車場之調車——爲謀增加運輸效能。及軌道與車場之能力。各車場之車輛分配計劃。應使各車場內之聯運調度非常聯絡。宛如一個整個車場。其計劃必需根據於車輛所行之路線及性質而定。其分類故必需研究各車場之情形。分配各車場之工作。決定路軌之用途等。使列車於中途各站無須重行支配。於是方可得減少總調車量之利益。且可利用各車場設備。使其得最良之成績。而無感不足之弊。俾車輛運轉迅速。凡此皆所以增加其「運輸機械」(Transportatior machine)之能力者也。

（M）遷移不滿車之裝載——車輛裝載不滿。其結果卽爲虛佔多量之車輛。故減少不滿載之車輛數。卽可增進車場及終點車站之能力。在美國運煤時。每僅用其車輛載運能力之一半。他國亦多如此。如能設法滿載其車輛至在標明容量百分之十以上。則其效用。不啻倍增其原有之軌道車輛與增場設備。

三、增加車場能力之方法

(N)避免最初之延誤——欲避免此種最初之行車延誤。可增加車輛稽查員視察進出各車場。使場車場長對於列車之解組。可以迅速。以便他列車之行駛。其法由車輛稽查預給調車單與車場場長。使其根據此單。預爲支配相當員役管理調車。乃不致延誤時刻。有時與車上員役商定先查列車之一部。查畢後舉揚藍旗俾調車工作卽可開始。不必待全部列車之查畢如此亦可節省時間不小。

(O)減少調車數量——如一車場於調度車輛工作繁多時。可委托隣近車場代調度之。由此可以減輕其工作。而得運用其調車工作可以遵循原定之秩序進行。

(P)疏通車場之壅塞——疏通車場之壅塞。所以便利調度列車也。可用機車將壅塞之車輛。移往附近之車場而調度之。其代調度車輛之車場。以距離最近者爲佳。曾有某車場將空車留在他處。因之每日可省調三百五百車輛。乃得按原有之規定執行其調移工作。

(Q)注意機車所在之處——總調車員每日至少有二次三次或更多次之查察。機車之停留處所。幷需隨時知照機車員司。關於機車之各站到達時間。無論規定及臨時之行車。其注意機車所在地。皆極重要之事。蓋所以免機車之躲避工作。且可援助或免除車場因調車設備不敷而致之車輛壅塞。

四、增加機務終點能力之方法

(R)使機務終點之調車迅速——機務終點之能力。可由迅速調移機車至灰溝調頭處煤棧等處而增加之。每有事略變動其至灰溝或機車房之路徑。因得減少其阻礙而增加其行動之便利者。且可使其不致因組織之不佳而有多費周折之行動。因之全線之行車可較迅速。而運輸之能力。亦可因之而得增加。

（S）修理之迅速——行車誤點。多因機車房內人員與設備兩形缺乏而造成者。如各站不能隨時修理其機車。以致棄置中途。造成機車之缺乏。故如遇機車損壞。需先略事迅速修理之。如有詳細修理之必要者。然後詳爲修理。庶待修車輛不致堆積。及時修理車輛。每可增加機車速率。或列車里程。故欲謀運輸能力之增加。必需使機車修理迅速。亦即謀機務能力之充足也。

（T）勿使機車房發生阻礙——如因調移機車而致延遲列車之時刻。必需派員巡視其機車房。蓋機車房發生阻礙時。往往使列車等候。而誤其行車之時刻。此種誤時。亦爲運用夫役不得當之故。

補白

荒漠中的教堂

在廣漠遼闊，人烟寥落的西北荒原中，最足使人驚異的，卽係建築宏偉之天主教堂。從綏遠西部直越甘肅境之黃河後套區域，土人通稱之爲天主國，幾乎全在天主教神甫之勢力下。據臨河（在五原之西）設治局蕭局長之調查，在臨河轄境內（約一千方里），已有教堂十四處，記者旅行西北時，曾目覩規模宏大之教堂約八九處，在一片荒涼中，遇有樹木森蔚之區，則其地必有教堂在，就其繁茂之樹林而觀察，彼等蓋至少有三四十年之歷史

教堂之建造，工料均甚完固，其內部裝飾，亦金碧輝煌，至爲華美。每一教區，更築牆自衞，儼如城市，四週則大樹參天，溝渠縱橫，苦心經營，已非一朝一夕。凡教區佔及之土地，均受神父之支配，教民可以納租領耕，教區中又有團丁之設，置備槍械，以防土匪之襲擊。其勢未可輕視也！

印度鐵路之現狀

在世界各國中，按鉄路的哩數說，印度佔第三位。統計現在印度已成的鉄路，有四一〇〇〇哩。其中有二九，五〇〇哩是屬國有，鉄道部所直接經營的，則爲一八，〇〇〇哩。各路投資總額爲六四三，〇〇〇，〇〇〇鎊。國家資本佔五七五，〇〇〇，〇〇〇鎊。從一九二二年起，加投的國家資本計爲一一〇，〇〇〇，〇〇〇鎊。內有二八〇〇〇，〇〇〇鎊是作建設新線的用途。一九二二年—二三，國有各路的淨利總額，約爲四〇，〇〇〇，〇〇〇鎊。內有準備金一五，〇〇〇，〇〇〇鎊，但是撥作折舊準備金的有一〇，〇〇〇，〇〇〇鎊。

旅客總數在一九二一年至一九二二年期中，計爲五四八，〇〇〇，〇〇〇人。但在一九二七—二八年間。則增加到六二三，〇〇〇，〇〇〇人。旅客運價，平均每哩爲三，五不，(Pie)。貨物運輸，在一九二一年—二二年，計有六三，〇〇〇，〇〇〇噸，但一九二七—二八年，也增加到八五，〇〇〇，〇〇〇噸，每噸貨物，平均每哩須納費六不。

經濟調查綱要

張福銓講
程志政記

(一)調查的意義

近百年來歐美各國對於社會問題的研究，進步極速。因爲在從前科學沒有發達的時候，大家都認爲社會變化是一種自然的現象，無從揣測的。科學發達以後樣樣事都以科學的眼光去研究，於是覺得社會變化，是可以推求的，不是自然的。科學化的社會研究，便是調查。調查以後，社會的狀態，纔可呈露，而無所用其神秘了。但是經濟調查，和社會調查有沒有分別呢？有些是以爲有分別的，有些是主張無分彼此的，兩派爭論得異常利害。但就我們看來，社會進化確和經濟有密切的關係。譬如罷工是社會問題，但原因在那裡？不必說得，是經濟狀況的不安；物價高昂，工人生活不能維持，纔釀成罷工，所以這兩方面是相互關聯而無庸疑義的。所以經濟調查，也可說是經濟方面的社會調查。

(二)爲什麼要經濟調查

經濟調查，有兩大功用：

(甲)防患未然　對於某一問題，有無改良地方。譬如在沒有發生罷工以前，調查物價與工資狀況，設法改善，免得發生罷工。

(乙)事後補救　譬如在已經罷工之後，勞資相持不下，用經濟調查，可以從事實方面獲得圓滿解決。

(三)調查程序

(甲)假定目標　這就是假定某一問題和另一問題，有無關係，譬如調查工資，物價也就要同時調查，因爲這兩問題有連帶關係，非同時調查，不能得到相當結論。所以在調查某一問題之前，先要看看和這問題有關係的有多少？然後按步就班，結果自然圓滿。

(乙)觀察　分直接與間接兩種。間接是根據書本以歷史方法來研究的。直接就是實地調查，這些下面再行分述。

(丙)分析　以觀察所得分門別類仔細分析，求得對某一問題的相當認識。

(丁)歸納　分析以後，還要歸納，因前者固然是爲了求深切的認識，後者却是從認識中來求得結論。

(戊)發表　歸納之後，再行發表，公佈於社會，完成調查工作。

(四)調查方法

(甲)普通方法　在普通調查法中，可分爲兩種：一是標本調查，應用統計中的 Sampling Method。再可分爲廣泛調查，代表調查，機會調查三法，所設標本調查，便是從多數例子之中，揀出幾個來，作爲整個的代表。二是全體調查，含有無所不包的意思，譬如調查工資，那麼每個工人的工資，都要調查到，這種方法，因爲太繁的緣故，採用的狠少。

(乙)歷史方法　從書本上來研究某一問題，有五點是要注意到的：

一、校勘　書籍以原本爲最佳，如果沒有原本，須要找著名的抄本，再不然，可以用各種不同的抄本，同時拿來比較。

二、考定　用科學眼光去鑑別書的眞僞。第一研究時代，第二研究文字，第三研究格式，第四研究思想。

三、分類　最好用Index方法來重新分類。因爲原書也許雜亂無章，無線索可尋。

四、意義　意義可從文字上方面看，可從地方方面看，各地名稱不一，意義便完全不同。其次著書人的習慣，也有相當關係。

五、批評　書籍研究以後，還要看它有無價值。第一，著者對這事實有無利害關係？譬如甲乙兩國開戰，甲方宣傳甲的勝利消息，往往不可靠。第二，有些事實，大家都知道，著者自然不會說假話。第三，如果著者立在第三者地位上說話的，自然可以相信。

(丙)實地調查方法　實地調查，就是直接方法，可分六點：

一、調查表的編製　調查表是實地調查最要緊的工具，猶之乎研究自然科學所用的儀器，裏面應注應到(a)形式和顏色(b)問題佈置(c)單位(d)發問手續。問題要簡潔明瞭，易於回答，不要使回答的人有機會說假話。

二、說明書　調查員既不止一人，對於如何調查，少不得要有相當指導。說明書中須詳細闡明，免致有礙工作進行。

三、詳細街市圖　在調查某一城市時，對於某一城市必須有詳細的街市圖，指示工作人員。

四、其他文件　除了街市地圖以外，全縣全省的也是不可少的，其次委任狀也極關重要，有了委任狀，纔有證據，否則去搜集材料，極其困難。第三是介紹書，有介紹書，便可得到相當的指示。

五、分區工作　工作人員在進行調查的時候，應注意到分區問題。分區應有顯明的界限，不可含混，自某地至某地為一區，由若干人担任，這樣工作起來，纔可以得到最高效率。

六、宣傳　在實地調查時候，宣傳是少不得的。有些智識幼稚的人，往往看了調查，便生出許多惡感。譬如調查商店資本，便以為含有徵稅作用。這樣一來，所得的結論，無論如何不會真確，所以事先必須有相當的宣傳，使人民知道這種調查是善意的，自然不致生出許多阻礙了。

（本文未經張先生校閱　記者附註）

中國幣制問題

何德奎講
劉德均記

自去年七月到今年九月止，銀日賤而金日貴，做進口生意的中外商人，遂爭運外貨進口，因爲成本輕而得利厚，可以藉此得一二分利。不料一二月之後，在他們應當納付貨價之時，金價飛漲；故原有之一二分，不但不能得到，反至虧去成本，爲數甚鉅，所以進口生意，人人視爲畏途，外貨進來漸少，到了後來，簡直宣告停頓了。這是說進口方面所受的影響。談到出口方面，有人以爲銀日賤而金日貴，是輸出的良好機會，但事實上並不如此，頗有種種困難。因爲：(一)金貴銀賤，則中國貨之成本低，銀愈低則貨愈賤，如此下去，則中國貨成本便宜，外國商人逐漸虧本，勢必減少購買中國貨的熱心。(二)近一年來，全世界市面蕭條，工藝品過剩，銷路滯塞。中國貨多半是工藝品所用的原料，工藝品之銷路既然不靈活，需用原料自少。(三)中國的原料輸出外國，外國的製造品輸入中國本是相互爲用的，中國因爲金貴銀賤買進外貨少，則外貨所需用之原料。亦少，故輸出，亦少。(四)連年土匪猖獗，兵爭不已，交通不便，運輸維艱。內地卽或有貨，不易運至商埠轉運出口，失去金貴銀賤的好機會。

所以金貴銀賤的時候，出口不行，同時進口亦不行。所以交易蕭條，經濟恐慌，因此有人以爲根本的毛病在銀本位；要國際間匯兌不至吃虧，則中國應該採用金本位。但是，兄弟不以爲然：第一，因爲我們中國銀價日賤，金價日貴，這種現象有加無已。何以銀價日賤呢？因近五年來世界上銀之產量比金之產量，每年不過多出十三四倍，但是金本位國家日多，銀本位國家日少，故銀比金便宜五六十倍，銀子的需要減少，（不因爲生產之增多。）故銀價日跌。現在如果不增加金子需要，也許能抬高銀價；中國如果採用金本位，則結果適得其反，因爲金子需要愈大，則金子益貴，銀子需要愈少，則銀價益跌。故欲採行金位以救濟銀價，結果恰恰相反。

第二，我反對採用金本位因爲凡採用金本位，非先有準備不可，如不產金而欲用金本位，則尤需充分準備。中國每年不過產十多萬兩金子，已經不夠用，如何能採用金本位？甘末爾之計劃以爲可採銀輔幣計劃：國內以銀輔幣代金幣，輔幣分量甚小，造幣廠改鑄之時，可賺的錢，約計三萬萬三千萬元。但是我以爲無此好結果，因爲甘末爾去年十一月報告成立以後，銀價又跌，如採金本位，則銀價愈跌，造幣廠改鑄決無三萬萬三千萬元之多可賺，所以甘末爾之計劃辦不通。另有一法，謂可向外國借款，作爲準備；然在現在狀況之下，借外債恐怕不大容易。

第三，如果採用金本位，此亦非永久不敝之本位。如果國家經濟狀況不好，則金本位無法維持下去，如英法德諸國是也。生產既少，外貨流入甚多，欲維持金本位，不能不用勉强方法，故英法德在大戰時皆採用 Embargo。日本亦然，至今年始解禁。我國現在內地實業不發達，日日需要外貨，外人輸入銀子，如普通洋貨一般。但金子不能需出，只好中央收集，但是國際貿易不好，金不來而銀來，如果借來幾萬萬金子，作爲基金，但亦日日流出，如此，金本位難以保留。故就現在中國之經濟狀況觀察，即採用金本位，亦無以維持。

總之，目前不宜採用金本位，因爲：

(一)銀價已低，改金本位後，則銀之需要愈少，而銀價愈跌。

(二)無成本，甘末爾以爲可以向外國借款，愚以爲難以奏效。

(三)即已改成，亦不易維持，反成一不健全之金本位。

但，如果把眼光放遠，十年廿年以後又如何？

就經濟而言，中國是後起之國，終不能不受先進各國之影響，而隨之轉移，我們不妨慢慢辦，我主張：(一)原有之金子不輸出，銀子出口可以自由。因爲我國尚未採用金本位，故金不輸出，略無妨礙。(二)銀行發行鈔票，現在準備都是銀子，以後定爲金銀並用，而定一比價，則市面流通的金子，以及外國的金子，可以吸收。

此十年廿年後之計劃也，至目前之計劃若何。曰：所以有貨幣統一爲銀本位，廢兩改元，嚴定十進制。

中國之銀本位，並非眞正之銀本位。或通行外國鈔票，或中國鈔票，或銅錢，或銀塊。故中國之本位幣制，有銀，有銅，有紙。卽以用銀之地而言，天津，漢口，上海，廣州各不相同，參差甚厲，國內匯兌如國外匯兌一樣的繁雜，故應以眞正之銀子爲本位，此其一，

其二，廢各地所有參差不齊之兩，而改爲元。公債無兩，鑄幣無兩，故廢兩改元，可以通行。

其三，用銀及銅爲幣，但要完全十進。

如果此層能辦通，則國內匯兌完全一律，則靠幣制複雜賺錢之商人，可以做別的格外有利於社會的事業。

總之兄弟反對近幾年內採用金本位，其原因爲：

(1)銀賤金貴，貿易不好，人以爲採金本位可以救濟，但採行之後，反使銀價愈跌。

(2)甘末爾之大借款計劃難以奏效。

(3)國際貿易一時不能興盛，則雖採金本位，一定要禁金出口，這並不是健全之金本位。

但放遠眼光，則應

(1)禁止原有之金出口。

(2)銀行可用金銀二者爲準備金，並吸收外金。

此可爲十年廿年採取金本位之方法；至於目前之計劃，則：

(1)採統一純淨本位。

(2)廢兩改元；

(3)幣制以十進。

(此文未經何先生校閱。 附註。)

江浙兩省籌備之營業稅

馬寅初講
丁藏林記

營業稅在中國最爲重要，因其爲彌補裁厘損失之惟一方法。我國之厘金由來已久，不但爲中央收入之大宗，各省間接中亦得到不少好處。因厘金雖爲中央稅款，但中央不直接征收，均係委託各地方政府代收的。時代變遷，物價增長，稅率必加高，（如一帽之價從前爲五元，值百抽一，稅爲五分；若現在帽價爲十元，則所抽之稅，應爲一角，方合百分之一）此沽價後所增之稅，大概爲地方所留用，數目亦很可觀。今一旦厘金裁撤，則中央政府一大宗之稅收無着，而地方政府亦無形中失去一項收入。爲彌補計，中央有特種消費稅之成立，而地方政府亦有營業稅之創辦。

▲營業稅之歷史　最先實行營業稅者爲法國。法國革命後，人民對各種直接稅，皆甚憤恨，故改用此稅。不久復用舊制，此稅消滅。至歐戰時，因直接稅之收入不夠，又恢復營業稅。不過革命時之營業稅，是代替直接稅的；而歐戰時之營業稅，是輔助直接稅的。此其不同之點。英意兩國無此稅制，因其歸併於所得稅中。美國亦無營業稅名目，但其所行之銀行稅，公司稅等，皆屬營業稅之變相；所不同者，此等稅爲特種的，而營業稅是一般的。

▲收稅之標準　營業稅之標準有三：(一)外表 Appearance，(二)資本 Cagital；(三)收益 Net Profit。法國根據第一種，故稅率之多寡，依裝潢及僱用之人數而定。德國依第二及第三兩項而定。日本依第一及第三兩項。比較起來，德國之方法最爲繁難，日本次之；因資本一項，無妥當方法調查，常致以多報少，不能得到真數。至於收益數目，更不易正確；因營業費種類甚多，不易核對，而倒賬預備金及折舊費等亦無正當標準計算，且擴充營業費及借用資本之利息等，應否從毛利中除去等之問題，皆使找出正確純利時發生困難。

我國營業稅是初創的，政府無此經驗，商人無此習慣，方法斷不能過於繁難。所以德國之方法固不合用，日本之方法亦不宜易行，當擇更粗淺之法行之，其法爲何？卽：

一，以資本周轉次數 Turnover 爲標準。換言之卽販賣稅 General Sales Tax 假定某店資本爲一千元，每月周轉三十次，則一月之生意爲三萬元。照百分之一之稅率，每月應納之稅爲三百元。

二，以毛利爲標準。有幾種營業如銀行，信託公司，交易所，經記人等生意，此進彼出，周轉甚速，一日甚至有百萬元之交易；若照周轉次數收稅，每日須納稅一萬元，焉能担負得起？故此種營業之稅，不依周轉次數而定，而以所獲之毛利爲準。

三，以營業之數目爲標準。又有幾種營業，如繭行，茶行，絲行，牙行等，皆爲代客買賣之性質，祇見其買進，不見其賣出，可謂毫無周轉次數，則稅收無從訂定。故凡屬此種營業，則以其所做之營業數目爲準而收稅。

此種制度祇可暫時用爲過渡時代不得已之辦法，若長久行之，則弊端百出，茲擇其大者言之：

一，累進稅率不能實施。因周轉次數不能正確找出，有以多報少之弊。

二，累退稅。此稅不但不能應用累進稅率，且將使稅制變爲累退的。因物質價格各有不同，營金剛鑽者周轉雖少，而獲利甚大；而業肉舖者周轉次數甚夥，而獲利極微。若祇照周轉次數，不問資本及收益之多寡而收稅，將使資本大利益厚者納稅輕，而資本小利益微者納稅反重，不是一種累退式麼？

三，影響不同。物之購買性有能伸縮 Elastic 者，卽可買不可買的。有不能伸縮 Inelastic 者，卽非買不可的。稅高則價漲，此自然之理。價既增漲，則無伸縮之物之營業毫無影響，而有伸縮性之物，必至無人問津，而將關門大吉矣。

四，貧人負担重。營業稅是一般的，無論何種皆須納稅，而此種皆間接由用物者負擔，這是大家知道的。至一般貨物大都皆貧者所買，則稅收必爲彼等所負無疑，故長久下去，恐將成爲窮人稅了。

五，小資本被大資本打倒。例如一本書須經過五項手續，卽(一)紙，(二)印刷，(三)膠粘，(四)裝訂，(五)發賣。在小資本經營之下，此五種工作必分五家經營，則有五處周轉次數。而由大資本家經營，可將五種工作聯合一處，則祇一處之周轉次數。因之小資本者之稅重，而大資本者之稅輕，結果小資本者必被打倒。

營業稅較厘金好處有三：

一，厘金節節設卡，商業進行受其阻礙，而營業稅一次躉付，毫無此弊。

二，關卡數目商人不知，且各卡之稅率又不一致，商人無從預算稅款之多寡，利益之有無，遂無從測知，致營業含有賭博投機之性質，而營業之稅率，皆一律規定，商人對於貨物之成本有準確之預算，不致盲然行之。

三，厘金名目衆多，不若營業稅之一種名目，包括百物。

但我國商人對於此制，毫無經驗，不知此制於彼等之利益，拘執營業祕密之成見，不願以賬冊示人，致周轉次數，無從尋找，營業稅制，無從實施。政府爲遷就計，改爲牌照稅，於領照營業時，依資本之大小，分成等第，每年按等納稅，而商人又不贊同。乃復改爲登記費，於登記時收費若干。但商人仍取觀望態度，趦趄不前，一若此制並不善於厘金者，眞應著亞當史密士所謂之「舊稅是良稅」Old taxis the good tax 一語。

要知此種登記費，不但商人觀望不前，難以成功，照我個人看起來，實行時尚有幾種問題發生：

一，營業稅本爲地方政府用以彌補裁厘損失者，今改爲登記費，僅能在登記時收費若干，以後不能再徵，即使商人遵行，不過暫時有一種收入，且此種收入照預算尚不敷開支，於彌補何有？

二，營業登記屬工商部分內之事，若由省府處理，恐於工商部之職權上，不免發生衝突。

三，照江蘇登記費章程規定，普通業爲百分之二，洋貨業爲百分之五，但依中日新訂之條約，中外貨物納稅義務應當一律，則將來實行時，又難免受日本之抗議。

有此種種原因，所以照現在的情形看起來，恐怕連登記費亦不能辦到。

（此文未經馬先生校閱 附註）

各國鐵路與地方人口之比率

據民國十四年的統計，全中國的鐵路，不過七千五百四十里，就是把外人所築的中東南滿等路合計起來，也不過一萬一千五百公里。如果照地方大小和人口的多少比較，那麼，中國每一萬平方公里之中，祇有不足一公里的鐵路，每一萬人口中，祇有四分之一公里。美國共有四十萬七千九百八十公里的鐵道，每一萬平方公里中，有鐵路五十一公里半，每一萬人口有三十四公里又十分之七的鐵路。英國有三萬九千三百公里的鐵道，每一萬平方公里中，有鐵路一百二十五公里半，每一萬人口有八公里又十分之三的鐵路。日本共有二萬二千一百公里的鐵路，每一萬平方公里中，有鐵道三十二公里又十分之六，每一萬人口中有二公里半的鐵路。法國鐵路共五萬三千六百公里，每一萬平方公里中，有鐵道九十七公里又十分之三，每一萬人口中，有十三公里又十分之二的鐵道。德國有五萬八千公里的鐵路，每一萬平方公里中，有鐵路一百二十三公里又十分之二的鐵路。從上面比較起來，中國交通事業的落伍，已可見一斑了。

運輸與生活標準（Bakers講演稿）

徐明翼譯

引言—人類慾望之發生—滿足慾望之方法，交易—因交易乃有運輸—計算運輸距離之方法—運費—運輸方法之替進—計算運費—運輸成本及其影響於生活程度—鐵路之增加國富—鐵路長度與生活標準—中國築路之計劃—

引言

孫逸仙先生曾於其民生主義第一講內，引證馬克斯之言云：「物質環境可以造成人類之行爲，故其歷史所載亦即此耳。」復申說云：「人民爲政府之中心。」又言：「人民爲社會歷史之中心。」換言之：即由人民生活之狀況，可知該時代之文化程度；記載其人民謀生之狀況，即成歷史。故政府首宜注意者，即人民謀生之情形或標準也。

人類慾望之發生

人類如無深切之慾望，視目前之物質已可滿足，則其生活標準亦低；而天之生物，各有不齊，大地之上，其能產優美物品之處，爲數極微。如在沙漠之中，高山之巔，海洋之面，其產物極稀，難以維持生命。蓋人之生也，需有新鮮空氣之呼吸，潔淨之飲料，充足之食物。此爲人生須臾不可離者也。次要者如，拒敵之器械，避風雨之居處，睡眠及幼稚時生命之安全。是知，有生命而後能生存，乃得綿延其種族，然多賴其物質之環境焉。

旣知天之生物不齊，是以宇宙之間，能產優美物品之處，爲數有限。卽就野蠻民族而言，尙需擇水草而居，隨季候而遷徙，與鄰族互易其需要。如台灣山間之番民，每年尙需下山一次，以易取其食鹽。又如美國之紅人居地，迄今亦未能收入版圖；蓋因其土人互相爭奪其獵地故耳。僅美洲之印度人則爲業商者。康塞爾伯祿夫（Council Bluffs）卽平原之印度人與西比爾湖（Lake Snperiors）之印度人交易之會集處。

但人類生活，所以高於其他動物者，因僅有食物，水，空氣，及苟安之居處，不足以滿足其慾望。故諺云：「吾人不能僅賴麵包而生活」也。人類因謀滿足慾望，於是乃有文化之發生。文化之所以能進步，實爲求滿足視聽思想之需要。故文化者實爲運用不定之「自然變化之程度」也。

宇宙之變幻無窮，分爲水陸高低寒暖等之化學組合，其形式既不同，出產亦異，大詩家司梯文蓀（Stevenson）曾歌云：

「宇宙滿載萬物兮，

吾人應宜如王者之快樂。」

但彼似應言如吾人能得之者則快樂如王者矣。

滿足慾望之方法—交易

玆有二法，足爲人類求得滿足其慾望之各種事物者；（一）至產該需要物品之處攫食之，（二）或攜回至常居之處消耗之。如平原之印度人隨季候逐水草而遷徙，屠其牲畜以爲食，卽第一法也。蒙古之牧者亦復如此。久之此二族人皆覺其移動之居處爲防禦風雨及抵拒敵人實多不足。且其族人漸繁殖，所畜之牲類不足應用，牧場亦不敷飼養其牲畜，於是必與他族衝突，其結果人多死於戰役，財產於是乎損失，文化之進步亦停止。乃知若欲求增加其人口，堅固其防禦，必建造固定之居處，攜取食料及用品至其居處，并加力於耕種，以及設法搬運或運輸矣。

如是，可知文化係隨人類之慾望而異者，亦卽文化係隨地域而異者，（蓋慾望因地域而異也，如高山缺米則米爲其唯一之慾望）但各地之距離雖遠，其出產可使相同，則惟人力是賴。如深山之人欲得茶，彼不僅覓得茶商以價售取而已，尚須引茶商願與之交易。幸而此茶商亦欲得鐵以爲製刀之用，或鋤及其他需用之工具，則此山間之鐵商乃得引此茶商與之互易茶鐵。設如茶商僅依其茶爲生存，則其苦正如鐵商之食鐵以謀生也。

因交易乃有運輸

最初之人民，其鐵商卽直接與茶商爲交易。漸次乃有專門之商人，爲各項物品之居間者，往來於各地。貴金屬及後來之錢幣，卽爲便利此種商人之交易而設者。然此直接交易與間接交易之原理則一，無論以茶易鐵，以鐵易茶，兩種商品必需攜取搬運，由生產之地至需用之處，其結果乃成以茶易鐵。至於決定商業上運貨至最適當距離之原則，則非一言一字所能盡述。或可舉例以明之耳。

計算運輸距離之方法

以中國農人爲例。如彼有積粟欲以易布。茲有多種之方法可運粟於市場，最簡便者爲肩之或背之而往，如卽以此法，彼當至若何遠之市場以交易之?

一壯夫足攜五十斤之貨日行五十里。然於特別需要時，一壯夫每能攜較多之物行較遠之路，但以平均計算，包括各種之人，不同之氣候及環境，五十斤五十里則爲普通可希望可得者。因此合成「五十五十」之數作爲本文計算時之單位。彼負五十斤行五十里者必需足食以充其力。蓋其能力之產生必需給以食料，正如汽油之與汽車，約每日與以二斤之粟使其按「五十五十」之定率運行之。而常人必有家，其家必需食。必需衣，與居位之設備。雖年老者與幼者無需與以少壯工人之食料，然以五或六口之家爲普通之家計，每日必需十斤之粟與此載運之人。換言之，卽全數五十斤之粟可供其全家食用五日。五十除十等於五 $\left(\frac{50}{10}=5\text{日}\right)$（卽可食用五日），以每日行五十里計之，可行二百五十里之遙。但由此點觀之，如行二百五十里則其所負五十斤之數，適抵供家人食用之數，彼卽易布示當無所得矣。實際則當其負運時又需食去其原有資本五分之二以爲成本。設如尙餘五分之三以易布，五分之二作爲運輸之成本。如此，可以五十之五分之二代五十斤，以十除之 $\left(\frac{2/5\times 50}{10}=\frac{20}{10}=2\text{日}\right)$ 乃二日爲負運之日期。（卽劃所負貨物五分之二定爲成本，但其全家之食用每日需十斤，故以十除之，視其原定成本究能作幾日之用，卽以此日期定爲運貨應行之路程—譯者。）

在此情形之下，每日五十里可行一百里或三十三英哩，爲此商業行程之限制。由觀察而知，相距百里以內之田產物當無大異。故內地市場之分布當適宜於人工負運之地位；而爲人類智慧所支配，雖產物相同，但可變化其同樣物品之式樣或原質以爲交易。例如，樹木可生於各處農田，但祇數處有人能用工具製木爲傢俱。又如能產皮之農夫甚夥，但能製皮者一村恐不過一人而已。能產棉花之農夫甚夥，但一村中有織布之機不過一二。如是，此種村間之市場，其由本地原料製成出品之變化有限。因有限之變化而限制其人民改進之能力。

但余頗疑諸君或思此爲不然。試取貴州爲例，該地運輸之進出皆以人力，彼等亦有魚翅，及其他自遠路來之物品。君將何以釋之？余釋之如次：能付高價以獲得此遠來之物品者爲數究甚稀微。大多數皆爲不能付如此之代價者。雖富者亦不克應付此長途運來之魚翅與表也。依余前舉之公式試言以五十斤表之價值在貴州當可值二千元，卽依此數計之，且需給負運者及其家屬每日五角之食料費，可得下列之結果：

$$\frac{2}{5}\times\left(\frac{\$2000}{\$\ 50}\times 50\text{里}\right)=8000\text{里}$$

如居民有金銀或其他貴重物品足與此消耗品魚翅，表作交易者，則可作此遠途之貿易。此乃所以造成內地各省，如陝西貴州諸省幾多種鴉片，蓋因無貴重之出產與遠處之商品作交易也。

運費

吾人每日得不足二斤之粟卽可生活，但不能工作及支持其能力。此原理可應用於中國之各種計算。當米麵價激增時，其工資亦漸漲。在陝西經此數年之饑荒，其苦力昔日僅每日需二角錢者，今亦需六七角矣。雖有競爭之工人但亦不能影響或減低其工資。卽言每日在花園內作工需食之食料，在此饑荒時亦須三倍於昔。如此工人需用其能力則必須付相當食料之成本，使其能得所需之能力。於是工資律之價值在中國頗似食物律之工資（卽吾國工資律之價值隨食物之價值而增減譯者）。

在某處某時，余曾調查中國負運夫之平均工作效能，常超越每日五十斤五十里之定率。但據余在中國之經驗，雖調查多超出此定率，但「五十五十」之平均數則頗正確。如某負運夫能走較遠之路負較重之物，其能力由食二斤食料而生者，正可使彼至較遠之市場，至貨物較繁多之處。但亦不能使此人食較少或較賤之食物——因人之食量有定故也。是以吾人不能改變我儕之平均人數。彼亦當依二斤食量，五十里五十斤之例視之。如一汽車，給以少量之汽油，卽不能駛至最快之速度。如與之過多，僅耗費此汽油而已，甚而至油及機件而致停車。又如載用過重，卽當破裂。如載之太輕，亦不能行之較速成少用汽油。

運輸方法之替進

吾人雖不能每日多行若干里，或多負若干斤，但可設法以求運輸量之增加。如用小車，一人可推較背負重三四倍之貨。總而言之，當彼用小車推貨時，行當較緩，而獲利則鉅。但小車不能用於任何路徑。其路面必需平整堅實。不能太溼。因之於草澤山林之地，小車不能行走，但只可於平原坦直之途，無阻礙之處，可見及之。其行程公式用於小車者約如下：

$$\frac{2}{5}\times\left(\frac{200}{10}\times 40\right)=320\text{ 里}$$

或三倍於人工之背負。

我覺諸君必以爲異，何以人與獸比。然在中國諸多負販之事，皆以人工。茲請述用畜運之情形如次：

騾驢及馬之載運能力，當較人爲強。但其食料亦多，其較人多載之重量，適與其食量成正比。因畜類無智識，必需人爲之指使，如其食料與人相同，則反較人工負運之費用爲鉅；因以人之食料與畜類食之所發生之效能不大。但畜類之飼料，用之於人亦不能發生能力。是以如該處富有草料者，則可用騾馬代運，當較以人工之成本爲省。但在中國肥沃之區，牲畜多用爲耕作，而以人工負運。

以人用小車搬運，可得三四倍之效能，如以畜類拉車，則其效能亦當更大。故一馬或驢駕車搬運，當可較背負多三四倍之重量，同時需賴有較堅固之馬路。一牡騾可背負三百斤。在中國之坦途上，則可以車御八百至千二百斤之重量。當北平街道以碎石鋪成後，寬輪大車可以行於其上。負北京協和醫學校之大車，曾用一騾可駕三千斤之煤，較用背負可重十倍。

昔者中國各處之運輸方法，用人或用畜，其成本皆極輕微。如高山之地，若山西，甘肅，陝西之北部，草料極多，其載運多以牲畜。在平原之地，如山西，河南，河北及其他各省之路途坦平，飼料充足，故亦用牲畜拉車。在各省內之地，其畜食與米穀價值相等者，恆以人推小車運貨。當一九二一年余正在山東處理饑荒事務時，小車（一輪車）夫與大車（二輪馬車北地俗呼大車）夫，競爭甚烈，乃分小車夫在晴天運送，大車夫在雨天運送。是知在中國之南部，米為五穀之首，因不願以稻草供飼牲畜之用，故皆以人力搬運。

吾人皆以為駱駝供沙漠旅行之用，蓋因其能跋涉終日無需加水與食料，并以其趾行沙漠上能不陷入之故。但在中國北部之居民，皆知用駱駝於沙漠以外之處所。如用於西山北平間之煤礦石炭窰中者，為數甚夥。因山間多水草灌木之生，為最經濟之牛馬騾之食料，而駱駝尤賴之以生。如以飼別種牲畜之食料飼駱駝，則其發生之能力反不如前。因駱駝之飼料為最低賤者，故常為生活簡單資本有限之人所飼養。

在有歷史以前，人類即知置船於水，可較人力之搬運增多其載重量。如人推小車運貨，不若其負貨以行之速，但往往增多重量之價值，恆多於所失之速率。今計用船運輸之公式約如下：

$$\frac{2}{5}\times\left(\frac{1000}{10}\times 30\right)=1200\text{ 里}$$

因此運河運貨可至較遠之處，以交易其商品。是以運河實有功於造就中國古時之財富及文化也。

江河亦與運河相同，極有關於商業。河道需無灘與礁，河流需不湍急。順流放棹時，其載重量恆可增大；逆流而上時，則需賴人力，速度既小，載重量亦需減輕。例如在黃河之下流，七八人即可牽若干噸日行三四里。但在其自北向南流之河段內，河流既急，河岸復不平，故無於此處作上行之貨運者。因河流既急，舟行之速不克以抵其急流之力，即順流而下，亦每有被沖激而破裂之患。惟僅有少數之木排逆流而上，以供造船之用。故該河段內可謂無運輸之過往。湖南之湘江則不同，其順流之運輸甚多，而逆流者較少。其所運者，皆為木料，往往數千根聯成木排。此數千噸之貨物，管理者不過四五人而已，故其運輸之成本與及重量與其程途比之，為數實微。是以其木料之價值，較之陸運足獲相當之盈利。在船運情形之下，適與用大車及小車相同，需製造及設備之成本，但船能載運較重之量，行較遠之路，比較其每噸貨物所費之成本爲數亦極少。

在中國江河及運河之中，皆利用風力，正如行舟湖海也。大江之中，其風力往往大於水力，得以逆流推行運貨之船。但江與運河，面積皆窄，嘗阻其藉風力之航程，故帆船行於湖海較行於江河之效能爲大。茲總計各公式如下：

以人力負運之計算行程公式爲：

$$\frac{2}{5}\times\left(\frac{50}{10}\times 50\text{ 里}\right)=100\text{ 里}$$

以小車運行之最適宜程途之公式爲：

$$\frac{2}{5}\times\left(\frac{200}{10}\text{ 斤}\times 40=\right)320\text{ 里}$$

以牲畜負運或車運，其里程公式大致與人運相同。在運河中之船運公式約爲：

$$\frac{2}{5}\times\left(\frac{1000}{10}\text{ 斤}\times 30\right)=1200\text{ 里}$$

此公式係假設以一人推行者。如推行之人增多，其所載之量及所食之量亦增，故其結果則相同。但當順風時，其每人牽引之平均重量，則激增，而其每日之行程可自零數至百數十里之遙。余且不計其平均數如何，今爲舉例起見，設：

$$\frac{2}{5}\times\left(\frac{10,000}{10}\times 100\right)=40,000\text{ 里}$$

四万里適等於一万三千英哩，或二倍於橫斷太平洋之路程。

是故由歷史觀之，沿海之國皆爲大商業國。該國之中必多異樣之食物，備最有力之防敵兵器，及最高之生活標準。乃爲富有之國，其國民亦必爲最舒適及最開化者。其大者如歐洲古代沿地中海之各國，小者如今之英蘭三島，在今日占世界強盛之地位，爲強國之一。內陸之國如俄羅斯，雖有絕大之疆域，衆多之人口，今日仍處於黑暗之情狀，除非再起而覓得一海口。故彼極欲增加改良其海口也。

同樣之理由，中國沿海一帶及長江流域之居民特多，考其故，或係中國之賢王，造數千里之運河以通江，幷定有沿海之航線乃爲其原因之一部，故沿海居民恆富有，適與蒙人，土耳其人，西藏人之生活簡單相反，蓋因其占居中國沿海及沿江之勝地耳。

但在中國，亦如其他之大陸國家同，有多處無湖河海之依傍，故其載運亦必全以陸。且水路多爲繞道者。如杭州至長沙，由陸行僅等於水行之半。在陝西靠漢川流域有重鎭曰龍駒寨，約距渭河之渭南城二百里。由龍駒寨亦可由漢川運貨至漢口，再經揚子江而至黃河口，再由黃河至渭河而抵渭南；但常無人作此蠢事也。故在中國內地如有交易之必要者，尙需陸運。

數千年來，對於陸運之方法，進步甚微。其初爲小車及大車。不及一百五十年以前，曾試行用煤力爲牽引之原動。又數十年，乃有抽礦水之機器。於是乃有瓦特之發明飛輪及轉軸，使平面之轉動一變而爲輪動。斯時正一七八〇年也。此機器一變而爲製造之用，流行於發明者之家鄉——英國。久之，乃進而成一工業之國家焉。以發明之天才繼續其試驗，欲應用此輪動之機器於車輛，但五十年之內未能得實際之結果。直至一百年以前，乃有鐵路以爲陸運之工具。

計算運費

如上述者，余已說明：「農夫自行負穀至市場，自食其粟，與給資雇人負運者，各不相同。」然其公式則同。設如粟價每斤五分，以代下列之公式：

$$\frac{2}{5}\times\left(\frac{50}{10}\text{斤}\times 50\text{里}\right)=100\text{里}$$

可得：

$$\frac{2}{5}\times\left(\frac{\$2\cdot50}{\$0\cdot50}\times 50\text{里}\right)=100,$$

在事實上，余知中國所有之負運，皆付以現款爲報酬，不由其所負運之貨物內提取。爲易於比較起見，尙以現金報酬爲佳。

更謀比較便利起見，必需定一運輸之單位，合里程與重量而爲一。如運輸零件時，可用担與里之聯合單位，但爲比較大宗貨物之時，仍需較大之單位。延噸英哩及延噸公里，乃爲普通常用之聯合單位。諸君想必熟知此單位也。或有不知者，余當舉例以明之：如一噸之貨運行一英哩，其運輸之結果即爲一延噸英哩。如一噸貨運行一公里，則爲一延噸公里。又如一噸貨運行十公里則爲十延噸公里，五噸貨運行十公里則爲五十延噸公里。如以五角定五十斤五十里之費用。五十斤約爲百分之三之大噸。五十里約爲五公里。因此可得（3/100噸 × 25公里 = .75延噸公里）即五十斤五十里等於四分之三（$.75 = ^3/_4$）之延噸公里。

如四分之三之延噸公里之成本爲五角，則一延噸公里之成本爲六角七分。

用以前所得之公式計小車之成本：

$$\frac{\$0.50}{\frac{200}{1680} \times \frac{40}{2}} = \$.21$$ ，（即每延噸公里之成本卄一分）

用同樣之方法，計運河船運之方法：

$$\frac{\$0.50}{\frac{1000}{1680} \times \frac{30}{2}} = \$.056$$ （即每延噸公里之成本五分六厘）

帆船之成本當較低廉。但吾人皆知，帆船大車小車及負運夫之定價不定。依氣候之晴雨，路途之情形，與數量及危險等之關係，常需爭値。搬運者尤能侍察運主之需要，而變易其運價。又如搬運者知運主之貨爲値錢之貨，而同時爲其他搬運者所無，則往往提高其運價甚夥。

總計延噸公里之運費約如下：負運夫之運費每延噸公里每日六角七分，牲畜運費二角至四角，小車兩角至三角，大車一角五至二角，船運一分至六分，至中國鐵路之運費平均約爲一噸一公里收費一分半。見表一：

表一 運價表（一九二五年美國領事報告）

地名	每延噸公里之運價（以中國通用銀元之分爲單位）					附註
	負運夫	牲畜	小車	大車	船	
廣州	二〇〇分	—	—	—	一分	
廈門	一六〇	—	—	—	—	
福州	五〇	—	—	—	三	
上海	五五	—	二〇	一〇	一	
烟台	六五	四四	一四	—	—	
天津（一）	二〇	一九	九	七	二	特別低廉
濟南	—	三一	二一	一三	三	
南京	五〇	四一	三七	一五	二	
漢口	五〇	（二）二五	三一	（三）一〇	一	
鎮江	三五	三二	—	—	—	
遼甯	—	—	—	—	一·五	
張家口	—	（a）一二	—	—	—	（a）以駱駝爲多

哈爾濱	—	(a)三·五	—	—	六	(a)同前
平均數	七六 (四)四六	二七	二三	一一	三·三	

(附注:)（一）指大宗貨運按日計算之價格。

（二）（三）恐係一年之平均數。

（四）廣州廈門除外之平均數。

在未受軍事影響以前，如一九二二或一九二三年，皆依上述情形行之。在山路如正太綫，其貴重品收費路高外，在京滬路如煤類之貨每噸每公里僅收半分之運價，見表二。

表二 鐵路貨運種類及運價表（一九二四年）

物品名	京滬路	正太路	其他各國有鐵路
農產品	（每延噸公里）分 ·六七	分 四·五九	分 二·一○
牲畜	一·九一	四·五○	二·九六
礦產	○·四九	一·六七	○·九九
森林	○·七八	四·四五	一·八五
製造品	○·九一	四·八二	二·四七
其他	○·七三	二·二九	一·五五

但吾人需知，各路之平均運價爲一分半，經山涉水之處尙須人力及牲畜負運，其需用渡船載運者，往往增收其運費。鐵路供給車輛，蓋爲保護貨運之損失計。更有甚者，其運輸之速，可以減低市場之不安，及減少貨物成本之利息。又可運致易腐之貨，如鮮菓之類，若以牲畜等之馱運，則不能運至市塲矣。在五十年前，山東濟南之桃運至北平時。祇有數貴顯者能食之耳；因只有彼等能付此速運之代價也。但今日，如津浦路不停頓者則北平任何人皆得含此桃矣。

鐵路之運價不但較大小車之運價爲低，又能供給較多之服務。邇者，且獲利甚豐；人力車船夫役，僅獲微利以維持其生計而已。如北甯平漢諸路，所收之運費，不但足以付其載運之成本，更能付其財產成本之利息，幷有餘資以發展改良其財產，有時且可助政府之財政。因此鐵路之成本比其所收運費，實不滿每噸每公里一分之數。

運輸成本及其影響於生活程度

比較各種運輸之成本，在管理及地域良好狀況之下，鐵路之成本尙不及大車運輸成本二十分之一，牲畜成本四十分之一，人工負運六十分之一也。是以，鐵路運貨可至之市塲可較其他陸運之距離遠在二十至六十倍以上可運多量之物品，至任何原定之市場以爲交易；其結果致使內地有鐵路之區域，其生活標凖與沿海居民相同。實則該內地尙可得較海濱之生活標準或狀況爲佳之結果，除非濱海各處亦造鐵路；因有若干之工商業，如無鐵路爲載運原料，則其出品頓受影響。試以水門汀(三合土)爲例：乃由石炭石，粘土及石膏所合煉而成者。此三物中常有二者同生一處，而其他一物必需自遠道羅致之。其運輸之費除鐵路運載之法以外，所費皆鉅；故三合土之製造處必隨鐵路而存在。他如鋼鐵，銅，及其他之大實業亦復如此。

因之，有鐵路之地，其濱海一帶之生活標準亦因之增進；蓋內地之貨可以載運至海口以交易世界各口岸運來之貨。世界各處之出產可因之而集合，而謀製造其所不能之出品，於是生活之標準亦因之而激增。斯時鐵路乃爲極有力之工具，藉以增加一國之富源。

吾人試思，鐵路何以能增加國富。須知天之生物各有不齊之語；有煤，林，菓，穀，皮，魚，其產地各不相同，而產量亦異。

鐵路之增加國富

在大海以內產魚極夥，而獲者有之。在山西之山間遍地皆煤，當鐵路未至山西時，任何人皆可拙地得煤。各取其所欲之量而已，未有欲多得者。今日山西之煤於其礦口仍可以二元購得一噸，因無法以運至欲購者之地也。但同地之煤在上海需價幾何？每噸當在三十元以上。以二元一噸之煤運之上海，可得三十元之價—增二十八元—其每噸運至上海時可增國富如上述之數。其中當收若干之運費。由山西運至上海設每噸八元之運費，結果尚可增二十元。如山西運煤至上海成爲一普通常見之事，則山西之煤價當增，而上海之煤價則跌。設如山西之煤價增至五元一噸，此所增之三元，是否應作爲山西人民財富之多得或增加，再如上海之煤價跌至二十元，其所省之十元，是否能如儲蓄之增加其財富？其理乃如下：在山西之所增之三元未用其煤實爲耗費。在上海則其所蓄之款當較有用。蓋工業製造將因得煤而興也，可以儲蓄與工業。或更可以鮮菓例說明之。鮮菓因易腐乃難於市場中得購得之。苟有能售於市場者，則爲購者所悅，而爲售者獲利之源。惟鐵路能使鮮菓不腐，而致之於市場則亦爲增國富之一道。

在事實上言之美國之內地原料供給各處之用，實爲他國所不及。其鐵路網線之密亦爲他國所不及，故其鐵路實有造成其國家富強之功。

鐵路長度與生活標準

不僅美國之情形如此，即世界各國亦莫不然。該國有最高之生活標準者，其煤與別種之天然動力皆以爲運輸及實業之用。總之，該國有最長之平均每人所有鐵路哩數者，則有最高之生活程度或標準。然亦有因特別情形而異者，如商船之有無，海岸線之長短，建造鐵路以啓發民智等。但生活標準之不同實依每十万人所有鐵路之長度而異。此可由下表說明之，表中所爲歐戰前各國之情形：

表三　每十万人所有之鐵路哩數

第一組		第二組		第三組	
澳洲	四〇四哩	瑞士	七八	日本	一二
加拿大	三七八	法國	六四	印度	一一
美國	二六一	德國	五七	暹羅	九
新錫蘭	二五四	英國	五二	中國	(一九三) 二
		西班牙	四八		
		意大利	三一		
		俄國	二八		

在每組之中其海岸線每有較其陸地之比爲多者，如第一組之新錫蘭，第二組之英國意大利，第三組之日本。但除此種變異而外，其生活之標準實依鐵路之長度而異。由各組內視之，其鐵路較長者，其生活標亦必較高。

鐵路在經濟上之價值，在今日中國之商界已能明瞭，尤以其能影響及各個人也。余知諸君必欲求中國鐵路之迅速發展，至於至善之程度。但亦曾有與余爭者曰，一路之造成必奪數千車夫騾夫苦力之生活，其所得之幸福亦何如其所造成之惡果哉。山西閻帥因騾車載運之不妥當，其於余在山西一九二一年時所築救荒之路上時，曾收較高之稅捐。其他政府之官吏亦頗有建築鐵路之熱忱。因此亦頗值吾人之加以研究焉。試以長蘆爲例，約在天津以北一百哩。其氣候頗宜於菓木。該地居民告余曰：五十年前鐵路未築時，銅元一枚隨時皆可購得大水蜜桃十隻之多。該時此種水蜜桃如運至天津時必腐壞，故所無人運往。

則同樣之桃至少需銅元十枚方得購食一隻，蓋若以此桃運之天津北平其利市當百倍也。是以天津北平至少有數千之民衆因有此桃之供食，其生活標準亦因之而增。再試觀長蘆四周之情況如何？昔日之山農牧場，今則爲茂盛之桃園矣。昔之牧者農夫，今則十九皆努力於灌溉其樹矣。昔日驅運羊毛皮者，今則携筐簍實桃以往來於車站之間，以交易其貨物矣，

再試以甘肅之麥爲最佳之例：在饑荒以前，甘肅可以五角錢購麥一担。該麥如由一管理良好之鐵路運至上海，其成本內爲每担一元半，至上海後其總成本亦不過二元而已。現在上海之麥每担約需六元，若非美國運至上海碼頭之運價低廉，則麥價恐尚高於此。即以六元一担而論，若有鐵路能將甘肅每担五角之麥運來，則運出之量必夥。同時亦需多量之大車由田內運麥至車站。但其能否奪去現在之驅車運麥至上海者之事業乎？當然不能奪去車運者之事業，因根本即無以人力之車運甘肅之麥至上海者。總而言之，鐵路之建造，雖或影響及本地之車運夫，但其所造成需用車運夫之處實多於因其所影響而消滅者也。

中國築路之計劃

中國政府早已具有增築鐵路之意。滿清政府曾有五萬英哩鐵路之計劃。孫逸仙先生則有十萬英哩之計劃。在十五六年之前即有一萬英哩之計劃，但迄今尚未造成。在滿清時籌款頗易，但築路爲政府及人民所反對。故在該時期內亦未能籌得大宗款項。及至歐戰醞釀，則他國亦無力以助中國之資本。加以，中國名爲借外款築路實則用於別處，致啓外人之疑，而借款築路之法亦難施措矣。此或爲暫時之情形，但除非待匯兌率至平衡點時，外人難欲借貸，中國亦不願借取也。

二十五年之前，曾有中國資本家集資築路之說。結果未能實現。此當爲研究鐵路之學者所共曉，在最近期內，中國鐵路之建築必需由政府執行之也。蓋今日政府之軍費多半取自鐵路者，待政治穩固以後，可提出供軍費之半用爲築路，鐵路當可漸次發展也。惟尚有可慮者，即進口鋼軌橋梁車輛因匯兌率高而其價值亦鉅。故只可使鐵路網線之發展取漸進之辦法矣。

粵漢鐵路廣三段實習站長工作報告

陳鑑

鐵路在營業時期，以車務爲最重要，組織最貴得宜，管理最貴合法，蓋車務全部組織分內外兩部，內部事務則由車務處長及各課課長考察已往之成績，斟酌現在之情形，作周密通盤之計劃，行種種必要之設施，以謀行車安全，營業發展，使鐵路日趨於佳境，然執行此等事務之主腦人員，厥惟各站站長，苟站長不得其人，雖車務首領之學問經驗如何豐富，設施計劃如何周詳，而執行者不力，則各種計劃勢將成爲畫餅也。蓋車站之要點，重在執行，於營業實居主幹，不特爲直接進款機關，亦卽直接與商旅有關係部分，事務紛繁，責任綦重，其管理要訣，全賴職責分明，精神貫注，并輔以器械及設備，始能期庶事之畢舉，營業之發展，爲站長者，不惟所管範圍一切事務及規章洞達無遺，卽車站附近之地理風土人情物產，亦必瞭然心目，尤須具有公正嚴明之才，勤奮堅忍之氣，同時對於站中員役，妙選長才，妥爲支配，如臂使指，脈絡貫通，庶幾可望盡職也。

站長所管事務甚繁，關於車務會計兩部事務，鮮有不由其手執行者，茲擇其緊要者分條述之：

傳遞路簽

行車以安全爲第一要義，然其保障行車安全者，當爲路簽 Train Staff，國內各路多採用新式電氣路簽，本路設備簡陋，此種新式利器，尙付缺如，聞本路有裝設電氣路簽之議，如能見諸實行，則行車當更爲安全也。本路現時所用路簽，爲舊式銅牌者，其法係兩站間設路簽一套，（銅一鐵三）凡列車開行，司機必須得有該兩站間之銅牌路簽，方可開行，如此則兩站間，祇可行車一次，可免兩站同時開車中途相撞之弊，如有一列車開行後，在相當時間內，又有一列車須繼續前往者，則可將鐵牌路簽給先行之車，但先行車之司機，必須見銅牌路簽確在站長之手，方可開行，其次開之車，則給以銅牌路簽，次站站長接到先行車之鐵牌路簽後，則知有車續來，亦卽預爲佈置，但先行車之尾端，日間須掛一紅旗，夜間須掛二紅燈，以便扳道及後車司機瞭望，而可謹愼從事。如係工程車之類，須在兩站中途停留修理軌道，或裝卸材料，必須給以銅路簽，以免其他列車前往。

路簽外面皮套，分紅白二種，車至下站無車相遇，則用白套，次站有車相遇，則紅套，司機接到紅套路簽，則知次站遇車，藉可謹愼，旅客商人，以生命財產悉付託鐵路，則鐵路行車務宜安全，而行車安全，又多賴路簽，故路簽之傳遞，必須由站長躬自行之，非有萬不得已事故，決不可假手他人，平時尤宜注意將路簽置於特備箱內，加以封鎖，以昭愼重。

電報路簽

凡站長已將銅路簽交付既往之車，別車不得續往，須俟銅路簽返站，別車方可開行，倘遇銅路簽適已發出，而臨時發生要事，須加開專車，則該站長當審度機宜，電詢前往之站站長清道，必須俟其答覆，方可開行，其電詢之式如下：

站長發電詢問清道簿

第一節 探存息稿	第二節 收到覆電存稿
由　　站長發電詢問　　站長 第　　次尾車在　　點　　分鐘已經到此 第　　次尾車在　　點　　分鐘由此展輪 請將銅牌鎖固俾我清道電報以便第　　次行走 民國　年　月　日　點　分鐘　　站長簽押	由　　站長電覆　　站長 第　　次尾車在　　點　　分鐘由此已開 第　　次尾車在　　點　　分鐘抵此站銅 牌已經鎖固矣又由　　站至　　站道 已清了矣以便第　　次車行走 民國　年　月　日　點　分鐘　　站長簽押

右式收到囘電，抄寫一紙，作爲路簽，給予司機，以便開車。

號誌

本路設備極爲簡單，行車號誌僅有紅綠旗燈，表示安危，設站內正道因來往調車，一時不及清理正道爲來車之用，如欲制止來車，旗燈勢所難及，則無法可設，爲保護行車安全計，急宜添設立桿號誌 Semaphore，此種號誌分爲入站號誌 Home Signal，出站號誌 Departure Signal 及遠離號誌 Distant Signal，其位置如下圖所示：

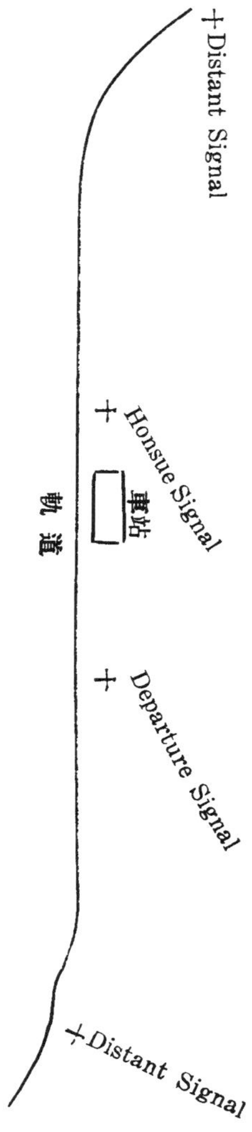

國內各路均經採用此種號誌，成效顯著，本路一時財力所限，暫難全設，亦宜選擇客貨較多及會車之站，先行添設，一時雖費去大宗款項，無形之中，當減去撞車出軌種種之損失也。

凡遇迷霧下雪風沙之時，各種號誌，不能望見，均失效用，宜設響燉號誌，裝設距離車站相當之處，列車經過，觸之發響，司機知有危險，以便停止行駛。

行車意外報單

行車發生意外，其地點在本站所管範圍以內，須立時詳細呈報處長段長，以憑核辦，附式樣如后：

粵漢鐵路車務處行車意外報告單

何等意外緣由	
何日何處遇車	民國　年　月　日上下午　點　分鐘
某次火車	第　次往南北行是次係載客載貨混合火車
某號車頭客車幾輛	第　號車輛
貨車幾輛司機姓名	
車守姓名行車遇事	
停止時刻死傷幾人	死者男　名女　名　傷者男　名女　名　小孩死　名傷　名
受傷情形	頭面受傷　名　肩背受傷　名　碾斷兩段　名 手足受傷　名　腰脇受傷　名　他處受傷（注明情形及受傷人數）
餘	

事

列

此

民國　年　月　日上下午　點　分（職守）（姓名）謹報

車輛出入登記簿

凡列車出站或入站，管車輛者，必先用便紙，將車號依次抄下，然後分別登入車輛出入登記簿，此簿分上下行兩册，每頁分出站入站兩項，附式如左：

車輛出入登記簿

出站									入站							
車號	車類	至站	車次	日期	時刻	附何載物	商號	貨票號數	由站	車次	日期	時刻	附何載物	商號	貨票號數	附記

往來車輛日報

此種報單，係根據車輛出入登記簿所造而成，如有損壞及修妥車輛，亦須詳細記入損壞及修妥車輛欄內，逐日呈報車務處，以便支配車輛，黃沙站及運輸課車輛暫記牌，係根據此種報單所成，按日將牌移動，茲錄單式如左：

站用往來車輛日報

車號	車類	站名	裝載何物	發貨人名	貨票號數	附註
			第	次車		

損壞及修妥車輛

車號	車類	損壞情形	入廠日期	車號	車類	出廠日期	附註

貨車掛出日報單

此種報單係鐵道部所頒佈者，各站應按日造送，所有每日半夜前二十四小時內由本站掛出各種貨車一切情形，務須詳慎填載，其中之停站時間欄之第一項點鐘，係指貨車到站時算起，至該車出站時止，未滿半點不計，滿半點作一點鐘計，第二項延噸時係點鐘與該車載貨噸數相乘所得，至其原因何種，歸入何項，可參考鐵道部頒布之鐵道行車統計，附式如左：

貨車掛出日報單　　站

二十四點鐘內情形每日午夜填寫

車輛			到站			出站			停站時間		說明停站時間之原因（延噸時）							備考
何路車輛	貨車號數	載重噸數	日期	列車次數	時刻	日期	列車次數	時刻	鐘點	延噸時	調車及他項站務	裝貨或卸貨	徵稅機關等檢驗	軍運延車	修理	候車掛出	其他原因	

貨車存站日報單

各站如有貨車解下，而該車尚未掛出者，均須按日呈報車務處查核，其單式如左：

中華民國鐵路粵漢綫

貨車存站日報單　　站

敝站祇存　車　輛載重　噸於　月　日

次車　時刻到站該車現尚未掛出謹報

站長　年　月　日

（注意）該站如有貨車解下，而該車尚未掛出者，須按日用此表填報繳寄運輸課，倘該站幷無車解下者同，但有掛出者，仍用貨車掛出日報。

車輛交付報單

此報單專爲拖掛車輛由某站至某站之用，凡各站無論重車或空車掛出，必須預先照格塡寫，交與該車車守點明車輛簽收，俟該列車駛到應解車車站時，即將某號車輛解下，由解車站長簽名於收車人簽字欄內，此報單一俟簽收完妥，由車守立即寄繳車務處長查驗，附式如左：

車輛交付報單

年　月　日第　次列車機車第　號車守姓名　司機人姓名

車輛種類	車輛號數	由某站掛上	至某站解下	運貨人名	裝載何貨	貨票號數	解車車站站名	解車車站收車人簽字	附註

值班車守簽名　　掛車車站長簽名

租賃車輛

凡商人運貨，必須先期至車站預定車卡，然後由車站依定車之先後順次起運，葢防其爭執攙斷也，其定車價目，從黃沙以北二百華里以內，各站每輛收定銀二十元，二百華里以外，每輛收定銀肆十元，以前原係一律每輛收定銀二十元，後因連江口英德黎洞等處奸商從中操縱，所定之車輛，尚未裝完又繼續向車站再定，以致該處小商之小批貨物，多不能租得車輛運送，路局爲扶助小商起見，故將定銀每輛增至四十元，至二百華里以內之貨物，多係小批，運費多在數十元，若將定銀增高，未免有失公平，凡商人定車後限六點鐘將貨裝妥，交運費時，即將定銀扣回，如逾限六點鐘，每十噸車加收車租二元，不及六點鐘，亦作六點計算，倘共逾限十八點鐘尚未裝妥或無貨到站，即將車收回，另租，除將定銀算抵車租外，所欠租費仍須追繳，此單共三聯，一聯存站備查，一聯爲租貨車輛收定發車憑單，先給予定車人，收運費時將其收回，呈繳車務處，其他一聯爲租貨車輛請求單，送運輸課查核，附式如下：

粵漢鐵路車務處　租貨車輛請求單

本號現有　貨物　件每件重　斤
共計重　噸經已抵站存放　處請發
車壹輛即行裝運至　站卸下茲先繳定銀　拾元加另
捷運費　拾元倘有違章逾限照章辦理此致
站站長　請求商人　蓋章
中華民國　年　月　日　午　點鐘

粵　租貨車

茲收到
商號定下　車壹輛該定銀　拾元另加捷運費拾元訂明收定
交車後限六點鐘將貨裝妥交運費時即將定銀扣回如逾限每六點鐘每十噸車加收車租二元不

漢鐵路車務處

輛收定發車憑單

及六點鐘亦作六點鐘計算倘共逾限十八點鐘尚未裝妥或無貨到站即將車收回另租除將定銀算抵車租外所欠租費仍由　　號照繳此據

中華民國　　年　　月　　日　　午　　點鐘

站長　　簽名

由　　月　　日第　　次車交來第　　號車壹輛經已交該號裝妥由　　日第　　次車掛去此呈

車務處處長　　站站長　　呈報

粵漢鐵路車務處

定車存根

茲收到

商號租下　　車壹輛運　　貨物至　　站定銀十元另提運費　　十元此據

站長　　簽名

中華民國　　年　　月　　日　　午　　點鐘

定發貨車一覽表

此表爲客商已定或已發貨車依次登入，按表載之先後支配車輛，以昭公允，但貴重及捷運貨物，得提前裝運，此表須小心塡註，懸掛於站上當眼之處，俾商人隨時查察，不特可免爭執，且可防不肖員司與商人之作弊，本路各站甚少懸掛，蓋以爲不甚重要之表，究以塡寫爲妥，如一旦發生爭執時，即可以此表服其心也，附式如左：

粵漢鐵路　車站客商定發貨一覽表

已定車輛							已發車輛			註明		
定單號數	定車日期	何種貨物	至何站	定車商號	捷運費	貨物存放地點	發車號數	發車日期	掛出車次	提前裝運緣由	到查人名日期	其他特別事項

中華民國　年　月　日　站長

運輸日報

此種日報極關重要，各站站長應每日將本站運輸情形詳細塡寫，呈報車務處查核，其已定未發車數，到站未定車約數，尙存捷運貨車數，優先裝運車輛，本站實欠車數，及掛入車數，拖出車數，存站車輛，與來往列車時刻，及其遲延原因，須一一詳細呈報，俾車務處明瞭各站運輸情形，以便通盤籌劃，支配車輛，茲將其報單式樣，附錄於下：

來往列車時刻						
車次	到車 規定時刻	時刻 確實時刻	開車 規定時刻	時刻 確實時刻	延遲 時刻	延遲 緣由

車站運輸日報

中華民國　　年　　月　　日

車輛			拖出車輛						存站車輛			
掛入車次	所載貨物	貨票號數	車輛號數	拖往何站	拖出車次	所載貨物	貨票號數	定單號號	車輛號數	到站日期	車輛用途	延擱原因

定車貨物				掛入	
定單號數	貨名	運貨商號	運往何站	車輛號數	由何站來

收繳公務運輸日報單

凡本路材料車運輸自用各種軌道枕木石渣等材料，則另用公務運輸日報單，詳細填報車務處查核，附式如左：

粵漢鐵路管理局

收繳公務運輸日報單

年　月　日　　至站

由站	收據號數	貨品名稱	件數	重量	運率	運費	附記

全車裝載物品重量報單

凡各站有整車貨物，必須將日期車號由某站至某站票號貨品重量原磅重量及覆磅重量，一一詳細填寫，呈報車務處查核，附式如后：

粵漢鐵路車務處
各站全車裝載物品重量報單

日期	卡號	由某站	至某站	票號	貨品	重量	原磅重量	覆磅重量	說明

車站三個月商務報告表

鐵路爲營業性質，各項計劃不能成一不變，要以擴展運輸增加進款爲主，凡關於客貨進款之統計，及其增減原因，輸出輸入貨物之數量，及其增減原因，附近之大宗出產，以及地方變遷，水道競爭，關津局卡各種情勢，必須隨時留意，以爲進步改良或補救之地，按之鐵路原則，載運旅客，不能求厚利，有時且有犧牲成本謀旅客便利者，運貨則爲大宗進款所從出，然必行旅樂出其途，貨運始日有起色，無形之中，仍有連帶關係，在地方關津局卡，固亦爲保護人民稽查奸宄而設，有時不盡在行旅便利方面着想，舊日內地未通，鐵路商旅，本有旅行及運輸故道，鐵路通行伊始，人民未稔其性質，未免視與普通官辦局所等，攀懷觀望，未能立出其途，則路線始建之後，須用種種方法，以爲招徠之計，洎乎風行日久，又恐同時輪運帆船別開新道，從旁吸收，若夫路線密邇江河，如廣韶與北江同趨，西江與廣三並行之類，尤須於水運情形，詳加考察，不至使旅客貨物概爲水道所奪。吾國商人對金錢極經濟，對光陰則否，爭運價不爭時間，寧犧牲三二日之行程，不肯多費數元或數角之運費，鐵路成本較鉅，一切不能概按水運價章爲標準，然必須隨時查考客貨統計增減，以爲競爭及補救之地，吾國鐵路不多，尚不如美國鐵路與鐵路互相競爭之烈，而水陸競爭而鐵道往往處於失敗地步，輪船公司偶遇大宗物品待運，立可由執事人減低運價，以資吸收，鐵路定章，不惟站長處長不能隨便減低運價，卽局長亦須請示部司，始能變通，公文往返，動需時日，往往坐視貨物入於輪船公司之手，至於內河帆船，成本人工較鐵路尤輕，除運行濡緩一事外，鐵路幾無與競爭之餘地，不過帆船之弊，偸竊攙假以及風浪侵蝕，甚至覆溺，其損失亦頗不貲，此外尚有關卡厘金等項問題，在鐵路必須詳考周知一切情形，一面顧及成本，一面使運費與之平均相若，卽將水路運費及押運人因長途而生之費以及前項各類損失，併算在內，同時再有省出若干時日之利益，如此規定，庶幾能引起商人之注意，漸漸趨入鐵路，但使習於鐵路之便利，則舊法始能漸漸淘汰，久之遂成揮之不去之主顧，既入鐵道範圍，仍須時常考較此外有無其他道路能引已入鐵路之運輸使之他去，如果有之，應立卽防範，或訂專章，或加優異，務使未來者，有吸入之望，已至者無再失之機，外國各路，往往各就本路所經名勝古蹟，加以修葺點綴，更或費多數款項，精印旅行指南，引起國內外人氏遊歷之興趣，在力能遊歷者，多富足之人，每到一處，多半略購土產，以爲餽贈之用，其用出之款，卽地方之收入，不惟鐵路增加進款，社會亦穩蒙其利，本路此種報告，急宜按時具報，以資發展。

中華民國　年　由　月至　月

每月客票進款款若干及旅客人數	
每月客票進款增減及增減之原因	

車站三個月商務報告表

每月貨票進款若干及運出貨物若干噸	每月貨票進款之增減及增減之原因	每月運出貨物以何種爲大宗約若干噸及運往何站爲多	每月運入貨物以何種爲大宗約若干噸及由何站運來爲最多	每月運入貨物之增減及增減之原因	附近之出產以何種爲大宗以何種爲特產	附近有無水道競爭情形並詳查航運價率若干	附近厘金關卡及厘金抽收情形	有何方法以廣招徠	關於改良運輸及推廣營業之意見	附近商場方向距離及墟場日期	附近名勝距離及其現狀	附說

中華民國　年　月　日

站站長　具報

補白

一九三〇年世界失業人數

東京訊：一九三〇年全世界經濟衰疲之結果，致各國失業人數激增，其速率至爲可驚。玆據最近國際勞工局東京支部發表該局就各國調查失業報告：全世界失業人數現有一千一百八十萬人，過去一年之間增加兩倍，其各國分配額如下，(單位千人)：

	一九三〇年	一九二九年
奧國	一九一	二二五
法國	一	—
德國	三、二五二	一、五五七
英國	一、五七九	九三七
意國	四一六	三四四
荷蘭	三二	一二
波蘭	二二四	一五九
蘇俄	六二三	一、三一〇
澳洲	八〇	四〇
加拿大	一八	七
日本	二六一	—
美國	四、〇〇〇	—

就上述調查觀之，各國失業人數均有增加，最甚者如英，德等國增加兩倍，惟奧俄二國反見減少，蘇俄失業人數之減少，尤堪注意。至於將來各國失業人數之增減，目下各國均認於短時期之內無法防止。一九三一年間全世界經濟狀態，有更加險惡之趨勢，失業風潮之發展，將成世界最大問題云

飛機發明家之略史

飛機發明家格蘭寇體士 Glenn curtiss 去年已在美國逝世，享年五十，航空界莫不同聲哀悼，以爲失一良才，氏於航空史中，厥功至偉，舍懷懷脫 Wright 兄弟(二氏亦爲發明飛機者)外，全球無足與之擬者，幼時家境至貧窘，嘗爲售報童，然光陰迅速，今日竟成航空界之偉人矣，

氏幼時，好研究各種機器車輛，孜孜不倦，及長乃入其故鄉(紐約漢門斯城 Hsmmondstown)修理自由車店工作，十九歲時，嘗自製一機器脚踏車，成績至佳，時尚無所謂飛機，世界所有之唯一航空器，僅氣球而已，惟此項氣球，僅能上升空間，而不能駕駛自如，蓋動移悉惟風勢是從也，航空器既簡陋若是，乃引起氏以極大之注意，其時航空界之重要問題，厥爲馬達能否應用，氏遂專心致力於是，初移置機器脚踏車之馬達於氣球，以爲試驗，結果頗告滿意，乃自繪圖監製一重於空氣之機，裝以馬達，於一九〇八年美國獨立紀念日，作第一次飛行，航程雖僅一英哩又半，然已大爲世界人所驚異，是爲其第一次之成功，翌年，法國舉行萬國飛行家大會，氏代表美國航空會出席，在法國勝得戈登彭納 Gordon Bennett 獎杯暨法國維退賽Prixde la Vitexce榮譽獎，旋赴意，又迭獲榮譽，於是一躍而爲世人公認之大飛行家，返美時，美國航空會特獎以榮譽金章，以酬其勞，二年後，氏作亞爾賓尼 Aldxny至紐約之飛行，又告成功，是次以二小時三十六分之時間，終了一百三十七英里之航程，每小時速率幾六十英哩，當時航空界大爲震動，氏此次雖告成功，然研究工作不少輟，又翌年遂發明水上飛機，以是氏有「水上飛機之父」之稱，自氏第一次飛行成功迄今，廿餘年間製出飛機至夥，歐戰時嘗供給鉅額飛機與歐洲各國，氏迄今製就之飛機，凡一千一百餘式，經氏躬身駕駛飛行者，逾二百五十式，美國得於一九一九年橫渡大西洋成功，氏所製機「海軍寇體士第四二號 Navy-Curtiss 42」之力也

出版委員會名單

主席	鍾偉成		
常務	蔡星五		
秘書	蔡其標		
委員	陳嘉勛	劉泮珠	陳杜
	王繩善	張廷金	甯一白
	柯成楙	唐慶詒	李權時
	史譯宣	李書田	

中華民國二十年一月出版

交通大學季刊第四期 經濟號

每本大洋二角

編輯者

上海交通大學出版委員會

季刊編輯 鍾偉成 李權時

發行者

上海交通大學

印刷者

華僑印務局

國立交通大學刊物

交大季刊

黎照寰

第五期 工程號

要目

中華民國二十年六月出版

交通大學研究所

(附設唐山分所)

1. 工業研究部

(1) 設計組

(2) 材料組

(3) 機械組

(4) 電機組

(5) 物理組

(6) 化學組

2. 經濟研究部

(1) 社會經濟組

(2) 實業經濟組

(3) 交通組

(4) 管理組

(5) 會計組

(6) 統計組

如有委託及訪問事項請與本所所長接洽

總理遺像

總理遺囑

余致力國民革命凡四十年其目的在求中國之自由平等積四十年之經驗深知欲達到此目的必須喚起民衆及聯合世界上以平等待我之民族共同奮鬥

現在革命尚未成功凡我同志務須依照余所著建國方略建國大綱三民主義及第一次全國代表大會宣言繼續努力以求貫澈最近主張開國民會議及廢除不平等條約尤須於最短期間促其實現是所至囑

交通大學工程館
CHIAO-TUNG UNIVERSITY
ENGINEERING BUILDING
L.E. HUDEC
ARCHITECT

國立交通大學刊物

交大季刊

黎照寰

第五期　工程號

目　次

目　次

弁　　言

王繼曾

本校季刊第五期工程號之編輯，本余主持；因事務冗繁，無暇顧及，遂請託胡先生嵩嵒任之。而選稿之周詳，校對之密切，經胡先生之勞心積慮，審愼彙編，余心有所感謝焉。編竣付梓，屬文於余；余雖不文，亦不能不言也。竊以季刊成立，是爲本校師生共同研究之刊物，而工程號對於我國之建設，甚有關係。憶余去年出席萬國鐵路會議，及世界動力協會時，目覩歐美最新物質文明，較之我國現狀，竟有霄壤之別，不勝令人浩嘆。今我國人雖咸覺悟建設爲第一要務，惟建設而祗仰望於歐美各國之供給，購外貨，用外人，則所成之建設，在表面上似可與歐美並駕齊驅；但爲我國計，如是之建設，是治標之法也。然則治本維何？曰：敎育人材。惟敎育人材，除學校設置課程外，當以本人之研究工作，最爲重要。觀夫此屆稿件，均爲心得著作，立言完善之品，刊布發行，足供研究，爰誌數語，弁諸簡端，以期相與有成焉耳。

編者的話

這是交大季刊工程號第二次和讀者們相見。第一次是在去年四月中出版的。

這一期裏正文共有十五篇大致可分爲四類：第一類是關於工程上各種重要問題的論文。第二類是最新工程學術的介紹。第三類是實用工程方法的譯述。第四類是關於工程的研究統計和記載。

『中和點之接地問題』是本校電機工程學院壽俊良教授的傑作，曾在電工雜誌上發表過。但是這是電氣工程上一個很重要的問題；並且這篇是本校教授的精心之作；所以特和壽教授相商，重在本刊登載。

民廿一級機械工程研究會是機械工程學院民廿一級同學組織的。利用課餘時間來研究課外的機械工程學識。他們認爲把歐美學者研究出來的成績介紹給國人是一件很需要的工作，所以他們先從事譯述。並且他們想從寫作的練習養成研究的精神和興趣。他們的用意是很可稱許的。這一期承他們來稿不少，甚爲欣喜而感謝的，凡該會來稿人名上都有※記。

『工具鋼淬火法』和『車模翻砂法』，是很合實用的兩篇譯述是介紹普通基本知識給社會上一般人和一般有技術經驗而缺乏學識的工友們，使他有進一步的認識和發展。這一類文字在國內還是創見。希望以後能多得到這類稿件。大學刊物固然是當負了闡明高深學理和發表研究結晶的使命。但是對於灌輸一切基本知識，尤其是關於工程的，似乎也不妨稍加努力。

本期稿件裡大都有算術公式和英文夾註，被印刷所裏排錯甚多。有幾篇雖然經過了三四次校對，錯誤恐怕還是不免。這要請讀者原諒的。

胡嵩岳　　二十•六•一

論單獨發力廠之應用於中國紡織工業

韋榮瀚著 王平洋譯

是篇乃吳淞蘊藻浜永安紡織股份有限公司，第二廠發力廠工程師韋榮瀚君用英文所著之論文，於去夏中國工程學會年會中宣讀，篇中列論單獨發力廠之應用於中國紡織工業上各項問題，極爲詳盡，且皆經驗之談；爰商諸韋君，將其草稿見賜，倩王君平洋譯出，以供從事紡織工業及研究發力廠學者之參考。 編者謹誌

(一) 導言

歷史 在西洋紡織史中，溯厥原始，當在歐洲古國希臘與小亞細亞等處，然我國之紡織業始於四千年以前，黃帝已教民紡織。

應用能力之變遷 上古之時。所用能力，均屬人力，此法係何人所發明，原無稽攷。自原料以至貨品，均恃手工，雖間有略用簡單之器械者，其原力仍得諸個人之體力。機件進步，遂能驅策畜類。其後風車水車依次迭興，大自然之能力，亦爲人類所利用。當其漸進之初，紡織業爲一種家庭工業，亘數千年然後演進爲大規模之工業。自十八世紀瓦德發明蒸汽機關以後，紡織業乃蓬勃猛進。近世電學昌明，電力之應用亦見之於紡織業，能力之駕馭及輸送方面，遂得一最完善之方法矣。

電力驅動法，實爲最新式之方法。其在紡織工業，亦最稱時髦。其優勝之點不在本文範圍以內，茲不贅述。然環顧國內，則各種新舊方法，雜然並陳，雖已有用電力者，而人力手工猶未完全

淘汰也。

購力與自己發力之比較 現在無論其爲創設新廠抑將舊廠改良，電力驅動法之採用已屬理所當然。于是卽有「購買電力」抑「自己發力」之問題。大多數之資本家與工程師，多贊成購買電力。蓋如此，則對於發力方面可以不費心計，其責任委諸電廠，而大批資本可資流動，不必費於建立發力部份。況購來電力，每較自己所發者更爲低廉；蓋以爲小規模之發電，終不能及大規模發電之合於經濟也。作者此文並非指上說爲謬，然意謂單獨自己發電，亦有佳處，故特申論之。惟二者孰從，則主張『當購電時購電，當發電時發電。』

(二) 不宜購電之數點

在每單位電費非常低廉之時，其購電費用之全部價格，仍當視以下數點而定，蓋每單位電費之價格不足以包括全部也。各點如下：最大需要，最小需要，及其他投資數額是也。此外猶有工率因數，煤價變動，及耗力總價等均足以影響工作費用之全部數值。

最大需要之電費 在電廠方面有時不必令用戶依所用電力而付費，僅視其最大需要錶上所示最大需要而定，此法似頗公允。紡織廠之用組別驅動法者，其電動機爲量恆大（約五十四馬力以上），其開動時之電流，較工作時之電流恆有數倍之巨。卽使用個別驅動法，將鼠籠式電動機個別開動，其最大需要仍超出恆額。而此超出之數約與電動機之數成正比例。最大需要錶上之指針，倘一度因一刻鐘之過量用電而超前，除從復撥回起點外，不能自行移動；而每月一次撥正之權，乃操諸電廠之手。設在過量用電以後，該機以修理而擱置，其收費仍依最大需要收滿全月。又如因意外之用增加一具電動機，以致用電過量有一刻鐘以上，則最大需要之收費，須令各機均付之。大概最大需要，約超過一月內之平均負荷百分之十。

最小需要之電費　當紡織廠所用電力總數與最小需要業已於電廠登記以後，倘所用電力不足其最小需要數時，該廠仍須付出最小需要數之電費。其契約上時間之單位，總在三五個月以上。是以設於某季該廠停工，其電費仍當照最小需要而支付。

其他投資費用　設所購電力係由高壓送來，則需有變壓器等設備。於是額外資本及此後維護看管濾油換油等費用，均與之俱來。

反之，如用低壓送來，則變壓器等設備雖省，而其電費價格便昂貴矣。是以紡織廠離電廠之遠近，與電費之廉貴，乃亦有關係；距廠愈遠，電費愈貴，距廠愈近，電費愈廉。

電工率因數　感應電動機之特性，具有低小之工率因數，於輕荷及低速時爲尤甚。國內電廠之因數，大概在百分之六十或五十。同時，同期電動機，抵消電動機(Compensated Motor)，靜止擬電器等俱未見盛用。爲增進其工率因數起見（或提高到百分之八十左右）電力廠不得不需要用戶之合作。是以其所定電費，恆依用戶用電之最低工率因數而異。因數愈低，電費愈貴，反之則愈廉。

煤價變動之影響　煤價時有變動，一年中變動甚烈，數年中尤甚。用戶與電廠訂立合同以後，設煤價漲至若干以上，用戶付費，亦當略漲，以津貼電廠之損失。然煤價低廉之時，電廠並不津貼用戶，使潤其餘。

用電總額之關係。 各廠用電，多少不一。用電愈多，則每單位之電費愈廉，或每廠用電在最小需要以上，可享若干成折扣之利。

輸電損失均由用戶攤付。 在電廠方面，除發電費用外，猶有輸電及配電之費用。全部配電系統，至難完美，常有若干損失。（中國約百分之三十）。此項損失，係漏電，變壓器損失及其他雜耗。

担保費。 此項担保費，約以每單位電力為若干計，在登記用電總額時押付，所以防該廠經濟惡劣等情形者也。該款之利息，實為用戶之永久損失。

温熱用及工業用之蒸汽 温熱一事，在紡織廠極為重要。雖在熱帶，猶至少有三四個月需之。如用電爐，既不穩妥，又欠經濟。是以全付鍋爐等具，乃紡織廠所不可缺少之設備。

織間所需蒸汽，為量雖小，已有特備鍋爐之必要，在染色等最后工作，需要蒸汽尤多，非有一大規模之鍋爐不可。由是觀之，如用購來電力，仍需額外設備，所費不貲，未必經濟也。

(三) 單獨發力廠

上文所述，約示購電付費之情形。至于單獨自發之電力，其每單位之價值，固較昂貴，然以全體計之，則反較低廉。蓋在單獨發電者，其電費成本，亦可分資本與工作費用（如煤，油，薪金，工資等類）二項，與大發電廠無異，不過規模較小耳。資本一項，可較大發電廠為省，蓋輸電配電之費用上，節省甚多也。工作費用項下，煤耗固大，然無輸電損失（上述之百分之三十），足抵煤耗之過大而有餘。況維護配電系統之費用，動輒數倍于發電費用者，在此亦可不需。且多用電力，或停工若干時，均無付額外費用之負担，而停電之由工人罷工與外界阻擾而發生者，亦不若大發電廠之多也。

單獨發力廠廠址之適宜　單獨發力廠對於紡織工廠之廠址適宜，實已不成問題。當選定紡織廠廠址之時，關於運輸方面，必使便利。是以非近鐵路，必近水運，自然合於建設發力廠。倘自鑿自流井，則可備給水不佳之虞。

蒸汽副產之利用　『將蒸汽使用兩次』為晚近發力廠之標語。此事之實現，殆莫宜於紡織廠矣。所謂反壓透平（Back Pressure Turbine）者，利用透平之廢汽，不使導入凝汽器，乃使工作於温熱或工業系統中。近有滲汽透平適應高壓與高熱，效率甚高，頗宜採用。此種透平機，在可下述情形中工作：

1. 在不需要温熱等用之蒸汽時運用之，一如高壓透平。
2. 在全量廢汽須盡供温熱等用時，可改作反壓透平。
3. 普通情形，則一部份作温熱等用，一部份導入凝汽器，其為量之多少，可用自動機關管理之。

所占地位之經濟。　鍋爐與煤棧，改為紡織廠之一部份，是以單獨發力廠所占地位，僅多增透平機等而已，甚屬有限。在地位偪促之處，發力間可築于鍋爐間之上。

一九二九年英國有一製造家，創造一種透平機，可無需特別之建築以容納其凝汽器。同年瑞士某廠亦作一同樣之改進，其機名曰"Tublore"尤爲堅實簡單。兩者之透平，凝汽器，冷水唧筒，凝水唧筒，油筒與管子等，均可裝合而運輸，至稱便利。滲汽透平想來亦可如此結構。

（四） 單獨發力廠效率不佳之原因

1. 陳舊之設備　大多數現有單獨發電廠，均係十年以前所設立，是以其煤耗經濟及效率，當然不克與晚近之機器相頡頏。

2. 不適宜之設備　在二十年以前，國內紡織業正在幼稚時代，購買機器，均由資本家與外國廠家親自接洽，並不咨詢工程師之意見。當時之經理與外國廠家派來之銷售員，均非專家，且以各廠家競爭之故，不惜劣其品質，以求廉價。其價之極廉者，竟有機器之不具各種必需的附件者。

3. 不合宜與惡劣之管理法　在機器裝置完畢，機價付清以後，機器廠家即與該機完全脫離關係。當時不知工程師之價值，信任機匠與電匠以爲已足。然彼輩未經適當之工程訓練，不知以時察勘與維護。需用則開車，不用則停車，如此而已。値至發生阻擾，方知修理。設有意外，其嚴重者，每束手無策，惟有坐視全廠停工，待外洋新件到來，方能重入軌道。蓋此等舊廠，每無後備機件也。

有時以廠家之外國工程師雇爲顧問。彼于按時簽到以外，並不計劃如何應有之改良，乃不時建議添購新機，俾可促進其本廠之營業。在過去十年內，中國有經驗之工程師，爲數寥寥，實有求過於供之勢。工廠中既不克雇用身價若是其高之工程師，工程師亦不屑屈就此等位置。

目前之情形　近日之情形則不同，各事均在過程之中。管理者已知合格工程師之重要，當用以代機匠與電匠。有經驗之專家漸漸被任爲顧問，對于工程師之薪金，亦不惜略予相當之增加。且國內已有工程專門學校，年年造就合格之工程師，以應社會之需要。外國廠家，亦悟往昔之政策今已不宜。是以此後如有設立單獨發力廠者，當能獲得其應有之成績矣。

（五）單獨發力廠經濟之道

工程師　單獨發力廠之工程師，當不僅負運使發力廠工作之責任，且担負發力廠全部之責任。選定機器，全廠設計，裝置運用，甚至所發力之致用，均當負其責任。是以彼當審察全廠之情形，與紡織部工程師詳細商榷，以圖發力而致用，能最合經濟。其旨趣與大電廠之務望多售電力者，自不相同。

改良原廠與工作之方法　有時工程師所經管之發力廠，陳腐不堪，似非去腐刷新，全部改革不可。此誠善策，然吾人須知現今國內之資本家，每不願更投巨資，以事刷新。是以吾人所能盡力者，惟審察全廠情形，將向之廢棄者利用之，向之走漏者杜絕之。採用科學管理法，力事整頓，必將大有可觀。裝用較佳之錶計走漏廢棄等事，卽易於偵察。是以全部革新，非俟羅掘俱空萬不得已時，不宜用也。

新式機械可致低廉之電力　自採用上述方法，發力低廉，已使廠主滿意以後，倘再事刷新反將不甚合算，則卽可鼓吹添裝新機。作者在舊廠任事數年後，幸獲經理之信任，得爲廠添購一透平發電組。自使用新機以後，在民國十八年中，省煤 1437 噸合銀12

,933兩，所增資本，僅百分之卅三，其利息折舊等，計銀7200'兩，二者相抵，淨餘5733兩。

現在該廠將擴充至一倍之大，發力部份，亦須加培。然其全部發力之費用，僅增百份之六十，蓋以採用新式機器故也。所用鍋爐，至爲巨大，壓力爲425 lb/sq. in. 熱度爲400°C 實開國內工業用發力廠之新紀錄，當爲現今之最高紀錄。所用透平係滲汽式，廢汽壓力，爲50 lb/sq. in，用諸溫熱等工作中，其汽筒（Cylinder）係用魚貫法連合（Tandom Compound）。

內燃機與單獨發力廠　今日猶有用提士引擎以直接驅動輪軸調帶者，或以之驅動發電機而發電力，其佳勝之點在（1）可裝置於任何地位，或竟在紡織廠之內（2）維護較省（3）占位較小（4）開動迅速（5）停機時不耗燃料。然不幸其灌冷汽缸後之溫水，迄未聞有利用之於紡織者。且提士油與潤滑油之價格，昂貴而時有變動，是以在中國畢竟不甚適宜也。

時至今日，油類燃料之礦阱，國內迄未開發，所需者，均係舶來，價格亦受金價之影響。年來金價暴漲，添以其他原因，較之民國十四年（彼時每噸二十二兩半）油類燃料已漲價約百分之九十矣。

往復式蒸汽機　昔日多用往復式蒸汽機，至今猶有用之者。其利益爲（1）國內到處有煤（2）燃料不必仰賴舶來（3）煤之價格變動甚微（十四年至二十年爲每噸八兩至九兩）（4）潤滑油只耗提士引擎之六分之一。

透平機之優點　由統計所得，中國全國約有三百五十萬錠，計有七十五廠，平均每廠四萬七千錠。每萬錠所需電力，連電燈之數，約須225 K.W.。是以平均計之每廠發力當在1250 K. W.或1500 K. W.左右。然1000 K.W.以上之發力，畢竟以透平機為經濟，較往復式蒸汽機優勝多多。

吾國不如歐美，紡織廠中日夜工作，逐日無間，星期六日，亦不停工。如此常用不息，更為透平所特長。且高速，高熱，高壓滲汽等，均得用以增加透平之效率。穩固可靠，與維護省便，尤足以增加信用。而最大利益，尤在其效率之高，在滿荷時為最佳，凡紡織廠之需力，時時接近滿荷，極可收此最大利益也。

（六）結　論

中國現時，電廠甚尠，大量蘊藏于流水之潛力，均任其傾瀉入海而弗用。今建設委員會雖有設廠經營之計劃，何日實現，尚有待也。而發電以後，其售價是否更廉，仍屬問題。是以作者在此結論中。仍主張用科學管理法，就合理的工作，以經營 1000 K. W.以上之單獨發力廠，其電力價格必較低廉。然設有以下之情形（1）將以設立發力部之經費用作流動資本者（2）地價昂貴或多添紡織機件，較立電廠以發力更屬有利者。斯時卽當兩者權衡，決其奚所適從，是亦常識而已。是以最后之結論，仍當歸之于。

『當發電時發電
當購電時購電』。

中和點之接地問題

壽俊良

三相制中和點(Neutral Point)之接地(Earthing)與不接地，關係於供電工作非常重要，各國電力家曾加以詳細考慮與討論，然利弊所在，各有爭執之點，十數年來，成爲工程學上之一大疑案。

中和點之接地，可以分兩部份討論之。(一)高壓中和點。(二)低壓中和點。所謂高壓低壓中和點者，乃指中和點之在高壓制與低壓制而言。

高壓中和點接地之主要目的，在濟助與保護電路之工作，而低壓中和點之接地，則在減少人生生命危險至最低度。

高壓中和點之接地

在絕緣中和點(Insulated neutral)之高壓電路中，每遇有高壓之電震(Electric oscillation)致綫與地間，發生弧光放電而不能立時消解，蓋此時油開關無從受作用而斷絕其電路，(見圖一)若將中和點逕接於地，則油開關受過分電流之通過，立即開啟，使杜滅弧光之繼續。

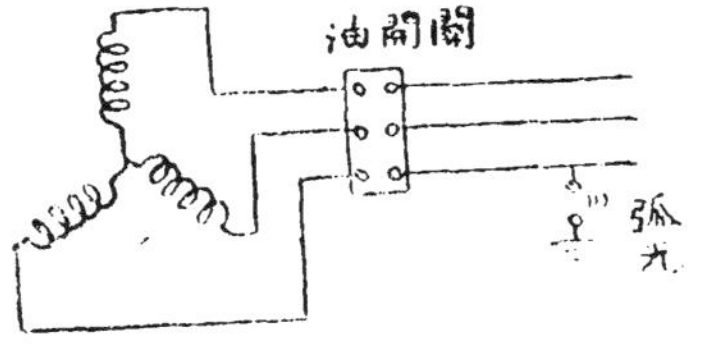

圖一

接引中和點至地後，電機絕緣可免逾度之電壓力，因其綫與地間之電壓，決不能超過每綫與地固有之電壓。否則遇一綫已有某點觸地時，其他綫所受之電壓，將爲綫與綫間之電壓，如無相當保護之法，則油開關永不開啓而消滅此弊源。

在極高電壓長距離之輸電綫路上，有靜電容（Electro Static Capacity）積聚於綫與綫間及綫與地間。若一綫偶然觸地，其他完善兩綫將達極高之電壓，幾有二倍於固有電壓之高。其利害猶之驟然將所有電容量，加入此完善兩綫間，電機之絕緣因之受震而挫傷，甚至毀損，爲禍甚烈。若在中和點接地之電路上，此患可免。

又在中和點未接地之電路上，雖綫與綫間及綫與中和點之電壓，維持平穩，然有時亦受外界之感應而電壓增高至幾倍，如天空雷，及電路本身位置高度之改變等。倘此種感應所得之靜電，無相當預防法以放釋之，則勢必漸漸積聚於綫上，電機之接於電路者將有浮中和點(Floating Neutral)之弊。所謂浮中和點者，乃中和點之電壓將高於地，或浮泛不定之形象，此非常情形，直至捕電器（Lightning arrester）放電，或甚至電機之絕緣毀損方已。若將中和點接引至地，無論間接或直接，感應之靜電，得導引入地，其患自滅。所以在地中和點（Dead neutral）之電路上，終無再達於超過中和點固定之電壓。

高壓中和點接地之利益，旣如上述，然亦有其相當弊病。蓋在中和點接地之電路上，高週波電流，如第三及其倍數之複波（Third Harmonics and its multiples）將繞行於綫上與地下，此種復波將生感應作用於電話綫上致傳音紛亂不清。

中和點接地之單接與複接

中和點之接地可單接或複接。所謂單接者，在一電制（Electric system）中僅有一點接引於地。若複接者，則每電路上，可有多點之接地。

中和點接地旣有上述之利弊，電力界與電信界之間時發展，當釀成互系之爭執，政府遂施以法章以限制之。英國工商部曾頒布對於電氣裝置之法章，僅許在高壓綫制上一點接引至地。蓋其目的在免去源源不絕之高週波電流對於電話交通之糾擾。玆將其頒布之法章抄錄於下：

"Where any extra high pressure circuit is connected with earth, the connections should be made at one point only, namely, at the generating station, substation or transformers."

'If the neutral point is not connected with earth, a separate electrostatic voltmeter placed in a conspicuous position in the generating station should be connected between each distinct circuit and earth; and if the indications of the voltmeter show that the insulation of any of the circuits is faulty, immediate steps should be taken to restore the insulation."

在美國則對於中和點之接地，並無相當法章之限制。而美國電力工程師依其經驗所得，證實中和點接地之複接制，並無若何困難。現在美國有許多衛接電制中(Interconnected system)每有相距之數發電站平行供電，每站裝有中和點接地器，在需要時，可斷絕之。美國又主張如完全採用中和點接地之複接制，則高週波電流，可逕向許多平行電路分佈而流，其對於電話之糾擾反減也。

高壓中和點之接地法

接高壓中和點於地有直接間接二法，可視供電量(Kva capacity)及電壓而定。在高供電量而高電壓之綫路，可加以感應圈接於中和點與地之間，用以限制逢電綫觸地時過分之電流，而維持油開關上繼電器(Relay)之動作，同時亦可使油開關減輕其電荷，及其他機件所受之電磁作用。

最普通之法，乃用電阻逕接於中和點與地之間，此電阻之阻力憑藉繼電器之最高安置 (Setting) 而定。尋常可通過在十五至三十秒鐘內等於一倍半至二倍於計算所得最高之電流量。（即使繼電器動作之最高電流量）。

普通所用之栅極電阻 (Grid resisoance) 有正溫度係數，其溫度隨電流通過時間而增高，且阻力隨電流量減低而加增。倘弊流 (Faulty current) 初起而不足以使繼電器動作時，其弊流將延久不絕。故用於接地之電阻應有負溫度係數，如有則弊流增加，不隨時間而減。（此電阻名曰 "Brazil carbon power resistance"）。

三角接式變壓器之接地

三角接式本無中和點，若有時亦須接引於地者，此中和點可用 ''中和接地器'' (Neutral earthing apparatus) 接於變壓器而引出之。（見圖二圖三）。

中和接地器之接線式有二，一爲互接式，（見圖二）一爲 Y—∧接式。互接式接地器之構造，一如三相 1:1 之自連變壓器（auto-transformer）而有單路線圈分成兩部份以銜接者。平時電流經過線圈僅爲勵磁電流，遇一線觸地時，自綫至地之電壓足使接地器中有最小之阻抗而通過單相電流。

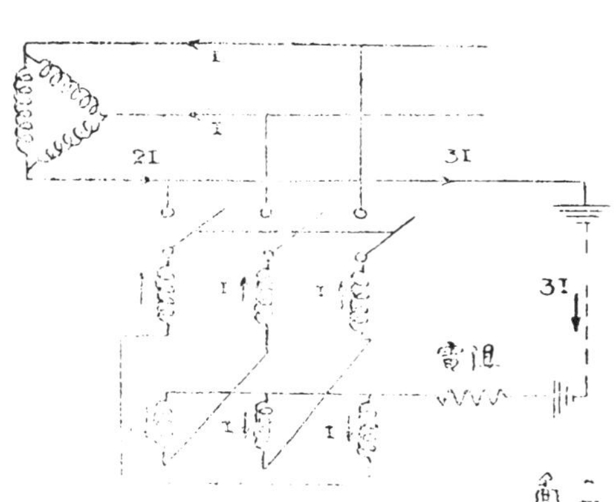

圖二

Y一△接式之接地器中，平時電流巡行於線圈者亦僅爲勵磁電流。惟遇一綫觸地時，因初度安倍圈數與副度安倍圈數相衡，將弊流分佈於初度之三相而回至線中。

低壓中和點之接地

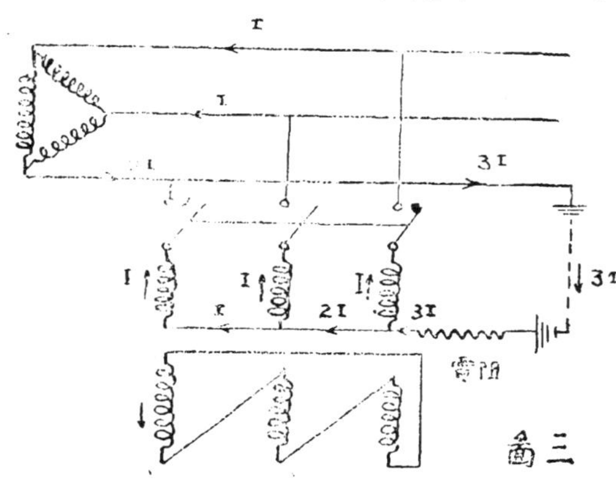

圖三

低壓中和點接地之需要，在（一）阻撓低壓線之電壓超過本身固有之電壓，使人生達安全程度，(二)預防低壓綫上發生弧光放電（Flash,over discharge）及燃燒之禍。

在低壓轉高壓或高壓轉低壓所用之變壓器中，兩度線圈之一部分或某點偶然互相抵觸，又或兩度線圈中忽有靜電之聚積，倘低壓面之中和點未接於地，均足發生上述危險，玆將其情形分別述之。

兩度線圈之抵觸

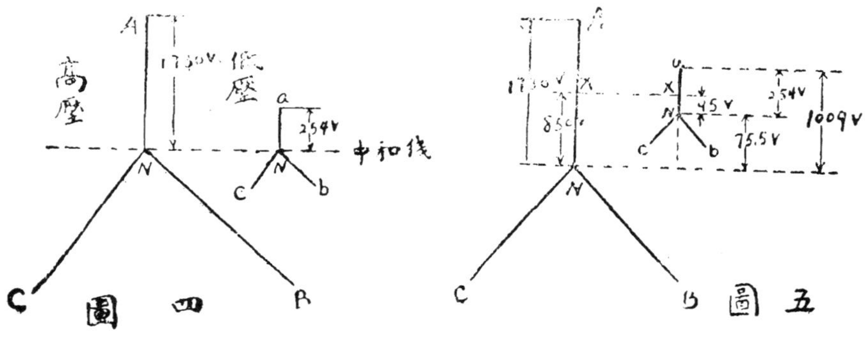

圖四 圖五

圖四所示，爲兩度綫圈尋常分佈電壓情形，無論低壓中和點接地與否，若人接觸於抵低壓綫上，所受之電壓，當爲低壓綫本身之電壓無疑。若偶以某種情形，兩度綫圈中某點互成抵觸，則電壓之分佈立時大異，須視中和點之接地與否而定。

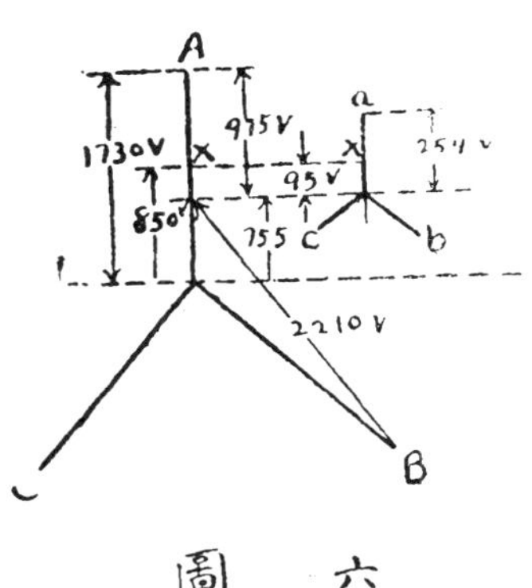

圖六

參看第五第六圖所示抵觸後之電壓分佈情形，可知兩度線圈之抵觸在中和點未接地之線上，足使低壓方面每線至地之電壓高於固有之電壓，由是絕緣將受損傷，而人身生命之危險亦甚。在中和點接地之低壓線路上，雖兩度線圈成一抵觸，其低壓圈之散佈電壓，仍與尋常無異，惟高壓方面BC兩線，對於地面所受之電壓驟然增高，而A線之電壓驟減。在上述情形之下，如高壓方面之他端爲發電機或另一變壓器，而其中和點亦接引於地，則第六圖所示僅爲暫時情形（Transient condition）因彼變壓器或發電機之油開關，將受弊流之經過而跳開，此弊流通過之線路可見圖七。

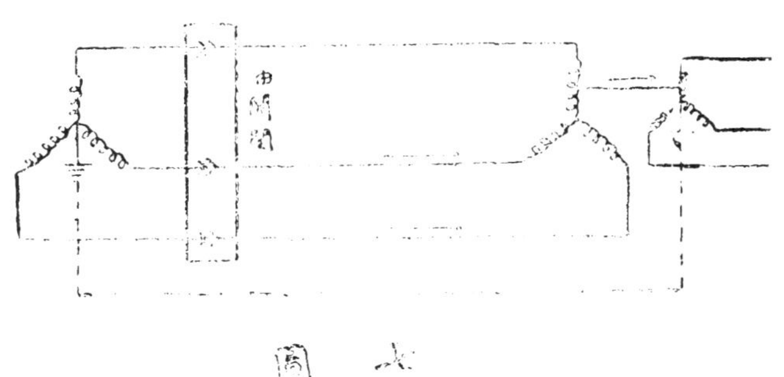

圖七

線圈靜電之積聚

變壓器兩度線圈間，及每線圈與鐵心（core）之間，猶成無數平行之凝電器（Condenser）可簡單表明如圖八，此聚積之靜電足使改變兩度綫圈電壓之分佈。

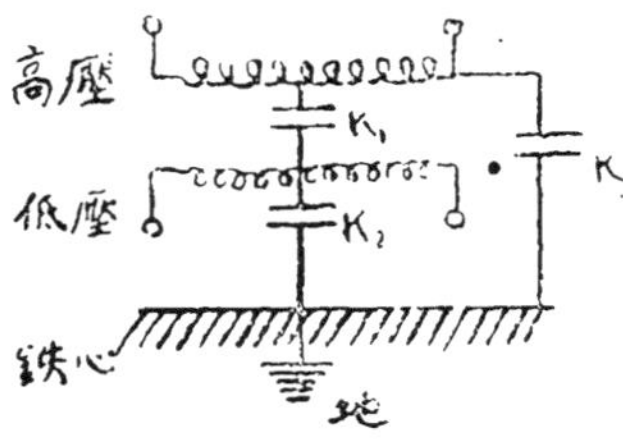

圖八

如第八圖所示，設K_1爲高壓與低壓線圈間之電容（Capacity），K_2爲低壓線圈與地所成電容，K爲高壓於地所成之電容

若高壓綫圈之電壓高於地面爲P_1，而

$$\frac{K_1}{K_2}=n.$$

則低壓綫圈高於地面之電壓爲

$$P_2=\frac{P_1}{n+1}=P_1\left(\frac{K_1}{K_1+K_2}\right)$$

變壓器中之尋常變壓分佈情形，依相互之極性（polarity）而異，如圖九所示爲一6600／220變壓器高壓綫圈已受電而低壓方面未加電荷之情形（a）爲相減極性（b）爲相加極性，低壓高壓兩方面均未接引至地

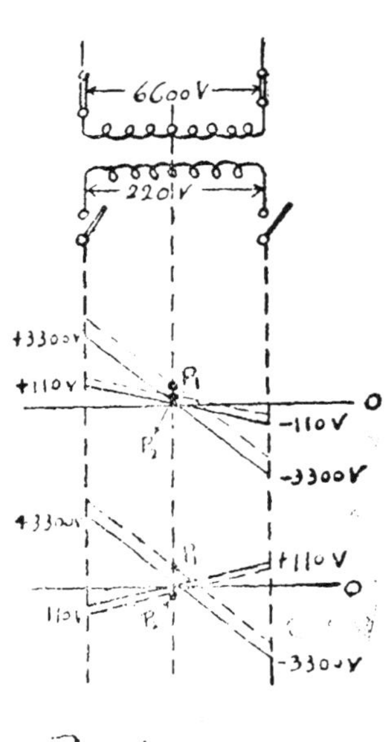

圖九

因高壓低壓兩綫圈之二端，各有等量高於地面之電壓，其結果兩綫圈之中心適爲中和點，而與地面之電壓同。但若綫圈之製造偶不整齊，（Not symmetrical），高壓方面電壓之一點，將偏向於一端，如虛線所示，在此情形

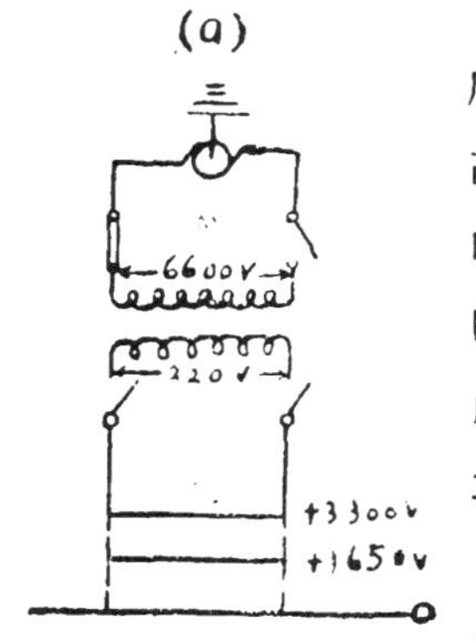

，電容之分佈，使低壓圈中心點之電壓提高至P_2高於地面，同時低壓圈二端之電壓隨之而變。（見圖中虛綫）。

再推而論及其他情形，如高壓圈一端之開關先行關上，而另一端之開關未關時，（見圖十(a)）無論供電路之中心點接地與否。高壓綫此時所受高於地面之電壓等於總電壓（Total applied voltaqe)之半又復加如供電路之一端接引於地，而另一端之開關先關上，此時高壓圈全部所受高於地面之電壓，將同爲總電壓，（如圖十(b)）。而同時低壓方面全部綫圈，因受電容之支配亦得一定高於地面高之靜電壓（High static potential,），若人體偶觸低壓圈之任何一端，則生命殆危。

例如單相變壓器，其電壓爲6600／220 而其電容之分配適爲

$$\frac{K_1}{K_1+K_2}=0.5$$

（1）若供電路之中心點接於地，

P_1 =（高壓圈高於地面之電壓）= 3300v.

P_2 =（低壓圈高於地面之電壓）$=0.5\times3300=1650$v.

（2）若供電路之一端接於地面另一端開關先已關上，

P_1 = 6600v.

$P_2 = 0.5 \times 6600 = 3300v.$

以上所述，均爲暫時情形待另一開關關上後，此種電壓之分配立卽改變，惟常依法行之，亦足使低壓圈之絕緣乏力而遭毁。故變壓器須用雙極開關，俾可綫圈同時受電而杜其弊。

用雙極開關雖可杜絕上述之弊源，若高壓圈之一端，亦接引於地（如圖十一），而低壓圈並未接地亦未加以電荷時，將雙路開關關上，低壓綫上仍可感受極高之高靜電壓，蓋高壓圈之一端接地後，其他一端高於地之電壓，適爲總電壓，其圈中電壓之分佈，一如A 綫（見十一圖(a)與(b)，高壓圈中心點之電壓高於地面，爲總電壓之半，而低壓圈中心點之電壓，又爲高壓圈中心點電壓之半，(P_2=160v)是以低壓兩端高於地面之電壓，各爲 +1760v 與 −1760v. 此種高靜電壓，遂有發生弧光放電之患或危及人命。

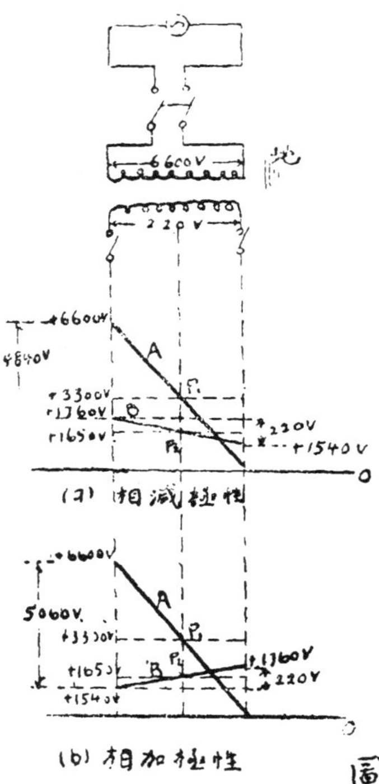

圖十一

證諸上述數點，足見低壓綫之確有接地必要，因接地後，能使低壓綫路任何點之電壓，不致達於危險程度。然亦有其弊，蓋低壓綫路中一點接地後，如遇人體觸於綫上，將成一短接（Short circuit），其禍亦至不測。

低壓中和點接地法

低壓中和點接地之利弊既如上述故接地法亦有間接直接兩法在110v與220v低壓綫路上，可用直接法，卽引出中和點而逕接於地

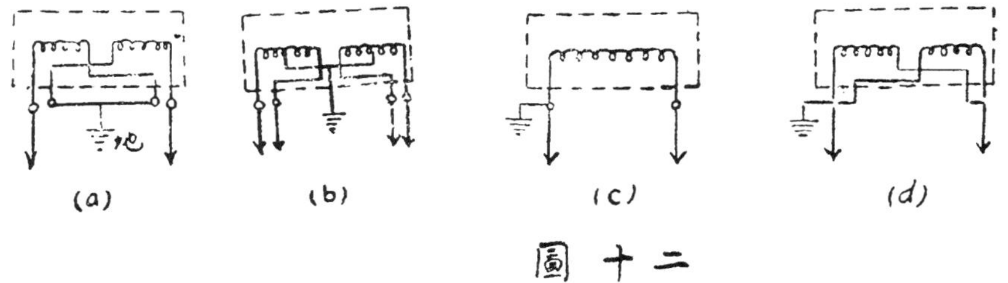

圖十二

若電壓在220v以上者，可用間接法，乃用銅片兩塊夾以紙層，接於中和點或綫與地間。此種接法，可使平時觸電者，無生命危險，實際上雖未接地，然偶逢綫路上之電壓起過固有電壓時，銅片所夾之紙層，立時穿破，而線與地成直接之接觸，高於地面之電壓，遂得降低至安全程度，第十二圖所示爲普通低壓之接地式。

一九三〇年之科學進步

（許國保譯自 Scientific American.）

［航空界］

海軍軍官 Apollo Soucek 升至人所未到之高度，爲43166英尺在八英里以上。

船主 Dieudonne' Coste 與 Maurice Bellonte 在 Question Mark 號飛機中，成功其在大西洋上由東向西之困難行程，計自巴黎至紐約共行37小時18分。

（未　完）

節省機車燃料問題

譚炳勳

引言

吾人對於日用之煤，恆以其微賤而輕視之。實則現代工業世界之構成，煤乃重要原素之一。欲謀工業發達非有豐富煤源不可。據可靠估計，中國藏煤數量在二千五百萬萬與三千萬萬噸之間，足供數世之用。天之賦我，不可謂不厚。雖然，吾人今日之消耗率仍不甚高，他日工業發達，當必激增。用之苟濫，匪特暴殄天物，日後來源亦有枯竭之虞。故吾人用煤安可不知節省。

煤之用途甚廣，限於時間篇幅，碍難一一詳論。鐵路機車每年用煤甚多。如何節省其消耗，誠一重要問題。

吾人之所以重視此問題者，除上述外，尚有一理由。卽每千延噸公里所用之煤量爲鐵路行車效能指數之一。因地理上及車務上情形不同，甲乙兩路比較，方法固繁，結果亦不準確。惟甲路每年或每月之車務與本路前者相比，效能高低，昭然若揭。而其比較之單位，實以每千延噸公里所用之煤量爲準確。

機車燃料種類頗多，本文僅限於煤。

(一) 改良機車

機車之構造已多改良，而省煤計劃之完成者亦復不少。據機車商人謂，如以過熱器，磚拱，給水加熱器，給水幇浦，吸水器，加煤機，收烟器，良好爐柵，較大水櫃，新式噴管，有限制阻汽門，阻汽登記器及鋼柱軸裝於普通機車上，煤之消耗較前可省百分之十七。雖然，此種計劃未必均能實施，時因判斷錯誤，配置容有未當。

煤水車載水一萬六千至二萬加倫，載煤二十五至二十八噸，爲機車最有力改良之一。以其裝於運貨機車上，沿途煤站可免設立。如路程較短，途中亦可不再添水。

爐柵改良後，省煤頗多。如水質不良，裝置清濾廠，可免水鍋淤積，增加水鍋壽命，減輕養鍋費用及節省燃料。

駕駛室內座位分配適當與否，影響煤之消耗甚大。司機常位於火伕與機器之間，除絕對須要外，火伕每以距離過遠，不願上前節制加煤機。若以其座位移前，則可監視一切工作；即不離座，亦能管理各種汽門。如是火伕可隨時節制加煤，以免濃烟。

吾人可將舊式機車之汽缸增大或減小，或將鍋爐前端之機件，噴管及磚拱稍加改換。每次改換後，再以動力計算車試驗，求其相比效能之確數。

其次最合理論之改良爲構造一全新機車而具有折衷計劃。將推進輪擴大，使生較高速率。裝置適當水鍋，以備登高及不時利用副汽缸之用。並設備吸水器，給水加熱器，副汽缸，大水櫃，改良之爐柵及其他增加機車效能之機件。

採用此種新機車後，行車方面，改變殊多。貨車可增至一百二十五輛；列車可走完全段路線，不用停留。此時吾人之問題不在能否依時行車，而在如何可以教導司機將其停止。每次停車後，高壓空氣必須打滿，故途中各種無謂停留宜設法避免。吾人可調練路員不得無故停留列車，最好能令彼等常與司機生或調車員互通聲氣，以便知悉何時有重要列車到站。車務處尤應注意如何可以免除誤車，及查察軸匣有無發熱。途中裝貨卸貨須在重要列車軌道以外行之。列車中途甩車之惡習可免則免。上述諸法，均能節省燃料。

冬季天氣嚴寒，用較小之機車，噸數必須減輕。如用新者，匪特不因天氣寒冷而減輕噸數，且可增高車行效能。

換軌機車亦應注意。新式換軌機車每日可工作二十二至二十三小時，舊者僅十二至十六小時耳。故用新式換軌機車，輛數可以減少，而無謂之停置亦可免除。

(二) 裝載貨車與分配機車

節省燃料，除改良機車外，改良運輸方法亦甚重要。前者各路行車多以車輛爲根據，且將列車之載量立爲一定標準，而以一定裝載方法通飭車場人員。此種運輸方法，極爲不佳。蓋將快運貨物立定噸額百分法後（A fixed Percentage Of Full Tonnage），運輸效能必致低減。最好先立定各列車噸額，同時再留心當時運輸情形。例如，用何種機車；是否該列車先到，遲到或依時到；天氣如何；該列車有無與其他列車衝突等等。

節省燃料，機廠人員幫助亦多。除以妥善方法保管機車外，在車站終調度適當，收效亦廣，例如以本段不用之機車調往別段，則可利用現成動力，不致荒廢。若常保留不用機車以作準備，調度方面固甚安全，惟用煤未免過多。當運輸處通知機廠人員在十二至十四小時內需要機車，機廠工作必須嚴密管理，以防無用的機車升火。換言之，即所有機車非至必需時，切勿升火。如此，機廠人員可以全神注意於現用機車，不致無故消耗燃料。

(三) 燒火方法

燒火方法與燃料消耗有密切關係，故司機與火伕之工作，吾人亦當注意。欲求節省燃料及行駛機車有良好效果，司機與火伕岀須同心協力。

機車抵終點後，宜即送進機廠。將各種管子，燃煤箱及前部清潔一次。蓋烟灰容易阻隔熱力。影響煤之消耗極大，此層手續應視爲有定程之工作。

機車在終點時升火苟不安善，行至中途每因缺乏蒸汽，將火熄滅。此類浪費，應設法免除。

注射式給水器用之不當，有礙燒火。機車開行時，節制蒸汽壓力之唯一方法，在依時加煤及煤之放置適當；而不在依賴注射式給水器。機車停止後，蒸汽未由發洩，如汽壓太高，非從安全汽門犧牲多量有用之蒸汽不可。用注射式給水器時，度數必須勻整。停車前，水鍋內之水平面不必太高，使注射式給水器尙有任用餘地。停車以後，再將冷水放進鍋內。如此，汽壓受給水受器之節制，不致太高而浪費。機車再要開行時，亦有充分之水應用。

除絕對需要外，噴汽管不宜用之過多。用畢應即關閉。火伕對於各種情形必須隨機應變，預防蒸汽衝開安全汽門。蒸汽壓力變動不定，爲燒火不良之結果；應設法免除。否則每易引起煩擾。

機車燃煤箱內燒火方法，吾人亦應注意。燒火以火面平整爲最佳。如此然後可保持爐火勻淨。如火面某部無火，即無形中減小爐柵面積。每次加煤須用良好手術，將煤置於適當之處。除必需外，切勿隨意添煤。燒煤過度乃火伕通常謬誤。此種不良習慣，多由初學燒火時養成，蓋恐爐火熄滅，遂不絕添煤。惡習一成，殊難糾正。須知每次加煤少用數鏟，即可減少煤氣份量而使之平勻。

非萬不得已時，不可搖動爐柵以致漏去燃燒未盡之煤塊。最多以搖盡煤灰爲止。爐柵搖動過於劇烈，煤灰每飛至爐火之最熱部分，融解而成煤滓。阻塞爐底氣孔，如爐柵某部阻塞，空氣不能流通，則該部煤灰不受冷空氣調劑，必致煤度漸高，升至溶點而凝成煤滓。在可能範圍內，鋪煤愈薄愈妙。如此煤灰熱度可漸減低，而空氣流通愈速，養氣亦愈多以助煤氣燃燒。燒火方法不良，燃燒未盡之煤塊堆積於爐柵上，亦足阻礙空氣流通。有時新添之煤跌落爐柵上，俟煤之上部燒盡，所餘之煤灰乃受下部燃燒而凝成煤滓。

燒煤欲減少濃烟，機車燃煤箱之容積必須寬大，磚拱必須良好，同時亦須引進鉅量空氣，務使煤塊燃燒淨盡。如此火焰不致卽行上升。反之，如燃煤箱容積過小，火焰升上較冷之管子後，煤內分析炭化水素，同時燃燒未盡之純炭質全變濃烟，向外飛散。

眩目之白色火光的乃表示煤之固定炭質燃燒正烈，與夫火之適度適當。由開始燃燒至變成白熱之時間頗短，故添煤不多而次數勤密爲免除濃烟之一法。惟時間之長短，亦因煤之種類而異。是以火伕應知其所燒之煤屬於何種及其性質如何。

手工燒火法與用給煤機燒火法雖各不同，惟燃燒定律及燃煤箱內燒煤方法則一。用給煤機燒火法不外用機械方法將煤置於燃煤箱，比諸手工稍覺方便，而加煤速度亦較均勻，且可維持較小火頭。機車停止工作時，以手工燒火爲宜；開行後，則用給煤機較佳。在可能範圍內，給煤機工作愈慢愈妙，惟須保持蒸汽壓力常態。如給煤機工作過速，並常關閉以防蒸汽衝出安全汽門，則濃烟噴出必多；蓋燃燒速率過快，燃煤箱不及將變成煤煙之物質化去。

(四) 機車須用適當燃料

機車所用之煤，除用化學分析外，每一煤礦之出產品，應作實地試驗。不能產生良好效果之煤，不宜續用。同一路線應用同樣之煤，如此，然後可將噴管適當配合於煤之品質。

(五) 全體員工合作爲節省燃料之主因

上述各點皆爲物質方面，茲當略論人事，卽全體員工對於此問題之態度，其變遷影響於燃料之消耗甚大。前者機廠人員祗知準備機車，不失其職而已。今則對於機車所產生之效能皆感興趣。又如機務處人員，以前均不願採用新式機械，蓋以維持費用過高。今則皆知運輸成本乃以一千延噸公里計算，故極熱心計劃用何方法可以輕成本。當節省燃料比賽發起之初，除燃料管理處人員外，幾無一人注意及之。今則不然，舉凡車務處人員無不留心燃料消耗之週報及月報；蓋遇消耗過多時，彼等實負解釋之責。由此觀之，節省燃料決非一人之工作，對於全體員工悉有密切關係。新式機件，新式機車，良好維持方法，與夫縝密之分配固甚重要，實則皆是果而非因。節省燃料之因，乃在全體員工對於此問題之態度。如各部人員咸蠲除成見，同心協力，務求本路行車效能達於最高點，則節省燃料之成績，必更可觀矣。

機械改良是否爲造成失業問題之原因

姚肇端譯*

一年以來，世界各國都有不景氣的景象。因此經濟上發生了極大的恐慌。追根窮源，失業問題，當爲造成此種現象的癥结。據調查所得，美國失業已到五百萬人，德國四百七十萬人，英國二百七十萬人，法國也有三十五萬人。目下生活程度如此高昂，一旦增加千萬以上無業的流民，社會上當然有不甯的現象。所以失業問題，日趨嚴重。世界人心，日漸動搖。而一般羣衆心理，僉以爲造成此種因果，完全是機械之改良和進步的弊處。手工業受了天然的淘汰，失業者無相當工作可做。但是資本家仍是天天喊着提高生產的口號，工程家仍是潛心不斷的研究，如何可以增加機械的效能。像這種畸形的狀態，凡我們讀工程的人，或研究經濟學的人，都應當加以相當的考慮。最近據美國意利諾省中央信託公司之統計，幷將最近三十年中工業發展之情形，與一八九九年工業調查表作一比較，其結果有兩點足以證明：現在一般工業領袖者和各工會對於失業問題之見解和臆測，完全錯誤。

（一） 由事實上證明普通見解之錯誤

自機械進步後，在某一方面，固然排擠了不少的人工。但在另一方面，已開闢了狠多的大道。假使在過去四十年中，無新機械之供給，則電氣，電話，汽車等事業，當然無今日的昌明。而電影，無線電，以及飛機等的進步，則更無成績可言。所以改良機械的結果，非但促進新工業之發展，并且使普通一般的農人和工人，享受安樂和奢侈的生活。此種情形，在百年前，雖富豪之家，尙不能享受。誠然，在已往三十年中，因爲機械的改良，使三個人中有兩個人失業。但是同時非但第三人可得較高之工資，而且其他兩人亦可另得較好的工作和工資。這是狠明顯的證明。改良機械，雖能使千人失業，但同時也能使千人投身新的事業，而得好的代價。（現在的工資已三倍於過去三十年中一個工人所能得的工資）。

在一八九九年的時候，美國全國人口總數爲七千六百萬。從事工廠生活的，僅有百分之六。到去年開始，全國人口總數爲一萬二千一百萬，而從事工業的，已超過百分之七。足見工廠需要工人工作，比人口增加之速率還要快。這種增加的工作，可直接歸功於機械之改良，并可以用數學方式來證明。改良機械，并不爲失業之原因，觀下表卽可以證明。

年　份	工人人數	與人口之百分率	每人平均一年之工資
1899	4713000	6	$426
1904	5468000	7	477
1909	6615000	7	518
1914	6895000	7	590
1919	9000000	9	1262
1921	6944000	6	1181
1923	8779000	8	1254
1925	8382000	7	1280

1927	8350000	7	1299
1929	8550000	7	1318

(二) 改良機械足使工資增加

由上表看起來，在一八九九年，每個工人平均可得四百二十六元。但是在一九二九年，平均每人可得一千三百十八元。雖然金錢購買力較前略低，但工資的增加，已經三倍於前，乃是不可湮沒的事實。吾人試以其他各種事業統而言之，（穿工衣的或帶白領的）可以得到其他同樣的事實。關於職業方面，使吾人驚奇不已的，就是優美的職業與人口之比例，并未減少。而且要增加。一世紀前，在人口總數中百分三十八勉強有職業。但是現在有百分之卌九，可以得有利的位置了。

還有顯明的事實，可以表現出來。照現在生活的需要，倘不借重於機械，恐怕至少大部分的人還要嘗工廠生活呢。假使欲維持現在生活程度，機械定要改良，方可得有利的工作和職業。

總而言之：下面的事實，是不可湮沒的現象。

從前祗有四百七十萬工人，現在有八百七十五萬工人。三十年前只有百分之六人口可有做工的機會。現在已有百分之七，並且可以得到三倍以上的工資。足見機械改良，是增加職業的機會，同時增加工資，便利工作，節省時間。並且使工人享受不少的幸福。這些可說都是前人所臆測不到的夢想！

滑油的化學組織法

張有生譯

世界上有很多的學者，在那裏費了無量的時間，去研究滑油的化學組織法，要想明瞭牠同各種滑油性質 (Physical properties) 的互相關係。其中像 Marcusson, Mabery, Zul'Kind 及 Kyropoulas 一輩學者，都有相當的供獻。 但是，關於滑油分子組織的認識和牠對於性質的關係，仍舊是沒有一定的理論。 多數學者都贊同滑油的實驗公式 (Empirical formula) 可以用下列的公式來代表牠：

$$C_n H_{n2\text{-}2} \text{ 到 } C_n H_{2n\text{-}20}$$

至於本薛文尼亞所產的油(Pennsylvania Oil) 呢，大約是在 $C_n H_{n2\text{-}8}$ 的左右。

對於以上的理論，學者做了不少的試驗，結果各有各的解釋：本省的滑油可以說是完全飽和的 (saturated) ，Mabery 說本省油是以石油核 (naphthene nuclei) 做中心，而被煤蠟棒 (paraffin side-chains) 所聯成的，而 Kyropoulus 說牠是從二個煤蠟 (isoparaffins) 所組織成功的；其餘各種滑油，從 $H_{2n\text{-}8}$ 到 $H_{2n\text{-}20}$ ，可以說都合有橄欖油 (Olefinnic) 或馨香油 (Aromatic) 的格式的。

理　　論

從上面我們可以明瞭本省的滑油氫炭化合物 (Hydrocarbons) 而含有石油核同煤蠟棒或二個煤蠟所組織成功的。 從萬國精密表 (Tne International Critical Tables) 上，觀牠關於煤蠟氫炭化合物性質測量的一張表上(第一表)，我們有下面的結論：就是分子的體積同分子量 (molecular volume and molecular weight) 有正比例的關係，其中包括尋常和相等煤蠟 (normal and isoparaffin) 兩種。 如果拿

第一表 氫炭化合物的特性

炭原子數	氫炭化合物名稱	分子體積	分子量
5	Pentane	114	72
6	Hexane	130	86
7	Heptane	146	100
8	Octane	162	114
9	Nonane	177	128
10	Decane	189	142
11	Undecane	209	156
12	Dodecane	220	170
13	Tridecane	242	184
14	Tetradecane	252	198
15	Pentadecane	273	212
16	Hexadecane	290	226
20	Eicosane	356	282
24	Tetrocosane	420	338
27	Heptacosane	473	380
32	Dotriacontane	548	451
36	Hexatriacontane	636	507
6	3 methyl pentane	128	86
7	3, 3-Dimethyl pentane	145	100
8	Isoöctane	162	114
9	4 Ethyl heptane	172	128
10	2 methyl nonane	191	142
6	Cyclohexane	107	84
7	Methylcyclohexane	126	98
8	1, 3-Dimethyl cyclohexane	145	112
8	Ethyl cyclohexane	143	112
9	1, 2, 3-Trimethyl cyclohexane	156	126
10	Decahydronaphthalene	156	138
12	∝, ∝ -Dicyclohexylethane	211	196
14	Perhydrophenanthrene	206	192

煤蠟氫炭化合物試驗的結果來記在方格紙上，那麼 Cyclohexane 同牠同類的線，都是同煤蠟的線是平行的； 同樣的道理，Dicyclohexyl 化合物的線也是平行的。 從此可以擬定：「分子體積同分子量在一個同樣的油中是類成正比例的。」 這種結論可以從第一表和第一圖中證明出來。

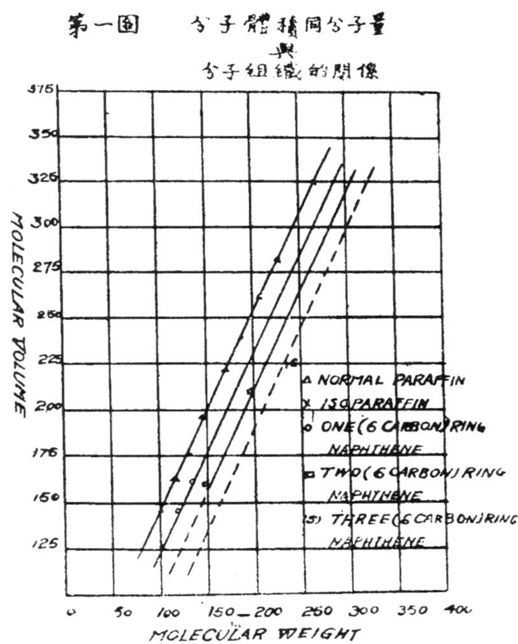

從第一圖中可見，各綫非但是平行，並且中間的互相距離，也是相等的。因此可以推想，我們或者可以畫一根平行而且距離同前相等的綫來代表同類的滑油而含有兩個 Cyclohexyl rings 的化合物，像 (s) 處綫就是。

第二表　輕氫炭化合物的定量數

氫炭化合物	分子量	分子體積	石油圈中之原面數	
			眞實的	計算的
Cyclopentane	70	92.6	5	5.0
Methylcyclopentane	84	111.0	5	4.5
Cyclohexane	84	107.2	6	5.6
1, 1- Dimethylcyclopentane	98	129.2	5	4.0
N-Propylcyclobutane	98	131.0	4	3.5
Cycloheptane	98	119.8	7	6.8
1, 1 Dimethylcyclohexane	112	142.7	6	5.0
1-Methy-2ethylcyclopentane	112	145.8	5	4.1
E thylcyclohexane	112	143.3	6	4.8
Propylcyclopentane	112	144.3	5	4.5
1, 1, 3-Trimethylcyclohexane	126	158.5	6	5.3
1, 2, 3,-Trimethylcyclohexane	126	158.1	6	5.4
Cycloöctane	112	133.6	8	7.7
I sopropylcyclohexane	126	158.8	6	5.2
N-Propylcyclohexane	126	159.5	6	5.0
Isobutylcyclohexane	140	173.5	6	5.8
1, 2, 3, 5-Tetramethylcyclohexane	140	171.1	6	6.5
E thylcycloheptane	126	154.8	7	6.4
M-methylisopropylcyclohexane	140	174.1	6	5.6
P-methylisopropylcyclohexane	140	173.9	6	5.7
O-methylisopropylcyclohexane	140	171.9	6	6.3
2-cyclohexyl-2methylbutane	154	187.0	6	6.7
Dimethyl-1, 3, 5 isobutylcyclohexane	168	203.0	6	6.9
1-methyl-2-isoamylcyclohexane	168	206.0	6	6.0
Deeahydronaphthalene	138	156.0	10	10.3
Perhydrophenanthrene	192	206.4	14	14.5

上圖的關係可以用下面的公式來表示牠：

$$N=0.358\ \text{mol. wt.}+7.7-0.3\ \text{mol. vol.}\qquad\cdots\cdots(1)$$

公式中：

N表示石油圈（Naphthene Ring）每分子中所含的原子數量。

這個公式可以應用到其餘各種氫炭化合物同類的油類。像第二表中所列的，可以表示用公式計算出來炭原子數是同眞實的數目很相符合：

實 驗

根據以上的關係，多數學者極力研究本省的各種馬達油，希望來決定這種滑油的性質同牠化學組織的關係。但是這種研究，祇限於本省的滑油，因爲這種油所含的大概都是飽和的氫炭化合物。

有一種高等，精煉，濃厚的馬達油是用分析蒸溜法在10 mm. Hg低壓力之下和下列各沸點的時候蒸發出來的：(1) 293°c. (2) 322°c. (3) 344°c. (4) 359°c. 各種油凝結以後，再費過高熱蒸汽的通過，直到百分之五蒸發爲止，這樣方才可以去除炭質等一切汙物。以上四種油，再用溶液分析法各分成四份，牠們的產物和牠分析的結果都列在第三表中：

第　三　表

Cut No.	0	1					2					3					4				
10. mm. Hg. Average boiling point	,,	293°c					322°c.					344°c.					259°c.				
Extact No.	,,	0.	1	2	3	4	0.	1	2	3	4	0.	1	2	3	4	0.	1	2	3	4
% cut	,,	,,	22.5	22.5	22.5	22.5	,,	22.5	22.5	22.5	22.5	,,	22.5	22.5	22.5	22.5	,,	22.5	22.5	22.5	22.5
% Original	100	5.4	1.22	1.22	1.22	1.22	4	0.9	0.9	0.9	0.9	3.1	0.7	0.7	0.7	0.7	1.5	.34	34	.34	.34
Gravity	27.8	30.2	22	30	33	35	30	23	29	31	34	29	23	27	31	33	28	20	28	31	32
Viscosityat 100°F Saybolt	870	213	440	207	175	224	269	558	309	267	215	586	123$_5$	776	440	393	984	3300	855	634	650
Viscosityat 210°F Saybolt	85.3	47	55	47	46	51	51	10	53	52	50	68	86	74	64	62	89	141	85	77	81
Viscosity index	101	93	58	103	102	125	101	62	96	107	120	97	70	91	111	118	98	62	101	114	124
Flash °F.	460	420	435	425	425	450	445	450	460	460	470	515	510	510	505	510	550	535	535	550	570
Pour °F.	45	40	30	40	50	45	45	35	45	45	60	50	45	50	55	60	55	40	50	60	65
Mol. wt.	,,	398	365	384	395	425	425	395	404	413	445	480	453	455	501	505	551	452	536	612	597
Mol. vol.	,,	449	396	438	461	499	484	431	456	477	522	543	494	508	572	589	619	484	603	703	690
Ultimate Analysis:																					
Hydrogen %		13.6	12.3	13.7	13.7	,,	13.4	12.4	13.2	14.0	-	13.3	12.9	13.4	13.8	13.3	12.8	12.2	13.2	-	-
Carbon %		86.4	87.7	86.3	86.3	,,	86.6	87.6	81.8	81.0	-	81.7	87.1	86.6	81.2	86.7	87.2	87.8	86.8	-	-

關於比重(gravity)，膠性(Viscosity)，火點(Flash)，及流性(pour)的分析，是都照美國材料試驗學會(A. S. T. M.)的規則定的。膠性指數(Viscosity Index)的決定是照 Dean 同 Davis 的法則。分子重量是用 Cycloscopic 法以 Cyclohexane 作溶液決定的。炭和氫是照普通有機物燃燒法分析的，牠們的結果是用百分計算，但是試驗的結果一定沒有這樣眞確的。

用第三表的結果同公式(一)，我們可以計算表中各種滑油所含炭原子的數目。牠們的結果，都列在第四表裡。

第 四 表

Cut No.	1				
Average Boiling Point 10 mm. Hg	293°c				
Ex. No.	Orig.	1	2	3	4
Determined Mol. weight	398	365	384	395	-
" Carbon %	86.4	87.7	86.3	86.3	:
" Hydrogen %	13.6	12.3	13.7	13.7	-
Empirical formula	$C_{29}H_{54}$	$C_{27}H_{45}$	$C_{28}H_{53}$	$C_{28}H_{54}$	-
General series: found	$C_n H_{2n-4}$	$C_n C_{2n-3}$	$C_n H_{2n-8}$	$C_n H_{2n-2}$	—
General series: calculated	$C_n H_{2n-3.3}$	$C_n H_{2\ -2.6}$	$C_n H_{2n-4.7}$	$C_n H_{2n-1.6}$	—
Carbon Atoms in Naphthene Structure %	55.3	74.9	49.8	38.6	33.1
Number	16	20	14	11	10

2					3					4				
322°c					344°c					359°c				
Orig.	1	.2	3	4	Orig.	1	2	3	4	Orig.	1	2	3	4
425	395	404	413	455	480	453	455	500	505	551	452	536	703	690
866	87.6	86.8	86.0	—	86.7	87.1	86.6	86.2	86.7	87.2	87.8	86.8	—	—
13 4	12.4	13.2	14.0	—	13.3	12.9	13.4	13.8	13.3	12.8	12.2	13.2	—	—
$C_{31}H_{58}$	$C_{29}H_{49}$	$C_{29}H_{53}$	$C_{30}H_{59}$	—	$C_{35}H_{64}$	$C_{33}H_{55}$	$C_{33}H_{61}$	$C_{36}H_{69}$	—	$C_{40}H_{71}$	$C_{33}H_{55}$	$C_{39}H_{71}$	—	—
$C\ H_{2n-9}$	$C_n H_{2n-5}$	$C_n H_{2n-9}$	$C_n H_{2n-2}$	—	$C_n H_{2n-6}$	$C_n H_{2n-11}$	$C_n H_{2n-1}$	$C_n H_{2n-3}$	$C_n H_{2n-7}$	$C_n H_{2n-9}$	$C_n H_{2n-11}$	$C_n H_{2n-7}$	—	—
$C_n H_{2n-2.9}$	$C_n H_{2n-3.1}$	$C_n H_{2n-4.8}$	$C_n H_{2n-2.4}$	—	$C_n H_{2n-3.6}$	$C_n H_{2n-54}$	$C_n H_{2n-5.4}$	$C_n H_{2n-4.1}$	$C_n H_{2n-2.8}$	$C_n H_{2n-4.9}$	$C_n H_{2n-6.2}$	$C_n H_{2n-4.4}$	—	—
47.6	70.3	52.6	43.9	33.1	48.3	40.3	66.8	55.7	33.1	48.6	36.3	67.4	48.9	33.9
15	20	16	13	10	17	22	18	15	12	19	24	19	16	14

在這裏我們假設每個石油圈有六個炭原子，而減少二個氫原子，那麽從牠所含炭原子的數量上，我們所以寫出牠的實驗公

式。 這樣的公式是很合於實驗的結果，但是各種的第一份油所得的結果，相差是很大。 這就是表示用溶液提煉法所得的氫原子是比較用分子量和分子體積所得爲少。 這或者是因爲在第一次提吸時候，有馨香油化合物混合在內的緣故。 至於其他各點，可以說是大概相符的。 從此可見我們的假說每個石油圈有六個炭原子是近情理的。

膠性指數同化學組織的關係

從前說過，膠性指數，牠代表滑油的黏性同熱度變化的關係，是可以用來鑒別滑油的大概性質的，所以膠性指數同滑油的性質一定有密切的關係。

第二圖

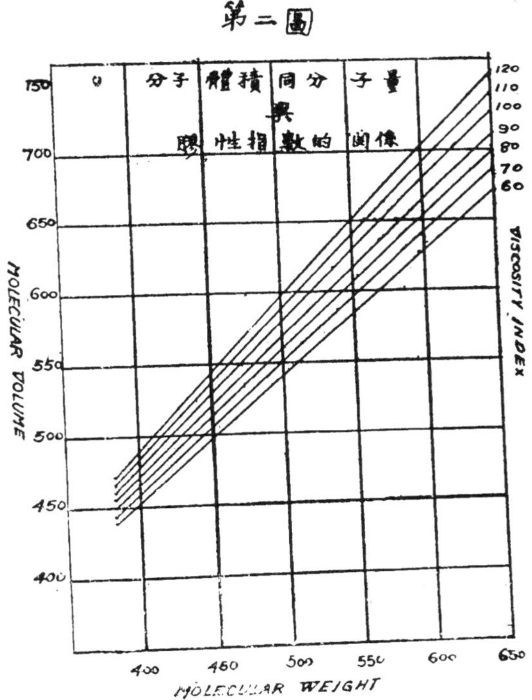

從第三表中，我們可以拿各種膠性指數滑油的分子量同分子體積記在方格紙上，看牠們互相的關係。第二圖表示各種膠性指數的滑油對於牠們的分子量同分子體積都有直綫的關係，不過膠性指數大的在上面。小的在下面，並且牠們都集中在分子量低的方面。這點是表示膠性

第三圖

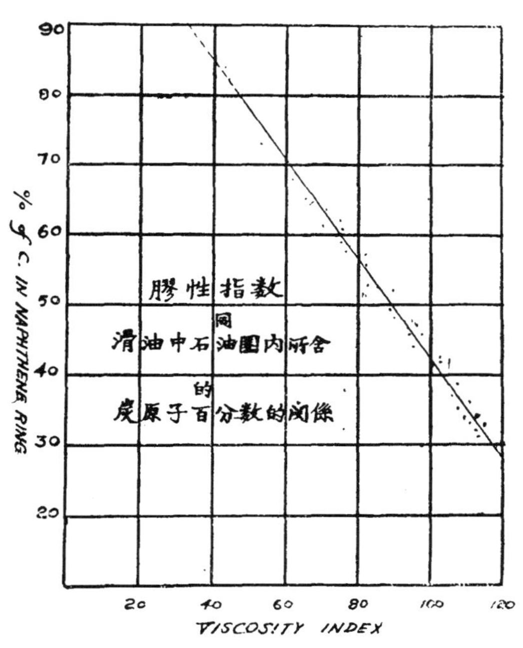

指數同石油圈中炭原子的百分數有互相關係的。這個關係可以從第三圖中證明出來：因爲這種研究是完全限於本省的滑油，牠們的結果祇可應用膠性指數較高的油類（75-125）。

因爲膠性指數較低的油類是含有多少一些橄欖或馨香的化合物的，而我們現在的研究是根據於飽和的油類。像等三圖這種說明，是很有益的，不過還要加以研究，方才可以更益明瞭。

結　論

（一）　本省的飽和氫炭油類是石油蠟同煤蠟棒所組織成功的。

（二）　這種油類在牠的石油圈中所含的炭原子數是可以從牠的份子量和密度上面决定的。

（三）　膠性指數可以作爲一種來計用表推測油類的化學組織，因此牠可以作爲一種標準用來决定滑油的性質。

譯自"Industrial & Engineering Chemistry" Vol. 22 No. 12

力學在機械計劃上之新發展

原著者： S. Timoshenko-

龔 應 曾 譯

現代科學昌明，工程日進，一切障礙問題，莫不以科學方法解決之。三十年前，各種機器之計劃，全賴經驗所得之記載。 所以欲研究機器各部分所受之力與應力，初步靜力學已足應用。在現機器之體積與周圍速度，均已增加，動力學方面之題目，遂覺緊要，而以振動問題爲尤甚。

振動原理，得用以解決下列各種重要問題：—

(1) 機器之平衡

(2) 機軸之扭轉振動

(3) 機軸之側面振動 (Lateral Vibration) 與臨界速度 (Critieal speed)

(4) 透平機上圓盤與機叶之振動

(5) 電氣火車頭之振動

(6) 船，橋之振動

(7) 沈重透平發電機基礎之振動

機器體積與周圍速度增加，振動問題，尤覺重要者蓋以在不平衡時擾力將隨之而增益矣。 試舉例以明之，設旋轉物重量 w 每分鐘旋轉 n 次。 而因製造之差誤，重心點與旋轉中心不符合，其間有距離 e 則因此不平衡，即發生離心力 P

$$P=\frac{w}{g}\left(\frac{2\pi N}{60}\right)^2 e \qquad (1)$$

於此可見，擾力 P 之增加與 (1) 重量 w (2) 離開中心距離 e (3) 每分鐘旋轉次數之平方成正比例。

往往普通說，旋轉物之撓性與體積並增，但體積大之旋轉物臨界速度漸漸減低，而工作速度與臨界速度之符合可能性則變大。 欲明此理，我人可以旋轉物視爲支撐在二端之均勻樑，此樑在中間之曲度爲

$$\delta=\frac{5}{384}\frac{we^3}{EI}\qquad(2)$$

l 代表長度， EI 乃其撓性剛度。當旋轉物之廣袤，依某種比例增加時，重量 w 卽依長度之三方而增加，切面之旋轉惰性(Moment of Inertia) I 則依長度之四方而增加。 所以從(2)，知曲度 δ 是依長度之平方而增加者。 旋轉物自然振動之周波率與曲度 δ 之平方根成反比例，而其減少，則與旋轉物長度之增加爲同比例。大旋轉物常有極少臨界速度，有時小於工作速度。因此，因臨界速度與工作速度之符合而生之振動，遂成一重要問題。

自由振動 (Free Vibration)

最簡單之振動問題，乃儲力 (Restoring force) 與變位成正比例之振動。 在此類動作中，振動之周波率不賴乎振幅之大小卽是同期振擺 (Isochronic) 。振擺物之變位，可以正弦或餘弦線圖表明之。 欲証斯理，最簡單之實驗裝置，是在彈簧上，掛一重量見第一圖：—

設 w 是重量之強度，K 是彈簧常數，則彈簧在靜時之曲度爲

$$\delta st = \frac{W}{K} \qquad \text{......(3)}$$

設X等於重量從平衡位置向下之直變位，則彈簧因變位X而受附加力KX. 原有振動物惰力(Inertia force)是$\left(-\frac{w}{g}\frac{d^2x}{dt^2}\right)$，然則表示振動之微分方程是

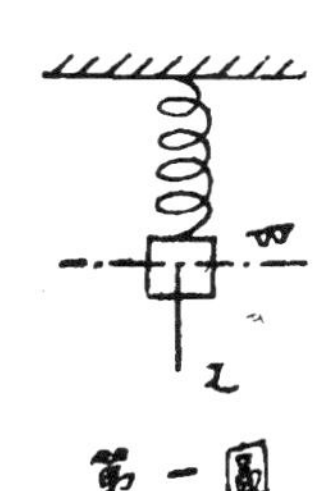

第一圖

$$\frac{w}{g}\frac{d^2x}{dt^2} + KX = 0 \qquad \text{......(4)}$$

倘使用p^2代替$\frac{kg}{w}$， ......(5)

則得 $$\frac{dx^2}{dt^2} + p^2 x = 0 \qquad \text{......(6)}$$

其解式是 $x=c \cos pt$ 與 $X=C_1 \sin pt$，式內C，與C1是常數，斯可用代替以證明者也。 所以振動週期是

$$T = \frac{2\pi}{p} = 2\pi\sqrt{\frac{w}{kg}} = 2\pi\sqrt{\frac{\delta st}{g}} \qquad \text{......(7)}$$

此週期與鐘擺之週期相同，假使擺之長度等於靜時曲度δst. 此種結論，可應用在任何裝置上，只要曲度與物體重量成正比例，并且彈簧之重量小於物體之重量。 已知週期T，則周波率，即每秒鐘振擺之次數可以從下式計算，

$$f. = \frac{1}{T} = \frac{1}{2\pi}\sqrt{\frac{g}{\delta st}} \qquad \text{......(8)}$$

上述之一種振動，只有常力，即物體之重量，作用，是謂自由振動，

强迫振動 (Forced Vibration)

當懸物受有定期之擾力時，即發生强迫振動， 此擾力常因不平衡而發生。 一簡例表明在第二圖。

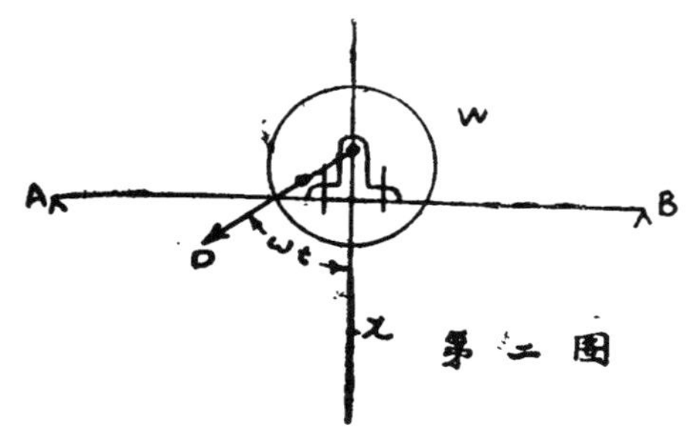

第二圖

旋轉物W,軸在垂直於圖之平面，繫在AB樑上，其常角速度是W.設P爲因不平衡而生之離心力，則從P向下時起計時，P與X所成之角是wt. P之直分力Pcoswt將使w在垂直方向振動。此力是

有定期力，其週期 $T_1=\frac{2\pi}{w}$ 周波率 $F.=\frac{1}{T}=\frac{W}{2\pi}$

現在假定旋轉物之重量w，附在撓性樑上，一若重量之懸於彈簧上（圖一）（註一）則除原有力外，又有直分擾力Pcoswt,此因樑振動而使旋轉物生之直動作，可以下式表之

$$\frac{w}{g}\frac{d^2x}{dt^9}+KX=P\cos wt$$

用［5］式與 $\frac{Pg}{w}=q$ ……………………(9)

則得 $\frac{d^2x}{dt^2}$ … $+p^2x=q\cos wt$ ……………………(10)

此式可用替代來證明

$$X=\frac{q}{p^2-w^2}\cos wt \quad\text{……………………(11)}$$

是(10)式之解式。 牠表示強迫振動。 如擾力然，牠與coswt成比例，所以強迫振動之周波率與擾力之周波率相同。 強迫振動之振幅是

$$a=\frac{q}{p^2-w^2} \quad\text{……………………(12)}$$

現在可討論下列情形：—

(1) 當擾力周波率f_1，小於該系自由振動之周波率f時，w比p小。若在(12)式，略去w，同時用[5]與[9]二式，則

$$a=\frac{q}{p^2}=\frac{p}{k}=\delta st\text{..}(13)$$

即當擾力慢慢變動時(註二)，強迫振動之振幅，等於被力P發生之靜時曲度。

(2) 當擾力周波率f_1，遠出於自由振動之周波率f時，w大於p。則強迫振動之振幅，等於一小部分之曲度被力P在靜時加上所生者。

(3) 當w漸近p時，即擾力之周波率漸近於自由振動之周波率時，代表振幅之(12)式分母，漸等於零，而強迫振動之振幅，變成甚大。最後當p=w則即合共振(Resonance)條件。從(12)式，可知強迫振動之振幅將變成無窮大。推其原，則因求(12)式時，略去抑止damping)然而抑止効能，在實際上是常有者。連抑止說，則強迫振動之振幅，在共振時不變，假使抑止減少，則振幅常因之而大與增加。

實際應用

上述各種強迫振動，在實際工作上，確占重要位置。同時所得之結論，可以拿來說明各種與振動相關之現象。例如，共振在實際應用上，尤覺重要。可知即一極小不平衡，亦可發生鉅大之強迫振動。欲避免是類情形，平日即宜留意選擇建築物之剛度，如何可使其自然振動之周波率f，不鄰近擾力之周波率f_1。在機械計劃上，f之限制值常用$f_1 < 0.75$ f或f_1，$>$ 1.25 f.

有幾種工程，已利用共振現象。最明顯之例，要推平衡

機器。 在平衡時，置旋轉物於被彈簧撐住之軸承上，以校正旋轉物之速度，使生共振現象。 於是極小不平衡卽可從旋轉物之強迫振動而明顯。有時共振現象，用以定旋轉物之臨界速度。我人皆知在旋轉物之臨界速度時，每秒鐘之旋轉次數，等於自然側面振動之周波率。倘旋轉物之剖面無定動，而欲求一計算周波率之精確方法則難矣。其周波率可用類似第二圖之裝置，然後從實驗定之。 用在軸承上之旋轉物代替樑，同時在旋轉物上，附一有意加上不平衡之直流電小馬達。 用變阻器以更改馬達之速度。 於是旋轉物，在靜時，因直流電小馬達不平衡而生之振動，用示振器 (Vibrograph) 以記載，而在振動幅最大時之強度，亦得以成立。 斯乃旋轉物之臨界速度也。 亦有用類似方法，從實驗以測橋梁自然振動之周波率者。 最重要的火車在橋上之動力應嚮，因平衡重量而發生。 此種應嚮，在轉動者每秒鐘旋轉次數等於橋梁之自然周波率時，更爲明顯。欲定此周波率，必需用一特製之振子，類似上述之不平衡直流電小馬達（註三）。常用類似振子，以審視沈重透平發電機基礎之各種振動（註四）

擾力周波率 f_1，小於自然振動周波率之情形，常遇於各種測審蒸汽壓與氣壓之指示。器在無定氣壓下之指示器，常可供給正確之氣壓值，倘壓力之變化，慢於指示器自然振動之週期例如述一蒸汽引擎(Steam engine)上常用之指示器，活塞與指示器上彈簧之自然周波率大約每秒鐘 100 在和潤變化氣壓，慢動作之蒸汽引擎上其結果可算滿意。 但在因氣體膨張：而氣壓變動之高速度體氣引擎 (Gas engine) 上、則必須自然振動周波率高出於指示器，以便記錄正確之氣壓變化（註五）

在各種示加速率器 (Accelerometer) 亦有相同之情形。 該器

综合卷（第四册） 交大季刊 第五期 工程号（1931）

常含有一附有重量之剛硬彈簧。倘此重量之自然周波率 f 遠出於所講振擺之周波率 f_1 時則彈簧之曲度與重量之惰力成正比例并可藉以供給一正確之加速値(註六)

由此類推，f 大於 f_1，一定在變形計(Extensometer)上亦滿足。變形計用以記錄在振動建築物上之無定變形。若欲使此情形，亦適用於從力學原則上製造之變形計，則難矣(註七)。現常用電氣器具，以記錄因動力而生之變形。(註八)

f 小於 f_1 之現象，已用諸製造各種振擺計(Vibrometer)示振器(Vibrograph)，用以量振動之振幅與記載振動，例如記錄舟，橋之振動，軸之扭轉振動等。卽各種吸收振動器之構造。亦依斯理。安置機器在適合之彈簧上，則傳至基礎之擾力，得以大減。同理可應用於置科學儀器而掛於撓性彈簧上之桌子。蓋若是，則外擾力將不致發生不都希望之桌擺。

非諧振動 (Non-harmonic Vibration)

有幾種情形，振動系之彈簧常數，因變位而更改，卽儲力不再與變位成比例。此類彈簧，可從第三圖顯明。在平彈簧上掛一重量 w，釘在 A 端，在振動時，彈簧之一部份與筒狀面 AB 或 AC 接觸。因此肱杆之原長隨振幅而變。于是彈簧之剛度依增加之曲度而增加。所以振動之周波率乃隨振幅而增加。是類彈簧，常用以避免共振之不好効果。倘因共振而振動之振幅開始增加，則振動之周波率卽改變，易言之，共振現象卽消滅。

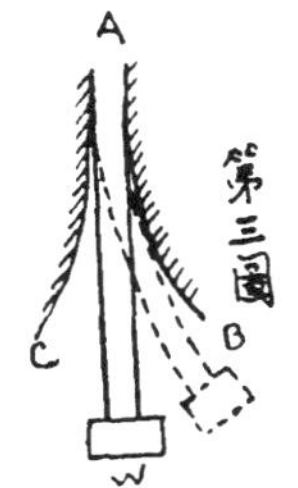

第三圖

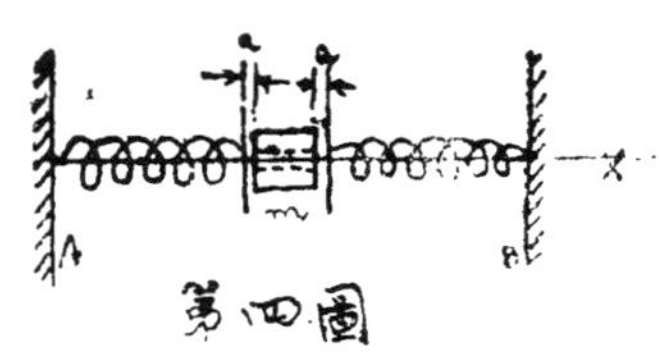
第四圖

第四圖乃振動週期依賴振幅之另例。在AB杆上滑動之質量m，在二彈簧間振動。振動之周波率，不但依賴彈簧常數，且恃餘隙(Clearance) a之大小與m之初速率。假定，質量在原始時，是在中間，且有速率V。則經過餘隙所必需之時間爲 $T_1=\frac{a}{v}$。完全週期爲

$$T=2\pi\sqrt{\frac{m}{k}}+4\frac{a}{v}\quad\cdots\cdots(14)$$

第一項與[7]式同，第二項爲經過餘隙必需之時間，每振擺四次。振動之週期，隨初速率，v而變更，可以有任何值，只要在下列二數之間。

$T_o=2\pi\sqrt{\frac{m}{k}}$ 適用於最高速率v；或最小餘隙'a'

$T_o=\infty$,, ,, ,, ,, 低 ,, ,, ,, ,,

設有一有定期力，週期T大於To，在此系動作時，常可使質量m，因受此打擊，而改其振動週期，使等於T。誠若是，則共振現象卽得以成立。在電氣火車頭上之幾種沉重振動，亦巳依此理而說明(註九)

尙有彈簧之撓性，因時間而改變者，則得另外一種非諧振動。透平發電機之兩極旋轉物卽其例也。

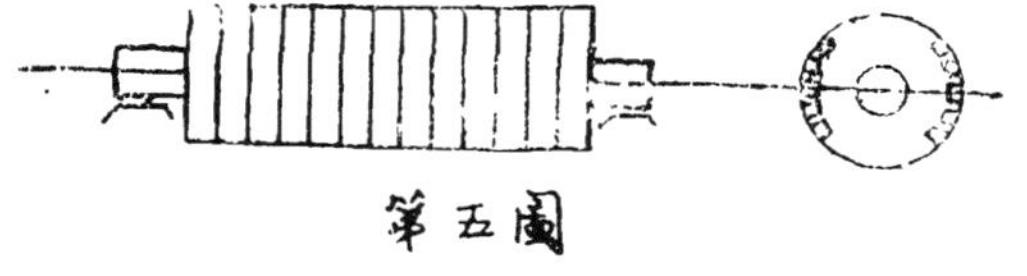
第五圖

此類旋轉物，因牠自己重量而生之曲度，在旋轉時常改變，且也在某一時期，因爲無定撓性或將發生重大振動

從上面討論，可以歸納起來說現代設計者，應當熟諳計算建築物振動之自然周波率，與旋轉機器之臨界速度。且也惟賴是項學問，沈重振動之可能性，得以消滅。

註一。 設樑之重量甚大，則樑之重量亦宜算進，其法，加重量之一半於旋轉物之重量上。

註二。 卽與自然振動之週期相比較

註三。 參考 Report of the fridge stress Committe Dept. of scientific & Industrial Researeh, H. M. Stationery officc, London 1928.

註四。 參考 Prof. H. Kayser 之論文 "Ueber Fundament-schwingungen Z. V. D. I. Vol. 73 (1929(1305 頁)

註五。 參考 "Collins Micro-Indicator," engineering Vol 113 (1922) 176 頁以及 Proc. Inst. M. E., London Jan. 1923 關於指示器之論文

註六， 參考 Engineering Vol 119 (1925) .50 頁

註七， 參考 "Camfridge Stress Recorder" Engincering August 1924 287 頁

註八， 參考 "Electric Telemeter" by O. S. Peters and B. Mecollum, Bureau of Standards, Technologic paper No. 247 Vol. 17 (1924), 737 頁又 Timoshenko 著之 "Vibration Problems in Engineering" 內 "Ritter's Extensometer 在342 頁上

註九。 參考 A. Wichert, Forschungsarbeiten No. 266 (1924), Berlin.

狄塞爾發動機中速度與振動之關係

B.V.L.Maleev 原著

王仁棟譯

動軸之扭轉振動 (Torsional vibration) 或稱振擺，爲一種重複扭轉之現象，向兩對方往復循環，而軸之每個切面，卽繞一固定之點而振擺。此種在垂直於曲軸 (crankshaft) 中心線之平面內之力，苟其施力之次數 (no. of application)´適等于軸之自然周波率，或二者成簡單之比率時；則力雖小亦足使曲軸面發生極大之弧形運動 (Angular motion)此種弧形運動能使發生高應力 (stresses)，若施用旣久，卽能使軸發生結晶；質疲 (Fatigue of material) 而終至敗壞。

引擎之速率，達一定之程度卽發生顯著之振動及弧形曲度。而結果往往造成動軸之敗壞；此種速度名之曰臨界速度 (critcal-speed) 今日關於引擎之各種調查，亦在探究某種速率，能使發生危險之扭轉振動，而設法減低之以臻安全。最近研究之結果已證明此種在臨界速度之連續振動，非特在曲柄軸中發生結晶及敗壞；而在曲柄梢，軸承，汽缸及螺梢中亦有同樣之危險。

著者時見曲柄梢，軸承，螺銷之破裂，有時與連接桿之彎曲同時發生，亦有與曲柄箱，活塞，甚而汽缸之破裂同時發生者。在直立式引擎中，當以六只汽缸者破裂較易，四只汽缸者次之，至於一只或二只汽缸者，幾無損裂發生。因各引擎之曲炳直徑相等，然六只汽缸之軸較其他者長，故所產生之扭轉振動較烈，而其臨界速度亦較低。

引擎設計者之最大使命，卽在設法避免此種臨界速度而不使發生危險之扭轉振動；此問題久已引吸一般工程師之注意，至今日，在理論方面，可謂已得相當解決。惟普通設計者皆不願研究此種複雜，枯燥之數理計算或圖形分析，而願犧牲一部份之準確，應用較簡之公式以求得其近似之值。

在普通油機帶動交流發動機之聯合中，共危險振動之構成不外二因：(一) 引擎火搏 (Firing impulse) 與其動軸自然周波率之同期，(Synchronism) 包含各旋轉部份之飛輪効應 (Flywheel effects).

(二) 引擎火搏與交流發電機電力所產生之自然周波率之同期。無論其為何種成因，而其周波率必差異於曲軸所受之力搏 (Forced impulses) (至少0.20.%). 知引擎周波 (Cycle) 之種類，即可斷定欲避免之臨界速度矣。

附有數個旋轉部份之動軸，其自然周波率可用下列公式計算之：

$$f=\frac{1}{2\pi}\sqrt{\frac{IGg}{\Sigma(l\times WR^2)}} \qquad (1)$$

此公式內， f= 每秒鐘之振擺數。

I = 軸切面之極複幾，以吋^{4}表之(Polar moment of inertia)

l = 旋轉部份與弧線交點中間之距離以吋表之

W= 旋轉部份之鎊重

R = 旋轉半徑(吋)

G = 動軸材料之韌性比 (Modulus of elasticity)

g = 地引常數 = 每秒加速386吋

設將公式中之f代以F, F係每分鐘之振擺數

卽 $F=60f$ 並將 π, G, 及 g 數值代入則得下列之公式：

$$F=645,000\sqrt{\frac{I}{\Sigma(l\times WR^2)}} \qquad (2)$$

圓軸之極複幾，可以其直徑表之

$$I=0.098\,d^4 \qquad (3)$$

設軸之直徑不均勻，假定每個切面之直徑爲 $d_1\ d_2\ d_3$ .....其相附長之度爲 $l_1\ l_2\ l_3$ ......則標準直徑 d 之等値長度 l' 卽等於

$$l_1'=l_1\left(\frac{d}{d_1}\right)^4;\ l_2'=l_2\left(\frac{d}{d_2}\right)^4;\ l_3'=l_3\left(\frac{d}{d_3}\right)^4 \ldots\ldots (4)$$

當軸振動時不論其爲直綫的或弧形的，必有一切面係相對靜止的 (Relative rest) 此切面卽曰弧綫交點。(node) 弧形曲度之量衡亦以此爲標準。此交點之正確位置須用繁複之算學計算之，然亦可以下列簡法得之：—

先將各旋轉部份之飛輪効應作爲各部份之重量，然後在各部之重心點，位定各弧綫交點，爲應用便利計，可將曲軸作爲一直軸其直徑等於樞 (Journal) 之直徑。

在計算往復部份 (Reciprocating Pants) 之飛輪効應時，可將其重量之半加入曲軸及曲軸梢承之重量中。往復部份包含活塞，活塞梢 (wrist pin) 及三分之一的連接桿。

試以例題以明前說：今欲設計一四汽缸四行程式 300 匹馬力之油機，直接帶動一 225 K. V. A. 之交流發電機，吾人卽可根據第一表及第一圖之所給與紀錄而計算之：

用公式 (4) 算得飛輪與發電機旋轉心子 (generator rotor) 中間 12 吋長 7 吋直徑之等値長度：

$$12\left(\frac{9}{7}\right)^4=32.75\text{ 吋}$$

曲軸之飛輪効應 $=\left(650+\frac{700}{2}\right)\times 10^2=100{,}000$ 鎊一吋^2

飛輪之 „ „ „ $=6100\times 34^2=7{,}051{,}600$ 鎊一吋^2

旋轉心子之 „ „ „ $=2425\times 25.6^2=1{,}584{,}000$ 鎊一吋^2

第二圖示—9 吋直徑均勻軸之等值長度及飛輪効應用（鎊一吋^2）之千位表明之。

從第二圖，可以斷定周波振動之弧線交點，係位於兩主要旋轉部份，飛輪與旋轉心子之間而靠近飛輪；距旋轉心子之中心爲C吋，此C可用第二圖及第一表之數值而求得之：

$$\begin{aligned}1{,}584C=7{,}052(40.75-C)\\+100(28.87+40.75-C)\\+100(24.+28.87+40.75-C)\\+100(48+28.87+40.75-C)\\+100(72+28.17+40.75-C)\end{aligned}$$

$$\therefore C=\frac{7052\times 40.75+100\times 422.5}{1{,}584+7052+400}=36.5\text{吋}$$

此值示明弧綫交點或危險點之位置距飛輪之中心爲 $\left(40\frac{3}{4}-36\frac{1}{2}\right)=4\frac{1}{2}$吋

今乃用公式(2)以求F：

$I=0.89\times 9^4=643$ 吋^4

$l=C=36.5$ 吋

$WR^2=1{,}584{,}000$ 鎊一吋^2

$$\therefore F=645{,}000\sqrt{\frac{643}{36.5\times 1{,}584{,}000}}=\frac{645{,}000}{299}=2{,}160\text{ 每分}$$

周波數

因四汽缸四行程式之引擎每一轉有二次著火故共臨界速度爲：— $Nct.=\frac{2160}{2}=1080$ 每分轉數

臨界速度之高序(order)者如第二序，第三序等，普通均不危險，祇發生輕微之推搏(Impulses)，在此題中，只在每分鐘540，360轉左右

從以上計算中，可見所有之臨界速度皆高於每分鐘240轉之引擎速率，故此曲軸可謂非常安全。在二行程式中每轉有四個著火，故臨界速度亦因而縮低一半，而變成540，270，與180之每分鐘轉數。然曲軸仍可安全，惟第二序之臨界速度祇高出引擎速率15%，而在四行程式中，雖第三序之速度，亦高出引擎速度50%之多，此所以二行程式中之軸較易損壞也。

第一表：引擎之大小

行程 (stroke)	20 吋
每分鐘轉數	240
曲軸直徑	9 吋
引伸軸 (Extension shaft) 直徑	7 磅
每曲柄上旋轉部份之重量	650 鎊
每曲柄上往復部份之重量	700 鎊
飛輪之重量	6100鎊
旋轉心子之重量	2425鎊
曲柄之旋轉半徑	10 吋
飛輪之旋轉半徑	34 吋
旋轉心子之旋轉半徑	25.6吋

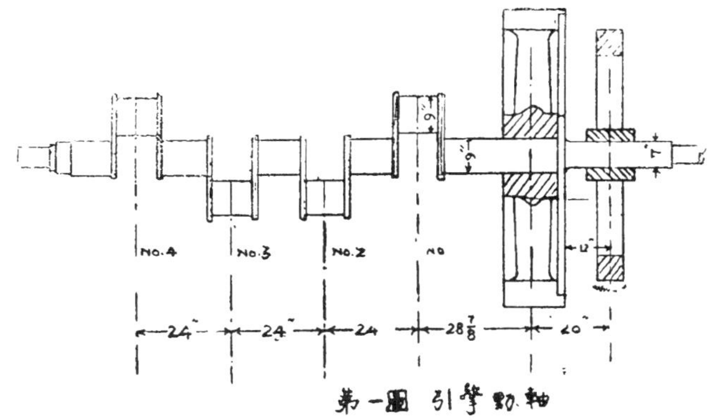

第一圖 引擎動軸

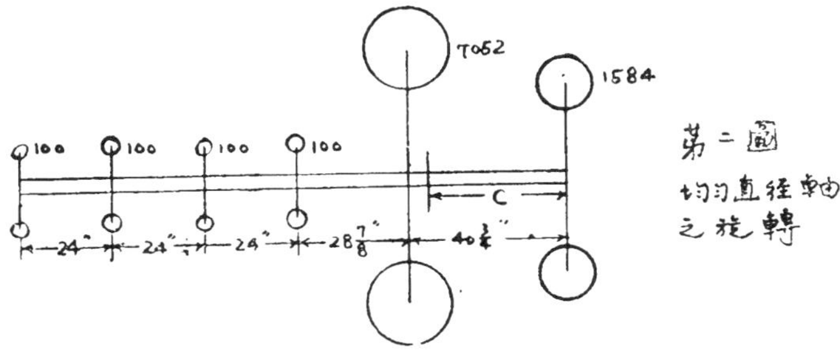

第二圖
均勻直徑軸
之旋轉

汽缸之數目亦足以應響於臨界速度，數目愈多則臨界速度愈低。

從製造之經驗，得知為狄塞爾引擎帶動之交流發電機，其參差之程度 (degree of irreqularity) 不得超過：—

$$S=\frac{M}{6p}\cdots\cdots(5) \qquad \text{(Everest 公式)}$$

此公式內：M ＝ 每轉之推搏數。

P ＝ 交流發電機之極數。

S ＝ 參差之程度。

油機中之參差程度可用下面公式計算之。此公式係H. Guldner 所規定，用英國制，(English unit),輪掣馬力，並假定平均機械效率爲0.80

$$S=\frac{302\times10^{6}\times K\times H.P.}{WR^{2}\times n^{3}}\ \cdots\cdots(6)$$

此公式內：K＝係數，視行程式之種類與汽缸之數目而異，可參考第二表。hp＝額定輪掣馬力 (rated brake horse power)

W^2R ＝飛輪及旋轉心子之聯合飛輪動量 (Flywheel momentum) 用鎊一尺²表之。

n ＝每分鐘轉數之引擎速度。

在四汽缸四行程式之引擎中每轉推摶二次

故 M=2　　P=30.　　故 $S=\frac{2}{6\times30}=\frac{1}{90}$

而實際上的參差程度可用公式(6)求之：

從第二表得知 K=0.065

hp.=300

$$WR^{2}=\frac{7051{,}500+1{,}584{,}000}{12^{2}}=60{,}000\ \text{鎊一呎}^{2}$$

如用引擎速度爲240

$$\text{則}\quad S=\frac{302\times10^{6}\times0.065\times300}{60{,}000\times240^{3}}=0.0071=\frac{1}{149}$$

此值較Everest公式中算出者爲低。

第二表 Guldner 公式中K之值

汽缸數目	四行程式		二行程式	
	著火序度數	K	著火序度數	K
1	720	1.0	360	.42

2	360	.44		
2	180 與 540	.58	180	.11
3	240	.20	120	.062
4	180	.065	90	.038
6	120	.043	60	.008
8	90	.026	45	.001

飛輪之重量較大，苟欲求得均勻之轉動，並免去扭轉振動之危險，在內燃機帶交流發電機之平列運用 (Parallel operation) 中其自然周波率至少須與力搏周波率相差 20 %.此類周波率名曰臨界周波率 (Critical frequency) 而必須去除者也。

在四行程式中臨界周波率，約等於引擎旋轉數之半；在二行程式中二者適相等。第二序或第三序周波率影響于引擎效率甚微，因其較引擎之自然周波率太高故也。

第三表中列示四行程式及二行程式中汽缸數與每分鐘危險周波率之關係。

每分鐘之自然周波率F可用下面公式求之：

$$F = \frac{35200}{n}\sqrt{\frac{P_o f}{WR^2}} \quad \cdots\cdots(7)$$

公式內:— n ＝ 每分鐘之旋轉數

f ＝ 交流發電機之周波率（以每秒計）

WR^2＝ 飛輪及旋轉心子之聯合飛輪動量，(鎊一呎^2)

P_o ＝ 當旋轉心子連續從無負時 (no load position)

移開一電弧度時之產量以千弗安表之（KVA）

各種發電機之P_o可依下式求之，

三相發電機中：

$$P_o = \frac{C\sqrt{3}\times E}{1000} \quad \text{——(8)}$$

C＝全部電壓 E (Full voltage) 短接之電流

二相發電機中：

$$P_o = \frac{2\,CE}{1000} \quad \text{——(9)}$$

單相發電機中：

$$P_o = \frac{CE}{1000} \quad \text{——(10)}$$

普通計算之程序，先求自然周波率之限極再用公式(7)求其相附之 WR^2; 與擬定之 WR^2 相比，然後更改此擬定之 WR^2，而使其免去臨界速度之發生。在平列運用中，如有各種不同速度時，則每只引擎必將各種與速度相附之自然周波率，設法避免之。

第三表：危險之臨界周波率

汽缸數目	四行程式 主要周波率	四行程式 第二序周波率	四行程式 第三序周波率	二行程式 主要周波率	二行程式 第二序周波率	二行程式 第三序周波率
2	.5n	n	...	n	2n	...
3	.5n	...	1.5n	n	....	3n
4	.5n	n	2n	n	2n	4n
5	.5n	...	2.5n	n	....	5n
6	.5n	n	3n	n	2n	6n
8	.5n	n	4n	n	2n	8n

n= 引擎速度（每分鐘之旋轉數）

此種簡易之曲軸，飛輪核定法，可保障引擎免去扭轉振動，而臻安全。且能應用於直流發電機，離心唧筒。與輪船之螺旋葉等而得同樣之結果，故應用彌廣也。

工程名詞之俗稱

陸景雲

以下所列的工程名詞俗稱，乃是於前兩個暑期內，在工廠中所常常聽到，而回憶出來的；所以其數量當然係日常所用之小部份。覺得這些名詞很有趣味，而且很可記得。假使同學們一旦離了學校，進工廠和工人們接觸，那非能聽懂他們俗語不可。否則我用我的英文，則他們不懂，而他們之俗語，我也不懂，豈不妨礙公務，而要鬧出笑話麼？有一句要聲明的，就是這些都是上海一帶之俗語，其他地方，恐又將不同了。

Shaft	地軸
Crank shaft	彎地軸
Coupling	考不林
Collar	考老
Hanger	掛脚
Lathe	車床
Drilling machine	鑽床
Milling machine	洗床
Rack	百脚牙齒
Bevel gear	盆子牙齒
45° bevel gear	角尺牙齒
Right angle	一角尺
Cylinder	汽缸
Oil ring	油林
Oxy-acetylene welding	電桿
Electric welding	大電桿

（未完）

運算微積分之大意及應用

徐民壽節譯

「按運算微積分（Operating Calculus）乃最近海佛仙氏（Heaviside）所發明，爲解算電機工程習題之利器。茲得 Berg 氏之作于 General Electric Reveiw, 1928. 頗簡明。惟篇幅過長，因節譯其首九章之要旨于下。」

（一）緒　論

論電學者必推馬克斯惠爾氏。(Maxwell) 其著作也對于電磁界各種現象解說靡詳。然而其解法則必須運用普通之算學。故每繁複異常。及海佛仙氏出，乃欲以較簡之術，而獲同等之結果。其法維何，運算微積分而已。

吾人亦曾億及讀微分方程之時乎？運算子亦已論及。例如：有微分方程如 $\frac{dy}{dt}=ay+f(t)$。則 $y=\frac{f(t)}{D-a}$。D 卽代表 $\frac{d}{dt}$。通常稱作運算子是也。其解當爲 $y=ce^{at}+e^{at}\int e^{-at}f(t)\,dt$。在上例中，仍須經過積分手續。是以在昔日之微分方程中，運算子之施用，對於解題手續方面。並不稍形簡單。在今日之運算微積術中，則不然。是項積分手續幾可免去。解法因以簡便不少。

在未作進一步討論之前，先將運算微積中之重要假定詳述於下。

(1) 海氏謂積分及微分之相反手續。(Inverse process.) 令 $\frac{d}{dt}=p$，卽所謂運算子。(Operator) 於是 $py=\frac{dy}{dt}$ $p^2y=\frac{d^2y}{dt^2}$.,… 而 $\frac{y}{p}=\int$

$y\,dt\ \frac{y}{p^2}=\iint y\,dt\,dt$…….

(2) 無論何式中含 p 者，皆當服從一切普通代數定律。而 p 則一如普通代數常數如 a, b, c 等。

(3) 海氏又爲避免積分起見。乃擇一時間 t 之函數，寫作 **1**。名曰單位函數。此數乃一常數。可代表一單位電流，電壓熱量或力等等物理量，加於一整體於 t = o.［單位函數卽所謂 Unit Function］

由以上三假定，海氏於是而得下列之積分公式焉。 $\frac{1}{p^n}\mathbf{1}=\frac{t^n}{\underline{|n}}\mathbf{1}$ …… (1) 蓋 $\frac{1}{p}\mathbf{1}=\int dt\,\mathbf{1}=\frac{t}{\underline{|1}}\mathbf{1}$ $\frac{1}{p^2}\mathbf{1}=\iint dt\,dt\,\mathbf{1}=\frac{t^2}{\underline{|2}}\mathbf{1}$

故 $\frac{1}{p^n}\mathbf{1}=\frac{t^n}{\underline{|n}}\mathbf{1}$. 又設 n 爲負一時，則 $p\mathbf{1}=\frac{d\mathbf{1}}{dt}$。但單位函數乃一常數，在 t = o 之後。故 $p\mathbf{1}=\frac{d\mathbf{1}}{dt}$ 當爲零在 t = o 之後。然適當 t = o 之時，則 p **1** 當爲無窮大。而後回至零。此點可以第一圖解釋之。 圖中橫軸爲時間 t 。平行於橫軸之直綫爲表單位函數之值。$p\mathbf{1},=\frac{d\mathbf{1}}{dt}$，當爲此直線之傾斜度。（Slope）故在 t = o 之後，此傾斜度卽 p **1** 爲零。而適在 t = o 之時，則此値（Slope）當爲無窮大而後回至零。

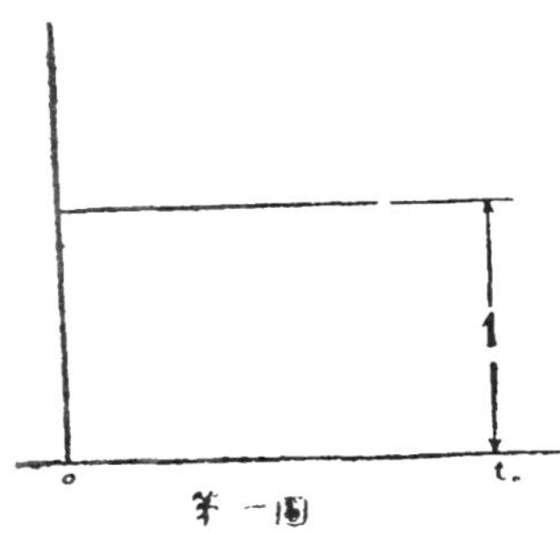

第一圖

例：當凝電器 (Condenser) 接於 E 伏脫 (volt) 之電池充電時，設電路中無電阻，（Resistance）則凝電器上所受之電荷當爲 Q = EC。C 爲電容。（Capacity）但 $Q=\int i\,dt=\frac{i}{p}=EC\,\mathbf{1}$ 此處之 i 卽充電電

流。(Charging Current) 因 $\frac{i}{p} = FC\mathbf{1}$. 故 $i = pEC\mathbf{1}$. 由此式觀之，當在 $t = o$ 之後。(卽關了開關 Switch 之後) 電流之值將永久爲零。至於電荷則爲 $Q = \int i\,dt = \frac{i}{p} = EC\mathbf{1}$. 故在 $t = o$ 之後，電荷之值，乃一常數，等於 CE. 凡此種種，皆與實驗所得之結果絲毫無差。

爲使讀者明了運用此運算積分公式起見玆姑舉二例於下。

(1) 証：$\frac{p}{p+\alpha}\mathbf{1} = \epsilon^{-\alpha t}\mathbf{1}$。解此題時，先將此式展成級數。此項手續，海氏稱曰運算子之代數化。(Algebrize the Operator)。

$$\frac{p}{p+\alpha} = \frac{1}{1+\frac{\alpha}{p}}\mathbf{1} = \left(1+\frac{\alpha}{p}\right)^{-1}\mathbf{1} = \left(1-\frac{\alpha}{p}+\frac{\alpha^2}{p^2}-\cdots\cdots\right)\mathbf{1}.$$

但 $\frac{1}{p}\mathbf{1} = t\mathbf{1}$ $\frac{1}{p^2}\mathbf{1} = \frac{t^2}{\underline{|2}}\mathbf{1}$. 故

$$\left(1-\frac{\alpha}{p}+\frac{\alpha^2}{p^2}-\cdots\right)\mathbf{1} = \left(1-\alpha t+\frac{\alpha^2 t^2}{\underline{|2}}-\cdots\right)\mathbf{1} = \epsilon^{-\alpha t}\mathbf{1}.$$

$$\frac{p}{p-\alpha}\mathbf{1} = \epsilon^{-\alpha t}\mathbf{1}.\cdots\cdots(2)$$

[註] $\epsilon^{-\alpha t} = \left(1-\alpha t+\frac{(\alpha t)^2}{\underline{|2}}\cdots\cdots\right)$ 此式可得之于普通微積分書籍中。

(2) 證 $\frac{1}{p+\alpha}\mathbf{1} = \frac{1}{\alpha}\left(1-\epsilon^{-\alpha t}\right)\mathbf{1}$。

$$\frac{1}{p+\alpha}\mathbf{1} = \frac{1}{p}\left(\frac{1}{1+\frac{\alpha}{p}}\right) = \mathbf{1}\,\frac{1}{p}\left(1-\frac{\alpha}{p}+\frac{\alpha^2}{p^2}\cdots\cdots\right)\mathbf{1}$$

$$= \left(\frac{1}{p}-\frac{\alpha}{p^2}+\frac{\alpha^2}{p^3}-\cdots\right)\mathbf{1} = \left(t-\frac{\alpha t^2}{\underline{|2}}+\frac{\alpha^2 t^3}{\underline{|3}}-\cdots\cdots\right)\mathbf{1}$$

$$= \frac{1}{\alpha}\left(\alpha t - \frac{\alpha^2 t^2}{\lfloor 2} + \frac{\alpha^3 t^3}{\lfloor 3} - \cdots\cdots\right) \mathbf{1}$$

$$= -\frac{1}{\alpha}\left(\epsilon^{-\alpha t} - 1\right)\mathbf{1} = \frac{1}{\alpha}\left(1-\epsilon^{-\alpha t}\right)\mathbf{1} \cdots\cdots(3)$$

書至此。或將問曰：當將 $\frac{p}{p+\alpha}$ 代數化時，曾展成 $\frac{1}{1+\frac{\alpha}{p}}$，但曷勿書作 $\frac{p}{\alpha}\left(\frac{1}{1+\frac{p}{\alpha}}\right)$。其故安在？ 余將答曰：前者可寫作 $\left(1-\frac{\alpha}{p}+\frac{\alpha^2}{p^2}-\cdots\right)$，後者則爲 $\left(\frac{p}{\alpha}-\frac{p^2}{\alpha^2}+\cdots\right)$，前者包含 $\frac{1}{p}$，其值可自第一式得之；後者含p及p之高次方，其值無從而得。且前者爲p之收斂級數，（Convergent）而後者爲分散級數。（divergent）故用前者耳。

從例二之式，吾人可直接得一電動力加於感應電路（Inductive Circuit）之解。 蓋 $E\,\mathbf{1} = ir + L\frac{di}{dt}$。 L＝自感保數（Self inductance） $\therefore i = \frac{E}{r+Lp}\mathbf{1} = \frac{E}{L}\cdot\frac{1}{\frac{r}{L}+p}\mathbf{1}$.

應用(3) $i = \frac{E}{L}\times\frac{L}{r}\left(1-\epsilon^{-\frac{r}{L}t}\right) = \frac{E}{r}\left(1-\epsilon^{-\frac{r}{L}t}\right)$

此式蓋吾人所習知者也。

(2) 運算解 (Operational Solution)

習電學者固罔不知有歐姆（Ohm）氏定律者。在下列六種電路中， E爲電動力。(常數) R＝電阻。 L＝感應電阻 (Inductance) i＝電流。 C＝電容量。

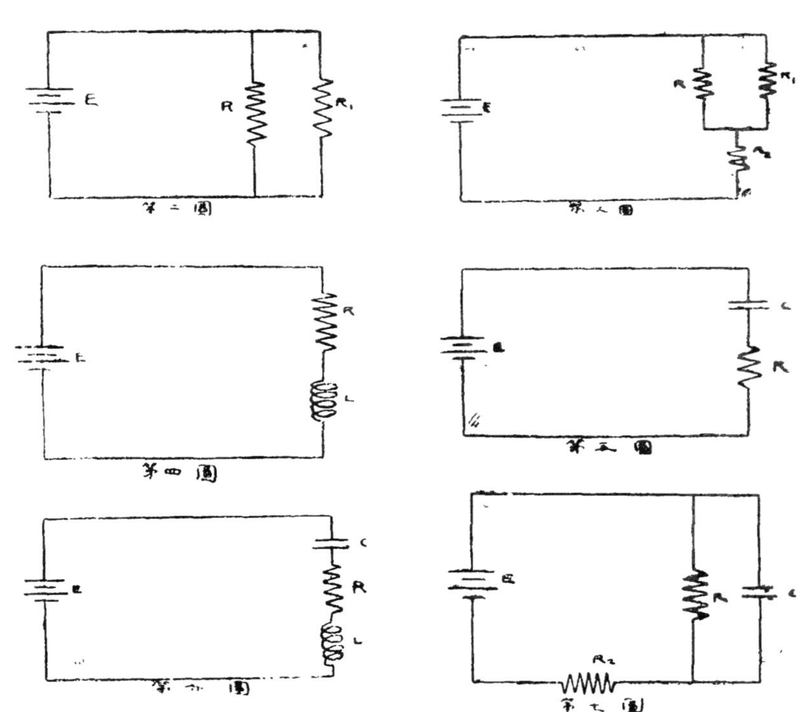

第二圖 第三圖 第四圖 第五圖 第六圖 第七圖

第二第三兩電路僅含電阻，其解頗簡。如第二圖中之聯合電阻(Combined resistance)為 $\frac{RR_1}{R+R_1}$。故 $i_2 = \frac{E}{\frac{RR_1}{R+R_1}} = E\frac{R+R_1}{RR_1}$。

第三圖中所示之聯合電阻 $= R_2 + \frac{RR_1}{R+R_1}$。$i_3 = \frac{E}{R_2 + \frac{RR_1}{R+R_1}}$

$= \frac{E\ (R+R_1)}{RR_2+R_1R_2+RR_1}$。

如第四圖所示者中有感應電阻，其解法當稍異。$i_4 = \frac{E}{r+Lp}\mathbf{1}$。（見

第一章）

又如第五圖，電路中有電阻及電容二者。通常寫作$E=ir+\int\frac{i\,dt}{C}$。在海氏假設之下，則當爲$E\,\mathbf{1}=ir+\frac{i}{pc}$。而$i=\frac{E\,\mathbf{1}}{r+\frac{1}{pc}}$。

同樣如第六圖中，含有電阻電容及感應電阻三者。其解當爲$E\,\mathbf{1}=ir+Lpi+\frac{i}{pc}$。$i=\frac{E}{r+Lp+\frac{1}{pc}}\mathbf{1}$。在上列各式中，各分母如$r+Lp$，$r+\frac{1}{pc}$，及$r+Lp+\frac{1}{pc}$，海氏皆名之曰電阻運算子。（Resistance Operator）［按此並非通常之 Impedance 閱者幸毋誤認］。

又如第七圖所示之電路乃爲一漏電凝電器 (Leaky Condenser) 串聯於一電阻。欲得其解，請先觀第三圖。在第三圖中，聯合電阻已知爲$R_2+\frac{RR_1}{R+R_1}$。但R_1之在第三圖中適當凝電器C之在第六圖，以電阻運算子$\frac{1}{pc}$代R_1　$Z_0=R_2+\frac{R\frac{1}{pc}}{R+\frac{1}{pc}}=R_2+\frac{R}{1+R\,pc}=\frac{R+R_2+RR_2PC}{1+RPC}$ 故$i=\frac{E}{Z_0}\mathbf{1}=\frac{E\,(1+RPC)}{R+R_2+RR_2PC}\mathbf{1}$。以上各式海氏皆名之曰運算解。以普遍之公式表之，則當一恆定電動力加於一電路時$i=E\frac{Y(p)}{Z(p)}\mathbf{1}$。$Y(p)$及$Z(p)$皆p之函數。在第七圖所示之電路中$y(p)=(1+RPC)$，$Z(p)=R+R_2+RR_2PC$。

再者吾人當寫運算解時，必須注意下點：即令$Z(p)=0$時，p根之數目，當爲最多。

故如第六圖之解，可書作 $i=\frac{E(1+RPC)}{R+R_2+RR_2PC}\mathbf{1}$。或 $E\frac{1}{\frac{R+R_2+RR_2PC}{1+RPC}}\mathbf{1}$。但不可書成 $i=E\frac{\frac{(1+RPC)}{R+R_2+RR_2PC}}{1}\mathbf{1}$。蓋上二式 Z_p 爲 $R+R_2+RR_2PC$ 及 $\frac{R+R_2+RR_2PC}{1+RPC}$。當 $Z(p)$ 爲零時，得一P根爲 $P=-\frac{R+R_2}{RR_2C}$。但第三式則不然。Z_{p} 爲1，並無p在。故無根可得。是以此式爲不可用。在討論開展定律時，其故自可明了。

自上述之六例，閱者當可明了運算解之如何而成。以及其普遍之公式如何。至於如何獲得其眞 Instantaneous 值，當於下章再行討論。

(3) 開展定律 (Expansion Theorem)

在未論開展定律之前，當先知所謂海佛仙氏條件者。(Heaviside's Condition) 此蓋指現在所討論之各間題，皆爲一定量 (Steady Quantity) 加於其整體 (System) 於 $t=o$。以後當再論及變量。[如正絃交流電等見第五章]

第二章中 i 之普遍運算解巳知爲 $E\frac{Y(p)}{Z(p)}\mathbf{1}$。$Y(p)$ 及 $Z(p)$ 皆 p 之函數。設 $Z(p)$ 內 p 之最高次方高於 $Y(p)$，則 $\frac{Y(p)}{Z(p)}\mathbf{1}$ 等於一整分數。設 $Z(p)$ 內 p 之最高次方低於 $Y(p)$，則此 $\frac{Y(p)}{Z(p)}\mathbf{1}$ 爲一帶分數。

$\frac{Y(p)}{Z(p)}\mathbf{1}=Ap\mathbf{1}+B\mathbf{1}+\frac{Y_1(p)}{Z(p)}\mathbf{1}$。自第一章討論知第一項 $Ap\mathbf{1}$ 當 $t=o$ 其值爲無窮大而回至零。當 $t=o$ 以後其值則永久爲零。第二項並不含p　。第三項則須以開展定律得其結果。其分母

$Z(p)$ 設為 p $+ap^{n-1}+\cdots\cdots$ 當 $Z(p)$ 等於零時，令 p 之根為 $P_1\ P_2\ P_3\cdots\cdots$.

$$\therefore Z(p) = (p-p_1)(p-p_2)(p-p_3)(\cdots\cdots$$

$$\frac{Y_1(p)}{Z(p)} = \frac{Y(p)}{(p-p_1)(p-p_2)(p-p_3)\cdots\cdots}$$

分析成部份分數 (Partial Fraction)。

$$\frac{Y_1(p)}{Z(p)} = \frac{A}{p-p_1} + \frac{B}{p-p_2} + \cdots\cdots$$

$$Y_1(p) = A(p-p_2)(p-p_3)\cdots\cdots + B(p-p_1)(p-p_3)\cdots\cdots + \cdots\cdots$$

當 $p=p_1$ 時，$Y_1(p_1) = A(p-p_2)(p-p_3)\cdots\cdots$

$$\therefore A = \frac{Y_1(p_1)}{(p_1-p_2)(p_1-p_3)\cdots\cdots}$$

又以 $Z'(p) = (p-p_2)(p-p_3)\cdots\cdots + (p-p_1)(p-p_3)\cdots\cdots + \cdots\cdots$

$Z'(p)\ p=p_1 = (p_1-p_2)(p_1-p_3)\cdots\cdots$

$\therefore A = \dfrac{Y_1(p_1)}{Z'(p_1)}$。同樣 $B = \dfrac{Y_1(p_2)}{Z'(p_2)}$ 以此類推其他各項。 自第一章第三式得 $\dfrac{A}{p-p_1}\mathbf{1} = \dfrac{A}{-p_1}(1-\epsilon^{p_1t})\mathbf{1}$

故 $\dfrac{Y_1(p)}{Z(p)}\mathbf{1} = \dfrac{A}{p-p_1}\mathbf{1} + \dfrac{B}{p-p_2}\mathbf{1} + \cdots\cdots$

$$= \left[-\frac{A}{p_1} - \frac{B}{p_2} - \cdots\right]\mathbf{1} + \left[\frac{A\epsilon^{p_1t}}{p_1} + \frac{B\epsilon^{p_2t}}{p_2} + \cdots\right]\mathbf{1}\text{。}$$

$$= \left[-\frac{A}{p_1} - \frac{B}{p_2} - \cdots\right]\mathbf{1} + \left[\frac{Y_1(p_1)\epsilon^{p_1t}}{p_1Z'(p_1)} + \frac{Y_1(p_2)\epsilon^{p_2t}}{p_2Z'(p_2)} + \cdots\right]\mathbf{1}\text{。}$$

此式之第一項 $\left[-\dfrac{A}{p_1} - \dfrac{B}{p_2} - \cdots\right] = \dfrac{Y_1(p)}{Z(p)}\ p=0$

故 $\dfrac{Y_1(p)}{Z(p)}\mathbf{1} = \left[\dfrac{Y_1(0)}{Z(0)} + \dfrac{Y_1(p)}{p\dfrac{dz}{dp}}\epsilon^{pt}_{\ p=p_1} + \dfrac{Y_1(p)}{p\dfrac{dz}{dp}}\epsilon^{pt}_{\ p=p_2} + \cdots\cdots\right]\mathbf{1}$

$$= \frac{Y_1(o)}{Z(o)} + \sum_{p_1, p_2, p_3 \cdots} \frac{Y(p)\,\epsilon^{pt}}{p\,\frac{dz}{dp}} \cdots\cdots\cdots\cdots (4)$$

此式蓋卽海氏之開展定律。推演此式時，曾假定 $Z(p)$ 之各根皆不等，且不等於零。下章當詳論有數根相同，或一根爲零時之解法。再上述之開展律。吾人曾假定 $\frac{Y_1(p)}{Z(p)}$ 爲整分數。惟亦不難證明當 $\frac{Y(p)}{Z(p)}$ 爲假分數時，此定律亦同樣可用。而固不必先將假分數化爲帶分數也。今設 $Z(p)$ 內 p 之最高次方等 $Y(p)$ 內 p 之最高次方。

命 $Y(p) = p^n + \alpha p^{n-1} + \beta p^{n-2} + \cdots\cdots\cdots\cdots + \gamma$

$Z(p) = p^n + a p^{n-1} + b p^{n-2} + \cdots\cdots\cdots\cdots + C.$

先姑以 $Z(p)$ 除 $Y(p)$ 得一帶分數如下

$$\frac{Y(p)}{Z(p)}\ 1 = 1 + \frac{[\alpha - a]\,p^{n-1} + [\beta - b]\,p^{n-2} + \cdots\cdots + \gamma - C}{p^n + a p^{n-1} + b p^{n-2} + \cdots\cdots + C}$$

$$= 1 + \frac{Y_2(p)}{Z(p)},\quad Y_2(p) = [\alpha - a]\,p^{n-1} + [\beta - b]\,p^{n-2} + \cdots\cdots + \gamma - C$$

$$Z(p) = p^n + a p^{n-1} + b p^{n-2} + \cdots\cdots C$$

今 $\frac{Y_2(p)}{Z(p)}$ 爲一整分數。應用開展律其解當爲 $1 + \frac{Y_2(o)}{Z(o)} + \sum K \epsilon^{pt}$

$= 1 + \frac{\gamma - C}{C} + \sum K \epsilon^{pt} = \frac{\gamma}{C} + \sum K \epsilon^{pt}$。

又設假分數 $\frac{Y(p)}{Z(p)}$ 不化帶分數而直接應用開展定律。則得 $\frac{Y(o)}{Z(o)} + \sum m \epsilon^{pt}$。但 $\frac{Y(o)}{Z(o)} = \frac{\gamma}{C}$ 故 $1 + \frac{Y_2(o)}{Z(p)} = \frac{Y(o)}{Z(o)}$。

又以 $Y_2(p) = Y(p) - p^n - (Z(p) - p^n) = Y(p) - Z(p)$。

$K_i = \frac{Y_2(p)}{p\,\frac{dz}{dp}} = \frac{Y(p) - Z(p)}{p\,\frac{dz}{dp}}$。$p = p_1$。

但當 $p = p_1$ 時 $Z_{(p)} = 0$ 但 p_1 乃 $Z_{(p)} = 0$ 之根

故 $K_1 = \dfrac{Y_2(p)}{p\dfrac{dz}{dp}} = \dfrac{Y(p)}{p\dfrac{dz}{dp}}$

而 $m_1 = \dfrac{Y(p)}{p\dfrac{dz}{dp}}$ ，$p = p_1$

且 $Z(p)$ 在 $\dfrac{Y_2(p)}{Z(p)}$ 及 $\dfrac{Y(p)}{Z(p)}$ 二式中相同故其根 $p_1 p_2$ ……等示相同

$\therefore\ K_1 = m_1$

$K_2 = m_2$ ……

是故 $\dfrac{Y(p)}{Z(p)}$ 無論爲假分數或整分，數開展定律皆可應用無礙。

爲求明了起見，將應用開展律時之手續錄之於下：

(1) 先寫 $Z_{(p)}$ 之式

(2) 令 $Z_{(p)} = 0$ 求 p 之根。

(3) 求 $\dfrac{dz}{dp}$ 之値

(4) 求 $p\dfrac{dz}{dp}$

(5) 以 $p_1\ p_2\ p_3$ ……等根代入(4)

(6) 以 $p_1\ p_2\ p_3$ ……等根代入 $Y(p)$ 項

(7) 以 $p = 0$ 代入 $\dfrac{Y(p)}{Z(p)}$ 以得 $\dfrac{Y(o)}{Z(o)}$

然後得其解爲

$$\frac{Y(o)}{Z(o)} + \sum_{p_1, p_2, p_3} C\epsilon^{pt} \qquad C = \frac{Y(p)}{p\dfrac{dz}{dp}}$$

至是或問曰：此非一直綫微分方程之解法乎？余曰然。惟海氏之法妙在簡易。解高次微分方程時，當尤感覺至其妙處也。夫海氏之解題也，不外二法（1）卽應用開展律。（2）則將運算子代數化。（Algebrize the operator）蓋卽第一章內所示之將運算子展成級數之法是也。　然用開展律時，當求p之根每苦手續之繁有時或得複數，以致難於得解。至於將運算子展成級數時，有時且不能得確切之解答。但有時亦有較簡之方法以得解。此種例他日當再詳。

（4）續開展定律

當推演上章之開展律，曾假定 $Z_{(p)}=0$ 時 p 之各根均不相同且不爲零。此章所將討論者，乃當 $Z_{(p)}$ 爲 0 時，有數根相同或一根爲零。

(1) $Z_{(p)}$ 之一根爲零：——　此節最宜以例明之。設有一含感應電阻之電路求電池所供給之電量。已知：

$$i=\frac{E}{r+pL}\mathbf{1}$$

$$Q=\int_0^t i\,dt=\frac{i}{p}=\frac{E}{p(r+pL)}\mathbf{1}\text{。}$$

此式中，$Z_{(p)}=p(r+pL)$ 中一根爲零。故開展律似不能直接應用矣。但i之值則可以開展律求得之。

$$i=\frac{E}{r+pL}\mathbf{1}=\frac{E}{r}\left[1-\epsilon^{-\frac{r}{L}t}\right]$$

$$Q=\int_0^t i\,dt=\frac{1}{p}i=\int_0^t\frac{E}{r}\left[1-\epsilon^{-\frac{r}{L}t}\right]dt$$

故當 $Z_{(p)}$ 有一根爲零時，須一次積分。設二根爲零，則須二次積分。餘類推。

(2) $Z_{(p)}$ 有數根相同：-- 當數根相等時。最簡單之解法，當為假定此數根者，均互相稍異。以開展律解之。得解之後，令此數根漸近相同，再求其確實之值。 除上法外，當數根相等時，不妨另找新運算子以求其解。

茲舉例以明之。在下圖中。

電流 $= i = \dfrac{E}{r+pL+\dfrac{1}{pc}}$ 1

於是 $Z_{(p)} = r + pL - \dfrac{1}{pc}$

令 $Z_{(p)} = 0 \quad \therefore r + pL + \dfrac{1}{pc} = 0$

解之得 $p_1 = -\alpha + jw \quad p_2 = -\alpha - jw$。

設 $\dfrac{1}{cL} > \dfrac{r^2}{4L^2}$ 則 $\ell = \dfrac{r}{2L} \quad w = \sqrt{\dfrac{1}{cL} - \ell^2} = \sqrt{w_o^2 - \alpha^2}$

$\therefore \quad w^2 + \ell^2 = w_o^2 \qquad w_o = \sqrt{\dfrac{1}{cL}}$ 。

$\dfrac{dZ_{(p)}}{dp} = L - \dfrac{1}{p^2c}$ ，$p\dfrac{dZ_{(p)}}{dp} = Lp - \dfrac{1}{pc} = \dfrac{Lp^2c-1}{pc}$

$p\dfrac{dZ}{dp}\ p = p_1$ 以上值代入 $= +2jwL$

$p\dfrac{dZ}{dp}\ p = p_2 \qquad = -2jwL$。

$\dfrac{Y_{(o)}}{Z_{(o)}} = 0$

故

$i = E\left[\dfrac{\epsilon^{(-\alpha+jw)t}}{2jwL} - \dfrac{\epsilon^{(-\alpha-jw)t}}{2jwL}\right]$ （應用開展律）

$$= \frac{E}{wL} \epsilon^{-\alpha t} \left(\frac{\epsilon^{jwt} - \epsilon^{-jwt}}{2j} \right)$$

$$= \frac{E}{wL} \epsilon^{-\alpha t} \sin wt.$$

使 $\frac{1}{LC} < \frac{r^2}{4L^2}$ 時，則亦不難證明

$$i = \frac{E\epsilon^{-\alpha t}}{L\beta} \sinh wt. \quad \beta = \sqrt{\frac{r^2}{4L^2} - \frac{1}{CL}} \text{ 。}$$

設兩根相等，則 $\frac{1}{CL} = \frac{r^2}{4L^2}$ 。而 w 漸近於零。故 $\sin wt \dashrightarrow wt$ 。

是以 $i = \frac{E}{Lw} \epsilon^{-\alpha t} \times wt = \frac{E}{L} t \epsilon^{-\alpha t}$ 。

除上法外，吾人不妨再試第二法。即另找新運算子是也

$$\because i = E \frac{1}{r + Lp + \frac{1}{pc}} \mathbf{1} = \frac{pcE}{rpc + p^2cL + 1} \mathbf{1}$$

$$= \frac{pcE}{CL(p^2 + \frac{r}{L} p + \frac{1}{CL})} \mathbf{1} = \frac{pE}{L(p^2 + \frac{r}{L} p + \frac{1}{cL})} \mathbf{1}$$

因 Z_p 之二根相等，故上式當可寫成

$$i = \frac{pE}{L(p+\alpha)^2} \mathbf{1} = \frac{E}{L} \frac{p}{(p+\alpha)^2} \mathbf{1}.$$

因 $\frac{d}{d\alpha} \frac{p}{p+\alpha} = \mathbf{1} \frac{p}{(p+\alpha)^2}$

但 $\frac{p}{p+\alpha} \mathbf{1} = \epsilon^{-\alpha t}$ （見第一章）

$$\frac{d}{d\alpha} \frac{p}{p+\alpha} \mathbf{1} = -t \epsilon^{-\alpha t}$$

$$\frac{p}{(p+\alpha)^2} \mathbf{1} = -\frac{d}{d\alpha} \frac{p}{p+\alpha} \mathbf{1} = t \epsilon^{-\alpha t}$$

而 $i = \frac{E}{L} t \in^{-\alpha t}$

上舉之例，當 $Z_{(p)} = 0$ 時，p 之根爲同軛。(Conjugate) 且 $Y_{(p)} = 1$。故頗簡單。但此亦非常遇情形耳。

再者當 $Z_{(p)}$ 之兩根爲同軛複數時，一較普通之公式可以推演而得如下（演算時當可因此而簡便不少）。

$$i = \frac{E Y_{(p)}}{Z_{(p)}} 1 \quad 設\ Z_{(p)} = p^2 + ap + b$$

則 $i = E \frac{Y_{(p)}}{p^2+ap+b} 1.$

令 $Z_{(p)} = 0$ 即 $p^2 + ap + b = 0$ 解之。得同軛根。$p_1 = -\alpha + jw$ $p_2 = -\alpha - jw$。且因 $Z_{(p)} = 0$，p 之根爲同軛複數，故 $p \frac{dZ}{dp}$，$\frac{Y_{(p)}}{p \frac{dZ}{dp}}$ 當 $p = p_1$ $p = p_2$ 時亦當爲同軛複數。

設 $\frac{Y_{(p)}}{p \frac{dZ}{dp}}$ （當 $p = -\alpha + jw$）$= A_1 = C + jC_1$

* 或 $A_1 = A \in^{j\delta}$ $\quad A = \sqrt{C^2 + C_1^2}$ $\quad \delta = \tan^{-1} \frac{C_1}{C}$

（＊見註）

又當 $p = -\alpha - jw$ 時 $\frac{Y_{(p)}}{p \frac{dZ}{dp}} = B = C - jC_1 = A \in^{-j\delta}$

故 $\sum_{p_1 p_2} \frac{Y_{(p)}}{p \frac{dZ}{dp}} \in^{pt} = A \in^{j\delta} \in^{(-\alpha+jw)t} + A \in^{-j\delta} \in^{(-\alpha-jw)t}$

$$= A \in^{-\alpha t} \left(\in^{j(\delta+wt)} + \in^{-j(\delta+wt)} \right)$$

$$= 2A \in^{-\alpha t} \cos(wt + \delta).$$

$$\therefore i = E\left[\frac{Y_0}{Z_0} + 2A\,\epsilon^{-\alpha t}\cos(wt+\delta)\right].$$

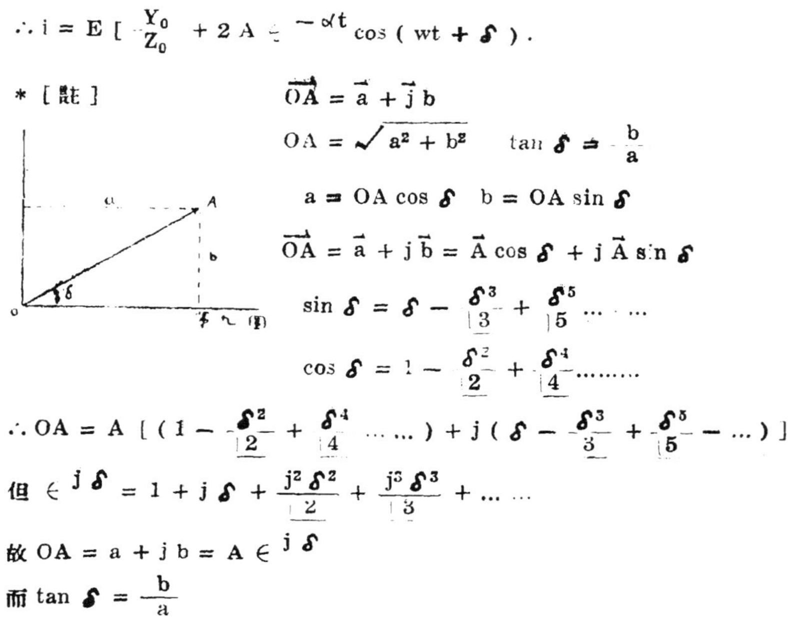

*［註］

$$\overrightarrow{OA} = \vec{a} + \vec{j}\,b$$

$$OA = \sqrt{a^2+b^2} \qquad \tan\delta = \frac{b}{a}$$

$$a = OA\cos\delta \qquad b = OA\sin\delta$$

$$\overrightarrow{OA} = \vec{a} + j\vec{b} = \vec{A}\cos\delta + j\vec{A}\sin\delta$$

$$\sin\delta = \delta - \frac{\delta^3}{\lfloor 3} + \frac{\delta^5}{\lfloor 5} \cdots\cdots$$

$$\cos\delta = 1 - \frac{\delta^2}{\lfloor 2} + \frac{\delta^4}{\lfloor 4} \cdots\cdots$$

$$\therefore OA = A\left[\left(1 - \frac{\delta^2}{\lfloor 2} + \frac{\delta^4}{\lfloor 4}\cdots\cdots\right) + j\left(\delta - \frac{\delta^3}{\lfloor 3} + \frac{\delta^5}{\lfloor 5} - \cdots\right)\right]$$

但 $\epsilon^{j\delta} = 1 + j\delta + \frac{j^2\delta^2}{\lfloor 2} + \frac{j^3\delta^3}{\lfloor 3} + \cdots\cdots$

故 $OA = a + jb = A\,\epsilon^{j\delta}$

而 $\tan\delta = \frac{b}{a}$

同樣 $A\,\epsilon^{-j\delta} = a - jb.$

(5) 應用例題

(1) 一漏電凝電器(Leaky condenser)串聯於一電阻，突接于一E volt電池上，則自第二章之運算解知 $i = E\,\frac{1+RPC}{R+R_2+RR_2PC}\,1.$

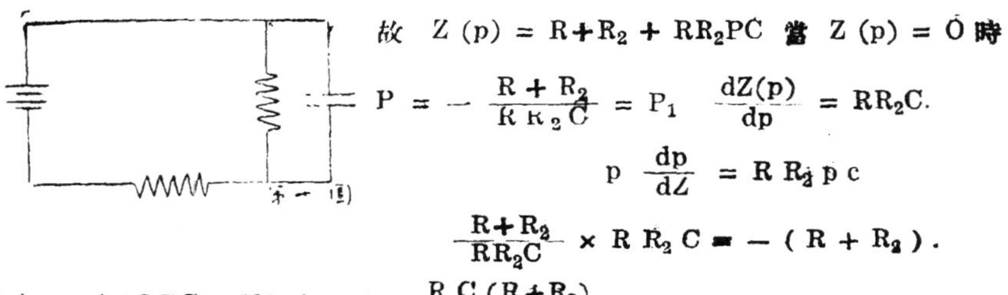

故 $Z(p) = R+R_2+RR_2PC$ 當 $Z(p)=0$ 時

$$P = -\frac{R+R_2}{RR_2C} = P_1 \qquad \frac{dZ(p)}{dp} = RR_2C.$$

$$p\,\frac{dp}{dZ} = R\,R_2\,p\,c$$

$$\frac{R+R_2}{RR_2C} \times R\,R_2\,C = -(R+R_2).$$

$$Y(p) = 1+RPC \qquad Y(p_1) = 1 - \frac{RC(R+R_2)}{R\,R_2C}$$

$$= 1 - \frac{R+R_2}{R_2} = -\frac{R}{R_2} \qquad \frac{Yo}{Zo} = \frac{1}{R+R_2}$$

$$\because i = E\left[\frac{Y(o)}{Z(o)} + \sum_{P_1, P_2,} \frac{Yp}{P\frac{dz}{dp}(p)} \epsilon^{pt}\right]$$

$$= E\left[\frac{1}{R+R_2} + \frac{R}{R_2(R+R_2)} \epsilon^{-\frac{R+R_2}{RR_2C}t}\right]$$

當 $t = o$. 則 $i = \frac{E}{R_2}$. $t = \infty$. $i = \frac{E}{R+R_2}$

之二值者，亦可於運算解中直接得之。

$$i = E \frac{1+RPC}{R+R_2+RR_2PC} 1. = \frac{\frac{1}{RPC} + 1}{\frac{R+R_2}{RPC} + R_2} 1.$$

$t = O \quad p = \infty$ 故 $i = E/R_2$。

$t = \infty \quad P = O$ 故 $i = \frac{E}{R+R_2}$ 。

(見第一章)

(2) 一容電器 (condenser) 爲二隔電物 (Dielectric) 所成如下圖。突接於一 E volt 之電池。

問凝電器中間一板上所受之電荷若干？

令上一半電之容 capacity 爲 C_1 漏電電傳 (leakage conductance) 爲 g_1.

下半之電容爲 C_2, 漏電電傳爲 g_2.

設 e_1 = 容電器上半之電位差。(potential difference)

e_2 = 容電器下半之電位差。

則充電電流 (charging curvent) $i = e_1(g_1 + pc_1) = e_2(g_2 + pc_2)$

[蓋 $\frac{1}{pc}$ 爲電阻運算子則pc當爲電傳運算子 (admittance operator)]

然 $E\,\mathbf{1} = e_1 + e_2$

故 $E\,\mathbf{1} = \frac{i}{g_1+pc_1} + \frac{i}{g_2+pc_2}$

$$i = E\,\frac{(g_1+pc)(g_2+pc_2)}{g_1+g_2+p(c_1+c_2)}\,\mathbf{1}$$

$$e_1 = \frac{i}{g_1+pc_1} = E\,\frac{g_2+pc_2}{g_1+g_2+p(c_1+c_2)}\,\mathbf{1}.$$

第一板之電荷當爲 $+e_1c_1 = +\frac{E\,c_1(g_2+pc_2)}{g_1+g_2+p(c_1+c_2)}\,\mathbf{1}.$

而第三板上之電荷當以同樣之手續得

$$-\frac{E\,c_2(g_1+pc_1)}{g_1+g_2+p(c_1+c_2)}\,\mathbf{1}.$$

故中間一板上所得之正電荷，當爲

$$q = E\,\frac{c_2(g_1+pc_1)-c_1(g_2+pc_2)}{g_1+g_2+p(c_1+c_2)}\,\mathbf{1}.$$

$$= E\,\frac{g_1c_2-g_2c_1}{g_1+g_2+p(c_1+c_2)}\,\mathbf{1}.$$

自第一章例(2)得

$$q = E\,\frac{g_1c_2-g_2c_1}{g_1+g_2}\left[1-\epsilon^{-\frac{g_1+g_2}{c_1+c_2}t}\right]$$

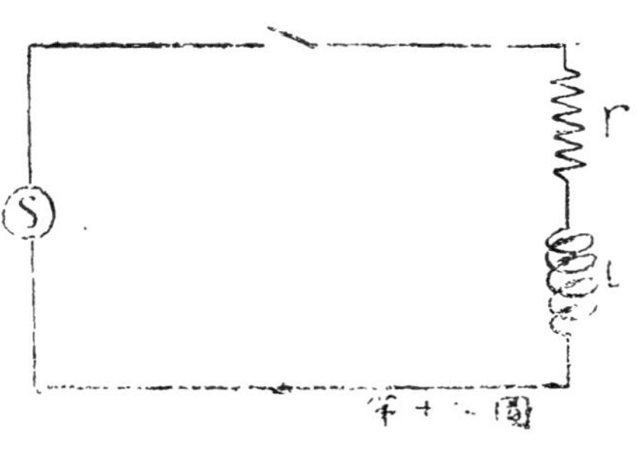

第十一圖

(3) 設一正絃交流電壓加於一感應電阻如下圖， 求電流值。

自第一章得

$$\frac{p}{p-\alpha}\,\mathbf{1} = \epsilon^{\alpha t}$$

故 $\frac{p}{p\pm jw}\,\mathbf{1} = \epsilon^{\mp jwt}$

$$\sin wt = \frac{\epsilon^{jwt}-\epsilon^{-jwt}}{2j}$$

$$= \frac{1}{2j}\left[\frac{p}{p-jw}\,\mathbf{1} - \frac{p}{p+jw}\,\mathbf{1}\right]$$

$$= \frac{p}{2j}\left[\frac{p+jw-p+jw}{p^2+w^2}\right]\mathbf{1} = \frac{pw}{p^2+w^2}\,\mathbf{1}.$$

於是t之正絃函數化而爲單位函數矣。

同樣 $\cos wt = p\,\frac{\sin wt}{w} = \frac{p^2}{p^2+w^2}\,\mathbf{1}.$

$$\sin(wt \pm \varphi) = \sin wt\cos\varphi \pm \cos wt\sin\varphi.$$

$$= \frac{pw\cos\varphi \pm p^2\sin\varphi}{p^2+w^2}\,\mathbf{1}.$$

$$\cos(wt \pm \varphi) = \frac{p^2\cos\varphi \mp pw\sin\varphi}{p^2 \pm w^2}\,\mathbf{1}.$$

如上圖所示之電路，電流i之運算解當爲 $\frac{E}{r+pL}\,\mathbf{1}$. 以正絃波值代入

$$i = \frac{E}{r+pL} \times \frac{pw\cos\varphi + p^2\sin\varphi}{p^2+w^2}\,\mathbf{1}.$$

$Y_{(p)} = Pw\cos\varphi + p^2\sin\varphi.$

$Z_{(p)} = (r+pL)(p^2+w^2).$

當 $Z_{(p)} = 0$ 得 $P_1 = -\frac{r}{L}$ $p_2 = jw$ $p_3 = -jw$ $\frac{Y_{(o)}}{Z_{(o)}} = 0$

$$\frac{dz}{dp} = 2p(r+pL) + L(p^2+w^2)$$

$$p\frac{dz}{dp} = 2p^2(r+pL) + Lp(p^2+w^2)$$

$Y_{(p)}\quad p=p_1 = -\frac{r}{L}w\cos\varphi + \frac{r^2}{L^2}\sin\varphi$

$Y_{(p)}\quad p=p_2 = jw^2\cos\varphi - w^2\sin\varphi.$

$Y_{(p)}\quad p=p_3 = -jw^2\cos\varphi - w^2\sin\varphi.$

$$P\frac{dZ}{dp}\quad p=p_1=-r\left(\frac{r^2}{L^2}+w^2\right)$$

$$P\frac{dz}{dp}\quad p=p_2=-2w^2(r+jwL)$$

$$P\frac{dz}{dp}\quad p=p_3=-2w^2(r-jwL)$$

於是

$$i=E\left[\frac{Yo}{Zo}+\sum_{p_1,p_2,p_3}\frac{Y(p)}{P\frac{dz}{dp}}\epsilon^{pt}\right]$$

$$=E\left[\frac{-\frac{r}{L}w\cos\varphi+\frac{r^2}{L^2}\sin\varphi}{-r\left(\frac{r^2}{L^2}+w^2\right)}\epsilon^{-\frac{r}{L}t}+\frac{jw^2\cos\varphi-w^2\sin\varphi}{-2w^2(r+jwL)}\epsilon^{jwt}\right.$$

$$\left.+\frac{-jw^2\cos\varphi-w^2\sin\varphi}{-2w^2(r-jwL)}\epsilon^{-jwt}\right]$$

$$=E\left[\frac{Lrw\cos\varphi-r^2\sin\varphi}{r(r^2+L^2w^2)}\epsilon^{-\frac{r}{L}t}+\frac{jr\sin\varphi+r\cos\varphi+Lw\sin\varphi-jLw\cos\varphi}{2j(r^2+L^2w^2)}\epsilon^{jwt}\right.$$

$$\left.+\frac{rj\sin\varphi-jwL\cos\varphi-r\cos\varphi-wL\sin\varphi}{2j(r^2+L^2w^2)}\epsilon^{-jwt}\right]$$

使 $r^2+L^2w^2=Z^2$ $\quad\therefore\ Z=\sqrt{r^2+L^2w^2}.$

$$\cos\alpha=\frac{r}{z}=\frac{r}{\sqrt{r^2+L^2w^2}}\qquad \text{Sin}\ \alpha=\frac{Lw}{Z}=\frac{Lw}{\sqrt{r^2+L^2w^2}}$$

故

$$i=E\left[\frac{-\sin(\varphi-\alpha)}{Z}\epsilon^{-\frac{r}{L}t}+\cos(\varphi-\alpha)\frac{\epsilon^{jwt}-\epsilon^{-jwt}}{2jZ}\right.$$

$$\left.+\frac{\sin(\varphi-\alpha)}{Z}\frac{\epsilon^{jwt}+\epsilon^{-jwt}}{2}\right]$$

$$i = \frac{E}{Z}\left[\sin(wt+\varphi-\alpha) - \epsilon^{-\frac{r}{L}t}\sin(\varphi-\alpha)\right].$$

當 $t = \alpha$ 則 $i = \frac{E}{Z}\sin(wt+\varphi-\alpha)$.

是故自 p 之二根土 jw, 吾人求得所謂恆定值 (permanent condition) 如 $i = \frac{E}{Z}(\sin wt + \varphi - \alpha)$- 設此恆定值已知則可直接進而求其他一項。

(4) 下圖為二電路中 M 為互感 (mutual inductance) 在左方之電路則含有電動力 E 問當電鑰 (key) 關後電流之值為何

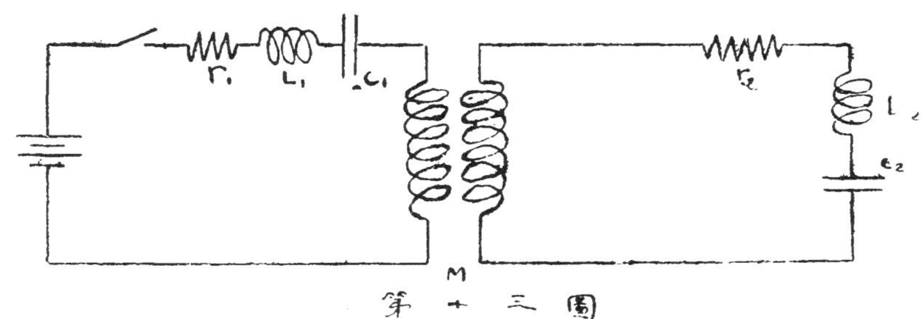

第十三圖

普通之方程式當為

$$E = i_1 r_1 + L_1 \frac{di_1}{dt} + \frac{1}{c}\int_0 i\,dt_1 + M\frac{di_2}{dt}$$

$$0 = i_2 r_2 + L_2 \frac{di_2}{dt} + \frac{1}{c_2}\int i_2\,dt + M\frac{di_1}{dt}$$

故其運算式乃

$$E\,1 = i_1\left(r_1 + pL_1 + \frac{1}{pc_1}\right) + i_2 pM = i_1 a_1 + i_2 b$$

$$0 = i_2\left(r_2 + pL_2 + \frac{1}{pc_2}\right) + i_1 pM = i_2 a_2 + i_1 b.$$

自第二式得

$$i_2 = -\frac{i_1 b}{a_2}$$

$$\therefore \quad E\,\mathbf{1} = i_1 a_1 - i_1 \frac{b^2}{a_2} = i_1 \frac{a_1 a_2 - b^2}{a_2}$$

$$i_1 = \frac{E\,a_2}{a_1 a_2 - b^2}\,\mathbf{1}.$$

$$i_2 = \frac{-E\,b}{a_1 a_2 - b^2}\,\mathbf{1}.$$

$$a_1 = r_1 + pL_1 + \frac{1}{pc_1} \qquad a_2 = r_2 + pL_2 + \frac{1}{pc_2} \qquad b = pm.$$

由此 i_1 i_2 二運算解，不難應用開展律以得其解。

又如所加之電壓爲正核波式者，則上式中之E $\mathbf{1}$ 可代以 $\frac{E\,p\,w}{p^2 + w^2}\,\mathbf{1}$.

設電壓之函數爲 E sin wt. 經此代替以後乃可以開展律得其解.

[譯者註] 尙有數章關於 disturbance in network, Heaviside's shifting, Duhamel's Integrals, 等他日當再錄出以供同好。

工程名詞之俗稱

（續）

Shaper	鉋床	Calcium carbide	電石
Planer	龍門鉋床	Rivet	帽釘
Punch press	鬪床	Nut	螺絲帽
Cutting tool	車刀	I-beam	工字鐵
Side cutter	劈刀	Angle	三角鐵
Milling cutter	洗刀	Channel	水落鐵
Drill	鑽頭	Washer	華絲

（未完）

關於調節化油器之新發明

陳忠淦譯意

自內燃機器發明以來，進步之速，一日千里現世工程家猶以爲未足；窮年累月，惟增高效率(Efficiency)之探討。此中問題極形複雜；然汽缸內燃料與空氣體積之比例，以及供給此種混合物份量之多寡，尤屬重要。按上述調節悉賴化油器(Carburetor)之功用。是以化油器之設計及處理，乃爲內燃機命脈之所系矣。

晚近之趨勢、內燃機上急需一種簡便指示之附件，使司機人隨時隨地，對於化油器之效率，一目可以了然。蓋燃料成份過少(Tool ean)機器將發噪聲(Sputter)而最後至於停止；若燃料成份過多，(Too Rich)則發生不完全燃燒現象；(Incomplete Combustion)汽缸內壁積成炭層，不僅浪費燃料，損害機器，且廢氣(Exhau-st Gsa)之中，含有多量之一氧化炭，(Carbon Monoxide)甚有害於公共衛生。

美國赫器生博士(Dr. Hutchison)認爲欲得化油器之效率高低與否，只須斷定排出廢氣中可燃燒氣體(Inflammable Gases)份量之多寡。渠認爲與其從燃料射進時作份量之調節；不如從燃燒後結果而補救之爲便。因現世機器構造已屬甚繁，若再加以化油改良設計，更將難於駕馭，渠根據分析洩出一氧化炭之多寡，發明一種測定儀器，名曰「米突維他」，(Meto-Vita)使上項問題，得迎刃而解。

欲明此器之作用，須先說明一觸媒作用。持一鉑絲於高溫度之煤氣中，則鉛絲漸漸發熱，最後發光，煤氣即附着於鉛絲面而燃燒。此種原因，迄今尚未明瞭，但知經長時間之燃燒後，鉑絲並未有若何變化，設汽缸內排出廢氣中含有多量之一氧化炭，則與之接觸之鉑絲，依上述情形而發熱，渠由多數試驗之結果，得知鉑絲溫度升高之度數，與一氧化炭之百分比成正比例，是以測定溫度，惟第一緊要問題。

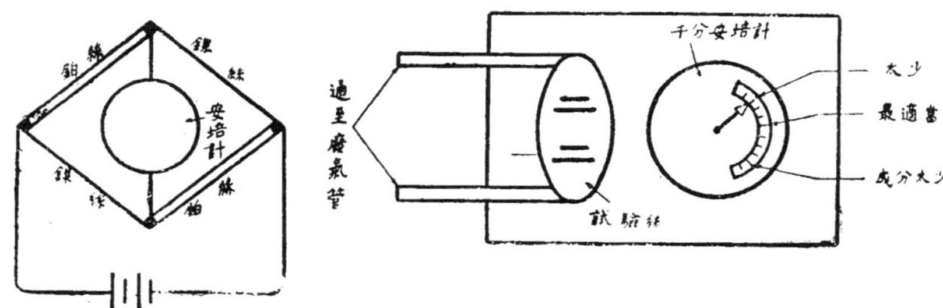

此器構造略如上圖：赫器生為簡便起見，測溫度時不用『熱偶』(Thermo-Couple)渠應用一極淺原理，即導電體電阻之變化與其溫度成正比例是。但用一種無觸媒作用之金屬如鎳絲二根，及鉑絲二根構成一惠斯登電橋。(Wheatstone Bridge)當中連以一特製之千分安培計，(Milliammeter)在某一定溫度之下，此橋呈平衡現象，嗣即置之於一管中，使廢氣經過，若有多量之一氧化炭，鉑絲即發熱而電阻加大，或廢氣中空氣太多，管內溫度不足維持某預定之度數，則電阻變小，此千分安培計，皆能直接指示出之。

此器極其簡便，管理機器者僅須注意此安培計，即隨時可以判定機器之效率高低，只須一調節吮吸空氣及燃料二管之活門，即可收效，此器發明者之子，為著名之航空家。渠曾以每一滴汽油為準，作出一種速率及燃料消費之圖表。又曾應用此器作九百五十哩之飛行，結果竟省用汽油至百分之四十云。

註　原文譯名悉依中國工程學會出版之工程名詞草案

工具鋼淬火法

徐躬耕*

普通機工中所用各種鋼質工具，皆須經過淬火手續，使有堅硬之特性。同時亦須注意避免脆弱，拆裂，灣曲等疵點。然後能滿意應用，而有精密之工作也。

惟淬火方法不一，所須熱度亦不同。大概依工具之質料，成分，及用途，而有各種不同的手續。其適當之熱度，亦視各廠家之經驗而定。往往一廠中所用方法，不能適用於他廠；而某種鋼質之淬火，亦與他種大不相同者。故手續上甚爲繁雜。苟不加以深切之注意，則結果必致完全失敗。然撮其大概，可有數點爲淬火工作之準則，茲爲分別述之。

淬火手續不外三步：一爲燒熱(Heating)，二爲淬火，(Quenching)三爲退火(Tempering)。三者之中，尤以燒熱最稱重要，而亦最難。蓋將來疵點之發現，大半由於此項手續之錯誤或不得其法。即如常見之坼裂，(Cracking)歪曲，(Distortion)及孔眼之縮小等弊病，莫不由於燒熱之不得其當。其他二步，雖屬次要，然偶一忽略，則雖第一步手續極爲適宜，亦將因此而全功盡棄矣。故技術上不得不加以同樣之注意。茲將各步工作，分別論述於後。

(一) 燒熱

如將鋼件燒至高熱度以後，(如1100°c)然後使其緩冷或急冷。苟其中筋條(Strain)不受弛張或壓縮，則內部有粗粒之結晶構成。如將其破開，即可察得。粗者閃爍如晶體，細者黯暗無光澤。能以顯微鏡照之，更可得精確之考察。此種結粒，燒熱愈高，則粒形愈大。可以梅脫卡夫 (Metcaff) 之試驗明之：

以半吋直徑，七吋或八吋長度之鋼條，每隔半吋處用尖頭車刀切一槽形，將全段分爲若干段，如圖所示。以一端插入火中，燒至白熱。另一端使其燒熱不足，然後取出投諸冷水中。俟其乾後，依所切之槽縫裂開，則於切面上可得下列之結果：

(1) 燒熱太過之一端，脆而易破。其切面上可見極大之結粒 (Grain)。

(2) 依次剖開，則所須破裂之用力漸大，而結粒之構成亦漸細。

(3) 燒熱不足之一端甚欠堅硬。普通銼刀已能極易磨銼。

(4) 最硬之處其應力 (Strength) 當然最佳，而粒形最細。

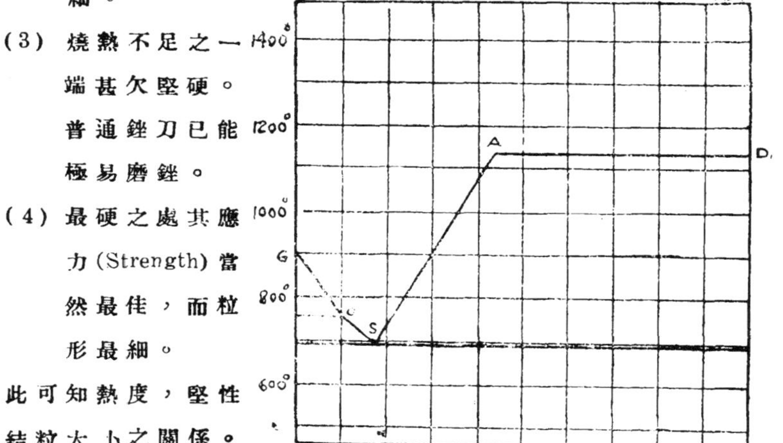

由此可知熱度，堅性，及結粒大小之關係。不特如此，鋼質所含炭

質之多寡亦有影響。而所需適當之熱度，大概由炭之成分而定。含炭愈少，而欲得同樣之堅性，則需熱愈多。此點可藉鋼質凝固線圖（Freezing Curve Of Iron-Carbon Alloys）之一部份解釋之。

大凡鋼件燒熱太過後，雖其原質極佳，每因粗粒之構成，戕賊其性，以致不能應用。然亦不可過低，否則即不能增其堅性。如90炭鋼（即百份鋼質中，含有0.9份炭質，下仿此）苟燒熱未至S（見圖），雖相差極微，而用極烈極速之淬火，亦不能使其增硬。苟稍在S點以上，則其堅硬能劃碎玻璃，同時脆而易碎。故S即爲增其堅性之最高點。過此以上，將有粗粒之結晶構成，而大受損傷矣。

在90炭鋼以下，則其變硬之最高熱度，可沿G-O-S線索驥而得。在90炭鋼以上者，可用S-K線。如此則結粒之結構最佳，而能達適當之硬度，雖沿S-A線所得之結果更可堅硬，然不若S-K線之適宜。蓋堅性與脆性同時增高，如燒熱太甚，必至脆弱不適實用也。

他如75炭鋼之鎚，須熱至770°C至790°C而100炭鋼之括鑽，（Reamer）只須730°C至760°C已足。過此以上，則又損傷。

以上所述，均爲習見之事實，及基本之關係。至於原理方面，更爲繁複。即如變硬之學說亦有多種，莫衷一是，故略而不論。然由此可見燒熱一層，實爲極難之工作；苟失其法，弊害立見。

惟有一理，可爲此項手續的準則，而概其餘。特爲錄出於後：

『將鋼件淬火時，須自其冷時漸漸燒熱。燒時當注意其熱度之增高，務須繼續而無間斷。自面層至中心，全部均勻，不使一部份較他處稍熱，直至達到變化點(Decalescent Point)爲止』。

此變化點卽爲燒熱最高之熱度。蓋鋼質由輭變硬之原因，不但爲結粒形狀大小之關係，其中實有化學上變態 (Chemical Change) 之發生。普通柔韌之鋼，爲一種化合物。及至變硬後，則爲另一種化合物矣。當燒熱至某種熱度時，如 740C 至 790°C 其中卽因熱之侵入，發生化學變態，另成他種化合物。其性質與方入火時之柔鋼，大相逕庭。而此變態之發生，必待達到變化點後方可完成。此卽燒熱不足不能增硬之原因也。

當燒熱時，此鋼件之熱度，繼續增高；而其體積因之逐漸脹大。此時最應注意者，厥惟各部之膨脹，必使均勻無差。否則將來弊病之發生，大半歸罪于此點之錯誤。

此爲工作時最要之原則。因此所須注意之各點，分別詳述於下：

(1) 工具鋼之上等者，無論何種，雖有多數之孔眼在其上，苟其熱度有均勻之增高，則淬火後使用之，决不發生坼裂或歪曲。然孔眼之近邊者，則以鋼栓塞住爲佳。耐火之黏土 (Fireclay) 亦可用以爲栓，但吸熱力量不如鋼質之速，故常使薄層處較他處先熱，而不能均勻。如遇螺旋孔眼，則以短截之螺紋栓塞旋入。平常光面孔眼，只須用短塞插之。或將栓塞先行稍熱，使其不致下墮。

(2) 均勻之膨脹，旣如斯重要。故另有一法，可得較佳之効果。卽預熱法 (Preheating) 是也。將鋼件先置爐之上層或他爐內，預先稍稍熱之。俟其全部呈現藍色時，然後投諸火中。如此則鋼之全面，已吸有微熱。則以後熱之侵入，能有較勻之分佈，此法稍示預防，然工作時亦須注意，必使全面受熱。不然，則將來歪曲之發現，亦以此爲主因。

(3) 如有平塊之印模或圓體，如心軸(Arber)，括鑽(Reamer)之類。燒熱時置於爐之上層，不加轉側，使熱之侵入，全在一面。則不論以後如何淬火，其結果必欲灣曲或走樣。其原因亦在不勻之膨脹。蓋熱量侵入較多之一面，較另一面之膨脹爲大。必將此件在最熱之方向灣曲而後已。欲免此弊必將此件時常翻動轉側即可。此種疵點，在製軋穿機(Punch Press)之心軸，及栓塞之規準(Plug Gauge)時，最易發生。及至磨光時，則以卷曲之關係，不能全部磨到。倘遇長度超過直徑十倍以上之圓桿，則燒熱時尤須勤於翻動，方能得滿意之挺直。

(4) 如爲有孔之管口印模，(Thimble Die)孔眼往往擠小。其原因不外二種：一爲退火不佳，一爲燒熱失法。如退火不佳，則鋼中筋條之擠緊者，每因燒熱而思舒伸，重行配置。如此則將印模之內部，向孔眼空隙處排擠。擠進後無退回之機會，遂留於內部。而淬火後孔眼必已縮小矣。如燒熱失法，以致孔眼週圍之鋼質較全部爲熱，因此膨脹亦大。此部之鋼因膨脹而擠出，以其不能向外推擠，只有推進孔眼之一途。極小之孔，竟有因之沒塞者，此亦其原因之一也。

(5) 苟有印模鋼塊，其一角或一處較全部先達變化點，則其化學變態完成較早。而此全塊印模，已爲兩塊不相連繫之金屬所併合。其一塊竭力從另一塊上拉開，結果於連接處發生極緊之筋條。(Severe Strain) 一至淬火，二塊即各自破離矣。可見坼裂之發生，全在燒熱時肇釁，而於淬火之物反無關係。

(6) 燒熱時不能使多量空氣吹過面層。不然，將使面層之鋼質氧化。即將炭質燒去，而成無硬性之面層。苟此面不能再行磨去者，此鋼件將全然無用。

（7）燒熱時尖角或薄層處尤須注意。蓋此種地位，極易燒熱太過。如發覺過熱時，切不可俟其減冷至適當熱度時，即行淬火。蓋此法完全無用，不能矯枉。遇此情形，須將此件全部使冷，復其原狀。再熱至適當熱度後，以之淬火可也。苟因過熱至面層發泡時，則此面已不能復用矣。

（8）極長之桿安置爐中時，不可使此桿因其重量不下垂而有灣曲。

以上諸點，皆爲技術上最易發生之錯誤。至於變化點之所在，苟欲得精確之工作，亦必明白確定。通常則用高温計 (Electric Pyrometer) 以測定之。惟此器亦有數弊，而最要者即爲此器上所得之指數，是否與鋼件上之熱度確實相符。蓋如將此器上燒熱之一端，置於較鋼件之熱度稍冷或稍熱之處，則所得指數，必不準確。而與鋼件上眞正之熱度，互有差異矣。另有一器，以電球體（Ele tricGlobe）置於管中，使電流之通入，經過一刻有度數之節電箱。（Graduated rheostat）由此刻度，可直接讀出數指。使發生之光，每度變色，則雖五度之微差，亦可測定。然用此器，須與一標準燈較量。但此燈亦有變色，故亦不能完全倚賴。最精確者則用一油燈，使各種熱度所發生之顏色，經過幾塊透光鏡，直射於在爐中之鋼件上面。此法最爲可靠。

然最準之方法，莫如以磁性之作用，求得此變化點。因鋼質達到此點熱度後，即完全失其磁性效用故能準確測定於數度之間。可於達到此點後，即讀指數。然後注意使其再行增高 20° 至 30° C

，取出淬火，則得極佳之結果矣。

(二) 淬　火

淬火雖不若燒熱之重要，然苟失其當，亦可致傷。蓋堅性之程度與淬火之遲速有莫大之關係焉。其原因所在，未有定說。普通之用為解釋者，則謂不含炭質之鐵，內含甲，乙，丙（α, β, γ,）三種形式。燒熱後為甲類，冷後仍變乙變丙。其變化之速決非手術所能控制。然甲類性堅，乙丙為次。苟含炭愈多，則變化愈緩。故含有多炭之硬鋼，(High-carbon steel)其性質較平常之鋼為堅。蓋急速淬火時，發生變化之時間不足，而所存者大半為甲類矣。

如自火中取出，懸於空氣中，或投之沙層，則結果不甚堅硬。如在紅熱時投於重油，(Heavy Oil)雖油之傳熱性甚低，已能成堅硬而富有彈性之鋼質。如用輕油，冷水，冰水，冰鹽水，(Ice brine)或將近冰點之水銀，則所得堅性，亦依此次序而增高。

淬火之手術所應注意者，有下列各點：

(1) 淬火時最好仍在熱度上升之際。故自火中取出投入淬槽火(Quenching bath)時，所須之時間愈短愈佳。即達到變化點後仍，須保存其狀態，不使下降。然手術上往往不能做到。故通常須燒至變化點以上 20° 至 30°C ，如此可以預防取出時熱度之損降。同時亦可確知其化學變態之全部完成。

(2) 燒熱時欲使其均勻膨脹，淬火時之收縮，亦須注意及此。蓋歪曲等弊，亦有在此時發生者。故長條之鋼件投入時，須依其長度之方向。平面之物，須沿邊而下。如此可免灣曲。圓形之長條，苟橫平放下，則直徑之一半較另一半之收縮為大，而長度縮短。因此向最冷部份之方面灣起。

(3) 如有各段大小不同之物件，須將較大之部份先行投入。否則將有坼裂發生。

(4) 投入時須使其立刻浸入水面之下。庶幾鋼面全部能與冷水接觸。且將鋼件在水中四面移動，不使與發出之蒸氣相遇。否則熱度之減低不勻，使全部硬度不能一致。

(3) 如有鋼件只須一端淬火者，只能將此部在水中緩緩上下；不可使輭硬二部相連處，有明顯之分界。卽須由輭漸硬，使有斜度形式。(Tapering Form)

(4) 淬火後不可卽行取出。須俟減冷至能以手指接觸時，然後提起。再稍稍熱之。至滴水落于面層，能發氣泡爲止。此手續謂之「鍊性」(Take The Snap Out) 蓋鋼件取出時，內有極緊之筋條。加以鍊性，使稍寬舒，而免斷裂。

(5) 如爲甚小之車刀，切面較弱。或物件雖大，不須極硬者，則用「淬火油」(Quenching Oil) 已足。平常則用流動之冷水爲佳。

(三) 退 火

第三步手續卽爲退火，且與燒熱同其重要。蓋將來此工具應用時，耐用與否，全視此項手續如何。

除少數用處外，如軍用甲冑之面層等，平常所須用者，非加退火不可。因淬火後之鋼質，雖性質極堅，然脆而不韌，一經振盪，卽將破碎。

退火卽將已經淬火之鋼件再熱後，使其緩冷。如此雖于堅性亦稍損失，然脆性因之減低，如將此類鋼件置于沸水中數日，則堅脆之性同時稍減。故熱至 200°C 後，即可應用於各種車刀。苟至 250°C 而退火之，脆性更減。但其硬度尙足用爲石鑽，(Rock Drills)削筆刀，(Penknife)鑿石器(Stone-cutting Tool)等工具。如在 275°C 退火，雖脆性尙未大減，而于振盪(Shock)灣曲(Bending)等尙不能抵付，然其硬性亦足用於牙鑲及各種外科醫術之器具，及刀劍鋼針，弓鋸之類。如爲木鋸，彈簧，及其他耐韌之件，不須極高堅性者，則退火熱度約至300°C爲準。而平常所用退火最高之熱度，亦不過如此而已。

退火之効果，不獨爲堅脆兩種性質之減低，同時亦能增高其傳電性。其原由或因炭質從溶化之固體(Solid solution)中分出。普通退火，如所含炭質有百分之十三分出，則此鋼將失百分之七性。電阻力(Electrical Resistance)損失百分之九十三，而因淬火發十硬生之熱電力量(Thermoelectric power)幾完全損失矣。

從上所述，可知各種工具退火之熱度，全視其應用時所須之性質。普通往往不問其用途若何，加以同樣之退火，此爲大謬。即如車床上所用各種車刀，與普通鑿子，(Punch)所用不同，退火亦異。打落鑿(cutting-off Chisel)不須全部使硬。鑿槽之鑿子，打鉚釘之鎚，及其他各種工具，皆有特殊之退火，不能併合爲一。

鑿子之退火最佳者，須自端至尖，有楔形斜度(Wedge tapering)之硬性。着力處須極堅硬，則不致擦損或擊落。

至於退火熱度之測定，有經驗之工匠每能從其面層發出之顏色斷定之。如藉「測硬鏡」(Scleroscoqe)之助，更能明白指出。

重熱時，在各種不同之熱度，鋼質面層上即有各種不同顏色之氧化物黏於其上。其範圍在 200° C 至 300°C 之間。而通常退火之熱度，亦在此範圍以內。故可利用各種顏色之呈現，而測定其所達之熱度。玆將各熱度所現之顏色列表于下：

顏　色	熱度°C
淡　黃 (Pale Yellow)	220
淡草黃 (Ligle Straw)	230
深草黃 (Dark Straw)	240
棕　色 (Brown)	250
雜有紫點之棕色 (Brown With Purple Spots)	260
紫　色 (Purple)	270
淡　藍 (Bright Blue)	290
暗　藍 (Dark Blue)	320

惟須注意，當退火而呈現顏色時，並非指示此鋼件變硬之程度。蓋不論鋼質輭硬，其所現顏色則同。故上表所示者，欲藉各色以示達到何種熱度而已。

更有一表，可示各種車刀等所應達到之顏色，附列於後：

顏　色	工具
淡　黃	車床，鉋床及鉋機(Shaper)上用刀
淡草黃	洗床用刀，鑽子，括鑽
深草黃	公螺蛳（Tap）及各種印模
紫　色	中心鑿(Center Punch)鑿子
由紫變藍	螺旋鍾(Screw-driver)

普通釬錫，在洗床刀，括鑽等退火之熱度，已能溶化。故釬合時將此件燒至此熱度，即可將釬錫擦上。

其他退火手續之應注意者亦可彙述如下：

(1) 退火時須將此件緩緩燒熱，不可過急。亦須注意於均勻之熱度。鋼件不可直置火上，須隔少許距離，亦所以防薄層處與全部之受熱不勻也。

(2) 鋼件須在火上時常移轉，使退火程度相同之各部，有同等受熱之機會。如括鑽，洗床用刀，等件，不但週圍旋轉，並須前後移動。至於離火之距離若干，須視火燄之熱力爲定，切不可急于取出。

(3) 小塊鋼件，可置於燒熱之金屬板上，四面移動，及至適當之熱度爲止。

(4) 退火最適用之方法，則用油類（如退火油，棉花子油，或魚油）燒熱至需要之熱度，然後以此件浸入油中，至完全退火後爲止。最大便利，即爲鋼件留存油中，爲時雖多，亦不損傷鋼質。只須其溫度保存不變，决不爲害。惟此法用於小件較宜。鋼件之大者，反不經濟。

(5) 當鑿子，螺旋錘及鍛鐵之車刀，鉋床及鉋機用刀等淬火或退火時，常用下法，將鋼件燒至最高熱度後，置於傳熱性較次之液體，如汽缸油（Cylinder Oil）中淬火。則所得堅脆之性，與先在水中淬火，再行退火之結果同。故置于油中淬火，常有名之退火者。蓋因淬火與退火兩種手續，混爲一種故也。

(6) 另有兩種混合之方法，即將工具之一端，先燒熱至最高熱度。然後將尖頭或銳邊于水中淬火，至現黑色爲止。取出後用砂皮或于砂磚上磨亮。其目的欲在此光亮之面上窺見顏色之變化。如此則幹上留存之熱量，漸漸侵入磨光之部份。使此部之顏色，依照上表逐漸變化，而起退火作用。及至適當之顏色達到時，將全部投入水中，，不使多量之熱侵入，此法每用于有利刃之刀器。惟淬火時仍須注意；不使其有明顯之分界。不然，將在此線上坼裂，而截分兩部。

（7）退火後之減冷，無關遲速，結果相同。非若淬火之有絕大關鍵。

以上所述，爲工具鋼普通淬火之手術，及其應該注意之各點。適見英國 (British Machine Tool Engineering) 雜誌上有『工具淬火術』(The Arts Of Tool Hardening) 一篇，另外參考其他書籍，彙輯此篇。我國鋼鐵工業，極爲幼稚，且以缺乏資本，人才，經驗種種，以致已有開辦者，逐漸停閉。有其志者，裹足不前，一落千丈，良用浩歎。而所須應用於機工之鋼鐵，皆購自外洋，仰息歐美。美國於最近雜誌中發表論文：盛倡中國將爲機器工具之良好市場，鼓勵外人之投資。則將來漏卮之塞，更爲難事。吾人其深切注意之！

關于淬火手續，理論方法，日新月異。我國工業程度，既甚幼稚；對於此點，毫未研究。玆篇所述，質而言之，亦拾人唾餘而已。惟自卑登高，希望同人能由小及廣，多所注視。庶幾工業發達，足以抗衡歐美，不致力求物質文明之增進，反使西人蘇解其生產過剩之困難也。

車模翻砂法

陸景雲※

同學凡曾學習翻砂者，莫不知翻製砂模，必須有木質模型，先有此木模，然後再印於砂中成一砂模，灌以鐵液，而成一器。此種製模法，可謂之印模。

除印模法外，尚有用車板製模；卽以一木板，一邊鋸成凹凸形，若以此板裝於一直立之軸上，而繞軸旋轉之，則該板於每旋一轉時，形成一立體物，其外表與板上之曲線相合。翻砂時卽利用此理，而翻製各種圓形模。（見第一圖）此種製模法，可名之謂車模法。今將車模法之大概述之如後：

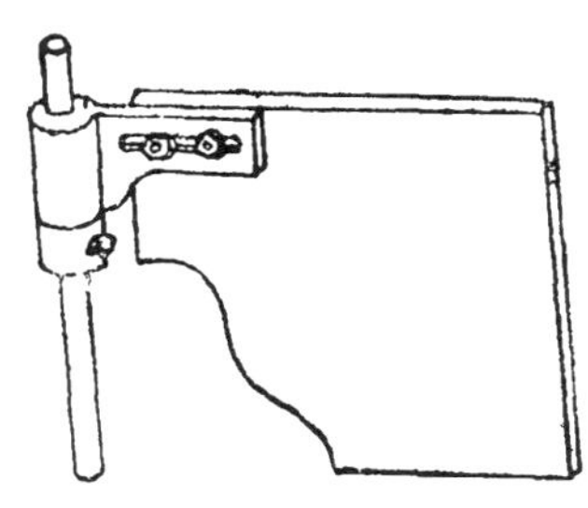

第一圖

(一) 車模與印模之比較。—— 上述二種製模法，各有優點，印模之法爲最普通，各種形式無不可製成其形而印砂模。惟遇有碩大之圓形物，如大汽缸泥心，及輪船推進槳等，若亦製造木模，則不獨費料，且亦不便，故遇此種情形，用車模爲宜。惟車模非可隨意使用者，必須圓形之物，方合其理。且遇細小之物，亦非車模所宜矣。

(二) 車板及其附件—— 車模必需一車板，大多係木質。該板之邊，須鋸製準確。車板之上角，備有二孔，以便緊附於轉臂上。轉臂係鐵質，其伸出之臂上有槽一條，中可置螺釘二枚，使能隨意移動，以適合車板上之孔。轉臂之中心孔，適合於一軸上，（如第一圖）該軸須極粗牢，不易搖動。軸上有一承環，托住轉臂。承環由螺釘旋緊於軸上，其位置之高下，可隨心所欲。軸多係鋼製，其下端略尖，此端插於一鐵座之孔內，孔亦尖底，故軸能牢插孔內，而不致搖動。除此之外，尚有鐵板一塊，中有一孔，其大小則視所製模之大小而定。

(三) 使用時之裝置—— 先掘地至相當深度，將鐵座埋入，留一向孔上，俾容其軸。乃以大小適合之鐵板覆之，此鐵板卽所以承砂模者，鐵板之中心孔，使對準鐵座之孔。於是將軸插入鐵座內，用力使之牢固直立，不得歪斜。乃以承環及轉臂套於軸上，承環之高低先可隨便。於是可將車板用螺釘牢附轉臂上，此時卽應注意於車板離中心軸之距離；因車板旋轉一週時，其邊上各點所經之處，卽代表所車出之模。故車板離軸之距離，卽係所製砂模之半徑。故車板必須小心校準，使其凹凸邊上各點，距中心軸心之距離，等於各該點於砂模上之半徑。半徑已準確後，卽旋緊轉臂上之螺旋釘，使車板不得再動。乃可校正車板之高低。其車板上各點離鐵板之高度，當然係所製模型之高度，車板之高低，亦須準確。至於高低之移動，祇須將承環向上或向下移動，高低適當後，卽造將承環之螺釘旋緊。此時設置已竣，卽可從事車模。

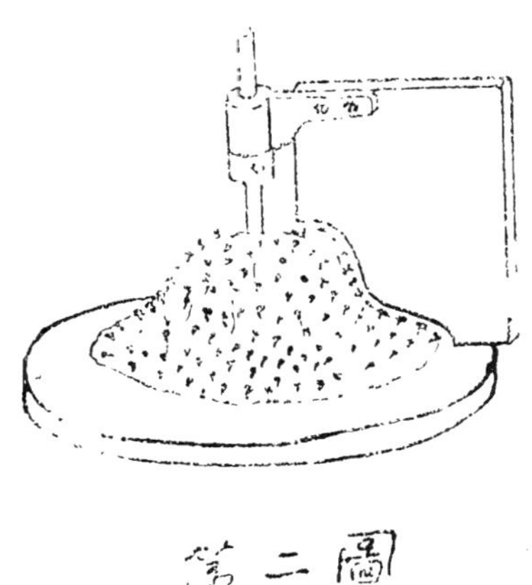

第二圖

(四) 模型之車法—— 此處模型包括陰模及陽模，皆可依此法製造。先將墊底之鐵板用水或泥漿塗之使溼，俾砂泥能黏附其上。然後以紅泥堆於中心軸之四週，使與欲成之模相仿。擊之使堅，形成一粗坯。乃於坯上滿插鐵釘，釘頭須離車板甚近，然不相觸。迨粗坯上鐵釘佈滿後，將車板旋轉數次，以確切證明釘子之適當。（如第二圖）乃以砂泥堆上，使蓋沒釘子，同時將車板旋轉，將高起突出之砂泥刮下。一周皆已堆竣後，砂模已成其正形。惟模面頗毛，乃以調成之砂漿塗上，隨塗隨刮。刮時每有脫落之處，則隨時補上。塗滿後噴以清水，再以車板刮之，至模面光平後乃止。於是模乃成，隨後將中心軸拔出。以砂補滿其孔。若所製之模直徑甚大，而又頗高，則模之內層可用磚砌，磚須曬之使乾，然後以砂泥淘成之漿砌成模之粗形。內層砌就後，即可塗以砂泥漿而刮之使光。塗以炭水。模型既成，乃入烘房，烘至內外乾燥。烘乾後即將陰陽二模合置，以備澆鐵。

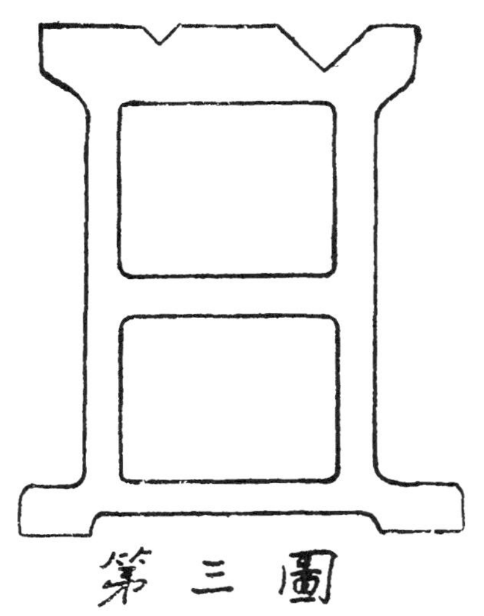

第三圖

（五）草繩泥心之車法——凡泥心之圓形而大者，皆以車製爲便。各翻砂廠所製之生鐵水管，其泥心大多係車製，因泥心甚長，印製反覺不便。此種泥心，多以草繩爲心，故亦名之爲草繩泥心。泥心車製時所需之物，爲鐵架，車板，及搖柄。鐵架（如第三圖）係生鐵所製，上有缺口，大小不同，以適大小不同之泥心軸。此種鐵架共需一對，爲擱置泥心軸之用。車板之長短，及其邊之形狀，依所製之泥心而異；如所製爲水管泥心，則車板較泥心略長，而邊係一直線。搖柄係一熟鐵條所彎成，插於泥心軸之內，用手搖動，使泥心旋轉。泥心之製造與前述之模型製造，有一極大異點，卽前者所述造模時係轉動車板，使形成砂模，而造泥心則轉動泥心本身，車板不動。製造之第一步手續，係挑選泥心軸；泥心軸卽係平常之鐵管，其長短粗細依泥心之尺寸而定，大概較泥心長五六寸，較泥心細小寸許。泥心軸覓得後，乃視其是否挺直，如中間有一部彎曲，則須校直之；因彎曲之處，將使泥層有厚薄。泥心軸之上有孔無數，此孔爲出氣之用，因泥心之四週灌滿鐵液之後，其泥內所含之水氣及泥心內之稻草，皆能發出多量氣體，此種氣體必須由泥心軸中排出，否則將於鐵內翻成許多氣泡，而使該器歸於無用。泥心軸架於鐵架之缺口上；鐵架之距離，等於欲製之泥心之長短。泥心軸之一端，乃插一搖柄，使一人旋轉之。於是另一人乃以草繩纏上，草繩之粗細視泥心之大小爲定。隨纏隨以小錘擊之使堅。一層纏滿後繼之以二層，至較泥心稍細寸爲止。其第二層及第三層草繩纏上之時，須以鐵釘節節釘牢。草繩纏竣後，乃塗以泥漿，使草層潤溼，而令砂泥易於附着。（第四圖所表爲纏草繩時之情形）乃以濕度適當之砂泥，陸續塗上，同時旋轉泥心軸，使刮平高聳之泥塊。繼之塗以稀薄泥漿，刮成一光滑之圓柱

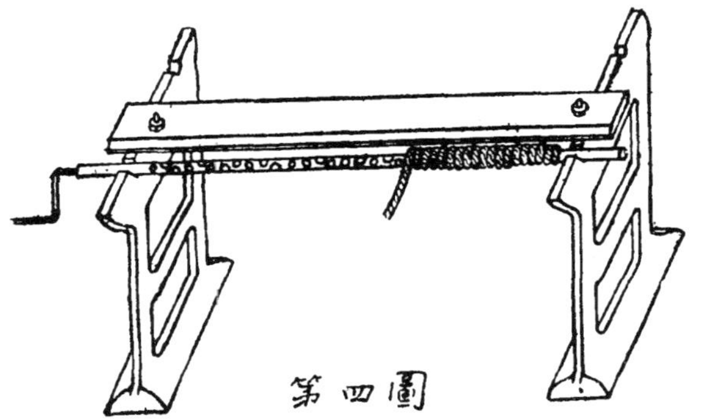

第四圖

形。乃移擱於烘架上烘之，烘時極須留心，四週宜乾溼勻定，而火熱不可猛烈。否則內部稻草將枯焦，而有脫落之虞。烘乾後塗以炭灰水，塗後再烘，至乾燥即可應用。按泥心內用稻草有二用意，（一）保省砂泥，使泥心輕而易做。（二）稻草可作通氣之用，因鐵液灌入模內，其高熱度即將稻草燃燒，於是內中空虛，而水氣可由此衝出。

（六）輪船推進器之模形車製法——汽輪之所以前進，全賴一推進之葉，而其推進則係螺旋面之作用；故製推進器之時，此螺旋面之準確爲緊要目的。輪船之速率及效率之高低，皆與推進器製造之好壞有關。推進器大多係生鐵或銅所製，取其不易腐蝕。近來造船廠內之造此模，多用車模法，法頗準確，今略述之如後：——此法之初步與他種模型之車法略同，即先埋鐵座，植中心軸，及安置鐵板。葉片之車法與尋常不同，因葉片之一面係螺旋面，故車模轉動之時，亦須有上下之動作。第五圖所表係車螺旋面之裝置。於中心軸之頂，裝二滑輪；由圖可見轉臂之下有一鐵塊與之成平衡，故吾人可運轉或升降此轉臂。推進器上螺旋面之斜度等等，皆於設計時決定，非可隨意變更者。故必須有一物以爲運轉此轉臂之軌範；此軌範即爲圖上之三角形鐵板，彎成弧形，立於下面之鐵板上。乃鐵板之內，用磚砌成類如螺旋面之立體

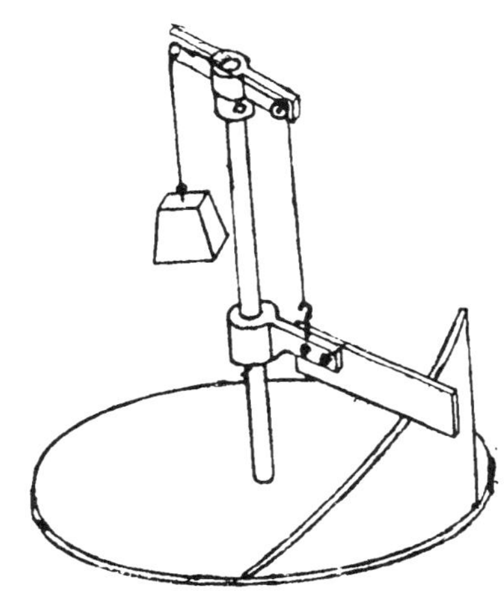

第五圖

，以不礙轉臂之動作爲度；不能用磚之處，卽堆以砂泥。粗坯做成後，卽塗以砂泥漿，與車其他模型同。塗竣後，亦徧插鐵釘，以防螺旋面之崩壞。以轉臂沿三角形鐵板之邊將突出之砂泥刮除，再塗以薄砂泥漿，再刮之，至全面光平爲止。此法所成係一眞正之螺旋面，其斜度及旋進距可極準確。推進器每有三葉或四葉，則必須有三或四個螺旋面，可一一成之。螺旋面皆已車成後，卽將進行翻製葉板。葉板之形，吾人大多能想像其爲中厚而邊薄之漿形片，集三片或四片於一軸上，卽成一推進器。此葉板之一面卽係上述之螺旋面，其他一面不甚重要，祇須使葉板牢固及旋轉時有低最水阻力卽可。此葉板之翻製亦無模型，由木匠做成如第六圖之物係木條釘成，虛線表明葉板之邊。卽於此木架之空處將白泥塡入，補成葉板之全形，刮平使成一整個之葉板。於是將木架抽去，而以白泥搬至已車成之螺旋面上，照各塊之位置一一排列。（如第七圖）再將白泥補滿適纔木架所佔之空隙，於是成一完全之葉板。此白泥堆成之葉板，卽代木質模型之用。於是製一蓋模，蓋模製成後將白泥挖去，乃留一空隙可灌以鐵液。若一推進器有四葉板，則其餘三葉板亦如法製造。全部模型製成後，卽烘之至乾，乃可灌鐵。

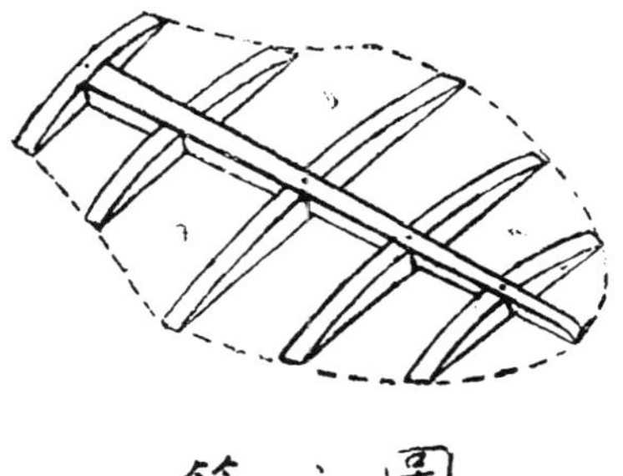

第六圖

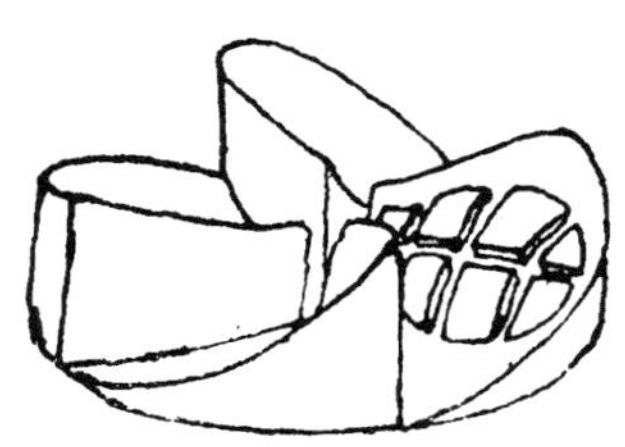

第七圖

美國電氣公司一九三〇年工作之回顧與來年之預測

Paul S. Clapp 報告
Managing Director
National Electric Light Association

劉 侃 譯

一九三〇年間電氣公司之用戶約增五十五萬；該公司等曾完成一新計劃共耗 $850,000,000，於國內各部，包含工料所需巨額款項；資產（指電氣設置）均維持在良好工作情形中；田場業務擴充百分之十八——為任何年中之最大得益；各等用戶之消耗約與 1929 年相同，但家用電氣之消費，共增百分之十四；該年之盈餘，較上年約增百分之三，但同時家用電氣之平均售價已減百分之五。

綿長數千哩之新添傳遞及分佈電氣線路，均經安置而在工作中，同時發電總量約增百分之七；試驗室及郊外之研究，均在極活躍之繼續中。而新設備之效率，遂見增加；家用電氣用具之售賣力亦見特別增長。雖有少數為政治而起之問題，然在電氣範圍內之用戶，對於公司之處置，若工作狀況及減低售價，咸表同情。

業務之擴充

本年新用戶共增五十五萬，其中四十七萬二千屬於普通住戶。此項增加最能滿意。因鑒於國中大住宅建築之減少，及電氣公司對於城內居戶之電氣供給，已經充量而幾至百分之百也。用戶之增加，以本薛文尼，紐約，加利福尼，紐久賽，麻省等城為最多。百分之增加，則以南部為多，現今約略估計，美人家庭百分之七十均有電綫之設置——田場為無電綫設置之大部份。

每個家用電氣用戶，對於電氣之消耗，在本年中已自每年500基羅瓦特小時增至550。此平均數在相當區域中，且爲超過。利用電氣烹飪，煮水，乃增加平均消耗之最要分子，而每家消耗最多者，係在該項事業最發達之區域。關於現在供給之20,000,000戶將來增加巨額消耗之能力認爲極大。如用現有電氣用具，電氣供給當不致到充量之點，而電氣新用具，又在絡續發明中矣。公用公司正在努力發展，而又利用機械電光爲廣告以進行其計劃。

本年中約有100,000新添之田場利用電氣者。此項增加，爲任何一年所未有者，計增百分之十八。公司正在努力進謀此種業務，雖見數處居民之分散而不集中，有礙於經濟問題而不爲意。一九二三年後，用電之田場，約每三年又半，增加一倍。現有用電之田場已過680,000之數。

一九三〇年中兩大鐵路電氣設置計劃——Cleveland Union Terminal及Lackawanna在紐久賽郊外一帶——已經完成，本薛文尼鐵路在屈臨頓，斐拉台爾斐，惠明登之間，及在雷丁鐵路郊外路線之電氣設置工作均已進行。

新建設

一九三〇年間，因新建設及擴充改善原有設備，共費八百五十兆元。其中費用於傳遞及分佈電線，佔百分之七十，電力廠百分之卅。此項建設計劃，包含巨額工料之消費而遍及全國，幾各處均沾利益也。雖因節省雇工時間，進行未免過速，而該項建設計劃，仍慎密經營，足稱爲工程浩大者。

新增發電量約有二又四分之三兆馬力，約增百分之三。其中二兆匹馬力或百分之七十三乃係燃料電廠；七十五萬匹馬力係水力電廠。水力電廠之電力增加，半因下列兩大計劃—— Fifteen Miles Falls (New Englend) 及 Waterville Plant (Western North Carolina)。近年間發電量之增加，仍在用燃料之電力廠。近增之大燃料電廠，或新建造之電廠地點如下：Ashtabula（沃海沃省）200,000 H. P.；Buffalo（紐約省）200,000 H. P. Broolyn；（紐約城）150,000 H. P. Powerton（意利諾省）140,000 H.P.；Long Beach（加利福尼有）130，000 H. P.。長在萬哩以上之傳遞線及分佈線，業經添設，以築固綫路之連接，而增進業務之可靠性，及增加本地電線之輸電量。公司新添設之資產，均在良好的維持中，又因設備之擴充，在本年之中，公司比較有充分之預備，以應商業改進後之需要。

一九三一年電氣公用公司新建設，預算約需七百兆元。預算已在起草中，但有伸縮之餘地。影響該項費用者，約有數因，工業方面電力之需要，普通保證物之投資購買，及保證投資後之報酬以吸收資本是也。

電氣之消耗

一九三〇年全國電力之出產，約比一九二九年減少百分之一又十分之六，但較一九二八年增加百分之九。各公司供給公衆電氣出產之總計約 95•8 Billion 基羅瓦特小時。

水力電廠出產電力，因國內東南部雨水之稀少，而爲減低。燃料電廠及電氣設備之連接，以臻業務穩妥之緊要，乃年內工作時所最可重視者。水汀廠出產，較往年爲大。因此需用其較大比例之容量。

家用電氣之需用却反普通業務之趨勢。計增百分之十四。此足使人回憶當時家用電器之增加，該項電器卽保電氣冷却器，煑水器及無綫電話等。大概一部份於1929年購入而繼續應用者。

小額電氣用戶之估計——包含公路電燈，電氣號誌，店戶電燈，室外電光等，約增百分之十左右。

本年工廠，鑛山，及其餘巨額電量用戶之消耗，較1929年減少百分之七又二分之一，但較1928年增加百分之五。全國四分之三之製造場所，均由電力公司供給電氣，每三匹馬力之馬達拖動機件，約有二匹馬力之電力係公司供給者。因工業之衰落，出產額之減少，電力之需要，亦自然減少。但工業需用電力數量之低落，仍高於工業出產量減低購之水平線，此指示製造家在本年中，仍有甯願購用公用電氣之傾向。

收入

自各類用戶之收入約較1929年增加百分之三，即二十萬萬元。而其損失因工業電力需要之減少，已爲住戶及小額電力消耗者，巨量增加之需所超過，同時家用電氣每基羅瓦特小時之售價，已減低百分之五。家用電器之需用，似不爲商業狀況所影響，而數百萬用戶巨量需要之穩定價値於本年尤爲顯見。每家個人需用愈大，每單位售價愈低。各公司之電氣價格訂定，均係如是。因此之故，消耗增加，電廠容量較多利用，而家用電氣之售價，亦將隨之而低矣。

顧客關係

在極小區域內，用戶對於售價及公司服務有不滿意之表示或騷擾。此或因公司之服務已逐漸改進，而價格亦逐漸減低也。對於公用物之破壞，其來源非自住戶或製造家，大該係政法方面之問題耳。

電氣研究統計

電機工程學院譯述

（美國全國電氣協會月報）

美國工商業之繁盛向佔全球之第一位，其電氣之需要益較任何國爲巨，該國電氣事業之發達可想而知。觀玆篇所述，本年七八月之電力出產達七十三億基羅瓦特小時以上，售與用戶者在六十億基羅特瓦小時以上，共得售價一億五千萬元左右。自上年至本年七月與八月底止，十二個月總計，其出產額達九百億基羅特瓦小時左右，其產額及收入之巨殊堪驚人。其中每月收入自工商業用戶者約佔總數百分之六十，足見該國事業之發達。用戶約佔全國戶口百分之六十九，足見該國電氣事業之普遍與人民之富裕。換言之，一國之經濟狀況與電氣事業之發展，有極大關係也。他如每基羅瓦特小時用煤之經濟，售價之低廉，足徵其工程效率之高而亦用戶增多之一因。又電氣藉水力而產生者竟達百分之卅六，此固該國天然之水利而水力電廠 (water-power plant) 之重要於此可見。凡此均足爲吾國之參證者也。

電燈電力事業之基本報告

（1930年八月卅一日）

（全電力事業）

1.	廠地與設備之價值（估計）	$11,846,000,000
2.	發電總量（基羅瓦特）	30,809,000
	蒸汽	22,135,000

水力	7,782,000
內燃力	392,000
3. 所供給之用戶總數	24,327,987
田場用戶 （280家公司之報告）	(311,407)
普通住戶	20,103,511
商業用戶	
小光力	3,616,309
大光力	558,121
其他	50,048
4.燃用電燈的家庭之人口	84,500,000
5.以電供給的家庭之百分數	69
161,000伏以上傳遞電線哩數 (circuit miles)	170,000

售電與收入區域分配

基羅瓦特小時之售於用戶者—七月份

區域	1930年	1929年	%
New England	355,004,000	373,600,000	−5.0
Middle Atlantic	1,619,395,000	1,625,334,000	−0.4
East North Central	1,371,394,000	1,501,550,000	−8.6
West North Central	460,188,000	413,956,000	+11.2
South Atlantic East South Central	761,675,000	788,560,000	−3.4
West South Central	360,504,000	331,864,000	+8.6
Mountain	257,562,000	285,214,000	−9.7

電燈電力事業之每月統計

(1930年八月)

該項紀錄是爲美國全國所有電燈電力事業之紀錄而根據於所收到約四百家公司之報告，代表該項事業出產能力百之分九十以上。

七　八　月　中	七　月　份		每百分之增加	八　月　份		每百分之增加
	一九三〇年	一九二九年		一九三〇年	一九二九年	
基羅瓦特小時之出產(淨計)	7,238,027,000	7,464,395,000	−3.0	7,277,018,000	7,731,733,000	−5.9
加一自加拿大進口及購自上述電氣公司以外之電力	292,348,000	215,366,000	+35.7	274,443,000	239,025,000	+14.8
減一公司內部份所用電力	203,602,000	195,034.000	+4.4	193,397,000	196,880,000	−1.8
電力分配之總計(基羅瓦特小時)	7,326,773,000	7,484,727,000	−2.1	7,358,064,000	7,773,878,000	−5.3
基羅小時售於：						
田場(不包含灌溉)						
田場(包含灌溉)						
普通住戶	746,112,000	642,841,000	+16.1	726,759,000	639,504,000	+13.6
商家：						
小光力	1,100,049,000	995,984,000	+10.4	1,059,547,000	1,036,647,000	+2.2
大光力	3,544,351,000	3,833,638,000	−7.5	3,720,678,000	4,144,334,000	−10.2
鐵路及有軌道路(動力)	422,174,000	442,157,000	−4.5	414,507,000	434,901,000	−4.7
其他	194,542,000	176,266,000	+10.4	209,388,000	197,518,000	+6.0
基羅小時(售與用戶)總計	6,007,228,000	6,090,886,000	−1.4	6,130,879,000	6,452,904,000	−5.0
欵項收入(自用戶)總計	$153,204,200	$ 148,774,600	+3.0	$ 153,709,400	$ 152,666,200	+0.7
十　二　個　月　終	七月卅一號	七月卅一號		八月卅一號	八月卅一號	
基羅小時之出產(淨計)	90,469,415,000	86,646,756,000	+4.4	90,014,700,000	87,471,988,000	+2.9
加一自加拿大進口及購自上述電氣公司以外之電力	2,962,420,000	2,601,965,000	+13.9	2,997,838,000	2,587,599,000	+15.9
減一公司內部份所用電力	2,524,301,000	2,518,024,000	+0.2	2,520,818,000	2,499,987,000	+0.8
電力分配總計	90.907,534,000	86,730,637,000	+4.8	90,491,720,000	87,559,600,000	+3.4
新置發電容量(基羅瓦特)						
新增加之用戶數：						
田場用戶、普通住戶	730,107	824,295		576,877	799,096	
商業用戶	119,805	83,442		117,462	50,601	
其　他	11,592	5,926		10,240	6,593	
用　戶　總　數	861,504	913,987		695,579	856,290	
緊要部份						
水力所產電力	33.9%	36.8%		33.7%	36.2%	
每基羅瓦特小時需煤磅數(平均)	1.64#	1.68#		1,64#	1.68#	
每基羅瓦特小時平均售價（售於各類用戶）	2.61c	2.60c		2,62c	2.59c	
普通住戶(居家用)						
每戶每年平均消耗(基羅瓦特小時)	535	482	+11.0	538	483	+11.4
每基羅瓦特小時平均售價	6 06c	6.31c	−4.1	6.06c	6.29c	−3.7

Pacific	820,506,000	770,808,000	+6.4
總計	6,007,228,000	6,090,886,000	−1.4
售款自用戶收入者			
New England	$12,311,643	$11,989,914	+2.7
Middle Atlantic	42,056,575	41,049,271	+2.5
East North Central	36,174,335	37,652,262	−3.9
West North Central	13,040,448	11,977,959	+8.9
South Atlantic East South Central	19,257,678	17,810,699	+8.1
West South Central	9,572,566	9,050072	+5.8
Mountain	4,734,242	4,845,610	−2.3
Pacific	16,056,684	14,398,813	+11.5
總計	$153,204,171	$148,774,600	+3.0

一九三〇年八月份初次成績報告

與一九二九年八月份比較

一九三〇年八月百分之增加數與一九二九年八月份比較

區域	基羅瓦特小時售於用戶者	售價自用戶收入者
New England	−8.0	+6.7
Middle Atlantic	−3.9	+2.8
East North Central	−15.4	−8.6
West North Central	−5.3	+5.0
South Atlantic East South Central	−4.6	+2.9
West South Central	+3.2	+6.0
Mountain	−13.6	−0.5
Pacific	+2.8	+3.2
事業總額	−5.0	+0.7

參觀美國中部諸大工廠記

Report on Inspection Trip

October 1930

潘世甯 (S. N. PAN)

I. Introduction

It has been a usual practice for many years that the seniors of the college of engineering of the University of Illinois make an inspection trip in the Autumn of their school year. This is to well prepare the minds of these young engineers of what are being carried out at present in the actual engineering works. This year, it took place from Oct. 22 to 25, and including professors, a total of 314 was on the trip. Different schedules have been predetermined for each kind of engineering, with no little special attention to the factories of their own line. As the writes of this report is a student in railway mechanical engineering, and, be it added, a graduate student, a consolidated schedule was allowed to follow with the first two days in the railway civil engineering department, and the following two days in thc mechanical engineering group. This was successfully carried out, and the results are exceptionally satisfactory.

The factories visited in the first two days are: The Illinois Steel Company, the American Bridge Company, and the Chicago and Northwestern Railway Terminal Yard and Transfer Station. Those attended in the following two days are: Allis-Chalmers Manufacturing Company near Milwaukee, the Nash Motors Company, and the Hawthorne Plant of the Western Electric Company. These factories and yard not only represent the first class organizations both in respect of operation and of sise, but also cover the different phases of engineering as most needed in China now. Besides the wonderful machines and power, the quick operations aud productions, the writer was especially struck by the terrific scale of production and transportatiou that prevail in this country.

II. Illinois Steel Works

Early in the clear but chilly morning of October 22, 1930, the troop of young engineers reached the guarded and castleliked gate of the biggest steel mill in this country, the Illinois Steel Works in Gary, Indiana, U. S. A. As the professors who led the crowd went in for an interview with the officers, there was time for them to look at the bunch of chimneys resembing a dark forest over the high wall. In fact, this plant covers an area of 1400 acres of land, and ordinarily, a force of 14,000 is working in three shifts. Their capacity of production is based on the output of steel being 400,000 tons of steel per month. It was not aftre entering it, that it appears to be a big production center.

The general line of manufacturing process is as follows: The iron ore is hauled from the mining district to the harbor within the factory by big lake steamers. These steamers are specially made for this purpose, and hane a capacity of 15,000 tons per ship. The unloading ls done by seven big Hulett unlcaders with buckets of 10 tons capacity. Working together a ship can be unloaded within six hours. These unloaders which can move along the 700 feet wharf empty their loads into a long trough, which is kept clean by three big bridges. The bridges can move along the wharf also, and dump their loads into a long pile consisting of the raw materials for making steel, namely, iron ore, limestone, and coke. Hopper cars moved by steam locomotive are used to move these materials up to the top of big metal bins, and dump them into the bins. Balanced moving buckets travelling on inclined tracks carry these ingredients into a large hopper in the blast furnace. The charge consists of four buckets of coke, two of ore, and one of stone. After smelting, the molten iron is allowed to flow into large ladles moved to the open hearths by steam locomotives. It is there charged in the open hearths with scraps, and cleaned slag from the last heat. These furnaces utilize the refractory principle. and are heated alternatively through each end of them by gases from the blast furnaces. The molten steel is then casted into ingots in metal molds. These ingots very from 7 to 35 tons each. More than twenty rolling mills in the same plent get the red hot ingots from these furnaces and roll them into rails, plates, sheets, and other structural shapes. It is steel in this final shape which counts the output of the factory.

Besides this line of manufacturing process, there are a good deal of interesting points to be noted. These can easily be recollected by following the order by which they appeared on that day. The slag from the blast furnaces are washed and cooled in a big pond, and it is taken to the furnaces by automaticpump with the bridge supporting it moving lengthwise, and the pump itself moving crosswise, so as to reach every part of the pond. Next striking feature is the Hulett unloaders, being of great capacity, easily operated, and with high speed of working. The twelve big blast furnaces are also amazing. Each has a capacity of 1000 tons of iron a day, and costs $ 3,000,000 to build. A small old furnace under recenstruction seen on that day, is said to be cheaper, costing $ 1,500,000 only. They are more than 100 feet high, with four safety valves on top, and dust collectors on the side. Air is blown into the furnace through 12 to 18 tuyers, which are water cooled to prevent them from burning. Compressed air guns are used for plugging up the slag hole against the high pressure within the furnace. Gas from these furnaces are led into washing tanks first and then to the gas engines in the power house and open hearths. The only waste in the whole plant is the floating slag flowing out through the slag hole, and unfortunately, this consists of 40-50% of the charge. They are either used for road bed, or dumped out and scrapped.

A little description about the big power house may not be out of place here. Thirty eight very large gas engines running on the blast furnace gases give a total output of 16,000,000 KW. The engines are of 2000-2500 HP each, and are started on compresed air. They have pistons of 142 tons each, and inlet valves of 18 inch diameter. In each unit, two rows of four cylinders each are attached to the same flywheel turning the same generator. Time of ignition in the cylinders is indicated by small lamps in the spark circuit. As they run on the otherwise wasted gases from the blast furnaces, they are obviously the most suitable kind of prime mover to use, in this type of industry.

The rail mill receives the red hot ingots from the open hearths, reheats them in another stove, and send them to the rollers. In the first two steps, the ingot is reduced in its cross sectional size, and lengthened very much. These are three stag rollers, passing the red hot steel through one set of rollers, raising it and sending it back through another pair, and sending again forward through another two rollers. After this, it is cut into two pieces, and each goes to a pair of rollers to give the standard, or assigned rail section. The cutting to the proper length is done by several grinding wheels. Then the rail is said to be finished. The process starting from ingots at the stove to the finished rail, takes only one minute, and hardly another plant can work quicker than this. The section rolled on that day is 125 lbs. per yard for the New York Central Railroad. The heaviest section ever rolled has a weight of 147 lbs. per yard, which is used by the Penn sylvania Railroad.

The wheel mill is another interesting spot. Round pieces of steel are put into furnaces by large tongs moved by electric motors, and mounted on movable carriages. The heated ones are similarly taken out and put under the huge press of 10,000 tons. A touch of the lever sets the monster to work, and the wheel is formed. In another smaller press, the hole for the axle is punched. Smaller machines for trimming the edges, grinding the faces are used, and wheels are shipped ready to be put into service. The rolling mill for the sheet metals composes of rollers, belts, and other rotating journals all supported on ball bearings. The heated block shoots under the rollers with very high speed, especially when approaching the finishing pair, where the metal gets very thin and is readily cooled off. The velocity of the sheets there is said to about 1000 feet per minute. Some twenty similar mills stand in one row in perfect alignment with these two. They are intended to roll other shapes of steel products, and would be more interesting, if there had time to run through with them. But the setting sun summonted the whole crowd back to Chicago.

III. American Bridge Company

In the afternoon of October 22, 1930, the group of young engineers reached the South Chicago Plant of the famous American Bridge Comprny. With its products spread all over the world, this firm is known as one of the first class organizations in the world. For this plant, it covers an area of about 300 acres of land and a working force of about 10,000. The main products are the steel structure works, such as beams, columns, finished roof trusses, and big girder bridges, through bridge beams. Their design is known to be accurate and efficient, and workmanship reputable. At present, they take the construction of the peculiar building for the Chicago 1933 world's fair. These buildings imply the newest idea in architecture work, and are of interesting outlook. The plant receives its raw materials from the products of the steel works as rolled sections and iron rods. Rivets used are made from automatic machines, and large punching, shearing, and drilling machines used for the process of manufacturing.

After grouped up, the crowd was led by different officers of the company to the various parts of the plant. The designing and drawing office was the first place to be seen. This department consists of two large rooms, well lighted and heated, and about 4' x 8' designing tables, about 40 in one room, are arranged in good order. Designers, checkers, and recheckers work together to produce the working drawings for the shops behind. It is in this place, the brain work of the famous constructions, and bridges are done. Just behind this building is a receiving yard of about 300' x 800' served by three 100 ton transverse cranes, and having tracks for the moving of the materials across the field. Opposite this yard are the shops for carrying out the designs. The first one seen was the punching of small straps, and channels. The punching is done by electrically driven ordinary punches, with a special attachment of scales for the holes. Drilling machines are used to drill the necessary holes for the heavier plates. One of the big machines has two rows of nine drills each, being spaced at three inches interval according to the practice of the spacing of the rivets for heavier members. Next to this is the shop for doing the rivetting. Gas furnaces as well as electric heaters is used for the heating of the rivets. Small pneumatic presses hanging overhead are used for the work of smaller members, and large press mounted on plateform capable of moving up and down, and travelling table with superstructure to hold large girders are used for rivetting sf these large pieces. The drillings required on these things are done by the big drill, cousisting of a portal with four movable arms carrying the drills. These arms can be rotated through a considerable angle so as to get to all holes on the member. Then in this shop is the machine to punch long and wide plates. Automatic electrical means is used to pull the plates so as to stop at the proper place for the hole.

Before we pass to the shops for the assembling of these different plates, and angles, etc. made up in the foregoing places, another shop where some brain and geometrical works are required must be mentioned. This is the shop to make out the templates for the laying out of the shapes and rivet holes on irregular shaped plates, and wood models are made for the alignment and form of the joint pieces. Then in the next shop, pieces of steel are cut out according to this templates and rivet holes drillad or punched. Also when many duplicate pieces are to be made, instead of punching them from a heavy paper template, links are used to do this. Next still is the shop for making different sizes of rivets, bolts, and nuts. Finally we come to the shop of assembling, where different parts are put together into finished parts of roof trusses, bridges, and so forth. Large bridges are tested for alignment of the rivet holes in the open field, All the holes at the joints are reamed to fit, before they are shipped out.

All shops are served by many overhead cranes in connection with tracks on the ground, thus all parts of the shop is reached. The heating is accomplished by stoves near the machines where men are working. It seems that the clearance or the walkinga isles between moving cars and stored material is not adequate, causing perhaps some unnecessary accidents to the workmen. Despite of this minor point, the plant is highly recommendable due to its one direction moving of the materials to the finished products which accounts for the fast production of this factory.

IV. Proviso Yard

The Chicago and Northwestern Railway Company's Freight Terminal, Transfer House, and Classification Yards, claimed to be the largest individual freight terminal in the world, are located at Proviso, Ill. U. S. A. on its main line thirteen miles west of Chicago. They cover a land area of 1500 acres, and has a track capacity of 26,000 cars. The transfer house has an area under one roof of 21 acres, and can hold 700 cars for the handling of the less than car load freight. There are 31 tracks each holds about 30 cars. Different tracks are assigned to various connecting lines with cars arranged to order of the statiohs. These cars have to be taken out every day, in order to facilitate the quick moving of the freight. The freight is moved from car to car both by hand trucks and motor trucks with trailers. To provide passage for these trucks over the tracks and plateforms, movable bridges are built to connect the plateforms. These bridges are raised by motors to clear the moving cars, and automatic lamp signals are operated by the raising bridge alse. Nevertheless, the motion of the raising is very slow, and high motor power coupled with less gear reduction may have resulted better.

Ice is obtained from adjacent refrigeration plant through ice chute for the perishable freight.

The classification yard is a single hump yard. Hump yard is rather a new device in railroads for the switching of cars and classification them. The principle consists of pushing a train up a hump at a speed of two or three miles per hour, and splitting them at the top of the hump. By gravitation on its own weight, car is allowed to roll down the grade on this side of the hump. The safe handling of these cars is made possible by seventeen electrically operated retarders controlling the speed. By switches operated electrically from the towers, they are allowed to go to its proper track. There are 48 tracks divided into two large groups of 24 each, which is again subdivided into four sets of six tracks each. The up grade is .3%, and the down grade consists of 4% grade for 50 feet then .2% for about 50 feet, and then 1% for about 100 ft. After passing the last set of retarders, the tracks are nearly level. It is from these tracks that the outbound trains are formed. As this is a single humy yard, the rehandling of trains is inevitable. Both inbound and outbound trains are switched to the one side of the hump and classified in the same manner. However, reserved land area is available for the extension, and the company figures for the project a sum of $16,000,000. At present, it is said that the amount of cars handled in 12 hours is 1000 to 1300, while in winter the cold weather has but slight effect on the operation. The switch list is sent to the yard office and the tower men through the teletypers, and oral orders from the yard master is transmitted to the tower men and the yard crews by means of radio loud speakers. The electric-pneumatic retarders capable of applying three different pressure to the car wheels, are operated on compressed air expanding behind a piston, whose inlet valve is opened by electric circuit controlled from the towers. The transmission of messages between different freight offices in Chicago with the main terminal office by compressed air tubes is also interesting. In a word, the quick operation of this freight terminal is much benefited by these new engineering devices.

V. Allis-Chalmers Company

To the North of Chicago about 100 miles along the lake Michigan is a big industrial center of this country, city of Milwaukee. Among the manufactures, the Allis-Chalmers company has been well known to be the biggest. This company consists of many plants, but the Milwaukee plant is again the biggest,. It covers 56 acres of land, and has ordinarily a working force of 7000 to 8000. Besides the tractors produce from the extension of this company, the products diverse very much. But the impression is that whenever the size of machine goes big, the order comes to Allis-Chalmers. The turbogenerators of wonderful sizes for this electrical world are especially famous.

The inspection was begun from the lamination department. Sheet metal is dipped in insulations, and pressed together to form the poles, armatures of generators and motors, and cores for transformers. The central part of this building, whieh connects up the numerous rows of shops, is used for testing purpose. Large turbine shafts and generator armature are tested for their stability at high turning speed. As this central part has very high powered cranes, high roof, large floor space, and good lighting, the winding of field windings for large generators is also done here. Then a vacuum tank is also there for the testing of the tightness of bolts and joints. Big bases for gas engines, shells for 20 feet diametered crushing machines are also placed for assembling. At the other end of this building is the 40-ft. boring machine, being one of the largest machines in the world. As all other shops lead to this central part, these things came into sight every time this room was crossed. The next place seen was the transformer shop. Big transformers for 60 cycles A. C. current are under construction. They are of 10,000 KVA capacity. and the cooling oil is fan cooled, with necessary machanism for changing the taps to give different voltage. Then the group passed to the commutator department, where mica plates are made for the insulation, copper bars with leads welded on them forms the conductors in the commutator. They are first placed in position by using a steel ring, and afterwards, the copper ring is put in. In the same shop, 114 ton rotar for 1500 KVA alternator was seen to be turned on 5' x 20' lathe. Big field windings for D. C. generators with compensating coils were also under process of making. In another shop, the big gas engines for the Illinois Steel Company was on the working list. Tremendous base and housing for the crank, cylinders with water jackets, big pistons, with hollow shaft of about 24" in diameter were made. Both connecting rods were planed on the same planer, which is necessary of large size. Then reaction turbines of 21 stages were seen to be under test. The blades of different lengths from 1" to 12" are put into the casing on rings. These are then driven in carefully into the slots and locked by projections at the root. The root design also differs for the blades of different lengths. Foundations for these large turbogenerators are now all made of welded steel plates. Then large rotars for water turbines are also casted in the foundry snop, and the 40 ft. water inlet is made from sheet steel. In a word, every thing in these shops are exceptionally large in size, both the machinery equipments, and the products. It is from the bigger machinery, that the manufacturing of big engines is possible.

VI. Nash Motors Company

Among the tremendous amount of motors in this country, the Nash automoblies have gained very good reputation by their good performance of the engines and consistent body coupled with good style, although the superior cars are comparatively betteer with much higher prices. As the plant in Kenosha, Wisconsin is on the way of return trip from Milwaukee, the whole crowd of mechanical engineers stopped there in the afternoon of Oct. 24, 1930. The inspection begun from the chassis department, where the steel frame is made, and assembled and leaf springs are manufactured and fixed into the chassis. Then this finished part is moved by a moving belt of velocity of 1 or 2 ft. per minute, to the second department, where the car body is put on, wheels rolling down from stocks overhead are at the mean time placed on the axles. At still a further step, a complete, painted, tested engine is put into the car, and after some minute steps to fix the battery, wiring, and ignition plugs, the car is run down to the ground, and its own engine is started. This car is then brought out the plant and tested for its running performance on an open field before shipment is made.

The wheels are obtained from outside firms, shipped in as ready to fix to the cars. The car bodies made at another plant of this same company near Chicago. Therefore this plant can be said entirely for the manufacturing of the engines, and assembling of them. The engines, are made at present in two forms, the eight cylinders and the six cylinders, with more emphasize to the former. The special features of the engine design is listed clearly in their advertisement, and there is no use to repeat them. The first step seen was the assembling of the transmission gears. A spiral gear is used for the second ratio of transmission, and is said to be responsible for the noiseless operation on that gear. The second step was the pistons to the cylinders. Both of these are measured by micrometers and marked 0— or 0+ according as the diameter is 1/1000 of an inch smaller or bigger than the predesigned diameter. So the smaller piston can go into the smaller cylinder for an exact fit. In fitting them, a feeler of 2/1000 inch is put in between the piston and the cylinder, and a pull is measured by a spring balance near the handle to give the proper fit. Then these pistons are marked by numbers to go to the definite cylinder. On a still further step, the pistons are heated in a hot water basin, and a hollow steel pin is pressed into position. The cylinder castings are then moved on a moving belt for fixing the valves, the crank bearings, etc. From another shop, the crankshafts are sent to the assembling department to go into the engines, with all other necessary parts. After the engine is completed it is tested for the running in test, that is the engine is run by another engine using kerosine as fuel for 12 hours. Again each one is sent into a room for silent test to see the cylindeys are firing in right order with smooth sound. When anything is found wrong, they are stripped apart and checked over. From these silent rooms, they are sent to painting department, and then they are ready to be fixed in the cars.

The different parts are made in separate shops and sent to the assembling department. The connecting rods and pistons are made from aluminum alloy, and shipped in from outside firm. The rods are then bored on a diamond borer, with three diamond cutter for three boring at one time. The diamond cutter saves the trouble of changing tools, and are doing very neat job on boring. Then the crankshafts finishing department came in sight. The steel forgings are bought from steel foundry works, and are turned on a special machine with eight knives cutting the eight journals for the connecting rods at the same time. Then they are ground to shape, and oil holes are drilled in them. The grinding is done with special gauge to show the exact size down to less than 1/1000 of an inch. The making of gears for the engines involves the most skill. Most of them ere here done with automatic machinery, and several operations are repeated for the smooth finishing of them. The spiral ring gears for the differential are made from a special machine with the combination of four kinds of motions. Some of the matching gears are run to definite axes to wear out the rough edges to insure smooth running of them. Running test of the differentials are also made, and then they are kept in the combination throughout the rest of the processes. The gears while required to have hard bearing surfaces to cut down the wearing, have to withstand heavy force transmission, therefore they are case-hardened. The hardening is made in short time by heating them to about 1500 deg. F. and dipped into cyanide bath for several minutes, and then quenched in oil. The different parts are then drawn in ordinary furnaces to the desired degree of toughness. Finally, every part for heavy duty are tested for hardness by Sclerscope test

Now a little description about the making of the cylinder bodies is thought not to be out of place. The molding is done by three sets of molding machines with steel molds, and then placed on the moving belt to the place where the cores are put in. The hand made cores are baked on moving belt in a hot air furnace. Big ladles moved by overhead cranes are used for the pouring and motor trucks for moving the finished castings for inspection. After this, they are sent to the boring and drilling shop, where the eight cylinders are bored at the same time for three times, using three kinds of boring tools. Then they are put on the drilling machine where more than one hundred holes are drilled, and on another machine, they are all tapped at the same time. The reaming of the cylinders is done by separate reamers, smooth walls being assured. Then the bearings are machined and surfaces planed. After inspection, they are sent to the assembling room.

The drop forging shop is also very well arranged. The big machines standing at their altitude in neat rows, though the light was not so good as it was late on that day. The front axles, knuckle pins, and other parts are made by pressing heated steel against certain dies. The presses for the sheet metal works, like the producing of the fenders, cutting any holes in them, the crank case, the radiator, etc are also efficient. Before concluding the description of this plant, two other parts should not escape attention. These are the balancing of the crankshaft and flywheel with very delicate instruments, and skillful workmen, and the laboratory maintaind for the analyzing of the raw materials used to insure good work from the finished parts made out of them. These two parts are very essential to keep up the reputation heretofor established, and consequently they are kept in very good order. In a word, the manufacture of automobile engine is a very complicated business, and too many points have to be watched before any good engines can be put out. Fortunately this trip has given us so deep an impression for the outline of the processes involved.

VII. Western Electric Company

On the fourth day of the inspection trip, the group of mechanical engineers of the University of Illinois looked over the Hawthorne Works in the suburban of Chicago. This company with its headquarters in New York City provides a national network of manufacturing, purchasing, and distributin facilities to the operating companies of Bell system. It operates manufacturing plants at Kearny, New Jersy, Point Breeze, Maryland, Hawthorne, Illinois, and Queensborough, N. Y. The Hawthorne works is the oldest and largest of the company's manufacturing plants. It is said to be the second largest plant in this country. It covers a 200 acre tract and the gross floor space of the buildings is about 4,000,000 square feet. The ordinary working force is about 30,000. The general product are the telephone apparatus, dial systems equipment for the Bell system. Machines and equipment for recording and projecting talking picture, and broadcasting station equidment are also its main products. About 6 billion parts are turued out one year, and 4500 different types are made on reguler shop schedules. It uses approximately 40,000,000 cubic feet of gas each month. The gas is made in the plant. 250,000,000 pounds of steam are used in the plant each months. 7,600,000 KW-hr. of electricity are the monthly requirements for power and light. Coal consumption is 300,000 tons per year.

The inspection was started from the wire department, where a new furnace for melting copper has just been established with big output. Recording pyrometers are used to tell the temperatures at various part of the furnace. This molten copper coming out is then transmitted by moving chains to a machine where it is formed into long rods. These rods going through drawing machines are drawn to finer and finer wires, until the last step they are about as fine as several thousandths of an inch in diameter. Between the different drawings, water sealed ovens are used to heat them up and quench them in cold water. Then these wires are sent to another department, where paper straps are wound by machines around the wire. Very fine wire is done on a special machine, where the wire is wound on a big drum and dipped into a bath of paper pulp. When they are taken out of the bath, heated and pressed, a coating of very good, and fine paper is formed. The twisting of the thousands of wires into a single cable is also done by machines. Finally this cable is sent to the drying cylinders in the drying room. The cylinders are heated by steam coils. From this cylinder, the cables go to a store room, where the humidity is kept so low by pumps taking the air from the room, lowering it to temperatures for condensing the moisture, and sending back again heated. They stay in that room for more than 24 hours, and are then taken to another shop where the lead coating is put on. The coating is done by preening molten lead above the drum through definite dies, and when it comes out from the hydraulic press, the cable is well coated with a uniform layer of lead coating. The last step consistis of the packing up of this cable on wooden reels, or some new built steel reels, and covering up of this with wood straps, and steel bands by machine. Now it is ready to be shipped.

The baikalite and rubber shops are also interesting. Certain amount of the compound, being a very fine, black powder, is weighed out by small balances, and poured to the dies under a steam press. They are heated and pressee at the same time for about ten minutes. Opening up the presses, finished articles according to the dies are formed. Trimming up the the sides makes them ready to go into boxes for shipping. Telephone box covers, ear phones, talking receivers, and thousands of different articles are made in this shop. Then conductors concealed in insulations for the automatic telephony are also made as easy as any ordinary thing. The other end of this room is the rubber shop. Raw material is the starting point until it becomes the finished product. Another complicated but interesting shop is the switchboard department. "Monkey room" is the name for it in that plant, showing the bewildering of the products from it. Vertical racks as high as the roof are provided for the connecting up of large dial system switchboard with movable seats for the workmen.

Now the switchboard lamp department is next to describe. As the work is too fine for rough handling, beautiful girls and women are employed for making them. The filament made from a kind of sulphate, is the most delicate part. The concentrated solution, after filtering is let to go through a small glass opening to a machine where the filament is drawn and dried. Then this is wound on small glass rods and goes to the lamp room. The handling requires the working girls to use high power magnifying glasses. The bulbs are made out of small glass tubes, heated by gas flames and sealed on one end. Small rods are cut to the proper length, upset at one end, and filament put on it, by the same piece of very light machine. The girls working on them show beautiful skill for the process. Then automatic machines are again used for the assembing of the filament rod and the bulb, taking the air out, sealing it, and testing it and picking it to the proper vessel. In a still further step these bulbs are tested for resistance. The whole is so designed that lamps of smaller resistence will be built up and of larger resistance eaten up. After this, the bulb is said to be complete.

In some other buildings, many automatic machines are used, namely, for the making of small screws, nuts, of different sizes, winding condensers, testing condensers, etc. It is due to these machines, that the quick working of the whole plant is assured. The power house consisting of six or seven big boilers fitted with chain grates, draft gauges, horsepower gauges, and seven units condensing turbogenerators gives a supply of 9500 KW for the whole plant. This power house is kept very clean and bright, and is said to be the most efficient generating plant near Chicago. It gives the last impression for this successful inspection trip and serves also as the conclusion of this report, although the utmost importance of a power plant to the manufacturing plants is not intended to be missed from its place in this report.

(END)

近代酸與鹽基之觀念

Modern Conceptions of Acids and Bases

張懷義先生講 袁祥筆記

The fundamental conceptions in chemistry are not fixed, but change with the generations. For example, elemants were formerly considered as substances not decomposible, but after the discovery of radio-active elements, we know that radium disintegrates continuously and spontaneously into the elements helium and lead. Certain common elements, such as nitrogen and aluminium, may be disrupted with the formation of hydrogen by exposing them to the action of swiftly moving α-particles ejected from the radium in the course of its disintegration. From these, we see that elements, although not decomposible at present, may be decomposed by the spontaneous disintegration or by some physical means. A hasty survey of recent investigation may also disclose a rather marked discrepancy in the definition of acids and bases generally given in the chemistry texts.

Formerly, acids were defined as substances which possess the distinctive sour taste and bases were defined as the substances remained after the acid principles of salts are driven off by heating. For example: $Fe_2(SO_4)_3 \longrightarrow Fe_2O_3+3SO_3$ In this reaction, the ferric oxide was called a base, which is the fundamental constituent of the salt and therefore of the basic character. It was until Arrhenins, who formulated the theory of ionic dissociation, which gives a better understanding of the acids and bases.

With this theory, acids and bases are considered as substances which give the hydrogen-ion and the hydroxyl ion respectively when they are dissolved in water. This theory, however, confines to the substances dissolved in water to form the aqueous solutions. Now there rises a confusion, as to whether dry hydrogen chloride can be called an acid or not. As sodium can be distilled in an atmosphere of dry hydrogen chloride, it seems that it does not possess the property of an acid. Furthermore, bases, with this theory, are considered as those substances either containing the hydroxyl group or presuming to form this group in contact with water, but the neutralization can be carried out in the total absence of hydroxyl groups such as in liquid ammonia. We also know ammonia and hydrogen chloride can neutralize each other in benzene solution. The product is ammonium chloride. Therefore we can say that neutralization is not necessarily producing water or in presence of it. Again, aniline, $C_6H_5NH_2$, can combine with the hydrochloric acid to form aniline hydrochloride, $C_6H_5NH_2.HCl$, showing that the basic property is also marked even in absence of the hydroxyl ion.

From these and other similar facts, we conclude that Arrhenius' ionic theory can be only applied to the aqueous solutions. Recently, it is proposed that the principal substance in acid solutions, which give the acid properties is not due to the free H^+ or proton. The protons will always be associated for the most part with fome other atom or groups of atoms. In aqueons solution, the proton exists in the solvated form $H^+(H_2O)$, which may also be written as H_3O^+ and is called the hydronium ion. In glocial acetic acid solution, it exists as $H^+(CH_3COOH)$ and $H^+(H_2O)$. So the hydronium ion H_3O^+ is the carrier of the acid properties of the acid solutions in water and to every other solvent there corresponds another characteristic acid cation. In other words, hydrogen (or hydronium) and hydroxyl ions are peculiar to the water solvent. Acidic and basic properties may appear in any solvent.

Now we consider the case of neutralization. When HCL is passed into water to form a dilute solution $HCL+H_2O \longrightarrow H_3O^+ + CL^-$. If the solution is titrated with the KOH solution, the protons are gradually removed and the acid is finally neutralized, $H_3O^+ + OH^- \longrightarrow 2H_2O$. Not only OH^- but many anions of the weak acids will combine with H_3O^+. The ionic equation of the reaction between HCl and an acetate is $H_3O^+ + Ac^- \longrightarrow H_2O + HAc$. This action though less complete, does preceed to some extent. In using the ammonia to neutralize the acid, the reaction may be represented by $H_3O^+ + NH_3 \longrightarrow H_2O + NH_4^+$. Therefore OH^-, Ac^-, and NH_3 are all bases regardless to the completeness of the reaction. For these reactions we may write a general expression $H_3O^+ + B \longrightarrow H_2O + BH^+$, where B stands for a base.

On the other hand, water combined with proton is itself irrelevant; we may titrate with KOH the acid NH_4^+ ion instead of the H_3O^+ ion, the reaction being represented as follows: $NH_4^+ + OH^- \longrightarrow NH_3 + H_2O$, where NH_4^+ may be writte as $H(NH_3)^+$ which has the acid properties, because it neutralizes the base OH^-.

Now the general equation of neutralization is $H^+ + B \rightleftharpoons A$, and the reverse is $A \rightleftharpoons H^+ + B$, which serves equally well to formulate the dissociation of the dissosiation of the following substances:—

(1) $H_2O \rightleftharpoons H^+ + OH^-$, (2) $HAc \rightleftharpoons H^+ + Ac^-$,

(3) $NH_4^+ \rightleftharpoons NH_3 + H^+$ (4) $H_3O^+ \rightleftharpoons H^+ + H_2O$,

(5) $HSO_4^- \rightleftharpoons H^+ + SO_4^{--}$.

We see that A in the general equation stands for H_2O, HAc, NH_4^+, H_3O^+, or HSO_4^-, substances with any charge; while B stands for OH^-, Ac^-, NH_3, H_2O or SO_4^{--}.

It is proposed by Brousted and Lowry that if the reaction $A \rightleftharpoons H^+ + B$ can occur at all, A repesents the acid and B represents the base, then bases are those substances that can combine with the proton H^+, though with different degree of completeness. Therefore OH^- is a strong base, Ac^- and NH_3 moderately strong bases, and H_2O and SO_4^{--} very weak bases. Acids are those that can give up the protons, whatever charges are. Therefore HSO_4^- and H_3O^+ are strong acids, HAc and NH_4^+ weak acids H_2O a very weak acid. The activity of bases and acids is determined by their tendency to combine with or to given up the proton.

From these conceptions, KOH is not a base but merely a salt like KAc, while OH^- and Ac^- are the bases. Similarly dry HCI is an acid while the aqueous solution of HCL is not an acid but a mixture of H_3O^+, CL^-, H_2O and HCL. of which H_3O^+ and HCL are acids, and CL^- and H_2O very weak bases.

If water were the only solvent we considered and the acid-base equilibria in nou-aqueous solution were of little importance, such questions of nomenclature and definition as these would be of relatively little moment and the Arrhenius' theory might be employed equally well. Btu recently some industrial chemical processes are carried out in non-aqueous solvents with the aid of acid or basic catalysis, the new proposal which leads to the developement of the generalized acidity theory may probably be found useful.

In chemistry, oxidation and reduction are considered as a loss and a gain of electrons, therefore these reactions comprise the electron-chemistry. Similarly acidity phenomena constitute the proton-chsmistry. So electronsand protons, the two fundamental building stone of the universe, is very important to the modern chemists.

工程名詞之俗稱

（續）

Reamer	絞刀	Boss	蒲絲
Top	螺絲公	Waste	滙絲
Die	鋼板	Wreuch	扳頭
Grinding stone	火石	Worm wheel	華門牙齒
File	銼刀	Jack	壓勿殺，千斤頂
High speed steel	風鋼	Key	梢子
Hardening	淬火	Cma	桃子
Tempering	退火	Key way	梢子槽
Tool estr	車刀架子	Set screw	制頭螺絲
Face plate	花盤	Crane	吊車
Chuck	軋頭盤		

（未完）

特載

本校新建工程館之內部情形

本校正在建築中之工程館，將於本年九月間完工。莊嚴宏麗，將爲吾校放一異彩。諒讀者無不望其早日落成，一覩爲快。關於內部情形，自亦爲諸君所急欲明瞭者。用就所知略爲諸君告。按工程館係由原有之機械試驗室及金工廠擴充之，成爲東北一部；更建西南部份，而成爲口字式之偉大建築。其內部現分上下二層。其下層（請參觀樓下平面圖）內1爲原有之機械試驗室。2爲機械試驗室之擴充地位，預備爲內燃機及汽車等試驗之用。3爲新電機試驗室。4爲電車及高壓電力試驗室。5爲材料試驗室。6爲新金工廠。7爲原有金工廠。8爲工具室。9爲管理室。10爲儲藏室。11爲鍋爐間。12爲藏煤室。13爲煙囱。14爲工程館之大門。其上層（請參觀樓上平面圖）15 16 17 18爲計劃教室。19 20 21 22 23 24爲圖畫教室。22及30爲講演用之大教室。22號室內約可坐一百四十人。30號室內約可坐二百五十人。其中坐位依排數之先後，漸次加高，使坐於後排者之視線，不爲前排所遮斷。25爲暗室。26爲電氣儀器室。27 28爲教室。27號室內約可容六人十。28號室約可容五十人。29

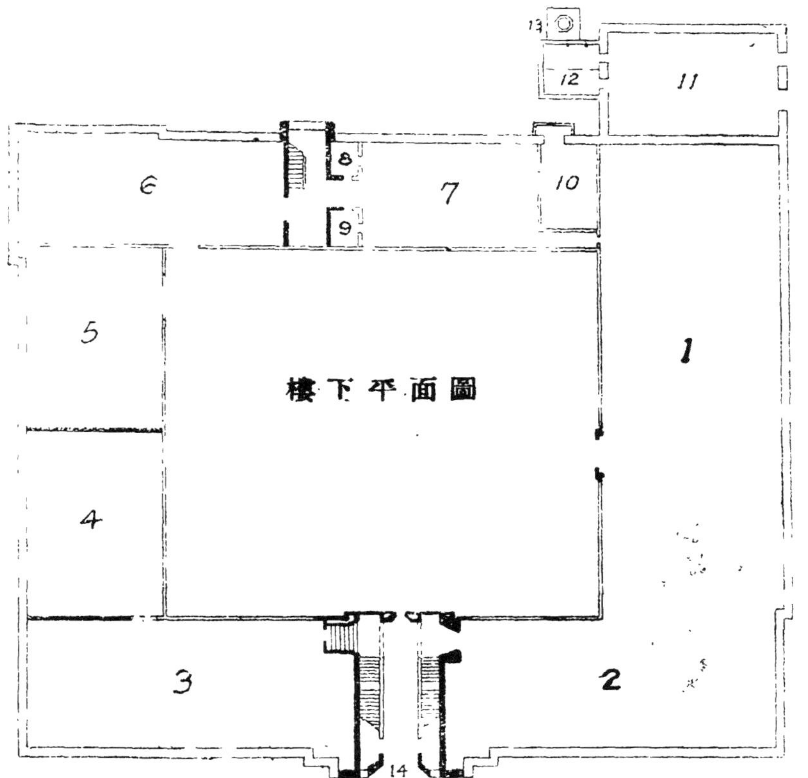

爲廁所。31爲講演預備室。32爲教職員用廁所。33 35 36 37爲土木學院教授室。34爲土木學院助教室。38爲土木學院院長室。39爲校役室。40爲機械學院助教室。41爲機械學院院長室。42至48爲機械學院教授室。49爲廁所。50爲機械圖書参攷室。51爲機械模型圖畫室。52爲鐵路機械模型圖畫室。53至57均爲教室。53號室內約可容三十人。54 55 56號均可容六十人。57號室內約可容四十人。58及62爲陽台。59及

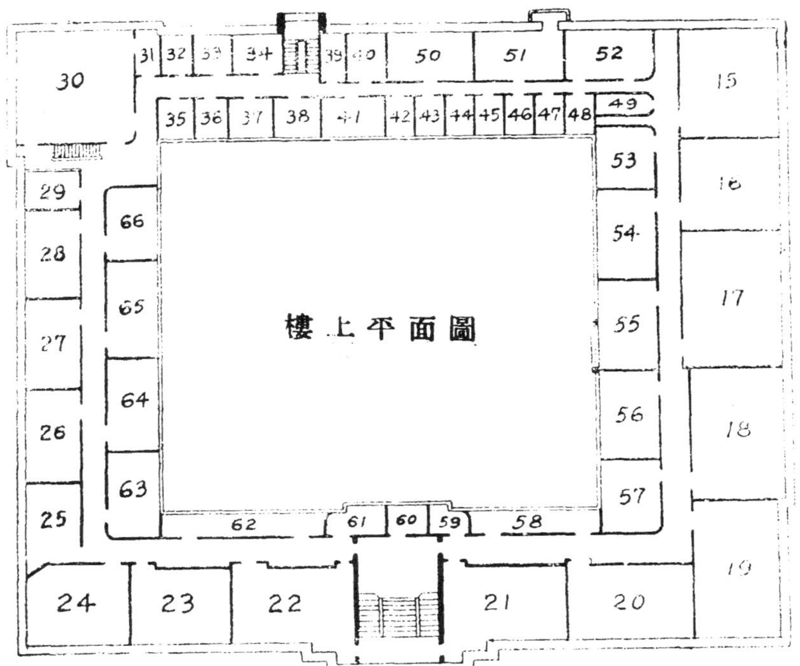

61爲廁所。60爲校役室。63至66均爲教室。63及66號室均可容五十人。64 65號室均可容六十人。以上所述，不過係內部之大概情形。至於其中種種設備佈置將極爲週備精美。聞亦已籌劃就緒，將於慶祝卅五週紀念會時舉行落成典禮云•

空間曲線之求法及其研究

石 法 仁

引 言

平面曲線西人發現之著名者，已達數千稀之多。但空間曲線之著名者，僅 Cylindrical Helix 一種。余每讀立體解析幾何微分幾何中空間曲線部分，卽感覺缺乏實例之苦；因此屢想求此種曲綫之法，現已由平面曲線用影射法求得兩種：

(1) Equi-angular Cone Spiral 其 parametric equations 爲

$$\left.\begin{aligned} \xi &= e^{\theta}\cos\theta \\ \eta &= e^{\theta}\sin\theta \\ \zeta &= e^{\theta}\cot\alpha \end{aligned}\right\} \qquad (A)$$

(2) Equi-pitch Cone Spiral 其 parametric equations 爲

$$\left.\begin{aligned} \xi &= b\cdot\cos\theta \\ \eta &= b\theta\sin\theta \\ \zeta &= b\theta\cot\alpha \end{aligned}\right\} \qquad (B)$$

此二種曲綫皆因其特性及所附曲面余暫時命名。

§1 述圓椎體上曲綫求法之原理 §2述 Equi-angular Spiral 在圓椎體上影射所得曲綫之方程式。 §3 述此曲綫與圓椎體基綫所夾之角度。 §5, §6, §8 及 §9 述 (A) 及 (B) 二曲綫之求法及其特性。 §10 述明用余之影射法求 Cylindrical Helix 之方法。

石法仁誌於上海交大

Curves On Various Surfaces Projected From Plane Curves.

Part 1

Curves On The Cone.

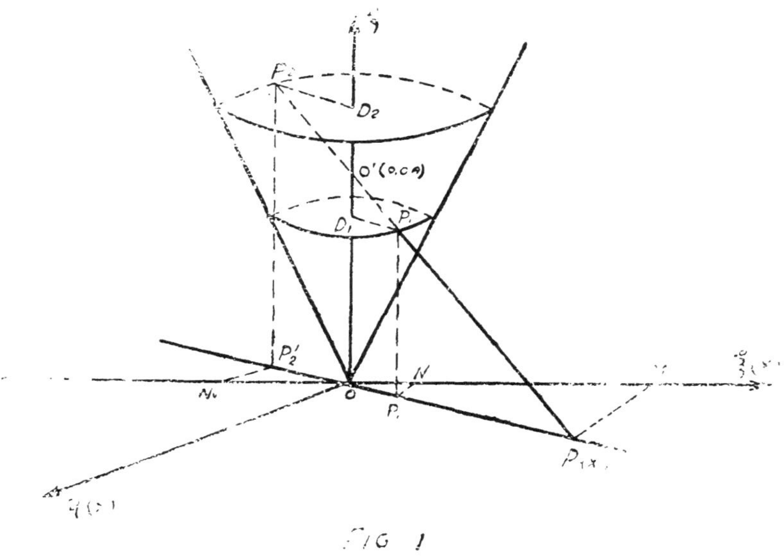

§1. Let ox, oy be a set of rectangular axes in two dimensions with o as origin, and oξ, oη, and oζ be a set of rectangular axes in three dimensions also with o as origin and oξ coincides with ox, oη with oy.

we take a right circular cone with o as vertex, o as axis, and α as semi-vertical angle. The equations of this cone may therefore be written in parametric coordinates as

$$\left.\begin{aligned}\xi &= u\cos\theta\\ \eta &= u\sin\theta\\ \zeta &= u\cot\alpha\end{aligned}\right\} \quad\cdots\cdots(1)$$

here u is the perpendicular distance from any point on the cone to its axis and θ is the angle between ox and the projection of this perpendicular distance upon the xy-plane.

The equation of the same cone in cartesian-coordinates

is $$\zeta = \sqrt{\xi^2+\eta^2}\cot\alpha \quad\cdots\cdots(1')$$

Now we take a point o' (o,o,a) on the axis of the cone as the centers of projection. Then any point P(x,y) on the xy plane may be projected to two point says $P_1(\xi_1,\eta_1,\zeta_1)$ and $P_2(\xi_2,\eta_2,\zeta_2)$ on the cone, and P_1 lies on the part of the cone below the center of projection, and P_2 lies on the part of it above the center of projection

The equation of the line joining o'(o,o,a) and P (x,y,o) is

$$\frac{\xi}{x} = \frac{\eta}{y} = \frac{\zeta-a}{-a} \quad\cdots\cdots(2)$$

Let r denote the common ratio of (2) we then have from (2)

$$\left.\begin{aligned}\xi &= rx\\ \eta &= ry\\ \zeta &= a-ra\end{aligned}\right\} \quad\cdots\cdots(3)$$

Substitute the values of ξ, η, and ζ into (1') and arrange it according to the powers of r we have

$$[a^2-(x^2+y^2)\cot^2\alpha]\,r^2-2a^2r+a^2=o \quad\cdots\cdots(4)$$

Since (4) is an equation of second degree in r, the line joining o' and P intersects the cone in two points. Let r_1 and r_2 denote the two roots of r in (4) we then have

$$r^1 = \frac{a\tan\alpha}{a\tan\alpha+\sqrt{x^2+y^2}} \quad\cdots\cdots(5)$$

$$r_2 = \frac{a\tan\alpha}{a\tan\alpha-\sqrt{x^2+y^2}} \quad\cdots\cdots(6)$$

substtiute the value of r_1 for r in (3) wehave

$$\left.\begin{aligned} \xi &= \frac{a x \tan\alpha}{a \tan\alpha + \sqrt{x^2+y^2}} \\ \eta &= \frac{a y \tan\alpha}{a \tan\alpha + \sqrt{x^2+y^2}} \\ \zeta &= \frac{a\sqrt{x^2+y^2}}{a \tan\alpha + \sqrt{x^2+y^2}} \end{aligned}\right\} \quad \cdots\cdots\cdots\cdots \quad (7)$$

And again substitute the value of r_2 for r in (3) we have

$$\left.\begin{aligned} \xi &= \frac{a x \tan\alpha}{a \tan\alpha - \sqrt{x^2+y^2}} \\ \eta &= \frac{a y \tan\alpha}{a \tan\alpha - \sqrt{x^2+y^2}} \\ \zeta &= \frac{-a\sqrt{x^2+y^2}}{a \tan\alpha - \sqrt{x^2+y^2}} \end{aligned}\right\} \quad \cdots\cdots\cdots\cdots \quad (8)$$

Therefore the coordinates of the two points where the line joining o' (o,o,a) and P (x,y,o) intersects the cone may be calculated from (7) and (8) as the point P (x,y,o) is known. Now we will consider the relative positions of the two points of projection of P (x,y,). Since $a^2 > 0$

$$\therefore\ a^2 \tan\alpha + a\sqrt{x^2+y^2} > a\sqrt{x^2+y^2}$$

$[\because\ \alpha < 90^\circ]$

$$\therefore\ \frac{a\sqrt{x^2+y^2}}{a \tan\alpha + \sqrt{x^2+y^2}} < a$$

Therefore the point whose coordinates are denoted by (7) lies on the part of the cone below the center of projection.

Since $-a^2 < o$ $\therefore\ a^2\sqrt{x^2+y^2} - a^2 \tan\alpha < a\sqrt{x^2+y^2}$ $(\because\ \alpha < 90^\circ)$

$$\therefore\ \frac{a\sqrt{x^2+y^2}}{\sqrt{x^2+y^2} - a\tan\alpha} > a$$

$$\text{or}\quad \frac{-a\sqrt{x^2+y^2}}{a \tan\alpha - \sqrt{x^2+y^2}} > a$$

Therefore the point whose coordinates are denoted by (8) lies on the part of the cone above the center of projection.

Since any point P (x,v) on the xy-plane may be represented in polar coordinates, we then replace x by. $\rho\cos\theta$, y by $\rho\sin\theta$, then (7) and (8) will become respectively

$$\left.\begin{aligned} \xi &= \frac{a\tan\alpha.\rho.\cos\theta}{a\tan\alpha+\rho} \\ \eta &= \frac{a\tan\alpha.\rho.\sin\theta}{a\tan\alpha+\rho} \\ \zeta &= \frac{a\rho}{a\tan\alpha+\rho} \end{aligned}\right\} \qquad (9)$$

$$\left.\begin{aligned} \xi &= \frac{a\tan\alpha.\rho.\cos\theta}{a\tan\alpha.-\rho} \\ \eta &= \frac{a\tan\alpha.\rho\text{-}\sin\theta}{a\tan\alpha-\rho} \\ \zeta &= \frac{-a\rho}{a\tan\alpha-\rho} \end{aligned}\right\} \qquad (10)$$

Let $\rho = f(\theta)$ be the polar equation of a plane curve, continuous or non-continuous. When we fix a line at o'(o,o,a), the centre of projection, and set one end of this line moving along the plane curve $\rho = f(\theta)$. Then the locus of intersections of this line with the cone will form two curves on it [since (4) is an equation of second degree in r]

Substitute $\rho = f(\theta)$ into (9) and (10) then the equations of the curve on the cone which lies below the centre of projection are

$$\left.\begin{aligned} \xi &= \frac{a\tan\alpha\, f(\theta)\cos\theta}{a\tan\alpha + f(\theta)} \\ \eta &= \frac{a\tan\alpha\, f(\theta)\sin\theta}{a\tan\alpha + f(\theta)} \\ \zeta &= \frac{a f(\theta)}{a\tan\alpha + f(\theta)} \end{aligned}\right\} \quad \cdots\cdots\cdots (9')$$

and those of the curve which lies above the centre of projection are

$$\left.\begin{aligned} \xi &= \frac{af(\theta)\tan\alpha\cos\theta}{a\tan\alpha - f(\theta)} \\ \eta &= \frac{af(\theta)\tan\alpha\sin\theta}{a\tan\alpha - f(\theta)} \\ \zeta &= \frac{-af(\theta)}{a\tan\alpha - f(\theta)} \end{aligned}\right\} \quad \cdots\cdots\cdots (10')$$

where θ in (9') and (10') is the parameter of the two space curves (9') and (10').

§2. When we fix a line at o'(o,o,a) and set one end of this line moving along the Equi-angular Spiral

$$\rho = e^{\theta} \quad \cdots\cdots\cdots\cdots (11)$$

then the locus of intersections of this line with the cone will form two curves on it.

Substitute (11) into (9) and then the equations of the projection lying on the part of the cone below the center of projection are

$$\left.\begin{aligned} \xi &= \frac{a\,e^{\theta}\cos\theta\,.\tan\alpha}{a\tan\alpha + e^{\theta}} \\ \eta &= \frac{a\,e^{\theta}\sin\theta\,.\tan\alpha}{a\tan\alpha + e^{\theta}} \\ \zeta &= \frac{a\,e^{\theta}}{a\tan\alpha + e^{\theta}} \end{aligned}\right\} \quad \cdots\cdots\cdots\cdots (12)$$

Substitute (11) into (10). then the equations of the projection lying on the part of the cone above the center of projection are

$$\left.\begin{aligned} \xi &= \frac{a e^\theta \cos\theta \tan\alpha}{a \tan\alpha - e^\theta} \\ \eta &= \frac{a e^\theta \sin\theta \tan\alpha}{a \tan\alpha - e^\theta} \\ \zeta &= \frac{-a e^\theta}{a \tan\alpha - e^\theta} \end{aligned}\right\} \qquad (13)$$

§3 Consideration of the angle between the tangent to the curve at any point and the element of the cone through the point of tangency.

First we consider the curve denoted by (12). Differentiate ξ, η, and ζ in (12) with respect to θ we have

$$\left.\begin{aligned} \xi' &= \frac{a \tan\alpha\,[a \tan\alpha\,(\cos\theta - \sin\theta) - e^\theta \sin\theta]\, e^\theta}{(a \tan\alpha + e^\theta)^2} \\ \eta' &= \frac{a \tan\alpha\,[a \tan\alpha\,(\cos\theta + \sin\theta) + e^\theta \cos\theta]\, e^\theta}{(a \tan\alpha + e^\theta)^2} \\ \zeta' &= \frac{a^2 \tan\alpha .\ e^\theta}{(a \tan\alpha + e^\theta)^2} \end{aligned}\right\} \qquad (14)$$

Since $ds^2 = (\xi'^2 \eta'^2 \zeta'^2)\, d\theta^2$ ......(15)

substitute the values of ξ', η', and ζ' into (15) we have

$$ds^2 = \frac{a^2 \tan^2\alpha .\ e^{2\theta}}{(a \tan\alpha + e^\theta)^4}\,[(a \tan\alpha + e^\theta)^2 + a^2 \sec^2\alpha]\, d\theta^2 \qquad (16)$$

Let l, m, n, denote the direction cosines of the tangent to the curve (12) at any point (ξ, η, ζ) then

$$\left.\begin{aligned} l &= \frac{\xi'}{\sqrt{\xi'^2 + \eta'^2 + \zeta'^2}} = \frac{a \tan\alpha\,(\cos\theta - \sin\theta) - e^\theta \sin\theta}{\sqrt{(a \tan\alpha + e^\theta)^2 + a^2 \sec^2\alpha}} \\ m &= \frac{\eta'}{\sqrt{\xi'^2 + \eta'^2 + \zeta'^2}} = \frac{a \tan\alpha\,(\cos\theta + \sin\theta) + e^\theta \sin\theta}{\sqrt{(a \tan\alpha + e^\theta)^2 + a^2 \sec^2\alpha}} \\ n &= \frac{\zeta'}{\sqrt{\xi'^2 + \eta'^2 + \zeta'^2}} = \frac{a}{\sqrt{(a \tan\alpha + e^\theta)^2 + a^2 \sec^2\alpha}}. \end{aligned}\right\} \qquad (17)$$

From (1) we may see that $\sin\alpha\cos\theta$, $\sin\alpha\sin\theta$, and $\cos\alpha$ are the direction cosines of any element of the cone. Let γ denote the angle between the tangent to the curve (12) at any point (ξ,η,ζ) and the element of the cone through (ξ,η,ζ) hence

$$\operatorname{Cos}\gamma = l\sin\alpha\cos\theta + m\sin\alpha\sin\theta + n\cos\alpha \quad \cdots\cdots (18)$$

Substitute the values of l, m, and n into (18) we have

$$\operatorname{Cos}\gamma = \frac{a}{\cos\alpha\sqrt{(a\tan\alpha+e^{\theta})^2+a^2\sec^2\alpha}} \quad \cdots\cdots (19)$$

since $0<\alpha\leq\frac{\pi}{2}$ by hypothesis, the value on the right hand side of (19) is alway positive, hence the angle γ must satisfy the inequality $-\frac{\pi}{2}\leq\theta\leq\frac{\pi}{2}$ In (19) when θ increares from 0° to ∞° the value of $\cos\gamma$ will decrease from a definite number

$$\frac{a}{\cos\alpha\sqrt{(a\tan\alpha+1)^2+a^2\sec^2\alpha}}$$

to o, and therefore the angle γ will increase from a definite angle

$$\cos^{-1}\left(\frac{a}{\cos\alpha\sqrt{(a\tan\alpha+1)^2+a^2\sec^2\alpha}}\right) \text{ to } \frac{\pi}{2}.$$

here $\cos^{-1}\left(\frac{a}{\cos\alpha\sqrt{(a\tan\alpha+1)^2+a^2\sec^2\alpha}}\right)$ is the angle between the tangent of the curve (12) at its beginning point and the element of the cone through its beginning point.

Consequently we may see that when the angle θ of $r=e^{\theta}$ increases from 0° to ∞°, the angle between the tangent to the curve (12) on the cone and the element of the cone will increase from a definite angle

$$\operatorname{Cos}^{-1}\left(\frac{a}{\cos\alpha\sqrt{(a\tan\alpha+1)^2+a^2\sec^2\alpha}}\right) \text{ to } \frac{\pi}{2}.$$

Secondly we will consider the curve represented by (13). Let γ' denote the angle between the tangent to the curve (13) at any point (ξ,η,ζ) and the element of the cone through (ξ,η,ζ) then we may get

$$\operatorname{Cas}\gamma' = \frac{-a\cos 2\alpha}{\cos\alpha\sqrt{(a\tan\alpha-e^{\theta})^2+a^2\sec^2\alpha}} \quad \cdots\cdots (20)$$

（未完）

工程名詞之俗稱

（續）

Lead Screw	長螺絲	Endless chein and pulley block	神仙葫蘆
Surface gage	活針盤	Flywheel	發勢盤
Automatic cutting	走刀	Grease	牛油
Steady rest	牌樓架子	Lubricating oil	車油
Head stock	車頭	Shrink fit	紅套
Dead center	烏龜頭	Pressure gauge	磅
Center punch	洋銃	Brake	殺車
Center hole	洋銃眼	Flange	法蘭
Spirit level	水平尺	Taper	推拼
Pulley	皮帶盤	Chanffe	倒角
Cone pulley	寶塔盤		
Gear	牙齒盤		

一九三〇年之科學進步

（許國保譯自 Scientific American.）

（續）

康奈耳大學 William C. Geer 博士發明飛機翼上之橡皮邊，用以防止飛機翼上之結冰。

兩意國飛行家 U. Maddalena 與 F. Cecconi 造成飛行程中長時間不加燃料之新紀錄，計 67 小時 13 分，彼等並造成週行 5088.27 英里之長途紀錄。

船主 A. W. Stevens 在一架陸軍飛機中攝取 270 英里以外物件之相片，爲飛行界長距離攝影之新紀錄。

［天文界］

Lowell 天文台以十三英寸之望遠鏡發現一新行星，爲 1845 年發現行星以來之第一次，此行星距太陽最遠，其位置與 Lowell 教授之預算相差無幾，Lowell 教授爲該台之創立者卒於 1916 年，此行星現被命名爲冥王星 (Pluto)。

據 Mt. Wilson 天文台 Erwin P. Hubble 博士與 Milton L. Humason 之研究，天空中有渺茫之星雲--羣背地球而行，其速率爲每秒鐘 7200 英里，乃天文中所未有之高速度，但一輩科學家之意見以爲此實非眞象，乃空間彎度 (Curvature of Space) 之一種幻象。

Yerkes 天文台 Otto Struve 博士與俄國天文家 G. Shajn 博士共同發明一種新法則，算得天空中有許多星球其旋轉速度，每秒鐘至 40 英里即一百五十倍於地球在赤道上之旋轉速度。

英國牛津大學 E. A. Milne 博士發表一新學說，謂星球之構造似雞蛋，中部質密似蛋黃，外圈質稀似蛋白。

加利福尼亞省之 Mt. Wilson 天文台完成其新建之光學干涉計，(Interferometer) 其長至五十英尺，爲一碩大無朋之儀器，用以光波之干涉以測量星球之直徑。

[化學界]

據加省理工大學教授 Louis Pauling 與美國農部凝固淡氣試驗室 (Fixed Nitrogen Laboratory) Sterling B. Hendricks 博士之報告，固體化合物之微子有自轉運動，此種發現對於固體之容熱量極爲重要。

Thomas Midgley Jr. 發明一種新氣體，用於電氣凝凍器，無毒，不易燃，此氣體爲炭質，綠氣及氟 (Fluorine) 之化合物。

[工程界]

George Claude 教授欲藉海底與海面熱度之差取能率 (Power)，經過二次失敗，果於第三次在古巴海岸之熱帶洋面完成其實驗。

一輛依流線形（Streamlined）構造之機車，以四百匹馬力之飛機用發動機及推進器驅駛，竟能在德國一段極直之鐵軌上每小時行一百英里以上。

全世界最長之水泥弓形橋建於法國Brest地方，橋分三節每節長612英尺。

全世界最高之橋，架於 Arkansas 河面 1260 英尺之上，完成於 Royal Gorge 地方在 Colorado省Canon 城附近。

紐約與阿根廷京城建成無線電話設備，使北美，南美，歐，非四大洲可通無線電話。

無窗建築之計劃大進步，美國麻省 Fitchburg 城擬以一百五十萬美金建一無窗工廠，廠內之光線及流通空氣，全用人工法。

世界上第一條以金屬舖成之道路，建於 Illinois 省爲一種試驗性質之建築。

［物理界］

依德國物理家，柏林之 Walter Rothe 博士及 Postdam 之 Werner Kolhoerster 博士用特製電子計數器試驗之結果：空中之光線，實非光線，乃極高速度之微點。然 R. A. Millikan 研究北磁極附近天空光線之強度，其所得結果有與此理論相違者。

天空光線爲高速度微點，有如極小槍彈之理論得美國 Bureau of Standards. L. F. Curtis 博士實驗之扶助，其實驗用電子計數器兩具。

Stevens 理工大學之 H. C. Rotors 與 H. L. Paulding 創造一鐘可以感受無線電之時間信號。

德國專研究矽酸鹽之 Kaiser Wilhelm 工學院有 B. Lange 博士發明一種新式電池，用銅化氧（Copper Oxide）片置於兩銅片間，能藉日光取電流。

國立交通大學

上海本部

科學學院……………………………………………………數學系，物理系，化學系。

管理學院………………………………鐵道管理，實業管理，財務管理，公務管理。

土木學院…………………………………………鐵道工程，結構工程，市政工程。

機械學院……………………………………………………鐵道機械，工業機械。

電機學院……………………………………………………電力工程，電信工程。

補助學校(八星期)…………………………………………………普通及專門各科

北平分校

鐵道管理學院……………………………………………………車務管理，財務管理

唐山分校

唐山工程學院……採冶工程學系，土木工程學系(內分鐵道工程市政工程水利工程)

設備概況

圖書館……………………………………藏中西書籍十萬餘冊，中西雜誌四百餘種。

體育館…………………………………………內設機練室，游泳池，跑道，籃球房

工程館………………………………………………………………………在建設中

博物館…………………………………陳列機車橋樑軌枕，及各種材料模型標本一千餘種

研究所

中華民國二十年六月出版

交大季刊 第五期 工程號

工程號編輯 胡嵩嵒

出版者
上海交通大學出版委員會

發行者
上海徐家滙交通大學

印刷者
上海華僑印務局

每冊定價
大洋二角

國立交通大學刊物

交大季刊

黎照寰

第六期 經濟號

要目

總理遺像

總理遺囑

余致力國民革命凡四十年其目的在求中國之自由平等積四十年之經驗深知欲達到此目的必須喚起民衆及聯合世界上以平等待我之民族共同奮鬥

現在革命尚未成功凡我同志務須依照余所著建國方略建國大綱三民主義及第一次全國代表大會宣言繼續努力以求貫徹最近主張開國民會議及廢除不平等條約尤須於最短期間促其實現是所至囑

目錄

目錄

卷頭語

偉成

在我們將第五期經濟號季刊於這橙黃橘綠梅雨薰風鮮豔的大自然景象裡捧獻到讀者之前的當中，編者有幾句要說的話，向讀者諸君報告。

這一期的本刊依出版委員會的決議，本在六月一日就要出版的，編者原也想盡力的加速趕着如期出版；但是結果仍然延期了。延期的原因第一要歸咎於印刷所，因爲他們工作能力太慢，校對排版印刷裝訂都費了比較長久的功夫。第二是本刊集稿的時候恰遇着大四同學到北方去參觀旅行，在僕僕征途的當中，他們不能伸紙握筆。第三便是大考期的臨到，同學們都忙着準備功課，也沒閑空功夫來寫文章；因此本刊所獲得的稿件不多而且很遲才收到。有此三種原故，本刊便不得不延期；這些固然是編者的責任問題，然而確實也是事實上的困難。除警戒印刷所外，謹向讀者道歉，并希求原諒。

這一期內容方面還敢說相當的充實。如許荆生先生的「國有鐵道運價大意」，說理極爲透澈，絕不是時下膚淺的論斷。黃君宗瑜的「鐵路貨車支配效能促進法」也是很下了一番研究功夫而成的作品，都值得注意的一讀。編者所作的「科學化的會計制度」是有鑒於會計學在科學管理上地位之重要而發，希望國內工商業者能接受我這個意思而加以重視。這三篇都因篇幅太長，爲調濟讀者的興味起見，特爲分作上下篇，在下期經濟號裏繼續刊登。其餘的文字都不是草率敷衍的，各有見解和主旨。希望讀者們能破功夫的瀏覽一遍。

同學方面的稿件，本期所收到的一些，都很精彩，這確是足令人驚喜的成績。以後希望能繼續這種精神做下去。做研究學術的文字，第一應有創作性，即是要有人所未見到的議論，人云亦云決不是研究者的態度；第二應有聯續性，即是對於一個問題應繼續發表文字，要如此才能捉到問題的癥結，才能有新的發見。這兩點同學們要特別注意一下，務使本刊能成爲國內學術界最高之喉舌，學術研究的中心。

最後，值得一提的，便是本年中教職員如胡松岩周德熙譚炳勛蔣士騏黃綱巽諸先生對於本刊，皆都給予了不少的幫助，編者心感之餘，謹此道謝。

鐵路運價大意

荆生

本篇之目的，僅在解釋鐵路貨物運價之大意。不求完備，不求精深僅求對於本篇所注意之數問題，尚能解釋明瞭而已。本篇所注意之問題有四：其一：鐵路運價應以運輸担負能力爲標準，而不應以運輸費用爲標準。其二：在某數種情形之下，爲維持公共利益起見，不得不注意於特別運輸成本，（詳見下文）然決不注意於運輸總費用；且亦決非有時依據担負能力，有時依據費用，而漫無一定之標準。其三：對於大宗數量低等級遠距離之運輸，最宜特別注意，減低其運價，以求營業之發達。其四：我國輕笨貨物之運價多嫌太高；各種整車零運二者運價之區分，過求簡單，多不公平；舟車及牲畜之運價，未曾按照距離遞減者頗多；而聯運價目，僅按各路運價相加，亦未曾按照距離遞減；以上各節，似應首先改良。至於鐵路營業之特點，實爲所需之固定資本甚巨，其營業能力，每不易於充分利用，於是所有費用中固定不變之部份甚大，而隨營業以變動之部份甚小，處處對於此點注意，則所有鐵路運價之特點，不難一一明瞭。若我國鐵路，非特線路之發展過緩，竟常感車輛之缺乏，暫時竟感營業能力之限制，實爲例外，非普通應有之現象也。對此特別現象之臨時辦法，自另爲一問題；本篇所根據者，則爲平時之普通狀況。茲分爲六節述之：第一節緒論，第二節鐵路營業之特點，第三節運輸担負能力，第四節特別運輸成本，第五節我國運價制。

度

第六節結論

第一節　緒論

1　業務之亟宜改良

鐵路實非官廳，而爲營利之商業機關，其圖利之法，與他種工商業無異。其法有二：一爲削減費用，二爲推廣銷路；而推廣銷路之法亦有二：一爲改良產品，二爲減低售價。

普通工商業之物價儘可低廉，而其產品或竟不佳；鐵路運價儘可低廉，而其業務或竟不良；此均不能達到推廣營業之目的。譬如甲路爲負責運輸，自運貨商人交貨之時起至受貨商人收貨之時止，概由鐵路負責，商人不必過問。乙路爲貨主負責，無論運貨多寡，均須由商人自行沿途照料。縱或乙路之運價較低，自商人觀之，另加沿途照料之費用，及途中損失之危險，反覺其較甲路爲昂貴。又如甲路貨到卽運，毫不留滯；途中運送，亦頗迅速。而乙路或因車輛缺乏，或因調度失宜，或因故意需索，以致未運之先，卽已候車甚久，途中運送之際，亦復時遇留難；或又車輛破壞篷索不完，難避風雨，易遭偸竊，種種損失，不可數計。乙路之零運商人，費用更巨，痛苦更甚；至於遠道之零運，則成爲絕對不可能之事。倘不改良業務，雖減輕運價，無益也。

2　政治軍事之影響

內戰旣起，軍運忙迫，倘能偶一通車，已屬出乎望外；更談不到業務之良否。平時軍人扣留機車車輛，以備軍運，或且包辦商運；此外記賬之軍運，亦不盡爲軍用品。有時軍人無餉，零運貨物，往來販賣，以資生活，此更屬普通常見之事，鐵路之收入，撥供軍運，以致無款添購機車車輛，甚致無款更換枕木。而每一次戰爭之後，所損壞之機車車輛以及橋梁爲數甚巨。處此情形之下，而望業務之改良，確爲事實上所不可能，雖減輕運價，無益也。

政治不良，政府每恃鐵路爲主要之財源；對於鐵路之收入，任意提撥，而置鐵路本身之利害於不顧。不特此也，財政部與鐵道部儼然似隸屬於兩個對立之政府，一若利害相反。鐵道部惟恐鐵路營業之不發達；財政部任意沿途征收捐稅，又似惟恐鐵路營業之發達，而阻遏之不遺餘力。假使政府認爲發展交通之計劃，不妨稍稍犧牲，暫作緩圖，而同時財政困難，確又無法應付，儘可飭由鐵道部分別酌加運價，並用其他方法，以增收入：而由鐵路之餘利總數中，提撥政費。又何必另立征稅機關，徒增糜費，且使運價與稅率兩不相謀，以致運價制度，無法改良，營業阻滯，莫由發展。

至於各地方及各軍閥之沿途征收捐稅，更顯然爲一種反生產的行動。鐵路譬之水流，捐稅譬之隄堰。不惜費去巨數資本之勞力，以改良交通，猶之疏濬此水流，而謀其流之迅速也。今沿途設捐，是猶沿途築堰以阻遏之，而惟恐其流之不緩也。總之一切通行捐稅，苟不完全廢除，則運價制度，終無完善之望。

第二節　鐵路營業之特點

1　獨占之性質

普通工商業之物價均決之於競爭。價高則利厚，利厚則生產者增，生產增則價跌；價跌則虧損，虧損則生產者減，生產減則價又漲高；如此循環，俾物價與成本相爲呼應。惟獨占事業如鐵路者則不然。鐵路亦有種種競爭情形，頗爲重要；然其大部份之營業，終爲獨占之性質；故惟以求得最高淨利爲目的。所謂求得最高淨利者，非必增加運價之謂，而仍常以減輕運價爲有利。運價減輕，營業增加，則淨利亦常隨之而增加。設或運價雖減，而營業所增不多，以致淨利反爲減少，則獨占事業如鐵路者，必不出此。至於普通受競爭支配之工商業，雖淨利減少，甚至虧損，有時亦仍不得不減低售價，此其區別也。

鐵路之所以爲獨占性質者，其故有二：一由於所需之資本甚巨，其營業能力每不易於充分利用；二由於如此巨量之資本，一經誤投，即幾於全部喪失，而無法收回，以改充他用。且自公共之利益上觀之，社會間各種生產有需於資本之處正多。今鐵路所需之資本既巨，倘以一路所可勝任之營業，而委之於兩路，則浪費實多。即在鐵路私有制度，政府亦應有監督之權，非經批准，不得建築，以免某區域內之鐵路過多；既築之後，非經批准，不得改訂運價，以免有損無益之競爭。假使政府不盡監督之責，任意建築，任意增減運價以相競爭，則人口較多，生產較發達之區，鐵路網亦較密；然對於運價，必互結盟約而不相競；否則兩敗而俱傷。若在生產不甚發達之區，鐵路過密。則較弱之路，終必爲較强者所吞併；否則較强之路，亦將受損更巨。此鐵路之所以終爲獨占性質，非如他業，有利之時，多立可加入，無利之時，多立可退出，得以自由相競爭也。

2 營業能力之不易充分利用

普通工商業，多能按照需要之大小，而定其設備之大小。然鐵路則不能。所有各種設備，多不易與需要情形適相脗合。而尤以綫路爲最甚。卽或營業甚小，至少亦須有一單軌之線路；其大部份之資本，實投於線路之建築；祇須線路有閒置之時，而未能充分利用，卽宜減價招徠客貨以利用之。

譬如電燈廠，一日二十四小時之中，除晚間三四小時之外，其機器之閒置時間爲多。假如於白晝或夜間，能招徠各工廠電機之用電，雖按普通電燈用戶每單位之售價，僅收四分之一或五分之一，或亦仍爲有利可圖；且對於普通電燈用戶，亦爲有益而無損。鐵路之營業能力，其不能充分利用，正與電燈廠相類。假如鐵路沿線，有某種貨物，不能担負尋常運價；但若大減其運價，便可有巨量之運輸；於是卽應特別減低之，以利用其閒置未用之營業能力。自表面觀之，似對於某種運輸，特別優待，或恐虧本，而其實則不然，因利用閒置資本之故，有大部份之費用，固定不變；於是關於新增之營業者，其新增之費用實甚低。凡超過此新增費用之收入，皆可藉以減少固定不變之用費，卽爲有利。

3　費用之固定不變

鐵路所需之固定資本甚多，卽費用中固定不變之部份甚大；而其營業能力，又每不易於充分利用，於是費用中固定不變之部份更大，而隨營業以變動之部份更小。鐵路費用，可分爲兩部份。其一爲歲計支出，如利息租金等項，其不隨營業而變更固甚顯然。其二爲營業支出，計分爲五類：卽總務費，車務費，運務費，機務費，工務費是也。此五類費用之中，其隨營業而變動者，以運務費爲最顯著；如煤水及司機車守等之工資是，但營業苟增加一倍，則運務費終不至增加一倍之多。其次如機務費，所受營業之影響，便不似運務費之巨；如機車車輛之修理及折舊，卽或閒置不用，亦終不能完全避免；其固定不變之部份，約爲二分之一。又如工務費，則所受營業之影響更小；如路基之修理及枕木之更換，實多由於風雨之剝蝕；其固定不變之部份，約爲三分之二。至於車務費及總務費，所受營業之影響更鮮：如各站站上薪工，警務薪餉以及總局內之大部份費用，或可絲毫不受營業之影響惟總務費內有損失賠償，目前爲數甚微，可置不顧；車務費內所有各大站之調車員役薪工，貨站員役薪工，亦非與營業毫無影響；總務費內有員司獎金一項，亦不可忽視。玆對於上列各點，姑不必詳細討論；姑分爲二表，約略計之，機務費之固定部份作爲二分之一，工務費之固定部份作爲三分之二。在第一表中運務費作爲全部變動。車務費及總務費作爲全部固定；在第二表中運務費之固定部份作爲三分之一，車務費及總務費之固定部份作爲三分之二。其中歲計支出一項，包含政府長期資金之利息在內。試就民國十四年國有各路總平均之數字計之如下。

第一表

費用項目	所佔收入之百分數	固定部份之百分數	變動部份之百分數
總務費	14	14	
車務費	8	8	
運務費	12		12
機務費	12	6	6
工務費	10	6	4
營業費用總計	56	34	22
歲計支出	30	30	
費用總計	86	64	22

由上表觀之，就營業費用而言，其隨營業而增減變動者，計在百分之五十六中有百分之二

十二，換言之，尚不足百分之四十。就所有費用總數而言，其變動之部分，計在百分之八十六中有百分之二十二，換言之，即爲百分之二十五。

第二表

費用項目	所佔收入之百分數	固定部份之百分數	變動部份之百分數
總務費	14	9	5
車務費	8	6	2
運務費	12	4	8
機務費	12	6	6
工務費	10	6	4
營業費用總計	56	31	25
歲計支出	30	30	
費用總計	86	61	25

由上表觀之，就營業費用而言，其隨營業而增減變動者，計在百分之五十六中有百分之二十五，換言之，即爲百分之四十五。就所有費用總數而言，其變動之部份，計在百分之八十六中有

百分之二十五，換言之，卽爲百分之二十九，尚不足百分之三十。

由上列二表觀之，按照我國目前普通情形，鐵路費用之固定不變部份，至少當佔營業費用百分之五十五，總費用百分之七十。其有應付利息竟超過營業費用者，則固定費用之百分數，應特別增加。其有因路綫過短，或營業密度過小，或其他原因，致總務費用百分數甚大者，則固定費用之百分數亦較大。總之營業能力之閒置未用者愈巨，則固定費用之百分數亦愈巨。若在利用回程空車之時，則所謂變動費用者，實可小至極微。

所謂特別運輸成本者，卽關於某種運輸之變動費用：某種運輸發生，則費用始增加此數；若某種運輸竟不發生，則費用可減少此數。各種運輸每噸每里之特別運輸成本，又各不同，若某種運價低於其特別運輸成本，則將於原有固定費用之外，又因此而增加新担負；是爲虧折。但運價祗須超過此項特別運輸成本，則所餘之固定費用，因而可以減少；是爲有利。至於某種運輸應分担固定費用幾何，惟視其担負能力之大小以爲斷。

所謂運輸担負能力者，卽某種運輸所感受運價之影響；担負能力較高者，對於運價之增減，所受之影響較微。担負能力較低者，對於運價之增減，所受之影響較巨。關於担負能力之最低者，則運價稍增，卽數量大減，或運價稍減，卽數量大增。若每噸每里，强使負担固定費用過多，則數量減少；所得反少。若每噸每里，減輕其負担，則數量增多，所得亦多。

由此言之，運價有極重要之二原則：一，特別運輸成本，爲其最低之限度；二，固定費用之分擔，惟以運輸擔負能力爲標準。

4 聯合生產

特別運輸成本爲運輸最低之限度；固定用費以及盈餘之分擔，惟以擔負能力爲標準；此二原則之所以重要，則又因鐵路爲聯合生產。產牛羊者，亦產皮毛；所得之皮毛之利愈巨，則肉之價可愈賤。今鐵路亦猶是也，所得於低等運輸者愈多，則高等運輸之運價亦可愈賤。

假使鐵路僅生產一種運輸，則所有固定費用，亦惟有平均分担之而已。今鐵路運輸，種類至夥，貨物之種類，遠近之距離，競爭之情形，各各不同；卽運輸之種類，各各不同，而其擔負之能力，亦各各不同。於是擔負能力較低者，每噸每里所分擔之固定費用應較少；担負能力較高者，其所分擔亦應較多。換言之，祇須超過特別成本之最低限度，則運價之高低，惟以担負能力爲標準。

若主張以費用爲運價之標準者則不然。其說有三：其一則爲平均之總費用爲標準。此說最不足取，然我國用此說而談運價者，尙不乏其人。其二爲對於固定費用之分担，無論何種運輸，每噸每里，莫不一致，然而特別運輸成本有不同，則運價亦隨而不同；換言之，運價之差額，以特別運輸成本之差額爲標準。此說普通談運價者每應用之而不自覺。其實普通運價，不應以此爲標準；而惟在某數種情形之下，遇有競爭關係之時，爲維持公共利益起見，始得以此爲標準；關於此點，下文當詳論之其三爲固定費用之分担，與特別運輸成本相爲比列；特別運輸成本較大者所分担較多，其較小者所分担亦較少；換言之，運價之差額，以運輸總費用之差額爲標準。如根據車輛裝載量等項而精密計算其總費用者是。此爲費用標準之正當解繹。此外更有根據每車之收入爲標準者；同一之車，無論所裝何物何輪其容載量之大小，必令每車之收入相同；於是特別運輸成本增加一倍，則所分担固定費用，其增加更不止一倍，換言之，卽所分担之固定費用，又視特別運輸成本而遞增矣。以上各說，無論其計算之方法如何，果不顧担負能力之大小，而專以費用爲標準，則低等運輸之運價必提高，而高等運輸之運價必減低。於是低等運輸不能擔負，而數量大減，或竟停運。於是此等所減去之運輸，不能再爲較高等運輸之助，不能再爲分担絲毫之固定費用，而較高等運輸所應担負固定費用之總數，反以增加。高等運輸之總噸里數本甚少，今所應担負固定費用之總數又大增，則每噸每里應分担之固定費用之數，乃不得不格外增加。於是因低等運輸減少之故，而高等運輸中之大部份，其運價反較增加，反不若依担負能力爲標準時之低。

倘以担負能力爲標準，則高等低等之運輸，均得互助之益。蓋一種運輸發達，則其他各種運輸之成本以減。無論何種運輸，一經減價之後，果能數量大增，則每噸每里所分担之固定費用雖較少，然其所分担之總數則大增。於是所餘固定費用之總數大減，卽其他各種運輸所應分担者可大減，而同時鐵路之餘利可大增。故祇須超過最低之限度，卽應以担負能力爲運價之標準，而運輸費用決非適當之標準也。

或者以爲對於較高等之運輸，其理確應如此，誠爲無可非難。然而對於最低等之運輸，則有疑問焉。所謂最低等之運輸者，其每噸每里之運價超過特別運輸成本不多，卽以分担之固定費用不多。設或此等運輸增加過巨，則或須因此增築雙軌，擴充終站，添購車輛，於是所餘之固定費用總數，或反因此增加。然則對於最低等之運輸，殊不可以不愼；非特應注意其定價是否在特別運輸成本之上而已也，更應注意於鐵路之營業能力。是否尙有餘力足以應付之也。故凡遇營業能力有限制之時，果其爲較高等之運輸，祇須有減低運價之必要，自仍應以減低爲宜；然而同時對於最低等之運輸，卽每噸每里所分担之固定費用爲最少者，反應逐漸增高運價以圖減少其運輸之數量，以期無妨於他項較有利之運輸。

是說也非無理由，然而實際上殊不重要。

是說之理由，在其專對於最低等之運輸而言。雖然，凡某種運輸，其費用較巨，固未必盡爲最低等之運輸。凡較高等之運輸，雖在該運輸費用較巨之時，亦非最低等之運輸可比：其每噸每里所分担之固定費用，亦仍較諸最低等運輸爲多也。故雖在營業能力確受限制之時，亦不應一遇輕笨（詳下文）等項費用較巨者。卽十分提高其運價，而置其担負能力於不顧也。輕笨等項運輸，與普通運輸無異，其運價不決於費用，而決於擔負能力，此不可不注意也。

而且其說實際上殊不重要，其故有二。

其一因社會時時進步，鐵路營業例應逐年增加，則鐵路之營業能力，理應逐漸擴充，其營業能力之擴充方法，無論其爲增築路綫擴充設備，或改良管理，然均應預測營業之發展而先爲之備。於是最低等之運輸，亦正患其數量所增不巨耳，否則正可藉以促進擴充之計劃。倘鐵路營業能力已達受有限制之時，而猶不作擴充之計，乃竟欲限制運輸之數量，此爲不應有之事；此雖在鐵路私有制度之下，其負有經營擘劃之責者，倘稍有進取之心，亦決不出此。惟在社會各種事業呈靜止狀態而毫無進步之時，始可出此，然此固爲絕無之事也。

其二因鐵路營業能力之擴充，確爲十分困難者甚鮮。機車車輛之增加，不應成爲問題。終站之擴充與雙軌之增築，果在營業能力確受限制之時，固爲刻不容緩之舉。已往之營業，旣增加如此其速，以致不能應付，則將來之發展，可斷言也。若必待其發展過量，以期一經擴充，則所有增加之資本便可立刻充分利用，殊爲下策；凡富於進取心之人民，決不出此。至若終站之擴充，或爲絕對不可能，或所需費用極巨，此爲極少有之情形，而在我國今日，尤不必注意及之。然有一問題焉，卽資本之籌備不易，此在我國，實爲惟一之困難。其在平時，倘若某鐵路之能力確能受限制時，則其營業之發達，必有可觀；其財政之狀況，必十分穩固；其資本之籌集，必可不感困難。若在近年混亂情形之下，營業能力，有時或受限制，然而究非由於營業發達過量之故。自有其特殊之原因，固另為一問題，當於本篇之結論中言之。

由此言之，社會旣時時有進步之現象，卽鐵路應常常有擴充之計劃。苟非紊亂之國家，則擴充之計劃，又殊無困難。於是所應注意者，始終為閒置營業能力之利用，而非營業能力之限制。各種運輸，始終彼此互助，而無所謂較有利或較不利之區分。故運價之標準。始終以担負能力為最適。

（未完）

科學化的會計制度

鍾偉成

簿記學爲整理各種事業之會計工具，會計學爲工商業上有組織之紀錄。其功用不僅以表示工商業經營中之盈虧，亦可以指明所以盈虧之理由。會計學之意義，從簡略言之：係商業上日常紀錄盈虧之根據及商務營業之狀況，商主賴之以擘劃其業務。雖環境時時變遷，商情瞬息百變，而睿智之商人，每賴以預爲籌措，使其契合於環境。

嘗觀乎幹練之商店經理，無事不了然胸中，某種資產何爲而存在；何由而發生；盈虧之所自；以及盈虧之何爲而發生；何術以補救，此無他，能運用會計之功效，與採用完善之會計制度而已。

會計學在工商業上之重要，既如上述。惟會計之制度，不一而足。故在於某種工商業性質中，應採用某種之組織與制度，至堪注意。故工商業中濫用不適合之會計體制，其危險則較諸採用無組織之會計爲尤著，是故負工商管理之責者，當於企業之始，預先審定應用何種會計制度。此種設施，全視該事業範圍之大小，事務之繁簡，以及營業之性質如何而決定，若抄襲成文，鮮有不賁事者也。

會計制度既定，則一切經營計劃，辦事手續，有所依循，而不致雜亂無章，生產效率，貨物成本，有所攷據，而不致漫無稽察，能如此則在上司管理之責者，方得心應手，在下司分工治事者，方各

盡所能，茲請一一申論之：

第一貨物之確實成本各部分之確實效能，我國商人，鮮能斷定，會計賬簿，亦無充分之表現；每見一班商人，以營業之失敗，歸咎于時運，而不追求其真因，殊不知此種智識，固可一一載諸帳簿，使管理者一目了然，而謀劃改良之道也。茲舉例以明之：設某工廠，每年營業二〇〇·〇〇〇元。其損益表假定如下式：

銷貨	200000元
製造成本	180000元
製造盈利	20000元
營業費用	14000元
淨利	6000元

照上表觀之，該工廠一年內之淨利爲六〇〇〇元。然何爲而僅有此數，尚無從稽考。假定該工廠中設立三個分廠，則其損益表可改如下式：

	第一廠	第二廠	第三廠	總數
銷貨……………	100,000元	60,000元	40,000元	200,000元
製造成本……	96,000元	50,000元	34,000元	180,000元
製造盈利……	4,000元	10,000元	6,000元	20,000元
營業費用……	7,000元	4,200元	2,800元	14,000元
淨利…………	—	5,800元	3,200元	6,000元
損失…………	3,000元			

表中所列第一廠，係損失三千元。第三廠利潤無多。而第二廠則獲利頗厚。統觀其淨利爲六千元，而損失爲三千元，則其損失之數，佔其全部淨利之半，故最高之利潤，僅佔銷貨總額百分之三十耳。

在該廠之損失，究係因製造法不善，或開支過大，或管理不善，而致遭虧折，該表內尙不能示明，故可再進一步將該表改爲單位計算之如左：

	第一廠	第二廠	第三廠	總數
銷貨	100,000元	60,000元	40,000元	200,000元
製造費用	94,000元	47,000元	33,000元	174,000元
製造盈利	6,000元	13,000元	7,000元	26,000元
營業費用	7,000元	4,200元	2,800元	14,000元
盈利	—	8,800元	4,200元	12,000元
損失	1,000元	—	—	—
反常費用之損失	—	—	—	6,000元
淨利	—	—	—	6,000元

此表確能指示損失之原因，在於過量之費用，但旣知因過量費用而損失，猶不能指定何種費用應負其責任，故可再將該工廠劃分爲若干生產部，將各部之費用，分析研究之，則虧損之真正原因，瞭若指掌矣。玆再將補助表記明說明反常費用發生之原因如次：

	獲利	損失	原由
甲部……………	400元	——	出產品多
乙部……………	——	750元	修理費用
丙部……………	——	4,100元	出產品少且遭重大損壞
丁部……………	450元	——	不生產之工人少
戊部……………	——	1,000元	不生產工人過多
已部……………	400元	——	增加出產
庚部……………	——	1,400元	出產品低
	1,250元	7,250元	
費用之淨損……	——	6,000元	

依上表所列，則大部分之損失，皆由於丙部，其原因係出產品旣少而後遭重大之損壞也，茲再將該工廠之工資成本，成爲單位計算。下列爲工資成本報告表：

	獲利	損失
甲部……………	——	250元
乙部……………	——	450元
丙部……………	——	4,900元
丁部……………	600元	——
戊部……………	1,400元	——
	2,000元	5600元

該表示明丙部內無用之工人，實爲減少利潤之原因。

據前數表之說明，吾人可再修改廠之損益表如左式。該表不獨指明商戶經營之情形，而予人以真實之領悟；且能言明盈虧之何自，及其何爲而發生。

	第一廠	第二廠	第三廠	總數
銷貨……………………	100,000元	60,000元	40,000元	200,000元
製造成本…………………	92,000元	47,000元	31,800元	170,800元
製造盈利…………………	8,000元	13,000元	8,200元	29,200元
營業費用…………………	7,000元	4,200元	2,800元	14,000元
盈利……………………	1,000元	8,800元	5,400元	15,200元
反常費用之損失……	—	—	—	6,000元
無用工人之損失……	—	—	—	3,200元
凈利……………………	—	—	—	6,000元

細閱前表可以證明盈利之減少，非受營業費用之影響。實係製造及工人之費用過鉅而損失。因前此補助報告表之觀察，則該廠確知該種損失之何來，而後可求改善之道矣。

前列兩項之製造與營業費用，應有彼此劃分之必要。有時商業中，以各種費用，（包括直接工人與直接材料）悉歸於普通費用項目者，大爲不妥。

第二進貨爲商業交易中之第一步，司管理者應特別注意購買之經濟，有良好之會計制度，以規訂進貨記賬之方法，則節省必大。進貨帳不僅爲歷史式之記帳，不僅記載進貨之品類，貨品之價格，品質，及其數量，皆須登記清晰，該帳之價值，不只影響商業中已往之營業，亦可預計將來營業設施之標準。故該帳內價值，品質，數量，三大項目，於記帳時，宜互取平衡之勢，不可偏重于任何一方，尤不可僅偏重於價値(我國商人有此通病)蓋偏重價値，每易犧牲品質，間接卽鼓勵購進劣等之貨物，更易誘惑司購買者作大量投機之購進危險孰甚。

資本週轉之不靈，每因存貨囤積而使然。故欲剷除此弊，當使進貨部與存貨部或材料部(Stock Department)互相關聯。存貨部爲供給材料之所，故存貨房內之各種材料應敷廠內之需用。其某項材料應宜添進與否，則由材料部酌量報告以作購買之根據。若有舊存，則毋庸另購，則庶可省囤貨之患矣。

既有貨房之設備，則貨房內所存各貨，以及各貨排列之位置，均須登記完全，藉免重買之虞。除規訂「至多」與「至少」之貨品數量外，其餘各種貨品，可用卡片以登記某貨定購若干，收發及剩餘之數。管理員應確查定購及進貨之數目。藉之以稽貨品之有無多購或少購之事。

在進貨部內，各種記載亦須必備。各種貨品，各設卡片，用以記錄各貨在存貨房內陳列之號數，該貨之價錢已否付清，貨品之性質如何，何時需用，以及其他各種之登記。

登記進貨之手續，至少須具購貨單三紙：其一爲通知售貨商家，一存於進貨部備載；一交與收貨員以便來貨時對照。但有時除此之紙外，尚有其他單據之設備，要視其需要之情形爲定耳。

凡交與收貨員之購貨單，則收貨員應注意其定購之貨量，材料之品質，以備貨品到時按單點明所進貨品既經收貨員查點後，可將收貨單交與進貨管理員收執。該收貨單購貨單可與賣方所發之發單互相對照其貨件，以察其相同與否。最後交與會計部登記。

會計部收到該單後，照發單所列記於分類賬簿 (Change uficter)。註明賣貨商之店號，購買之日期，以及該貨付出之總額。此分類賬簿實爲新式會計學中最爲簡捷之方法。蓋在舊式會計，購買後之登帳手續，必經總賬及日記帳作三次之登記。惟既經分類帳簿發明後，則記法只須一次完畢，故極爲省事，且遇帳之錯誤亦可省去不少矣。

第三工商業之各種開支，不外以下列各種項目：材料；工資；製造開支；營業開支等等。故分類賬內可分設此數個帳目，則各種開銷，直接登記於該屬賬目內。每帳目內復可再行詳細分設名目，亦無不可。嘗觀小規模商店，對於一切開支帳目，每每偏于籠統，殊不知小商戶之帳目更有再行分設帳目之必要，其分設之帳目，更必極爲詳細，庶可使各種極微細之開支均一一包括在內。但在交易繁雜之商店，此種分類帳簿必有統轄帳 (Controlling Account) 以對正之，其詳細項目，則可載列於補助賬內。至於日常瑣細之費用，可用小樞 (Petty Cash) 支付，彙總報賬，以節省登賬之時間。開支中以工資及薪金一項，佔最大部份，故必須謹慎審核，以免錯誤。每有大規模之工商機關之發薪名冊，常發現浮加名額，冒領工資之弊端。於此等情形之下，除認真審核外，再用支票付給款項，可以稍稍避免此弊，現在歐美各國之大公司，多用 (Voucher Check) 以代簽寫既省時間，於登賬手續亦形便利。

商家皆知現金簿爲登記收款之功用，但最好有現金支付單據之對照，較見完善，經理欲獲悉每日間收款之總數，以及每月來之收款幾何，則可於現金簿中之收入賬察之。該收入賬不獨表示收款之數目，且可知所收入款額之存放於各銀行者，亦可由知每銀行中所支取支票之總額，其兩者相差之數，則爲每銀行中之結餘矣。

昔時賬務，每係年結，其經營之盈虧，必於一年後始悉，惟現今制度，迥異昔日，且隆盛商戶，爲欲審本業經營中之盈虧與否，每於一年內結算數次，通常年結雖較適當，惟欲先知盈虧，則不可不有試算表之預備，然如每月結，則試算表之預備，極爲容易。凡欲求知每營業期內，盈利之多少，當先查存貨之多少，會計中求得正確存貨數量之方法頗難，但良好之會計制度往往定有專則以管理之。并當依其成本而定其價值。如成本價值高於市價，則依市價定其存貨之價值，如其成本價值較市價爲低，則仍依其成本價值計算之。總之，存貨之價值須依其市價或成本價值兩者中之較低者計算之。此雖似不合理，但已爲銀行家及大商家之所公認。

計算原料及製造已成貨品之方法，則較易得其正確之數量；但估計尚在製造中之貨值，則又爲一極難之事務。此種之物，不僅包括原料之價值，尚有人工及普通之耗費在內。而吾人常定成貨之值依其最高售價估計之，亦非良法。蓋離其實值過遠，或竟可使其不能銷售。

商人結賬之日的，蓋卽欲知營業之現況也。此可由『營業狀況報告書』內見出之，卽吾人常稱之平準表也。營業狀況報告書極爲重要，設有疏忽，則易引起股東之猜疑。

營業狀況報告書之樣式標準之擬定，係依銀行家之需要而爲轉移者。卽營業之資產及負債之總計表，故必須附表以詳細說明其中之各項。所有之資產及負債概可分之爲固定及流通者兩大類。流動資本必須作爲公司流通資本之一部。固定資本則爲永久性質，而爲營業所必須，且與公司共存亡者也，如房屋，地產等卽是。流通資產者，卽公司存貨人欠賬目，單據及現金。固定債負，多爲長時期者，如長期債劵之發行，資本，及其他。流通負債則爲流動資本賬，及付款單據等。

欲求固定資產現在之正確價値，必須按年將其折舊。此項實爲賬目中之最重要者。其折舊之數目必須平允。折舊太少，可使商業虧損，太多則過分。

營業狀況報告書常隨以進款賬目之詳細表格。其賬目當依其時間之久暫而排列之，俾董事與經理者對其價値得有深切之了解。因時間過久之賬目，多爲呆賬。故人每不願空費時間，專事收取此種老賬也。

除進款賬之表格外，同時亦須備有進款單據之表格。

營業狀況報告書及此種表格，極爲重要；蓋普通銀行家及投資家皆依此而判斷該公司之價値者，而銀行家尤注意其流通資產及短期負債，常不顧其固定資產也。

鐵路貨車支配效能促進法

黃宗瑜

緒言

我國鐵路管理支配貨車者，往往對客商請求，未能如數撥與，且分配手續，亦甚遲緩，因之商人以支配不善，業務廢弛，交相責難，鐵路以車輛缺乏，無力購置，藉爲遁詞，交爭紛起，莫衷一是，但鐵路爲公用事業，有供給完備業務之責任，苟車輛缺乏，供求不應，自宜設法補救，以期達到最大效用，惟考諸車輛缺乏原因，其失不專在路局，其因亦不祗爲車輛過少，凡天災人事，均足以致鐵路車輛缺乏，且有許多原因，事實上亦無法補救，商業季汎，軍事驟變，路局雖將車數盡量增加運用最良方法，分配調撥，若其主要原因無法防避，車輛雖多，徒耗資金，只增虛糜，無補實上面也。夫貨車支配供求不應，既有多數原因，不克避免，但管理者未可因噎廢食，設法補救，在所必須，尤在我國，値茲軍事敉平，國家大定，實業建設，漸次振興，鐵路運輸力之增加，尤爲當務之急，然以喪亂之餘，元氣初復，財政困難，勢所必然，欲求鐵路運輸能力之增加，專恃添置車輛機車，事實上恐難見效，惟能於支配效能上設法改進，其有裨貨運，實匪淺鮮，即就各路現狀觀察，改善支配之方法，亦刻不容緩，作者不敏，爰將日常研讀所得，關於各路採行之貨車支配改進方法，擇其易於施行者，纂集成篇，以供改良路務者之參考，亦冀有促進我國鐵路貨車之供給效能也。

第一節　改良軍事運輸制度

連年戰爭實爲鐵路貨車缺乏之唯一原因，蓋軍事當局，不按行車方法，對鐵路利益，亦無所顧忌，扣留車輛擅開專車，裝載逾量，行車逾速，致車輛損耗不可數計。是故欲支配得宜，對於軍事運輸，不可不加限制，限制之法有下數端。

1 統一軍運管理　各軍軍部均有軍運機關之設立，以便運輸，惟辦法紛歧，不相統屬，扣車爭站，辯難紛紜，各軍虞無車供運，因之扣留車輛，不肯放還，軍情緊急之時，商運迫而停滯，故欲求改善，亟應設立統一軍運機關，集中車輛請撥，以前各軍運輸駢枝機關，一律轍消，由中央設鐵路軍運委員會，由軍政部代表，鐵道部代表，各路局代表，各軍司令部代表組織而成，各軍之交通處長由本會委任，即爲行使本會命令之專員，軍運委員會其職務爲（一）於各地籌設接洽軍事運輸之機關，（二）擬定軍運計畫，（三）編軍事運法規，（四）設法增進軍運效能。

2 嚴定軍運法規　考軍人所以擅敢扣留車輛，干涉路政者，多由於鐵路軍運，無明定法規以資信守，故軍人可任意橫行，毫不顧忌，反違路章，視同習慣，補救之方，惟旁採列國成規，參酌各路習慣，釐訂軍運法規，嗣後軍事運輸，統依此項規草執行，如有違犯，繩以軍法，庶軍人不敢妄加干涉，其法規須計劃周詳，舉凡一切車機使用，列車編掛，車站選備，以及報運要車，開車，裝車手續，均須規定車上及站上規則，以及逾運，扣車，賣車，之處罰須嚴如取締，使軍人視同軍律嚴不敢犯，而後鐵路運送能力可始增大矣。

3 增進軍事運輸之效能　鐵路當軍事緊急每感車輛缺乏，商運停滯，在國家有事之秋，固無財力添置車輛救濟方法，惟減少車輛耗損增進運用效能，藉以調節商運，其所取途徑，不外下列數端。

(一)規定車輛裝量　軍人不明貨車載重容積，故裝車方法，極爲惡劣，過量則車輛損折，不足則車位虛耗，二者均足以減少車輛供給，故亟應採用法國鐵路制度於貨車標明裝載噸數，各種貨車裝運某種軍運品，最低限度須若干噸，均加以規定軍事運送，可見其積量，撥與適宜車輛，車位虛糜，自可減低。

(二)規定列車組織　軍人缺乏運輸知識，對於列車組織及載量毫不注意，每以機車拖力無限，列車載重無窮，故其列車長度超出常軌，拖力不足，加掛雙機，因之列車之長度及重量，均與其他設備如岔道，軌基，小峻，輪軔不能適合，因之出軌損折之事，時有所聞，故差用鐵路車輛者，務必將配掛列車之權委之路員，遇有急需，甯多編列車，勿擅用雙機，以免增加虛耗，加重損折，且各種軍運列車，所掛車數及載重，均須有有規定，以免危險。

(三)限制行車速度　軍事當局惟然利運輸敏捷，故開行列車，常至最高速度，遂使三四列車，接踵駛行，偶一列車出軌，則其他列車同時阻塞，且車輛連接，停站時間，亦須延長，添加煤水，調車挽軌，均無秩序，車站作業錯縱紊亂，車輛轉運反失其迅速之效，故軍用列車，其每小時速度，當依其列車次序，需要緩急，詳細規定，一方求車站作業之平勻，一方面免行車過速之危險。

(四)裝設軍用站軌　各站以站軌設備，不適軍用，故軍隊以運轉不便，常時扣留車輛，以資屯積若能於軍運繁忙之地，增加軍用車站或岔道，以與幹線連接，其車站應有長五百公尺，寬二十公尺站台兩座，軌道四條，以便同時裝載列車四列，並添設調車道四條，以便暫行停放空車，則軍品有規定裝卸之地，而車輛扣留自少矣。

此乃車輛支配之效能，以改良軍事運輸而增進，其方法之施行，不專在鐵路，必須政府起而組織，使軍人與路局合作，互相維持，共同遵守，而後車輛運用之效能，乃日見增大。

第二節　改善終站客受能力

終點客受力狹小，其影響所及，足以使車輛停滯，堆集一站，他站需車，不克疏通，補救之法，有下數種。

1增加終站設備　終站客受力薄弱，以設備不周，爲其主要，故欲求改善，必須增加設備，考現時所採行者。

(A)增改調車岔道，站上岔道以貨車行駛次數之不同，常須增改，故鐵路貨運發達，車次加多，則調車岔道必須設計重敷，以便調撥貨車，裝卸貨物。

(B)增加裝卸設備，車貨到站，常以裝卸設備未週，人工不齊，因而屯積，故貨運繁盛之站，鐵路須與商人合作，購置裝卸器具，搬運人伕，工作效率亦須有詳細之法規，精密之組織，加以管束，然後車無積貨，站無停車，運轉效率日以加大。

(C)增置貨棧車場 貨棧狹窄，車場隘小，對於貨車裝卸，極多障礙，且常有貨棧車場集中一地，使運送車輛異常擁擠，此亦為裝卸之不能迅速之原因，故在營業發達之站，貨棧車場宜擇便宜之地，分列建築，且使其互相連絡，而後貨車裝運，可以迅速，輸送人工，亦可減少，車輛離站，因之加速，站上客受力增大矣。

(D)改良組車方法，組車方法之良窳，對車輛停站時間之久暫，車行之遲度，站軌之疏塞，均有關係，故各大車站宜設分車場 Clouipication yard 將各種貨車由一綫轉運者，分調集中，成為集團 Group methad 然後按其甩掛先後，及貨物性質，編成列車，中途之延誤減少，車輛運轉迅度矣。

2減少站軌擁塞，貨運勃興，車站設備，縱極完善，勢難應付，惟有臨時採行特種手段，停止一部分貨運之輸入，以求疏通，此種手段以美國於歐戰時採行停止運輸及特許證之方法最有成效，其用法分二種，一爲專捐的，卽對其站中某幾人或某幾貨物暫時停止其入站，一爲普通的，卽某站對其所有某一站或各站貨物之入站須卽停止，但停止運輸命令有效之站內，常有數特種貨品，如糧食煤斤給予特許證，准其輸入輸出，以供民用，此項方法之施行，爲求命令其傳達迅速，及一致，常將全國劃爲若干區，每路屬於一定區，區設停止運輸局，凡某路以貨運擁擠須停止外站貨物之輸入，將命令詳載站名貨物日期，送至局中，由局長用電報或電話通知全區，以便運送停止，如此項命令須解除修改或延期，亦須由局中知照有關係各站，此種方法爲一時便宜之計，運送量較大之商家，以貨物頓積日久，損耗大巨，爲詞要求路局特許通行，則小商蒙不平等之待遇，受貨物銷路阻滯之損失，以故政府對此停止運輸，極爲注意，美國商務委員會曾有津律規定，其施用及通知之手續，我國如欲仿行，其命令自當由鐵道部收發，其採用宜緊迫時，平日站軌擁擠，當求別法疏通，蓋停止運輸，非但減低收入，抑亦易啟弊端，管理者所宜力戒者也。

3 減少停站車輛　車輛停站，不外裝卸貨物，調掛列車，空車待用，及在站修理，四大原因，其留停刻間修短不定，但各路以管理不善，停站甚久，以此延誤，遂使車站客受力減低，我國鐵路在終站及起站之停留，每車平均須三十小時，中途站之停留每車平均須停留三小時半，以車輛在站之時多，在路時少，車輛運用效能減低，欲求改良，當求下列各端之實行。

1 裝運貨物應於輸送能力及裝卸能力互相調和，
2 支配貨車之命令應迅速傳達。
3 車站應有適宜方法，編配列車。
4 裝卸修理應有方法，俾其迅速。
5 調車應敏捷。

以上各點，當於各節中分別詳論，但其施行，當設法使能確減停站時間也。

4 增加送接能力　貨站送運能力缺少，能使貨車到站，不能裝卸停置車場，虛佔軌道，故欲增加車站客受量，必先增加貨物送接能力，近代英美兩國，所通用計有二種。

A 棧門裝卸制 Store Door Delivery Service 此乃美國鐵路採用之方法，凡貨物到站後，不必通知貨主，即由車中卸下，將汽車運至受貨人堆棧中，如貨主有貨記運，亦可通知路局，將汽車由貨棧裝集運至車場或貨棧，以便裝車，此種業務，有由鐵路管理者，有由私人組織公司購置汽車，與鐵路訂立合同供給是項業務者，其手續大略相同，其效用可以補救貨棧不敷，貨車佔積，阻塞站台及運局裝卸遲緩，使車輛無謂稽延之弊。

B 小車運送制 Trap and terny car service 此項方法，與此上方法，名異實同，英國及加拿大鐵路採用，惟其運用常有一定區域，大都用於終站交挽站及沿站商人貨棧之間，其業務爲將商人貨物用十車或汽車由貨車場運之商人堆棧，同時由商人堆棧收裝各種貨物運至貨站以便裝運，其車輛分組運送，每組規定往來於區域內接送貨物，其業務多由路局自理，其效用亦爲減少貨車在站稽延減少站軌擁塞及增加終站客受能力也。

上述各點均爲增加車站之客受力，使貨車迅速離站供給轉運，其施行責任，專在鐵路，必須預籌方針謀爲改增，雖云添置設備，費用治大，但能力進車輛之裝運力，所費當非虛擲，我國鐵路苟欲仿行，財政上未免稍感困難耳。

第三節　增加貨車行駛里程

車輛平日行程之增加，爲預防車輛缺乏之上策，蓋車輛所行平均里程，增加運轉之速率增大，則車輛數量之需要因而減少，且增車行里程，亦爲增進車輛裝運力之善法，至車輛每日行走里程如何方法可增加，則需當用下列方法。

1 駛行直達列車　直達貨物列車，東爲急需輸送之貨車及遠距之貨車編成之，其行程遠，速度高停留少，每車之行走哩程，因可增高，蓋列車組成整齊，中途無須甩掛，故調車之次數不多，停留時間縮短，行車時刻亦可減少，因其餘暇，卽可增加車次，使車輛週轉靈通，惟普通貨物車輛，欲用直達列車輸送，必須有具體方法，各站段對於運送往遠距離同一車站或規定區間之貨車，務必團集一處，若貨車甚多，當由整列輸送之，惟此謂貨車集中法，採行集中貨車方法，以下各點必須注意。

A規定因集中方法輸送之貨車，除數量過多外，應均由指定列車運送，幸勿因較先開列車，即將一二貨車掛上，往往有行至中途，即須摘下，仍須候指定列車拖往達站，其調車次數增加，時間虛廢，行程減低矣。

B團集之貨車數量過少，拖力虛耗太大，則該列車得於其後部加掛運往他站之貨車，但須照接秩序，以求易於掛摘。

C集中貨車，多爲直達，苟無正當緣由，不應掛摘到站相異之車輛，以躭誤時間，故貨車到站不一者，不能採用集中方法，直接運送。

2規定列車速度　列車行駛迅速，列車運轉亦多車輛平均行走里程，亦因而駛大，惟列車速率以車身長度，坡道軌弧，行車次數，車站作業，加以限制，不能達最高速度，且規定列車速度，對於行車之用費，消燃之煤斤，運輸之數量，貨運之收入，亦宜注意，一方面須避免行車危險，一方面須求行車之經濟，二者兼顧，如後可定一最大而且經濟之列車行駛速度，尤須規定所需之拖引力，而後機車調遣，方可得宜，普通方法，爲以行車速度規定機車之拖力，但以貨運情形，異常復雜，規定貨物列車速度，於下列各端，應加細察。

A貨物之數量及其性質。

B輸送之方向及其各區間之距離，每一速度不能通全路必求分區之速率。

C路線之斜度弧度并其他工程情形。

D單軌雙軌或多軌及岔道容受能力及支配狀態。

E地方之氣候及其他變化。

F行車員役之熟練及工作之效能。

G機車之構造及其他拖力。

以上各點機工務人員詳細考慮，決定一行車之速度，則用其速度行駛于一定區間，運送某項貨車，則其行駛里程為最多所耗費用為最低車輛運轉之速度為最大。

3改良行車號誌　行車號誌為節制及指揮列車行動之工具，其制度之良否，關係列車行駛速度至為密切，現行行車制度多採分區制 Blosk system 其號誌多用手作，其行車多用路簽，其手續至為緩延，錯誤滋多，常有列車以號不靈停止中途不克前進，欲求改善須採行最新式之自動號誌 Automotic Blosk system 制，其號誌之動作全由電力，不假人工。雖亦有損壞，但日常行車速度增加，延誤甚少，惟用費較巨，車次甚少之路，用時不甚經濟。

4擇站增設雙軌　鐵路初築之時，多用單軌，求其速成而省費也，在貨運未發達之時，尚可敷用，但在緊忙之地，輒感不足，如滬甯及膠濟兩線貨運既繁，煤運又擠，如能添設雙軌。則列車速率如高，增加車次，運輸能力加大，商民需要足以供給矣。

5 嚴守行車時刻　客旅列車須以嚴守時刻爲一要件，貨物列車，則規定相候相錯之地點，往往改動，且起到之站亦不依時刻，因之全線秩序，時常紊亂，車行停滯，速度減低，故車務處對于原訂貨物列車時刻表，亦須通令嚴守，遇有一列車時刻，必須改變，必用最迅速方法，通知車守及站長，以免影響全局，所謂牽一髮而動全身，滿不可不加注意也。

以上乃增加車輛行駛里程之方法，爲各國所採行者，我國以財政困難，人才缺乏，上列方法，恐難見行，惟因爲準則，向時而動，因地制宜，或可採用，予異日也。

第四節　增加機車起引效率

機車拖力薄弱，恆足以影響貨車運用效能，蓋拖力小，一方面因列車速度減低，使車輛運轉遲緩，磨擦增加，損壞自多，一方面貨車停站，不能流通，使棧軌阻塞，故貨車運用，因之感供求不應矣，欲求改善，有下列方法。

1 修理機車　機車損壞，即須修理，每月須由車務機務處將各種逐待修之車，一一檢查，定其損傷重輕，分別送廠修理，規定入廠出廠日期，以免久停緩修，機務號並須依各種機車之運用年度，折舊情形，規定修理之程度，及其最大拖力，交由車務處，以便規定列車之載重，合於拖力，使機車之損壞，只以減低，亦即增加機車之效率也。

2修理路基　機車雖有較大之拖力，但以橋梁鋼軌機木之載量太小，常不能拖運盡量，因之每列車之行駛必須耗廢機力，値此情形，欲增進機車拖力、不必增置機車，只將輕軌木橋及腐蝕枕條，加以修理，俾機車可以盡量拖載，而車輛之效用，自增加矣。

3選擇煤斤　機車引力之發生，必賴燃料，故鐵路所用煤斤，必精細選擇，材料處宜取各地產煤，聘請專家加以化驗，視其每磅所生熱量及汽力，分爲等級，再按價目及運費加以參配，以定以最經濟用煤標準，機車上所裝之煤，隨時取出試驗，以防滲混窳質，而後煤斤耗量最低，鍋爐熱力最大，機車拖力增加，行車里程以多矣。

4籌購機車　機車拖力甚小，推原其故，常出於輛數過少，蓋機車運轉，日就頹廢，至一定年限，則全部破產，不堪再用，重以軍事摧殘，損壞尤易，故各國鐵路均有籌購機車之準備，每年於營業收入中，撥出款項，至機車運用效能消滅時，則取以購新車，或以準備未滿足數，而機車卽須重換，則舉募公債，如我用北甯之機車車輛公債是也。

5機車合併　車務處無調撥機車之權，使機車須用時，呼應不靈，因之各站遂感拖力缺乏，車輛運調遲緩，故各路組織，有將機務處機車房之由車務管理，使須用機車，車務可直接徵調，既省手續，又增效能，故我國北甯線首先仿行，施行以來，頗著成效，拖力缺乏之感，日見減少矣。

以上仍用間接方法——增加機車拖引力以增加車輛之效率，手續簡便，尙易仿行，且費用亦不見增大，而功效無窮矣。

第五節 減低空車行駛里程

車輛空駛，虛耗甚鉅，而又爲實際上所難免，則補救之法，惟期減之至最低度，減少空車行程方法，玆詳言之。

1集中空車 指定閒車集中之站，將所有到卸空車，暫不需用者，先行存放一站，俟該路運出貨多，再爲載重發出，既免無謂之空駛，而他站亦不致因閒車屯積，阻塞軌道，惟此法在車輛缺乏之路，不能適用。

二獎勵回程 利用回程空車，裝載貨物，運價減低，以廣招徠，此爲補救單程，運輸，減低車輛空程唯一方法，各路採用，收效甚宏，但所裝貨物，應以由卸空車運至原車站，或其回程沿線各站爲限，絕對不能向相反方向駛行，蓋車輛空回，緣應急需，不宜中途躭擱也。

三規定方向 車務管理人員撥給空車方法，常不問空車輸送之方向，以爲由最近之車站，撥給最爲經濟，殊不知由最近之車站，撥給空車，在時間上稍爲迅速，但在支配貨車全體計畫觀之，未必一定減少空車行程，有時一站需要貨車運送逆向之貨物到站後，仍需放回往來駛驅，空程加倍，故撥送空車應規定空車輸送之方向，以免逆向撥車，增加虛糜，惟貨運變化，一日萬千，需車之急有時非迅速不可者，自不能以上述方法，據爲定例，隨時改訂，是在支配者運用得宜耳。

以上爲減低空程之方法，其運用時以運輸繁忙時爲多，良以運務匆忙，重車卸貨，不待再裝，卽須空回，故宜設法減其空程，倘此種貨運與盛之狀非出偶然，而且有繼長增高之勢，則與其事是減少空車里程，以免阻滯貨運，毋甯放回空車，以便運送也。

第六節　增加貨車供用數目

車輛在路，可供用之數，實不敷需要，則縱有良好之支配方法，亦難供求自如，處此情形，惟有購置適當車輛，或設法使其數目增加，普通所用方法，有二：

1　添購適當車輛　根據運輸原理，鐵路應有車輛，雖不能以季訊之需要及預防貨運之增加之數量爲準，但最低限度，當以應平時貨運之需要，苟日常貨運，尙不能支持，則必添置車輛，其添置方法，有下各端。

A　計算貨車運用壽命　凡一貨車自運用之日起，當按其製造物質及磨擦程度，用以前之統計，估計其運用壽命，且因其平均折舊重量而定，其供用之效能。

B　籌撥車輛準備金　貨車適用之年限，旣有估計，則其廢棄日期約有規定，每年於營業收入，預存一宗款項，以爲添購新車之準備，各國鐵路，均有折舊方法，計算每年應攤之數，我國鐵路雖亦仿行，惟不過賬表上記載，實際雖有現金撥出，亦移充他項用途，故車輛破損無款添置，數量日少，欲謀補救，必將現金撥出存入穩妥銀行，或購置易於流轉之股票，則車輛廢壞，卽可添置，無財政竭蹶之患矣。

2 改良修理車輛方法，現今機廠修理手續，至爲遲緩，致在路運用車輛，數目不多，改良方法惟在增加修理之速率，減少修理之時間，現所行者有三種方法。

A 規定時間　車務處應視貨運消漲情形，將各種車輛規定入廠修理時期，如年終貨運清淡，則將多數貨車入廠修葺，夏季煤運較少，則整理煤車，春季農業品運送清淡，則將棚車修飭，如此則車輛得按時修理，而不誤應用，貨運亦可平均進行。

B 規定次序　車輛至修理時期，不可盡數交入機廠，蓋貨運移動，時有意外，苟一旦貨運驟增，車站卽須感無車之苦，且車輛損壞之程度不同，機廠工作之遲速不一，入廠之車，未必盡可立時修復，與將其損折甚少之車入廠修理，孰若按車輛損壞之程度，按次替換，使車輛修理得宜，無過多過少之弊，其法不更善乎。

C 修理設備　機廠修理，常因材料不齊，工具不全，人工缺少，往往到廠之車，積年累月，均不能出廠，故車務處每月應先估計算車輛修理概算，交由機務處計定材料人工，預爲購置，則入廠之車，立時起修，規定時間，卽可修復，車輛無短少之患矣。

3清理車輛　戰事一起，車輛不分路別，任意開駛，彼此錯亂，遂使原主之路車輛數目減少，如平漢路原有貨車三千九百廿二輛，而現所存者不過五百五十一輛，其中流入他路，無可查考者，約七百餘輛，其他各路亦莫不然，補救之法，惟有各路推定代表組織清理車輛委員會，令各路具報遺失車輛種數輛數，由委員會立時清理，歸還原路，或有事實上不能立時歸還者，亦宜詳爲登記，計算日租，及延噸費，促其歸還，而車輛數量可以增加。

第七節　改良貨車管理方法

車輛支配之管理，合乎科學方法與否，對於車輛裝運力之增加，極有關係，各路現行管理方法，頗多缺憾，欲謀改良，莫若採行下列之方法。

1集中調度　據近日鐵路管理學者之討究，大抵認集中制度，最合經濟原理，效用最大，且足以減少員司之舞弊，其方法不外先裝長途行車專用電話，以便調車，於車務處設總調度室，路線長則擇相當地點，設分調度室，選任學識豐富，動作敏捷，經驗充足之路員爲總調車員，主管一切車輛調度事宜，如均配車輛，減少空程，增加載量，支配修理等事，均由其計劃指揮，各調車員按照站長之報告，便隨時遣遣，以求達車輛最大效用。

2詳細登記　車輛每月運行之情形，詳爲登記，亦改良支配方法，登記員隨時根據站員之報告，將每車輛移動情形，詳爲登記，以便計算車輛哩數之空實里程，及其所在之地點，遇有車守或站員報告車輛缺乏情形，即可立時查出命令分撥車輛偏枯及屯積之弊，自可稍減，現行制度車輛失蹤、車輛登記常分二部，一爲圖板用以規全路車輛分佈之情形，一爲車賬用以淸查各種車輛之地位及行程，二者須兼備之，而效用斯大。

3 稽查車輛　車輛無論在東路或在外路運用，必須時常稽核，以定審本路與外路租車之日期及車輛延擱各站之時日及其運用之效能，遇客路車久駛於東路，或外路不將本路車如期歸還，以及車輛駛出久不裝卸，均由稽核方法可立時報告車務辦理。美國鐵路所用之本路貨運稽查法 Fright Lrocing 分零批與整車二類，前者由起運站將貨物數量所裝車號數，所掛車次日期及卸下站名，逐一開明，用電報知照貨運進行之路，逐站詢查，以定有無稽延，惟其手續麻煩，用者缺少，整車貨運，則由起站將貨物種類，所裝車數、噸量車號，所掛車次及掛出日期，電詢各站，由貨物卸下之站，將其情形，用電報答覆，此種方法近日已用集中稽查，由車輛處將運出貨車按其起到站詢問，由達站電覆，其手續較爲簡便，有此方法，則貨車運轉增速，遺失減少，站員舞弊亦可稍戢矣。

以上乃增進貨車支配效能之管理方法，易於施設，爲我國鐵路所急宜採用者也、現時全國路線，惟京滬北甯吉長膠濟四路採行集中調度及登記，而第三種稽核方法、尚未實行，故貨車週轉，仍有遲緩之弊。

第八節　改善貨車互用方法

鐵路爲便利聯運及增加車輛之效用起見，因有互用車輛之規定，至其弊，則各路有車輛扣留，久不放還，且於他路車輛裝載，亦不加愛護，使其損失破壞，莫可言狀，故各路於互用車輛習慣，宜求改正，普通所用之方法，約有二種。

1訂立公約　美國各路換用車輛定有公約三種。

1車輛使用公約 (Car sea vice rules) 其所載爲使客路車輛，務須於最短時期內歸還主路。

2車輛日租公約，(Pver diem rules) 其中所載爲客路應付原路車租及延期費及計算方法，亦所以謀車輛早日送還也。

3車輛換修公約(Master cor buslder rules) 內載關於客路車輛之在本路者，應予以相當保護及修理之責任，以及修理費等條例，所以促用車者之保護，而免非理之損壞也。

上述各公約，其目的爲求互相車輛，利便調遣，故內容周詳，規畫嚴密，我國鐵路雖亦有互用車輛規則，但內容頗多疏漏，各路員司，仍得以設詞巧辯，扣用車輛，將來鐵路車輛增加，通用日繁，紊亂情形，恐將難免，惟有取法他邦，將現行條例，加以修改，或另訂公約，互相嚴守，則車輛效率，可以增大矣。

2 一調車　互用車輛，雖有公約，以資遵守，但各路貨運季季節，未必相同，車輛盈虧時期，彼此互異，徵求各路互相協助，調劑有無，莫若統一全國貨車集中管理，設全國貨車指揮調度機關，如美國鐵路聯合會之車輛處，將全國貨車調度權交由該機關執掌，平日各路車輛互換仍照常進行，但其支配之計劃，則由該機關依各路運輸之季節，詳細規定，如此則可調劑各路車輛之盈缺，應付各地之需要，減少空車之行程，增加車輛之效用，即各路扣留車之弊，不禁自減矣。

以上二種方法之施行，根據美國統計，其供用車輛數目，以客路迅速放還及互相調劑而增加約有百分之五八、七，（見一九二三年車輛處年報）其功效可謂大矣。　（未完）

美國鐵路合併問題

余宰揚

美國鐵路向係私有。歐戰時曾由政府管理，戰後復退歸商辦。一九二〇之運輸法卽於此時期產生；該法旣規立中央政府監督鐵路之大綱，復採用『鐵路合併』政策。歷年以來，聚訟紛紜，莫衷一是。作者不敏，爰以一年來研究所得陳述於後；間或參以己見，論其得失。我國鐵路尙在萌芽時代，彼邦已往之經驗，或有可供吾人借鏡之處。語云後來居上，斯亦作者艸斯篇區區之意云爾。

世界各國鐵路發達最早者，首推英國。英人初以鐵路運輸與道路及運河無異，人人皆得以私有車輛行駛其上，鐵路公司卽征費以養路，此種辦法以事實上之不可能，試行不成，卽被廢棄；而私有鐵路之競爭以起。各路相率減低運費以冀多得營業，競爭不已，馴致各公司均受重創，而社會亦蒙其累。一八七〇年英國鐵路合併（英人稱爲Amalgation）完成，運費競爭以此告終。然猶有所謂『服務競爭』（Service Competition）者，蓋各路之運費（Rate）雖同，而服務之成績則異。一八七一年英人組織委員會研究結果，謂一切競爭均有損于社會公衆利益而以合併爲不可避免之趨勢。是則美人所迷信之競爭，英人在六十年前已洞燭其弊，而鐵路合併，亦早已應用。其他歐洲諸國之鐵路以私有競爭始者，亦莫不有合併運動。組織愈大，則政府之監督愈嚴，而其最後趨向，即為國有。簡言之，鐵路進化之時期凡三：

一、私有公司競爭時期

二、私有大組織受政府監督

三、國有時期

惟各國以環境之不同，及鐵路發展之遲早，經歷亦因之而異。澳洲及加拿大之鐵路均為國有，並未經過第一與第二時期。法國則以第二期始，而已入第三期仍在進行者也。其完全經過三時期者則瑞士及德意是也。今試一究鐵路何以國有，其理由大率如下：

一、在資本不足之國家，經營鐵路須藉政府之力，如澳洲及加拿大是。

二、鐵路之關于軍事企圖者，以國有為便，如俄國之西伯利亞鐵路是。

三、政府藉國有鐵路盈餘以減輕人民納稅，如德國之諸小邦是。

四、私有鐵路對於勞工問題難于應付。一九〇七年意大利之鐵路制度，自政府監督一變而為國有，勞工問題亦係重要原因之一。

五、最重要者為經濟方面。私有公司之目的為營利。公司利益與公眾利益衝突時，公司利益常居于先。且私有公司無謂之競爭與耗費，在所不免。路上設備，更難趨于標準。

以上理由，可應用于美國者，僅最後一項。大戰後，美國鐵路總監 Heines 氏曾提倡繼續國營，設此說實行，則美國鐵路當已一躍而入第三時期，然卒仍歸私有者，蓋亦有因，茲特列述如下：

一、大戰時國營成績，並不見佳。

二、人民心理，不信任國有，並不願以鐵路事業捲入政治漩渦。

三、鐵路收入，時有盈縮，若歸國有，則政府必先有伸縮自如之財政制度。（Elastic Revenue System）不然以美國鐵路之多，虧時固不易補助，盈時亦難于措置。蓋美國近年來國庫盈餘（Surplus）常成重大問題。若再加以鐵路盈餘，其困難當可想見。

四、鐵路國有，則各省不得征稅，失去一大宗收入。是以事前須先有適當之整理。

鐵路國有障礙既若是其多，是以唯一途徑，卽爲若何節制鐵路，惟一切設施類皆以時勢而沿革，欲明瞭美國之鐵路問題，則追溯既往經歷，似爲不可少之步驟。

美國初築路時，省政府（State Government）各自爲政，漫無系統。一八八七年，美國國會通過『節制各省間商務法』（Act to regulate Interstate Commerce）規定中央政府與鐵路之關係，如防止耗費，禁止過高運費及勒令各路採用安全設備等等，此種職權，皆由國會所組織之中央商務委員會（Interstate Commerce Comission）行使之；是爲中央政府節制路務之濫觴。一九二〇年運輸法出，而中央之監督更嚴，非特建築新路須得中央商務委員之批准，即廢棄舊路亦然，而最重要者，即該法採用『鐵路合併』政策是也。

合併運動爲鐵路進化之必經過程，已如上述。美國自有鐵路以來，此種運動早已開始，第訂諸法規，採爲政策，則運輸法以前從未之見耳。自 Albany 至紐約城之許多鐵路公司，于一八五三年間統一，一八六九年復與 Hudson River 公司合併，加以自 Buffalo 至紐約諸路之租借 (Lease) 而 New York Central 鐵路公司之基礎得以確立。一八四六年 Pennsylvania 鐵路公司開始建築自 Harrisburg 至 Pittsburg 之路線，以後逐漸吸收六百餘公司而成今日龐大之組織。其他美國鐵路公司如 The Southern, The st. Paul, The Southern Pacific 等，其膨漲莫不由于建築新路及兼併他路。蓋一切營業組織，莫不有同樣之變遷，非特鐵路然也。

一八九〇年反托辣斯法 (Anti-Trust Sherman Act) 在國會通過後，大理院數以此應用于鐵路案件。一九一四年復通過 Clayton 法以資補充，其中第七節明令禁止鐵路公司購買他公司之股票。鐵路合併以此停頓者有年。歐戰時政府管理鐵路，雖以戰事緊急，未能改進路務。然鐵路合併之利，如人材及設備之互相通融，與夫調遣車輛之便捷等等，始得益顯。戰後政府謀恢復民營而患無節制之方。種種問題，如弱小鐵路之救濟，及運費率之限制與劃一，均有賴于合併。於是運輸法應運而生。此後美國鐵路始得在政府監督之下，進行合併，而不受反托辣斯法之限制。蓋反托辣法所以防止資本家壟斷之罪惡而運輸法之目的，在利用大組織，造成有統系之運輸制度，前者消極而後者積極。此種變遷實佔美國鐵路史中最重要之一頁。

運輸法第五章第四節中有云：

『中央商務委員會須于最短期內，擬定全國鐵路制度計劃，將全國併成有數之大組織。惟此種合併，在可能範圍之內，須不妨礙現有競爭及已成運輸途徑。(Existing routes of trade & Commerce) 在上述情況之下，應使各大組織，根據所有財產，得相等之運輸價值 (Cost of Transportation) 以便互相競爭，而獲同樣之利益 (Same rate of return)』

中央商務委員會根據以上規定，採用哈佛大學 Ripley 教授之報告稍加修加，成爲『試驗計劃』(Tentative Plan) 該計劃，將全國鐵路併成十九制度) 當時曾廣徵各界意見，然以利害之紛歧，終無具體結果。且運輸法中既有『根據所有財產』一語，則籌劃正式計劃，須先估計各路財產。夫以美國鐵路之複雜，估計自非易事，此正式合併計劃之所以至今未曾成功，而亦爲當初立法者所不及料者也。

運輸法第五章第二節規定鐵路合併之意義，限於管理權及所有權之統一。以是中央商務委員會雖未能進行正式合併，然對於各路呈請租借他路，或購買他公司股票等案件，得加以可否。按諸實際，公司間之相互關係，卽爲合併之初步，而長期租借與完全合併，更相差無幾。是則中央商務委員會實有控制各路合併之權，惟以乏正式計劃，故不能命各路合併，委員會之所能爲者，僅在批准或否決各路自動進行之合併而已。運輸法之公佈，於茲十年，委員會對於各路合併之措置，究以何物爲標準，而於運輸法之原理，有否出入，此爲吾人所急欲知者，爰一一論列如下：

（一）救濟弱路問題

規定運費爲政府監督鐵路之樞紐，第各路强弱懸殊，同一運率，强者以此得過量剩餘，而在弱者不足以維現狀。試一稽一九一九至一九二〇年之輿論，則知救濟弱路爲當時鼓吹合併者之最大希望。然則此希望果已貫澈否耶？

十年以來弱路復興者，已屬不少。新英倫(New England)一帶，Boston & Maine New York New Haven & Hartford 及 Maine Central 在昔稱爲弱路者，其服務之佳，已爲運輸界所稱許。幹路區域中(Trunk Line Territory)之 Erie Wabash 及 New York Chicago & St. Louis 亦年有盈餘。東南方面 The Southern Rrd 及 Seaboard Line 營業蒸蒸日上，大非昔比。西南方面之 St. Louis & San Francisco, The Chicago,

Rock Island & Pacific 及 The New Orleans 等歐戰後曾瀕破產，今則已發紅利，Chicago Milwaukee 爲西北方面之弱路，改組以後，亦漸趨繁榮。

中央商務委員會對於救濟弱路，向少明顯之表示。一九二六年，於 Nickel Plate 合併案件中，始主張包含弱小鐵路。同年 New York Central 鐵路公司，呈一合併計劃，委員會亦以此爲條件。自此而後，鐵路合併之牽涉弱路問題，幾不可復得。最奇特者，各路籌劃合併無不竭力避去弱路。Nickel Plate 之合併計劃分割爲二段，取其營業繁盛之段，而以其餘仍爲獨立公司。此點雖經中央委員會所批駁，然美國鐵路公司重利之心，亦可見已。總之，戰後弱小鐵路之不振，半由於全經濟狀況之暫落，而其重要原因，在於管理不良。其眞陷絕境而不克復振者，實居少數。是以謂救濟弱路爲鐵路合併之附帶作用則可，然鐵路合併之真價值，並不止此。

(二)試驗計劃 (Tentative Plan)

考中央商務委員會之判決合併案件與該計劃脗合者有之，然大多數均不以該計劃爲根據。

(三)管理上之經濟

中央商務委員會常以管理之經濟，如減少簿記手續，避免職員及設備上之重複等等爲理由，批准合併案件。然合併之毫無經濟價值，而仍蒙委員會批准者，不勝枚舉。一專載烟煤之 Che sapeake & Ohio 鐵路，得控制一重要幹路。Delaware & Hudson 鐵路局處 Pennsylvania 省東邊及紐約省之一部，規模狹小，其唯一運輸品爲無烟煤，乃該路竟租借與該路不相連屬之 Buffalo Rochester & Pittsburgh 鐵路。其他如 Illinois Central 之租借 Alabama & Vicksburg 及 The Vicksburg Shreveport & Pacific 等案件，亦殊無經濟可言。蓋各路之自動合併，其動機在於擴大營業。而委員會之批准，亦只得偏重於消極方面之限制如不妨礙競爭及已成運輸路徑，容於下段詳述之。

（四）保存現有競爭及已成運輸途徑

中央委員會之批准 South western Lines 合併，曾宣言該大組織成後，其與他路之競爭，足以補償未合併前各小路間之競爭。Reading Rrd Co 之於 The Lehigh & New England 鐵路 Norfolk and Western 之於 The Virginian 鐵路，中央皆希望有控制之權。而其請求均不爲中央商務委員會所許，謂合併結果足以減少競爭，而破壞運輸途徑。其他諸案件中委員會之申述以上二點，不一而足。吾人試一尋繹運輸法第五章第二節之意義（見本文第三頁）則知立法者之願意在於造成有統系之運輸制度，而不妨碍競爭及已成運輸途徑，僅爲附帶條件。今中央商務委員會重視此二點，以爲判決合併之根據，無毋奈捨本逐末。蓋各路之請求合併，莫不以己路之利益爲前提，以致委員會不得不棄就事實，而運輸法之真義，以此而不彰。依運輸法之規定，委員會之牽制頗多，上文已有論列。是則運輸法之本身，其亦有缺憾之處歟？

夫十年來美國之鐵路合併，既出於各路之自動，則其企圖合併之動機，及美國鐵路競爭之情形，殊有詳細分析之必要。

鐵路運輸距離愈長，噸數愈多，則獲利愈豐，是以美國鐵路之所冀希者，卽在自己路線上得最遠之運輸距離。然美國鐵路之能橫貫生產及消費區域者並不多。Missouri Pacific The Missouri-Kansas-Texas 及 The St Louis and San Francisco 均止於密西西比河。The Southern Pacific 止于 New Orleans 城。東南區之鐵路不能過 Potomac 河。新英倫 (New England) 之鐵路，更屬孤立，沿途旣乏煤礦，而新英倫製造品之達到消費地點，又須假手於他路。此種鐵路欲維持營業，勢不得不與他路交換，而交換地點之決定，卽以長距離運輸之原則爲轉移。譬如 Boston and Maine 鐵路欲運輸貨物至 Pennsylvania 鐵路區域，以在 Harlrem River 轉與 New Haven 鐵路爲最便捷。然 Boston and Maine 甯捨此捷徑，而在 Mechanicvlle 與 Delaware & Hudson 鐵路交換者，無非欲得長距離運輸焉耳。

鐵路之包含生產及銷費地點者，如 Chicago Burlington and Quincy, Atchison, Topeka and Santa Fe, New York Central Pennsylvania 及 Illinois Central 皆能在自己路線上得長距離運輸。惟以鐵路運輸之性質而言，各公司間息息相關，是以與他路交換

營業,即在自給之路,仍不失其重要地位。以Chicago Burlington and Quincy鐵路而論,該路區域內產生大量之麥穀及牲口。路線所能到之大城有支加哥及 Missisipi 及 Illinois 一帶之城市,復有支線至 Illinois 省取得燃料,以供鐵路之用,該路處此種情況之下,其與他路交換營業,仍在全部營業百分之十以上,其他營業較少之鐵路,其有賴於交換,更無論矣。最近中央商務委員會發現諸大公司如Erie New York Central Lehigh Valley, Central Rrd New Jersey, Delaware Lackwanna and Western之運輸麵粉,皆有一定運輸地點,以獲得長距離運輸。Santa Fe之運貨於北方,在Kansas City 交換者多,而在St Louis 者少。約言之,交換之關係於營業者綦深,而若何換交則以能否得長距離運輸而定。

長距離運輸之重要,既如上述。然鐵路公司以情勢所迫,有時不得不犧牲長距離者,亦不乏其例。自支加哥至Buffalo之貨物,New York Central 本可完全包辦。然該公司運至 Toledo 後,即轉與Wheeling & Lake Erie 公司,運至Cleveland;然後再由New York Central運至目的地。New York Central 之所以如此者,非以短距離之較為經濟,徒以該公司方與 New York, Chicago & St Louis及Baltimore and Ohio二公司,競爭營業,若不與 Wheeling & Lake Erie 以特惠,恐將轉而二公司交換,是以美國鐵路之所爭者為長距離運輸,若無其他利害關係,決不肯輕於放棄,明乎此則於美國鐵路之競爭情形,思過半矣,鐵路之接近工廠者，非特營業發達，且得操縱他路。以工廠所需要之工業軌道（Industrial Tracks）及車輛等均須仰給於鐵路，鐵路公司所選擇之路徑與交換地點，若無特殊情形，工廠方面鮮有異議。鐵路公司之擁有碼頭及大貨站（Terminals）者，亦無不如此。Cleveland 城之運廠其位置在 New York Central 區域內者，決無與 Wheeling & Lake Erie 鐵路接觸之可能。反之在 Wheeling & Lake Erie 區域之工廠，亦不能由 New York Central 工輸貨物。The Southern 及 Missouri-Kansas-Texas 二路均經產果及其他農作物區域，而直達 Houston 城者也。然該城之工業軌道在前者掌握之中，而後者有向隅之歎。Ohio 省 Huron 城之碼頭為 Wheeling & Lake Erie 鐵路所專有，New Yovk Central 欲染指而不得。在 Loraine 城之碼頭為 Baltimore & Ohio 鐵路之專有品，而 Wheeling & Lake Erie 則在被屏之列。在 Canton 之碼頭，又為 Wheeling & Lake Erie 所獨占，而 Baltmore & Ohio 不得過問焉。New York central 及 Baltimore & Ohio 等諸幹路，逐鹿於 Central Railroad of New Jersey 鐵路之兼併者有年。以該路近水沿途足以位置貨站故也。然則貨站碼頭以及工業軌道，乃營業之來源，挾制他路之利器，而為各鐵路所必爭者也。鐵路之經東南產棉區域，而入 Houston 城者，凡十有一條，而 Port Arthur 則僅有 Kansas Citsy Southern 鐵路，該路經過區域，產棉又少。於是 Houston 城應接不暇，而 Port Arthur 則有衰落之勢。夫

Port Arthur之港位，不亞於 Houston 在理宜平均分配，則前者不至於過擠，而後者庶可復振。然美國鐵路之目的，在長距離運輸，在多得利益，其他非所計也。

以上所言各鐵路，能自己區域內得大量之運輸品者，美人稱爲『起點鐵路』(Originating Railroad）鐵路區域內運輸品不多，而其任務專在連接其他二路者，謂之『過渡鐵路。』Bridge Routes）如 West Virginia之煙煤，未至新英倫諸路 (Railroads in New England) 前，須先經 Lehigh & New England 及 Lehigh & Hudson二路，此二路卽『過渡鐵路是也。Lehigh & New England 爲 Pennsylvania 及 Philadelphia & Reading 二公司入新英倫之捷徑，然二公司，以長距離運輸故，甯捨此而與迂迴之 Lehigh & Hudson 鐵路交換。Illinois Central 購買 Vicksburg 途徑，而 St Louis Southwestern 鐵路之營業，大受打擊。蓋『過渡鐵路』之受制於『起點鐵路』，其例甚多，不勝枚舉。美國鐵路所恃以互相控制者，當以『連合運費』率爲一最大關鍵。『連合運費率』(Through Rate) 較『每鐵路公司之本路運費率 (Local Rate) 爲廉。鐵路公司願與他路合作時，卽可訂『連合運費率』，否則卽設法取銷之。美人有所謂通行及不通行路徑者，卽有否『連合運費率』之謂。以連合率一取銷，原有運輸途徑，卽等閉塞故也。Virginian 鐵路，與 Norfolk & Western 及 Chesapeake & Ohio 二路訂有相同之『連合運費率』，此連合率非得中央商務委員會之允許，不易更動。惟

Virginian 鐵路欲與前者交換，俾得長距離之運輸。于是該公司卽宣佈一特殊辦法。凡貨物之由前一途徑者，主顧得在中途更改最後目的地。而後一途徑則否。此種辦法(Privilege of Reo-nsignment) 除『連合運率』外，亦係控制他路之妙訣。

綜上以觀，則美國鐵路間之關係，如各路間之互惠，生產地點之獨占，『起點鐵路』之操縱與夫『過渡鐵路』之被制等等，皆爲鐵路自動合併之動機，而其總因則在企圖公司利益而已。請再舉一明顯之例以證此說。Great Northern 鐵路及 Northern Pacific 鐵路皆欲兼併 Chicago Burlington, & Quincy公司，而不欲Chicago, MilwauKee & St Paul 公司，何者？前者營業興旺，而後者則否也。最可嗤者，Great Northern 之專家，證明Northern Pacific若與St Paul 合併，可節省五百萬美金。而 Northern Pacific 之宣言，則謂 Great Northern 與St Paul 之合併，最爲經濟。按諸實際：St Paul 鐵路，無論與何路合併，皆屬經濟，然而二路不欲者，蓋二路之所注意者爲營業及收入之增加。(Increased Gross)而非運輸價值(Transprton Cost) 之減低也。夫美國鐵路自動合併之動機，旣在於營利，乃中央商務委員會欲用之，以造成有統系之運輸制度，其阻礙之多，自無足怪也。

『競爭是以促進事業，』爲美人之傳統思想，一八八七年之『節制各省間商務法，』亦以鐵路爲競爭事業。一九二〇年之運輸法，採用合併政策，殊爲創舉。惟仍諄諄于競爭及已有運輸途徑之保存。夫既有統系井然之大組織，復有政府之督促，則更何用乎競爭。鐵路最適當之位置，爲經當重要地點，最平坦最簡捷之路徑。同時復須避免運輸過擠之區域。一言以蔽之，適合商業地理而已。已有運輸途徑，爲競爭之結晶，其牽强而不合經濟者，在在多有。使鐵路合併，足以造成較佳之新途徑，則復何礙于已成運輸途徑，此亦運輸法自相矛盾之點歟？中央商務委員會對于合併案件雖能因地制宜，然以權限不足，未能發揚運輸法規定鐵路合併之原意。故美國鐵路合併政策，謂之失敗，亦不爲過。

然平心而論，運輸法之成效，與夫中央商務委員會監督鐵路之勞績，亦有稱述之價值。即如節制鐵路公司建築新路一端，如美國能早行此法，則節省耗費，更不可勝計；又如規定運費率；及劃一簿記方式及各路報告，俾得造成統計，使各路情形，瞭如指掌。此種工作，均他日改良路務之基礎也。作者之所以爲美國鐵路惜者，爲以鐵路之盛，而不免于無謂之耗費耳。

美國鐵路公司，管理上之特點有五：

一、各公司有具體營業政策。

二、簿記制度之統一。

三、有確實之統計，以覘鐵路營業狀況及各段之成績。

四、設備之標準化。

五、儘量應用新式工程方法，如電力火車，及新式信號制度等。

觀以上諸點，則美國鐵路效率之高，不爲無因。是以美國鐵路以單一公司而論，則管理至爲得法，惟以全國而論，則耗費多而不經濟。美國人民狃于鐵路公司服務之佳，對于耗費，毫不介意。總之美國鐵路制度正在蛻變之過程中。美國政府在 Alaska 採用鐵路國營政策，其亦有鑒於私有鐵路之弊歟？

我國經濟竭蹶，有過于澳州，及加拿大，鐵路國營，自爲最宜。民資雖當利用，以求速成，惟政府對于私有公司，須有適當之指導與監督。

總理在實業計畫中有言：

『於詳議國家經營事業開發計劃之先，有四原則必當存據。

一、必選最有利之途，以吸外資。

二、必應國民之所最需要。

三、必期抵抗之至少。

四、必擇地位之適宜。』

『中國如一後至之人，可依西方已闢之途徑而行。』……

作者書此篇竟，益信　總理所詔示於吾人者爲不謬，而以中國鐵路事業有國家化，民生化及科學化之必要。國家化者何？統盤籌劃造成有統系之鐵路制度，開發全國富源，以與外邦競爭是也。民生化者何？　總理所謂『節制資本』與『必應國民之所最需要』是。科學化者何？採築新路必擇地位之適宜，養舊路則採用科學管理（Scientific Management）劃一設備標準與改良設備是也。

中華民國十九年雙十節於美國麻省劍橋

枕木折舊費之討論

楊城

（一）折舊之意義及方法

折舊云者。卽路產價值。因時遞減之謂。亦卽無形之費用。其原因甚多。概言之略有三端：一爲尋常磨擦之耗損。此項尚屬明顯。每於營業支出項下。直接開支。於每年淨贏。無甚影響。二爲普通腐蝕之耗損。此以歷時之久暫爲衡。而非可以尋常修理補救者。三爲舊不適用之耗損。近世科學日進。製造機器。日新月異。爲營業計。不得不易新機。則所棄舊機。亦卽消耗之一種。故凡建一鉄路。其成立之日。卽耗損發生之日。無論機車運車。房屋機械。軌枕橋梁。或因磨擦。或因腐蝕。日就破壞。卽勤加修理。運用適當。雖能稍增其年壽。而年代過久。終有廢棄之一日。質言之。除地產外。凡鉄路產業。必皆受此銷蝕之影響。卽以機車而論。其耗損實與燃煤相等。惟時間有差別耳。煤炭以噸計。每行車一次。旣知用煤若干。逐日登記。尚屬易事。而機車則以輛計。耗損不限於一次。或數次。如一車可用至廿五年之久。卽可經二十五年之耗損。煤炭與機車之用盡。雖有暫久之別。其同歸於盡則一。故機車原價二十五分之一。卽每年機車耗損之數。應與所用煤炭同列每年營業支出項下。使營業收入分年担任其分內之耗損。及至二十五年後。機車敝壞之時。已積有購買新車之資。如支出項下。不列此項耗損。則所列之支出。自必大少。所報之淨利。又必太多。且機車原價。卽鉄路原有資本之一部分。今此資本之一部分消滅於無形。又無新資產爲之彌補。此不啻誤算資本爲營業贏餘。僅就一機車而論，其數目甚微。若以所有機車運車。橋梁軌枕。房屋等等合併計算。則每年誤算資本爲贏餘之數。必至巨萬。今如開始營業十年或二十年中。每年不顧修理與耗損費。而誤將資本移作淨利。則表面之營業。似甚發達。當事者或膺上賞。數年後。一旦路產敝壞。修理改建。動需巨款。則不致破產。亦將大受恐慌。此皆不適當會計所致。故鉄路會計。爲防患未然起見。不得不設折舊支出之賬也。

鉄路會計中。所謂之折舊費。係指一宗款項。專貯爲購買因折舊而廢棄同樣之鉄路財產。當記載此賬之貸借二方時。不必實以現金轉運。只須將營業用款項下借方。列入此賬。而同時於資本賬貸方。將此數列銷。或另開一筆新負償賬。以爲抵銷。故現金可不必顧及。至於記賬時。是否須要現金。則要乎會計處所用之賬目。是否爲「折舊準備」抑爲「折舊現金」賬。

折舊準備賬。並非現款。抑非資產。不過平準表中借方之一項。僅表示某年某月中。應行列入借方支出之數。此純屬會計問題。至應列貸方之數。若何準備以抵消此項支出之數。應俟政府另爲規定。折舊一項。既非現款。自無貯庫之必要。若存儲銀行。所得利息較低。（低於鐵路添借新資本所出利息）自亦不必定須存儲。普通辦法。每以折舊之數。暫時移作該路增建改良之用。以添置新產之時爲限。此不過使政府暫免借款之勞。卽以折舊之數。借作增建改良之用。至舊產敗敝須置新產抵補之時。仍應設法籌還。以清界限。

再計算折舊之方法。頗費討論。當商人舉行存貨檢查時。其減低存貨價值之法。完全以個人之判斷爲準繩。故其所定存貨之價值。只值其腦海中。欲將此種貨物拍賣。或清理店帳。及欲將此種存貨原價。再行減低時之價值。職此之故。一般會計員。以爲折舊費。即等於財產。或貨物拍賣時之價值。比原來資本短少之數。此種辦法。可使第一年內之營業用款開支頗大。而以後各年度上開支無一定額可循。至於鐵路方面。雖其財產永不變賣。以上方法不能適用。但折舊之原理。頗資援引。不過計算法。則因機器或其他路產。年愈久。耗損日甚。將折舊費之數。每年逐漸增多。適與上法相反耳。換言之。即當修理費少時。折舊費亦少。修理費多時。折舊費亦多。計算時之公式。最好用『以財產原價爲基數一定之比列法』(a fixed percentage upon the original cost of the property which is the subject of the charge) 以免鐵路職員因每年所除去之折舊費，無一定之標準，因而侵吞公款也。

(二)國有路產折舊之現狀

折舊一項，除地產外，舉凡鐵路產業，均應設立。茲查我國鐵路會計，所定營業用款分類則例中，折舊一項，僅以車輛爲限，不免流漏。此項折舊費記賬之通則有三，即：

(甲)凡營業用款項下所出折舊之數，應由另賬收入，此賬名爲折舊準備賬。倘此項準備之現金。分別提出另行保管，則此項現金，應列入折舊現款賬。

（乙）凡車輛廢退無用時，其原來價值，應由資本賬第十五項「車輛」收入，一面將該車輛所賸殘之價值除去外，其所餘之數，卽由折舊準備目下出賬。其殘廢之價值，當歸材料賬，或他項相當之懸記賬，暫時登記，以俟清結現金或他種結束辦法。至於購買新車補充舊數時，此項新車價值，由資本賬第十五項「車輛」支出。倘廢退車輛之原來價值，與新購車輛之價值，有何差異，毋論昂賤，其差異之數，卽歸擴充或改良項下計算。

（丙）如鐵路建築賬業經結束以後，則折舊之數，卽由盈虧賬支出，以免重開建築賬。倘鐵路已有普通準備，則此款應歸該賬列銷，一面撥歸折舊舊準備賬收入。

除以上三項通則外，尚有計算方面，可得而言者於次：

各機車應每月按照原值二十五分之一之十二分之一，作爲折舊，列入此節（第二節用—4-2-2）「折舊」支銷。凡折舊準備金，未超過車輛之資本原值百分之二十以前，每年折舊定率，應爲百分之四。若準備金已超過車輛之成本原價百分之二十，而未超過百分之三十者，則其定率，應爲百分之三。若準備金超過百分之三十，而未超過百分之四十者，則其定率，應爲百分之二。若準備金已超過車輛之資本原價百分之四十者，則其定率，當減至百分之一，其每年核定之率，當以全年度計算。又此種折舊準備金，應自機車始用之月起，至廢退之月止，凡機車廢退時，應將原來價值，與殘廢價值相差之數，由折舊準備金列銷。倘路線尙在建築時代，則此項折舊，應自營業賬開始之日起，卽行計算，至機車廢退之日爲止。俾資本賬之收入，得以輕減。

以上計算方法，均適用於客車貨車自動車，及業務設備，至於枕木一項之折舊，尙付闕如。

(十一)枕木折舊之需要及方法

査國有鐵路營業用款分類則例中，將抽換枕木費列入第五項工務維持費內，其說明如次；

用—五—五—二—軌枕凡幹線支線岔道，橋梁隧道，小件，工廠，站場船塢，橋樁等之軌枕，及橋枕枕木飾新費均列入此節，（特別道叉枕木不在此列）並包括査察費及維持在內。

用—五—五—二—一—原位凡上項送交本路之軌枕，祗將原價列入此條。

用—五—五—二—二—運費凡軌枕在本路裝運所需一切運費應列入此條。

由以上三條之說明觀之，是枕木之維持費及飾新費（renewing）均直接在每年營業用款內開支，而無折舊費，其惡果可得而言於後：

（一）枕木歷經雨雪自蝕及磨擦等之侵蝕後，必廢棄無用，應更換新者以代之，此項飾新費，約估每年工務維持費四分之一，其數非同小可。若鐵路管理局一時經濟困難，不按時抽換，必致路基日壞，危險日增。是會計制度預藏一種特別費保全路產之價值及效用，而坐視路局損失之一大缺點也。

(二)當新路開始營業後之數年中，枕木固無須抽換，此數年中營業用款項下，亦無此項開支，於是鐵路贏利，大有可觀。其實此種贏利，乃資本之變相，非真贏餘也。

(三)枕木既無折舊費之準備，則應當抽換因缺款不能抽換時，鐵路當局，爲維持營業起見，必從事借款以達目的，同時并將此項借款，列入資本賬內。此種會計，實浮記資本賬。(overstate the lapitel) 其結果將有不堪聞問者矣。

(四)枕木飾新費，如列入每年營業用款賬內。若路產係屬於股份有限公司時，則鐵路股票之價值，必操縱於鐵路員司之手。何則？蓋當枕木抽換之一年份，其營業開支必大，股票紅利，非但停付，甚且舉債以達目的。於是股票價格，必日漸低落，鐵路員司，遂大批買進。及至債務償清，枕木無需抽換時，則鐵路贏餘，又年復一年，逐漸增多，股票價格，又蒸蒸日上。鐵路員司，又大批賣出，以獲巨利。如斯會計，適足以使鐵路破產，投資者裹足。

由是以觀，鐵路會計，不可不設枕木折舊之一項。

我國鐵路會計，因缺乏此種枕木折舊費，致枕木腐蝕不堪者，仍橫於路基之上，無力以抽換。運輸能力日漸衰頽，不其然乎？此本文之所以將此項問題提出討論，而主張枕木須有折舊之辦法也。

枕木須有折舊之準備，理論上既已成立，其計算該項費用之方法，不可不討論。按計算折舊費之方法頗多，在目前未有適當之方法以前，不如暫用(st. line method)折舊之方法。蓋此種方法既然簡單，而又有一定之標準可循。

中國之經濟發展與交通原則

皮格耳講
朱維綜譯

國家之文化及經濟地位，與交通發達情形，有密切關係。交通發達與否，實爲國家經濟興衰所在，蓋經濟需用交通以資調劑，故經濟之意義爲交通。交通愈發達，經濟亦愈發達。故中國將來經濟如何發展，當與其交通發達情形爲正比例。

交通道路分爲天然及人造兩種。人造交通道路係由人類智能所創造，或係天然生就而由人類所利用者。

宇宙間可以供給人類用於交通者，爲(一)水(二)陸地(三)空氣(四)依太 Ether。

交通道路，或係天然生成，或由人類創造者，可分爲(A)道路電車路(B)鐵路(C)汽車路(D)水道(E)航空線及航空場。

水道爲一種極便利之交通路，但其用途祇能限於不急之輸運，或不能利用陸地之交通，如航海等然。

陸地爲交通之基礎，因人類居住於斯，且經濟之大部份，亦在陸地上也。

空氣之供交通用者，除航空以外，尚有不少其他特種設備之交通用途。

宇宙之組織，一部份可以促進而另一部份足以阻礙交通之發展。能促進交通之發展者，如礦產之豐富，水陸之便利，氣候地勢之適宜，而此項促進交通發展之組織，中國實佔有優越地位。且中國人對於天然便利，能竭其全力而利用之，對於各種阻礙交通之物，能設法解決之，如直達西藏之貿易路，工程艱難之梅嶺關，國內交通道路之築造，此外如大運河以及在江蘇浙江爲尤著之小河流等工程，足見數千年來努力於交通建設。當時困難情形，吾人可以想見者，以區域如是廣大之國家，處朝代更易政治各別之下，而有如此驚人成績，較之歐美各國因科學進步工業發達，交通得賴以進展者，其難易不可同日語也。

宇宙之組織足以阻礙交通發展者，爲高大山脈，冰凍地及沙漠等，在中國方面，除國境處不免稍有阻礙交通之天然組織外，餘不多見。但以目前之科學視之，此項不利於交通之地勢，已不難解決。若以雲南及新疆論，彼處足以阻碍交通者甚多，但若欲築一鐵路，自雲南省城起沿驛路經大理騰越至 Bhamo 而與印度之鐵路網連接；或自新疆至俄屬土耳其斯坦之鐵路線，在今日已爲不難實現之事矣。

交通上之地理與交通設備及其發展，極有關係，交通上之地理與普通地理稍有不同，大概可分爲三大類如左。

(一)交通面積，(二)交通線，(三)交通點。

茲先述交通面積之要素。按交通面積爲接受各交通線之面積，其要素爲(A)面積(B)地位及其環境(C)地勢。

面積愈大，交通之機會愈多。面積最大者爲海洋，而中國海岸線約長六千公里，故中國交通有無窮發展希望。但在目前世界經濟狀況之下，國家發展交通，除對於本國便利外，尤須顧及鄰國交通情形。中國地域廣大，佔亞洲東部之大部份，但考其國內現有之交通道路，鮮有與鄰國發生關係者。在東部爲海洋，西部各地則交通之連接甚少，或竟未有，但最近之將來，連接英屬印度及俄屬中央亞細亞等處之交通，將爲唯一要圖，其影響，當使英俄交通政策因中國在彼處之發展，而不得不就我範圍。至於交通面積之發展與地勢極有關係。大凡地勢低平之處，居民必多，經濟是易發展，而中國地勢低平之面積甚廣，故發展交通，實屬輕而易舉。

至於中國交通線之可以發展者，大概可分爲(A)海岸(B)河流(C)山脈(D)山谷(E)鑛產區域(F)邊境。交通綫亦可稱之爲交通帶，以其在範圍以內，可以開發交通道路也。中國沿海之區長六千公里，其地勢可以開闢港口以連接航海及陸地交通，而能成爲交通中心點者，實屬不少。港口設立愈多，則水陸之交通愈便，故中山先生所著實業計畫中，亦有開闢東方南方及北方世界大港之詳細計畫。河流爲交通綫之一，其流入海洋者，吾人可稱爲海洋流；入內地之一種支綫，故兩岸之地爲雙倍之海岸綫。世界大河流之一，長六千公里之揚子江，實爲一種天然極便利之交通綫，中國若能永久和平而開發之，使成爲最相宜之交通線，並利用水流製造動力，則不久世人目光將從 Missouri, Ohio 及 Mississippi 而研究揚子江幾百萬匹馬力問題矣。

河流雖爲極便利之交通道，但其與中不足之處，卽爲沿河兩岸被其阻隔，在阻隔力最小卽河流最狹處，吾人應設法，用橋樑或其他類似之物，使兩岸交通得以連接。茲以揚子江論，來自北方之津浦鐵路，至浦口爲止，不能直接通達南方。但浦口及南京間之江面，爲最狹處之一，吾人欲使兩岸直接交通，方法有數點。如築一隧道，建一橋樑，或造一輪渡，其中以隧道之建築費用爲最鉅，且因江底深度關係，火車駛入隧道之處，遠在河岸之外，故爲一大缺點。輪渡之缺點，卽不能供應繁盛之交通，似亦不宜採取。是以連接兩岸最相宜之方法，爲造一不妨礙輪船行駛之大橋。其費用當然不小，但築造橋梁，同時尚可便利普通車輛及行人之交通，故不無相當收入也。

人造運河與大流河流相交叉者，爲連絡交通之一種道路。以余個人觀察，往昔中國人以人工運河爲交通之主者，以後當失其要重地位，而僅足以供應一區域內之交通，蓋其效用所得，不能補償保養費用也。

利用河流，應調查可以通行船隻之水路若干。若分別解說之，卽(一)航海船隻可行駛若干水程，(二)內河航船可行駛若干水程，(四)普通小船可行駛若干水程。

山地之交通，當然比平原之交通爲困難，而自平原至山地交通之連接，因地勢自下而上，亦不容易。故欲築造交通路，須從阻礙情形比較最少，工程比較最容易之處着手。大概穿過山地之交通路，多取道谿徑，如梅嶺關等山地形勢，其坡斜度大小各別，交通道應沿坡斜度最小處橫行前進。至於山脈地之交通中心點，在交通上必須佔有重要地位，而將來各種設備，有擴充發展之可能。行駛於山地之車輛，對於使用特種機車，減少載重，列車前後之加一機車以助前進，車輛長度之減短，行車速度之減低，以及車站之特別建築與設備等等，均爲重要問題。普通道路之行經山地者，對於牲口負重能力，車輛汽車等之通行，亦當加以考慮是以山地交通中心點須有適合交通條件之地勢與設備。此項山地交通中心點，與港口之地位，頗相類似，所不同者，港口在交通面積之一邊或一邊之一角，而山地交通中心點則在交通面積上最適宜之處。

山谷在交通上頗佔重要地位，普通道路，可沿山谷而前進。山谷形勢，有縱形橫形之別，縱形山谷普通有不利於交通，而橫行山谷，則多利用之處。至於山谷間船隻之能否通行，築造鐵路時採用普通鐵路，山坡鐵路抑或山地鐵路，當視山谷間水流情形而定。

此外對於經濟之發展，認爲與交通有關係者，如植物，動物，田產物及礦產豐富之區，亦應築造交通綫以資連絡。

邊界交通綫亦甚重要，邊界之意義，不僅指國界或政治界限而言，凡通至高大山脈，大湖，大森林等處至一定目的地而不能再行前進者，謂之邊界綫。

茲述交通點與發展交通之關係。適合於交通點者，即爲城市。因城市居民衆多，需要交通，故應有相當之連接。按城市係一種適合人民居住之天然地勢，其盛衰情形，時有變更之可能，興盛時，居民必日漸增加，或人民衆多後城市必日漸興盛。而對於城市之保衛，商業之發展，工業鑛產之振興，在在與交通有密切關係。

吾人研究城市開發原因，其首要厥爲交通。初時之交通極爲簡單。人類運送物件，互用個人氣力。時日漸久，殊覺用人力運轉貨物，在長距離之路程及重笨之物，極不便利，乃利用牲口以代替一部份之人力，於是貿易用交通道路發源矣。在水路上，人類最初用木材，製成最簡單之交通器具，而船隻發明矣。當時智慧之人，更發明輪盤，製成車輛，並利用牲口之力拉挽。同時因水路交通便利，於是在陸地上築造交通路道，以與水路連接。更爲減少車輪前進之磨擦力起見，將原有簡單道路，鋪設石條，以利行車。而此項石條，實爲現在軌道之原始。自 James watt 首先利用蒸汽，George Stephenson 發明機車後，世界之交通乃得利用鋼軌以運轉矣。至於船隻之進化，自使用櫓槳至今日之蒸汽輪船，在過去百年中，交通之進步，實堪驚人，如郵政，電報，無綫電，潛水艇等，最近更可在空中往來無阻。將來汽車等普遍於全世界後，數千年來爲人類忠心担任交通職務之牛馬駱駝等類，恐不免歸於淘汰矣。

所有種種交通之進化，足供人類研究之資料。而吾人敢說，欲使中國強盛，交通實屬首要。開發中國交通，非僅指中國本部及東三省而言，卽蒙古，新疆，西藏，以及邊境城市等處，均須有相當之連接。卽城市內部之交通及連接外來之交通綫以及將來發展方針，亦須預爲規定一整個之計畫。中國一部份城市，有變成大城市之趨向，故能將交通計畫，預爲規定，將來不難達到目的。玆以南京論，所有外來之交通綫，均不直接穿過南京，但爲將來發展市政起見，應使來自各處之交通綫，直接穿入城內，而與預定之城內交通，互相連接。夫旅客等之往來，自東而西，自南而北，若其所取路徑，能直接經過城市中心點，則城市之經濟狀况可以發展，市民之生活問題，又得一部份之解決也。但其必要條件，仍須有適宜之車站，連接近城各村鎮之交通，與城內便利之交通。

國家交通政策，因環境關係，故有一定之方針。發展交通，往往須依照方針，次第實現，又交通與政治互有關係；因交通及政治與所處地位有密切關係也。國家對於交通，應有相當保護，進而成爲一種政治及軍事上之勢力。

中國之大河流，爲一種天然自海洋深入內地之交通綫。在往昔中國人已知河流重要，故開鑿運河，使河流與各地，發生直接交通關係，並連接南北廣大之區域。至於起自西部，經西南各省，達揚子江，再北向至黃河而達海岸之大山脈，爲發展鐵路交通之一大阻礙。但將來欲發展交通，决不能因此而置之不顧，故須擇阻礙力最小處進行建設。此種山脈地，可以耕種，故亦適合人民居住，倘能設法開墾，將來定能有重要交通點之產生，而工商業亦必隨之俱興矣。若論中國地下之鑛產，亦有亟加開採之必要，而開發鑛產尤賴交通以資運轉。故交通問題，在中國亦爲鑛業發展問題，但欲貫徹此項鑛業交通政策，恐非特一種時間問題，而亦政治與軍事問題也。

交通之任務爲載運旅客，貨物，及消息從甲處而至乙處。貨物輸運，其運價須低廉。旅客及消息之載運，須行駛迅速，時間準確，有秩序，少危險。凡此種種條件，鐵路比船隻奏效較易。築造鐵路之原則，要以最經濟之費用，而能適應環境眞正之需要。在營業時代所最要者，爲養路方法之得宜，如建築物防止危險之設備及車輛等之保養，應使隨時有最高之効用率。年來中國國內因統一而戰爭，在戰事區域以內，各鐵路無法從事修養，以致損失甚鉅。以余個人觀察，欲使中國交通發展，並不在一路或各鐵路之互相合作，應使全國各交通機關，如航業，國道，航空及郵政等與鐵路互相一致合作，或竟屬於同一機關管轄之下，以謀發展。

國家交通，除以發展經濟爲目的外，亦爲一種軍事上之利器。軍事行動所最需要之交通設備，首推鐵路。在對外戰爭時，鐵路之運輸，可以打破一切紀錄，故平日須有充分準備，以免臨時措手不及。在歐戰前，德，奧，匈三國間，對於交通如無嚴密之組織，詳細之計畫，充分之準備，則歐戰發生後，軍運決不能有如是使人滿意之結果。究其準備工作，乃由交通專門人才，及有經驗之軍官，組織一戰事交通機關，詳細規畫，歐戰發生後，就指揮一切鐵路。中國如能如法準備，則將來定可獲効不淺。

郵政一項雖非一種獨立之交通設備，但郵政與鐵路及航業有密切關係，故應屬於交通機關。航空事業，因設備，保養等費用極大，故飛行速度雖高，但恐不能與鐵路競爭營業。航業之取價低廉，但行駛遲慢，且時間不能準確，故亦不一定能與鐵路競爭。

對於鐵路營業有競爭之可能者，將來卽爲汽車，因汽車可以獨立代替鐵路運載旅客與貨物也。吾人應加研究，汽車與鐵路競爭，對於國家經濟，有無妨碍。按鐵路之輸運在目前比汽車爲便宜，但鐵路之資本及保養等費極大，而汽車除車價及少量之油類等外，費用極少。大凡投資於鐵路事業之政府與人民，均希望獲得相當利息，與資本原有之價値，故一旦汽車與鐵路競爭，致使營業衰敗，則投資者將罹重大損失。故從國家經濟方面着想，二者間不應有競爭之事發生。中國將來工商業發達後，築造汽車道路，亦屬勢所必然之事。然吾人究其享用汽車路之利益最多者，當然為置有汽車之人。是以道路建築及保養費用，應由置有汽車之人担任一部份，方為公允。但汽車有大小輕重之別，築路及保養費應如何由政府及人民分任担負，亦為難以公平解決之問題。最好不論大小輕重，征收同一之稅，以省手續。此項辦法，欲施行於全國，中央政府應具有一種權力。

鐵路之運價應有一定方針。大概價值低廉之貨物，尤以人民日用必須之糧食及日用品等類，運價必須低廉。反之，運價不妨提高。但運輸方法之改良及運輸能力之提高，使運價減少，為鐵路運輸上惟一之要責。

行車時刻之準確，為鐵路營業上極關重要之問題。列車在途中，如有與所定時刻不符時，司機者應設法調劑，現歐美各國，對於列車遲慢後，司機者之減縮能力，定有獎勵辦法。至於區間內之鐵路交通，可以採用頗經濟之燃油機自動車。此項自動車，亦可拖帶客貨車輛，而最適宜於區間之用。

大批貨物之輸運，長距離者用遠程貨車，短距離者用近程貨車，而極便利之運貨方法，應悉心研究。將來中國工商業之發展，鑛產之開採，需要輸運大批貨物之交通正多，故事前不得不有詳細之計畫，如運貨車站之分立與廣大之地位，敷能極大之調車場，車輛上裝置自動車軔等類。大凡貨車真正為運貨而開動之時間，一晝夜約祇三小時，其餘二十一小時均廢于裝貨卸貨及調車上，故吾人應設法使此項不能營業生產之時間，盡量減少。目前世界上最新式之調車法，將一列車拖至高處之調車車然後利用車輛本身重量，使逐一自動下行至一定岔道處，將各車分配於各軌道上。此項調車場之設備費用雖大，但成績則極圓滿。

至於調度行車，其設備應完善，管理應科學化，則車輛行駛，始可達其最高效率。

至若鐵路綫之延長，認為不一定必要，而仍需有交通綫以資延長者，可以築造窄距鐵路或汽車路。窄距鐵路之築造，資本小而工程易，而一般工程家以為窄距鐵路效能太小，不甚重視。但據個人經驗所得，倘窄距鐵路築造得宜，車輛適用，管理嚴密，則其效用亦大。在中國方面，將來或亦有需用之必要也。

中國經濟上之發展，將有無窮希望，夫農，工，商，鑛事業之發展，亦即交通事業之發展，而中國地勢之便利既如此，物產之豐富又如彼，開發交通，實屬輕而易舉之事，倘能逐步進行，不難百業俱興。也

大林氏安定銀價策

張迺修譯

本文係英國倫敦市之銀行家米達蘭銀行經理大林氏在倫敦帝國學會之演詞，提倡國際複本位，並痛陳現今商業清淡之原因，及其補救之方法，亦未始非解决世界經濟不景氣之一法也。

譯者附誌

吾人處此世界空前之大恐慌，其補救之方法，惟有舉世共濟，其恐慌之起因雖多，但其主要之原因，乃由於世界上泰半之國家，不能暢銷其製造品，而其他半數之人民雖需要甚殷，而無力購置，其所以如是者，實由於銀幣購買力之減低，同時大量之生金復流入中央銀行充爲準備金幣，因之愈稀。余今日苟無善策以挽此宇宙之大恐慌，當不敢放言於諸君之前。余之所以敢言救濟者，實因世界金銀比價有如此空前之失調，並非自然現象，純係法律之所致，法律既能移掉銀價，當能恢復銀價，於是金銀比價之失調，全係人力之所爲，則補救之方法自易。

最近金價超出銀價六十倍之上，確爲驚世之事，但金銀生產量之比例，仍維持其四五百年之狀況，余在美國，根據一四九三年至現今之統計，金銀生產成本爲一與十四之比。但最近之五年，銀價則自三十二辨士慘跌至十四辨士。金銀生產量之比例並未有若何之漲落，而金銀比價忽逞一與六十之巨變，於是無怪十萬萬之民族受直接猛烈之影響，而其他之十萬萬之民衆，又遭反應之打擊，由此觀之，世界幣制必有根本錯誤在焉。

一八七三年以前之諸世紀金銀比價與其生產量之比例，若合符節，一八七三年以前之二百年，金銀比價亦從未超出一與十四或一與十六之比，斯時除英首先採用金本位外世界各國均採用銀本位或金銀複本位，英國施行金本位亦在一八一六年之後也。

德國於一八七三年利用法國賠款二萬萬磅，亦採用金單本位，貶銀爲副幣，其他各國亦仿效之，一八七四年臘丁同盟諸國乃不得不停止銀幣之自由鑄造，於是數世紀金銀比價平衡之現象，遂因之破壞無餘。未幾，各國極努力於複本位之恢復，卒爲英人所掣肘。一八七八年各國遣派代表舉行國際幣制會議於比京白魯塞爾，但英代表以外交之口吻，堅謂無論他國如何，英國將不願放棄金本位也，於是印度因鑒於銀價跌落不已，乃於一八九三年停止銀幣之自由鑄造，亦宣布採用虛金本位。

最近五載以來，銀價愈見慘落，尤以過去之十二月中爲最，其主要之原因，實由於印度政府努力於更改其虛金本位而建設金塊本位之所由致。爲達到其目的，於是不得不出售其大量生銀，以獲得金準備。

印度政府目前所出售之生銀數量，尚不爲多，據銀市場之推測，將來生銀之傾銷，尤爲可懼。印度政府爲進行其政策，已出售生銀一〇〇、〇〇〇、〇〇〇盎斯，苟欲實踐印度幣制調查委員會（即希爾頓揚委員會）之計劃，則至少尚須出售三○○、○○○、○○○盎斯之生銀，中國乃其惟一之大銷場，此種現象一九二六年印度幣制委員會久已預先料及，故現在仍進行其出售生銀之政策也。

余敢言該委員會之報告，實不合羅輯，蓋所提議之舉動，其獲得之結果，既印度亦正求免之不暇也，據一九二六年六月該委員會報告中對華之言論曰：『印度宣布躉售生銀之政策，足使中國之滙兌立時發生拆卸聯輪機之現象，不久各國對華之貿易亦因之而衰萎。』

再就報告中，對印度之言論曰：「印度之人民，自古以銀為貨幣之本位，儲藏之財寶，對於銀之價值頗為重視，故銀價之跌落，適與其期望相背馳，且斯舉足使貧窮階級受極大之損失，蓋印度人民所儲藏銀質之飾品，將因政府之舉動，喪失其半。」

現今之事實與上述之言論，正相契合，蓋印度婦女之財產，僅以隨帶之飾品——如手鐲腳鐲等為限，故其妝奩與儲蓄亦僅此而已。最近英國發行 One thousand millionth national saving certificate 儲蓄劵此固盡善盡美之計劃，在五年以前，僅值十六辨士，至今日則忽漲值一金磅，但苟跌值八辨士，則英人又將有若何之影響耶？

以上所假設之情形，恰與印度現在之遭遇相似，印度婦女所有祖遺及添置之飾品，在五年前將值數萬萬，至今日已喪失過半。茲姑置事實上之損失於不論，僅就對於印度人民道德上之

影響及英國印度地主之損失，此亦非上策也，

當余抵美時，每談及銀價恢復問題，未有不深咎印度政府之措置者。茲舉參議院外交委員會銀價副委員會主席畢特門之言論以證之，

『印度政府之政策，實剝削印度之國富，摧殘其人民之購買力，同時對於中國，南美洲，墨西哥，及一班銀本位國家亦有莫大不利之影響。致使美國及其他各國之輸出貿易，一蹶不振。』

進而言之，銀價之慘跌，雖可歸咎於印度，但最近安南之減奪銀幣之正值，英法比之削低銀幣成色，亦使生銀增加一三三、〇〇〇、〇〇〇盎斯之供給矣。

五年以前中國之銀元可值英幣二先令，降至今日幾僅值其半，於是中國對英之輸入，必因之而減少，蓋昔日一先令之貨物至今日則須付二先令也。就他方面而言，中國將為世界生產之競爭者，觀中國工人每月之工資，約僅一先令，以如是低賤之勞工，英之Lancashire 豈可與之抗衡也哉。

據抱有遠大眼光觀察者之最近宣言，『中國已漸屆工業化之時代，苟利用其四萬萬生活程度低降之勞工，則將來所製造之出產品，足致歐美勞工之死命，其影響於英之生活程度尤劇。英國不久在實業上將受Greshmans Gaw之排除矣，故亞洲之生活程度因銀價之慘跌而降低以後，歐美較高之生活程度，亦不免波及而亦隨之下降。

余雖未親蒞中國，但對此問題，尚能見其底蘊，苟吾人不及早設法提高亞洲之生活程度，則東方之勢力必將使歐美之生活程度降低。然提高亞洲之生活程度，又莫善於恢復銀價使金銀貨幣成一定之比例。

但如何方能達此目的，尚屬問題，其解決之方法，第一步在乎西方人民改變其視銀爲貨品之觀念。美國總商會會長於最近之紐約時報發表下列之言論：『現在根本之謬誤在於視銀爲貨品，而輕忽其對於數十萬萬人民之重要，殊不知生銀於現今之地位，尚能代表世界上半數人民之財富資產及信用，且銀用爲貨幣之標準已有二百世紀之不幸銀値竟自一、四五美金跌至、三五美金。其足以影響世界之商業，又何足怪哉。

就根本上而論，銀幣在世界上所占之地位，較金幣尤爲重要，蓋實際上金雖充爲貨幣，但仍不流通於市面，歐美各國，多以生金充銀行發行鈔票之準備，而市面之交易多以支票收付。東方熱帶各國則不然，銀元爲市面流通之必須品，其所以如是者，實由於歷史久遠之關係。銀價旣受西歐影響於先，復遭印度之打擊於後，故銀價在道德上與經濟上，均有立時恢復之必要。

至於挽救之方法，余甚望各國能拋棄其視銀爲貨品之觀念，由世界各國之贊同，以固定比例之金銀準備，各國發行國幣兌換券。如是西方之準備庫可以收容大量之生銀，則一部份生銀之去路已告解決，銀價旣可望固定，東方之幣制，亦得漸臻完善。

余因感覺此問題之重要，曾於去歲親赴美國，藉資喚起同情而協力銀價之恢復，在華盛頓時，曾蒙參議院銀價副委員會（Silver-Sub-Committee）之邀請，故余甚渴望該委員會能於報告中提倡國際複本位也。

余今日因在皇家帝國學會演說，故對於英國恢復銀價之舉動，特加注意。吾人曾開會討論或組織專門委員會研究英國金鑛之財富，其結果未有能與之平衡者，可見金鑛之出產，實爲英國惟一國富之淵源。自歐戰以還，英國計出產生金六五〇、〇〇〇、〇〇〇鎊，其他生產每年約六〇、〇〇〇、〇〇〇鎊。但至今日其金磅又將何在？雖不顧需要，而以低賤之定價出售，亦係經由英人之手，何大量之金已流入美之聯邦準備銀行，法之法蘭西銀行，而英國反孜孜於挽回其原有之生金。就理論而言，英人可增加其輸出貿易，以挽救其損失，以金本位之原則，在此種情形之下，其他之各國當在輸入有利之地位，考之事實，適得其反，由此可知金本位制度在學理上之謬誤矣。

苟僅有英國敢出而主張銀價之挽回，則英國將負其全責，而統制全英國土地及地下之生金，除一部分足用以提高物價，盡量用於糾正世界幣制之紛亂，如是旣可恢復低落之銀價，且可以免去生金屯積一國之弊。苟有人以爲此種壟斷，爲事實之不可能，乃不知此種之結果本非壟斷，不過自動之行爲耳。

進行之計劃，茲因時間有限，僅將拙著『統一英帝國之新貨幣雷克斯』(Rex: A New money to Unify the Empire 中之特殊各點，大略述及。

富有金鑛之英國，而在生金未流入世界而操有左右之權時，苟能改其本位，足使生金驟增供給，於是英國所蓄之金，首當用於恢復或擔保銀價，苟此偉大之計劃成功，則金可任其流入世界。

但如何始可使英國所蓄之金，足以擔保銀價，其最有效力之方法，即如銀行之擔保，當擔保人於銀行中存有充分之現金，則此種擔保，堪稱可靠，英國現今可以最低之值格收買生金與生銀，並持充分之生金，以維持所有之生銀，於必要時，亦得增加生金之價格。苟如是利用生金，余敢言當較僅經英人之手，而流入美法中央銀行之準備庫，勝强多矣。若銀價因是恢復，則直接間接均足以增進世界購買之力，此世人所共希望者也。

實行此種計劃所持之工具，即創設帝國銀行 (Super-bank of Empire) 收買政府或銀行所持有發行鈔票權之銀行股票，而以帝國銀行所發行之雷克斯 (Rex) 付償之，雷克斯僅係簿記上之貨幣單位，無需以金銀爲準備，僅由發行銀行於帝國銀行存有相當雷克斯存款，對於流通貨幣亦無須更換，

雷克斯一枚等於一一三公厘之純金或二二六〇公厘之純銀，金銀比價定爲一與二十之

比，如是銀價每標準盎斯雖可漲值四十七辨士，但仍不超出十四與一之生產比例也。

金銀比價所以規定爲一與二十之比者，實因其適等於印度盧比(Rupee)之值。現在每盧比約英幣六分之一辨。苟士欲降低其交換値每盧比約値英幣四分之一辨十，則金銀之比價，將增至一與二十二之比，約等於每標準盎斯値印幣四十三辨士。照以上任何情形之一，印度造幣廠將恢復銀幣之自由鑄造，並可使盧比之實値與面値相符。蓋盧比現今之實値，僅合英幣五辨士，在此種環境之下，印度大量銀質之飾品，亦得恢復其平價，而得如一八九三年以前，可持生銀向造幣廠自由鑄造盧比。此實惟一有效挽救銀價糾正印度幣制之方策，且可以滿足印度婦女之期望，對於印度之政治情形，亦有俾益也。

吾人可就此焦點而論，查收買英國之金股票須二五〇·〇〇〇·〇〇〇雷克斯，印度銀股票須八七·〇〇〇·〇〇〇雷克斯，於是必須有三三七·〇〇〇·〇〇〇雷克斯存於帝國銀行，以代金銀之準備，此數量乃成爲英國貨幣之標準。雷克斯之價値，無論以金或銀鑄成，均須相等，並得於國內任何帝國銀銀之代理處，任意互相兌換。致於對外貿易，或其他交易，亦得特雷克斯向帝國銀行兌換生金銀，以償還其債務，該銀行除在倫敦設立辦事處外，並需在國內及印度之相當地點設立分行，凡英國所開掘之金鑛，照法律之規定，均由該銀行就礦區，或以相當之比例，率自鍊金所購買之。若該銀行提高生金之售價，則購價亦因之而增高，於是英之業金鑛者，必大受其惠。

如是二五〇・〇〇〇・〇〇〇雷克斯之開辦金股票，按照金鑛現在之生產量，每年將有六〇・〇〇〇・〇〇〇雷克斯流入銀行準備庫，爲適應此數量之生金起見，而銀行僅有八七・〇〇〇・〇〇〇雷克斯之生銀，故必收買大量生銀，以達金銀平衡之勢，於是不得預先提高金價以應付之，則全世界當注視此公布之市價，苟金價有漸漲之趨勢，則帝國銀行可自動設法以制止之。

此計劃美國之大銀行家曾有下列之批評『此乃革命化之計劃，苟英國提高其金價，則必拋棄其金本位，而雷克斯亦將貼現爲金圓。』

余答覆曰：『英國本應放棄其金本位，而採用雷克斯或複本位制，至於雷克斯將貼現爲金圓或法郎一說，余對此問題，觀其全局，以爲雷克斯價值甚高，持有理由二端。

(一)雷克斯乃英帝國在生金統制下所採行之新統一貨幣，世界各國必認英爲實踐經濟統一之第一步，如是足使雷克斯增添心理上之價值。

(二)英帝國就地理上，人口上，及經濟財富上之觀察，在地球上實占不重要之地位，苟英帝國提高其金價，則金價必仍維持其原狀。換言之，英帝國與用銀國家之換兌率不變，而對於用金圓或法郎之國家，其匯兌率則隨雷克斯而上下。吾人可進一步觀察其他地大物博而無力採用金本位之國家，若銀價能恢復而固定，必願獨立或連合採用虛金本位，或真金本位，誠是，則此種國家必自動走入雷克斯之一途。故余敢言雷克斯必不至貼現爲金圓與法郎也。由此觀之，金圓與法郎之値，決不致較羈克斯之價值爲高，否則匪特涉及諸關對英之出品貿易，且將影響地球上其他之國家也。此種議論，誠真理也。

若余仍繼續陳述英美貿易間之障碍，似覺離題太遠，就他方面言之，余應抱有此種宣揚宗旨，以期努力提倡英美協作恢復銀價之可能，及陳述其互相之利益，然惟一之阻碍，乃拜金之心理耳。

吾人已承認無論英美之人民，其拜金心理殊難克服，且拜金之心理，實由於自私自利之結晶，回顧已往著名之法令，如德於一八七三年，英於一八七八年，以及最近印度政府之出售生銀之諸議決案，均不顧其惡果之波及於他國也。中國無辜，罹此重厄，貨幣之値，喪失其半，久不恢復，亦非善策，國家與個人相似，亦難自爲生存，苟不明斯理，列强拜金之心理，仍難廢除，吾人將來之痛苦，尤有甚焉。然吾人苟畏此而中止，亦愚夫矣。

爲公理計，爲人道計，爲同情心計，吾人應竭力擁護美國首倡恢復金銀比價之平衡，以鞏固世界經濟組織之基礎，鞏固經濟組織方法雖多，但基礎不穩或不平衡，則將有自覆之虞，願國內有志之士，羣起而共勉之。

爲商務運輸管理而設施之教育

(By prof. G. Lloyd Wilson)

作者曾於一九三〇年十二月十三日之『運輸世界』(Traffic world)內發表一文，論及青年士女爲本身及將來選擇終身職業者，今復論其關於職業之專門教育頗望或能有助服務於運輸管理事業及欲改進其業務，與夫欲有所供獻於其事業者。

當吾人言及專門教育或職業教育時；聽者常以爲卽係指醫生，律師，教士，教師等——蓋此卽常人所稱之專門職業教育也。邇者，凡此所述已視爲日常生活所必須矣。然近人每易捨正事而喜旁務，尤以商業爲然，故有江河日下之概。實則專門教育之訓練，必須有所遵循，由漸而進，是非可以旁務而得者。受專門訓練之人，亦由漸進而造成其專長，受社會公衆之推戴，及道德法典之指示；彼等乃得享有其今日之地位也。

對於訓練初級之醫生，律師，教士在六七十年前尚未有完全之設施。醫藥之學生，則僅爲已行醫者之學徒而已。其所得讀者，不過醫士所存有限之書籍；一切惟聽醫者之驅使，尤需忍耐以助前輩之學徒。及至學得此種手術後，卽掛牌行醫矣。習法律者，則僅爲守門鈴，遞紙張，抄公文，洒掃辦公室；如是而習其法律，得知裝嚴厲的面容以斂款之方法，及其他法律之常識而已。

新事業之組合

因美國商業之發展，於是舊有之學徒制，不足以應付其需用，蓋必須有曾受會計，售貨，購買，廣告，出產，修理，工廠管理及其他之專門學者以應付之。故有會計專家，售貨經理，採購專家，出產經理，及工程司等之需要；而成爲專門組織（Professional groups）中之必須份子焉。

此種組織實爲應一切專門事業之需要者。如欲實業之擴展，改進機會之獲得，及栽培此項專門人才，以求應其需要者；必須提高專門標準，及對於社會公衆之精神與道德。凡此實爲擴展實業所需要者。

三十餘年以前，各商業公司已有簿記員之設，但頗少會計專家。其帳房內安置長而高之帳桌，圍以駝背近視之司事，坐於高凳之上，此種情形歐美各國恆見之。其帳簿或爲單式，或爲複式，由簿記員辛苦經營保管之；且需清潔整齊。其簿記員司之考績，亦即以準確，速度，及清潔三者而分別其優劣。故斯時之簿記員司，捨司其帳簿上之紅黑字而外，他非其所問，亦未嘗顧及之。然良好之帳務，必非如此而已。彼等實應由總清簿而鑑知其雇主之商業情形，而考慮何以需用紅字或黑字，何以此部之營業結果者盈餘，他部則爲虧損。

彼等不僅應研究上列之事項，尤須實行解決之。初時努力調查，以事實解決其疑點；然後實行解決之。彼等須示知其雇主，何以補救其損失而爲盈餘。幷需示知其在某種營業之下，表面雖爲盈利而實則虧損者。簿記員司首司其事，久之經驗既熟，乃亦得離簿紙而爲會計家矣。所謂會計家者，彼等常能於數字以外求知事實，而作巨大之供獻於商業科學，屏棄其埋頭數字之工作而爲判斷事實之主宰矣。

舊式之簿記，亦爲今日之會計專家舍棄矣。

其他專門事業之發展，亦復如是。

運輸管理爲專門事業之一

目前更有商業中之正在發達進展之事業焉。蓋運輸人才，已漸爲商業中之重要職司矣。正如會計專家，工程司，及售貨廣告，採購諸專家同樣之需要。蓋商業已非如昔日之僅爲欺騙狡滑之事業，而爲專門之法則矣。

近者美國諸大商業之首領，頗注意是否需設運輸總管以處理其運輸事項。亦有以爲設運輸總管以後，對於營業費用增加過鉅。然彼等實不知此運輸之事務，實非下級員司所能勝任，而必須有專門學者之指導也。其所費用，亦可因其較有效力及較經濟方法之運輸所得之盈利償付之而有餘也。彼等之輕視運輸總管之需要，亦正如疑會計專家，售貨經理，工程司，採購司事，採購人員及律師等是否能較昔日之一人總管一切而一無專長之方法者佳耳。因其輕視，乃致缺乏專門指揮運務事項之便利，而感痛苦矣。加而國家立法，每多更改，而予運主及運輸者或公司以便利及責任。於是有若干大工業及商業公司深信運輸處之價值，而由專門之運輸總管處理其運輸事務，更足以使其運輸便利，獲益增加也。

因之各大工商業之領袖皆信服運輸總管之價值，而設法增進其運輸處之組織焉。蓋由良好之運輸處辦理其運務，每可得低廉之運費，分配之平均，銷路之擴展，及原料成本之減低。是知運輸總管之重要，適如會計家，工程司，律師及其他之專門人才；而成爲大工商事業組織中之重要員司矣。今日歐美各國之商人，每於經驗中得知運輸處尤能於商業清淡時保護公司之費用，而維持其收入也。

目今商業競爭之激烈，以致凡事必求經濟而力謀獲利以抗強有力之競爭者。鐵路，水路，道路之運輸，及運輸程序之複雜；小商業每因不得良好之運輸方法，以致滅亡。

不幸，雖如上述者，然今日實業全部尚未能全知運輸總管之供獻於商業也。頗多製造廠批發及零售公司皆無運輸處，或僅有不完全之組織，由管理發運及驗收之運輸書記指揮之。故此種運輸處，捨例行書記事務外，實未顧及興利除弊諸端也。是以運輸處者，實爲各大工商業公司進步之先鋒，先發見者則獲其利矣。

美國商業活動之銳進，已着於世。在百年前揚克（Yankee）商人之慧悟，已成爲世界商業之格言。美國最大之商業公司，卽依運輸人員及其組織之完備而獲利者。多數之大實業與商業公司所設之地方咨詢局（Regional advisory board）之職務，皆由運輸總管代理之。此種地方咨詢局常與鐵路聯絡，使鐵路分配車輛得以平均，不致有過剩或缺乏之弊；故該局極有益于美國之商業。漸至一九二三年，地方咨詢局乃成爲運輸事業中之必須者矣。

於是各重要商業之運輸總管，乃漸集而合作，組成美國運輸聯合會（Associated Traffic clubs of America）。或成國家實業運輸大同盟，或成各地實業及商業運輸聯合會，或成經商局及商務會，或成商業聯合會，及地方運輸會等各處之運輸總管，皆力求以合理之成本，得完滿之運輸爲其目的。

在三十年前，生產實爲實業之難題。蓋生產漸多，價格卽低，故必欲携往他處經售之。於是美國之實業始克發達，而致一鳴驚人。也大規模之生產亦爲美國供獻於世界進化之一事。今日則不僅注意於生產，而更欲謀其分配之便利，及分配貨物之迅速，與經濟實爲二十世紀實業與商業上之重要問題。商人亦知此問題之重要，乃求售貨廣告及運輸之專門家，以謀解決其分配問題矣。

運輸聯合會之教育程序

運輸管理之教育，創始於一九二六年四月在（Texas）省之大來（Dallas）城所開之美國運輸聯合會年會中。當時曾由董事會通過此種建議，由主席指定委員會草擬綱要，提醒商人及鐵路雙方之注意，及使知雇用專門運輸人員之重要。

於是乃有國家委員會之指定，由各實業及商業之運輸總管，運輸者之代表，及運輸管理之教育家組成之。此委員會乃因國家及運輸會之熱心襄助，乃得開始工作，此國家委員會之目的，即造就高深學識之運輸人才，及研究各種運輸實業，及其他公衆事業諸專門管理，增加訓練專門運輸人才之便利，擴展運輸專才之應用，擴大實業及商業運輸處一職，實增加專門運輸人才及其自由選擇工作之機會，及示知實業建設及商業組織中，因不用運輸專家之損害若何，與夫其特殊利益。

此目的後經運輸聯合會與國家教育委員會之携手，而得運輸分會及運輸學會之輔助，乃得完成。

圓桌會議，商業大會及專門聯合會之演說，著名雜志報章之論文，常言及運輸管理之利益，及其專門學說之材料，頗能引起一般之注意及興趣。運輸學系及運輸管理學系，每可助吾人得運輸管理之專門訓練；因之運輸管理之學說乃大盛。更因辦理運輸事業者與大學教授聯合之努力，於是大有進步，其結果乃成大學專科，需要富有經驗之人，而有經驗者需要大學與專科焉。

運輸管理之訓練

在三十年前，美國各大學專科已皆有運輸學系之設置，并分爲若干組，如鐵路運輸，水道運輸，及實業運輸管理等，此爲近白最發展者。各大學并有關於運輸管理之商科或商業管理科，夜校，補習學校，函授學校之設。

各大學之商科及商業管理科，皆設有運輸學課，爲其必修課，及規定爲其他經濟或商業管理學位課程之一。

關於各大學之運輸或運輸管理學科之補習夜校，則頗益於已在工作之人員。其學課多半爲鐵路及實業運輸管理，海洋貿易，海運，公共事業之管理，或分別教授，或混合學習之。關於運輸及運務管理之函授學校，則僅有一二著有聲望之學會辦理之。

運輸學課於是乃大增，有爲高深研究者，有爲普通學習者，有爲專門爲辦理運輸事業者及實業運輸管理者；因之各大學

爲商務運輸管理而設施之教育

亦略有變動。在一九二〇年以前，多爲研究之運動學課，如鐵路運輸之經濟學，運輸經濟史等，尤注意於鐵路及汽船運輸。直至歐戰時，美國國家經營運輸，通過一九二〇年之運輸提案，歸定各州間之託運者與受運者之特權及責任，頗有擴充運輸訓練範圍之傾向，而運輸管理之專門教育之訓練乃成爲今日流行之事項。

既因各州間商務委員會(Interstale commerce Commission)各省管理委員會(State Regulatroy commission)，法庭之判決案，國法州法之關係，運輸管理在法律上之背景，乃成爲一半合法之學科。經各大學專門補習學校及函授學校之努力於訓練專門人員，以應付商品及運輸之繁雜問題，而爲實業家及運輸者所不能解決者。此運輸之專門學說，或由大學訓練而得，或由經歷長時期之經驗而成者。因之運輸學者，乃爲商業及實業界所公認爲事業之專門家矣。

運輸聯合會所定之教育程序之進展

當一九二八年時，運輸聯合會之教育程序大加擴充，將教育委員會改組成爲教育及研究委員會。此委員會於一九二六至一九三〇年間，爲現在民尼梭達大學(Minnesota University)担任運輸講席之蒲脫伯夫氏(W.E.Butterbaugh)所熱心指導者。由委員會供獻表格，作爲研究運輸學說及各項關於國家利益之運輸管理論文準備等討論時之根據。此委員會幷立意擴展改良運輸學習之程序，及請顧問或演講者以爲輔助。

供獻於美國實業之運輸管理，而使其有今日之地位者，除運輸聯合會及教育研究委員會外，而尤以蒲脫伯夫氏爲最致力焉。此種學程係由運輸聯合會之建議，於美國商務處(Commercia Department)執行，而由該處請蒲脫伯夫氏爲商務專員指導此事。美國各實業公司亦供給表格，有關於運輸管理之價值及各該需要者。此種表格皆由蒲氏及美國商務處之國內外貿易局內運輸股之職員編製分析之，而爲運輸運務管理之學生或員司莫不以人手一編爲快，因其能示知員司執行職務之順利，及可知運輸管理之對各該事業之價值，實爲不可須臾離棄之書籍也。

於一九二九年蒲氏以其卓著之成績，而被選爲美國運輸聯合會副總揆之榮任。此實由蒲氏十年苦心而創成者，蓋彼曾從事著述，研究，担任講師，及運輸管理教育研究委員會之主席等。蒲氏於一九二七年亦曾於其故鄉被榮選爲比愛而發衣伯斯龍運輸學會(Pi Alpha Epsilon Transportation sociaty)之會員，及至一九二九年蒲氏聞名於運輸管理界時，乃被邀爲陪審員，陪審關於實業運輸總管，運輸業者之運輸總管，及運輸教席等之案件。

今日之計劃

今日之教育研究委員會係由二十八人組成，其委員皆如下列各界之代表，有爲代表實業運輸管理者，有爲商業運輸管理者，有爲代表鐵路及其他運輸業者之運輸管理者，有爲代表公共事業委員會及運輸教育界者。其主席及委員皆極欲實現其議決案，而爲求發展其教育程序起見，乃有以下之計劃：

1.由八委員草擬國家運輸政策綱要，此文卽由運輸聯合會印成小冊，用爲討論研究運輸之材料。其內容包括如次：汽車運輸，貨運哩程及運價，水路運輸，水管運輸，空間貨物運輸，送貨事務，貨運招攬，貨運便利之整頓，及國家運輸政策。

2.由主席預測此種專門運輸管理教育改進之便利及機會，使運輸學生得良好研究學習之方法，及搜集對於運輸有用之材料。

3.第三計劃包括各項教育方針，運輸管理亦爲其一。此計劃曾由教育研究委員會主席在『運輸世界』雜志內發表，並另印有單行本，

4.由運輸學會及教育研究委員會供給材料，爲研究及講演關於運輸管理諸事者，而教育研究委員會委員尤須時在國

內各處演講。

5. 鼓勵美國各大學專科內之運輸學會，使其聯合而成一全國大聯合，或歸屬於美國運輸聯合會。此種學會，現亦有辦理頗佳者矣。

6. 第六計劃尙在試辦中，預定各大學專科之運輸教育，使其成爲商業及商業管理學校之必修科。該委員會亦頗望美國商務處之國內外貿易局，能輔助此種運輸教育也。而運輸爲生產分配中之一重要份子，亦已爲學者所公認；故凡商業管理之學生，必須熟習之，而成爲良好之商人，得以運用其學說，而使運輸便利也。

吾人須知美國運輸聯合會教育程序之成功，及教育研究委員會之效力，實賴各運輸分會及運輸學者之合作，及供給材料也。吾人已知如本雪文尼(Pennsylvania)大學之創始人弗蘭克林氏(Benjamin Franklin)之警示運輸之重要；致運務及運務管理，今日尙在評論中也。其將如何，則握於現在工作諸人之手中；而勇敢進取，觀察，及合作，乃爲將來成功之必須運輸條件矣。

公務管理學會之使命

炳勳譯

（本文爲吉邦氏於一九三〇年十一月十四日在奈丁漢(Nottingham)所舉行之徵求會員大會中之演詞）

今夕承諸君邀請來此討論公務管理學會成立之目標及吾人應予擁護之理由。現在各種團體成立，幾如雨後春筍；凡組織一新團體，必有其組織之理由；在本學會雖非新設，惟仍在幼稚時期。

公務管理之發達，實無須鄙人贅述。惟普通民衆恆以所獲報酬有限，對於彼等所納各費，不無懷疑。

公務管理之所以未能盡量重視者，實緣經營公用事業之情形過於困難，其所以困難者無他，環境複雜耳。試以今日街道上之車務，較諸前一世紀，其繁簡奚啻霄壤。現在公用事業環境之複雜，正可與之比擬。欲謀公用事業能盡善盡美而合乎經濟之原則，則非有最高效能不可。「善」與「盡善」相比，「美」與「盡美」互較，其間相去不可以道里計。

吾人對現在國內公用事業之標準，實足睥睨一切，然固步自封，不事改良，亦非高明之策；須知解決一切切身問題，實有賴乎改良，吾敢謂吾人現在之管理工作仍甚膚淺，倘肯再求深造，則他日收獲必更豐富，雖結果如何，未可逆睹，第吾人仍須努力。

國人每乏未雨綢繆之心，且居恆自足，非至事臨眉睫，不謀解決，是故實現主義(Realism)誠爲吾人之至寶，而不可或缺者也。居今日二十世紀之熙攘世界，猶復夜郎自大，其可得乎？吾人宜以實現吾人之理想爲主。然欲解決種種問題，吾人更應有精深之研究及縝密之考慮。際茲工業衰落時期，此教訓不絕刺入吾人耳鼓，公務管理又豈能缺之乎？

本學會成立之理由，卽在於斯。其目的在增進公務管理，換言之，卽以商業管理方法施於公衆事務(Business Management of Public Affairs)，吾人無與於政黨之競爭，惟冀以最良善之方法爲人民服務耳。

或曰，現有各種會社仍不足以任此乎？曰，不然，現有各會社之組織每限於某種職業或某種計劃，而本社則總其成而輔助之，若建築設計之輔助傳石瓦灰泥土焉，無「取而代之」之必要，而有「輔車相依」之可能。本學會爲國內研究公務管理之唯一團體，公用事業範圍以內之各種職業對之悉有相當關係，但人多漠視之，殊可歎也。實則本學會將來成績必有可觀。吾敢以至誠請求各政府人員加入本學會共同工作，以爲異日收穫之助。

此外尚有一重要理由：公務管理爲一種「託庇實業」（Sheltered Industry）即不受劇烈競爭之影響，亦無破產之虧累。雖然，無論任何事業斷未有不受推進而能自達於盡善盡美之境者；以研究及競爭種種方法推進公務管理以求達於更高之標準，是亦本學會目的之一。

除政府人員外，鄙人亦願以至誠請求各團體代表加入本學會。現今國內公務管理不能僅視爲政府之事，各公衆團體代表皆有責任在焉。若無彼等之同心協力及踴躍參加，公務管理斷無進步可言。

正如鄙人所言，本學會並無政黨色彩，同人甚願與對此管理問題發生興趣及提倡最高效能的管理之各公衆團體代表合作。本學會組織現已擴充，歡迎各代表加入，諸君盍興乎來，共襄此舉。

鄙人可以本學會之要求復向各界呼籲，然爲政不在多言，亦不在唱高調。今後公衆問題急需最高管理效能，此任何人所不能否認者也。欲其成功而不同心協力，則與求福於木偶，何以異乎？是故鄙人謹向諸君請求盡力擁護本學會。

管理上的遠大眼光

炳勳譯

（本文爲亨利氏在一九三〇年七月二十二日在挪敦（Northern）會中之演詞）

亨利氏劈頭便說我們應該注意公務管理永久人員底特別職責。他底意思不特要包括已往的經驗，而且還要具有遠大的眼光。這些遠大的眼光要超越員司底官守期限而爲他本人所不及完成。但這並不是說永久員司底職責就是「決斷政策」（To Determine policy）「決斷政策」是由選舉團那裏得有權勢的人們底職責，永久員司底職務不過是「貢獻政策」（To present Policy）能了。要做到這一點，他就應該培植那遠大的眼光。

因此亨利氏所要討論的題目，就在運用遠大眼光的專門技術。他很重視統計方法；如果這些統計方法用得適當和解釋得合理的話，牠就可以當作觀察各種趨勢的捷徑。在公用事業上，預測業務之要求的專門技術是值得特別注意的。這種專門技術有一大部份是和現在商業界所用的市場分析法相彷彿。

在判斷兩椿事情的當兒，我們應該作進一步的觀察：究竟採納了這椿或那椿事情若干年後，牠的結果會變成怎樣，這樣，也許可以使我們較易明白二者之中那一椿是應該採納的。明白了之後，我們底工作自然縮小了。到了這時，祇要找出用什麼方法可以解決那椿事情所發生的困難就行了。

至於人事（Personnel）問題，遠大的眼光也是很重要的。下級員司底將來，成敗進退，差不多都操縱在高級員司底手裡。我們應該培植我們底後進者——訓練和培養各種人才來補充這些重要的空額。所有這些全要靠着有系統的遠大的眼光；牠們是能夠防禦人們倖進的引誘。

講到同事那一層，若能養成運用遠大的眼光那種習慣，我們就可以踏上合作之路而避免因貪一時的勝利，乃不惜用卑劣手段來排除異己攻擊他人的陋習。我們觀察各種事情務求真確，我們更要破除一切成見和固執，這些成見和固執也許會經有一次是對的，然而現在和將來未必不會錯吧。

許多人不是預言家就是教士，國家的公僕常時會受極大的誘惑而變成教士：崇拜前人和遵守習俗相沿的儀節。教士底生活當然比預言家底較為舒服，因為後者是常受人家攻擊的。亨利氏極力主張，無論怎樣困難，我們都應養成這種預言家底態度因為他相信這是最有價值的東西而為我們所能做得到的。

中國之預算與決算

馬寅初講
丁長齡記

關于預算決算之問題，可以分為五部，即（一）預算之準備，（二）預算之編製，（三）預算之議定，（四）預算之施行，（五）決算之編製。茲特分別討論云。

一 預算之準備

▲會計年度 其中最重要者為會計年度，即預算中所包括之時期。其大小無一定之規定，各國所採用者亦不一致！有一年者，有二年者，有六年者，甚至有十年者，在小國歲出入之數很微，且事業簡單，無大變化，用十年做一會計年度，尚可勉強辦到。若在大國，（如中國）歲出入之數極大，而事業紛繁，時有變遷，如以十年為一會計年度，必不合用。故我國所採用之會計年度為一年。

▲歷年 即會計年度之起迄日期。關於此點，各國亦不一致。如法國所採用者為一月一日至十二月卅一日，英國所採用者為四月一日至三月卅一日，美國所採用者為七月一日至六月三十日，究以何者為合用；有一先決條件，即會計年度開始時，應擇收入較多而支出較少之期。在我們中國，一月與四月非收入少即支出較多，皆於此條件背道而馳，此英法二國之制所以皆不合於我國之用也。但在七月內收入多而支出少，正與此條件不謀而合，很為適用。故我國所採用之歷年正與美制相同，始於七月一日，而終於六月三十日。

二 預算之編製

▲編製日期 預算應於何時着手編製，並無一定之標準，須視一國之交通及其他情形而定。但預算須經國會通過，故無論如何，總須於國會開會期前編製完竣，如我國從前國會開會期間為三月一日至六月三十日，則預算須在二月中旬完成，提

交國會審議，

在外國，日本爲五月起編，十一月完成十二月提交國會，至翌年三月議決，四月實行。英國則九月起編，十二月完成，翌年一月提交國會，八月議決實行，兩國比較起來，就編製時間講，日需七閱月，英祇四閱月，此英勝日之處。因事物變化多端，編製之期，以距提交之期愈近爲愈妙也。就議決之時間言，日祇需四閱月，而英需八閱月，此英遜日之處。但英在八月所議決者爲收入一項，其支出部份，則於三四月間卽行議定，故尙無大礙。

我國地域廣闊，交通不便，來往需時，預算收集不易，故編製時間，應稍放寬：四月起編，至翌年二月提出，三月至六月議定，七月一日施行，但自起編至施行，相隔有一年餘，則事物變遷，難免不生差異，處置之法，厥有三端：

(一)流用　流用者，轉移借用之謂。卽將某種能剩之數，移給不足之項下支用。但自由流用，弊端百出，故應有相當限制。預算編製之分科，爲便於比較起見，包括兩部：(一)縱分法 Classified by Function，卽依用費機關之職權而分，是謂『立法分科，』如我國之某款某項屬之。(二)橫分法 Classified by expenditure，卽依費用之種類而分，是謂『行政分科，』如我國之某目某節屬之。爲免流用之弊端計，我國規定行政分科，可由行政機關自由流用，而立法分科，須經立法機關通過之，

(二)預備金　卽在預算中設預備金若干，以備預算不夠時挪用。

(三)追加預算　卽將溢出預算之數，先行支用，而後請求立法機關追認。預備金之數有限，苟溢出之數較大時，預備金必不敷用，而國會開會之期，亦有定時，大概在預算施行之候，正國會閉會之期，卽欲將溢出之數交其通過，勢所不能，故祇用有追認之法以濟之。但任意追加，預算之精神無存，故有兩條件以限制之：(一)必於國家存亡有關之事，非追加不可者；(二)須於最短期間提出，以便調查。

▲編製者　編製預算者，美國從前爲國會，英國爲國務總理，前者屬立法機關，後者屬行政機關，但立法機關編製預算以

對於行政事務不能明瞭，難以準確，美國有見及此，故於一九二一年以後另設總核計員 Controller General 專理其事。

我國編製預算者，從前爲財政總長，此制亦不佳，因財政部與其他各部爲平行機關，大權獨攬，似欠公允，所發命令，將爲各部所漠視，結果預算必不能如期完成，故現國府另設主計處辦理之，與美國之總核計處正復相同。

▲編製方法　預算製編有二種：即總計預算與純計預算是也。前者將收入之實在總數編入，其應有之開支則列入支出項下，後者則將收入總數除去該項支用之淨餘數編入預算之中。我國所採用者，爲純計預算，因各種稅收，大都爲包攬制度，有不得不然者，但欲求某項之實數，而測人民之負担，或欲尋某項收入與支出之比例時，皆不可得，故以用總計預算之爲尙。

▲編製程序　編製之先，由主計處將預計之收入及分配於各處約數通知各院部，再由各院部約略分配於所屬各機關而通知之，各機關乃將預算編造呈送各院部，是謂『概算。』各院部對概算發生疑義時，將其發回核減，核減後之預算設之『要求數，』即無可再減之數也。乃由各院部將其送至主計處，由主計處總其成而送至立法機關審議之。

三　預算之議定

▲議定之機關　議定預算爲立法機關之職務，立法機關當然爲國會。我國從前亦爲國會，現國民政府初成立，則由立法院主持，不久國民會議開會，國會正式選成後，當然由國會處理之。

國會在外國有上下議院之分，我國亦有參衆議院之別。預算之議定，應由人民之代表處理，故在外國爲下議院之職務，自無問題，但我國之參衆兩院，皆由人民所選出，究竟議定預算應歸何院辦理？不過參院爲人民間接所選出，衆院爲人民直接所選出，關係較爲密切，故預算應由衆院議定之。

▲議定之辦法　議定預算，須全體出席呢，抑祇要一部份人員處理呢？此亦當研究者。若須全體出席，就現在之立法院言，有三十九人，將來國會成立，人數達數百，則會議時意見紛歧，恐將毫無結果，故應先選有經驗者從事研究，提出意見，交全體通

過，再送參院復核，庶幾事半而功倍也。

設對於預算之議定，參衆兩院意見不能一致時，應如何處理，其辦法各國不同，有下列四種：

(一)由兩院各組委員會研究；不過意見仍有時不能一致。

(二)往來復議，即發回重議，但議定之時間短時又不合用。

(三)由兩院開聯席會議解決之，但兩院人數不均，參院必避不到會，必致毫無結果。

(四)集各領袖會商之。

我國從前之辦法最爲滑稽，由兩院對所持之數各讓少許，以求折衷，理之有無不問也。

▲國會之職權　有兩點須研究：

(一)國會對預算可否增加？國會既爲人民所選成，一切行爲乃人民之代表，其增加預算，可謂代表人民願增擔負之意，似無不可。但照各國規定，國會對於預算祇有權核減而無權增加。蓋因議案提出爲少數議員，此少數議員或將有背景存在，不能作全體國民之代表也。

(二)參院對中院之減少數可以增加？照各國規定，可以增加，但不得超過原案之上。蓋因參院議員經驗較富，心性較爲和平，授與此權，庶可使預算收準確公允之效。

▲議定之結果　國會對預算不同意時，則結果有二：(一)不議定；(二)不成立。設議定之結果爲不議定或不成立時，而距施行之期甚近，應若何辦理？其法有二：(一)用假預算；(二)用前年度之預算。但假預算亦須立法機關通過，故祇適用於不議定之時；若在不成立之情形下，祇有用前年度之預算也。

四、預算之施行

▲施行要素　預算之施行，即收支處理也。其要素有二：

(一)金庫集中　即將各項收入全數存放金庫中以專保管。各項支出亦由金庫給付，不得由行政人員自由處理。

(二)財政統一，即將財政出入以獨立機關管理，使命令機關與收支機關分開之謂。關於收入者命令機關只有命令收款之權，而實行收款之事則由獨立之徵收機關處置，關於支出命令機關亦只有命令照付之權，至實行付給之權則由獨立之支付機關辦理之。

▲監督　預算之施行，在於準確。苟無相當監督，則時有溢出之處，預算必等於虛設。欲求準確，必有嚴密之監督也。監督有三種：

(一)行政監督　即行政長官對於自己收支命令之審核。

(二)司法監督　即由指定之司法機關對收支命令審核之，如我國之監察院。

(三)立法監督　即由指定之立法機關對收支命令加以審核，如我國之審計院。

五、決算編製

決算爲會計年度終了時所做之事實。在收支報告數目能與預算相等爲最佳，但事實不能辦到，所以總有點相差，不過相差之數能愈小爲愈妙。

決算由行政機關編製後，送審計院審核，再由審計院送至主計處，乃由主計處總其成，送往立法機關——國會——通過，以爲來年預算之根據。

東北鐵路之危機

（鄒恩元先生在本校講）

現在講東北鐵路的事情，必先要將東北的地勢講講，我們東北包括東三省熱河及蒙古河北省之一部份，面積五十萬方英里，人口約兩千五百萬，地勢東北西三面多有山脈包圍，僅南部像門式的開放，直通到海，北有嫩江松花江，南有遼河三河流貫注在中間，所以土地肥美，物產很豐富，即以大豆一項言之，每年出產輸送到外國，爲數很多，既經明瞭地勢的情形，就可知道在這區域之內，敷設鐵路利益怎樣的多，不言而知矣，可是運輸的道路因爲他南部開放，所以多是從北部運到南部，多送到大連出口，這出口的路徑是不是南滿鐵路麽，是不是日本人辦的麽，北部本來吾們沒有出口的海港，但是俄國有海參崴港口，所以北部的物產多從海參崴出口了，這運輸的道路不是中東路麽，不是名爲中俄合辦，而實際上是俄國掌握的麽，如此看來，不是執掌東北運輸特權的鐵路，多不在吾們中國掌握麽，吾們中國祇有一條北甯鐵路，還可以利用，與他們競爭，可是因沒有出口的海港，所以效力很小。

因爲吾們北部無海港可以出口，所以對於中東路無並行線可以與他競爭，但是吾們亦要想法子，將北部的貨設法往南部拉，可以減少他的運輸，而增加本國鐵路的運輸，至於自北至南的南滿鐵路，因爲南部可有海港，所以吾們自然要建築很多的鐵路與之競爭，但與南滿造平行線，日本是要提出抗議的，如從前擬建築新民屯至法庫門的新法鐵路時，日本提抗議，如最近造瀋海吉海，日本亦表示反對，然在中國自己總想造這些路，以與南滿競爭，在日本就恐怕中國自動的造路，但是日本也是願意中國築一部份的路，什麽路呢，就是可以作爲南滿培養線的這種鐵路，這種南滿培養線的路，固然與南滿拉貨，替他培養本線，但是既盡這個義務，南滿對於這些培養線，給他們什麽利益以爲報酬呢，豈知不但是不給他們報酬，還要叫他們負担二重的義務，就是還要叫他們盡經濟上的義務，現在吾舉例說明之，譬如吉長吉敦是替南滿拉東北境內東南部的貨，四洮洮昂是替南滿拉東北境內西北一帶的貨，這種路多是日本人的發動建築的，這種路的資本多由日本借來的，譬如南滿因爲要培養自己本線，要造這兩條路，他當然要投資本下去。但是他培養的結果，還不能一定，倒先要投下一大部份資本，不是在經濟方面先損失一部份利息麼，現在他這個資本借給我們中國，替他造培養線，他對這些所投的資本，有我們中國政府替他負担利息，將來運輸發達，南滿得到培養的好處，營業的贏餘，他還可以分紅，將來運輸不發達，營業虧本，南滿不過少得一點培養的好處，因爲有這一條路。多少總替他拉一點貨來，但是資本的利息，仍由我們中國負担，他不受一些影響，在吾們中國負了很大的利息，還要損失一部份主權，結果是替人家培養，助長人家的營業，借款的路營業不發達，自己開支還不夠，還本付息，更沒有希望，於是以利作本，本復生利，日積月累，負債越拖越深，現在結至民國十八年十二月底止，四洮欠日金五千一百餘萬元，每年付息不夠四百萬，吉長欠日金一千一百餘萬元，現在收支餘款付息還本尙能免強適合，洮昂欠日金二千三百餘萬元，收支相抵，每年不敷六十萬元，連付息不夠三百餘萬，吉敦欠日金二千七百餘萬元，每年付利不夠三百餘萬元，總計四路共欠日金一萬一千餘萬，按現在行市折合，要合現大洋一萬萬七千萬元，試問我們中國現在的經濟情形，窘迫萬分，將來怎樣了這個債務呢？可是南滿借了這筆錢出去，像上邊所說的無論所築的鐵路營業好不好，他總得到相當的培養，就是不幸而失敗，儘有我們中國替他負担責任，償付利息，試問天下那有這種好的買賣，所以日本極力慫恿我們替他造可當培養線的鐵路，此外他還有一種深意，假設我們對於這種鐵路將來不能如期還本付息的時候，國內政治上邊一有什麼變動，他便能拿他二十一條件的老手段，把這種鐵路變成日本的鐵路，達到他拿鐵道來侵略人家國土的政策，是多麼可怕的一件事情，但是我們中國又不是不明白，爲什麼要幹這個傻事情呢，我們閉目細想，這多是政府的不對，不是吾們國民的不是，因爲以前的政府或者因爲軍事上的關係，或者因爲政治上的關係，等着要錢化，日本人就乘隙而入，要求這種借款築路，一方面給政府一些回扣，拿來作爲軍事上或政治上的化用，我不是憑空聽說，像四洮五千萬債款，實在鐵路用的，亦不過一半，像吉會路，政府已經化了一千萬日金墊款，可是還沒有造一寸的鐵路，這是以前的政府辦的這種事，現在說亦無用了，我所以要再提一提以往之事，就是希望以後的政府，不要這樣飲酖止渴纔對，但是吾們國民有監督政府的天職，遇到這種事情，不應該放棄天職，就是諸君在最高學府裏邊研究交通學術，亦應該很注意這種事情，多做些論文，以供國民之研究，並促起國民之注意，

現在吾講吾們中國自己願意建築的鐵路，其目的在與南滿競爭，必先要有兩個前提，第一要有作爲中心之出口港，第二要有與南滿競爭的可能性，現在在南滿之東，築有瀋海吉海，在南滿之西，築山通與四洮洮昂連接，多是與南滿有競爭的可能性，而其出口的目標，則以北甯爲中心，如營口秦皇島及葫蘆島，均可作爲出口港，以現在的形勢論之，南滿已被吾們東部西部兩線包圍，使東北的東南部出產，不走吉長南滿至大連，而走吉海瀋海至北甯，東北的西北部的出產，不走中東南滿或四洮南滿，而走洮昂山通，同時趕緊開闢葫蘆島作爲各路出口的中心港，以與大連抗衡，我們布置的局勢是如此，但是內容是不是能夠與人競爭，這就要講到運價的高低，捐稅的輕重，辦事手段的優劣如何了，現在我大概講一講，

（一）運價的高低，第一講運費，鐵路對於運價本來自己有操縱之權，孰廉孰貴，對於與外路競爭營業時，自然非利用此特權不可，現在中國鐵路與外國鐵路運價之高低如何，很有研究之價值，茲將北甯西洮洮昂齊克西四路，與北甯瀋海吉海吉敦東四路分別言之。

（甲）西四路　西四路貨運，於十八年十二月開始辦理聯運，茲以大豆三十噸一車爲標準，由龍江運至秦皇島，計一千一百二十八公里，需運費大洋一千零三十九元餘，現四路核減爲八百四十三元餘，由龍至營口，計九百五十五公里，運費爲八百四十一元餘，如經由四平街走南滿路至營口，計九百四十一公里，運費大洋九百十八元餘，（內南滿運費日金二百六十六元七角，按國幣一元二角折算）如經由四平街走南滿路至大連，計一千一百三十一公里，運費大洋九百九十元餘，（內南滿運費日金三百二十元四角，折算率同上）如由昂昂溪經中東南滿直赴大連，計一千三百十九公里，運費大洋八百七十七元餘，

（丙東路運費二百九十餘盧布，按國幣一元三角折算南滿運費日金四百十七元，折算率同上）可見中國鐵路所減的運費，已足與外路競爭，如其金價較高中國路運價更廉，這正是很好的機會，但是有一層不能滿意的，就是秦皇島碼頭，係開灤礦務局所經營，北甯只可商量借用，而營口碼頭，雖係中國鐵路運費較廉，但中國碼頭遠在河北，設備不完，等於虛設，由北甯運送進出口貨物，必須用輪船轉渡，不但多費時間，且多一層渡駁費用，而南滿碼頭即在河南，近日本車站這麼多便利，並且南滿運費表面上雖貴，而事實上因有一種返還運費的辦法，此種辦法，即運貨時照章收取運費，而事後有契約的關係，可以將所收運費返還幾成，所以切實計算，也許南滿運價便宜，是以商人皆樂於利用南滿路也，所以吾方運價應隨時審察，非切實核減不可，但運費之增減，仍要考慮本路運輸成本如何，此層不可不注意也。

（乙）東四路　東四路北甯瀋海兩路及瀋海吉海兩路，已辦理聯運，四路聯運不久亦可實行，茲以大豆雜粮每三十噸一車為標準，由吉敦較河運至瀋陽，計五百三十二公里，運費大洋三百六十四元餘，如由吉敦吉長南滿至瀋陽，計五百三十六公里，運費大洋五百三十四元餘，較由中國路運輸為廉也，但雜粮有由瀋陽運至關內者，至大豆則無運至瀋陽者，因大豆為出口貨，故多由南滿運運大連，所有運費核減情形，大致如前所述，其次與運費相連之各種雜費，如裝卸費，調車費，過線費，小工費，碼頭費，存棧費等等，大致一車在營口約需大洋四五十元，在秦皇島約需八十元，在大連約需一百元，如中國鐵路聯運車輛足夠直通，此項雜費尚可稍減也。

（二）捐稅的輕重，第二講捐稅，亦以三十噸一車大豆為標準，先講經由外國路之捐稅，自龍江[illegible]港時有統捐，計大洋二百十元，如經大連，則加出口稅大洋四十二元七角，如經營口，加出口稅大洋七十一元六角，要是經由中國路，除龍江統捐是同樣徵收外，如往營口，加有出口稅大洋七十一元六角，又加溝帮子常關稅大洋三十六元零五分，要是往秦皇島，除龍江統捐溝帮子常關稅同樣徵收外，外有秦皇島出口稅大洋七十一元六角，又加山海關統捐大洋一百四十五元八角六分，經由中國路既然捐稅較多，所以祇減運費一項，還不能與外路競爭，必須連捐稅一併減低，但是捐稅一項大之關係政府度支，小之亦關係稅捐官吏的衣食，以已往事實言之政府向來是不肯低減的，現在吾東北有賢明的長官，居然把走中國路的常關稅取消了，山海關的統捐是屬於河北省範圍，亦經商得河北省同意，允減去七成，只收三成，向來鐵路與行政方面不能合作，往往鐵路方面核減運費，行政方面增加稅捐，此次鐵路與行政居然合作，正是不可多得的事實，新中國的好氣象，

（三）辦事手段的優劣，第三講辦事手段優劣，這個手段是講辦事的手段，招徠營業的手段，講到這兩種手段，人家是最好不過的了，以辦事的手段講，塡發憑單，授受貨物等等，多是很快很簡單，支配車輛很公平，貨物保管很可靠，吾國鐵路方面，路員往往以機關職員自居，完全失去營業性質，對於塡發憑單，授受貨物，只有貨商遷就鐵路，鐵路决不低首下心去便利客商，至於支配車輛，流弊更不可勝言，所運貨物，時有丟失情事，而偸竊的又往往爲鐵路巡警，雖有賠償一條，而手續繁重，有名無實，即以客運之丟失行李言之，兄弟前在吉省某路曾親身遇見一事，有一婦人，自平至吉買聯運票，失去行李一件，因經過好幾條路，所以甲路請乙路查，乙路又請甲路查，兩方互相推諉，三數個月迄無消息，婦人在省城住旅館等候，後來向路局要免票，以便到局面訴，免票照章路局自然不肯給，以後自己買票到總局見局長，叩頭流涕，由局長賞了二十元錢，卽此了結，這種現象，眞是中國鐵路的汚點，吾們待客人應該如此麽，客運如此，貨運方面的黑暗，更難以盡言，以此例彼，辦事的手段誰好誰壞，大家就明白了，其次說招徠營業的手段，人家對於客商異常密接，鐵路減費及種種優待客商的地方，均是應時而起，使客商能完全利用，又有種種宣傳，使所定招待辦法不致形同虛設，鐵路往往拿出錢來宴請客商，使客商對於鐵路均有好感情，願拿貨來交由鐵路運送，我國鐵路方面則不然，有時亦有減價等辦法，但只有一張廣告，或登一登報，有人理也好，沒有人理也好，客商是否知道利用吾們的減價辦法，路員更漠不相關，至於鐵路宴請客商，尤爲罕見，只有客商爲求路員照應起見，每逢年節送些禮物與路員，或請路員吃飯，總之人家是拿來優待客商的，在中國鐵路多是反其道而行之，變爲客商拿來優待路員，試問招徠方法是誰的好

呢，所以吾們要應付外國鐵路競爭起見，對於運價捐稅既經減輕，對於事務之處理上，其手段更非大大的改良不可，否則還是不能澈底，沒有多大的好希望，

此外還有一事關係比較的更緊要的，就是中國鐵路如北甯不負責運輸，客商運貨，要人押運，南滿路則自貨物交與鐵路由鐵路出收據後，客商即可完全不管，只俟運到提取貨物，一切運輸保管均由鐵路負責，現在東北各鐵路尚係負責，不負責者祗北甯一路，所以四路聯運，因北甯不負責，不能通暢，現在北甯亦在預備三數月後實行負責運輸，還有一件是混合保管，因爲大豆是一種主要輸出品，南滿從前是各運各的，即以甲商託運之豆，交由甲商或其代理人提取，以乙商託運之豆，交由乙商或其代理人提取，彼此各不相混，因此其不急於提取的，則於運到後積存於倉庫之中，其急於提取的，則於未運到時，商人頻來催索，路商兩方均感不便，於是滿鐵就想出大豆混合保管的辦法，依豆的品質成色，分爲若干等級，南滿祗將豆往大連運，不管貨主爲誰，凡交運的人到一定的時候，可向大連領取同等級的豆，不必等自己的原貨，因原貨已混合起來，不能辦認，只要豆之品質不差就行了，自從混合保管以來，豆運迅速，貨商便利，鐵路運輸益見暢達，凡中國鐵路之與南滿聯運者，如吉長四洮等，多已辦混合保管，將來國有各路亦非辦不可，必如此方可達到圓滿的目的，並且在吾們港口要設立銀行，辦理押匯，設立倉庫保險等等，均屬急不可緩之事，

我們中國的應付方法，是這樣，現在人家也有對付我們的方法，這種方法，就是侵略我們的政策，他們自從聽說我們預備開闢葫蘆島，就知道這是與大連競爭的意思，就是想推翻南滿鐵路運輸的意思，他們對於葫蘆島亦有極精密的研究，最近據人報告，並有不少日本人化裝國人，到葫蘆島去調查，他們的意思大概可分爲二派，一派是悲觀的，說葫蘆島辦成，大連就完了，他的理由是中國人已經覺悟，並葫蘆島形勢很好，他們所不希望的，可是我們所極希望的，雖然將來事實上大連未必就完，要是我們好好經營葫蘆島，至少可以奪去大連一部分的好處，一派是樂觀的，他說葫蘆島畢竟不能奪大連的營業，他們的理

由是從事實上言論，他說大連的吞吐量年有一千餘萬噸，葫蘆島只有二百萬噸，大連可以靠船四五十隻，葫蘆島只可靠船八九隻，大連碼頭的設備有沿革的關係，日新月異，葫蘆島決不能與大連競爭，最多不過是大連的補助港而已，拿這個事實看看，又拿吾國政治不安定的情形想想，吾深恐怕人家不幸而言中，我們的建築葫蘆島究竟是給人家作補助港呢，還是要作競爭港呢，我們不可不多研究，非多注意不可。

我們因爲北方沒有良港，要築葫蘆島的話鬧了許久，日本對付吾們的方法亦早就有計劃了，就是要利用吉會路的原議，拿來攘奪北滿的運輸，因爲東三省南部，已有朝鮮鐵路與南滿鐵路的聯絡，他的勢力已經充分發展，但是北部的勢力，南滿路還沒有達到，所以要築吉會路方可完成他侵略的目的，他的計劃，想從朝鮮的會甯到吉林完成吉會鐵路，自吉林到長春接上吉長鐵路，他曾要求長春到洮南的一條鐵路，又曾想要求洮南到索倫一條鐵路，要是這個計劃能夠完成，這條路線差不多與中東路並行，將來中東的勢力他可以取而代之，北滿一帶的運輸，將完全歸他掌握，吾們中國鐵路要把南滿路包圍起來，無非是把北滿南滿的出產，向北甯路拉來，他的計劃，因爲南滿部份有南滿鐵路，根深蒂固，有恃無恐，北滿方面他有吉會吉長洮洮索可以拉進北部的貨運，使我們中國鐵路竟致沒有運輸，所以吉會鐵路雖僅訂草約，彼卽不惜先墊日金一千萬元，給政府去化，他心中念念不忘的要築這條鐵路，自不待言，我們十幾年來鐵路交涉不好辦的亦就是吉會這條路，日本他知道中國上下一致的反對這條路，所以他們很狡獪的偸把吉林至敦化一段築成，名爲吉敦鐵路，其實就是吉會的一段，民國十七年春，已經商量的快要成功，自敦化延長到圖們江，稱之爲敦圖鐵路，報紙上亦曾記載過一次，我們國民多不很注意，要知圖們江對岸就是會甯，如果成功，不是他偸把吉會完成了麽，幸而中國政局變遷，沒有實現，總算是我們國民的運氣，所以吉長鐵路線雖祇有一百二十公里長（很短很短）可是民國六年日本因爲二十一條件的結果，改訂吉長鐵路的合同，由吾們中國政府將吉長鐵路交與南滿代管車務會計工程的事情，局長統管不着，完全由南滿派代表在那兒辦理，並且合同訂好要三十年纔能期滿，期滿以前，就是中國有錢，亦不能贖回，日本對於小小一百二十公里之鐵路，爲什麼要這樣把持他的用心無非拿吉長一路作，爲北滿擴張勢力的基礎，希望與吉會聯成一氣，至於長洮鐵路，就是日本要求滿蒙五路之一，民國七年九月曾經訂過滿蒙鐵路借款預備合同，因爲國民反對，所以尚未實現，至於洮索一線，據說日人曾私去測勘過，現在則已歸與安屯墾督辦公署興築，日本這大計劃總算還沒有實現，可是日人謀劃已久，必不肯就此死心，從前已經說過，鐵路與港口可以相互利用，路與港必要聯絡的，到底索倫到會甯的預定線，拿什麼做港口呢，就是朝鮮的清津港，現在清津到會甯早有鐵路了，清津並已開港，將來路線完成，北滿的出口港推清津爲第一，海參威就將無形作廢了，南滿的出口港就是大連，首屈一指，吾們要辦葫蘆島亦是等於無效，即使海參威不致作廢，葫蘆島亦不致於無效，南北滿的勢力還是在人家手裡，還是在吾們手裏呢，亦不必我再細說了，所以吾們辦葫蘆島的事情，越是積極的進行，人家這種計劃，越是積極的籌備，如影隨形，可相呼應的，自從大連開港，我們國民經濟的影響，政事的影響，已經很可怕的了，將來清津港的聯絡鐵路成功以後，吾們經濟政治影響怎麼樣，亦可拿來研究研究，日本本部的日本島，形勢狹長，如船形，清津港的航路可直達敦賀港，敦賀在島之北，大阪神戶在島之南，三港鼎足而立，距東京甚近，本來自大連到日本，要走下關，到東京，路程較遠，現在敦賀至清津一水之隔，自日本東京至吾國北滿，路程較近，大阪神戶又爲日本工商業中心點，以北滿物產如此之豐，當將來運往內地製造，其成本自輕，經濟上所受好處極多，且軍事上的便利，尤不堪勝言，將來政治上的關係，則更爲密切，可見清津港聯絡線之開通，東亞當有極大之衝動，吾國除抵死反對吉會線之完成與長洮之延長外，還有其他好的應付方法？

自圖們江岸至天寶山，現有狹軌的天圖輕便鐵路，名爲中日合辦，實在資本出諸日本爲多，中國政府因地方反對，本來不許開工，民國十年冬，兄弟正供職交通部，曾奉部令實地查勘，部中不發開工執照，乃現在早已通車矣，最近據報載，沿邊地方人士，深恐日人垂涎敦化至會甯之鐵路，擬自辦敦會鐵路，其動機實出愛國之心，甚可欽佩，但恐怕像從前天圖之例，日人以偷天換日之手段，再來插足其中，則愛國者適以害國，深盼國民從長計議爲是，諸君研究交通學識，對此重大問題，亦深望研究利害，而表示於社會焉，

現在東北當局對於東北路線，並非僅僅專門應付外人，吾們亦自有根本計劃，我們政策，現在既築葫蘆島，以該島爲中心，擬利用瀋海吉海，延長至同江，至中俄交界之綏遠，作爲東北幹線，利用齊克洮昂，延長至愛暉大黑河，爲中央幹線，自滿洲里或庫倫南至北甯錦朝枝線，築西北幹線，三幹線附近，再築重要支線，使南北滿之出產，一律運往北甯葫蘆島出口，以營口秦皇島爲補助港，倘能積極進行，別無其他阻力，則中東南滿二路之勢力，何足懼哉，此則全賴政府與人民協力同心，以共底於成也，

書報介紹

1. "Regulation of Railroad Finance"

By John H. Frederick, Frank T. Hypps, James M. Herring Wharton School of Finance and Commerce Univ. of Penn Published by Simmons Boardman Pub Co., New York. $3.50

本書對於美國聯邦商務委員會根據一九二〇年運輸法管理全國鐵路財政事宜之權限解釋詳晰。幷由委員會處置各案之性質理由推證其對於決定公衆利益一點所採之辦法。如給發建築或撤消鐵路之准許，書鐵路公司收買及合併問題，聯銜董事與各種鐵路證券發行之管理法則等均有述及。

2. "Union-Management Co-operation on The Railroads"

By Louis Anbrey Wood,

Published by Yale University Press, New Haven $4.00

本書敘述美國與加拿大鐵路合作運動。如歷史背景，運動之起源與進展，管理者與員工之態度，計算與分配利益問題，及對於鐵路事業之關係等。

3. "Transport Coordination: Meaning and Purpose"

By G. Shorey Paterson, Journal of Political Economy, Dec., 1930

本篇首先分論各種運輸之功用。繼論如何發展聯合服務，聯運與減少競爭，鐵路公司管理一切之觀念等。結論對於聯合運輸之意義伸說詳盡。

"The Government and Railroad Transportation,, By A. R, Ellingwood & Whitney Coombs Published By Ginn and Company. U. S. A.

本書第一章對於美國所謂州際商務(interstate commerce)之意義與範圍先予確定，第二章述及聯邦政府與州政府管理商務交通之權限，第三章敘述州政府之管理事宜，第四章爲本書之主要部分，關於聯邦政府管理全國商務交通事宜，如聯邦商務委員會之組織及權限，委員會與法庭間之關係，運輸者對於州際商法之責任，鐵路方面之估價問題歧視問題運價問題，合併問題，設備及安全衞生問題等均有述及，篇末幷及水運管理問題，全書引證美國各項法例與重要案件，使讀者對於政府管理鐵道運輸得一直接之觀念，每章幷附有問題多條，爲讀者推究各問題之助，

„Railroad Consolidation, Its Economics and Controlling Principles,

By Julius Grodinsky, Published By D. Appleton & Company. N. Y. 1930

美國鐵路合併問題爲現今美國鐵路界一重大問題，照美國國會訂定一九二〇年交通法規中，關於合併問題之原意因爲經濟起見，謀各路之合併，使成爲數財政力量相等之系統，得於競爭業務上達到統一運價，各鐵路得到相等之酬報率，但欲達到此目的，殊非易事，政府方面，迄未有一完全確定之辦法，各路間之私行合併與收買管理權，仍進行如故，(D. yrodinsky)在本書內，闡發各路間合併之最要目的，幷非爲財政上與行車經濟上，問題實爲競爭業務爭相併吞有關係之小公司，以增加勢力，排斥異己起見，是以政府處置合併問題，應於業務問題上特加注意，此外對於美國各路之財政與業務情形與各路間之關係，敘述極詳，爲研究美國鐵路情形與合併問題之要着。

1. "Auditing Problems"

By Jackson, J.H.

(New York: Ronald. 1929 $6)

此書如與作者所著之"Audit Working Papers,,合用，則爲研究審計學最圓滿及最豐富之材料。全書問題共九十九，可分三類。第一類問題僅敘事實，由學者解答。第二類事實答案俱有；惟答案多不完善，學者可自由批評，及尋求最適當之解決方法。第三類事實既詳，而答案亦極圓滿，可爲學者之楷模。各類問題敘述極有條理。舉凡審計步驟，自開始審查以至最後報告，悉包括無遺。本書後部復將各參攷書籍分門別類，共十七頁，索引二十二頁，均有相當價值。(此書本校研究所有)

2. "A Treatise on Money,,

By Keynes, John Maynard

Vol. I The pure theory of Money

Vol. II the Applied theory of Money

(New York: Harcourt Brace 1930 $8)

在過去數年中英國劍橋派之經濟學家頗多偉大貢獻。而Mr.Keynes"A Treatise on Money,,一書刊行後，尤爲世人所驚服。全書兩冊。凡八百篇。作者不僅反覆辯論純粹的貨幣學說，且能以其實施於現代各問題。本書範圍狹窄，不若其名之廣泛。如法定貨幣，銀標準，固定流通貨幣方法，濫發紙幣爲征稅之一法等，皆未論列。而其主旨則在貨幣份量之變遷對於贏利，生產活動，入息分配及創造資本之影響。此爲現今泰西各國所最重視者，雖有省略之處，吾人亦不必苛求。凡有志研究經濟學者，當以先讀此書爲快。(此書本校圖書館有)

3. "The Economics of Inheritance,,

by Wedgwood, Josiah

(London: routledge 1929 12S6d

作者專以統計方法調査歷史上——尤其是大不列顛——貧富不均所受不平等遺產之影響。全書所論，不外四個問題：(一)遺產制度養成不平等分配，何由知之？(二)遺產制度與其他不平等原因相比，孰輕孰重？(三)從何方觀察，遺產制度乃有利於生產事業？(四)用何種方法改良遺產制度而不損害生產事業？作者對於後二問題全用分析方法研究。前兩者之答案，因參攷材料不多，尤値吾人注意者也。理論上的分析及實際上的調査，本書兼而有之。誠研究遺產制度之一重要貢獻。(此書本校研究所有)

4. The Successful Control of Profits

by Rautenstrauch, Walter

(New York: B.C. Forbes Publishing Co. 1930 $300)

節制商業贏利爲一可能之事乎？普通商人對於此問題咸欲得一適當答案。本書作者經深切之研究後，謂爲可能。第一二章分論商業之特性及普通性。其次三章分析製造商業之成本及其經濟特點並二者之關係。第六七兩章解釋平準表及盈虧表之結構。第八章專論預算之編造。商業之將來到於最後一章論之。書中特點在以科學方法施於商業現象。作者結論謂商業論據可隨科學方法改變。故商業程式中一切未知數均可免除，最少亦能預測或節制。用科學方法編造預算卽爲解決此問題之關鍵。(此書本校研究所有)

5. "Rationalization of German Industry,,

(National Industrial Conference Board, Inc. Publications New York 1930 $3)

現在德國工業合理化運動極形重要，蓋與賠款問題有密切關係也。本書第一部概論合理化之意義，方法，原因及其目的，以為研究德國工業合理化之基礎。第二部完全討論德國工業之組織，構造及合併問題，並選擇五種工業從事研究，每種在工業合理化運動中均甚重要。最後一部乃討論一九二四年工業合理化運動開始後之德國國外貿易。因此成功乃能增加出口貨以償還國際債務。(此書本校研究所有)

6. The Menace of Overproduction

by Hamlin, Scoville

(New York: John Wiley and Sons, Inc. 1930 $275)

機器時代所給予吾人之奢侈，繁華，新奇事物，及安適生活，確實不少。惟生產過剩及失業問題亦即隨之而來。現今世界經濟狀況，已漸趨嚴重，全球之生產及消費相去亦漸遠。然則何以善其後乎？此書給吾人以圓滿之答案。作者詳細分析現今經濟狀況及陳述補救政策。其重要不僅關係一國，亦萬國所不能忽視者也。全書討論十八種不同工業，每種由一專家担任。生產過剩之原因，範圍，及其補救方法皆有精深之研究。(此書本校研究所有)

一九三〇年英國鐵路經濟概觀

仁

當一九二九年之末與去年之初。英國鐵路似有重入興旺時代之希望。但不久卽見其客貨各項收入之日趨衰落。待去年年終時。計四大鐵路公司(The Great Western, The London & North Eastern, The London, Midland, & Scottish, and The Southern)之收入。較之上年短少一〇，三一九，〇〇〇鎊。去法定標準收入尙少一五，八一九，〇〇〇鎊。

考此衰落之原因。實由實業之不振。影響及於全國各業。而於鐵路大宗收入所自之數大工業爲尤甚。如鋼鐵業等。計自去年一月至十一月旅客人數較之上年同時間減少一千六百萬。際此各業不振客運衰落之時。雖政府允許各路得增加其運價。但各鐵路公司明知增價之無補於事。仍維持其原價。

鐵路收入減少。各鐵路公司股票價格卽見下降。計去年各公司股票市價跌去四千六百萬鎊以上。

近年來鐵路公司雖極力設法彌補此收入短少。但事實上自歐戰後鐵路員工之工資增加至百分之一百四十三（六七，〇〇〇，〇〇〇鎊） 同時運價祇增加百分之五十至六十。生活費祇增加百分之五十五。在一九一三年時工資一項支出佔總收入百分之三十六。去年竟達百分之五十六。雖鐵路員工人數自一九二五年來經裁去七萬餘人。

去年五月。英國鐵路員工曾自動恢復減薪百分之二•五之協定。爲期六月。但至十一月。各路之收入仍見衰落。於是公司方面提出工人每星期減薪六先令。(以每星期三十八先令爲最低限度)職員每年減薪十鎊至十五鎊之辦法。幷規定此後工資概照實在工作時間計算。取消現行每星期最少時間之規定。所有星期日及夜工等之工作時間與平日一樣計算。如每星期工作時間不到規定限度。星期日及夜工不再有額外給酬。預計此辦法實行後可節省九百五十萬鎊之支出。公司方面所持爲減薪之最大理由。以鐵路受汽車運輸競爭之影響殊鉅。亟須增加資本力謀改進。以圖抵制。然欲招致資本。非有優厚之利益不可。自一九一三年來股息已由總收入中百分之三十五降至百分之十九云。

以上減薪辦法。未得勞工之同意。結果於本年三月間由全國工資委員會發表辦法。工人方面一律減薪百分之二·五。高級職工減薪百分之五云。

英國各鐵路公司爲節省費用同時適應業務上之需要起見。與汽車運輸公司合作之結果。殊見經濟。去年有許多虧蝕之路線經停止全部或客運業務。由附屬公司經營汽車運輸以代之。在北方各地多用聯接蒸汽車（Articulated Steam Rail Car）以代原用一機車二客車組成之列車。計每哩行車費用可由二二·七減至一一·三辨士。現用以行駛二百萬哩之路程。其節省之費用頗不少。對於機車之使用。亦力求經濟。如增加機車每日行車哩數。調用拖力較大之機車以減少列車次數等於行車費用上。均見減少。

英國鐵路經濟情形雖如上述。但以位居一國實業之首。仍不能中止其發展工作。故經政府之要求規定以三千萬鎊爲發展費。藉以救濟失業工人。其計劃中如改良貨站及碼頭設備增建貨車分類場，擴展客站，採用電氣化，增加軌道，採用鋼軌以扶助鋼鐵業，改善貨運業務，實行鐵路汽車聯運，與鐵路航空聯運等。在去年上半年各項計畫多有進展。下半年來以收入大減。影響不少。但關於改良與增進行車各項仍在設法進行。蓋以工商業一入佳境。其有賴於迅速與經濟之運輸者殊鉅也。

美國本薛文義鐵路實行聯絡汽車運輸後之進展 （十）

鐵路應與汽車聯絡運用。早爲各國運輸學者與鐵路所公認。因鐵路所受汽車競運之損失以客運與零噸貨運爲最鉅。故鐵路與汽車聯絡運用之處。亦以該兩種業務爲最要。美國本薛文義鐵路。自採用鐵汽聯絡以來。客運營業頗見進展。茲將聯絡情形。略述如次。

該路管理政策。對於聯絡汽車運輸之方式。約分四種。

(一)停止一部或全部不經濟之運線業務而代以汽車運輸。

(二)減少鐵路停站次數以汽車從中運送。俾得增加行車效率。

(三)廣設汽車支線以培養本路之客貨運輸。

(四)用汽車以補充鐵路所未盡之業務。

第一種爲該路最初聯絡汽車運輸之方式。自一千九百二十四年起。該路即逐漸停止各線不經濟之客運業務。而代以汽車。由其附屬公司 (The Pennsylvania General Transit Company) 行駛之。至去年年底止。共計每年減少不賺錢之列車英里數達七十九萬八千五百六十有奇。兩相比較。行車費用每年約省四十七萬八千二百四十美金。聯絡之益。於此已可概見。同時該路復因副經理兼中區管理主任田賽氏 (J.F.Deasy) 之建議。收買猗雷霍公司之股權。計買優先股約百分之十、七。共費八十七萬一千三百九十一元美金。普通股約百分之八、五。共費一百三十三萬三千一百九十三元美金。猗雷霍公司者 The Greyhound Corporation) 一有力之汽車運輸總公司也。所轄各小公司之運線至廣。一經參權其間。可使聯絡計劃更易推行。其聯絡方式。遂由第一之代替進而爲第二第三第四之輔助培養與補充。營業固益增進。而兩方費用亦因設備與人才之聯用互調。得以極端經濟。同時該路因所直轄與聯絡之汽車運線日多。爲免除衝突起見。合併統一。設立本薛文義蒴雷霍汽車運線總公司 (Pennsylvania Greyhonnd Lines, Inc.)。制度益見完整。聯絡之效能。亦更顯著。現在該公司汽車運線總數達八千英里。據田賽氏在州際商業委員會之報告。該公司去年(1930)總收入共六百七十二萬五千八百二十、六二美金。而支出共五百八十六萬九千二百二十七、七美金。淨賺八十五萬六千五百九十二、九二美金云。

英國南方鐵路之特種客運談

（嘉）

英國南方鐵路車務總管考克斯氏，（E.C.Cox）在倫敦經濟學院鐵路學會演講該路之特種客運問題。節譯如下。

在談客運問題之前。應先明瞭鐵路經營客貨運輸之要則。要則者何？即「招徠」（Securing the Traffic）與「運輸」（Moving the Traffic）兩種工作。應切實聯絡。勿使稍有隔膜。南方鐵路組織。商務部與行車部。均設在車務總管管理之上。職是故也。

特種客運。大別之可分為三類。

一、同一目的。而大量集中之客運，——如某地某時盛會。群往觀覽之運輸。

二、目的不同。因同時休閒。偶然大量集中之客運。——如紀念日遊覽等之運輸。

三、帶有行李輜重的大量集中之客運。——如軍運。農業展覽及學校放假等之運輸。

鐵路欲使其客運營業發達。對於本路上各種不同之運輸。必須細察情形。預為精詳布置。茲將南方鐵路情形略述以供我國鐵路之參考。

賽馬會　該路沿線區域內。共有跑馬場十八處。每當舉行跑馬。遠道往觀者。無慮數萬。故鐵路對於每處每年每次跑馬。均須有相當之準備。尤以阿斯喀（Ascot）與埃潑森（Epsom）兩處最為重要。去年各處跑馬日數。除阿埃兩處不計外。前後共一百四十日。開駛專車共八百五十七列車。旅客共三十六萬七千四百二十二人。阿斯喀之金杯賽最為著名。當日早晨由華德羅至阿斯喀。共開頭等專車十八列車。共運旅客四千九百六十五人。但當日仍開平常車三十八列車。平均誤時僅三分之一分。而回程專車遲到平均僅半分鐘。與平常晚車之行駛。絕無衝突。連賽四日。總計由華德羅開駛專車共九十七列車。內頭等六十一列車。旅客共四萬五千九百三十七人。鐵路對于此次金杯賽事前準備。非常周到。專刊臨時行車通知單有七頁之多。另派車務專員多人。分赴各重要地點。指導車務。故能措置裕如也。但於此有一事應注意者。卽除事前準備外。對於臨時緊急處分之便利。亦應顧到。例如去年之「哼脫」杯賽時。跑馬場因受劇烈地震。忽然損壞不能舉行。觀客需要回車時間。突然提早。以致預定之行車計劃。完全不能適用。不得不臨時另籌方法矣。至埃潑森之夏季賽。更爲熱鬧。前後四日間。旅客來觀者可不下十萬人。故鐵路專駛列車。儘量加多。約每五分半鐘。卽有一列車到站。而至三時半起始回車。約每四分鐘一次。車務繁重。於此可見。

足球大比賽　該路沿綫各處。常有足球大比賽。鐵路對於此種客運。除臨時增加列車外。因比賽地點。每在小站附近。站上設備。或未完備。故車務規劃。較形複雜。去年脫惠根漢之英格蘭威爾斯大比賽。旅客往觀者約有三萬人。同時適有赫斯脫公園之跑馬。於是行車計劃之規定。又須雙方兼顧矣。

紀念日　關於紀念日之客運。試舉復活節爲例。常復活節前之星期四。旅客卽形擁擠。約在銀行紀念日之晚。始陸續回去。故在平常星期四。至馬甘脫(Magate)拉姆斯甘脫 (Ramsgate) 等處之列車數。共十有七。旅客約六千人。而至復活節前之星期四。則須增至四十七列車。估計乘客約二萬人。對于龐恩口(Bournse mouth)之長途運程。則自華德羅起再發三十三列車。又如倫敦至大陸。平常爲十一列車。載客約二萬數千人。至復活節則增加至四十三列車。所以備約一萬四千旅客之乘坐。關於處置大量客運。本有一重要方法。卽將各列車乘客人數。予以規定。派有專員預備計算器以管理之。此種方法。對於阿斯喀賽馬之客運。最爲相宜。但在倫敦則施行每感困難矣。

學校放假　此次運輸之數量雖不甚鉅。但亦有其特殊之困難。大學校人數衆多。特爲規定專車。尙另籌辦較小之學校。人數既不甚多。而散處各地。設備便利。每不周到。於是行車上極感困難矣。該路南部區域內。計有學校五百餘所。約有學生二萬七千人。校方與路方。互相合作。商有特種辦法。尙無不便。

總上所述。爲南方鐵路特種客運之情形。茲再將經營特種客運之要點。彙列如下。

(一)與大量運輸之發動處所。切實聯絡。互商免除運輸上之困難。

(二)研究現有各種設備。以謀充分利用。勿貿然添置。蓋增加資本費用於時間性偶然之運輸。殊不經濟。

(三)規定行車計劃時。特別注意下列各點。

(甲)運輸行動之靈活。勿使柵門等處發生擁擠。

(乙)車輛機車及員司之充分運用。

(丙)竭力設法避免空車回程。

(四)詳細注意商務狀況。對於運價之高低。與設備之餘缺。尤應加以調劑。勿使運輸擁擠時。適告設備缺乏。或設備不便時。發生運輸擁擠。

(五)列車之載重及容量等，務求統一。以便必要時互相調用。

(六)各號誌區段間之時間距離。務求相等。以保安全。

(七)愼選人才，專事管理特種專車車務。

(八)指示行車辦法。務求明確詳盡。庶免誤解而致僨事。

(九)盡力避免與平常車務之衝突與混亂。勿使稍有影響。

(十)研究現行各種辦法。以爲下次之根據而資改進。

(十一)提早散發關於特種運輸之廣告。並加指南使旅客皆有相當預備。不至臨時雜亂。

(十二)分派負責人員。至各終點站與重要地點。視察車務實施狀況。並主持臨時緊急處分。

美國鐵路提倡直接搬運

（利）

美國鐵路自遭汽車競運以來。零噸貨運之營業大形減縮。競爭方法。本減低運價與增進業務兩途。但運價係屬整個制度。互有關係。其增高減低。均有一定原則。不得自由歧視。州際商業委員會早有限制。故鐵路欲圖維持其固有之零運營業。惟有從業務上不及汽車運輸之處。設法改進。此美國西部十三大鐵路所以紛起提倡直接搬運也。（Store door pick up & delivery service)此十三大鐵路中。西南部十一路係聯合進行。其他(The Chicago, Milwaukee,St Paul & Pacific與 The Chicago & North Western) 兩鐵路。則各在其沿綫諸要站實行之。其計劃大致相同。貨物之搬運接送。一以直接運用鐵路提單爲主。不復託經任何駢指機關從中轉運。茲將西南各路與其他兩鐵路所擬行之計劃。分別略述之如下。

（一）西南各鐵路　西南各鐵路之直接搬運計劃。係由十一路副經理所組成之委員會中所擬定。十一路者。(The Missouri Pacific, The Texas & Pacific, The St. Louis-San-Francisco, The St. Louis South Western, The Missouri-Kansas-Texas, The Southern Pacific, The Western Pacific, The Chicago, Rock Island & Pacific, The Atchison, Topeka & Santa Fe, The Kansas City Southern, The Louisiana & Arikansan, and The Burlinton-Rock Island, 等是也。其計劃之要點有三。一爲免費之規定。凡託運貨物。經過路綫不滿三百英里者。概照現行零噸運價繳納。並不另徵直接接送費。在三百英里以上者。則須另繳若干。作爲該項業務之代價。此項收費表。現正在籌備編訂中。尚未正式呈報州際商業委員會及各州委員會。但預料最近二三月內。當可頒布施行云。二爲業務之經營。此種接送。雖直接運用鐵路提單。但並不由鐵路自己經營。乃由鐵路與當地汽車搬運公司訂立合同。代行車務。三爲施行之地段。此種業務將先施行於(Missouri, Kansas, Oklahoma, Texas, and Luisiana)等數州內。

(二)The Chicago,Milwankee,St.Paul, & Pacifri Railroad.該路擬行之計劃。僅限於指定數站。接送費概須另加。車務之經營亦商由汽車搬運公司代理。

(三) The Chicago & North Western Ra l road該路擬行之計劃。暫先試行於(Illinois, Wiscons.n and Minnesota）諸州內各站。然後次第推行於西北九州。運價擬重行釐訂。將直接接送之費用。一併列入總運價內云。

綜上三種計劃。其經營方法。可稱完全相同。蓋皆以鐵路提單爲主。不託駢指機關轉運。而直接與汽車搬運公司訂立接送合同。其最大之不同點。即在收費問題。西南各路主張大部分貨運免費接送。對於三百英里以上者。雖略事徵收。然絕不以鐵路因經營該項業務而增加之用費爲標準。至其他兩路。則皆主張加收接送業務費。以償其用費。二者究竟孰利孰弊。將來結果如何。頗堪注意者也。

國內交通大事補記

□首都鐵路輪渡開工

下關浦口之間，大江橫隔，改京滬津浦車輛，未能直接貫通行旅往來，極感不便，交通界有見及此，已有鐵路輪渡之喧傳。昔北平交通部歷派中外工程專家，出洋考察，歸國以後，建議紛多，主張不一，或擬建築浮橋，或擬升降船面，或擬建築水閘，注水使其起落，或擬固定坡道，附以活動跳板，然以上各式，原爲各國計劃先例，倘照式採用，多不適宜，而建築費又嫌太巨，况長江水面漲落，相差二十四尺，欲求最適當最經濟之計劃，亦見困難，是以十餘年來，迄未實現。鐵道部成立之初，以此輪渡關係首都交通，故極注意，因交通大學土木工程學院院長鄭華昔年曾發有輪渡計劃意見，成竹在胸，籌劃有素，駕輕就熟，則事半而功倍，特爲調部服務，任以設計科長職，鄭君到部以後，悉心研究，詳備計劃，並經該部指派司長薩福均，技監顏德慶，幫辦黃振聲，技正鄭華盧維溥，金濤，京滬路局處長王金職，王承祖，總工程師塔斯福，津浦路局處長吳益銘，工程司哈納，及工程專家肖德黎，程孝剛等十餘人，詳細審核，討論數次，認爲妥善，依照計劃進行，查該項設計內容，備有渡船一艘，長三百六十英尺，寬五十八英尺，速率每小時十二海里。船上鋪軌三股，每股長三百呎，總共可容四十噸貨車二十一輛，或最長之客車十二輛，至另備機車一輛，擬將常駐船上，使其車輛上船，可以在前拖引，車輛登陸，則在後推送，以免車輛脫鈎諸危險，至兩岸設備，則各建活動橋梁一座，每座四架，每架長一百五十尺，橋墩上置電力升降機，按水面高低起落，橋梁位置，以與渡船適合，卽使水面相差二十四呎，其最陡坡度，亦不過百分之二〇，岸上設柵門一道，用電力啓閉，渡船靠岸，則柵門自開，門前亦設保險岔道，使與號誌連鎖，可免疏虞，估計全部建築費約四百萬元，完成以後，則過渡時間，僅費四五十分鐘，比之現在情形，省時已多，起卸費之消耗，尚在其次。至輪渡營業，除將渡江旅客收費，暫不計算外，調查貨物往來，以常例言，每日貨物約三十噸，每噸酌收一二元，則每年進款，可達一百五十萬元，除經常費三十餘萬，尚可淨盈一百餘萬元，四年之內，可將本息清還，預料一年後可以通車。

◘鐵部建築隴海靈潼段

隴海路係橫貫中國之一大幹線，自鐵道部成立，即積極謀該線之完成，劃段興工，先築靈寶至潼吳一段，年來雖稍受軍事影響，但仍在可能範圍內努力進行。查該段計長七十二公里，各項工程現已完成十之六七。土工已大致完竣，殘缺無多，橋工興築已有十分之七，山洞十二座，均已次第告成，除靈寶有兩山洞，在十五年坍塌，正擬定線築一長三千公尺山洞以代之，約需款八十萬元。為求通車迅捷起見，擬築一便道，先行敷軌通車運料，然後再續造山洞，又潼關有山洞一座，必須穿越城下，為臨時通車計，可在關東先設車站，橋梁及敷軌材料，一切均于十八年由比庚款購齊，屯放浦口吳淞，祇待車輛，即可于短期間運至工段應用，現存工款和存在京滬兩地上各種工程材料頗多，現已陸續運去，全段工程，期於六個月內可以完成，

◘中央庚款大部用于築路

英國退還庚款餘額，已于九月二十二日由雙方代表決定，至該項決定之內容：即將庚款全部交還中國政府管理，大部分用之整理和建築鐵路，除在中國設一董事會以便直接管理基金外，並規定中國政府以交還之庚款，及以庚款作担保所借之款購買材料，當向英國定購，由雙方派定人員五人，在倫敦設立一購料委員會，以便訂立各種契約，並交送中國所定購之各項機器及材料，該委員會設有主席一人，業經決定由駐英公使施肇基兼任，至我國鐵道部代表一人，已定陳伯莊充任，至其餘三委員由中英外交部長合開一名單推薦于董事會。

◘全國商運會議之經過

鐵道部謀發展鐵道運輸，增進國民經濟，增加工商生產起見，特召集全國各路局各省市商會各機關代表，在京開全國商運會議，出席會議之代表，陸續到齊，乃于三月一日上午十時，由次長連聲海率領全體代表一百五十八人，赴中山陵謁總理墓，下

午三時，在鐵道部大禮堂舉行開幕典禮，由孫科主席，希望各代表根據事實與經濟及調查結果，著爲議論，補救目前弊病，計會期七日，共開大會五次，議決各案甚多，閉幕宣言如下，「國民政府統一而後，以鐵路交通爲一國命脈，特設專部以董理其事，因時局未甯，事多牽掣，雖日言刷新，亦苦無徹底之規畫，邇來軍事結束，中央威信，日臻鞏固，鐵道部委時治理，有召集全國商運會議，而力謀挹注，於鐵路積弊，則周諮博訪，以期改革，于鐵路運價，則統籌兼顧，以期平允，遂能于一星期之間，解決各種重要提案至一百六十餘件，往昔軍閥割據，視鐵路爲利藪，任意爭奪，破車毀路，無惡不作，迭遞相承，每況愈甚，由是鐵路設備，日趨殘破，鐵路管理，日趨腐敗，馴至商貨滯積，行旅嗟歎，財殫力痛，公私交困，無有敢輕議其非，倡言改革者，今鐵道部毅然決然，一反需者之所爲，召集會議，本路商合作之精神，謀雙方隔閡之消弭，羣策羣力，以圖路政之刷新，商運之發展，各方代表，聞風興起，宜其結果之美滿，有非如料之所及也。」

◘呼海鐵路改爲商辦

呼海鐵路業務，連年極爲發達，惟黑省因去年一年防俄後，致省庫空虛，全省凡百建設事業，均以款項支絀，不得進展，即省代理金庫之廣信官銀號，亦以基金空虛，以致所發行票幣，屢次跌價，而齊克鐵路延長至鶴崗，均因無款，不能舉辦，（齊克僅修至甯年）前經省府議決，以省方投資于呼海路甚巨，如將呼海改爲商辦，招收商服，替出官款，則省方可以其財力，爲諸般建設，因呈准東北政交兩委員會核令如擬施行，改組爲呼海鐵路公司，十九年十二月一日成立，委高雲昆爲總理，齊昂鐵路局長萬國賓爲協理，開始招收商股。

◘各路戰役損失總計

鐵道部前令各路局查報十九年來戰役損失，玆據津浦，平漢，隴海，北甯，膠濟，平綏，正太，京滬，杭甬，湘鄂，廣九，廣韶，南潯，道淸等十三路局報告，彙計軌道車輛等資本損失二千九百十六萬五千餘元，駐軍強提路款四百二十六萬六千餘元，軍事運輸記賬二千九百九十五萬八千餘元，營業車利損失一千五百〇一萬八千餘元，總計各路各項損失共七千三百卅四萬八千餘元。

■葫蘆島築港之進行

北甯路與荷蘭治港公司訂立葫蘆島築港合同，已于廿年一月二十四日，由該路局長高紀毅，公司總代表羅約第夫在津簽字，築費為美金六百四十萬元，限一九三五年十月十五日以前竣工，公司担任建築巨浪大碼頭，濬塔塢，濬海道等工作，簽約後，路方卽存款一百萬于雙方約定之銀行為準備金。

■中日鐵路聯運會議

中日聯運會議，于四月初間在日本召開第十五屆會議，議決各要案如下：

一、改正鐵路及辦事車站之名稱及訂正關係此事之契約。

二、編纂明示中日車聯運各系統之地圖之說明書。

三、將瀋陽暉河撫順追加入中日周遊車票之第二次旅行區內。

四、開始中日聯絡團體旅客之接待。

五、新設經由上海之來回票。

六、改正中日聯運小件貨物制限重量六十瓩，此後重量之制限為五十瓩，將容積限制擴張至二百五十立方糎。

■淮蕪開築輕便鐵路

建設委員會建淮蕪輕便鐵路，便運淮南白煤，業已開始修築。

■北甯路與開灤之交涉

北甯路與津浦路向均採用開灤煤，自一九二四年後，津浦獲得特殊扣佣，為當事者之利益，迨去年閻錫山盤據津浦，羅掘軍費，當事者不敢乾沒該款，乃以之劃歸公帳，關是以後，北甯煤價較北甯為廉，最近為北甯當局發覺，因向開灤交涉，要求同樣，自一九二四年起，補發佣金七八十萬。同時北甯開灤間歷年積案甚多，各延車費，唐山路房塌陷賠償，新立街移線賠補，改訂塘沽岔道合同，撤去路界內該礦電桿，收回北平前門租地等等，總計北甯要求之款，達百五十萬元。北甯路並在交涉未議妥前，停止開灤煤運，談判多時，直至五月底始議定由開灤認繳延期費及煤價差數共一百二十五萬，乃告解決。

▣杭江鐵路通車

杭江鐵路為浙江省政府借款建築諸暨一段，于本年四月工事告竣，六月杪實行通車，該段共長百餘里，分設江邊，蕭山，臨浦，光山，直埠諸暨六站。設備方面現正陸續裝置機車五輛，貨車二十五輛，客車十一輛，營業方面，在全線未通車以前，暫先舉辦普通客票行李貨物三種運輸云。

旅行事業之價值及海外各國招致旅客之設施

（傅恩齡）

一、旅行事業之價值

（一）旅行事業之使命

招致旅客而與其以滿足，卽所謂旅行事業第一之使命，藉之以資增進本國與他國人民之交誼，更以彼此國民之接觸而利國交之親善，乃爲次要之使命。最終之使命則爲圖謀貿易以外收入上之增加，而使外人旅客多作金錢之消費於旅行國。

近十數年來我國對外公私關係恆招誤解，或致陷於不利。究原其故，一方面在於國人對於外人幷無介紹宣傳糾正等工作；他一方面則在於列國對於目前之我國國情所有之知識殊少。種族言語風俗習慣俱各不同，互相缺乏了解，自亦在所難免。爲今之計，似以介紹我國當今之國情於海外，幷設法招致外人旅客於我國，俾謀國民同志間之親近與接觸，互相誤解之事當可一掃至相當程度也。

國民與國民之外交，所有各方面均皆舉行之時，勢必互解國情，互知風俗習慣，互悉彼此之長處短處，如斯之後友誼融洽，豈非當然之理？國際間之接觸如果頻繁行之，甯止於相異種族間緩和其難免之反感，幷於國與國之糾紛葛藤上減少之效，似亦不少。

某學者曰：「貿易不過係世界的交際之一種形式而已」，是誠爲至理明言。從事於貿易之人，時或與英美人爲友，時或與日德人爲朋，每值其更變友人之際，而不感覺其有所變更，必可至於發生恰如與己國人交誼之情感。彼德國人，在歐戰之前，海外各處市場時常保持其優勝地位者，其最大理由，卽由於事先研究被貿易國家之語言風俗經濟狀況商業習慣等事，然後籌思應付之方法，故雖是外國人，可以不必視作外國人，撤去內外人之屏障，則恰如本國人間之交誼矣。此幷不僅限於貿易關係，其他各項國際關係，亦何嘗不皆如是，吾國兵法所云：「知彼知己，百戰百勝」，似即是理，値茲對外努力務使不平等條約撤廢之今日，設法招致外國人於吾國，使吾國人民多往國外遊歷之事，尤應注意者也，

(二)招致外人旅客之意義

招致外人旅客究有如何之意義，茲略言之，其意義可分兩方面考察之，一爲國交親善上之意義，即關於抽象的利益：其他則爲經濟的意義，即關於具體的利益。

(甲)國交親善上之意義

招致外人旅客，於敦厚邦交上，究有如何之意義耶?原來個人間如欲結爲眞誠之交，彼此相知最爲要件，國與國之交誼亦然，但國家係由於多數份子構成，欲使彼此多數構成之分子，皆能互相了解，彼此相知，實爲至難之事，國家之間由於誤解爰發生種種之糾紛，是故欲圖兩國國交之親善，所以互相善爲了解，而爲最善之良策，藉招致外人旅客於我國，可以給與關於我國人情風俗習慣地理歷史普通制度等知識，以之使其可得眞正之了解，對於國交之親善上而有多大之意義，觀此似即明了，但此不過究屬抽象，其利益究至若何程度，頗難斷定，是故以抽象的利益名之也，

(乙)經濟上之意義

其次則爲經濟上意義如何之問題，招致多數外人旅客之利益，不止如上所述，我國之國產品，藉諸外人之前來遊歷，介紹於海外諸國，即可資貿易之擴張，外人旅客在我國所消費之金錢，於國家經濟之調節上，亦有重大裨益，如我國以入超爲常態之國家，設法促進貿易，頗爲重要，旅行事業雖較微小，可爲大助，幸勿忽視，故招致外人旅客，即在此點，亦有其相當之重要性，況我國現在工商各業，俱尙未臻發達之域，此貿易關係以外，外國消費於國內之金錢，不用多大資本，於國家經濟調節上，頗關重要，是以招致外人旅客，如能使多招致一人，則貿易以外之收入，自增加一份，此事豈可忽之耶!

今已有以國家政策而研究之價值，外人旅客之國內消費額，在經濟上關於貿易以外之收入，而爲國際貸借帳目之重要項目，現在海外諸國之中，由其維持貿易之均衡而補償輸入超過之國家，頗不在少，例如瑞士，國家財政之半數，用外人遊覽費年額之五億法郎，賴以維持，義大利外人遊覽費，約爲年額六億利拉，藉之與該國貿易上之入超額相殺，美國年得外人游覽費三億金元，歐戰之前，該國曾以之補償國債之利息，其他若英國，歐戰之際外人旅客絕跡之故，年失約八百萬磅之外人遊覽費，據言幷爲該國彼時匯兌行市下落之傍因。

海外諸國皆視招致外人旅客，至爲重要，故皆有積極的設施，貿易上雖屬輸入超過，但貿易外之收入，如增至相當金額，或達入超額以上，國富自增，不待煩言，故皆一方獎勵輸出貿易，同時一方圖謀增加貿易外之收入，我國人消費於他國之金額，以及他國人消費於我國之金額，苦無統計，殊難稽考，今擇日本爲例，略申言之，日本於民國十五年度，經常貿易收入爲五億二千九百八十八萬七千圓，同項支出爲三億七千九百十五萬元，兩者抵消，計收入方面多一億五千七十四萬七千圓，外人旅客在日本國內消費額爲四千九百萬七千圓，吾人今減去日本人在他國之消費額二千九百七十四萬四千元，則外人在日本國內消費額，實爲一千九百二十六萬三千圓。外人旅客在日本國內之消費額，如可使之更爲加多，此即爲招致外人旅客經濟上實在的利益，此雖不過屬於概數，但可具體的計算，故以具體的利益名之。

復觀日本之貿易關係，果在如何狀態？日俄戰爭之後及歐戰之時，雖曾輸出超過，但自此時期以後，年年爲二億或至五億之輸入超過，以前所述貿易外之收入，以之終難塡補，日本當局因卽熱中於輸出貿易之促進，更獎勵國民勵行節儉，不過日本缺乏天然之富源，欲圖輸出貿易之促進，當甚困難，故近數年來銳意努力於設法增加貿易外之收入，試列日本財政部發表貿易外收入項目及其金額如下，以資參考，

日本貿易以外收入之項目金額表（單位日金千圓）

貿易外收入項目	民國十二年	民國十三年	民國十四年	民國十五年	民國十八年
第一、經常收入	四六〇、七二〇	五二〇、八一〇	五四九、九三九	五二九、八九七	六〇〇、一六五
(一)外國證劵利息及紅利	二八、〇一七	二〇、三五九	一八、八五〇	一一、八六三	一八、八七八
(二)海外事業及勞務利益	一一二、〇三九	一二三、〇四四	一三三、一九八	一二八、一九八	一三三、二五四
(三)海運關係收入	一六四、六九一	一八五、四七九	一九五、七七六	一九三、九七二	二三八、五三四
(四)保險關係收入	七五、五九九	一〇四、二六七	一一七、三三〇	一〇三、四〇九	一一九、九八八
(五)外國人日本國內消費額	三五、八七七	四七、九四八	四七、〇〇五	四九、〇〇七	五七、九八三
(六)政府海外收入	三一、九二一	二四、三五二	二〇、五六六	二五、八七二	一三、二〇八
(七)其他	一二、五七六	一五、三六一	一七、二一四	一七、五七六	一八、三二〇

統觀左表貿易外收入項目之中，民國十八年度外國人在日本國內消費額多至五千七百九十八萬三千圓，如與該國輸出貿易品比較，在價値上恰當第四位，卽使減去日本人在他國消費額之五千二百五十萬一千圓，尚有五百四十八萬二千元之利益，

玆據意國羅馬大學教授，馬流齊氏之調查，民國十五年卽一九二六年，意大利之外人旅客數目爲百十萬人，其中之二十萬人由於海路，四萬左右由長途汽車或普通汽車來意，比諸一九一〇年增加三成二分。此等外人旅客在意大利住宿之次數爲四百四十萬次，游覽之日數爲一千九百八十萬日，卽平均逗留日數爲四日乃至五日。意國本國人遊覽者住宿之次數爲一千八百二十萬次，遊覽之日數爲五千七百五十萬日。兩次總計日數爲七千七百三十萬日，統計上所表示之遊覽地方及遊客

國籍除意大利人佔大多數外，德人佔二成五分，巴爾幹人佔二成，美國人佔一成一分，至於前往遊覽地點，則爲「伯內奇」一帶，法國人大多數則往意國中部各處，一日平均遊覽者之消費額爲一九〇利拉，參拜聖蹟者之消費額爲一二〇利拉，兩者平均爲一八四利拉，民國十五年消費於意大利之遊覽金額共爲三十六億二千七百萬利拉，較諸民國十四年增加二成四分，其於國民經濟上之重要程度，則如下列數字之所示：

一、貿易平衡上借方數七十八億九千七百萬利拉。

二、由外國旅客所得之收入三十六億利拉。

換言之，意大利旅行事業補貿易上之不足者四成六分，但減却意大利本國人游覽者在外國所消費之九億利拉，可得二十七億利拉之純益，旅行事業之經濟上的價值，觀此益可知之矣。

（三）　招致外人旅客之要件

一、概說

一國如欲招致外人旅客，須先視其要件具備如何？要件或稱爲吸引外人旅客的素質，要件可分之爲根本要件及附帶要件兩種，

（一）根本要件

根本要件列舉如下：一、風光明媚，二、富於歷史的產物，如古蹟名勝，三、風俗習慣俱有特長，且足使外人喜悅，四、社會經濟狀態平穩，五、保有相當進步之文明，例如意大利、瑞士、日本等國，皆富有上列要件，故其往遊之客殊多，風光明媚，雖以瑞士爲世界第一，但意大利及日本亦各有其特殊之處，以歐美人之旅行於歐美各國，其國民生活狀況大致相同，殊少稀罕之事物，如來我東方如吾國及日本，一事一物皆足悅其心目，惹其注意，如果招致得法，設備完善，當有絕大之吸引力也，

(二)附帶要件

附帶要件則爲旅館商店遊覽地點之物的設備，及招待嚮導之人的設備，如果上列兩要件，既皆具備，而亦有現代的設備，則漫遊旅客之來我東方者，當踵相接也。

二、招致外人旅客之目標國

關於旅行時間與金錢爲必然之要件，有比較長時間之旅行餘裕者，究屬少數，是以多往鄰近之國家，故首應以鄰近國家爲目標國，再者時間縱使如何富裕，倘無力負擔旅費等，則旅行亦難實現，故又應以國民富力最大之國家爲目標國，歐美方面距華過遠，中日鄰近一葦可航，故日本以我國爲其將來最大之外客供給國，吾國政情平定，人民安居樂業之後，當即爲最有望之時代，日人來華遊歷者，雖較多，但吾國人之往日本遊歷者，除商人及學生外，則甚少，將來如有斡旋獎勵之機關，則來往中日間之旅客，當可增加也。

美國擁有莫大之國富，且值海外旅行熱烈旺盛之時，美國人今既多數前往歐洲，不久當另覓較新之地點，以負其遊歷之囑望，物色旅行地點之時，東方各處當在其目的之中，日本實渴望之，往歐洲旅行者之一成，如可使之來到日本，則日本國內外人旅客之消費額，可增數倍，故日本現在之目標國，首爲美國，其招致政策亦樹立對美政策云。

三、外人旅客之招致策

然則招致外人旅客之方策，究應如之何始可耶？茲略言之，吾人應認爲最大缺欠者，首有兩事，一爲吾國風光明媚及古蹟名勝，并未經聞人及藝術家之審定及選定，且保護古物古蹟，亦有未得其法之處，一爲國人亟應出資建設現代式及饒有吾國古風，足以表揚吾國固有文明之各種旅館，具體言之，可分爲內部設備及外部宣傳。

甲、內部設備

1現代式及吾國古風旅館之建設

吾國雖有旅館但皆不宜於外人旅客，平津滬漢之著名旅館，幾皆爲外人出資設立而經營之，其盈虧與吾國之國民經濟無大關係，故以華人出資建設現代式之旅館，殊爲必要，旅館爲交通機關之延長，爲家庭之變象，爲旅行者之慰安處，是以其設備亟應力求整備而合外人之用，人皆有好奇之心，而吾國建築物亦有其固有之優點，故饒有吾國古風旅館之建設，似亦不可過緩。

2、遊覽地點之設備務求完善

吾國古蹟甚多，但以未曾審選，頗有不便，第一項請碩學聞人藝術家，從事審定，保存亦須倣古得法，現代的遊覽設備，不應或缺，曾客有登瑞士之「容夫羅約山」者，時在二月十之初，乘坐登山電車而上，談笑之間，曠觀冰河之風景，海拔一萬一千尺之高處，瞬已止涖，最後之六英里，經由隧道而上，山顛有火車站，車站之內有飯店商店等營業，如欲更上一層而至山峯之上，則另有電梯以供上下，瑞士可謂完全征服山岳矣，短時間之旅行者，類此之現代的設備，至爲必要，吾國所有古蹟名勝，幾皆無人經營，卽或有之，亦專以謀利爲念，遊覽地點之設備及經營，是以須求完善也，

3、美術館博物院設立之必要

羅馬名蹟雖多，但皆散在各處，遊人頗感不便，終不如設立大規模之美術館博物院，萃集一處之爲得計，吾國亟應搜羅古代及現代之美術品，如古物名貴字畫之類，設立大規模之美術館或博物院，以供遊覽者研究者之方便，藉此可減外人旅客旅行日數，不拘個人私有或團體共有之美術品或古物，皆應萃集一處而陳列之，以供衆覽，

4、招致嚮導等人的設備之充實

欲使外人旅客抱愉快之心感，祇賴物的設備尚有不足，其次則爲招致嚮導等人的設備之充實，凡招致及嚮導，對於外人旅行事業之價値及海外各國招致旅客之設施

招待之方法態度語言等事，均須嫻熟，一方面尤須了解國民外交之重要，懇切溫和而待遇之，嚮導對於旅行者關係極大，吾國尚乏此項人員，現在所有之嚮導多屬西崽出身，毫無公德心，且絲毫不知國民外交之重大意義，第知如何設法騙錢而已，對文化古物之來歷價值既毫無所知，但外人有所詢問時，乃任意杜撰以憑空捏造之辭相對，不但足以貶損古物之價值，且易啓外人輕視吾國文化之心，外人到華者多欲一覩小辦纏足之奇，伊等即導往下流處所，使外人任意飽觀並照像而去，貽國家之羞，莫此爲甚，伊等復利用外人不懂華語，每值外人購物時，輒伊等上下其手，且每以劣物朦混外人，凡致吾國之特產物品不但不能藉資介紹於海外，而使外人時存戒心，豈不可惡也耶，此等西崽出身之嚮導以外，復有所稱爲流浪外人者，租房一間，裝電話一具，外懸某某公司之招牌，凡遇外人來華，彼等即用其外國人之資格，向之兜攬生意，外人亦以彼亦外國人也而信之不疑，向之定購貨物，彼乃以電話召華商攜物往售，一轉移間，乃獲利無算，破壞華商信用，此爲最大，近故有人倡聯合華商各號辦一大商場，用展覽性質使外人參觀，定劃一價格使外人購買，并定一保險期間，如貨價不當，物色不佳，或係偽物冒充，在此期內均可退換，則華商信用當可立即挽回，是以人的設備，亟亦設法訓練也。

（未完）

國立交通大學

上海本部

科學學院……數學系，物理系，化學系。

管理學院……鐵道管理，實業管理，財務管理，公務管理。

土木學院……鐵道工程，結構工程，市政工程。

機械學院……鐵道機械，工業機械。

電機學院……電力工程，電信工程。

暑期學校(八星期)……普通及專門各科

北平分校

鐵道管理學院……事務管理，財務管理

唐山分校

唐山工程學院……採冶工程學系，土木工程學系(內分鐵道工程市政工程水利工程)

設備概況

圖書館……藏中西書籍十萬餘冊，中西雜誌四百餘種，

體育館……內設操練室，游泳池，跑道，籃球場

工程館……在建設中

博物館……陳列鐵路橋樑模型，及各種材料模型樣本一千餘件

研究所

中華民國二十年六月出版

交大季刊　第六期　經濟號

經濟號編輯　鍾偉成

出版者

上海交通大學出版委員會

發行者

上海徐家滙交通大學

印刷者

上海華僑印務局

每冊定價　大洋二角

交通大學刊行

交大季刊

第七期

抗日特刊

中華民國二十年十一月出版

總理遺像

革命尚未成功

同志仍須努力

總理遺囑

余致力國民革命凡四十年其目的在求中國之自由平等積四十年之經驗深知欲達到此目的必須喚起民衆及聯合世界上以平等待我之民族共同奮鬥

現在革命尚未成功凡我同志務須依照余所著建國方略建國大綱三民主義及第一次全國代表大會宣言繼續努力以求貫徹最近主張開國民會議及廢除不平等條約尤須於最短期間促其實現是所至囑

我國東北部概況

區域	面積	人口	物產	貿易
包括我國遼寧吉林黑龍江及內外蒙古等地即日本稱爲滿蒙者	有七萬四千方里大於日本四島總面積三倍以上	有二千八百萬人估日本所有人口總數三分之一	農產礦產森林牧畜之豐富甲於全世界	年達七八萬萬元均在日人之手佔世界貿易額之第二十位

日本侵略東北之行爲

日本侵略我國東北部積極政

動機

侵略我國計劃

日本本部僅有四島，物產缺少，人口過剩，既缺生活資料，又乏工業原料，欲立國以競存，惟有擴大領土，故自明治維新以來，瘋以侵略爲事，[illegible]侵略必有所抵禦，因注全力於我國，[illegible]列強均佔有條約上之利權，日欲侵略必引起紛爭，故先以我國東北部爲其侵略之目標，由是定其立國之政策爲大陸政策，是所謂大陸政策者，即吞併我國之別名也。

侵略世界野心

日本自明治維新以後，國運日隆，既敗我國，又勝俄國，因是野心日益發展，既有吞併我國之圖，復作征服世界之夢，故自明治之時，即定下向世界侵略之步驟，其步驟爲一征服臺灣，二征服朝鮮，三征服我國東北，四征服我國，五征服世界，故其侵略我國之東北者，實欲藉其富庶以作侵略我國之基礎，其侵略我國者，實欲以我國之富庶爲基礎而侵略世界也。

政策

對東三省

（一）根據矢野博士所發表之言論鼓吹滿蒙非中國領土認日本在滿蒙有特殊利益

（二）強行非法之二十一條以增進其在滿洲之軍事政治及經濟勢力肆爲侵略中國之準備

（三）利用殘暴行爲或秘密外交以促其計劃之實現

（四）攫取東三省富源開墾東省土地以救其經濟恐慌

（五）獎勵殖民以免國內人口過剩

對蒙古

（一）勾結蒙古王公煽惑蒙古青年及共黨欲使蒙古獨立脫離中國政府

（二）收買蒙古土地牧場及礦產，墾荒地，建築鐵路，以爲經濟侵略之根據，

（三）造謠及屠殺蒙古牧民以引起蒙古對中政府之惡感

對大凌河流域

（一）利用大凌河以爲侵略熱河及內外蒙古之媒介但爲避免中國政府之注意故以韓民爲前驅獎勵其移民資助其墾荒

（二）要求鐵路敷設權以爲禦華禦俄軍事上之準備

對[illegible]

奪取中東路海參崴利益：建洮索路璦海路等以截取中東路及海參崴之利益而培養南滿路

[illegible]：利用日俄移民建築鐵路[illegible]

侵略之[illegible]

國際宣傳

以東北仍有舊王公之存在，遂以爲東北之土地所有權屬於其舊王公而非我國之領土，因將此意極力向國際宣傳以冀淆惑觀聽

秘密調查

密派退伍軍官化裝爲教士或華人潛入東北各地並派人組織調查團往東北調查作經濟上政治上及軍事上侵略之導線

收買土地

（一）設法收買東北土地礦產及畜牧以作實行佔奪時藉口東北爲日人所有之宣傳資料其方法則(1)商租(2)騙誘(3)強佔(4)暗中派人收買(5)明藉韓人之手

（二）派遣退伍官佐十九人專司收買土地畜牧礦產羊毛及實行墾殖之事

（三）騙韓民爲先鋒向各地收買土地從事墾殖與畜牧現韓民在洮南及大凌河流域一帶者已達十餘萬人

勾結王公

日本方面既認東北之舊王公爲東北土地之所有者，設法誘惑其舊王公與之勾結而騙取所有各項之特權，並唆使其獨立脫離中國政府，獻女子爲王妃，爲顧問以煽惑勾結其舊王公，如圖什業圖王府（即科爾沁右翼中旗）之顧問即爲關東長官福島之長女，其王妃則爲肅親王之姪女，派退伍官佐喬裝潛入內外蒙古以操縱其舊王公，如圖什業圖王府中現已有日本之顧問多人，並決自民國十六年起密派退伍官佐四百名化裝爲教士或我國人潛入各處以煽惑勾結其舊王公，其經費由陸軍秘密費項下支出，年約一百萬元

獎勵移殖

日俄戰爭後，乃日本擬於二十年內移四百萬日人於東北，但因種種關係至今日日人之在東北者僅有二十餘萬，因變換方針獎勵韓民移殖於我國東北一帶，以攬取我國權利，以保護其獎勵移殖韓民旨以避免目標而緩和我國排日之空氣[illegible]驅韓民前進開闢荒地而將熟地給與日本農夫

操縱市場

設法奪取東北特產品之販賣權及原料之採買權等，以我國商業之活動是即日本之對我國東北貿易主義之一部也，其法或由煽誘騙取或由資本強奪

文化侵略

日方並於東北各地設立病院學校及其他慈善機關以爲掠取我國東北之餌而使我國人永遠親近日本

發展航業

我國帆船運輸貨物往來於沿海南北間者向極發達，日人之侵略顯受其阻，因擬發展大連之海運事業，藉資本力以打倒我國帆運及安東營口二港，以使攬取我國沿海南北往來之運輸權，及操縱東北之油及豆餅等肥料事業，並欲藉海運之便利將東北原料運往日本精製以防我國人之仿造

工業競爭

設立種種金融機關予日商韓人各企業家以借貸之便利，而藉資本勢力及減低工價與運費以破壞我國之工商業，打倒油業，尤其所亟，

建築[illegible]

日人欲完成之鐵路計有（一）通遼熱河路（二）洮南索倫路（三）長[illegible]

國東北部積極政策之分析

政策

對東三省

[illegible]

（四）攫取東三省富源開墾東省土地以救其經濟恐慌

（五）資助韓民以免國內人口過剩

對蒙古

（一）勾結蒙古王公煽惑蒙古青年及其黨徒使蒙古獨立脫離中國政府

（二）收買蒙古土地牧場及礦產，墾荒地，建築鐵路，以為經濟侵略之根據，

（三）誘諸及屠殺蒙古牧民以引起蒙古對中政府之惡感

對大凌河流域

（一）利用大凌河以為侵略熱河及內外蒙古之媒介但為避免中國政府之注意故以韓民為前驅獎勵其移民資助其墾荒

（二）要求鐵路敷設權以為禦華禦俄軍事上之準備

國際間之應付

對俄國

奪取中東路海參崴利益	建洮索路琿海路等以截取中東路及海參崴之利益而培養南滿路
奪取北滿	利用日韓移民建築鐵路日俄二次戰爭以奪取北滿中東路及吉林以阻俄國勢力之出太平洋而為之競爭
防止煽亂韓民	以警察權防止俄國共產黨煽亂韓民返韓暴動而危及日本國家之生命
聯俄制我	暗中與俄國締結密約協力防我強盛

對美國

準備戰爭	為欲奪取北滿因急向我國要求建築各軍事重要鐵路以準備日俄二次戰爭洮索長洮等路皆為對俄作戰之鐵路計劃大小循環線則為軍事輸軍隊吸取富源培養戰鬥力之計劃也
破壞投資	我國欲吸收美資圖謀發展美國極願投資而日本破壞之
破壞中美國交	美國欲伸足於東亞頗示好感於我國故中美國交頗稱友善而日本屢思破壞之
準備戰爭	日本為欲征服我國以便稱霸於太平洋而橫行於全球故每思準備日美戰爭以制服太平洋上最強之美國其計劃則如有戰爭乃一方保護日本海間之交通一方利用吉會路等大循環線以吸取東北富源而與之久持

對英國

聯英制我	密締條約協以制我使我不能強盛
防止勢力北上	防止英勢力插入東北以免有妨其侵略

對其他各國

以強硬鐵血主義對付各國以便奪取滿蒙	盡其縱橫捭闔之能事以防止各國勢力之伸入東北倘仍不能阻止之者則不惜傾全力以與之周旋以遂其強硬鐵血主義奪取我國東北之計劃

略之步驟

獎勵移殖

[illegible] 設立金融機關以便借貸資本之便利以便向我們租借耕地而暗中由金融機關 [illegible] 嗾使韓民前往開闢荒地而將熟地給與日本農夫

操縱市場

設法奪取東北特產品之買權如成品之販賣權及原料之採買權等以我國商業之活動是即日本之對我國東北貿易主義之一部也其法或由煽誘騙取或由資本強奪

文化侵略

日方並於東北各地設立病院學校及其他慈善機關以為掠取我國東北之餌而使我國人永遠親近日本

發展航業

我國帆船運輸貨物往來於沿海南北間者向極發達日人之侵略，頗受其阻，因擬發展大連之海運事業，藉資本力量以打倒我國帆運及安東營口二港以使攫取我國沿海南北往來之運輸權及操縱東北之油及豆餅等類農肥事業並欲藉海運之便利將原料運往日本精製以防我國人之仿造

工業競爭

設立種種金融機關予日商韓人各企業家以借貸之便利而藉資本勢力及減低工價與運費以破壞我國之工商業，打倒油業，尤其所亟，

建築鐵路

日人亟欲完成之鐵路計有（一）通遼熱河路（二）洮南索倫路（三）長春洮南路之一部（四）吉林會寧路 [illegible]

改組滿鐵

南滿鐵道公司為一政治侵略機關其作用等於從前日本侵略朝鮮時之朝鮮統監而非為純一之經濟組織故華盛頓會議時九國條約曾對之有所限制而欲均沾東北之利益日本窺知其隱內思變更其組緩和我國排日與國際疑忌之空氣其法則以南滿鐵道公司專營鐵道事業而將附屬其中之鋼鐵煤油曹達灰鎂鉛等工業及文化事業等單獨提出，設法進行，

攫取富源

東北之富源，據日本之計算，其可吸取者有鋼鐵約三百五十億萬元，煤油五十二億五千萬元，硫安農肥約二十億萬元，曹達灰約七億五千萬元，鐵鉛約七億五千萬元吉會路附近可吸取材木十億萬元及煤及煤油農肥等二百億萬元其他若農牧油酒等類之未計及者尚不知有若干也，

要求權利

提出二十一條約件向我國要求獲得（一）三十年之土地商租權及 [illegible]

軍事準備

（1）建築鐵路以作經濟上及軍事上之積極侵略現日本要求建築作為侵略內外蒙古之軍備者有洮索熱洮及赤峯等路 [illegible]

破壞建築

以擾亂金融紊亂財政虛聲恫嚇武力干涉煽動強要求築路等方法以破壞我國之自築鐵路而保持其南滿鐵路之營業如自打虎山經通遼至吉林至哈爾濱自瀋陽經吉林至哈爾濱大賚至安達索倫至洮南等皆極力破壞

交通大學抗日救國分會宣傳部製

目錄

目錄

序文

馬寅初

暴日蔑絕公理，突以殘暴之衆襲佔東北，屠戮良民，戕害官吏，焚燬機關，刼奪財產，其慘酷毒辣之手段，爲世界所未睹，舉國人民痛國土之淪亡，羣起抗日，奔走呼號，血淚交迸，民氣激昂，風雲變色，其慘痛悲哀之情緒直皆裂胸而出！然當民族存亡絕續之際，不能不於情感憤張之中，運以清晰敏銳之理智，此則經濟絕交與武力抵抗所由來也。顧二者之效相緣以生，相輔而至，不能武力抵抗者每不能貫澈經濟絕交；而不能經濟絕交者亦不能一致武力抵抗，未有民族絕無自衛之能力與決心，而能堅持經濟絕交；亦未有連經濟絕交尙不能堅持，而能全國一心一德以謀武力之抵抗，二者實有密切之關係。全國國民當以必死之心，必死之力，必死之情爲武力之抵抗，亦當以必死之心，必死之力，必死之情爲經濟絕交之維持，以武力抵抗爲經濟絕交之護衛，以經濟絕交爲武力抵抗之後盾，相輔而進。以挫强暴，以求生存。嗟乎！人將滅我而後朝食，我尙瞻顧徘徊偸生苟活以求須臾之命乎？人將以迅雷慘毒之手段臨我，我尙逡巡退卻以冀滅亡之幸免乎。民族無耻，不亡何待！幸免而免，天理不存！

余尤有感者，經濟絕交非徒不買賣日貨已也，其必共同致力於生產，使消極之性質盡變爲積極；武力抵抗非僅賴數百萬荷槍實彈之兵士已也，其必全國總動員，共同爲抵抗之準備，使部分之力量變爲全體之力量。嗟乎！東省失陷，中原亦危，中華民族將無託足之地矣！以南滿鐵路爲樞幹，分布支線於遼吉黑熱四省，再以大連爲中心，連貫水陸交通，則數百萬萬哩之地盡入日本掌握矣。次乃操縱金融，開採鑛產，發展實業，則全部經濟盡非我有矣，再以餘力侵略中原，經濟砲艦所向無敵，則中國之亡不待卜矣。故今日不抵抗絕交，他日雖欲抵抗絕交不可得也。存亡絕續。端在今日，願全國奮起以爭存焉。

卷頭語

編者

本期的季刊，原爲工程號，應當於秋季出版。適値日人肆其暴行，奪我瀋陽，消息傳來，薄海同憤，出版委員會遂決議將本期工程號，改出抗日特刊。中以本校同人均忙於救國工作，搜集材料，徵求稿件，時間上不無躭延，以致本刊付印，遲至十一月底始克實現，此不得不向讀者深致歉意，請求原諒的。

本刊專論中，「日本大陸政策之總預算」及「從日美在東北角逐說起」兩文，作者費了許多時間，旁徵曲引，極爲透闢。講演錄所載朱皆平先生「雙十節與科學救國」一篇演辭，雖是明日黃花，而名言雋語，實有介紹的價値。

抗日感想錄所載的幾篇文字，都是大一各級學生諸君的課藝，由陳柱尊先生選送來的，另闢此欄，把他網羅在一起，也許略略可以窺見同人抗日的一部分意見。

日人田中義一對滿蒙積極政策，國內翻印已多，初以其過占篇幅，不欲登載，但此次日人在東北暴行，即爲繼承田中的遺志而起，爲普遍宣傳，喚起國人對於日人陰謀的注意與研究，此篇仍屬不能割棄，閱者諒亦不以爲過費。

本刊所集材料，注重事實與研究，因我們的救國工作，現在已到了做的時候，而非論的時候了。尙有許多篇稿子，以收到較遲，未能一一刊出。祇好留待續登。並此道歉。

編輯既竟漫題五十六字

遙聞笳鼓動關東　十萬雄師捲甲中

照眼旌旗揚旭日　傷心澤國遍哀鴻

救亡廊廟焦籌策　制敵閭閻侈近功

猶是太平歌舞象　幾人豪氣尙如龍

專論

日本大陸政策之總預算

高家棟

一　中日東北問題之史的觀察

（一）中日戰爭與遼東割讓

溯自日本侵略東北之開端，始於中日之役，甲午戰後，日本乘戰勝之餘威，締結馬關和約將遼東半島割讓於日本。

茲附光緒二十一年馬關和約第二條割讓地甲款：

『第二條　中國將左開之地域，及該地域之城壘兵工廠及一切官有物，永遠割讓與日本國。』

『甲　奉天省南部卽自鴨綠江口，溯江至平安河口劃至鳳凰城，海城及營口爲止，所有折線以南地方及遼東灣東岸，黃海北岸屬於奉天省諸島嶼槪爲割讓地。

當時俄國因出海問題受近東之失敗，頗欲在太平洋岸得一出路，而海參威又每年長期冰凍，不能暢其所用，故其視東北有特殊注意焉。今日本攫取之，實使俄國之遠東企圖，又成泡影而失望矣。故俄不得不假仁義之名，聯合德法迫日本仍將遼東半島交還中國，日本因戰後新創，不敢多增敵人，並恐中國政府因三國之干涉，不批准馬關和約全部，以致失却其一切已得權利，況當時英美意等國互相猜忌，自顧不暇，日本亦無乞助之機會，於是不得不忍痛依三國之要求，將遼東半島，還給中國。

茲錄日本向俄國政府提出之照會如左：

『日本帝國政府依俄德法三國政府友誼之忠告願將遼東半島永久佔有權全然拋棄——』

並於同年九月二十二日締結還付遼東條約內云：

『日本將馬關和約第二款奉天省南部割讓地全行返還中國而中國納庫平銀三千萬兩與日本以為報償——』

俄國本非善類，有為而為中國雖靠俄國之力而得遼東半島之歸還，然俄國竟強索旅順大連租借權，以為此事之報酬，且遽行武力佔領，從此遼東區域，則由日本而轉入俄國，其於中國之損失則一也。

（二）日俄戰後之東北局勢

中日戰爭之結果，馬關和約既規定割讓遼東半島與日本，其時俄國協同德法二國以『遼東半島若屬日本。則不僅中國首都危險，韓國獨立亦歸有名無實』為口實出而干涉，日本亦不得已揮淚還遼東，誰料日本去，俄國進，實行其太平洋岸之極東經營，處處暴露其侵略行爲，於是由俄國第二次不按期撤消駐遼俄兵，及其撤兵之新要求，以致引起各國之妒，且俄人又欲更進一步，揷足朝鮮，與日本爲難，卒因二國分贓不均，夙怨未消，遂有一九〇四年二月之日俄大戰。日本因得英國同盟之協助，一戰果敗強俄，波子瑪斯和約之締結，東北又再易其主矣。

附錄波子瑪斯和約第五款第六款；

『第五款　俄國以中國政府之承認，將旅順大連及附近領地領水之租借權，與關聯租借權及組成一部之一切權利及讓與，又租借權效力所及地域之一切公共房屋財產，均讓與日本。

『第六款　俄國以中國政府之承認，將長春旅順間之鐵路，及其一切支線幷同地方附屬一切權利特權及財產，與其所經營之一切炭坑，無條件讓與日本。

日本政府又以日俄和約深恐中國政府不與以承認，於是復有一九〇五年十一月二十六日之中日滿洲善後協約，及一九〇九年之滿洲協約，此項協約均足以確定日本承繼俄國在遼東之特殊權利。後一九一三年又有中日協定，承認日本有建築東北五鐵路之特權。一九一五年之二十一條中日協約更足劌心怵目。

（三）　二十一條中日條約中之東北部份

一、日本濫用英日聯盟條約，出兵青島，攻德其名，侵我是實，戰後中國要求其撤兵至山東省德租借地膠州灣，日本竟敢提出二十一條以爲對待要求，而當時袁賊因龍位心切，兼之日本誘迫並用，卒於民國四年五月二十五日袁氏命外交部陸徵祥曹汝霖與日駐華公使日置益祕密簽訂二十一條亡國契約。其關於東北部分，可總說之如次。

甲　旅順大連與滿鐵地帶之延長租借時期。

錄滿鐵租期展長之照會：

『本日畫押，關於南滿及東內蒙約內，第一條所規定旅順大連租借期限，展至民國八十六年，卽西曆千九百九十七年爲滿期。南滿鐵道交還期限展至民國九十一年，卽西曆二千零零二年爲滿期。其原合同第十二條所載，自開車之日起，三十六年後，中國政府可給價收回一節，毋庸置議。安奉鐵路期限，展至民國九十六年，卽西曆二千零零七年爲滿期。

乙　南滿之礦產及其他富源，由部分的斷送而爲全部之吞蝕。

錄南滿礦山讓與之照會：

『日本國臣民，於南滿洲左列各礦。除業已採勘或開採之各礦區外，速行調查選定，中國政府卽准其採勘或開採，但在礦業條例確定以前，應倣照現行辦法辦理。

計屬於遼寧省之礦產有本溪縣中心臺等六區。屬於吉林省者有吉林縣缺窰等三區。

丙　在經濟政治方面中國已承認其有單獨侵略東北之特殊地位，以遂其擯棄別個帝國主義者在東北之對抗私願。

錄東北借欵優先權之照會：

『嗣後南滿州及東內蒙需造鐵道，由中國自行籌款建造，如須外資，可先向日本資本家商借，又中國政府、嗣後以南滿洲東內蒙之各種稅課作抵，與外國借款時，可先向日本資本家商借。

錄南滿聘顧向之照會

『嗣後如在南滿洲，聘用政治，財政，軍事，警察之外國顧問教官時，可儘先聘用日本人。

日本自得中國承認該協約後，其於大陸政策之畫算，已完成其大部分矣。而自後之東北又入其另一時期焉，竟如當時袁世凱中令與陸徵祥曹汝霖在參政院之報告，均稱；『南滿之利權。損失已鉅，幸而主權內政均得保全云云。』欺人自欺，殊堪憫笑。

（四）華盛頓會議與東北問題

中國自巴黎和會完全失敗之後，國民悲慘激昂，惹起美國之同情，美總統哈定氏卒於一九二一年十一月召集華府會議，討論一切關於沿太平洋的諸問題，藉以謀正義之解決，故自開會以來，我國朝野多抱無限希望，其時中國代表，次第提出十項，以期公平改善，伸正義於萬一，然日本臣民亦早預計及此，在其復美邀請書中，早示限制討論之範圍。茲附錄之：

『帝國政府爲期會議之成功，以爲此等討論應先決定議題，凡關於特定國間之問題，或既已成之事實，似宜愼重力避加入爲是』等語，故在中國代表提出時，日本代表一面使用種種欺詐行為，迫中國直接交涉，一面向美國聲明，凡特定國間之問題，與已成之事實，不得作為議題。雖美國不肯承認，而日本亦不屈服公議。結果除山東問題解決外，對一切東北之侵略，依然如故，不能解決。

二 日本侵畧東北之步驟

（一） 竭力謀掌握東北經濟與交通之優越權，

任何帝國主義者之侵略弱小民族，總不外下面之幾種方式：第一期竭力謀掌握侵略目的地之經濟與交通之優越權，第二期排去其他國家在該地之勢力與權利而謀獨占之發展；第三期則實行佔領該地。英國之併吞印度，法國之消滅安南，盡用同一花樣。日本之侵略東北，當然亦非例外。

甲 日本南滿洲鐵道株式會社之組織

波子瑪斯和約締結之後，日本並即與中國訂滿洲善後本約三條，附約十三條，以為日本在東北承繼俄人之各種優越權利之承認。日本既得此權利後，力圖發展，於日俄戰局初定，萬事倉卒之時，日本政府一方面向韓國定統監之制，一方面就在東北設立南滿洲鐵路株式會社，以經營東北鐵道為事業，該會社定總資本金額為二億元日金，內一億元為日本政府之資本，即以長春旅順間已成之鐵道，及附屬之一切財產充之，餘一億元名義上由中日兩國募集，其實皆由日本國臣民，募公債及外債充之。本社置於東京，支社設於大連。會社置總裁副總裁各一人，皆以日皇勅選任命。此種組織雖似普通商人組織。然因創立之動機，在政治的經濟的發展，決非單純之鐵道公司可比。觀諸該社第一任總裁後藤新平氏演詞中，更顯明昭著。其言曰：『本公司事業之成敗，不獨本社之利害，實關係全國實業家之幸與不幸，亦我帝國國民榮辱之所繫………』由此可知，滿鐵會社與普通營業公司之不同。蓋爲負有國家的使命之特殊機關也。此特殊之機關，類似荷蘭之西印度公司，英國之南非洲公司；爲日本進行殖民政策之唯一機關，對外有代表國家及行使國家事業之權限。無怪日人目之爲母體機關，爲日人侵略東北之司令部也。

茲將日本南滿鐵道株式會社所經營之鐵路略述之。

南滿路　此路爲前東清鐵道南段，一九〇五年日俄戰事結束後，由俄國讓渡與日本。路程自吉林之長春，南下直達大連，計其幹線四百三十八哩五；及周水子旅順間三十一哩六，大石橋營口間十三哩九，煙台煙台煤礦間九哩七，渾河楡樹台間二哩五，蘇家屯撫順間三十二哩九，瓢兒屯千金寨間四哩共計長四百九十九哩一。

蘇家屯至安東鐵路　此路亦稱安奉鐵路，本爲南滿線之支線，當日俄戰爭時，爲日本軍隊輸送糧秣而設置之輕便鐵道，其後戰事結束，由中日滿洲善後協約規定此路改爲永久交通鐵道，由日本敷設，以十五年後退還中國，鐵路全部始於一九一〇年九月完成，計程一百六十一哩七，自蘇家屯直達安東與朝鮮之新義州鐵路相銜接。本當於一九二五年退還中國，奈日本又要求二十一條，展期九十九年。

吉長路　此路本擬中俄合資建築，後日俄戰後又經日本要求，允為中日合辦，一九一二年十月通車，該線自吉林至長春計程七十九哩四，現由滿鐵會社（即南滿洲鐵道株式會社之簡稱）經營。

吉敦路　吉敦鐵路，由吉林省城為經蛟河至敦化長一百三十一哩，其建築權之獲得，由於一九二五年之『吉敦鐵路建築草約』規定。於民國十七年（一九二八）雙十節開幕落成，全路通車，吉敦路成後，日本又欲攫取敦化至會寧一段之築路權，若該段路程成就後，可與朝鮮之清會鐵路呵成一氣，使東北北部之物產可以直接出海，與大連呼應，實行控制東北對外貿易。故在田中內閣時代亦曾一度向東三省當局要求，卒為當局者所拒絕，日人亦無可施其鬼計，多事侵略。惟自本年九一九後，日本已限兩月內築成會寧線，以為其預算之實行，茲錄十月四日時事新報哈爾濱電：

『日軍千餘保護韓工千餘自天圖路向敦化築會寧線限兩月內完成，此段僅三十英里，接通後則北滿貨物可以出海，與大連呼應，即日本滅亡滿洲計畫之成功。』

四洮路　此路自四平街至洮南，其本線計長一九四哩，支線自鄭家屯至通遼一段計長七〇哩六，內有四平街至鄭家屯一段，早於一九一七年十一月通車，其餘則始於一九二三年十一月通車，此路本爲國有，因築路費用，借自日本橫濱正金銀行與滿鐵會社。故因債權關係，亦由日人管理。

洮昂路　自洮南至昂昂溪止，延長百四十二哩八，爲東三省之官憲，與滿鐵會社成立建築包辦契約，一九二五年，經前北京政府交通部承認同年中日合資，着手工事一九二六年通車。

其餘如吉開，長洮，奉洮，奉長，等路線，亦有積極計劃，其敷設，恐亦不遠也。

（乙）　日本在東北實業計劃之進展

日本在東北所計劃經營之實業，其主要者可分爲鐵路業，港灣業，礦業，及銀行業等是。鐵路業之計畫及其經營，已如上述，茲當述及其餘諸事業。

1．港灣業　東北海運出口，以大連港爲中心，在一九〇六年，日本政府責任滿鐵會社兼任經營該港，滿鐵會社承繼以來，大都因襲俄治時代的計劃，逐漸進展；現已完成之工事；有東防波堤築造工事，及西北防波堤築造工事，第一埠頭岸壁改修工事，第二埠頭岸壁之改築，第三埠頭及乙埠頭，第四埠頭及內埠頭之築造工事，寺兒溝海面埋塡工事，小崗子海面埋塡工事，等大工程，繫船岸壁之總延長一萬六千二百六十八尺，水面積約九十萬坪。潮退時水之深度平均亦可達三十尺故二萬噸巨船，亦可自由繫留。現在岸壁之船舶繫留區，分爲三十七區，三千噸之汽船，可以同時繫留三十七隻，有吸收年額七百萬噸以上貨物之能力，比俄治時代五百萬噸之計，大相懸殊。

滿鐵會社對於將來之擴充，亦有相當計劃，自一九二三年起，着手於四埠頭及丙埠頭之築造，預定一九三一年竣工，完成後，又增加五千五百尺繫留船壁。

沿岸於帆船碇泊小港埠頭，及裝卸場之建設，延長四千零四十八尺，三十石乃至千石之帆船，可以繫留三百隻。滿鐵會社對於施設之投資金額，一九二六年末，有五千二百五十七萬七千三百三十一圓二十九錢，岸壁之總工程費，達日金一千二百八十八萬四千六百三十六圓餘。

旅順支港，爲大連之補助港，一九二三年八月開闢成功，該港爲石炭之輸出要道，一九二四年度抵埠船舶一百三十八隻輸出額三十三萬六千七百八十噸，輸入額一萬零零七十三噸。一九二五年度抵埠船舶一百四十八隻。輸出額三十六萬五千二十六噸，輸入額一萬一千五百三十噸五。

安東港爲東北東部一帶之良港一九一二年，大連埠頭事務所於安東設支所，開始業務，至一九一四年，安東支所廢去，移歸安東驛住營，該港全部設備之主要者；倉庫一千二百六十三坪餘，護岸延長九千一百餘尺。貯木池三萬十五坪，浮棧橋二個。一九二六年更用一百三十餘萬圓日金築造一萬九千一百尺之新堤，及其地帶之雨水排泄設備，此種工程，於港政發展，更有裨益。

營口港本亦由大連埠頭事務所設營口支所，處理埠頭一切事務。始於一九一四年，移歸營口站經營，當時設備。僅不完全之木造倉庫三棟，及不堪使用之千百餘尺岸壁。其後滿鐵會社鋭意經營，努力於諸般設備；現在則有完全大小倉庫十棟。繫船之岸壁延長四千八百餘尺；更有貯炭場二萬九千八百七十七坪，野積約一萬二千坪，此外尚有浮棧橋十四，船渠一，爲一時盛大之設施，該港主要輸出品以煤爲第一，其餘爲大豆，豆油，豆粕。穀等。輸入以綿，絲，綿布，麥粉，穀類，烟草，木材，洋灰，食鹽如主。

2.礦業　日本在東北經營之礦業，當以撫順煤礦爲主要，撫順煤礦於一九〇一年（光緒二十七年）淸政府已實行開採。及至日俄戰役開始，俄國以兵力强佔該礦區，專爲軍事用煤之採掘，至一九〇六年，（光緒三十一年）俄敗後，日軍佔此礦區，並著手於新礦之開掘，及舊礦之整理。一九〇七年四月，滿鐵會社創立，日政府亦囑該社經營，當時採煤面積爲千金寨礦三萬四千八百八坪；楊柏堡礦八千百六十四坪；老虎台礦一萬八千六百五坪；計六萬一千五百七十七坪，日出煤量，千金寨礦，百三十五噸八八；楊柏堡礦九十三噸八四；志虎台礦百三十三噸五七；計三百六十三噸二九。惟據最近該礦出煤數量，已達二萬五千噸之巨，此亦可証其管理有效採掘得法，有以致之也。

煙台煤礦爲撫順總煤礦之支礦，位於南滿鐵道煙臺驛之東北約十哩之地點。其間有鐵道之便，煤田東西約十三町，南北約五十町。其餘煤礦區如炸子窰，石牌嶺，陶家屯等處，因無開採成績，亦勿多述。

東北鐵鑛當推鞍山之大鐵山，位置在遼陽南方，南滿綿鞍山驛附近，該鑛區包括東西鞍山，櫻桃園，大孤山、王家堡子，關門山、小日山，小嶺山、鐵石山。白家堡子，及新關門山等鐵礦山。其埋藏量，約計有鐵五億噸之富。考此礦之所以入日人之手者，爲一九一五年之二十一條中日協約內有「在鐵道附屬地，獲得礦業權」之規定，並滿蒙九礦採掘權之指定。一九一六年日人得依據條約，由滿鐵會社投資創設中日合辦之鞍山鐵礦振興無限公司，經營採掘事務。同年十月又以振興公司之原礦供給，（原礦爲礦石及石炭石等）經日本政府同意，由華人于沖漢日人鎌田瀰助二人發起，以資金十四萬日金開辦鞍山製鐵所。當年經中國政府許可，計獲得礦區採掘權約二百六十五萬坪。該區礦質，在大孤山，王家堡子者多爲磁鐵礦此外爲石鐵礦大部分含鐵百分之三十至四十。且爲夾雜多量硅酸之貧礦，故滿鐵會社曾爲此損失匪淺，但後得富礦地帶之發現及貧礦處理法研究之成功，兼之山本滿鐵會社社長，額外投資一千萬，利用孟特瓦斯，製造窒素肥料，於鐵礦政策又闢一新紀元也，以日人之攫取該礦區及其刻苦經營，自有其不得已及不可告人之計畫在也。

其他如本溪湖廟兒溝之鐵礦。亦爲滿鐵會社所經營、其投資額爲七百萬元日金；其一切計劃亦與滿鐵會社之鞍山計畫相同，弓張嶺鐵礦係中日官商合辦，由南滿洲大與合名會社經營，資本一百萬圓，其四成爲鑛山，作爲中國方面之投資，六成爲資金爲日本方面之投資。

（丙）　日本在東北之金融業

金融業以銀行業爲主要，至於銀行則以橫濱正金銀行爲巨擘，除營國際匯兌外，更有發行金券及銀券之特權：朝鮮銀行及東洋拓殖社會，勢力亦稱雄厚，與正金等各盡操縱東北金融之能事。其外日人自辦及中日合辦之銀行，據一九二八年之調查，有本店十九家，支店六十九家，資本額則實收爲三千一百四十餘萬日金，而正金朝鮮二行之資本，又不在內，以故東北之金融界，無不仰其鼻息。

老橫濱正金銀行一八八〇年創立，設總行於橫濱，在華分行，據有上海，北平，天津，漢口，大連，瀋陽，哈爾濱，青島等十五處。而設於東北者計有九處。正金銀行兌換券之流通，更佔東北買賣市場重要地位。考其原因，亦有數端。蓋當歐戰時，日本乘歐洲列强，無力顧及遠東金融市場，於是竭力經營大連南滿一帶，使各商號往來交易，均以該行鈔票爲本位。以擴充其金融勢力一也。此項鈔票匯往東三省各埠，無論數額多少，不取匯費，故自商民視之，總覺其便利省費二也。鈔票行市，雖由該行自定，亦隨滬上電匯行市爲漲落，故東北商人，亦可因其滬匯之漲落而爲賣買品。希圖徵利三也。大連海關稅，歸大連分號與正金銀行各半徵收，山海關稅，全歸正金銀行收存，該行征收關稅時，均須以鈔票完納，不用他行紙幣，此亦大可爲該行增長鈔票之流通四也。東三省，錢票官帖，發行日多，價格日落，均不能如數兌現，且僞幣雜出，無從辨認，雖有愛國商人，亦不得已而使用該行鈔票，因之鈔票更盛行於市上，五也。最後卽自中交二行停兌以來，金融恐慌，幣價日落，而正金鈔票，遂得逐漸擴張，而爲東北之唯一準標貨幣，六也。

除銀行以外，又有所謂當店及借貸金業者，是項組織，專注重於剝削東北之農村經濟，及一般小本經營者。據一九二八年調查，日人在東北經營之當店業，計有四百零三戶，其當額在二千萬圓以上。借貸金業計有十九戶，其貸出金額有一百萬之數。

綜觀日本在東北實業，或商業政策之成功，其主要原因，不外下列幾點。

一　日本以强國之威武，壓迫中國政府，以爲條約上之强制獲得。

二　日本政府之獎勵日民移殖東北，一以其本國人口過剩之救濟，再則爲其將來實際佔領東北之預備。故日本政府曾有日民移殖東北之三辦法，告示人民。

1日本政府爲商民在滿州發展計，預儲資金六百萬元，以百分之四低利率，借與人民。

2凡貨物自日本運往滿州，其屬於定購者，則可不付現款，或僅付全價之半。

3貨物運到滿洲，而經南滿路或日人之汽船運輸在最初一年內，運費一概免收或僅收其半

三　東北特別稅制之沿用，予日貨在東北市場以極大競爭力。北部特別稅制，本爲俄商要求中國政府，於光緒三十四年訂定，其初爲試辦性質，後日人亦沿用之，爲日貨在東北免稅減稅之確定。

（二）排除各國在東北之勢力與權利而謀實力上之發展

日本既得東北之特殊經濟權利，則臥榻之旁，必不容他人鼾睡，於是第二期的竭力，自在

排除別國在東北勢力。茲當述及其排除之事蹟，以明其言之不誣。

甲　新銀行團不得包攬東北之投資

由美國再加入而組織之新銀行團，日本明知新銀行團之組成，爲貫澈門戶開放機會均等之主義，於日本在東北之特殊經濟權利，恐有發生剝奪危險，日本政府遂主使日本銀行團，向美法英三國提議二項爲日本加入新銀行團之相互條件。

1滿蒙地方不在銀團範圍以內。

2一千萬元之借款，不在銀團範圍以內。

關於第一項，爲要求三國承認南北滿州及內外蒙古爲日本之勢力範圍，銀行團不得在該區域內投資，作經濟上之染指。第二項則爲反對銀團包攬中國之實業借款，以免擾亂日本在東北之特殊地位。觀此二項，可知日本政府早認東北爲其特殊勢力範圍，而英美法三國政府雖亦曾駁斥其曲，然拉門德協定三條，勝利依舊屬於日本。

茲錄一九二〇年拉門德與日本協定辦法如左：

1南滿鐵路，與其現有之支線，連同爲鐵路附屬品之礦產，不列入新銀行團鐵路範圍之內。

2議築之洮南熱河鐵路、與議築自洮熱間至海岸之鐵路，歸入新銀行團範圍之內。

3吉林會寧鐵路，鄭家屯洮南鐵路、開原吉林鐵路、吉林長春鐵路，長春洮南鐵路，新民屯奉天鐵路，四平街鄭家屯鐵路，皆在新銀行團範圍之外。

乙　新法鐵路之建築與錦瑷鐵路之敷設問題

東北自開放以來，商務日盛，日本於開放東北名義下，實行其壟斷之策，當時英商勸中國政府借英欵修新法鐵道，該線自新民府至法庫門，且延長至齊齊哈爾藉以抵制日本之南滿綫操縱。是議頗爲我國政府所贊同。正籌備間，日政府以新法鐵道係南滿鐵道並行綫，即南滿路之競爭綫，日人又恐新法鐵道借英款建築，將來英人將藉口於債權之保障，而經營管理新民鐵道，而得侵佔東北經濟利益，與日人對抗，於是遂提出北京會議錄抗議之。我國政府雖亦擬提交海牙和平會議仲裁決定，而又遭日政府之拒絕，遂成一懸案也。

錦瑷鐵路之敷設自北寧路之錦州起，北走齊齊哈爾與中東鐵道交叉，直達黑龍江之瑷琿，此路敷設計畫之成功，實得力於五千萬美金借欵之成立。但日本又聯合俄國，提出反對，以爲錦瑷鐵道如通車，則南滿中東二線，必受極大之威脅，於是建築計畫，又成泡影。其實日本之所以反對者其主要原因，非在此也，蓋日本深懼美國爲世界首富，一旦涉足東北經濟市場，必非日本小國所能對壘，故不如早日逐之，以免後患。

丙　羅克斯氏之東北鐵道中立案

當滿洲卅五案協約成立後，舉凡我國遼寧吉林二省之地，無不包容於日本鐵軌之內，所有礦山，亦付與之，至此南滿領土上之主權，已非中國所獨有矣，遂引起美國輿論界之反感，以爲日本違背門戶開放主義，與波子瑪斯條約之精神，而有引起日俄再戰之可能。美國國務卿羅克斯氏遂有『滿洲鐵道中立』之提議。其提議之內容，由各國共同出資，使中國政府爲借主，收買東北諸鐵道，其管理權歸投資各國共同管轄，並禁政治軍事上之使用，僅限於商業運輸，使東北事實上爲中立地帶。一則可以絕日俄再衝突之禍根，再則可確保列國機會均等主義。無奈日俄早有聯絡，英法因聯盟關係，致日本提出反對後，美國孤掌難鳴，卒至失敗，此亦時也運也，外交手段之周到也。

（三）實行佔領東北

日本謀排除各國在滿之勢力與權利之計策，既克奏效，遂按預定之方針，作更進一步之侵略，以達其實際佔領之目的。考日本併吞東北之方法，據日人山田氏之觀察，計有下列四種。

甲　東北合併爲日本之領土

乙　東北成爲日本之委任統治國

而　東北爲滿清之發祥地，擁立宣統廢帝爲東北之盟主，日本則掌握其政治，財政，軍事及其他一切之實權。

丁　在昔張作霖保境安民政治之下，採取特別手段，實施移民政策。

以上四種方法，皆能促成東北爲一名副其實之日本特殊地域。惟第一種方式，如輕率進行，日本不免受侵略中國領土之理由，容易引起各國之干涉，第二方式，則列強如英吉利美利堅，必羣起反對，或則發生以外之障礙，而失却其已得之優越地位，況遼東半島之交還及二十一條之不能實施，皆足證明第一第二方案之過去失敗。至於第三方式，日本亦曾於民國五年間，援助宗社黨起事，擁立肅親王第七子爲憲奎王衝出南滿，然不久卽歸消滅，況擁立皇帝，於世界政治思潮，又多背馳，故亦難以實現。日人在昔曾擬利用張作霖實行其保境安民之宗旨，並聘用有力之日本人爲政治，財政，軍事及其他一切之顧問。則中日兩國所認爲日本特殊地位之東北，必能與中國本部完全脫離，成爲眞實的日本特殊地域。無如張氏不受其利用致有皇姑屯之慘案，卽前年東北易幟問題，日本林權助氏，亦曾向東北當局提出恐嚇，後因革命軍，聲勢威武，全國敬服，日本亦祇得允其易幟，以保其東北之固有地位，實行其移民政策，謀救其本國人口過剩之危運。

自革命軍統一東北後，日本之侵略方式，又由單獨行動一變而爲「聯俄政策，」以復其一九〇七年時代之日俄協定趨勢，前年中東路事件，卽其實證。赤俄藉中東路營業機關，宣傳共產，希圖謠惑人心，破壞黨國。中國政府爲防患未然計，收回路權，亦理直氣壯，而日本偏又以第三國局外人，大施其反實宣傳，左右世界輿論。因之赤俄無理強橫交涉卒歸失敗。觀諸日本之與赤俄以宣傳助力，並非無因，蓋日本因東北勢力範圍之優越，並其佔領東北之野心，對此扼要北部之中東路，自不願中國收回自辦，再則日本深恐將來中國亦援中東路舊例，而及於南滿諸線，則日本之損失，更大於赤俄。故爲日俄在東北之經濟利害一致計，日本不得不暫時再復其「聯俄政策」。

餘論

以上雖說日本侵略東北有如此一個預算，先經濟而政治，先滿鐵而各業，喧賓奪主，竊我所有，二十五年來，未嘗或懈，考其預算之實施，皆由「得寸進尺」之偷竊行爲，及「欺詐，威嚇」之對華外交。卽如此次侵佔東北，雖假「中村事件」，爲對內宣傳，毀壞滿鐵，爲對華藉口，其實日本因鑑濟口之化武力爲經濟侵略之不能奏效，而反造成國內之大不景氣，故自若槻組閣後。又一變其由經濟軟化而爲武力政策。

然日人之覬覦東北處心積慮已久，我已不能先事預防，致任日人恣意橫行，不顧正義，以遂其數十年來之野心。可痛孰甚！往者不諫，來者可追，吾國民將何以善其後哉?!

▣ 日本軍力

熟悉日本軍事情形之軍界要人云，日本現有陸軍，平時共有十七師團，尙有自十八歲至四十歲之預備役，（卽徵兵制之預備兵）約有二百三四十萬人，其中分爲現役後備兩班，其徵兵制每年須徵十三萬人，至要動員時，第一次可出 百萬人，約三月卽可齊備，第二次二百萬人，一月內可齊備，其軍隊集合方法之速，爲世界各國所不及，至海軍軍艦方面，現有五十六萬噸，內尙有運輸艦六萬八千噸，其實力略遜於英美，空軍分爲兩部，一（陸空），共分爲二十六中隊，飛機分三種，一偵察機，二戰鬥機，三轟擊機，二（海空），有飛機七百九十九架，現有飛機共計八百三十八架，正在製造者，有三百架，尙有永久要塞十七個，其餘各種砲兵騎兵旅等，爲數甚多，至其槍械來源，係平時由三個造砲廠所製造，最近復由英國購入馬達機不少，用以裝製飛機云。

遜清光緒初年。顧秋岩先生題某君濯足扶桑圖。末句云。君不見一笛吹息朝鮮波。一劍削平日本島。時伊籐博文遊海上。見之。擊節欽佩。遂拜先生門下。時相過從。一夕酒酣。伊籐顧謂先生曰。不十年我邦將有事於中國矣。當時聞者均不在意。比甲午變起。始知倭人謀我。早具決心。酒後漏言。情不自禁也。

日本帝國主義之危機

譚炳勳

引言

日人垂涎東北，蠶食中國，積極準備，閱時已久；今竟乘我災危，大舉入寇。不顧人道，實達極點，毒辣陰狠，天人共憤，凡我中華民國國民，莫不一致奮起，力圖抵抗，然無論抵抗之方式爲何，吾人首當研究對方國情以爲抵抗之步驟。所謂「知己知彼，百戰百勝」者非歟！

日本帝國主義之侵畧我國，無所不用其極。或以外交手腕，或以經濟政策，猶以爲未足，益繼之以武力。嗚呼，兇暴橫蠻，竟至於此！今者兵臨關畿，要盟城下，矮奴之趾高氣揚，睥睨一切，概可想見矣。殊不知其本國國情實外强而中乾。危機四伏，大有一觸卽發之虞。不自覺悟，猶且對我日事侵略，行見其帝國主義之危機一旦爆發，必將崩潰無餘。

作者草是篇。毫無輕敵之意，更不敢以「聊以自慰。」之甜言蜜語和緩國人抗日空氣，惟望能以個人研究所得，藉供抗日運動之參攷耳。茲就日本帝國主義在政治上，經濟上，社會上及外交上之危機，分別論述如下。國內賢達，進而教之，幸甚。

（一）日本經濟之衰落

歐戰起，列强忙於軍事，多無暇顧及工商業。日本乃乘時崛起，竭力發展資本事業。數年間竟由債務國一躍而爲債權國，可謂爲日本黃金時代。歐戰告終，美國執世界經濟牛耳。歐洲各國金融狀況亦次第恢復，日本在遠東經濟勢力遂日漸衰落。初，歐戰之起也，列强對日出產品之需求，漫無限制。休戰後，日人猶沈迷於投機事業，遂釀成一九一九及一九二〇年之極大經濟恐慌。一九二三年發生地震，更直接予日本經濟以巨大痛創。一九二六年震災票據諸案突起，金融益覺紊亂。中小銀行之倒閉者，踵趾相接。其間又雜以政潮，恐慌更爲重大。國內經濟既受劇烈打擊，而對外貿易又復銳減，尤以對華爲甚。此次東北事件發生，我國抵貨運動，較前尤爲熱烈。苟能堅持到底，不一年而日本之對華貿易，將不堪設想矣。願國人堅持此經濟政策，作和平奮鬥之利器。日本對華貿易衰落之結果，國內商店大半虧蝕，向銀行舉借款項，到期無力償還。因商業之凋敝，轉而成銀行界之恐慌。各大商店因商業不振而宣告停業及被逼改組者，不可勝數。於是國內經濟金融，遂一蹶不振，屢生阢隉不安之狀。

至於其他各種經濟問題，括言之有三：（1）資本集中，中等商業之基礎日趨搖動，（2）中下級社會生計極感困難，而種種直接間接之苛刻負擔，仍有增無已。（3）一般物價較世界上任何國家爲高，惟國內生產事業並不因此發達。試分述如下。

（1）日本立國基礎，原恃中小營業，惟近年則不然。自自由貿易制度盛行後，資本日見集中，於中小工商業漸爲大者所驅逐或吞併。礦業公司與電力公司，其著者也。總之，自由競爭結果之流弊，在日已完全暴露，日本資本家對此又未洞悉其弊，且謂爲有系統之資本組織及產業發達之現象。匪特不謀法律上相當之限制與夫防弊之方策，抑且變本加厲，努力鼓吹產業合理化金融合理化，務求與德美諸國並駕齊驅而後已。一九二七年臺灣銀行倒閉，日本數年在國際間所得之信用爲之喪失不少。大小銀行因而擱淺休業者固多，而直接間接遭連虧累之人更不可勝數。臺灣銀行資助大資本家最力，僅一鈴木洋行，借款竟達三億五萬餘元之多。因鈴木之倒閉，遂至臺灣銀行於死命，並釀成若大金融風潮，全國騷然。外失信用，內遭誹謗，此資本集中流弊之一也。

（2）日本中下級人民生計極感困難，其主要原因由於大資本家之壓逼，及稅餉負擔太重。例如各都市之大百貨商店現已逐漸增加，而小商店則日見衰落。至於稅餉方面，政府日事向外侵畧，爲侵畧而設備之一切開支，於是有增無減。租稅制度，又迄未變更，仍以間接稅，消費稅，收益稅等爲主要稅源。日本人民每年所納之國家地方二稅，平均計算，每人負擔約五十元之多，較任何國家爲重。試問一般中下級人民焉能受此苛刻之剝削。當國家昇平之時，挖肉補瘡，猶可勉强支持。惟一遇風潮 則不堪設想矣。如一九二七年之金融風潮竟致引起全國恐慌。又日本出產全靠中國爲其銷場，而一方又專事侵畧，以致引起抗日排貨運動：日本政府恃人民之稅餉以維持生活，而一方又以其稅收斷絕人民謀生之路，何其拙也。

（3）日本爲現代產業興盛國家，夫人皆知。實則日本對外貿易，輸入仍多於出，蓋天然財富缺乏，且爲產業後進國。歐戰時雖曾一度崛起，然平均計算。仍爲入超。所謂外强中乾者也。國內各種生產事業因上述諸種原因未能盡量發展，而一般物價則已飛漲，且工資又不能相應提高，於是人民生計，益感困難。

（二）　日本人口與食糧問題

日本在明治維新以前，人口雖時有增減，然始終無甚差異，總數約在二千八百萬與三千三百萬之間。如是者亘三百餘年。其時閉關自守，經濟上頗足自給。自明治維新以來，日本政體由封建制度變爲中央集權，閉關政策廢止後，感受國際貿易潮流之激盪，國內農業工業力求改良，而交通發達，尤足促進各種新工業之發展，於是人民生產能力亦隨之而增高。鼓勵生育，收效較易，更因醫學衞生學之發達，人口繁殖。在明治六十年間竟由三千二百萬增至六千萬。據最近日本內閣統計局公布，一九三〇年十月一日日本全國人口除海外征服地外統計六四，四五〇，〇〇〇人，較諸一九二五年增加四，七一三，一八三人，百分比率增加數爲七，九。一九二五年較一九二〇年又增加三，七七三，七六九人，百分增加數，爲六·七。日本人口增加既如此迅速，於是漸有「人口過剩」之恐慌。

日本內地人口超過美國人口之半有餘，而土地面積僅及二十分之一，其中可耕之地又極少，於是食糧恐慌，又成一重大問題。明治維新前三十年——約在十九世紀末葉——，日本所產食糧足供全國需要，然自二十世紀開始以後，食糧每年由國外輸入者源源不絕。臺灣及朝鮮輸入之米每年約四百萬石，由他國輸入者倍之。現在每年由國外進口之小麥約在三百萬至五百萬石之間，此外如蛋，乳製品及肉類每年亦有巨額輸入。此種食糧之輸入，且有繼續增加之勢，二十世紀之日本，其製造業雖甚發達，惟食糧則係入超。即使此後每人對於米之消費，不復再加，但其需要終必隨人口之增進而日形迫切。預算十年以後，米之消費至少要增一千萬石，二十年後即增二千萬石。

上述之人口與食糧問題爲今日日本之急欲解決者，當無疑義。考其解決方案，約有下列三種，然行之均非易事：試分論如下。

（1）改變生產事業制度或技術

（2）移民

（3）限制人口之增殖

第一方案是以科學方法增加農田產量，或在臺灣朝鮮拓展農田，或侵略中國土地以求推廣種植範圍。農田產量，每受經濟學之酬報遞減及邊際生產等定律限制，不可強求。臺灣朝鮮已日漸覺悟，將各謀獨立以求解放。中國積弱，無可諱言。然近年來民氣之振奮，反日運動之劇烈及列強監視之嚴重，日本雖暴，恐亦未易實現其侵略之野心也。

至於移民，在美澳兩洲日本均已失敗。從是轉移於臺灣高麗等處及我國東三省。日本各殖民地已有覺悟運動（請參看下章），而中國亦經奮起圖強，一致排日。臥榻之側，豈容他人鼾睡耶？

限制人口增殖可能性爲最大。然日本傳嗣觀念，來自我國，迄未改變。「不孝有三，無後爲大」、古義深入人心。日本婚姻以傳嗣爲重。父母年老，政府特免其獨生之子入伍，其意顯然可見。昔有美國宣傳節制生育之山額夫人謀至日本，頗感困難，及抵日本，市民不甚歡迎其說。日本政府雖然表面並無鼓勵生育、然暗中各政治家之反對生育限制者甚衆。政府對於商人發售之節育器具及藥品取締極嚴。除有病者外，概不准使用，此種鼓勵生育政策，一若仍未知有「人口過剩」之患者。

與人口問題有密切關係者，厥爲失業問題。日本自明治維新以後，生產事業雖極發達，惟人口增殖過速，而農業區域又無從拓展，於是生產增加率與人口增加率漸失均衡。歐戰後，國內各種投機事業紛告倒閉，不久又發生驚人地震，損失凡七十萬萬餘元。失業恐慌、日形迫切。近年來更覺嚴重。其中尤以知識階級爲最甚。失業人口增加之結果，每使社會上險象環生，而共產黨遂得乘機活動。日本失業人口既以知識階級爲首，則其禍害自必更烈。此不能不認爲日本社會之隱憂也。

（三）　日本在國際上所處地位之險惡

自英日解盟後，日本國際地位頓成孤立之勢。夫國際間之所謂同盟，所謂密約者，無非基於各自求利之觀點上。一旦利害衝突，則不惜寒盟爽約，反恩爲仇，甚或以干戈相見，訴諸武力，此國際間司空見慣之現象也。一九二七年英國在遠東方面欲貫通新加坡築港計劃，竟引起英國利害衝突，蓋英國計劃完成後，不啻直接壓迫日本，使遠東完全封鎖在英國海上威權之下，無怪日本恐怖而嫉妒。

英日既解盟，英美卽趨於聯結，蓋英聯日其利益遠不逮聯美。英美兩國恆有資本共同關係，在遠東方面，英美提攜以牽制日本，已成爲一九二五年來國際間之新趨勢。歐戰告終以後，美國無形中已成爲國際間之主要中心。僅就銀行資本而論，已足稱雄世界。因此美國資本不得不向外發展，近年來美國資本在遠東極形活躍，而日本對遠東各國，亦已早具野心。太平洋中，兩雄相遇，利害衝突，昭然若揭。日本一方受英法俄之監視，一方又爲美國控制，是以異常嫉妒。況兩國兵力軍艦懸殊過甚。美國素以大陸軍著名，而從事海外貿易之船舶又多，戰時可以徵調，此日本望塵不及者也。又糧食軍需，一至開戰，日本供給立告斷絕。綜此數因，日本仇視美國之心，與日俱深。抑尤有進者，一九二五年美國通過排日法案，日方提出抗議，但交涉無效。一九二七年美國中央議會又提出新排日法案雖其事未甚顯露，然兩國感情已漸趨惡劣矣。至與日美在中國市場之競爭，更無法和緩。最近東北事件發生，初時國聯擬請美國參加，共謀解決方法。惟日本極力反對，其中理由，不言而喻。日本明知失敗，然必假法律之名以反對之者，實有不得已之苦衷，結果徒傷兩國感情，而暴露日人之野心耳。其愚誠不可及。法國季特教授 M. ChGide 謂：「日美兩國之惡感，醞伏已久，至近日而有爆裂之勢，雖尙不致遽行開戰。惟鋼鐵入爐，成劍當不遠矣。」誠非虛語。

日本對美衝突，既力有所不逮，對華恣意侵畧則又未敢，於是變更政策，轉與赤俄携手。一九二八至一九二九年間日俄親善，日俄締約之喧傳，甚囂塵上。日俄本爲世仇之國，其所以聯合者，實有故焉。日俄戰爭本發生於利害衝突，蓋日本抱大陸政策，俄抱遠東政策；日人尙以滿蒙爲己之私產，而俄人亦以滿蒙爲其侵畧之目的。今者日與國聯，一因處於與孤立無援之地位，一則懼俄報復。再次，則兩國對於侵畧我國之利害相同，皆不願中國統一，尤其不願中國國民黨統一中國。目的既同，遂有聯合之可能。雖然，此不過其中之一主因耳。至於其中底蘊，當更另有作用。蘇俄國家制度及其主義，夫人皆知。其訂約也，雖一再聲明不從事於主義之宣傳，然證之於英，證之於法，證之於我國，當可了然。日本檢舉共產黨事件發生，雖不能證實有無蘇俄津貼，及第三國際煽動，然外交方針已露矛盾。從蘇俄與土耳其及我國聯合所產生之結果，卽不難預測日俄聯合之厄運。況俄以共產立國，與日本之天皇政體，元老政治及資本主義社會，一經接觸，未有不衝突破裂者也。總之，日本聯俄，表面上日本乃立於有利方面，其實以毒攻毒，其毒更深。蘇俄因未忘戰敗之辱，而雙方利益亦終有衝突之時。

（四）　日本對華政策與其迴響

日本對華積極侵畧，乃神功皇后豐臣秀吉以來之傳統政策。其目的在壓服中國，以掠取廣大富源。最初以奪取鄰近之中國藩屬，如琉球，臺灣朝鮮等地爲其侵畧基礎，次則實行分道侵畧中國之邊陲。其侵略途徑有二。一向中國南部福建方面，一則取道中國北部滿蒙方面。前者鄰近臺灣！後者毗連朝鮮，於侵畧上均甚方便。惟中國南部民衆覺悟最早，而革命勢力亦最濃厚，故侵畧福建等處，極感困難。於是改道滿蒙。該部地廣人稀，寶藏靡窮，且遠在東北，中國內部兼顧較難，而其地又與朝鮮接壤，侵畧故易。近十年來，日本經營滿蒙，可謂不遺餘力。政友會首領田中內閣之滿蒙積極政策，不啻已將日本侵畧中國之野心，完全暴露。（請參看本刊轉載之日本田中內閣侵畧滿蒙之積極政策。）

日本帝國主義以政治及經濟政策未能滿足其急進侵畧之野心，乃更進一步，改用殘酷的屠殺政策。如民國十四年在上海殺斃華工顧正紅等釀成五卅慘案；十七年五月三日在山東濟南殺戮我國軍民三千餘人；又今年七月四日鼓動韓人在平壤等處屠殺我國旅韓僑商凡數百人，所謂萬寶山案是也。最近如九月十八晚藉口中村失蹤及華軍掘毀南滿鐵路事，出兵東北，不數日侵佔遼吉兩省，近復進攻黑省。其行動之橫蠻，與手段之毒辣，處處足以顯示日本帝國主義之殘酷。大有吞滅我國，殺盡我人而後已之勢。噫，凡我國民，安可不奮起圖强，力謀抵抗乎！

日本帝國主義之高壓政策及屠殺政策，雖欲在中國維持其統治階級地位及征服中國革命高潮以實現其永久侵畧中國奴視中國之迷夢，然結果適得其反。中國革命高潮匪特未爲征服，且日益澎漲。「反日」「抗日」運動，更是風起雲湧，遍及全國。由此可知日本帝國主義之高壓政策屠殺政策徒足以暴露其兇惡行爲，及堅我抗日之決心耳。試觀「五四」「五卅」「萬寶山案」及此次「九，一八」等偉大熱烈抗日運動，全體國民無不一致奮起。甚至罷工罷市罷課，不惜鉅大犧牲，以表示我國民族精神，抵抗決心。此實和平奮鬥中，予日本帝國主義以最有力之掊擊。「打倒日本帝國主義」及「廢除不平等條約」幾已成為全國民衆共曉共喻之口號。日本帝國主義，雖然擊殺我國軍民，實不能摧殘我中華民族革命精神。此次「九，一八」事件更激動全國公憤。吾人舉行空前抗日運動，實行對日經濟絕交，同時並積極施行軍事訓練，準備武力，誓與日本帝國主義作最後之周旋。杯葛運動範圍既廣，而排貨方法又較前進步，日本工商業必受重大打擊。就最近一個月推算，本年度日本對華輸出將為六千萬元，約減一萬四千萬元以上，其影響之鉅可知矣。苟吾人能下決心，抵貨不怠，即此一項，已足制日死命，願國人勉旃。

（五）　日本國內之政爭

在明治維新以前，日本政策乃萬世一系之天皇帝國。其時特權階級僅藩王數人而已。迨明治十四年宣布立憲之後，始先後成立各種政黨。由最初之自由黨與改進黨至晚近之民政會與政友會其間興亡分裂黨派紛歧。要之，日本政爭素來原動於內閣。現任內閣屬於某派則某派必運盡機巧以維持內閣於不墮，而在野政黨，則又必竭其智謀以顛覆之。是以日本政黨，恒成兩派對峙局面，內閣之命運，即繫於兩者之間。時屬於甲，時屬於乙。一遇政潮，則兩派必針鋒相對，勾心鬪角，以求掌握政權。現在最大而最有勢力之朝野二黨，厥為民政會與政友會。民政會乃代表民族自由派，政友會則代表封建階級，藩閥，財閥及官僚等勢力，其中政友會又包括保守派，頑固派，混合主義派等，此外復有明政黨，實業同志會，革新俱樂部，勞動農民黨，日本農民黨，社會民衆黨，日本勞農黨等。或主中立，或代表一階級利益。然均以社會爲對象及行動之中心。由此觀之，日本政黨之藉議會以明爭暗鬭者，可想見矣。議會既爲政黨盤据之地，於是與議會站在相當地位之民衆，卽欲操縱議會，操縱政黨。同時與政府站在相當地位之民衆，亦思利用政黨，操縱議會，以箝制政府。因此日本議會不啻爲政潮之總樞紐。何黨得之，卽爲何黨攻擊他人之工具。政府用以壓迫民衆；民衆用以搶擊政府。勾心鬭角，互相傾軋。久已成爲日本政潮中司空見慣之事。例如一九二八年二月二十一日普通選舉後第一次議會開會，在朝在野兩黨大併之劇烈，足證日本政潮險惡之一斑矣。從過去之事實，及現在之情形，吾人不難預測日本政潮將來之混沌與險惡。勢必至無可收拾之局面而後已。上次普選結果，民政會與會友會雙方席數均不足半數，於是兩派不恤屈優降尊拉攏中立派以外諸黨。其收買代價，竟由五千元漲至五萬元，是則各種政黨又不啻盡成股票交易所，政黨幹部則不啻經紀人之公會，此種政爭之劇烈，及其政策之卑劣，適足以表現日本帝國主義政府在政治上之危機，而無法掙脫解救者也。

一九二八年普選後，三月十五日之檢舉共產黨風潮轟傳全球。此日本帝國主義一專事對外侵畧而不顧本國國民生狀況之一徵象也。此次風潮發生，姑不問其所謂共產黨有無具體計劃，有無蘇俄津貼，有無受第三國際之支配，但對於侵畧之野心政府，已予相當之警戒。倘此後政府仍不幡然覺悟，以求政治經濟之解放，徒以一時政治上之便宜，而暫爲應付，則危害日本憲政之共產黨，當從此發生矣。即不待蘇俄之宣傳，及第三國際之煽動，社會革命份子必日益增加，決非高壓武力之檢舉所能了事。此次中國糾葛，日本幸而勝則已，敗則國內共產黨必起而活動以謀政體之改革。又如蘇俄牽入旋渦，則後方赤色主義者亦必有相當之援助。然則日本國內之紛擾，將不堪設想矣。

（六）日本各殖民地覺悟運動之奮起

朝鮮亡後，韓人所受日本之壓迫，已臻極點，較諸任何殖民地爲甚。是以三韓幾次獨立運動，均異常劇烈。此誠日本所引爲心腹禍患者也。一九一九年三月一日高麗民衆之獨立運動已爲朝鮮民族革命建立穩固基礎，其後復有臨時政府組織，並派遣代表馳赴巴黎，請求和會中法美各國予以相當援助，使高麗民衆脫離日本之箝制。雖其事僅曇花一現，但全韓民衆，已有莫大之覺悟，深知欲求朝鮮獨立，非一致努力，打倒日本帝國主義者不可。迨中國革命勢力澎漲，韓國革命同志膽氣更豪，抗日形勢，亦隨之緊張。虎之門，二重橋，兩次起義失敗之後；繼有義烈團之復國運動；其後又有日本共產黨大雄一屋等與韓國共產黨李東輝等之協謀倒日。一九二七年六月十日韓皇出殯，朝鮮民衆更舉行大規模之獨立運動。此種由韓人覺悟而起之解放獨立運動，均是爲日本帝國主義心腹之患。總之，朝鮮民族運動，雖屢告失敗。然其奮激猛進之精神，實可搖動日本之大陸勢力。

臺灣人民之反日革命運動，亦日有起色。今年春間，臺灣土人之與日軍激戰，其明證也。雖結果不幸失敗。然無形中已給日人以莫大之牽掣。如日本帝國主義仍長惡不悛。兇暴如故。則各殖民地必聯合起而倒之，意中事也。

抗日

柱尊

（一）政府既定有對日不屈服的方針，國民此時，宜與政府一致對外。

（二）宜格外刻苦節儉，使家有餘財，以爲抗日最後之準備。

（三）與日本經濟絕交，宜堅持到底，不受任何之調停。

（四）宜注重於普通應用品之工業，如牙粉鋼筆等等之大小工廠，亟宜興辦。中國每鄉如有一個天虛我生，則中國富强矣。

日本最近財政之蹶踢

日本財政。年來已呈萬分蹶踢之象。關於明年度預算。歲入不足甚巨。大藏省爲塡補不敷計。決定發行鉅額公債。並增加稅率。以資救濟。其計劃略述如下（一）公債發行之形式。除原有電話公債與失業公債。認爲一般會計。皆歸結於歲入缺陷。補塡公債。（二）增加稅率。（甲）所得稅。（一）普通所得稅。於現行率百分之五。加百分之一·五。（二）第二種所得稅。於現行率百分之四。加百分之一。而爲百分之五。（三）第三種所得稅。加一成。（乙）資本利子稅。增加百分之一·五。而爲百分之三。統計增稅額爲四千萬元。但增稅額較預定數減少五百萬元。公債額則較預定數增加。即一一）赤字公債六千萬元。（二）失學公債四千五百萬元。統計一億一千萬元。日本國民。平時負擔稅額已極繁重。今復增此重擔。其何能堪。然則日本之國力。毋亦外強中乾者歟。一旦有事於遠東。掣其肘者必爲財政之一問題也。

從日美在東北角逐說起

金禹範

「……然欲實行以鐵與血主義而保東三省、則第三國之阿美利加必受支那以夷制夷之煽動起而制我，斯時也，我之對美角逐勢不容辭……向之日俄戰爭實際卽日支之戰，將來欲制支那，必以打倒美國勢力，爲先決問題，與日俄戰爭之意、大同小異，惟欲征服支那，必先征服滿蒙，如欲征服世界，必先征服支那，……若夫華盛頓九國條約，純爲貿易商戰之精神。乃英美富國欲以其富力征服我日本在支之勢力。卽軍備縮少案，亦不外英美等國欲限制我國軍力之盛大，使無征服廣大支那領土之軍備能力，而置支那富源於英美富力之下………」

——日本田中內閣對滿蒙積極政策奏章的一節——

我們看東三省及內蒙的地位——

甲 東三省——奉天，吉林，黑龍江，

1.面積 二百七十萬方里，

2.人口 每方里約八八

3.煤礦 每年產額約一千噸

4.鐵礦　定量至少有十二萬噸

5.森林　叢集（卽森林區域）不下數百，每叢集之周徹千餘里，每年產額五百萬擔（每擔百斤）

6.農產　豆麥高粱爲主，大豆一項每年出口二千萬擔

乙　內蒙——卽熱河察哈爾綏遠三特區

1.面積　二百四十萬方里

2.人口　每里約三人

3.礦產　五金俱備藏量最富

4.農產　麥豆羊毛爲主

日本自明治維新以來，第一件事，是日本的人口問題，日本全國人口密度，平均一方數已達一百廿人，人口特別稠密的地方，竟超過數百人，故每年人口剩餘，竟有七十餘萬之多，第二是日本的製造工業，自維新以來，其進步之速，駕乎歐美之上，可是地小人多之日本島國，那裏消售得這許多出產，尤其於天然原料方面，大感缺乏，而爲要處置這許多過剩的人口和出產品，不得不設法向外移民和開拓國外市場了。

日本向外發展，原有南北之分。而海軍主南侵，欲圖南洋菲列濱，陸軍主北略，欲圖中國與西伯利亞，而南進政策爲歐美所絕，不得進展，勢必專主力於北進，可是西伯利亞一方面固

然氣候嚴寒，不合移民。一方面俄國自强不息，以致各國的侵入，也無從用其力，卒之祇能全力着眼於地大物博的中國。一八九四——五年中日一役，日本居然得到勝利，佔領了臺灣，建立了侵略朝鮮及滿洲的地盤，積極地擴張了在中國的勢力。繼續一九〇四年日俄戰爭，獲得了比中日戰爭更偉大的勝利，併吞了朝鮮，實現大陸進展——北進政策就此鞏固，更十年後，歐洲大戰開始，英德各國從來在亞細亞東部的勢力，都為了一心一意的從事軍事行動，一時無暇東顧，在貿易上幾乎完全停止。日本趁此時期，大顯神通，在距離遙遠之地參加大戰，青島的小戰中佔領了膠洲灣，同時接受了各國龐大的軍需品。在經濟上出現了未曾有的興盛時代，從此一躍而為世界列强之一。

究竟日本和我滿蒙有什麽關係呢，我們要知道日本到此時期，更與列强發生嚴重的關係了第一件固然是欲征服我中國之野心，其次戰後的日本其野心不但注力於東亞，而欲蹈德國之第二，可是日本現在雖挾有臺灣朝鮮等地，數十年來，日本人口每年增四十萬至五十萬，五十萬至六十萬，六十萬至七十萬，七十萬至八十萬：據日本統計局之調查，則人口平均竟達九十四萬至一百萬之多，自為一極大之問題。又據日本產米的統計，每年不過五千九百萬石，即加朝鮮琉球之米量，實際猶缺少三百餘萬石，此一百萬人口之增加，與三百萬米糧之欠缺，其恐慌於日本人者可見。並且滿蒙純粹為一處女地，出產及原料之多，日本人安得不虎視而鯨吞之？不但此，即於軍事上之關係，實亦為一重要關鍵。戰爭的成立要件，以表面上看，似乎最緊要的在武器的強烈與多量，實際則製造武器的原料與國民需要的食品，纔是戰爭的先決問題。一旦發生戰爭，必定遭受經濟封鎖，於是戰爭的勝敗，純取決於各國國家富力的持續力，製造武器的重要品是鐵銅煤，煤油，日本只有銅可以自給。不必仰求於他國，而滿蒙富的是礦產，如此一個寶庫，當然抵死的不願放棄的了。再說日本在歐戰之後之地位，因其有如許之進展，竟有稱霸太平洋之勢，當然為列強所忌視。可是俄國正因革命後竭力整頓內部，能保持其在中國之既得權已足其望，並且就各帝國資本主義的監視之下，一時無能伸展，德國所謂戰敗國也。根本說不上，就是英國，他們一來要防禦殖民地的獨立，二來要爭回戰前原有的市場，也談不上發展。他們只有取保守政策。就是在遠東方面，只要日本不侵入他在長江流域與珠江流域的利權，也不會干涉日本的行動的。可是一個美國，其在戰前，本想握太平洋之霸權，戰後更為其獨一無二之發展。其國內工商業之發達及金融的活動，可說握有全世界現金百分之五十。日本在東亞之活動，為其最刺目最難堪之事。無處不盡力設法撲滅日本之禍根。故不要說戰後，日本之發展有一日千里之勢，見了眼紅，就在戰前已有十二分的努力了；我們現在從頭至尾講下去吧。

一八九四——一八九五年中日一役，中國由睡獅而降為無人格之沃土，一變而為列強爭權奪利的目的地。英以香港威海衛為根據，而長江為其勢力範圍。德據青島而窺山東。法以安南及廣州灣而窺雲桂。日本以臺灣為殖民地而窺福建。俄延長中東綫至大連，租借大連旅順，以東三省一帶爲勢力範圍。可是美國以一八九八年美西戰爭之結果，雖然有菲列濱爲其領土，但是在中國則尙無根據地。這樣一來，自然使美國眼紅心熱，躍躍然盡量設法，纔於一八九九年提出了門戶開放主義領土保全。所謂門戶開放領土保全是什麼呢，自然不說而知是侵入中國的一塊起馬牌。這許多我們現在沒有功夫說他。更說自美國高唱門戶開放主義後，對於中國之侵略步驟，第一却先從日本將已搭上的東三省。當日本未入東省時，東北的勢力，全在於俄國人手中。美國也就想到這點。所以在日俄戰爭中，美國給了日本不少帮助，日俄戰爭完了，美國卽刻開口要報酬了。一九〇五年朴資茅斯媾和中，美國鐵道大王 Harriman EH 氏，欲以其勢力所組織之美國銀公司，收買應歸日本的南滿鐵路。——所謂鐵路之爭奪者，馬寅初博士說得好「列强的要在東省爭奪鐵路權，不過是要奪得盜刼東省天然富源的工具而已。」故日本那裏肯放棄。而美國呢，所以有此企圖者，在想買收中東南滿兩鐵路後，擬獲得西伯利亞鐵路的支配權，以期實現其横斷亞歐兩洲，直達歐洲海岸的大鐵路計劃。再由大西洋太平洋的汽船連結美國的鐵路，得以構成世界一週的交通權而歸於美國獨佔的支配。——有人說這不過是Harriman的空想。但是至少在我們所能覺察的，誠如 Yunan 氏遠東計劃中所說：「實欲以極東之地，擴張美國勢力而發展其商權，」可是日本視我東北正好像她的生命，豈肯將權利輕易的送給人家的？所以 Harrianan 到底失敗了。就此同舟共濟之日美，卽一變而爲不相容的敵人，我們看一九〇六年三月二十四日，美政府對日本送出抗議，已十足對美之仇視了。

「日本官憲在滿洲之行動，無非扶植日本商業之利益，爲日本國臣民收得財權。該地日軍撤退之時，可充外國通商之餘地，殆已稀有，或竟絕無其事。鑑於日本國向來誠懇之宣言，謂對於世界各國正當之通信企業同意於門戶開放者，今乃有此等舉行，實爲合衆國政府所痛惜。俄羅斯在該地，嘗欲以物質的利益爲國家所獨占，終於失敗，切望日本政府以此爲鑑而反省也」。

我們可以在此抗議書中，看見美國對日本政策之改變。美國收買滿鐵計劃不成功，只得用門戶開放主義來同日本算賬了。而其後日本於我東北，着着進佔，吉長線問題，吉會線問題，法庫門鐵道問題，安奉線問題，種種勝利，美國越看越難過。再三焦慮，就以開放平等爲原則，提起了滿洲各路中立問題，可是也失敗。更有敷設錦瑷線計劃，然而也是失敗了。而美帝國主義發揚烈焰，尙炎炎不止，更由 Straight 氏組織四國銀行團，欲出其團結力，在東省扶植美國之勢力，以泡沫吹向日本。結果因日俄兩國共同反對，對中國嚴重抗議，此約又是不能實現。至此，美國方悉，終以日本爲敵而逞其野心，以爲不能之政策，就此一變而主張想與日本之資本家提携，可是也就此上了日本第二次的大當。於一九一六年大戰中與日本訂立了石井藍辛協定，無形承認日本在東北的一切權利，實際這是美國對遠東失策的地方。大戰終了，日本在戰期中乘機威迫中國，得到了許多特殊權利，故日本在中國的地位，越發高超，而美國也越發刺目，卽於一九二一年召集英法意日比利時荷蘭葡萄牙開華盛頓會議。中國爲利害之國，當然亦被邀加入。——所謂華盛頓會議者，實爲列強對中國的分贓會議，換句話說，也是美國日本在東洋霸權爭奪講話——此會議中其主要的可分爲二。第一，是五國的裁軍會議。我們單說日本和美國，歐戰期中，日本侵略中國的積極進展，對於美國東洋進出是無上的威脅。美國想要把握東洋的霸權，必須有優越的軍備，才可以制勝日本。所以一九一五年美國議會通過第一次海軍建造案，費用爲五萬萬元美金。日本即刻有八四艦隊的編成以與之抵抗。一九一九年美國樹立第二次海軍建造的擴張案，日本又有八八艦隊的編成，建造費爲七億五千九百萬圓。兩國的建艦競爭，如再繼續進行，則日美兩國實有負擔不起之勢，所以不得不有這樣一個會議來彌縫了。第二，九國的太平洋和遠東問題會議，而這個問題卻集中於中國，美國代表休士把一個詳細的建議案交給遠東問題委員會如下。

中國之門戶開放

一　爲適用在華門戶開放或各國商務實業機會均等之原則更爲有效起見，凡無列此會議之各國，除中國外互相協定如左：

（A）不得籌設或贊助其國民籌設任何辦法，藉資袒護其任一國之利益，使其在中國任何特定地域，獲有關於商務或經濟發展之一般優越權利。

（B）不得謀取或贊助其本國人民謀取任何專利或優先權，致剝奪他國人民在華從事正當商務實業之權利。或他國人民與中國政府，或任何地方官，共同從事於任何公共企業之權利。因其範圍之擴張期限之長遠，或地域之廣闊，致有破壞機會均等原則之實行。

須知此種協約。並不解釋爲禁止獲取，爲辦理特種工商，或財政企業，或爲獎勵技術上之發明與研究，所必要之財產與權利。

二　中國政府注意以上之協約，並聲明其願意對於各國政府與人民之請求經濟上權利及特權，無論其爲與約國或非與協國，悉秉同樣原則處置之。

三　列席此會議之各國，連中國在內，大致贊成在華設立一審查委員會。凡關於上開協約及宣言發生任何問題，均交付該委員會審查報告之。

（關於組織該委員會之詳細辦法，應由中國關稅協約第一欵會訂定）

四　列席此次會議之各國，連中國在內，均同意，設一現存特權之規定，與另一特權之規定，或與上述協定及宣言之原則，不相融合，可由關係各國將其交與成立後之審查委員會，以求用公平方法獲得圓滿之調整。

照這樣一個建議，確然就是表明美國的一切了。在華盛頓會議席上，其次使人注意的一個滿洲問題，卽所謂中東路問題。這個問題雖然沒有發生多大效力，可算是給了日本一大打擊。在會議中所討論的更有一個大問題，就是著名的英日同盟之將來。英日同盟，本來是日本以英國來抵制美國的，美國極力破壞之。總之，這個會議不過是美國假藉尊重中國的獨立主權，維持遠東和平之美名，謀積極打破日本在中國之勢力範圍，而實現其東洋進出政策。會議結果居然美國得英法的諒解，日本在中國的努力被破壞了一部分，石井藍辛協定也從此放棄。

我們從這許多事實看來，美國要在中國發展其一貫政策，而比較他國遲了一步，不得不設法驅逐日本以代之，何況東北又是一塊肥土呢？所以其對於日本之攻擊一無厭倦，除石井藍辛協定暫時給日本以小惠外，無不努力排斥日本之在華勢力。而尤以東北爲其主要的目標。

我們更將最近世界經濟狀況來看，一九二八年以後，世界資本主義走入戰後第三期了，氣象一年不如一年。歐洲的經濟狀況，已經超過戰前水平線以上。就將美國一九二九和一九三〇年鋼鐵業，汽車業及建築業相比，就很可以明白美國因歷年來生產過剩的影響了。一九三〇年美國鋼鐵生產與一九二九百分之九十相比，僅有百分之五十六之數。在格岸及南芝加哥的美國鋼鐵公司的出產，也不過在百分之五十六與六十之間。但在一九二九年七月的生產額爲百分之百。在此次恐慌中，生產的最低點，乃在一九一九年十二月，僅有百分之三十八。此外建築業中，則百分律更低。在汽車業呢？與一九二九秋末比，已有些關門大吉了。這不過是兩年的比較。現在爲時間篇幅關係，我們也不將美國以前和以後的詳細來說了。現在再看日本罷，一九三〇年之日本資本主義，經濟雖未見市況不佳之局面，而顯明現露恐慌局面的主要特徵了，物價自一九二九年十一月至一九三〇年十一月間，下落百分之二三，二，較上年六月激減百分之二七强。重要商品生產自一九二九年十月至一九三〇年九月激減百分之一五，五六（內含棉線，棉布，生絲，晒粉，苛性曹達，洋紙，銅煤，等九種。）貿易自一九三〇年一月起至十二月激減百分之三一，較美尤甚。試比較一月至十一月之貿易減退率，美國爲百分之三〇，三。而日本爲百分之三〇，八。照這種不景氣景象，各國爲保持本國太平起見，其第一任務也只有向外發展，爭奪市場，占有原料了。而歐洲呢，經濟狀況已超過戰前的水準，在戰後擁有首富的交椅的美國，不得不轉換方向努力於太平洋，而尤其是向生產落後的中國侵進了。日本本以中國爲生存的，我們看美國對華貿易的激進數字就知道了。日本在一九二三年對華輸入爲二萬一千一百萬海關兩，美國爲一萬五千四百萬海關兩。至一九二九年，日本進至三萬一千九百萬海關兩，而美國增至二萬三千萬海關兩，總計增三分之一強。

總之，我們知道。美國與日本爲我東北問題，雙方面已很緊張了，日本對於我東北，其第一步因爲侵略我國之根據地，第二也是她們調和本國經濟的惟一要地。第三要發展其本國之帝國主義，在軍備上，也不得不有一塊豐富無量的地帶。而於美國呢，第一要解決帝國資本主義下發生的一切問題，不得不向外發展。而歐洲是絕對不可能更發展其貿易了，那末，只能向遠東來，而遠東也以我中國爲最要地，而又遲進了一步。其於中國着眼地，與日本同以我東北爲始。第二美國在戰後是首富之國，其在太平洋的霸權也可執牛耳，而日本爲其勁敵。要是日本得有東北全權後，其實力之强盛爲美國所恐慌，所以日美兩國於我東北，爲爭奪之焦點了。

我現在更把最近九月十八東北事變來說一說，日本在近來，一方面固然乘我國天災人禍之時，爲不可多得之機會。一方面爲本國經濟政治情況不得不下此決策。再看英法，英國殖民地反抗潮轉入和平化了，而現在的法國，挾有巨金而坐世界第二把交椅，故各國對於遠東的進佔，目前加倍努力，互相猜忌。要是日本出頭，自所不願。美國呢，到現在因受了種種激刺，不得不改用「滿洲國際化」的傾向，就是我們中國呢，現在既無實力以脫離日本在滿之壓迫，也則有「國際化」一法，較彼善於此，故九月十八日事發，我們雖然損失了如許多的生命財產，就是東北的人民死得一個不留，政府的主張還是要我們「鎮靜」，靜待施代表將東北問題拱手送與國際裁判。政府一方面固然要預備着續一和平等頭銜，一方面管不得什麼對日等等麻煩事件——在這裏，我本想添些，關於對日宣戰操勝算的意見，但爲時間的關係，停日再寫嗎！

——二十年十月三十一日於交大研究所——

日人在東北收買土地之野心

編

前清宣統三年日人在瀋陽設立東亞勸業株式會社。爲收買三省土地之大本營與滿鐵爲姊妹公司資本二千萬元現計在東省買收之地計有十二萬四千六百七十二町步（每町步約合我十六畝）共合二百萬畝其他以私人名義或團體名義買收者亦有二百七十七萬八千畝至假托國人名義或用中日合辦之商名或以典租借用等名目所得之土地則漫無稽考矣

上海華紗與日紗

編

據民國二十年華商紗廠聯合會調查。上海紗錠產額。總計爲二・二七九・〇五八。內日商紗廠佔百分之五十。華商佔百分之四十二。英商佔百分之八。綫錠總計二六二・八三二。內日商佔百分之七十二強。華商佔百分之二十八弱。出紗總計一・二六〇・〇九五。內日商佔百分之四十六弱。英商佔百分之六強。華商佔百分之四十八左右。此一百二十六萬包餘之棉紗。實佔上海棉紗供給之最大部分。就紗錠言。華商不如日商。就綫錠言。華商更不如日商。而就出紗之數量言。華商所供給之棉紗。乃過於日商。表面上視之。華商每只紗錠。似能紡較多之紗。大可自慰。事實上則不然。華商多紡粗紗。而日商多紡細紗。華商二十餘廠中。其紡細紗多者。僅永安一家。而日商廠家。幾無一不紡細紗。尤以內外棉上海爲著。夫細紗之價。遠超粗紗。有時在一二倍以上。故上海紗廠之供給。就數量言。日商固不如華商。就價值言。則華商遠不及日商。喧賓奪主。於以見我國紗業之急待鼓勵也。

「對日問題」研究方法

杜定友

在這抗日熱烈空氣之中，我們在搖旗吶喊之外，還要用冷靜的頭腦，不斷的去做切實研究的工作，以收知彼知己之效。記得民國十七年在廣東的時候，戴季陶先生和我等曾合編「救國雪恥錄」。那時候是受了山東出兵的刺激，下功夫做了幾篇研究對日的文章，以期喚起國人之注意。但是到現在，那本書差不多已經絕了跡，對中國學術界的影響，可算幾等於零。國人因此而研究日本的，眞是很少很少。三年來，個人因爲職務關係，雖然時時想到這種工作，想要繼續做下去，但是我們辦圕的，只有幫助人家去做研究的工作，因此自己也毫無成績可言。這次日本不顧人道公理，在東北悍然出兵。我們所受的創痛，實在較前更甚，那末我們研究對日問題，應更加努力。現在再把研究的方法，研究的大綱，和參攷書目，附錄於此，以供國人的參攷。

研究學術，不應有時間上的限制，應該時時刻刻切實研究的。初研究時，切忌存一個要發表要結果的心理。研究是一件容易失敗的事。所以我們不能斤斤於結果之如何？祇要埋頭研究。經過了多少次的失敗，將來成功的結果，是當然的。否則不免蹈於苟且膚淺，而研究所得的結果，必無何等價值。例如對於中國條約問題，我們第一步要知道的，就是中日有些什麼條約？條約的內容如何？關係如何？如果要一一知道明白，非多看參攷書不可，非精密研究不可。現在關於日本及東三省問題的書，也有數十餘種，我們研究什麼問題，先要把這些直接和間接關係的書籍雜誌，到圕去逐一查閱，再將對於某問題的材料，完全看過，然後加以研究與試驗，方能有所心得，發人之所未發，纔是有了結果。所以要研究什麼問題，第一要充份利用圕，參考多數書籍。可是現在一般學生，大抵以圕爲自修的地方，不拿他當一個工作場所。往往只在那裏看看教科書，寫寫報告，讀教授們指定的參攷書，很少能利用圕的參攷書，作自動的研究，能旁徵博覽，以求澈底了解的。國內出版物，往往幼稚而不可靠，就是因爲做書作文的人，大抵不能利用圕以爲工作場所。祇是參攷了一兩本書，一種淺薄的結果！就公諸於世，爲識者所笑！所以研究學術，第一要有充份的材料，精確的見地，至於搜集材料的方法，有下列數種：

一　卡片制度　研究的時候，有一個問題在手，應先定一個目標。然後依着這個目標，去搜集材料。所有關係的圖書雜誌，一一看過，看書的時候，把要點記下來，並註明出處及一種固定的符號，編上號目，分類編排起來，那麽要用的時候，可以一索而得，免去翻一本一本書的痲煩。

茲將卡片式樣列舉如下：

來源：著者________________

書名________________

出版處____出版期____________頁____

內容：

備註欄內可用下列符號

……………	表示待讀
——	〃〃〃刪
+	〃〃〃增
?	〃〃〃查
井	〃〃〃重要
○	〃〃〃完全
∅	〃〃不全
✓	〃〃用過
×	〃〃不可用

這種法子，是很有效的。作者數年以來，寫了二十多本書，百多篇論文，其實我肚子裏一點什麼也沒有，所有的東西全在這種卡片上面。

二　剪報　剪報是一種很重要的工作。但是平常的人，都貼在本子上，檢查很不便利。最好的方法，貼在零頁紙上。每紙照西文信箋大小，每件一張，格式如下：

對日宣傳大綱

交大救國聯合分會擬定

見交大三日刊 146：4 3×20

專論 對日問題研究方法 五〇

交大救國聯合分會宣傳組工作大綱

(一)組織：本組為便利宣傳工作進行起見，暫設以下各股：甲，編輯股——編緝及翻譯日本侵害我國事情及研究組交來各種關於東三省之事件。乙，演講股——演講本組編緝文件及研究組所得之結果。丙，出版股——刊印及發行分會交辦各種宣傳品。(一)宣傳方法甲，文字宣傳一，定期刊物——於每週或三日發行反日刊物以揭破日帝國主義者對華侵略之陰謀及暴行消息，討論對日方針與喚起民衆等項文字。二畫報——延請校中教職員及學生中之能繪成觸目驚心之日帝國主義者對華暴行慘狀，張貼通衢，使不識字之民衆得一深切之認識。乙言語宣傳一名人講演：聘請名人學者來校作反日宣傳及對日方針研究之演講。二通俗演講：由校中教職員及學生分成若干小隊，每日輪流出發本市各處演講，以重宣傳，幷先由本組擬具宣傳大綱由分會決定以昭劃一（三)宣傳內容：國內宣傳：一，瀋陽事件發生之近因與遠因及其眞相，二，日兵暴行經過及民衆所受痛苦，三，日本對華外交之分晰，四，日本侵略東北之實況，五，國際聯盟之內容及其現時所處之態度，六，各國對日態度及輿論。七，各地抗日運動之經過，八，抗日運動應有之步驟與方針，九，其他。乙，國外宣傳：一，日本侵略東省之起因及其經過，二，證明日本違犯國際公法及非戰公約之事實，三，日兵在東北暴行之眞相，四，反駁日本對國際及各國通牒回文，五其他。(四)應有設備——一，報紙本組為探息靈明消息起見定以下各報：申報新聞報，時事新報民國日報大陸報等。天津大公報，廣州民國日報，China Weekly Reivew 二，雜誌，支那研究，中東經濟半月刊新光，日本研究，世界雜誌。新聞週報，民族雜誌。(五)人員：各股設股長一人，股員若干人由主任聘請之。

附註：

1. 146：4是代表一百四十六期第四頁
2. 3X20 是代表民國廿年十月三日

三　剪裁　看雜誌的時候，也該先規定一個研究的對象，人生最多研究一兩樣專門東西，所以不要貪多，擇需要的，裁下來，用文件夾分類庋藏，以便應用。

總之，研究學術都在平常努力。尤在乎首先認定目標，隨時留心，有了充份的材料，才可以研究比較，用演繹或歸納的方法，求得相當的結果。至於詳細的方法，未能備述了。

研究對日問題大綱

甲　日本之研究

一　背景

1.關於地理地質火山溫泉等之研究

2.關於日本民族之來源特性等之研究

3.關於天然產物動植礦物等之研究

二　歷史

1.關於日本上古史及中日交通最初文化等之研究

2.關於歐美交通及輸入西方文化之時期與方法等之研究

3.關於明治維新之種種歷史與現狀

4.歐戰前後之國際地位

三　人口

1. 關於日本國民性及人生觀之研究
2. 關於日僑之在中國美國及外僑之在日本等之研究
3. 關於日本皇室及社會階級人民種族派別之研究
4. 人口過剩問題及其結果

四　經濟

1. 關於經濟現狀金融機關銀行團等之研究
2. 關於農業生產方法種類數量之研究
3. 關於工業出產茶絲貿易等之研究
4、關於對外貿易商業發達史之研究

五　社會

1. 關於婦女及兒童諸問題之研究
2. 關於勞工及勞工運動之研究
3. 關於社會現狀社會改造之研究
4. 不景氣的原因和情形

六　風俗

1. 關於風俗習慣婚喪禮節之研究

. 關於人民生活組織及其狀態之研究

2. 關於遊藝二節之研究

七 文化

1. 關於教育方法制度歷史現狀之研究

2. 關於美術藝術之研究

3, 關於戲院演劇電影之研究

4. 關於音樂及樂器之研究

八 文學

1. 關於文學史及近代文學趨勢之研究

2. 關於詩詞謌謠之研究

3. 關於其他出版品報紙雜誌等研究

九 哲學宗教

1. 關於日本漢和各學派之研究

2. 關於宗教信仰之研究

3. 關於基督教傳教之研究

十 地理遊說

1. 關於交通方法之研究
2. 關於名勝古蹟商埠之研究
3. 關於旅行遊覽方法之研究

十一　近代史

1. 關於中日戰爭史料之研究
2. 關於中俄戰爭史料之研究

十二　政治

1. 關於政治制度政府組織之研究
2. 關於掌政人物社會輿論之研究
3. 關於軍事設備之研究

乙　中日關係之研究

一　教育文化

1. 中日文化之交通
2. 中日教育上之關係
3. 留日學生之研究

二　政治外交

1.中日所訂條約

2.中日之戰日俄之戰

3.侵略朝鮮之經過

4.中日各種懸案問題

5.對東北之侵略

6.對滿蒙之計劃

7.日本在國際上之地位

8.日本與太平洋問題

三 經濟商業

1.日本在華經營之事業及其侵畧

2.中日貿易狀況

3.實行經濟絕交問題之研究

4.日貨仿造問題

5.提倡國貨以抵制日貨之方法

四 軍事交通

1.中日軍備之比較

2.軍事交通之關係
3.日本在華之交通事業與計劃
4.日本之海軍與航業

丙　東北之研究

一　地理歷史
1.地勢與地質
2.各種富源
3.歷史上之地位

二　交通商業
1.東北鐵路與道路
2.出產
3.經濟金融

三政治外交
1.政治制度及現狀
2.日本在東北之勢力
3.萬寶山中村事件之交涉

4. 中俄交涉

四 最近東北事件之研究

1. 日本出兵之遠因近因

2. 出兵之經過與現狀

3. 無理出兵與國際公理

4. 國聯與東北事件

5. 抗日工作之現狀與進行步驟

6. 對日外交政策之研究

附錄

「對日問題」參考書目

一 日本研究

書名	著者	出版處	定價
1. 日本歷史大綱	陳彬龢譯述	商務	弍元二角
2. 日本民權發達史	黃文中譯述	仝	一元五角
3. 日本警政考察記	姚琮編述	大東	仝

書名	著者	出版	價格
4.日本社會運動史	周曙山編著	民智	一元
5.考查日本地租改正事業紀要	黃秉勛著	非賣品	
6.日本論	戴季陶著	民智	七角
7.日本與日本人	胡山源譯	商務	八角
8.日本小史	滕柱譯述	仝	三角
9.日本帝國主義下之台灣	楊開渠譯	神州國光社	六角五分
10日本與朝鮮	羅隱柔譯	商務	一元四角
11日本一瞥	兪松笠編	商務	三角
12日本政府綱要	胡慶育譯	太平洋	八角
13日本研究	陳彬龢編著	新紀元週報社	五角
14日本政府	梁大鵬譯	民智	四角
15日本鐵蹄之下朝鮮	湯夢吾編	浦東星報社	三角
16日本經濟史論	金奎光重譯	華通	九角
17現代日本社會運動家及思想家略傳	周曙山編	民智	五角
18日本政黨史	盛子明	華通	二角
91日本民族性研究	東方雜誌社	商務	一角

20日本研究叢書計五册	陳德徵主編	世界	二元七角
21歐美日本的政黨	彭學沛	太平洋	一元六角
22現代日本論	郭眞	光華	九角
23日本帝國主義研究	巴克	現代	六角
24日本勞働運動發達史	許秋岡	仝	六角
25最近的日本	李宗武	開明	六角
26日本印象記	嚴露清	羣衆	七角
27日本無產黨研究	施伏量	新生命	五角
28日本史ABC	李宗武	世界	五角

二 東三省與滿蒙

1.北滿與東省鐵路	東省鐵路經濟調查局		金盧布五元
2.呼倫貝爾	仝	仝上	三元
3.東北鐵路大觀	李德周 吳香椿 著	東北鐵路運輸處計核課庶務股	非賣品
4.東北亞洲搜訪記	湯爾和譯	商務	一元
5.滿鐵外交論	仝	仝	一元八角
6.東省刮目論	同	同	二元

書名	著譯者	出版	價
7、吉林省之林業	同	同	三元
8.外蒙近世史	陳崇祖編	同	一元
9.最近滿蒙鐵路大勢紀要	劉樹藩　周恩元	慶泰祥振新書社二處	一元
10東三省概論	周志驊編	商務	一元
11美國與滿洲問題	王光祈譯	中華	四角五分
12東三省之實況	王慕寧編譯	同	四角
13日本侵略滿蒙之研究	朱偰編	商務	六角
14滿蒙經濟大觀	吳自强譯	民智	七角
15日帝國主義與東三省	許興凱編	崑崙	一元八角
16日本對東三省之鐵路侵略	林同濟著	華通	五角
17二十年來的南滿洲鐵道株式會社	吳炎華編	商務	七角五分
18國際競爭中之滿洲	張明煒編	華通	一元
19滿蒙鐵路網	太平洋國際學會		五角
20東三省一瞥	陳博文編	商務	二角五分
21滿洲現狀	徐煥奎譯	同	二角
22中東鐵路與遠東問題	廣東省宣傳部印		

23 外蒙古一瞥	劉虎如編	同	三角五分
24 蒙古問題	王勤堉撰	同	四角
25 滿蒙秘密（即奏章）	翻印本		
26 外蒙古	包羅多	崑崙	四角
27 滿蒙問題（二本）	任遠著	江蘇黨聲叢刊	
28 蒙古問題（二本）	謝彬著	商務	二角
29 滿蒙問題	華企雲	大東	一元
30 到田間去	湯爾和	商務	二元

三 中日關係

1. 中日貿易之統計	實業部編印		
2. 日本勢力下二十年來之滿蒙	陳經著	華通	八角
3. 中日交通史上下卷	陳捷譯	商務	二元六角
4. 日帝國主義侵畧中國史	蔣堅忍	聯合	一元四角
5. 日本帝國主義與中國	大東	大東	二角
6. 對日經濟絕交根本之商榷	楊子嘉	（宣傳品）	
7. 暴日侵佔東省特刊	中大商學院學生抗日救國會		

書名	著譯者	出版	價格
8.日本田中內閣侵畧滿蒙之積極奏章	（宣傳品）		
9.日本對華最近野心之暴露（二本）	周佩嵐譯	民智	三角
10日本侵略滿蒙史	支恆賞著	世界	三角五分
11日本侵畧滿蒙政策	印贈		
12日本人之支那問題	中華編輯所	中華	四角
13日本改正條約問題之經過與困難	叶大克譯	印贈	
14日本侵畧下之滿蒙（二本）	石明	大東	三角五分
15中日戰爭（二本）	王鐘麒撰	商務	五角
16日本併呑滿蒙論	王慕寧譯	太平洋	一元
17中東路事件	世界週報社	華通	四角
18日本對華侵畧和我們應有的準備		青年呼聲社編印	
19近代中日關係畧史	國民外交叢書社	中華	八分
20日本侵畧滿蒙整個計劃	江蘇省黨執行會印		
21中日戰爭	王鐘麒	商務	五角
22西原借欵的眞像	龔德柏	太平洋	三角半
23揭破日本的陰謀	同	同	八角

24 日本人謀殺張作霖案　同　同　七角
25 中日經濟關係論　郭眞　北新　三角

四　國恥史

1. 濟南慘案　濟南慘案外交後援會印
2. 韓國之血史　朴殷植著　維新社　一元
3. 韓國痛史　太白狂奴　大同　同
4. 帝國主義壓迫中國史上下二本　劉彥著　太平洋　三元二角
5. 被侵害之中國　劉彥著　同　一元三角
6. 亡國鑑　趙南公著　太東　三角
7. 日本蹂躪山東痛史　唐巨川　大東　三角五分
8. 中國土地喪失史　唐守常　同　同

五　軍事與看護

1. 松坡遺集　曾胡治兵語錄　蔡鍔著　松坡學會出版　定價四角
2. 普通急救法　趙士法編　商務　定價四角五分
3. 世界戰術與戰史　王成齋譯　華通　一元
4. 實用急救法　王義稣譯　商務　三角五分

5.最新陣中要務令詳解	徐世偉編	共和	七元二角
6.列強青年之軍事豫備教育	中央陸軍軍官學校教授部	國民革命軍事雜誌社	六角
7.大戰後歐陸軍務之一瞥	余乃仁編	大東	九角
8.軍人精神教育（二本）	孫中山講	商務	一角
9.兵的改造與其心理	朱執信者	民智	一角
10軍事政治工作	黃鐘著	大東	七角
11戰後世界各國之軍備	劉穩棠著	大東	六角
12看護學總論	楊鶴慶著	商務	三角
13內科看護學	同上	同上	四角
14新軍論	劉文島　廖世劭譯	同上	一元二角
15最近列強海軍政策實力與太平洋問題	郭壽生	華通	五角
16中日戰爭	王鐘麒撰述	商務	五角
17日俄戰爭	呂思勉撰	同上	五角
18步兵夜間教育	黃埔軍校	尚武學社	六角
19步兵射擊教範	同上	同上	八角
20步兵野外勤務（二本）	軍事教導團	武學書局	三角

21劈刺教範草案	黃埔軍校	尙武	三角
22野戰築壘教範	同	同	同
23步兵典範令草案問答	訓練處	武學	四角
24步兵操典草案（二本）	同	尙武	未詳
25步兵射擊教範草案	訓練總監步兵監	共和	二角二分
26童子軍結繩法	張亞良編譯	商務	二角
27童子軍追踪術	同	同	同
28童子軍自由車隊訓練法	同	同	二角五分
29童子軍橋梁建築法	嚴家麟	同	二角

六 國際與外交

1.國際條約大全	商務編譯所	商務	三元
2.中國外交關係略史	王義孫著	仝	九角
3.國民政府外交史	洪鈞培著	華通	一元五角
4.日本侵略中國外交秘史	龔德柏譯	商務	一元二角
5.近時國際問題與中國	楊幼炯著	大東	一元
6.國際聯盟概況	鄭毓秀著	商務	二元

書名	著者	出版	價格
7. 國際紛爭與國際聯盟	薩孟和著	仝	一元六角
8. 國際航空公私法研究	費哲民編	華通	一元五角
9. 廢除不平等條約	廣東省黨務指導委宣傳部		一角
10 革命外交文獻	高承元編	神州	一元
11 中國外交史	曾友豪	商務	一元八角
12 華會見聞錄	賈士毅編	仝	一元
13 中日外交史	陳博文撰	仝	五角
14 國際現勢與中國革命	丁立三著	大東	七角
15 滿鐵外交論	湯爾和譯	商務	一元八角
16 不平等條約的研究	張廷灝講　高爾松筆記	光華	五角
17 列強如何對待中國	唐守常	大東	二角五分
18 列強在中國之勢力	李長傳	仝	三角五分
19 國際聯盟及其趨勢上下卷	吳品今著	商務	一元六角
20 解放運動中之對外問題	周鯁生著	太平洋	一元二角
21 國民外交常識	錢基博編	商務	二角五分
22 取消不平等條約之方法及步驟	朱世全	太東	三角

23國際新局面	陳翰笙	北新	二角二分
24不平等條約討論大綱	孫祖基	青年協會書局	二角
25國際經濟政策	何思源著	商務	三元五角
26革命的外交	周鯁生	太平洋	九角
27中國外交史及外交問題	夏天	光華	
28國際聯盟之目的與組織	未詳	大東	四角半
29外交學	未詳	仝	一元
30最近之國際政治	樊仲云	新生命	二元二角
31國際政治之基礎知識	仝	仝	五角
32近百年外交失敗史	徐國楨	世界	八角
33現代外交史評論集	萬善祥	仝	五角
34外交ＡＢＣ	常善林	仝	五角
35現代中國外交史	金兆梓	商務	六角
36中國近代政治外交史	何思源	仝	五分
37中國訂約失權論	邱祖銘	仝	二角
38對華門戶開放問題	陶彙曾	仝	仝

39	新國際公法	周緯	仝	四元五角
40	國際法大綱	周鯁生	仝	二元四角
41	現行國際法	寧協萬	仝	四元
42	國際公法要略	鐘廷颺譯	仝	四角五分
43	現代國際法問題	周鯁生	仝	三元
44	國際聯盟	夏渠	仝	三角
45	分輯編類不平等條約	北平外交委員會	仝	五元八角
46	華盛頓會議記		中華	一元
47	帝國主義的政策底基礎	汪精衛	太平洋	五角
48	列强在中國經濟的侵略	徐之圭	仝	二角
49	帝國主義侵略下之中國	楊先鈞	太平洋	三角
50	帝國主義侵略中國的財團	南滿鐵道編	仝	五角
51	不平等條約十講	周鯁生	仝	仝
52	列强與中國	喬平龔彬	北新	三角
53	經濟帝國主義	石光落	仝	二角
54	帝國主義殖民政概要		大東	五角

55帝國主義侵略中國痛史		大東	四角
56帝國主義的真面目		仝	三角五分
57不平等條約		仝	二角
58不平等條約討論集		仝	八角
59中國領土內帝國主義者的資本戰	丁振一	現代	九角
60帝國主義與戰爭		仝	二角
61帝國主義對華的三大侵略	吳若如	民智	五角
62帝國主義侵略中國史	陳彬和	世界	五角五分
63各國對中國的不平等的條約	程中行	仝	五角五分
64經濟侵略下之中國	漆樹芬	光華	一元

七　其他參考書

1.朝鮮　（二本）	黃炎培著	商務	定價一元三角
2.南美三強利用外資興國事例	衛挺生著	仝	一元八角
3.東方民族論		民智	一元六角
4.各國民族性	張安世著	華通	六角
5.弱小民族的革命方略	柳絮	羣衆	三角

6.台灣 （二本）	袁克吾編	商務	一元一角
7.世界的大勢	余任明譯	開明	五角五分
8.台灣革命史	漢人編	泰東	五角
9.青島潮 （上中下三冊）	龔振黃編	仝	八角
10 高麗一瞥	鄭次川譯	商務	二角
11 最近太平洋問題（二本）	陳立廷 應元道 編	太平洋國交討論會	二元
12 台灣民衆的悲哀	東方問題研究會編輯	北平新亞洲書局	二角
13 蘇俄的東方政策	半粟譯	太平洋	一元二角
14 帝國主義在華侵略之分析	趙澍著	上海市指導黨務委員會宣傳品	一角五分
15 東方問題與世界問題	戴季陶講	愛智學社	一角
16 戰鬥的唯物論	杜畏之譯	神州國光社	五角五分
17 世界之紛亂	馮承鈞譯述	商務	六角
18 國民救國論	陳燊丞著	光華	三角
19 帝國主義之基礎知識	馬哲民著	新生命	四角
20 美帝國主義與中國	唐文犛著	大東	定價六角
21 帝國主義者在太平洋上之爭霸	陳宗熙	華通	五角

22 帝國主義國家對華政策的內幕和衝突 陳孺平 北新 三角半
23 中國存亡問題 朱執信筆述 大東 三角五分
24 中美關係略史 國民外交叢書社 中華 八分
25 中國問題的幾個根本問題 唐鳴時譯 商務 二元五角
26 董康東遊日記 董康編 大東 二元
27 日俄戰爭 呂思勉撰 商務 五角

以上書目因怱促付印未及詳爲分類校訂錯漏自所不免幸祈閱者原諒

日本國外貿易之顧客

（編）

日本貿易的對手國，當然是我們中國，地理上的接近自是一個原因，工業品不足，原料品有餘的結果，亦自成了日本的好顧客。但是年來一般民衆厭惡日貨的自覺心悠然而生，日本的第一顧客國不是中國而是北美合衆國了。然而我們歷次的抵制仇貨運動都不澈底，日本對中國的貿易總額，實未受若何特別的重大打擊。茲將一九二六年至一九二八年日本對中美的貿易總額擇錄如次：

國別	一九二八年	一九二七年	一九二六年
中國	三七三、一四一	三三四、一八三	四二一、八六三
美國	六二五、五〇三	六七三、六八五	六八〇、一八五

右表以千圓爲單位

可是我們此次對日經濟絕交，已是全國一致，且都有了決心，日本本年對中國貿易額當呈銳減之象，可無疑義的。

日人心目中的吉會路

宋孝璠

一　寫在文前的話

為了區區的吉會路的完成，日本帝國暴露了十足的帝國主義的武力侵略，中華民國受了一個致死的重擊。吉會路長不過二百英里，日人何以對之如此重視？這個問題，正是本文所要解答的。

二　日人大陸進取政策的鳥瞰

日本自神功皇后豐臣秀吉以至現在　秉着大陸進取的傳統政策，先取朝鮮次取東三省及東內蒙古　建立一個大陸帝國；於是南下滅亡中國，威懾亞洲其他弱小民族；再進而與歐美爭霸，一遂其天皇萬世，為世界主的夢想　自明治維新至今已有六十餘年，朝鮮已被併吞，東三省正攫在掌中；大陸政策之夢，已實現一半，中國若再因循苟且；仍如甲午戰後這樣不爭氣，亡國滅種之禍正不遠哩！（讀者如欲詳知日人之大陸進取政策，可看田中滿蒙積極政策奏章。）

三　吉會路對日之大貢獻

田中滿蒙積極政策奏章中云；「……若此路（按係指吉會路）成功，我們的大陸政策就成了功。以前從東亞到歐洲去須經過大連或海參威，現在可直接由清津港會寧經西比利亞而入歐洲。此時我們既控制了這條交通大動脈，便可以公開地侵略滿蒙，實行明治帝的第三期計劃，（按；第一期計劃是滅台灣，第二期計劃是滅朝鮮，第三期計劃就是滅中國）這時太和民族就上了征服世界的道上。……」原來吉會路便是日本「二路二港主義」中之一路。

四　吉會路之史的發展

一　吉會路的胚胎

一九〇七年（光緒三十三年三月三日）三月，日本公使林權助與中國那桐，瞿鴻機，唐紹儀等締結收買新奉路及自造吉長路之借款條約，在該條約第三款第二項中規定：

「……若吉長綫延長或添設支線由清國自辦；如資金不足。再由南滿鐵道會社借入。」

約中所謂吉長路的延長線即指吉會路而言。

明年十月十五日日本阿部書記官與中國郵傳部締結新奉吉長兩路借款續約後，日本提議將吉長路延長至延吉廳南邊境，與朝鮮會寧之鐵路相聯絡；且照吉長路成例，向滿鐵會社借一半資本。這是日本正式要求建築吉會路之始。但此議為中國方面所拒絕。

一九〇九年（宣統元年），日本以武力脅迫中國解決一切懸案，由中日締結間島協約。約中第六條有如下之規定：

「中國政府將來將吉長鐵路延長至延吉南邊界，與朝鮮會寧鐵路相聯絡　其一切辦法，與吉長鐵道。」一律辦理。

這是日本對於吉會路之要求，正式見於約章之始。以後便進入於締結正式修路條約期。

自此兩約締定後，迄無續約。一九一四（民國三年）之二十一條，及一九一五的中日條約，都無關於吉會路之規定。

一九一八（民國七年）段祺瑞內閣　假參戰借款名義，由曹汝霖與日本興業銀行代表直川孝彥，締結吉會路預備借款合同，共十四條，內容要點為：

（一）本路自吉林起經過延吉南境及圖們江至會寧，由中國自造。

（二）本預備約成立之日起，日本銀行團即墊足日金一千萬元與中國政府十足交款，年息七厘半。交款方法則由日本銀行團代中國政府發行中華民國政府五厘金幣公債。俟吉會路借款正約成立，以本公債募得之資金，儘先付還此墊款。

（二）本預備約成立後六個月內，即以本預備約為基礎。訂立正式借款合同。正約成立時，即興工築路。

（三）公債期限為四十年，自公債發行日起算，第十一年起開始還本，用分年攤還法償還之。

（四）公債付息之担保為：關於本路現在及將來之一切財產及收入。非得日本銀行團之承認，不得將此担保提供與他入。

（五）本預備約未規定之條項，將來准照光緒三十三年十二月十日訂定之津浦鐵路借款合同，中國政府與日本銀行團協議決定之。

一九一九年（民國八年）中日雙方又商議訂立正約，由中國代表權量與日本代表岩佐理會商。此時日本忽根據中日間島條約第七條主張吉會鐵路之一切辦法與吉長路一律辦理，提出兩項要求：

一　要求會計主任與運輸主任聘用日人，謀握全路之財政權及運輸權。

二　工程師之權限須擴大，期包攬全路工程建築權。」

當時當局因五四運動，民氣激昂，未敢承認，未幾，直皖戰爭，段氏下台，正式合同遂未成立，至今爲外交上一懸案。

日人見正約終不能成，乃縮小範圍，又於地方交涉，分段期成政策。乃分吉會路爲二段，一自圖們江而天寶曰天圖路；一自敦化至吉林曰吉敦路；中間一段自天寶山起至吉敦止百餘里未成。故田中內閣之滿蒙積極政策以解決吉會路爲第一義；遣山梨大將來華助張作霖爲大元帥，以期解決一切關於東三省之懸案。不意張氏悉其奸計，未受其愚。田中之計既不得逞，乃於張氏退出北平時，乘紛亂之際，由所代理交通部長趙鎮氏，簽定吉會條約。此約簽定後，日人即向我國要求建築，幸國人一致反抗，尤以東三省民氣最爲激昂，哈爾濱吉林演流血事件，實予日本一重大打擊，不得不取緩進主義。但民國十九年春間，日本有以兵士強行建築之計劃。本年九月十八日下午十時日人襲取瀋陽，數日內佔據東三省各重要城市，一面以軍隊保護建築吉會路未完成之一部。日人此次出兵完成吉會路以實現其大陸政策乃其重要之原因，觀南滿路局儲藏充分之建築材料及限期完成未築之一段即可證實。

二　吉會路之實現

關於吉會路，日本因歷經我國朝野之反對，及英美各國之嫉視，遂將吉會路分爲二段進行，以避一般人之視線，待天圖路與吉敦路二路完成後，再進行二路之連絡，以達其完成吉會綫之陰謀，日人之計可謂狡矣。茲將二路建築之經過及日本最近強築天寶山至吉敦一路之情況分述於下：

甲　天圖路之暗刼

天圖路爲吉會路東段路線，起自吉林之天寶山銀礦廠，經老頭溝，銅佛寺龍井村至圖們江岸，與對岸朝鮮之上三峯之圖們鐵道連絡，復與會寧至清津的鐵路相聯接全路長六十三哩，另有延吉支線五哩，六十八哩，軌寬二尺六寸，爲一輕便鐵路

民國四年日方泰興會社經理飯田延太郎與鄂紳劉紹文合辦天寶山銀礦銅鑛採錬公司，因交通不便，有籌辦輕便鐵路之議。民國五年，泰興會社代表呈清延吉道尹轉呈交通部，修築天圖輕便鐵路，交通部因其與吉會路之延長線線路相同，未批准，民國六年該〻乃變計與吉林省當局接洽，由吉林省呈請交通部，允許合辦；同時飯田又勾結吉林劣紳文祿，訂立中日合辦天圖鐵路合同，民國七年以合同契約呈請交通部立案，時正曹汝霖長交通，遂批准；并令該社呈送章程圖案等　以備核辦。八年交通部因查得現呈之圖案與原呈不符，遂取消以前批准之原案。民國十年日本小幡公使照會外交部轉交通部，聲明於未發照會以前，該社已自行動工，交通部以「備悉一切」四字含糊答覆。遂於是年十月實行動功，當時引起延吉公民之激烈反對。十一年飯田又誘引延吉和龍兩地紳士，與以空頭股票，許以年底分紅，由該紳等電京，證明該路係中日合辦，終以該地公民之反對，吉林當局遂與日本交涉，停止該社之工程進行。未幾，直奉戰興，交涉停頓，戰後東三省宣言獨立，乃由日本駐瀋陽總領事向奉天（今遼寧）當局接洽，北京政府乃向日本公使提出抗議，阻止簽字。國人亦激烈反對，尤以延吉等縣人民爲甚，但中日合辦天圖鐵路契約，終由日本與吉林當局以地方名義締成。茲摘錄其要件如左：

「1.本公司乃中日合辦，資金爲日金四百萬元。定名曰中日官商合辦吉林省天圖鐵路股分公司。

2.本公司雙方股東，未經雙方同意前，得有轉賣，讓與本公司所有一切財產，及其他權利等之行爲。

3.關於本公司技術上，營業上，一切事項，雙方協議，專由日本方面經理。」

於是該路遂於民國十二年十月十四日全線通車。其朝鮮境內之由會寧至上三峯一段，長二十五哩，早於民國八年修成；華境分三段工竣，自圖們江岸至龍井村爲第一段，龍井村至老頭溝爲第二段，老頭溝至天寶山爲第三段。全路建築費共九百

萬元，當時係由日本大藏省及東方拓殖會社接洽停妥，以一千萬元接收。

該路營業年限，按照協定，自民國八年三月十六日起，以三十年為期，在未滿期，中國政府，隨時得以公平價格收買之。

乙　吉敦路之詭取

吉敦路為吉會路西段路線，起自吉林省城，經蛟河至敦化，約長一百三十哩，另有蛟河至奶子山支線（現為吉林省有）長約五哩，估吉會路全長之半；係屬軌鐵路建築費原定一千八百萬元，後因不足，追加六百萬元，共二千四百萬元，一切均由滿鐵會社包工，全路工程於二十八個月內完成。於民國十七年工竣，行開車禮。

一九二五年（民國十四年）南滿鐵道會社，承日本政府之意，以發展吉長路營業為辭，向東三省當局要求承辦吉敦鐵路，東三省當局乃令吉長鐵路局長魏武英專辦此事。魏氏乃與滿鐵會社理事松岡洋右，締結吉會路草約十條，附函五件，聲明書一件　茲錄該約內容如左：

「1.承辦工費為日金一千八百萬元。

2.開工日期為中華民國十五年六月一日。

3.利率為年利九厘。

4.本鐵路全線運輸開始時局長應於公司內，聘請精通會計之日人為會計主任。

5.工費須於完工後點收之時交付。若點交後一年內尚不能償還其全額或其一部分，得延長期限，至三十年」

此項條約由魏氏攜帶至京，遂由交通部部長與東三省當局會同簽字，與日人訂立吉會路借款修築草約，內容大致與昔日之吉會路借款條約無大出入。茲錄其要點於下：

「1.中國政府一面締結吉敦路借款，一面應將該路工事進行計劃，與滿鐵會社協定，按此協定着手工程，於二年內完成。

2. 本草約成立時，滿鐵會社即先交中國政府墊款日金一千八百萬元，此項墊款應免回扣。

3. 本借款以發行公債之方式交付。本公債期限爲四十年，本金自公債發行日起，第十一年開始償還，用按年償還法。

4. 中國政府爲担保本息償還，提出下列之担保：

現在及將來，屬於本鐵路一切財產，及收入，非得滿鐵會社之允諾，不得更作其他借款之担保。

5. 本墊款年利八釐。

6. 吉敦路正約應以本草約爲基礎，於成立四個月內訂之。

7. 中政府俟吉敦路借款正式合同簽字，即以本借款之資金，儘先償還前墊款。

8. 工事期間中，總工程司須用日人，至全綫竣工後解任。

9. 吉會路借款與本路無涉，本路將來得與吉長合併，合併時則吉長鐵路契約准予改廢。」

吉敦路此項合同之性質與吉會路合同相同，皆爲墊款而非借款。因無担保，又無正式合同，故日本對吉敦路實無條約上之權利。而民國十四年十月二十二日交通部航政司長凌昭氏發表通電，聲明該包工契約係賣國權之行爲，不能承認。後因政治變動，東三省宣佈獨立，中央遂無力過問此問題；日人乃藉此機會，肆其鬼蜮之技倆焉。

日人得此草約後，本擬即行動工；後恐遭國人之反對，致生阻碍，乃不自露面，而與吉林士紳合組興業土木公司，發起建築鐵路，實際一切建築，仍由滿鐵會社承受。民國十五年一月二十六日吉敦鐵路建築工程局遂成立，以魏武英任工程局長。全綫分四段建築於十六年百竣工。

當建築此路時，向滿鐵會社借款一百八十萬元，由此數中提二十萬元爲華方公股，定每十元爲一股，中日人士各分其半。（按草約，該路爲中國自辦鐵路。）其餘則繳交滿鐵會社爲建築費。全綫開車後，復以建築各車站房室爲詞，續借日金六百萬元，此六百萬元，未聞作何正式花消，乃竟無形耗盡。

吉敦路由滿鐵會社包工，其建築之不良，與費用之浩大，實堪驚人。茲摘錄民國十七年冬季東三省交通委員會特派員查帳之報告書於下：

「……路基之鬆浮，使橋之簡易，建築之窳劣，包價之奇昂，……吉長路以一百十七公里，建築費不過六百萬元，尚能設備完全。該路二百三十公里，所需竟[illegible]千萬元之鉅，費用之昂，幾超關外各路四五倍以上；而關係重要之管理局，機械廠，吉林車站等工程，尚未在設備計劃之內，可謂路界少見罕聞之事。……吉敦路之建築費，不僅二千四百萬元，實則近三千萬元矣。以每公里計之，約需費十四萬之左右。……按續款合同，年息九厘，約每年需利息二百七十萬元，而現在吉敦路還費進款，每月祇五萬元。將來全線通車，數年間，每月所入最多不過十餘萬元左右，……複利滾計債額日增，……是不徒影響於一局路政，亦將影響於國家主權。……」

吉敦路沿線皆崇山峻嶺，富森林，并有礦藏，然人口甚少，地荒未闢，故吉敦路營業不佳，每日入款，不過三千餘元，以之付息，尚且不足，累年賠累，損失不堪，此固吾國之大害，實日人日夜馨香之所祝也。日人謀我，積有年所，彼豈不知此路無多營業，不足付息，不知成本過重，有碍路政前途；然其所以毅然出款承築者，欲及早實現其大陸政策耳。我國官憲竟懵昧不知，聽其玩弄，或利慾薰心，甘心作倀；使日人得以長驅直入，亡我邦族。余每述至此，不覺憤恨填胸，肝腸欲裂也。

丙　天敦段之强築

吉會路日人以三十餘年之圖謀，已成東西二段，僅餘自天寶山至敦化一段尚未完成。日人屢次提議修築，輒為我民衆反對，當局阻止，未果。日人見交涉無效，思藉故強築，民國十九年有以兵士強築之計劃，後因我國反對，遂未實行。本年九月十八日下午十時日人藉故襲擊瀋陽，同時佔據東三省各重要城鎮，一如戰時，乃藉此絕好之機會，將預先儲在滿鐵會社之各種建築材料，依據早已擬好之計劃，於九月一日，派日兵千名，保護韓工十名，於武裝之下，實行強築由天寶山至敦化一段，限於一月內完成。從此日人素謀之吉會路完全大告成功，交通大動脈運行無阻，田中之積極政策完成，而明治之第三期計劃實現矣，而我中華民族危矣！

五　吉會路對於日本之價值

我們要明瞭日人為何如此重視吉會路，請看他們的自供

「……[illegible]滿蒙之利源，悉集於北滿地方，我國為無自由進出機會，滿蒙富源，無由取為我有，自無待論。……」

吉會路便是日人自由進出東三省北部的大道！今將日人對於吉會路之希望拆為數項，分述於下；

甲　經濟上的價值

日本自明治維新後，日步歐西後塵，至今日已成為一純粹資本主義國家。資本主義發達之結果，遂發生原料之恐慌；同時因人口之增加，又發生糧食之恐慌。日本為一島國，地質為火山岩，平原少，故原料既缺乏，糧食又不足。日本為解決其本身生存起見，遂不得不尋覓原料地，獨占原料。我國東三省得天獨厚，可稱天府之國。臥榻之旁，豈容他人酣睡，於是東三省遂為其進取之第一目標。

一　就物產數量方面來觀察

A　重工業的基礎，煤、吉會路沿線煤產甚豐，據調查所得列左：

萬寶山——在蛟河縣東南二十里之拉法溝黃花甸子地方。礦區約九方里五百廿餘畝，煤層之頂盤，為煤質砂岩，及含炭質頁岩。層厚約六尺，下部二尺最優，上部二尺次之，中部二尺則灰分較多。

奶子山——在蛟河南，礦區面積有一千零廿八畝，奶子山為古代花崗岩所構成，煤田之岩石為中古代之砂岩。岩多煤質，質甚優。已發現採掘者，第一層約厚十尺，第二層約厚五尺，第三層三尺，每層之間，均夾有砂岩。該礦最近產量，民十三出煤四十萬金。

唐家崴子——在蛟河鎮西南，法拉河流域。煤層之厚。約在十尺以上，為上部層。其東約二百尺，適當高陵，亦為煤層地帶。厚不過二尺。

泉源溝——在唐家崴子及松杉鎮之西南。

茲再將已經調查之煤產列表於下：

縣名	產地	摘要
吉林	缸窰	吉林東北四十里
吉林	大主嶺	
額穆	拉法溝	中俄合辦
額穆	望寶山	中俄合辦
額穆	奶子山	蛟河南二十里
額穆	泥石溝	拉法站東南十里
延吉	三道溝轉心湖	三道溝夾心子南二里
延吉	三道溝上山硯	轉心湖附近
延吉	老頭溝	龍井村西南三十里，中日合辦
和龍	杉松岡	縣城西南三十里
汪龍	啞呀河	縣城東南三十里
汪龍	胡蘆溝	縣城西十里
汪龍	石頭河	德統站東三十里
琿春	關門咀子	縣城北十里
琿春	張 溝	縣城西南十五里
琿春	駱駝河子	縣城東十里
琿春	廟子溝	縣城東北二十五里

樺甸	蘇密溝	
盤石	五道溝	五道溝與三道溝之中間
盤石	天和屯	官街西二十五里

據田中侵略滿蒙積極政策奏章，此外尚有一大優良煤礦在新邱，「……其埋藏量有十四億噸之多，其質且超撫順煤之上，而十層多爲硬石岩所成，頗便於開採；且頗合骸炭抽收之用，我可取之爲煤油，農肥，化學各用藥……」日人若併此煤礦與本溪湖等處鐵礦，則近代工業之基礎可謂穩固矣。

B　除煤之外吉林又富於金銀銅鉛；茲列表於下：

礦產	縣名	產地	摘要
金	延吉	鵓鴿子	縣城西北六十里
金	和龍	蜂密溝	龍井村西南三十里中日合辦
砂金	汪龍	梨樹溝	縣城東北二十里
砂金	汪龍	八王脖子	大綏芬河的上流
砂金	汪龍	火燒鋪	八王脖子北二十里
砂金	琿春	十門子	十門金礦
金	濛金	黃泥崗子	縣城東南二十里
金	樺甸	夾皮溝	本縣東北
金	樺甸	大平溝	麥皮溝東南二十里
金	盤石	帽兒山	小城子西北二十里帽兒山北麓
金	全右	大泉眼	

金	全右	大頂子山	呼蘭河上流
銀	延吉	天寶山	局子街西北七十里
銀	汪清	德統站	縣城東南四十里
銀	濛江	阿爾轟	
銀	樺甸	小爾哈達	
銀	全右	太平溝	夾皮溝東南溝二十里
銀	全右	漂溝	漂河上流九十里
銀	全右	四岔子	安圖縣附近
銅	延吉	天寶山	局子街西北七十里
銅	樺甸	皮州硝	
銅	磐石	黑石頭	輝發河流域
銅	磐石	石咀子	縣城東北三十五里
鉛	延吉	關門咀子	
鉛	樺甸	小爾哈達	
鉛	磐石	半截溝	
鉛	全右	玻璃河套	縣城西北四十里

看上表，吉林的金礦很富。金子雖然在工業上沒有多大用處，但是現在世界各國風靡一世的貨幣制度乃是金本位。我國想改行金本位，却因自己缺乏金子，不敢遽改，致令在對外經濟上吃虧不小。日本本國也缺金，日人眼看看這塊黃金地，怎不眼紅？

C. 森林

日本沒有森林。但日本的紙充塞在中國的市場。紙在現在多用木製成，這木是何處得來的呢？從我國的吉林省！吉林的森林是自然林，多而且老，世界上罕有，樹有梓，櫟，松，樺之屬。吉林之森林地域甚廣，在其中行走終日，不見陽光，有樹海之稱。茲先將吉會路一帶之森林區域列表於左：

森林區域	材積（石）	面積（町。每町合一畝四）
松花江流域	九〇三•一二三•一七〇	一•四三六•八三九
圖們江流域	四三三•五九九•八〇〇	八三一•五六三
牡丹江流域	四二〇•九四九•九〇〇	六三四•九六六
合計	一•七五[illegible]•六七四•八七〇	二•九〇三•三六八

上表僅表示總藏量，現在不妨把沿吉會路的林場表列出來，更可看見吉會路沿線林業的狀況。

（一）屬於雙岔河市場之勢力範圍之林場

林場名	地點	面積	材量
雙岔河	老爺嶺下	三〇•二八五•〇	針葉一•二七八•九〇〇石 闊葉五•九九三•五〇〇石

（二）屬於蛟河市場勢力範圍之林場

林場名	地點	面積	材量
大蛟河	老爺嶺東下太平嶺	一〇•七四五•〇	針葉一•〇五九•八七七石 闊葉四•二三九•五四八石
	老爺嶺東下海青嶺	二三•二七九•四	針葉一•四三[illegible]•一[illegible]五石 闊葉一•一三一•六五八石
雅河	呼蘭嶺	二〇•二六六•三	針葉四•六六三•六九二石 闊葉六•九九六•七一八石
	葦塘溝	七•五九四•七	針葉七八〇•三[illegible]六石 闊葉二•四三一•〇〇六石
	張廣才嶺西部	一•七二[illegible]•二	針葉三•二七六•一二〇石 闊葉四•九一四•一八一石

			針葉	闊葉
蛟河	黑頂子	一三•二四九•四	五•八八一•一四四石	三•九二〇•七六二石
烏林河	廣嶺西下	七。七五九•八	二•七〇一•〇二二石	二•七一三•二七一石
合計			一九•七九七•三九六石	三三•二五七•二二四石
（三）屬於黃花甸子之林場				
張廣才嶺	張廣才嶺西下	二〇•六六七•七	九•八一三•六六四石	一四•七二〇•四九六石
	威虎河	二五•一七七•九	一一•三三〇•〇五五石	一一•三五〇•〇五五石
	大沙河	二八•三三一•六	九•〇六六•一一二石	三•五九九•一六八石
	梧松拉子	三三•〇二四•三	七•九二五•八三二石	二•八八八•七四七石
	新開嶺	二七•七三七•一	一四•一四五•九二一石	九•四三〇•六一四石
	張家堂子	二六•九二八•一	八•八四九•七四〇石	八•〇七八•四六四石
合計			七一•一三一•三二四石	六九•〇四七•五四一石
（四）屬於額穆縣西境之林場				
張廣才嶺	自石拉子西部	一〇•九六四•三	三•〇七〇•〇〇四石	四•六〇五•〇〇六石
	珠爾多河	三四•四二〇•〇	一八•五八六•八〇〇石	一二•三九一•〇〇〇石
額穆索	清溝	二一•一八二•九	一〇•八〇三•二七九石	七•二〇二•八八六石
	堵拉泡	二四•七三五•三	二•二二六•一七七石	八•九〇四•七〇八石
合計			三四•六八六•二六〇石	三三•一〇三•一〇〇石
（五）屬於敦化縣南境之林場				
牡丹江	牡丹嶺	一九•九一一•一	八•九五九•九九五石	八•九五九•九九五石

敦化	寒葱嶺	二〇•四二七•七	針葉 一一•六六九•四三九石	濶葉 一七•七七九•六二六石
	廟嶺西下	二•二三三•六	針葉 一•六六二•八〇二石	濶葉 一八六•九七八石
合計			針葉 二〇•八一六•四一二石	濶葉 一八•六〇二•四二三石

（六）屬於敦化縣東部之林場

沙河	廟嶺東下	五•五七二•二	針葉 二六七•一六六石	濶葉 一•五〇四•四九四石
	大青背	二二•三九四•〇	針葉 七•八三七•九〇〇石	濶葉 七•八三七•九〇〇石
	大黑背	二五•八五七•六	針葉 九•四八〇•一二八石	濶葉 一四•二二〇•一九二石
合計			針葉 一七•四八五•一九四石	濶葉 二三•五六二•五八六石

我們又來看看日人，在吉林林業中所佔的地位，也就會恍然，日本爲什麼要急於建築此路。日本在全東三省的森林投資總額不過二千七百六十二萬元（日金），而在吉林一省的森林投資總額約爲二十四百餘萬元，佔全額九分之八。今將吉會路沿線日本人投資列表於下：

地區名	投資形式	投資額（單位日金千元）	投資年月日	投資者
海林附近	中日合辦	四•七〇〇	民國八年	東拓會社（日本）
吉林省牡丹江流城三道河附近	中日合辦	五•〇〇〇	民國十一年	三井物產（日本）
中東鐵路東部線山市附近	中日合辦	五〇〇	民國八年	趙守偵、大西庫治（偵同）
吉林省方正縣	中日合辦	三〇〇	民國十五年	鴨綠江採木公司
牡丹江流城	中日合辦	三〇〇	民國十五年	裕䔍公司植田一夫（共同）

吉林省	華人名義	六一五	民國七年	中日豐材公司
吉林省	華人名義	四一三	民國八年	興材公司
吉林省		一〇三四	民國七年	黃川公司
吉林省	華人名義	二•八九一	民國七年	華森公司
吉林省	華人採伐	二九〇	民國九年	吉林木材株式會社
吉林省	華人採伐契約	三〇〇	民國七年、	三井物產出張所
吉林省	華人採伐契約	八〇	民國七年	三菱合名會社
吉林省	華人採伐契約	五〇	民國七年	吉林採木公司
吉林省	華人採伐契約	一五〇	民國七年	日華合
吉林省	華人採伐名義	一五〇	民國七年	石光洋行
吉林省	華人採伐契約	一一三	民國七年	鴨綠江無限公司
吉林省	華人採伐契約	二〇〇	民國七年	內垣實衛
吉林省	華人採伐契約	五〇〇	民國七年	吉林省一般日人之小木材商行
吉林省	丹吉公司名義	七〇〇	民國七年	滿鐵會社
松花江上流流域	丹吉公司名義	二五〇	民國七年	滿洲製材會社
松花江上流流域	丹吉公司名義	二〇〇	民國七年	東亞興產會社

D農產品

日本人差的是食粮，吉林省有的是食粮。吉林省未墾的荒地很多，現在姑且將吉林省的農產列表於下：

名稱	數量（以石為單位）

陸稻米	二•七一七•六〇〇石
水稻米	二七三•四〇〇石
小麥	二•五五二•一〇〇石
大麥	一•〇五一•四〇〇石
小米	三•一八二•六〇五石
高粱	一二•一八八•二〇〇石
玉蜀黍	五•七一一•二〇〇石
大豆	七•〇六八•七〇〇石
雜穀	一•四二五•三〇〇石
合計	三三•九六八•五〇〇石（每年）

E 畜產品

名稱	數量（頭數）
馬	七一六•〇〇〇頭
牛	四九五•〇〇〇頭
驢	一八四•〇〇〇頭
羊	一八四•四〇〇頭
豚	一•二四一•四〇〇頭
雞鴨	約五•〇〇〇•〇〇〇頭
合計	七•八四〇•八〇〇頭

吉林省有這樣豐饒的物產，又有那末開發的肥沃的土地，日人肚皮正餓着，怎不垂涎三尺呢？沿吉會線這樣豐富的煤藏，日人怎忍棄之於地呢？日人要築吉會路，要築吉會路攫取這些富源 何況東省這塊富饒的處女地，將來的出產物若被中東路或中國的鐵路從南滿路奪去輸運，豈不可惜嗎？

二 就物產運輸方面來觀察

一 威脅中國東北的鐵路系統

中國鐵路要從日俄的中東與南滿二路夾攻之下開出一條生路，須得有一個整個的鐵路系統。中國的鐵路系統包含有三大幹線，所以也可說是三大幹線一大港的計劃。

1. 東段——包括已成的北寧路之關外段，瀋海線，吉海線及在計劃中的吉五線，此線用來吸收東三省東部的貨物，這條幹線的生死對頭便是吉會路。

2. 中段——包括已成的打通線，通鄭線，四洮線，洮昂線，及在計劃中的齊黑線道段吸收東三省中部及西部的貨物，牠的對頭是中東，南滿二路。

3. 西段——包括朝錦線及其西向熱綏察三省之進展，此段現在尚不在吃緊期內。

此三大幹線均以葫蘆島為其吞吐港。中國以此三線一港之鐵路政策制南滿路之生死命。近年來南滿收入日見減少，即此鐵路政策之效果。日人知不敵，遂以二線二港主義為抵抗之策略。以大連為吞吐港之南滿路既有為中國鐵路壓倒之勢，乃別謀以此清津為吞吐港之吉會路來制服中國之鐵路。現在試將由吉林省城至朝鮮之清津與羅津及至葫蘆島與營口之距離作一比較表如此：

1. 自吉林經吉會鐵路至清津……五七二公里
2. 自吉林經吉會路至羅津……五四〇公里
3. 自吉林經吉海，瀋海，北寧線至葫蘆島……七六六公里

4. 自吉林經吉海、瀋海、北寧線至營口…………七三二公里

5. 自吉林經吉海、北寧線至營口（經南滿路大石路）…六四九公里

由上表看出以吉林爲出發點，到清津比到葫蘆島要近一九四公里，比到營口要近一六〇公里。從距離上看，吉會路比中國鐵路經濟，中國苦心經營的東北鐵路網，便被吉會路破壞無餘，日人便可橫行東北，將吉林與黑龍江的貨物的運輸握在掌中了。

假使我們以長春爲出發點來比到二地的距離，現在姑且以爲南路已屬於我國，（路也近一些），列表如下：

1. 取道吉長吉會路至清津…………六九七公里
2. 取道南滿北寧路至葫蘆島…………六五三公里

兩者相差不過四四公里，可見中國的鐵路仍非吉會路之敵，何況中間又要經過日人手中的四五〇公里長的南滿鐵路哩。

B 對抗中東鐵路

從地圖上看，吉會路是中東的平行線。中東路的出口港是海參崴。我們現在不妨將三線至其海口的距離來比較一下。

甲　以哈爾濱爲中心點

1. 自哈濱經中東路，烏蘇里路至海參崴…………七七九公里
2. 自哈爾濱經吉五路，吉會路至清津…………八二二公里
3. 自哈爾濱經吉五路，吉會路至羅津…………七九〇公里

乙　以長春爲中心點

1. 自長春經中東路烏蘇里路至海參崴…………一〇一五公里
2. 自長春經長春路，吉會路至清津…………六九七公里

以哈爾濱爲中心，二線之差最大不過五十公里；以長春爲中心，則經吉會路較經中東路近三百公里。即以哈爾濱和長

滙各爲中心，經吉會路亦較經中東路近八十公里。準此以觀，中東路非吉會路之匹敵，又可知矣。

吉會路之潛勢力有如是之大，無怪乎日人不惜甘冒大不韙以兵力強築。若此路成，日人將實行所謂之不客氣的侵略了。

三　就解決人口問題方面來觀察

日本眼看着人口急迅地增加，平均每年增加五十二萬人。日本政府便講拓殖政策。將鮮民趕到東三省，然後以日人來，補鮮人的空，我們東三省地沃人稀，日人認爲是一個殖民地點，特別是吉林省，尤其是延吉道。日本外務省所發行的「滿蒙拓殖政策書」曾有詳明剖述，今節錄一段如次。

（一）延吉道是吉林人口最稀薄的未經墾殖的地方。（A）土地的廣袤和人口的密度列在東三省第八位；（B）是日本勢力範圍中人口最稀薄的。

（二）延吉道是東三省農業的特殊地域。（A）土質優良）腐蝕質土壤富有機物適於麥豆的栽種；（B）沒有河水汎濫之患；（C）沒有乾旱之虞。

（三）風土氣候適合於移居。空氣清澄，山清水秀與日本同。

（四）適於朝鮮人開墾，副業豐盛。（A）朝鮮人有山地民族性的特長；（B）利用河水灌溉稻田。其他牛，羊，煙，麻，柞蠶，鑛產等副業頗多。

（五）爲朝鮮的延長，作新領土的獲得，有保全間島的必要。

日外務省非常注意延吉道殖民政策。他們想擴充已獲得的間島區域爲延吉道。居在東三省的朝鮮人，差不多有一半住在間島，而在間島地方，中國人數只有朝鮮人的三分之一，而且鮮人人口增加的速度又超過中國人。日本以爲鮮民經安東入東三省，非經瀋陽不可，因此容易惹起華人的注意，而發生莫大的障礙。而且由吉會路入東三省，路僻而且近，僅僅爲了移民，吉會路所貢獻於日本的已足價日人之注意與經營。

乙　軍事及政治上之價值

實在說起來，吉會路的價值，在日人看來，還不在經濟而在軍事。我們不妨將田中的奏章節述於下，以窺日人之心。

「……我國如欲開拓其富源及堅固其國防者，必須極力建滿鐵路，依其鐵道之開通，可移多數國民於北滿，以便製肘南滿之政治及經濟，而可強固我國國防以奠定東亞大局。加之南滿鐵路既成之線路。多以經濟爲目的，致缺循環鐵路，頗不利於戰時之動員及軍需之搬運。以後必須以軍事爲目的建設滿蒙大循環線，而可包圍滿蒙中心地，以制支那之軍事政治經濟等發達，亦可制赤俄勢力之侵入。此乃我國之新大陸造成上最大必要之關鍵也。……

「按欲造成新大陸以開極東之新面目者，我如不先造勢力於吉林地方，必不能征服滿蒙，從而不能征服世界。故以吉會路之完成卽我昭和新政之完成，新大陸之完成卽征服亞西亞全洲之完成，不啻爲吾國策上最重大之路綫……

「……且大連港非吾領土，如滿蒙尚未爲我新大陸之時，其經營設施上頗多費手。萬一最近時期中實現戰爭之時，我日本須求滿蒙之富源，當由大連爲出口；如敵艦由對馬及千島海峽封鎖之時，我則不能獲取滿蒙之富源，終必爲戰敗國。須知歐戰後之美國，與英國暗合，每一舉一動而欲牽制我國對支之施爲。然我國爲獨立計，不得不與美一戰以警示支那及世界。且美有呂宋艦隊，與我對馬乃一葦水之遙，朝發夕至。如以潛水艇而游弋於我對馬及千島之間，則滿蒙之食料及原料必不能供我益我。如吉會路成，在南滿北滿與朝大循環線路；其長春至洮南，長春大賚到至洮南，成爲小循環綫路；可以四通八達，利我軍旅及食料運輸之便。是北滿富源之征服亦可確定矣。且其北滿之富源，經吉會路越海而運至我敦賀，新瀉港等者，敵潛水艇必無力能侵入我朝鮮及日本海峽，從而戰時之交通經濟等皆可自由及獨立；所謂日本海爲中心之國策者此也。夫如是，戰時之食料及原料可足，則美雖有雄大之海軍，支那雖有衆多之陸軍，赤俄雖有衆多之軍兵，終必無如我何；亦可制朝鮮民在戰時抗我制我。

「且我固然必須實行新大陸政策，故非急成吉會路不爲功；蓋滿蒙爲極東政治未完成之區域。

「我國終須再與赤俄角逐於北滿平野者，就以吉林爲中心也。到時欲實行明治大帝第三期遺策之時，則以福岡廣島二地國軍由朝鮮而入南滿，以制支那軍之北上；由名古屋關西地方之國軍，取敦賀海道之清津，經吉會路而入北滿；另以關東地方之國軍由新潟港直至清津或羅津，仍依吉會路，而猛進北滿地方；另以北海道仙台各地之國軍，由青森乃函館二港爲出口，而急進海參威佔領西比利亞鐵路，以直至北滿哈爾濱而南下，直迫奉天及占領蒙古等地，亦可阻俄軍之南下；終於關西軍，福岡及廣島軍三面會合，分派爲兩大軍，南則把守山海關以防支那軍北上，北則把守齊齊哈爾以阻俄軍南下，則滿蒙之食料及原料等，皆可聽我自由取用，可依吉會路而運內地。夫如是，雖戰十年。我亦不恐食料及原料之不足之憂也。……」

當田中意氣飛揚，草此奏章時，一似東三省之中國之軍隊一無足用者；豈田中之智，能預知今日東北國軍之無抵抗主義之實行耶？宜其作如是暢行無阻之論也。

夫吉林南濒長白，北阻松江，介於遼黑之間，爲聯絡東省之關鍵；環迫日俄之境，爲控制邊防樞紐。今則名城重鎮，險要皆被控於人；我雖有瀋海吉海、吉五、等綫之計劃，亦不足打破吉會路之雄圖。願國民急起圖之。

六 我國對付之策

日人以南滿鐵道社爲大本營，已得今日之成績矣。然南滿路乃日人亡我東三省南部之綫路，乃樹立日本在東三省基礎之綫路，其重要遠不及吉會路。吉會路乃一侵略東三省最富饒之北部中部之綫路，乃完成日本所謂新大陸政策，所謂日本海中心政策之綫路。今吉會路於日人武力保護之下，日人武力威脅我之際將完成矣。此次我若與日宣戰，勝則吉會路屬我，自無問題；敗則東三省已亡，亦無問題。若我與彼和平交涉，則吉會路之借款正式合同，未經合法簽字。天圖路中日合辦契約乃締結於東三省宣佈獨立之時而用吉林省地方名義締結，亦不合法。且即按照協定，該路可隨時由中國政府備價收回。吉敦路沒有墊款合同，無正式合同；且此墊款并無擔保，故日人對吉敦路實無條約上之權利。若日人此次強築吉會路之天寶山至敦化一段，實無條約上之根據。日人口口聲講，此次佔我東三省，別無野心，僅欲保持既得之條約上所賦與之權利；今吾人考之歷史，日人對吉會路實無條約上之權利。故吾人於日本僅有借款之關係，對於鐵路，日人定無權力過問。

雖然，以日人之野蠻無理，或置此不理，而以武力強佔，我人將如之何耶？曰：別謀發展。吉敦路屬我有，吾人應立即籌款將借款償清，日人雖狡雖橫，亦將無如我何。我則自行計劃其他綫路，以吸吉林東北部黑龍江東部之貨運。今將所計劃各綫路述於下：

1.敦海路——由敦化經鏡泊湖，寧安至海倫連中東路。此路原爲南滿鐵社所計劃，用以吸收中東路之營業者。自海林至鏡泊湖近畔，已有鐵路

2.吉密路——自吉林至依蘭道至密山，此爲邊疆要路，再由密山至邊境虎林成密虎路。此路中經寧安，穆稜。

3.密富路——由密北行至富錦。沿邊鐵路。

4.吉同路——由吉林經五常，同賓依蘭，沿松江至同江。

吾人有此諸條鐵路，吉會雖強，至少日人之計劃必被此諸路打破無疑。且吉會入海之距離雖短，至日雖近，但假使葫蘆島建築完成，我國海運發達，諸路至海口之距離雖長，亦無礙也。事在人爲，自然環境固不完全限人也。生乎亡乎，繫乎吾人之自身。

七　尾音

田中曰：「……夫滿蒙者極東之比利時，歐戰德國蹂躪比利時以成功；未來之日俄日美戰爭我國非蹂躪滿蒙必不爲功。且我國欲實行新大陸計，不得不破滿洲之中立地爲戰場，是故不得不整備吉會長大二路，以作武裝的充實，增強大之國防勢力。進而可依吉會路交通之便，可於最短期間移民千萬於彼地，以開拓其水田，而解決我人口及食糧問題，亦可防避支那移民之侵入。夫吉會路者，眞可爲日本致富之路綫，是亦日本之武裝路綫也。」

同胞乎！日人已蹂躪東三省矣！吉會路即完成矣！彼西方之比利時已獲最後之勝利，我東方之比利時亦得獲最後之勝利乎？此諸同胞所應答之問題也。

抗日感想錄

抗日救國

王遵道

邇來內戰不息、[illegible]蔓延、更加二十八省之中、十六省罹水災、國計民生、何堪設想、尤不幸者、日本竟乘我之危、佔我領土、奉天吉林之富庶區域、無不遭其蹂躪、官吏被其監禁、房屋被其焚燒、砲艦被其解裝、人民被其殺戮、事之令人痛心疾首者、未有若斯之甚也、夫日本之所以出此者、乃有其原因存焉、其近因則以萬寶山案及中村事件爲發端、其遠因則以其大陸政策爲根據、蓋日本地狹人稠、工商發達、歐戰以來、其國之經濟問題、更難解決、不得不向外發展、是以侵略吾國之野心未嘗須臾忘也、至我國滿洲區域尤爲彼所歆羡、面積之大爲七萬四千平方哩、而人口之衆不過二千八百萬、若善爲經營開墾、尙可容二千萬有奇、尤在松花流域肥沃之區、不下四千萬平方哩、森林礦產、無可與比、卽食料一項、年有盈餘、其他原料不勝枚舉、是以日本此次之佔我東省者、其蓄心久矣、不過以佔東省爲亡中國之第一步驟而已、職是之故、我外交長官曾將此事報告於國際聯盟、及凱洛格非戰公約簽字諸國、且通知日本政府停止其軍事動作、而事之發生瞬已一月、日軍暴行、仍未休止、國際條約、直等烏有、蓋强權公理不可並論、有强權者方有公理耳、然我國遘此奇辱、人民受此侵陵、大好河山、今日遂覆滅於吾人之手乎、是可忍孰不可忍、不過今日之事．痛哭不足以救國、輕舉不足以救國、待助於人尤不足以救國、救國在於積極有效之行動、救國在於萬衆一心之團結、故政府方面應以外交爲急務、尤須外交公開、以民意爲依歸、若戰與不戰、中央自有主張、爲軍人者應立下捨身取義之決心、預作效命疆埸之準備、激起士氣、整齊步伐、含悲忍憤、鎮靜自持、一旦動員令下、卽奮然而起、雖亡其身、其職責所在也、若憑血氣之勇、作暴虎憑河之舉、則非吾國將士應取之態度也、爲官吏者應奉公守法、從事於政治上之施設、尤不可尸位素餐、因循敷衍、使在其位者皆得謀其政、故應不兼他職、殫心一事、俾才能盡用、用能裨國、學生方面、則應以學業之修養、軍事之訓練爲急務、所謂科學救國、責任何其大也、蓋科學昌明、國家乃能富足、吾國之不能與列强並駕齊驅者、正爲科學落伍故也、至軍事一科、乃爲鍛鍊吾人身體與訓練行動紀律化之科學也、若萬一有事、卽不調赴疆圉、亦可作後方之留守、至工商方面、則應對日經濟絕交、堅持到底、不買日本貨物、亦不售原料與日本、集多量之資本、從事於增設工廠、以貨抵貨、則國內需要不致恐慌、苟如是則日本、大規模之工廠必完全停頓、因經濟破產內部必致醞釀惡化、其猙獰之面目亦無法露諸於外矣、其他如捐資於政府也、組織義軍勇也、亦爲工商界之重大責任、總之國家興亡、匹夫有責、凡我同胞皆應以最大之努力、挽此未有之危機、必須上下一心、步驟一致、聽統一之指揮、守嚴整之紀律、而後乃能有整個之力量、

以收確實之效果、若遇必要時期、爲國家人格民族生存計、雖犧牲一切有所不惜也、同舟共濟焉、

我國對於共赴國難之意見

陳忠孚

日本之侵畧中國、固爲解決其國內之不景氣現象計也、蓋自明治維新以還、日本已趨於資本主義之途、惟其地小人稠、不足回旋、生產原料、無從取給、而列强壁壘森嚴、又不容其插足、於是不得不求諸中國、以謀救濟、佔領東省、不過畧示其端、吾人此時若不迅予防制、則將見其政策貫澈、必至侵吞中國而後已、然則將如何、曰其道有五、全國團結、積極備戰、更張外交政策、厲行經濟絕交、更訂教育方法、擴大國際宣傳是也、斯五者、進行不悖、足以制日本死命而有餘、請依次分述之、

一全國團結積極備戰　日本以蕞爾彈丸之地、面積不過中國一省、（殖民地除外，）人民不及中國七分之一、而敢於侮辱橫暴、犯我邊疆者、蓋中國分崩離析、武人政客、勇於私鬥、有以致之也、是以全國團結、爲對外之張本、愚以爲須劃分爲政治團結、與武力團結二途、所謂政治團結、應實施黨外無黨、黨內無派之口號、祛除私見、統一意志、選賢與能、講信修睦、上下一心、和衷共濟、以救危亡、所謂武力團結．應不分畛域、統一指揮。嚴整紀律、齊一步伐

、以堅苦卓越之精神、勇往邁進、誓與日寇作殊死戰、或有慮我實力不充、不足對抗者、誠以我國陸軍向驍勇耐戰、而器械不精、海軍飛機又極幼稚、以云正式宣戰、是自速其亡、雖然、處非常之變、必有非常之方、乃可奏效．中國之武力、舍正式軍隊四百萬外、各地警察團防義勇保安之類、亦不下二三百萬、誠能以救國名義、分別號召、動以大義施以訓練、則立得七八百萬以上之精兵、日寇來攻、吾人可誘其深入腹地、採堅壁清野之策、軍行飄忽、擾其陣地、使其不能安枕而臥、則彼海軍空軍均將失其效力而所恃爲精兵利器以自號雄强者、恐亦無所施其伎倆矣、嗟乎、國難臨頭、與其困守以待斃、毋寧以愛國救國之熱誠•喚起飢寒交迫之軍民、一鼓作氣、殲滅强寇、中國之生機其在斯乎、

二更張外交政策　余謂亟宜採取革命外交與聯邦外交二法、所謂革命外交者何、對外以大無畏之精神、貫澈革命之方針、是也、當夫民十五六北伐之時、外人對我皆存畏敬之心、而不敢稍懷侵侮之意、近二年來、已漸次恢復其原有之態度、此無他、吾人革命精神退化之表現也、今茲執政諸公、亟應發揚蹈厲、以革命之手段、辦理外交、同時喚起被壓迫民族、共同奮鬥、則非徒日人不敢侵犯、國際間亦必能博輿論之同情也、所謂聯邦外交者何、聯絡較友善於我者、以樹聲援是也、此雖無異與虎謀皮、惟以極貧弱之中國、受世界環境之壓迫、誠非此不足以圖獨立生存於國際、惟對象必須認清•設聯俄以自衛、實有勾引[illegible]之嫌、反惹各國之誤會、徒多樹敵、不若利用國際利害衝突、聯美以壯聲勢、一面暗結日方有革命性民族爲內應、一面乘

機鼓舞獨立强大之民氣、爲革命外交之後援、夫然後不僅目前之危難可解、且可爲進於自由平等之階焉、

三厲行經濟絕交　日本生產來源、全賴中國產物之銷售、人口之移殖、亦莫不以中國爲依歸、故吾人若堅持不屈、永遠與之經濟絕交、則不出一載、日本經濟必告破產、必致激起國內革命、蹈大戰後俄德之覆轍、可斷言也、絕交之後、政府應積極協助廠商、設計製造代替品、以應日用之需而國民尤須刻苦自勵、儉樸自守、毋炫於西洋物質之紛華、而甘於布衣粗食以自給、遠效勾踐、近法甘地、頭可斷身可戮、而志不可屈、則日人雖有大炮飛機、威脅逼迫。其奈我何哉、

四更訂教育方案　教育爲國家之命脈、民族生命之演進、胥繫於此、以故教育宗旨在謀人羣之幸福、應隨時代爲轉移、刻値國難當前、中華民族之生命、限於千鈞一髮之間、已非高談學理、弄月吟風之時矣、今後教育宗旨．應以此爲標的、將一切不急需要之文商法政等學科、暫行停止、專習理化工程製造、人人授以軍事教育、一旦戰事延長、則學生既可入伍殺敵、而應戰事需要之物質補充、亦不至借才異地、豈非兩全之策耶、

五擴大國際宣傳　宣傳爲傳佈消息、廣播正義之用、亦有用之以淆惑聽聞、顚倒是非、考我國之失國際同情、雖爲日方造謠誣衊所致、而要以缺乏國際宣傳爲其主因、彼宣傳帝國主義與操縱新事業之通訊社新聞紙、其政府歲費千餘萬之鉅欵、以經營之、而環顧國內無聲無臭、消息

緩滯、國內猶然、以致我國進步之現狀、與夫黨國施政方針、無由傳達於各國人士之前、而一任無恥日人、含沙射影、信口雌黃、是雖由人民之深謀遠慮.見不及此、要亦政府不提倡不鼓勵之故也、爲今之計、政府亟宜建設閎大有力之國際宣傳機關、以與世界交換消息、溝通聲氣、則匪特可免於外人所辦之新聞機關之操縱舞弄、且亦求國際平等奮鬥之前鋒也、

上述五項。係管見所及、若能切實施行、則置日本於死地、可操左券、願與舉國同志共勉之、

反日之自省

黃定

外患內訌、頻年踵接而來、內訌屬己、外患由人、寬己而責人、人情之常、故不問國內水災之爲禍若何、首談外患之緩急如何.而外患之中、今日之最動人之觀聽者、厥惟日本之强佔東三省、由是反日之聲、又應運而反老還童、生氣勃勃然、就字義而論、反者下叛上也、日固我之上國耶、而歷史家告我、則日乃黃種子孫華夏別支耳、然亦有抗日之呼號、夫抗者平等敵對之義也、日固我之平等國乎、在國人自視則中華堂堂大國、在世界人觀之、則日乃五强之一、中國乃四五等國耳、故抗既不宜、而反更不當、國人熱血奔騰、不暇思索而製造名目。重爲識者驚異、顧國人對外、何一非始由熱血奔騰、不先自溯所以致此、乃由我不强哉、我人反日

似空、不外抵制日貨、與日經濟絕交、訓練青年、準備作戰、然此猶是舊方案也、高聲急呼、豈一度哉、終致反日會之鈐記標語徽章簿册。可充百萬災民賑粥之柴木、而成效鮮少、每次抵制日貨、日貨之充斥更甚、抵非久抵、終有開禁之一日、以是商人聞聲興起、先屯大批日貨、一俟風聲緩和、高價出售、面團團盡是富家翁、禁後日貨之輸入、一若久旱甘雨、多多益善、此種矛盾現象、一而再、再而三、造成因循敷衍之心理、迨夫今日舊策重用、人民對此之信仰失實、而於日貨檢查會之懷疑更甚、此皆以往之咎、有以致之、然中國對付日人此爲上策、日貨運銷中國、年在一萬萬之譜、苟我不購日貨、則日廠必致倒閉、造成國內經濟恐慌、而制日本於死命、惟今談不購日貨、非工商合作不可、商人立大決心、不運日貨、而杜其源、工界力圖促進工業、創造國貨、苟日貨均能以國貨替代、則國人何樂而不購國貨、膠皮套鞋、國人已能自造、日貨便絕迹市上、三月前調查上有膠皮鞋廠四十八家、其營業之隆盛可得而知、今苟此四十八廠拱手送與日人、孰能從命、然在昔國人未辦廠時、其勢固無異拱手送四十八廠與日人也、故抵制日貨、當知以自造國貨爲要圖、每次提倡軍訓、青年學子若痴若狂、討鎗械也、求軍服也、響遏行雲、語盡至理、而其結果徒耗學業、毫無進益、此次軍訓之聲更高、學生血管緊張、感情遠勝理智、自命投筆從戎、爲國人先、然我有惑者、中國數千載之歷史、國家文化精神之所寄托、惟今之學生也、苟學生盡爲槍下鬼、則中國之文化墮矣、國之文化墮、則國胡以國、進一步想、國亡之後、忠人義士之遺志孰秉、報仇雪恥之勾踐孰爲、况國家養兵二三百萬、年費二三百萬萬、不以此輩供驅使、則人民負軍費何用、語云、養兵十年、用於一旦、然今之云戰、豈如學生所謂以一支槍、逞一腔血奮往直前而已乎、中國人不少、少者軍艦飛機槍砲、及久經訓練之軍械製造者、與使用者耳、然既有軍械、無練歷之駕御使用者、則亦不能制勝、今之兵茫然科學、逞一桿槍、作前方局部工作而已、若求作戰之根本解決、期船堅砲利駕御有方以制勝者、則必開煤礦取煤、開鐵鑛鍊鋼、究理化機械之學、以造作兵器火藥毒氣、與明器之用、凡此非有專門智識之學者、無以成其事、非有深經科學訓練者、無以致其用、而其足供此驅使者、則惟今之學生也、故今之學生、苟欲顯身戰事之途者、則惟求爲科學化之軍人、科學化之軍械製造者、而非持一支鎗、逞一腔血、與國俱亡之是圖也、臥薪嘗膽、誓死爲敵、我未見孰在臥薪嘗膽、孰在誓死爲敵、國人苟早日實行、則五卅迄今、其成績已大可觀、何至日人復逞其武力、兵臨我土、徒以惟托空言、不務實際、抵制日貨、提倡軍訓、盡是紙上談兵、黃炎培東遊歸來、曰，演講時期已矣、遊行時期過矣、標語時期亦已非矣、今之時期其惟做耳、如我演講所講而做、如我遊行所高呼而做、如我標語所揭示而做、少說而多做、臥薪嘗膽、誓死惟做、則中國庶有豸乎、若夫不責己之殆、徒患日人之越庖强做、國聯之不爲我做、則大可悲也、今事急矣、願國人協力同心共做、以冀反日之有良好結果而起國於亡也、

抗日救國之具體辦法

貝季瑤

此次日本出兵東省、破壞和平、强佔我土地、屠殺我同胞、全國民衆、共起反響、或組織抗日會、從事救國、或組織演講隊、喚起民衆、有主張革命外交者、有主張經濟絕交者、甚至積極者願不顧一切、誓死對日宣戰、消極者悲國亡無日、竟服毒而自盡、種種熱烈憤慨之舉、開我歷史上之所未有、據此而觀、吾中華民族、較昔已有顯著之進步、此實我人所應欣喜者也

雖然國人對於國難之認識、固有顯著之進步、然對於救國之辦法、則未聞有何具體之倡議、夫抗日救國、決非空談可以了事、必實行具體辦法、始克奏功、暴日之侵佔東省、蓄意已非一日、我國民衆、亦非不知、而此次案件、事前既無準備、事後又無辦法、徒事理論抗爭、不務實際工作、以致大難臨頭、舉止失措、而猶呼曰鎮靜、不抵抗、嗚呼、敵人旌旗、已在目前、此時猶不設法自救、直無異坐而待斃。

然則具體辦法者何、曰不外對內對外而已、

和平統一、當然爲救國之基礎、亦即對內辦法之第一條件、幸寧粵當局、鑒於外侮之日逼、俱有協力禦外之決心、和平會議、即將啟幕、吾願雙方同舟共濟、合力組織一强有力之政府、以領導民衆、以指揮民衆、使農者努力墾植、以維民食、工者勤於製造、發展實業。商者抵

制日貨、提倡國產、學者辛苦讀書、學術救國、兵者朝夕訓練、鞏固國防、全國民衆、團結一致、於政府統一指揮之下、合力爲抗日救國之工作、如此則內部之力量旣大、對外之交涉亦不難勝利、卽使不幸、不得已而破壞和平、決于一戰、則進可以攻、退可以守、且物產豐富、無缺乏之慮、民氣激昂、無疎懈之憂、無論在外交上、軍事上、經濟上、政治上、有全體民衆作爲後盾、最後之勝利、固非我莫屬也、

對外惟一之方法、卽爲擴大之宣傳、將日本之暴行、我國之損失、公之於世、使世界各國不爲日本謠言所迷惑、而澈底了解此次事變之眞相、此種宣傳、非欲倚乞他人之助力、蓋霸權雖强、公理猶存、世界各國、雖未必能出力以助我、但至少在輿論上可予我人以同情、此種輿論、表面上雖無直接之效果、然對於我民族精神上、實有莫大之助力、足使我全體民衆、易於團結、易於一致、不但此也、吾人更可向各弱小及被壓逼之民族、極力聯絡、共抗日帝國主義之侵略、而對於列强、更採以敵制敵之法、將日本侵略世界之雄心、宣洩暴露、使世界强弱各國、羣起而共制之、是則日本除對付中國外、更將受上下二種勢力之干涉、我思日人雖橫蠻無理、亦不敢再有類此之暴動矣、

總之我人際此危急存亡之秋、亟應積極於抵抗之工作、不應徒呼鎭靜、敷衍了事、尤不可完全信託國際、而置自己於無準備、須知日本之軍艦戰隊、已密佈於我國、慘暴之舉動、將更現於境內、我人須努力於實際之工作、始克挽狂瀾於旣倒、否則將一蹶不振、國破人亡、朝鮮

印度之前車、可不鑒哉、

國難中國民應有態度

洪秀華

危矣！我中華！內亂未平、天災繼起、死亡流離、哀鴻遍野，當此救卹不遑之際，東鄰暴日，又突犯吾東北，以數千之衆，長驅直入；一夕之間 吾東北半壁河山，染盡血淚、三千萬同胞，同淪萬刦，此羞此辱，實有史所未有；而國勢之危艱，亦實亘古所罕見者也，未死同胞，遙望遼吉，俯顧中原，能不痛哭流涕，椎心泣血！能不急起奮鬥，奪還河山，滌洗奇恥乎！

然事已至此、禍迫眉睫；當此危難之局，痛哭既無補時艱，一時奮勇亦不能奏效，而一味鎮靜與無抵抗、更不能挽回危局，而今所須者爲何?卽（一）有恆久之精神，（二）有團結之力量耳。

（一）有恆久之精神 夫履霜之漸、絕非一朝一夕所致、日人此次西侵，乃其積年累月野心之大暴發耳，日人垂涎吾土、已非一日，觀夫民二之南京事件，民三之青島問題，民四之二十一條、民八之長春事件，民九之琿春慘案、民十五之砲擊大沽、民十七之濟南慘案，與夫今年之萬案韓案；莫不承其傳統對華之野心、推行其所謂大陸政策者也、日人對我之侵略，既數十年如一日，而我對之，反視如不見，聽如不聞，悠游度日，安逸無事然，而每遇一事變，每遇一慘案發生，莫不舉國悲憤，切齒咬牙　痛哭流涕，椎心泣血；開會也，游行也，講演也，排貨也，舉凡以表示抗暴救國之行動，無不備至，當時一種愛國愛民族之熱忱，實屬可歌可泣，中華民族之一綫生機，無不疑其在是，惜乎事過境遷，故態復現；不幾何時，酣夢又作；數十年來往復循環，如出一轍，嚮使甲午敗後，朝野力謀維新之精神，始終保持。決不致有庚子之辱，退一步言，如五四運動之精神，矢志勿潰，亦斷不致發生濟南慘案，再退而言之，嚮使五三慘案後之抗日工作，能繼續進行，以迄於今，則尤不致有今日之暴刦，卽使有之，我國人亦斷不致如今日之忍辱負重，飲泣吞聲，惟以鎮靜與無抵抗之態度。束手任暴日之割宰也，往者已矣，來者可追；前車既覆，後車當鑒，此次事件之慘之廣，與以往數次不可同日語，若此次之抗日復演五分鐘熱度之醜劇，則不但遼吉淪夷，僅在指顧，抑且國族滅亡，接踵可待，同胞乎！努力持久，救國自救。

（二）有團結力量　夫物蠹而後蟲生，國伐而後人伐，嚮使吾國在此數十年中，若無戰亂頻承，絃歌斷絕；同室操戈，自相討伐；則國不致如此弱，民不致如此窮，而政治尤不致如此腐敗，建設亦不致如此廢弛；間接則水災亦不致發生，卽發生，其勢亦不致如此之烈，災區亦不致如此之廣，設吾國既乏內亂，又無天災，則日本雖有勃勃之野心，終恐無隙可乘，而此亘古未有之奇辱，決不致見於今日矣，嗚呼！事已至此，夫復何言！然往者不可諫，來者猶可追

：如人心未死，國魂猶在，則此日敵人之鐵騎咆哮，正可喚醒我國人酣沉迷夢；空前外患，適足予以維新自強之機，自今以後，全體國民，應宜消除私見，改過悔禍，上下一致，戮力同心，集四萬萬人之力量，同宣國恥，同伸正義，直搗東瀛，踏平三島；指顧可待矣，否則，若在此間不容髮之時，國人猶七起八落。國土猶四分五裂，則此四千年古國，將永消沉於世矣，同胞乎！同胞乎！其忍坐視爾祖國之淪亡乎！

由上所述，知非團結不能救國，非一致攘外不能救國，而一致攘外，若無持久之精神，亦不能救國，同胞乎！國家種族存亡，匹夫有責，望速猛醒！

辨亡

諸耕鍟

在偌大的中華民國裏。所謂地大幅廣，物產富饒，無奇不有，如往常的水災旱荒，加之內亂不息、東閙匪禍、西起共患，百姓們沒有一刻可以過着安寧的光陰、這就是我們自大的中國國民嘴裏所常常說地大物博的國寶吧！今年的水災、那更舉世罕見咧！豈知東鄰倭強、雖然，同是黃種，不無有係統關係，但是，他不顧忘本逐末、虎視强佔，覬覦我國疆土，所以他乘了這水災內亂的當兒，逞強佔據東三省、實現侵佔滿蒙的政策，達到吞滅亞洲的野心，所以這次事變，舉國上下，極為忿恨，一方取經濟絕交方略，一方咸謂拚死一戰為上策、否則，中國之亡，近在目前、主張戰爭的說、與日戰爭，有下面幾點好處、所以必勝無疑的。

（一）速成中國統一　此次事變、其激動上下人民的力量、比較前幾次强烈得多、事實可以證明如寧粵兩方、已經互相諒解、即日開和平集會、以全國一致的力量，來抵禦、來打敗倭鄰。

（二）我國軍隊及[illegible]勦匪　我國軍隊、分開三種來講、就是海陸空三種、海軍那不言而喻，是不能與日本一抗的。空軍本來是勢均力敵，但是此次東北事變，所有飛機，都破刼去，不無大受影響、所以亦不能力持久戰；惟有陸軍　可以同日本一戰、因爲日本的陸軍，現役兵祇有二十餘萬、中國的陸軍，却有二百餘萬、上下相差、有十倍之多，非佔勝利不成。

（三）日本的共黨　日本國內、因受其不景氣的影響，工人失業的很多很多，所以共黨時欲乘機發動，但是，屈伏於政府重壓之下，無隙可乘，倘然中日一朝宣戰，日本共黨必定乘機而起，內患外侮，其敗也定矣。

（四）俄國的關係　俄國的覬覦滿蒙，同日本相較，有過之而無不及，倘使中日宣戰，日本必增兵我東三省，那時的東三省，勢必成爲軍事必爭之地，而日本的增兵，與俄國的利益有極密切的關係；況日俄素有宿仇，借此必爲日俄之導火線，我國乘此良機，可聯俄而共滅倭寇矣。

（五）美國的干涉　中國雖地大物博，但是，工業很幼稚，所以世界各工業國，尤以日美爲最，拿中國爲他們底唯一市場，現在日本强佔東三省，設中國不能收回，將來該處以及全中國的營業，與美國必有極大的競爭，所以美國因爲謀自己幸福計，一定阻止日本侵佔東三省，這樣我們又可聯絡美國以禦暴日。

（六）國際聯盟會的借助　這次東北事變，日本是叛着國聯盟約而逆行的，明目張膽的反對，顯而易見，非但中國不在他們目光中，亦卽國聯間之其他各國，亦無所忌，所以其他各國，雖不與中國聯盟抗日，至少要實行條約所定，不與日本其他一切合作。

綜上面所講的幾點，我們驟觀之，是很對而很有理的，是有一戰的必要，非戰不可並且戰而必勝似的，但是依我個人觀察，除第一條外，有所不同。因爲我是主張與日經濟絕交，不與宣戰，中日宣戰，在現在的中國情況之下，宣戰是使中國速亡。

（一）關於軍隊的觀察　關於這一點，對於我國海空二軍，當然是沒有疑問，是不能同日本一戰的，但是對於陸軍，我們要用冷靜的態度，來思想，要歸根結蒂的來想一想，要知道中國的兵，是招募來的，日本的兵，是徵兵，亦卽民兵，招募來的兵，他們來做兵，不是他們心上所願意，而是出於不得已的，他們是爲了沒飯吃而來做兵，是要生存在世界上而來做兵，並且大多數是無知識的遊手愚民，他們的腦筋裏，是沒有國家觀念的，這樣的軍隊，拿來同日本戰爭，其效果如何？講到日本的兵，因爲他們教育普及的緣故，各個都受過相當知識，很能認清當兵的責任　知道保護國家太平，保護國家獨立，就是保護自己生命財產的所有權，所以他們在國際間發生戰爭的時候，很忠心盡力的衞國，權利不能引誘的，一旦中日宣戰，中國的陸軍，一共祇有二百餘萬，而日本的現役兵雖僅二十餘萬，但是他們的後備兵，那却不止二百萬咧。

（二）日本的共黨　總理告訴我們在國際間宣佈戰爭之後，兩國國內的任何黨派，是不會互相爭鬥的，這句話我是很相信的，所以日本的共黨，於中日宣戰以後一定不願來響應我們，做賣國的行爲。

（三）蘇俄　日本之欲奪取滿蒙，是有準備的，他們的外交手段，是遠交近攻，蘇俄與日本，都是世界強國，互相都能諒解，而又互相顧忌的，倘使日本用卑鄙的外交，先與蘇俄密約，各分滿蒙，任何國不可侵犯任何國，那末蘇俄當然不願加入戰團了，日本等到從中國的手搶到以後，再與蘇俄交涉，一件事分作二樁做，這樣日本既可獨吞滿蒙，又可使蘇俄受愚而不干涉。

（四）美國　東北事變發生以後，我國上下人民，都一心一意的希望美國出來說一句公平話，使日本立刻撤兵，或者，同我國聯盟之後，共除倭寇，要知道美國之與日本，是不要牠過強，亦不要牠過弱，過強了，非但對於侵略中國經濟方面他們要受影響，而且對於自己國內經濟，以及其他，亦將受其影響，過弱了，西鄰蘇俄，勢將侵佔日本。得與美國相距更近，又將不利，所以美國決不願聯中以攻日，使蘇俄有較近的地位，侵略自己。

（五）國聯 對於國聯的借助，我們已經很明顯的，可以看出來，沒有一些力量能使日本撤兵，所以求助國聯，等於愚民之求禱於木偶耳！

這樣講起來，不與日本一決死戰。那末好好東三省，不是白白的要亡在日本嗎？我說決不會的，祇要我國人民，有血氣，有決心，從今日起，就立刻努力奮起，要腳踏實地的去做，十年生聚，十年教訓，厲兵秣馬，等到二十年以後，要日本璧還東三省，有甚希罕，即踏平扶桑三島，亦意中事耳，倘使現在就宣佈開戰，非但東三省不能璧還，而且要受更大的損失，因爲我國精華之區，俱爲沿海諸省，而每省無不有日本兵的駐足地，一旦宣戰，沿海精華，俱爲日人所奪，可不懼哉！拿歷史來證明，我們暫時不戰，與我國有莫大希望；在一八〇六拿破崙曾經佔領了柏林，而德意志受此屈辱，努力改革內政，整頓兵制，統一復興之業，終得成功。一八七〇年，普法之戰，普軍攻陷巴黎，割地賠欵，普王威廉一世，在法皇路易十四宮殿，舉行德意志皇帝加冠的典禮，屈辱不可爲不甚，但法國於創鉅痛深之餘，第三次共和國，便在一致覺悟之下，建設起來，後來阿爾薩斯和洛倫兩地，終被奪回，奇恥大辱，也洗雪乾淨了，所以我們的東三省，要同法國的阿爾薩斯和洛倫兩地，一樣的能奪回來纔是！

對日不戰不如死戰

朱蔭松

東北地處要衝、富有良港、乃我國之門戶也、爲日侵佔、則如人之斷趾、鳥之傷翼、痛也可知、且亡國之先、先亡邊土、東北一失、唇亡齒寒、不啻國亡、當夫日軍暴至、我國堅持盟議、不加抵抗、事猶有說、今則國聯會議眞相悉見、人情勢利、國際何獨不然、此所謂弱肉强食之世也、所賴軍吏自醒、遣兵逐敵。工商對日絕交、士子投筆從戎、萬衆一心、共赴國難、則雖敗猶榮。雖死不惜也、若云誓不抵抗、甘認失地、寧再十年生聚、十年教誨、以復斯讐、則五卅而後、同此論調、今烈士熱血未冷、而國人渺然若忘、高調復唱、冀以雪國恥者，豈非夢囈、嗚呼、以有數千年歷史之中華、豈竟垂亡於民國耶、總理在天之靈、寧不傷心、先烈有知、豈無痛哭、大丈夫視死如歸、矧復爲國、吾願國人毋畏死不敢戰也、或曰、徒戰無益、何但憑血氣耶、詎知當今存亡之際。非戰不足以保疆土、惟鎭靜末策也、昔者、歐洲普法之戰、法都巴黎爲陷、割地賠欵、屈辱甚盛、後決一死戰、奇恥方雪、此昭焉者、他若土耳其小國、歐戰後爲協約强訂條約、以海峽砲臺鐵路戰艦等悉付聯軍主持、其受恥辱不可謂不大矣、而其實力、不可謂不薄矣、與希臘戰、竟至大捷、一鳴驚人、爲世所奇、洛桑會議繼起、不平條約悉除、噫、戰爭之不可意料也如此、抑由歷史以觀、大戰負者未必亡、而如朝鮮臺灣、於國亡之際不聞有何抵抗、而國眞亡矣、況我國地大物博、果與日經濟絕交、則如已斷其命脈、戰雖不言大勝、諒無大敗、故必戰者一也、戰苟致負、國聯當出而干涉、而民氣或且因戰敗而大振焉、今不戰而東北亦亡、且使國民畏怯性成、吾恐將來欲戰不能也、故必戰者二也、我國人民、素重家族、國則次之、國有大難、多屬不關痛癢、對日絕交、顯難澈底、若戰釁旣起、按戶徵兵、則骨肉相關、推以愛國、彼歐洲人民之愛國心重、何一非戰之效也、故必戰者三也、中日局面有如鷸蚌相持勢難相容、若果長此畏縮、倭寇逐步侵佔、列强視日本之將獨吞中國、猶如虎之添翼、誰甘讓之、倘是以重兵壓境、羣起侵略、圖共分肥、則瓜分之禍立迫眉睫、故猶非一戰不足以挽危亡、不能以維民族、故必戰者四也、昔人云、臥榻之旁、豈容他人酣睡、今寇已入戶矣、瞬將升堂入室矣、而我國人仍以不抵抗、噫、人心云亡、邦國不保、果何頑鈍若斯耶、亡臺灣朝鮮之覆轍、眞我國前車之鑒也、我國人其速醒、

抗日救國之辦法

王兆華

溯自日本暴行發生以來、吾舉國人民、外痛暴日之侵陵、內苦洪水之橫流、莫不憤慨異常、知今不自救、國亡無日、抗日救國之聲、乃甚囂塵上、雖然、抗日救國、非空言可以致效者也、必先有具體之辦法、然後有一致之行動、步伐整齊、一致對外、始可有成也、具體辦法維何、就余管見所及、約有三端、今臚列於下、

一　政治之刷新　二十年來政治之不修明、固無論矣、自今以後苟欲救國、必先整飭吏治、吏治之整飭、首須從政者之奉公守法、廉潔自守、官吏均能奉公守法、則不至違反人民公意

、廉潔自守乃能爲人民所愛戴、次則官吏應有責任心也、今之官吏、有以服官爲職業、爲獵取利祿之階梯、而不知有所謂責任者矣、觀乎今日之東三省可知矣、日軍一至、官吏望風而逃斯皆無責任心之所致也、於此二者、從政者果能力事刷新、則政治之修明、不求而獲、政治修明則日人亦不敢毫無顧忌、橫施暴行於中國、故余以刷新政治爲抗日救國辦法之一、

二　心理之改革　我國今日、民族精神、墮落已極、即以全國最有希望之青年學生言之、每遇刺激、何嘗不慷慨激昂、待事過境遷、救國運動、分裂剝落、終難免五分鐘熱度之誚、雖然、此猶指熱心愛國運動者而言也、他若誤解歐化之徒、終日嬉戲、滿口戀愛、徘徊於歌樓舞場之間、沈醉於淺笑輕顰之中、目所觸、媚嫵之容、耳所聞、靡曼之音、耽樂於此、不復知有家國事矣、嗚呼、國家之中堅分子尙若是、況其他乎、間嘗推測其因、蓋由於舊道德既已推翻、新道德尙未決定、且又忽於對於國家之關係、於是渾渾噩噩、置國事於不問不聞、人民既不問政事、政府之力量自不濃厚、力量不濃厚、則何能對外、今欲救國、必須認淸本國、認淸日本、認淸世界、對於本國應自居於主人地位、以監督政府、切不可有往昔種種惡劣心理、對於日本、應努力研究、蓋知己知彼、乃可必勝也、對世界、應努力宣傳、使世界各國、對我有相當之了解、凡此種種、皆吾人今日所應注意者也、

三　抵制日貨　抵制日貨之聲、自民國以來、已九次、每遇日人肆力暴行、即一度抵制、抵制不久、又無形停止、今歲自萬寶山慘案以來、各處即有反日會之組織、實行抵制日貨、及

瀋陽慘案發生、抵制益力、據報紙所載、日本對華貿易、因而損失日金一億五千萬、抵制之效、於此可見、吾人抵制日貨、首須各商店不進日貨。已進之貨、立卽銷燬、次則采用外貨代用品也、蓋以我國實業之不發達、一切用品、輒仰給於外人、一旦抵制日貨、勢必無物可用、是則必須采用他國代用品矣、比項代用品之運輸、須經當地領事簽名證明、以免奸商用日貨冒混、在此時期、國內須積極創設工廠、製國貨以代外貨、如是則抵制日貨、自可持久、而爲日人經濟上以一大致命傷、是爲抗日救國辦法之三、

日人在東省掠取之警察權（編）

日人在東省爲輔助其經濟侵略之野心。除掠奪司法權外。復照其暴力侵佔吾國之警察權。凡南滿沿線設有領館之地。卽遍設警察署以爲之助。始於旅順金州等處設立。繼續推廣。現在計有警察署及支署二十八處。派出所三百八十七處。均統屬於關東廳警察局。甚或將滿鐵附屬地。如遼陽營口長春安東鐵嶺等處。祇以有日人或韓人雜居其間。亦復悍然不顧我國之統治權。遍設警察署焉。

講演

雙十節與科學救國

朱皆平

本文爲朱皆平先生於民國二十年雙十節，在唐山工程學院演講之辭，曾刊登唐院週刊三十七期，當此外患聲中，朱先生的主張是：「救國惟一途徑，便在科學，」「祇有科學可以救國！」眞是値得我們注意的名語！特爲介紹於本刊，

編者附誌

諸位：我今天站在這裏演講，心裏有無限的感觸。唐山學校的救國運動，是自「五四運動」那一年起的，在那時候，我因爲年紀輕，心血熱，肯負責任，學校推舉爲唐山救國運動中心人物之一。然而那一次救國運動的結果，如我所能覺察到的，是完全失望，不特對外界我覺得是失望，卽對本校內部同學，也覺得是失敗。可是，卻留下一點可紀念的安慰，那便是唐山的雙十節，自那一次救國運動以後，是較他處更熱鬧的。我離開這裏已有七八年了，去年我回國後，在南京遇到新畢業的同學，聽到唐山雙十節仍是熱鬧得異常，心中眞是莫名的欣慰。

我回想到十年以前的雙十節，記得那是在五四運動後兩年，我感覺到同學間對於救國運動的氣象消沉。更因我和外界接觸時候很多，常聽到他們有一種論調，以爲雙十節沒有可慶祝的理由

，有些頑固的人們，盡說到中國要是沒有這一天，清朝統制到現在，還比較得好的多呢！言下，恨不能再搬出宣統做皇帝才好！我對這種景象與議論，曾加過深切的思量，便在那一次雙十節做了一篇文章，題爲「國慶紀念之眞正意義，」原稿是在本校壁報上發表的，後來被一個好友送到上海民國日報覺悟副刊上，卽已是過了雙十節　卻仍被登出，並有主筆的按語——主筆大概便是現在要人邵力子先生——大意說是這文字字句句有價值，不可以明日黃花視之，故特刋出。我在那一篇文章裏，指出這一天，是我們民族初知道反抗強權，而居然得些微成功。紀念這一天，是昭示我們的革命發動，要不斷的革命，雙十節是紀念革命的起首，不是紀念革命的成功。

今天，這裏影象是何等的凄涼，然而我終覺得雙十節仍是當慶祝的。因爲這一天，曾示出我們民族反抗的精神，不，反抗的能力，諸位！記着在二十年前的今天，我們民族所反抗着有兩重勢力，一是滿淸，一是四五千年根深蒂固的專制制度，我們居然得了成功，無論怎樣微小，終是成功，終是勝利啊！

現在日本加到我們的壓迫，遠不如上述兩重勢力，祇要我們知到怎樣去反抗，我們終不至於失望的。

一般的心理，以爲現在國家將亡，大家都須當亡國奴了。其實，在亡國的時候，人民顯然可以分爲兩派，一派是亡國奴隸，他們老早就醉生夢死，到國亡的時候，覺得祇有做亡國奴，別無他法！一派是復國英雄、他們在國亡的時候，還覺得有事可做，用盡心力從事復國運動處處樂觀，事事覺得有辦法，亡國對他們是不生什麼屈辱影響的。諸位、試想，明亡後的鄭成功。是亡國奴麽？朝鮮亡後的安重根是亡國奴麽！現在印度的甘地、是亡國奴麽？不是的，他們都是復國英雄。

他們不必立卽成功、但他們一舉一動、足以加增復國的重量、減少亡國的成分、久而久之，他們得了最後的勝利。

在一個國，將亡而未亡的時候，命運完全看着那一派勢力佔勝而定。然而現在救國志士。將來復國英雄、勢力上暫時很小。實際卻非常的大、終久是不可侮的。

說至救國、諸位，眞是談何容易！一個人病了，還須醫生想了許多方劑醫治、才可以復原。一家敗運，還不知要經過那一家人許多辛苦努力、才得復興。一個國，如何複雜的東西，要說到怎樣可以救得好、當然不是簡單的事。

怎樣救國，雖然是一個複雜萬分的問題、但並不是不可解決的。我們習科學的，習信着「科學萬能」。科學既是萬能、救國不過是萬事中之一事，那麽以科學來救國，自然是非常合理的結論。

諸位，現在要爲救國志士、將來不幸而爲復國英雄，都莫過於專心致志地來習科學。

救國惟一途徑，便在科學。

祇有科學可以救國！

普法之戰，法國打敗了，那時大科學家巴斯德氏——後來被推舉爲法國十九世紀最偉大的人物，曾宣稱道這一個敗仗是當然的結果，我們法國這五十年來。就沒有培殖科學，德國却在這時期中盡心盡力地注重着。科學落後了五十年，打敗仗是應該受的懲罰，但我們要復興，我們必須努力工作啊。這一次歐戰，法國果然報了世仇，有些人以爲這是僥倖，但是知道一點法國科學史的人，當覺着他們在這五十年中，對於各種科學的努力，是如何值得人嘆服啊。專就我自己所知道的一部份，衛生工程及預防醫學而言，法國在大戰時，是如何受了巴斯德及其門人的賜與，而得維持他們軍隊的健康。該有多少醫學專家，多少衛生工程師——那都是這位微生物學鼻祖的信徒與「智識種子」，在戰場上，不是自己動槍，卽是擔保着法國健兒不受病魔的攻擊！

病魔——諸位要是有機會翻看軍事衛生史的時候，便可以看出在從前許多大戰小仗裏，總是病死的比被敵人殺死的多，病臥着的比受傷臥着的多。英國最初一次來侵犯我國的時候，裝了一船兵來，可是未及上岸開仗就回去了。我國的史書載這一回事，祇說是英夷來犯不利返回。我到美國偶爾看到他們的史書叙述，才知道是那時尙無所謂軍事衛生科學，一船兵就有一大半病了，剩下來的也無心戰鬥，所以才開回的。

在上次歐戰中，凡爾丹之戰是最後決勝負的，在這戰線上，兩方兵丁合起來有三四百萬，相持有一年，大家都是防備森嚴，攻守相當，誰也不能越雷池一步。那時的情形，正如韋爾斯在他的名著世界史綱所稱的，當時的戰術，祇是在公共衛生事業了。食水在這裏是一個先決的問題。他們外國人在和平時，在城市裏，食的是自來水——凉水，那總是很乾淨的，可是在戰場上。是享受不了這種乾淨水的。然而兵丁們須喝生水。生水裏可以含有各種病菌，在軍隊裏尤容易的是那些最可怕的傳染病，如虎列拉，傷寒症，痢疾等等，長官們便得下命令禁止喝生水，而將生水用氯氣消毒。可是在普通方法裏，氯氣須用得很多，以致與生水裏雜物起反應，水的氣味惡劣不可進口。爲這種問題，有幾隊兵丁，幾乎起了譁變，後來前線裏有一個法國衛生工程師，發明了一種用氯氣很少，同時可以消毒的方法，所謂「凡爾登清潔法。」用這法治過了的水。是沒有壞氣味的，他解決了這個困難。自然在這裏。我並不是說凡爾丹之戰，法國的勝利完全由於這位衛生工程師，可是他的功勞究竟不可忽視。尤其要注意的，是在戰爭時，正如在和平時一樣，要有如何合作的精神，與專精的科學，才可以待到最後的成功。

諸位。現在日本欺服我們，並不是日本軍隊勝過我國的軍隊，是他們能利用科學，我們却輕視科學。是科學的日本，打倒了反科學的中國。

談到科學救國，我們習科學的人，大概都知道科學的精神，在分工合作。

分工才能够專精，專精才有效率。

合作才能够集中，集中才有効果。

在四五年前，我曾和幾位朋友，討論如何救中國，我們那時便有「科學的救國」與「救國的科學」兩種口號。後者是說我們有志救國的人，應當來拚命研究有關於救國用途的科學，尤其是能幫助軍事的，這是分工，前者的口號是要習科學的人們，同來集中力量，向救國這途上趨，這是合作。我們以前所有的過失，便在救國志士沒有心腸研究急切實用的科學。習科學的又很少有興趣來參加救國運動。諸位，我們現在習着實用科學。不要忘記了，這是救國惟一的武器，我們應否如何加意操練，使之堅利無比，以備日後之用。

英國近代最大的思想家韋爾斯，在三年前曾在報章上發表許多篇論近代社會事變的文字。其中有一篇論到現代的軍事，他表示不贊成那種國際限制軍隊與禁止用毒氣等等的條文。他以爲最好是完全不打仗，要打仗，便得使軍器愈利害愈好，尤其要鼓勵一般科學家發明最利害的武器，利害到兩軍交綏的時候，沒有一個可以生還的，那便世界上永無戰爭了。因爲人是天生怕死的，以戰爭爲職業的，不過是一個胆大的怕死者，他們胆子所以大，是因爲戰爭時可以有機會生還，不妨以生命爲賭博，等到軍器發明到精美無比，生還的機會毫無時，誰也不想去送死了。將來世界眞正的和平，完全是在科學家的努力。他並預言到將來的戰爭，背槍着武裝的兵丁，完全無用了。眞正的戰士，是化學家、物理學家，生物學家以及醫生與工程師。決勝負的地方也將不在戰場而在科學家的實驗室裡了。他曾發過許多預言都是很準的。他的這一個預言，將也不是空話。這裏我有兩個例子，一個是關於理化及機械工程的，那便是德國的飛機工程師阿伯爾，他嫌現在的飛機飛得太慢了！並且現在的飛機構造，所用的「旋轉槳」，是完全依賴着空氣，因此有許多動力，都廢在空氣阻力上。所以他起首研究一種火箭式的飛機，那便是利用一種火藥的連續爆發，飛機便藉着反動力而向上升，正在過年節時小孩子們所玩的「高升炮竹」原理相似，這樣，可以將飛機射升到空氣層以外，以後卽無空氣阻力，可以自由地隨着拋物綫而再落入空氣層裏。他計算着祗須五小時，便可從柏林落到紐約了！他的這種幻想，已在試驗中，并且在三年前，在柏林試過了他的火箭式的飛機，目下離事實自然尚遠，但用「飛箭式的炮彈」，滿裝炸藥，不須由炮筒送出，打到幾百里或甚至幾千里路以外，恐怕在將來大戰中，是很有實現的可能。

另外一個例子，是關於生物學及醫學的。這是再前年，英國最著名的生理學家，希爾教授宣稱現在英國每年用在海陸軍的那些金錢，不免有些濫費，而不足以保障在戰爭時，自己國內居民的生命！他舉出十個極驚人的例子，他說現在我們有些生物學家，知道了有一種微菌，分泌毒質，試驗的結果，暗示出每一克重的乾末，可以毒死全倫敦居民。這種毒質，在空氣裏，被人吸進去，在水裏被人飲下，是一樣致命的。試想倫敦在防空中襲擊的練習中，指出那是如何易被命中的，祇消幾架敵人飛機，擲下幾個炸彈，中間含有這種微菌的毒質，卽刻可以使倫敦的空氣，變成爲致死命的毒劑子！這個消息經報上發表後，全倫敦人大爲驚嚇，便有許多新聞記者，去找這位老教授，請他將這個微菌的名字說出。他回答他們說這種微菌極易培養，分泌毒質、也容易取，爲人道原故，不能發表黴菌名字。可是他寬慰他們道，防這種毒質，也可用種抗毒素的方法行之。不過他的主要意思，是在指出英國軍政當局，尋常太漠視科學的新發現，智識落後，事到臨頭，恐怕來不及補救了。

這兩個例子，可以概其餘的。科學對於戰爭，是如何的重要啊。現代眞正的軍事家，不和以前相同了，自己本身必須是一個科學家，另外他有廣傳的智識，總合的心思，周到的計劃，以及實施的本領，這樣使他才有一種能力，可以使各分支的科學者，合作起來，同上一個目標，以解救國難。試看現在文明國裏的軍官，誰不是受過精深的科學訓練的。在歐戰時，那個緊急的關頭，如我所知道的，在英國主軍政的是赫爾登爵士，他是英國第一流的學者，對於各門的科學都有深切的瞭解。在法國是班樂衛，那一位世界有名的科學家，對於數理曾有過偉大的供獻。在德國我不知道那時主軍政的是誰，如我能從歷史上推測出的，那是皇帝勝過平民百姓，軍事家超越過科學家，德國人自然也深信科學，然而他們迷信軍事，所以打敗仗並不是偶爾的運氣不好。歐戰的局面，是英法的科學家打敗了德奧的軍閥。

諸位，我覺得我說上這些話，足以說明我的「科學救國」主張。現在且讓我們來看一看我們將來應有的態度。關於這一點，我有三條意見奉告：

第一、是我們應當抱着英雄造時勢的心理。我覺得自廣州北伐以後，一般青年同志，講唯物史觀講得過火，以爲環境限制人生，人生永不能征服環境的。這樣一來，將人們前途看得非常可悲，受環境的逼迫，儼然如低等動物一樣，這是命定說者的見解，這是失敗主義者的人生觀，這是懦怯論調，這是自殺政策。環境限制人生是事實，同時人生征服環境也是事實。實在，人與低等動物的分別，便在這一點，能自己改造環境，等到人生不能征服環境時，那便是人生的終結了。在現在國家危急的關頭，時勢所造出來的英雄，沒有本領轉造時勢，這正是英雄造時勢的時候。我們必須抱定決心，努力創造時勢，立志要做一個造時勢的英雄，在現在不僅是我們的雄心，且也是我們的天職。

第二是須堅忍持久。一個人的能力，是有限的數量，在一個短時期內爆發出，與在一個長時間繼持着，其總和常是相等的。現在激烈過火的人們，須擔心不易於持久。現在暫且冷靜的，未必眞是冷血動物，在他們冷靜的態度下，也許藏着有極熱烈的火花，他是等待時機——適當爆發的時候，爆發了而得有相當的結果。所以英國人的成語有「知道怎樣等待的人，才是偉大的」。這裏，我有一個實例，在法國第一次革命，他們正和我們現在一樣，裡面鬧着內亂，外面有奧國的兵馬。有一次奧國兵已犯入法國的邊境，法國兵打一仗敗一仗。在巴黎的那個世界知名的軍作預備學校。

）那是法國陸軍人材中心製造處，那裏面學生正和我們現在一樣開緊急會議。有些激烈的份子，（恐怕是全數，因爲我們知道法國人的感情，是如何熱烈的）都要上前敵去打仗。那學校的校長便出來問他們到前敵，預備怎樣打退敵人。他們齊聲答道當小兵。（因爲沒有畢業，是不能當軍官的）校長說我們在前敵上不是少兵，是少有本領的軍官，您們要去，簡直是送死，而無補於國。學生們被說得無言可答，靜默一會，一個學生出來說道，我們現在的課程尙差一年，這一年的課程，爲甚麼不可以在三個月以內，完全學畢，祇要老師們及同學們共同努力，晝夜趕緊。這話說完，大家齊說好主意。校長也贊賞他的熱烈與堅忍，便允許照辦。結果眞是三個月內，將課程完畢。——諸位，不是草草的完畢，他們師生眞是拚命教學的，到急難時，原以提起人類最深潛的能力。這一班畢業的軍官，後來多半在拿破崙的部下，一直到拿破崙征服全歐，他們仍剩下有些，在他那裏爲最有名的戰將。這是我所說的堅忍持久底最好榜樣。惟有堅忍才能持久，持久才能成功！

第三是認淸領袖與信從者的地位，擇一而居。不做領袖，便做信從者，萬不可以取中立的地位。我國目下社會所以成麻木現象的，便是由於這種中立的人太多，他們是冷淡的，不負責任的，有時甚至於故意從中搗亂。社會的事業，無論大小，要作起來，總得有這種領袖與信從者的結合。現在因爲中立派太多，所以弄得忠實。信從者人數不足，領袖人物更少，說到社會上事業，自然是一事無成。諸位，我們現在立志救國，便當自立志不作這種麻木的中立人起，自己度德量力。要覺得眞是才能超衆，便當不客氣地以領袖自待，處處留心訓練自己爲衆望所歸的領袖。領袖人才原是稀少的，並不是任何人可以作領袖的，所以覺得自己不足資格的，便當忠實地取信從者的地位，這種地位並不是不負責任的。一個賢明的領袖，完全是靠着他的信從者人格，智慧，能力等等，擁帶與鼓動出來的。作一個忠實信從者，不僅是要死心塌地的擁帶一個領袖，尤須注意於怎樣可以物色出一個眞正的領袖。有領袖。我們才知道怎樣作事，有信從者，我們才眞正能去實行作事。

日人在南北滿經營之商業

編

（一）運輸業——資本 五二三、二九三、二五〇日元

（二）銀行業——資本 三一、四七四、七二六日元

（三）貿易業——資本 二八、三八六、六三〇日元

（四）工業——資本 九九、二〇六、三七七日元

（五）信托及金融——資本 八九、三五九、七五〇日元

（六）保險——資本 二、〇二七、〇〇〇日元

（七）土地建築——資本 二九、八二二、二〇〇日金

（八）其他——資本 四五、七八八、〇〇〇日金

記錄

交通大學救國運動

（編）

自日軍襲擊遼寧之警耗傳來。人心悲憤。莫可抑制。而尤以教育界爲最激昂。紛紛集會。籌商救國之策。交通大學員生。鑒於國事日亟。大難臨頭。當卽召集抗日救國大會。議決對日方案多種。并電請國民政府速定救亡圖存大計。而尤着意於强兵未撤以前。勿遽派員與日本開議。以免墮其狡計之一點。茲將原電摘錄如下。

（上略）日本乘我國[illegible]水災交並之際。突出重兵。占領遼吉。屠殺焚劫。慘無人理。警耗傳來。羣情憤慨。復據報載。日兵水陸進迫。有加無已。若不迅集大軍。準備抵抗。則沿海要隘。必至相繼淪陷。亡國滅種。禍在眉睫。切望政府當機立斷。以挽危局而救覆亡。再、在强兵未撤以前。尤望勿遽派員開議。以免墮其狡計。（下畧）

同時由與會教職員發表意見。

黎校長　日本乘我災禍交迫之時。突然進兵東省。奪我城池。戮我人民。凡屬血性。無不慨憤。今日特開大會。應請各位各賜高見。共救國難。處此國難危急之秋。尤希望全體教職員仍照常到校供職。更希加倍努力。吾人除個人應有之救國熱忱外。尤須有隨時指導學生之責。今日中央已有三事頒布國民。應請各位共同遵守。俾趨一致。

王院長繩善　日本欺侮我中國。已非一次。奈國人因受西洋物質上之痲醉。已成痼病。平日既無準備。臨時又無佛脚可抱。以致一旦有事。卒至慌張無所措手。興念及此。實深痛心。此次日本乘人不備。突出重兵。侵占我領土。殺戮我同胞。實屬令人髮指。忍無可忍。苟有血性。莫不奮起。然欲達此抗日救國之目的。尤須自己具實力。方足語此。蓋處此二十世紀科學時代。非有精良之軍械。高深之學問。實不足以與人較量。故吾人際斯國難臨頭。當從根本上努力。其道爲何。曰克勤克儉。解除個人物質上之享受。臥薪嘗胆。急起自救。以圖永存。幸到會同仁三致意焉。

陳主任柱　日本謀我東省。蓋已有三四十年之處心積慮矣。吾人對於此次日人進兵東省。企圖實行占領。方悟國土淪亡。其實亡之已久。國人不察。致爲所乘。但默察日本之敢於登堂入室。在我國土如入無人之境者。實緣吾國人平日缺乏愛國心。被其察破有以致之耳。爲今之道。唯有積極提倡國人愛國心；以挽危亡。語云。「哀莫大於心死。」吾人救國。對於國人之心理。當予以救藥焉。

阮軍事教官署　在此大難臨頭。吾人唯有集中一切力量。抱定三民主義的國家觀念。共挽危急。本席認爲不特學生方面。應加緊軍事訓練。卽同事方面。亦綦重要。會中如有切實議決。本席責任所在。自當効勞。

柯主任成楙　昔者德意志得成統一大業。日本得告維新成功。飲水思源。莫不歸功其教育之辦有成效。我中國自廢科舉。興學校。蓄意革新以來。亦有三四十年之歷史。以言時期。不可謂不久。而卒有今日之外侮頻仍。國難日急者。捫心自問。吾教育同人。自當首負其咎。今日本仿效俄國之先兵後禮政策。强占東省。欲與我訂城下之盟。冀圖獨吞滿洲。凡屬國人。莫不憤慨。今日大會。應有嚴重表示。籲請政府在日兵未退前。勿與日本開任何性質之直接談判。

嚴教授礪平　日本此次進兵東省；爲一極有計劃之軍事行動。觀三日來報章所載。只見日軍積極進展。未聞我軍有一砲一槍之還擊者。和平不抵抗。豈眞長策乎。最低限度。國府應卽對日抗議。如日本再不停止軍事行動。卽採用有效力的武力阻止。亦所不恤。

褚助敎應璜　日本對我暴行。國外難明眞相。國際宣傳。殊爲重要。擬請就本校原有無線電台之設備。對國際作擴大之宣傳。

討論既畢。當場表決。卽日成立上海市教育界救國聯合會交大分會。擬定簡章。積極進行。其組織如左。

（甲）交大救國分會簡章

一定名　本會定名爲上海市教育界救國聯合會交大分會

二宗旨　本會以抗日救國爲宗旨

三會員　本會由本校各學院預科各文學系研究所校長室訓育部總務部圖書館體育館三日刊編輯處第二區黨部第三十區分部學生自治會經濟學會工程學會之負責人員及軍事教官學校工友各推選一人共二十一人爲會員

四組織　(甲)本會由上列會員互選委員七人組織執行委員會負責辦理會務

(乙)執行委員會設主席書記各一人由委員互推之

(丙)執行委員會之下爲辦事便利起見設左列各組

(一)總務組

(二)軍訓組

(三)宣傳組

(四)指導組

(五)糾察組

(六)研究組

(丁)各組設主任一人由主席於會員中指定之

(戊)各組於必要時得由主席就本校教職員學生工友中函請幹事若干人辦理所屬事務

五會期 (甲)大會 經執行委員會議決或會員過半數之請求由執行委員會主席召集之

(乙)執行委員會 每星期開會一次遇必要時得開臨時會由主席召集之

(乙)各組工作大綱

(一)總務組工作大綱

一 撰擬文稿

二 收發函件

三 保管案卷

四 管理本會購置物品

五 訂印文件

六 接洽普通對外事件

七 辦理其他庶務

(二)軍訓組工作大綱

學科方面

1.基本技術摘要

2 應用戰術摘要

3 戰術作業

4 地形摘要

5 兵器摘要

6 築城摘要

術科方面

A 教練事項

1 單人教練

2 一伍教練

3 班教練

4 排教練

5 連教練

6 營教練

B 演習事項

1 偵探勤務

2 傳達勤務

3 營升對抗

4 旅次行軍

5 戰備行軍

6 滅藥射擊

7 實彈射擊

8 對抗演習

9 宿營演習

10 築城實施

（三）宣傳組工作大綱

（一）組織　本組爲便利宣傳工作進行起見暫設以下各股

（甲）編輯股　編輯及翻譯日本侵害我國事情及研究組交來各種關於東三省之事件

（乙）演講股　演講本組編輯文件及研究組所得之結果

（丙）出版股　刋印及發行分會交辦各種宣傳品

（二）宣傳方法

（甲）文字宣傳

一　定期刋物　於每週或三日發行反日刋物以揭破日帝國主義者對華侵畧之陰謀

及暴行消息討論對日方針與喚起民衆等項文字

二　畫報　延請校中教職員及學生中之能繪畫者繪成觸目驚心之日帝國主義者對華暴行之慘狀張貼通衢使不識字之民衆得一深切之認識

(乙)言語宣傳

一　名人演講　聘請名人學者來校作反日宣傳及對日方針研究之演講

二　通俗演講　由校中教職員及學生分成若干小隊每日輪流出發本市各地演講以重宣傳并先由本組擬具宣傳大綱由分會決定以昭劃一

(三)宣傳內容

(甲)國內宣傳

一　瀋陽事件發生之近因與遠因及其眞相

二　日兵暴行經過及民衆所受痛苦

三　日本對華外交之分晰

四　日本侵略東北之實況

五　國際聯盟之內容及其現時所處之態度

六　各國對日態度及輿論

七　各地抗日運動之經過

八 抗日運動應有之步驟與方針

九 其他

(乙)國外宣傳

一 日本侵略東省之起因及其經過

二 證明日本違犯國際公法及非戰公約之事實

三 日兵在東北暴行之眞相

四 反駁日本對國際及各國通牒囘文

五 其他

(四)應有設備

一 報紙 本組爲探息靈明消息起見暫定以下各報

申報 新聞報 時事新報 民國日報 大陸報等 天津大公報 廣州民國日報

China Weekly Review

二 雜誌 支那研究 中東經濟半月刊 新光 日本研究 世界雜誌 國聞週報 民族雜誌

(五)人員

各股設股長一人股員若干人由主任聘請之

附宣傳組工作實施方案

（甲）編輯股（一）組織——全體幹事爲股員，股長劉泮珠。（二）材料——另由校長指定人員負責。（子）搜集，（丑）分類編目——分軍事、外交及條約、鐵路，東三省富源，日鮮在東三省之經濟勢力，普通經濟事項，有關係地理、有關係歷史、國際聯盟，抗日救國運動及方法，亡國痛史，日本挑釁行爲、日貨國貨調查等十三類。（寅）保存。（三）範圍：（子）對於有智識階級宣傳品範圍——題目：（1）日本侵畧我國之起因。（2）日本歷次侵畧我國之事實。（3）日本積極侵略東北之大陸政策。（4）瀋陽事件發生之遠因近因及其眞相。（5）日本暴行事實及東北民衆所受痛苦。（6）東北之經濟地理。（7）日本侵略我東北之軍事行動與國際公法國際聯盟及非戰公約。（8）日本在東三省之經濟勢力。（9）注意日本强佔東三省後之新經營（10）日本撤兵與撤兵後之中國損失及日本新經營。（11）日本維新後之狀況。（12）經濟絕交對於日本之影響。（13）日本對華外交之分晰及其政府措施之觀察。（丑）對於無智識階級宣傳品範圍。（A）文字題目：（B）題目：（1）日本侵略我國歷史。（2）此次日本暴行慘狀。（3）國亡以後。（4）亡國痛鑑。（5）救亡方法。（6）認定我們唯一的敵人。（7）不怕日本人。（8）雪恥救國的故事。（9）東三省之財富。（10）各界用品日貨國貨調查。（B）體裁（1）白話文（適用演講）。（2）問答式。（3）歌謠。（C）宣傳方法——分寄。（1）各地民衆教育館。（2）各地小學校。（3）農會。（4）工會。（5）

區公所——鄉村長。（B）圖畫標語及幻燈：（1）思想由各人建議。（2）繪圖另請人。（四）分任編輯——各編輯員至少須擔任對於有智識階級一題，對於無智識階級一題。（五）交稿——期由各人自定通知出版股。（六）繙繹——由唐謀伯李松濤黃序夏施家俊等負責，——或應行翻譯之題目，卽由翻譯者直認定翻譯之。（乙）演講股：（一）組織——由李松濤鍾兆琳褚應璜朱耀珍劉旋天徐厚張孝炎陳品琦諸人組織之李松濤爲股長。（二）性質——通俗演講。（三）範圍——限上列各題目內或其他經本組全體會議通過之題目內容。（四）地點——視需要情形。（五）時間——與各人原有任務及其他重要抗日救國工作不致過分衝突（丙）出版股：（一）組織——由本組各幹事除經擔任演講股者外組織之，黃綱巽爲股長。（二）集稿。（三）交印。（四）校對。（五）調查應行分寄處所。（六）分發。

附宣傳材料分類表

從事各種宣傳材料之搜集，分類編目以資採用，茲覓得該組搜集材料之分類表一紙，抄誌於后：

A軍事：（A1）軍備調查，（A2）軍事訓練，（A3）軍事行動，（A4）軍械研究，（A5）作戰計劃，（A6）軍用供給，（A7）自衛準備，B外交：（B1）外交政策，（B2）條約之研究，（B3）外交現狀。C鐵道：（C1）東三省鐵路概況，（C—a）國有，（C—b）日管。（C—C）合辦。（C2）日本在東省之交通侵略，（C3）南滿鐵道會社，（C４）鐵路地帶。D東三省之富源：（D１）農產、（D２）工業、（D３）礦產、（D）水利，（D５）森林，（D６）牲畜。E 日本在東三省之經濟組織：（E１）金融市場，（E２）實業會社。（E３）代理所、（E４）農場，（E５）港灣。F日本在東省之侵畧：（F１）政治侵略，（F２）經濟侵畧，（F３）文化侵畧。（F４）其他。G地理：（G１）日本地理，（G２）東三省地理，（G３）蒙古地理。H史料：（H１）中日外交史，（H２）日本史，（H３）帝國主義侵畧滿蒙史、（H４）戰事史、（H５）滿蒙史。I國際：（I１）國際聯盟成立史、（I２）國聯現狀，（I３）國聯對東省事件之態度，（I４）國聯與中國，（I５）國聯與日本、（I６）各國對東省事件之態度、（I７）日本對東省事件之態度。J抗日救國運動：（J１）各地情形，（J２）各界情形，（J３）個人意見。K亡國痛史：（K１）朝鮮滅亡史，（K２）台灣、（K３）安南。L抗日方法：（L１）國貨日貨調查，（L２）經濟絕交、（L３）不合作，（L４）抵制仇貨，（L５）代替品之研究。M日人挑釁行爲：（M１）示威、（M２）侮辱、（M３）殘殺，（M４）造謠，（M５）挑撥，N日本侵據東省之事實：（N１）一般事實、（N２）佔據後之影響。其他。

（四）指導組工作大綱

一，辦法　本組工作爲遵奉中央命令集中全國力量一致對日起見約分兩項如左

（甲）擬將中央指示方畧及全國各團體建議辦法隨時擇要通告本會同人以資整齊步驟

(乙)擬根據本會議案團結同人努力實行

二、人員　本組工作爲收實效起見擬請人員分股擔任大概支配如左

(甲)關於教職員方面者擬請裘王兩院長蔡總務長柯主任擔任指導遇有會商事件請裘院長負責召集

(乙)關於同學方面者擬請杜主任劉泮珠先生袁炳南君擔任指導遇有會商事件請杜主任負責召集

(丙)關於工友方面者擬請張主任胡雄定張金聲兩先生及工友胡筱友擔任指導遇有會商事件請張主任負責召集

(五)糾察組工作大綱（畧）

(六)研究組工作大綱

甲　中日外交上之研究

(一)東北與日本歷年訂立之條約

(二)日本歷年侵畧東北之步驟及現狀

(三)抗議此次日本出兵東北外交上之根據

(四)會同宣傳組廣爲國際宣傳以期達到最後之勝利

乙　日本經濟狀況之研究

(一)日本國家在東北經營之事業

(二)日本人民在東北經營之事業

(三)日本歷年輸入東北日貨之品名及總數

(四　日本歷年輸入中國日貨之品名及總數

(五)輸入中國之日貨佔日本全國出品百分之比較數

(六)實行經濟絕交日本影響若何

丙　日本軍事之研究

(一)日本海軍之經費及總數

(二)日本各項艦隊之噸數

(三)日本陸軍之經費及總數

(四)日本航空軍之經費及飛機類別

(五)中日軍械之比較

(六)中日軍事交通之比較

(七)改良中國軍械之研究

(八)改良中國軍事交通之研究

丁　日本教育之研究

(一)日本小學教育除智育外用何種方法使人民有國家思想

(二)日本中學教育最注意何項學科

(三)日本大學教育用何種方法發展學者之研究心

(四)日本人能合作其原因何在

(丙)各組主任及幹事名單

總務組

主任　胡端行

幹事　蔡星五　柯成楙　羅錦心　胡雄定　沈元慶

軍訓組

主任　阮　略

幹事　熊　宣　靳振起　劉守銘　謝　暄　許廷爵　申國權　顧舜華

宣傳組

主任　鍾偉成

幹事　劉泮珠　陳　柱　唐慶詒　黃序夏　吳子敬　黃綱異　蔣士麒　王同文　涂　宓

黃宗瑜　李松濤　鍾兆琳　胡嵩嵒　褚應璜　施家俊　于懷寶　陳品琦　朱耀貞

朱耀珍　莊申生　劉世衷　劉旋天　褚保聰　曹典瑞　徐　厚　張孝炎　張文輝

徐宗蔚

指導組

主任　陳嘉勛

幹事　王繩善　杜定友　張孝植　陳月和　裘維裕　壽俊良　李謙若　周德熙　袁炳南

高　潛　徐　威　王之卓　吳家鈞

糾察組

主任　程蔚南

幹事　潘廷幹　吳佩紫　尤挺倫　賈存鑑　陳懷書　李信標　魏裕羣　吳家鈞　桂香先

高　潛　王亨齡　李宗倫　徐　威　袁炳南　陳伯漢

研究組

主任　張廷金

幹事　唐慶詔　周德熙　阮　略　柯成楙　裘維裕　嚴礪平　熊　宣　李松濤　李謙若

馬就雲　徐名材　杜定友　鍾兆琳　盛祖鈞　陳石英　陳　柱　施家使　高家棟

壽俊良　蔡其標　金禹範　褚應璜　史鍾奇　吳家鈞　徐明翼　王之卓

附錄

中央告全國學生書

中國今日當存亡關頭、政府受人民之托、合人民之力、負折衝禦侮之責、政府不尊重人民之意思、則人民必唾棄政府而國乃亡、人民不服從政府之指揮、則政府不能約束其人民、步驟錯亂、爲敵所乘、而國亦亡、嗚呼、時至今日、而謂尙可不一心一德、披肝瀝胆、在中央統一指揮之下、同赴亡國滅族之難耶、全國學生血氣正盛、愛國至殷、學生能一心一德、服從指揮、以爲全國國民倡、則國事必可有救、存亡決於幾微、死生定於俄頃、故願竭其誠爲我學生諸君告也、所謂

統一指揮者、上下一心、步驟一致、犧牲個人及一部分之成見與利益、以貢獻於國家也、學生今日爲主張對日作戰者、則卽以戰言、近世之戰、非猶夫歷史之驅士卒以相搏矣、非以全國水陸交通集中於政府權力之下而指揮之、則不能戰、非以全國之經濟集中於政府權力之下而指揮之、則不能戰、非以全國人民平日所享受之自由生命集合於政府權力之下而指揮之、則尤不能戰、以整個的國力應作戰之需要、甚至毁吾廬墓不爲不孝、夷吾室家不爲不仁、試問在此時期

、尙能人各一主張、人各一利害、而不聽命於統一指揮者耶、不特戰時爲然、卽當臥薪嘗胆生聚訓練之時、亦必有統一之指揮、乃能有充分之準備、卽如全國學生今無一不願荷槍前敵、爲國捐軀者、然義憤固可薄天、平日苟無訓練、則必施以短時期之

軍事教育　在此受軍事教育期中、卽須犧牲其平時所享之自由、俾成爲整齊嚴肅之戰士、若曰是尙未至於戰也、約束可以不行、作輟可以無定、是則灞上棘門、直如兒戲、一旦臨陣、倉皇失措、既爲無益之犧牲、復無補於國家之危亡、吾知明理達義之學生、於此必能憬然悟統一指揮之必要、且及未戰之時、尤當磨厲及此矣、自日本帝國主義軍隊侵佔遼東以來、風聲所播、全國民氣如湯之沸、青年學生有盡質其衣履以賑災、隻身請求入伍者、有熱血憤湧無可遏抑、自殺以殉國難者、此種舍身爲國之精神、已足爲國必不亡之徵象、其尤爲堅苦卓絕者、則全國民衆於熱烈激昂之中、仍能刻勵沉着、不予敵以可乘、不示人以皇亂、以文明民族之人格、作敵國野蠻行動之反映、因是益得世界之同情、吾人固知存亡大計

宣戰問題　決不能以學生之能謀與否爲衡者也、可戰而不戰以亡其國、政府之罪也、不可戰而戰以亡其國、政府之罪也、備戰未畢而輕於一戰以亡其國、政府之罪也、備戰完妥而不敢戰以亡其國、政府之罪也、政府在此時期、負全國存亡之責、全民生死之寄、所願以與國與民同生共死者、惟有以公忠之決心、受人民之信托、秉惟一之權能、以定惟一之大計耳、若政府於此而不計國家利害、輕徇請求、或築室道謀、躊躇不斷、則爲溺職、爲誤國、爲千秋萬世之罪人

決於自身 但求同情、等於依賴、惟深信只有刻厲沉着之民性、能立致果成仁之偉績、惟有步伐整齊之紀律、乃能決勝克敵於疆埸、故全國民衆最近所表示者、不僅消極的使敵人無隙可乘、且積極的可爲民族生存之保障、甚願全國學生、於此良好之基礎、並相勉勵、以底於最後之成功、昔普法戰爭時、法國學校在德軍槍林彈雨之下、絃歌弗輟曾讀「最後之一課」者當能識之、法國民族因具有刻勵沉着拚命讀書之精神、終能復其世仇、吾全國學生而欲復仇雪恥者、更宜依中央頒布之義勇軍辦法、日夕不懈努力於軍人之修養、若見敵來乘、相率罷課、適墮吾淬厲之舉、示弱於敵耳、其愚乎可、今乃有以不宣戰不開課爲揭示者、有以出兵與讀書並提者、其發於熱誠、固難厚非、衡諸事理、實多紕謬、夫

大難臨頭 至於此極、人民而猶不信任政府、政府而猶不絕對負責、則詬誶未息、國已不國矣、抑更有進於是者、負此全職之政府、自有軍事處分之權衡、宣戰與否、此在信任政府之人民、所不必問、負責政府所不宜答者也、外交儘應公開、軍事自有機密、愛國之學生乎、磨厲以須、來爲政府之後盾、速爲前仆後繼之準備、政府決不負國家也、嗚呼、今日之事、急於星火、今日之國、危於累卵、吾人盥沐、總理救國救民之遺訓、負此無可旁貸之責任、苟於國家有利者、則必身先人民而死、若見於國家有害者、則職責所在、不容姑息、竭誠相告、惟全國學生共鑒之、

學生義勇軍訓練辦法

教育部頒發學生義勇軍訓練辦法十四條、原條文如下、

一、本辦法依學生義勇軍教育綱領第一條之規定制定之、

二、學生義勇軍分下列二種、(一)青年義勇軍由高中以上學校學生組織之、(二)童子義勇軍由初中以下學校學生組織之、青年義勇軍童子義勇軍、均以各該學校爲組織單位、

三、爲設計全國學生義勇軍之訓練、由中央訓練部總司令部教育部訓練總監部等各推代表二人、合組全國學生義勇軍訓練設計委員會擔任討論及規劃一切學生義勇軍訓練事宜、其決議事項、由訓練總監部執行、

四、各省及隸屬於行政院之市、按照當地需要、得設立學生義勇軍訓練處掌理各該省市學生義勇軍組織及訓練事宜、

五、學生義勇軍訓練處之設在首都及上海武漢三地者、由訓練總監部直接組織之、其餘由當地高級黨部及軍事機關教育行政機關，會同組織之均隸屬於訓練總監部、並受當地最高軍事機關之指導監督、

六、學生義勇軍訓練處設主任一人、綜理處務副主任二人、輔助主任掌理處務其下設下列三科

、(一)組織科、掌理學生義勇軍組織及統計事宜、(二)訓練科、掌理學生義勇軍訓練事宜、(三)事務科、掌理不屬於以上兩科之文牘庶務一切事宜、以上三科各設科長一人、科員錄事若干人、分掌業務、

七、各地學生義勇軍訓練處、由訓練總監部直接組織者外、其餘各處主任、由當地最高軍事機關委派副主任、由當地最高黨部及教育行政機關、各推定一人充任、其餘人員、由擔任組織之機關選委呈報訓練總監部備案、

八、學生義勇軍實施程序分期舉行之、(一)第一期施行京滬杭漢平津及沿京滬路各學校、但平津兩地由副司令部主辦、(二)第二期以下俟第一期施行、將屆完畢時、再行依次規劃、

九、青年義勇軍軍事教官、除原有軍事教官改任外、得由訓練總監部加遴人員、咨由教育部委派之童子義勇軍之訓練人員、即由各該校體育教員擔任之、

十、學生義勇軍之訓練、首爲軍人精神教育與體格鍛練、次及於軍事上各種學術技能、其期間爲六個月、每日二小時訓練課目及進度另訂之、

十一、學生義勇軍所用書籍、由訓練總監部選定之、

十二、學生義勇軍訓練處經費、由訓練總監部直接組者、即由訓練總監部負擔、其餘由各該地方負擔青年義勇軍軍事教官經費、由訓練總監部與學校分別負擔、

十三、各學校在施行青年義勇軍訓練期內、其原有軍事訓練暫行停止、俟期滿後、再繼續按照

原定實施、

十四、本辦法自頒布之日施行

上海市教育局抗日救國指導綱要

一、抗日救國應有的認識

1. 日本積極侵略滿蒙的大陸政策
2. 日本侵略我國的起因
3. 日本侵略我國的經過
4. 日本侵略我東北的現狀
5. 我國東北地理的形勢
6. 日本維新後的狀況

二、抗日救國應有的精神

1. 誓死以智勇忠信雪恥救國
2. 確定雪恥復仇爲抗日絕交努力的目標
3. 要始終對日不合作並經濟絕交

4. 養成刻苦勤勞自強不息的精神

5. 要有讀書救國潛心學業的決心

6. 要有奮發精進修養人格道德的意志

三、抗日救國運動的工作

1. 關於軍事訓練

甲、遵照中央規定義勇軍教育綱領各校組織學生義勇軍及童子義勇軍

乙、實施軍事訓練並鍛鍊體格

丙、訓練女生以看護救傷電信等知識及技能

丁、各校聯合組織統一指揮訓練之中心機關

戊、義勇軍須絕對服從紀律

己、義勇軍應在左臂永久佩帶藍布白字之團結奮鬥雪恥救國八字

2. 關於經濟絕交

甲、學校師生工役絕對禁用日貨

乙、學校師生應勸告家屬親友永遠對日絕交不用日貨

丙、切實調查日貨商標及品名印發民衆共同抵制日貨

丁、調查國內實業狀況

戊、調查國貨商標及品名
己、師生誓死用國貨
庚、勸導民衆用國貨

3．關於研究方面

甲、研究日本問題及國際的關係
乙、研究滿蒙問題及日本侵略的大陸政策
丙、研究國防地勢及軍事防禦的關係
丁、研究對日經濟絕交的澈底辦法
戊、研究提倡國貨的實行方法

4．關於宣傳方面

甲、促成國家和平統一共禦外侮雪恥復仇
乙、督促政府宣佈對日絕交
丙、請政府注重國防幷迅速出兵收回失地
丁、喚起民衆一致抗日爲政府後盾
戊、加緊國際宣傳使各國民衆明了眞相
己、師生組織抗日救國宣傳隊每隊以五人爲限分露天演講化裝演講兩種

庚、宣傳民衆以日本爲一生最大仇敵

辛、使民衆深切的認識須臥薪嘗胆誓死雪恥救國

上海市教育界對日

一

對日經濟絕交，範圍頗廣，方法亦多，而不用日貨，實爲各種方法中比較最重要之一種。本方案卽專就此項單純目標，酌量擬定。

從前歷次抵制日貨，效果何若，殊難斷言，而證以海關貿易册進口貨數目，亦頗覺效力甚小。因此不免有人對於此事稍懷疑慮，實則從前効力不大，皆因爲辦理不善，而辦理之所以不善，則一由於「法」。此次大難當頭，人人天良激發，當然不能再以常理衡人，而計畫務求其完善，組織務求其精密，運用務求其適當，進行務求其敏捷，則又多關於方法問題。積以往之經驗，懲前毖後，自應集合多方智慮，議定比較流弊少效用多之方法，以期先由滬上教界首先試辦。

二

欲求此項方案能永久施行有效，不可不定次列三種原則：

(一)範圍要廣大　質言之，卽爲不用日貨，必力求普徧。試以日貨布疋一項而論，家庭婦女方面，購用最多，而中國婦女，未必人人識字，且對於貨物辨別，亦未必十分淸楚。此應特別注意，凡是決心不用日貨之人，對於一己家庭，必切實說明、詳細檢點。婦女愛國，情感極富，果明斯義，自易斷絕。普通之人家每年能少用日布五十元，能有十萬家，總數卽五百萬元矣，僅舉一例，餘可類推。

(二)時間要持久　此層關係尤爲重要。千萬不可以爲日人目前蹂躪我太甚、羣情憤激，一致抵制日貨，而勢稍緩和，卽行鬆懈。宜下決心，無論如何，我滬上教育界同人，不用日貨，最少須有二年期間之持續。並希全國一致本此堅決精神做去。照海關貿易册所載，近年日本輸入我國貨品價額三萬萬兩，平均每月約有二千五六百萬兩，倘使全國一德一心，不用日貨，經過半年，卽可令日本出口貨減少一萬五千萬兩，彼已不免感覺痛苦；再經過一年或一年半以上，則彼安能不大起恐慌。此則全視吾國人決心與毅力何如耳。

(三)研究要精密　不僅個人不購用日貨已也，還要有人擔任研究工作，如對於滬上全市所銷行之日貨，詳加調查，其載諸海關貿易册者，名稱爲何，社會所通用者，名稱爲何，一一比較詳列，印成小册，分散市民。如能搜集貨樣，廣示市民，(布類最相宜)俾易辨別，則尤爲有效。再進一步，則分別日貨性質，列爲以下三項，由各大學商工科

國（一一加以研究

（1）現有國貨可以代替者——如日貨有『味之素』我有『天廚味精』，日貨有蚊香我有『三星』等牌蚊香，日貨有印刷用之蠟紙，我亦有中華書局所製之蠟紙等，目前數有幾何，應一一論列廣示於衆。

（2）可以不用者——如化粧品，如小孩玩具，未必卽爲生活所必需，當然可以不用；況此種貨物，我國亦未必無相當之代替物，如此一類，現有若干種，應一一表示，俾衆注意。

（3）可以設法自造者——如文具類之墨水、天然墨、鉛筆、如服用類之布疋、絨線、毯、被、皆可盡量擴充，自行製造，僅舉兩列，他可推知。希望在此時期，政府能特別獎勵保護，人民能盡量購用，貨雖略粗，價雖略貴，亦必忍痛爲之。而製造之商家，更應採『薄利多賣』主義，以示愛國熱誠，隨時研究改良，以促工業進步。倘能由此進展不已，則不僅消極的不用日貨，並可積極的發達國貨矣。

事在人爲，機不可失，吾教育界應就研究所得隨時隨地，藉文字口舌，多方宣傳鼓吹，同時推誠與實業界聯絡，並竭力予以相當協助，期國貨廣銷，國產發達。此一段工夫，——尤其對於第三項——比較最切實，最緊要，卽不因抵制日貨，亦應不斷的努力爲之。

三

原則既立，再言詳細辦法：

(一)本會備印志願書(附誓詞)以便分發各校，請其酌量印用，其式如次：

第　　號

志願書

立願不用日貨永永毋忘

『廿、九、十九』日本對我東北的暴行

民國　　年　　月　　日

立願者　性別　年齡　職業　住址

←……3吋……→　←……6吋……→

誓詞

一、我決不用日貨

二、我的家人決不用日貨

三、我勸我的親友決不用日貨

立誓者

(二)凡立願人於塡寫願書後，卽應各購徽章一枚，終日佩帶，用示決心。此項佩章，由會代製，每枚價銀七分，屆時各校各團體，需用若干，可派員到會接洽分銷。徽章式樣如次：

(三)各學校各團體，領到空白願書後，卽召集全體職教員學生開大會一次，說明不用日貨三大原則，及塡寫願書與購佩徽章辦法、對於所以要塡願書佩徽章之理由，亦須詳加說明。同人立定志願，應卽各自塡繳願書一紙。由學校團體主事人收集願書後，視其數目幾何，卽行派員到會，備價購買徽章，以備分售。

(四)各學校各團體，於召集全體會議時，除約令人塡寫願書購佩徽章外，並應提出次列兩事，約定實行：

(1)用十人團辦法，每一人擔任另約九人，立願塡書購章，不用日貨。約齊後，報告本校本團體主事人，領取願書塡繳並備價領取徽章佩帶。此外九人，仍應再行廣約同志。如此展轉徵求，便可愈推愈廣。其取塡願書及購佩徽章手續均可由原經手人，向本機關接洽辦理。

(2)各學校各團體同人中，有能擔任一部或全部研究工作者，可自行組織團體，公餘辦理調查、編輯、建議、宣傳、鼓吹、聯絡、協助等事。

(五)各學校各團體，均須指定本機關一二位職員，負責辦理此事。

(六)各學校各團體，對於研究工作，如認爲比較繁重，本機關不能自辦，勢須本會協助者，可派員到會洽商。

(七)各學校各團體，每過一月，須將塡願書購徽章之人數，報告本會；其有研究工作，亦須摘要報告。

(八)本方案經過本會執行委員會議決通過後，除通知在會各學校各團體酌量施行外，並設法廣告其他各機關各團體，希望一律採用。

小學校抗日運動實施方案

（甲）目標：

根據三民主義教育宗旨，施行以日本爲對象之教育，使兒童深切了解日本帝國主義歷次加於我國之奇恥大辱，激發兒童臥薪嘗膽之精神，努力於體格之鍛鍊，畢業之修養，以養成健全之青年，而謀雪恥救國。

（乙）方法：

（一）關於訓導方面者：

（1）舉行哀悼國難會——由各校在最短時間舉行哀悼會，全體師生須一律參加，主席之報告及師長演講辭之內容，應以能使兒童知道日本對我暴行之起因，暴行之目的，暴行之眞相，以及我人對暴日應有之準備等爲原則，務使兒童義憤塡胸，個個有雪恥復仇之決心：

國難會會場環境須特加佈置，如張掛觸目驚心之圖畫及能激發兒童愛國心之對聯等，茲舉對聯例數副如下，以資參攷：

1. 一德一心同赴國難　或先或後誓逐倭奴

2. 從此臥薪嘗胆　及今發憤圖强

3. 二十世紀有强權無公理竟使倭奴恣蠻暴　四百兆人齊步伐堅決心誓將熱血保河山

(2)舉行永遠不買日貨宣誓式——由各校定期舉行宣誓式，全體師生須一律參加，主席之報告及師長演講詞之內容，應以下列各項爲原則：

1.說明日貨在我國暢銷的數量及我國每年的經濟損失

2.說明不買日貨可以致日本死命的原因

3.說明『小學生永遠不買日貨就是愛國』的理由

4.說明小學生除自己不買日貨外應轉勸家庭親友不買日貨的責任

5.說明宣誓的意義

(3)每日舉行抗日反省——各校於每晨早操後或其他相當時間，提出抗日反省語數條，詢問學生，擬句如下：

1.問　我國第一个大敵是那一个？　答　日本帝國主義。

2.問　日本侵略我國的東三省大家忘記嗎？　答　不忘記！

3.問　不忘記，那麼怎樣貨？　答　打倒他！

4.問　要打倒日本帝國主義，第一應該怎樣？　答　永遠不買日貨！

5.問　第二應該怎樣？　答　鍛鍊我們的體格！

6.問　第三應該怎樣？　答　努力我們的學業！

7.問　將來你們的第一件愛國工作是什麼?　答　打倒日本帝國主義!

(4)製定抗日救國格言作爲臂銘——製定抗日救國格言文曰『誓雪國恥』用白漆繕寫黑布上，學生每人佩帶一條，永示勿忘。

(5)舉行抗日救國演講比賽——由各校自定日期，舉行抗日演講比賽，比賽方法，擬先由各級學生於作文課時各自草就演講詞，各級先自舉行演講比賽，舉出代表，再舉行全校比賽或高級中級低級分組比賽。應以普偏爲原則，應以立意爲評判之主要條件。

(6)提倡救國儲金——各校就原有之兒童自治事業中，對於儲金，應特別提倡，以備國家萬一之需。儲金暫由各校妥爲保管，應用時徵得兒童及家長之同意，邀送相當機關。否則於學期終由學校結算後，送交家長請家長保管之。

(7)出版抗日救國刊物——各校兒童刊物，可特出抗日救國專號，使兒童充分發表救國意見之機會，以引起兒童之注意。

(8)注意時事研究——各校應使兒童充分明瞭時事。擬一方法如下：

1.摘要公佈於適當地點　2.每日朝會時或早操後向兒童口頭報告　3.利用紀念週與週會時間儘量報告重要時事　4.高級兒童摘錄重要時事於筆紀簿上　5.剪貼書報上之文字圖畫　6.舉行時事測驗

除以上各項外，對於下列舊有各項並應加緊工作

(9)加緊課外運動——各校課外運動，應加緊練習，時間及指導之支配可視情形自定詳細辦法，依照施行，並須呈請教局釐訂小學田徑運動最低標準，以資遵守，而便切實訓練。各校並可隨時舉行田徑賽及各種球類之級際比賽，以提高兒童從事運動之興趣，而達強種救國之目的。

(10)加緊童子軍訓練——各校已舉辦者，應加緊訓練，未辦者，應即籌備進行。

(11)獎勵健康兒童——各校應特別重視兒童之體格鍛練，此爲今後教育之最大目標。凡兒童身體經醫生檢查結果，認爲完全無缺陷。且田徑賽運動均能達到最低標準者，學校應特別予以獎勵，以示提倡。

(12)加緊國術訓練——國術應列入體育正課之內，三四年級以上各級，均應加緊訓練。

(二)關於教學方面者：

各校教學，應以抗日救國問題爲中心，將日本歷次對我之暴行與侵略的政策，儘量容納於各科教材之中，而以此次出兵東北事件爲出發點，聯絡各科，同時進行。如舉行大單元設計，應編訂抗日救國研究教學大綱，切實施行。舉例如下：

抗日救國研究教學大綱

甲、目的

一、要使兒童知道日本侵略中國的計劃和經過，二、要使兒童知道滿蒙的重要，三、要使兒童

知道中國國勢的危急　四、要使兒童知道抗日救國的方法　五、要養成兒童抗日救國的大無畏精神

乙、動機

一、從日軍侵佔東省引起　二、從各界抗日運動引起　三、從本校反日運動引起　四、從紀念週時事報告引起

丙、工作

一、事前的準備

子、搜集參攷材料

ㄅ、書報

1.本國地理　2.日本地理　3.日本歷史　4.日本帝國主義侵略中國史　5.中日外交史　6.日本田中內閣侵略滿蒙之積極政策　7.二十年來的南滿洲鐵道株式會社　8,日本侵略滿蒙之研究　9.東三省概論　10滿蒙問題　11滿洲現狀　12日本研究月刊　13從遼甯到日本　14生活週刊　15九一九迄今的日報　16其他

ㄆ、地圖

1.日本地圖　2.中國地圖　3.日本傳統國策計劃圖　4.東三省時局圖　5.國恥地圖　6.其他

ㄇ、畫片

1.五卅慘案照片 2.五三慘案照片 3.萬案照片 4.鮮案照片 5.九一九日軍南滿暴行照片 6.東北富源照片 7.抗日運動照片 8.其他

ㄈ、表格

1.滿蒙物產一覽表 2.滿蒙工商業調查表 3.日本對華貿易額歷年比較表 4.滿蒙鐵道一覽表 5.中日間不平等條約一覽表 6.被日侵吞的國土面積表 7.國貨與日貨調查對照表 8.中日間歷次慘案損失統計表 9.日本軍備調查表 10日本經營滿蒙事業一覽表 11中日軍備比較表 12其他

丑、編選教材

ㄅ、讀物
ㄆ、算題
ㄇ、歌曲
ㄈ、圖表
(細目詳後研究項)

二、研究的要項

子、國語科

ㄅ、抗日救國導言 ㄆ、各報有價值的評論 ㄇ、各方有價值的通電 ㄈ、中委告全國學

生書　万、其他

丑、社會科

ㄅ、日本侵略中國的原因　ㄆ、日本侵略中國的計劃和事實　ㄇ、滿蒙如被日本併吞我國將受的影響　ㄈ、中國抗日救國的方法　万、其他

寅、自然科

ㄅ、煤鐵的研究　ㄆ、鎂鋁的研究　ㄇ、煤油硫安及曹達的研究　ㄈ、大豆及豆油豆餅的研究　ㄇ、羊毛及呢絨的研究　ㄉ、森林的研究　ㄊ、其他

卯、算術科

ㄅ、滿蒙面積方面的計算　ㄆ、滿蒙人口方面的計算　ㄇ、滿蒙物產方面的計算　ㄈ、滿蒙交通方面的計算　万、滿蒙工商業方面的計算　ㄉ、中國被日本經濟侵略所受損失的計算　ㄊ、中日人口比較的計算　ㄎ、中日軍備比較的計算　ㄌ、其他

辰、音樂科

ㄅ、打倒日本歌（見十月四日新聞報）　ㄆ、義勇軍進行曲（黎錦暉著見十月十日申報）　ㄇ、同胞快醒歌（黎錦暉著見十月十日新聞報）　ㄈ、其他

巳、商業科

ㄅ、日貨品名商標價格的調查　ㄆ、國貨品名商標價格的調查　ㄇ、其他

ㄅ、打倒日本帝國主義的遊戲　ㄆ、國術訓練　ㄇ、童子軍訓練　ㄈ、其他

三　、各科的發表

子、國語科

ㄅ、抗日救國的意見　ㄆ、對日作戰的計劃　ㄇ、勸友人抵制日貨書　ㄈ、勸國人一致抗日文　万、其他

丑、社會科

ㄅ、製表

1.滿蒙農產一覽表　2.滿蒙鑛產一覽表　3.滿蒙森林一覽表　4.滿蒙畜類一覽表　5.滿蒙水產一覽表　6.東省鐵路一覽表　7.中日人口比較表　8.中日面積比較表　9.歷次慘案損失統計表　10滿蒙日鮮移民一覽表　11滿鐵經營事業調查表　12滿蒙日本企業公司調查表　13滿蒙日本兵力調查表　14滿蒙日本投資一覽表　15滿蒙日本銀行一覽表　16日本對華各項文化侵略成績一覽表　17其他

ㄆ、繪圖

1.滿蒙物產圖　2.中國邊防要塞圖　3.葫蘆島形勢圖　4.旅大全圖　5.滿蒙鐵道網計劃圖　6.對日作戰計劃圖　7.滿蒙交通圖　8.日本侵略滿蒙圖　9.中國喪地一覽圖

10其他

寅、算術科

ㄅ、製各項統計表　ㄆ、繪各項統計圖　ㄇ、其他

卯、工作科

ㄅ、商情

1.日貨調查表　2.國貨調查表　3.其他

ㄆ、工藝

1.仿造槍砲飛機兵艦等的模型　2.仿造日本的玩具　3.仿造地圖模型　4.其他

辰、美術科

ㄅ、宣傳圖

1.抗日運動圖　2.臥薪嘗胆圖　3.日兵暴行圖　4.其他

ㄇ、想像圖

1.中日戰爭圖　2.奪回東省圖　3.日本戰敗求和圖　4.其他

特載

讀日本田中義一侵略滿蒙積極政策。而不髮指眥裂。同仇敵愾者。無愛國心者也。無血性者也。抑且非中國人也。然自我國政府將日人侵略東省暴舉。訴諸日內瓦國際聯合會以來。日代表芳澤在壇坫上辯論之言詞。祇有一味搪塞。一味狡賴。蓋已呈進退觸藩之象矣。雖欲以屢奏膚功之恫嚇政策。希圖刼奪吾東省以去。恐亦如骨之在喉。欲吞不下也。田中之滿蒙積極政策。其終成爲日本浪人式之軍閥一種夢想乎。且自一九三〇年以來。日本經濟恐慌工人失業。國內生活所受影響已大。即其所恃以爲吞併滿蒙吞併中國吞併全世界之海陸空軍。其軍費亦不得不從事減縮。凡此情形。遠非一九二七年田中內閣時可比。田中九原有知。其將作何感想乎。雖然。日人既處心積慮以謀我。公理可恃而亦不可恃。和平當維護而亦有勢不能維護者。當此外侮日亟。我國人其速猛省。一德一心。共禦外侮。庶大好何山。不致爲琉球台灣朝鮮之續。則所以介紹此篇於讀者之前者。亦欲使吾國民衆知所警惕而已。編者

日本田中內閣侵略滿蒙之積極政策

所謂滿蒙者。乃奉天。吉林、黑龍江及內外蒙古是也。廣袤七萬四千方里。人口二千八百萬人。較我日本帝國國土（朝鮮及台灣除外）大逾三倍。其人口止有我國三分之一。不惟地廣人稀。令人羨慕。農鑛森林等物之豐。當世無其匹敵。我國因欲開拓其富源。以培養帝國恆久之榮華。特設南滿洲鐵道會社。藉日支共存共榮之美名。而投資於其地之鐵道，海運，鑛山。森林，鋼鐵、農業．畜產等業。達四億四千餘萬元。此誠我國企業中最雄大之組織也。且名雖爲半官半民。其實權無不操諸政府。若夫付滿鐵公司以外交，警察，及一般之政權。使其發揮帝國主義。形成特殊會社。無異朝鮮統監之第二。即可知我對滿蒙之權利及特益巨且大矣。故歷代內閣之施政於滿蒙者。無不依明治大帝之遺訓。擴展其規模。完成新大陸政策

，以保皇祚無窮。國家昌盛。無如歐戰以後。外交內治多有變化。東三省當局亦日就覺醒。起而步我後塵。謀建設其產業之隆盛。有得寸進尺之勢。進展之迅速、實令人驚異。因而我國勢之侵入。遽受莫大影響。惹出數多不利。以致歷代內閣對滿蒙之交涉皆不能成功。益以華盛頓會議成立九國條約。我之滿蒙特權及利益。概被限制。不能自由行動。我國之存立。隨亦感受動搖。此種難關。如不極力打開。則我國之存立既不能堅固。國力自無由發展矣。矧滿蒙之利源。悉集於北滿地方。我國如無自由進出機會。則滿蒙富源。無由取為我有。自無待論。即日俄戰爭所得之南滿利源。亦因九國條約而大受限制。因而我國不能源源而進。支那人民反如洪水流入。每年移往東三省。勢如萬馬奔騰。數約百萬人左右。甚至威迫我滿蒙之既得權。使我國每年剩餘之八十萬民。無處安身。此為我人口及食料之調節政策計。誠不勝遺憾者也。若再任支那人民流入滿蒙。不急設法以制之。迄五年後支那人民。必特加增六百萬人以上。斯時也我對滿蒙又增許多困難矣。回憶華盛頓會議九國條約成立以後。我對滿蒙之進出悉被限制。舉國上下輿論譁然。大正先帝陛下密召山縣有朋。及其他重要陸海軍等。妥議對於九國條約之打開策。當時命臣前往歐美密探歐美重要政治家之意見。僉謂成立九國條約。原係美國主動。其附和各國之內意則多贊成我國之勢力增大於滿蒙。以便保護國際之貿易及投資之利益。此乃臣義一親自與英，佛，伊等國首領面商。頗可信彼等對我之誠意也。獨惜我國乘彼等各國之內諾。正欲發展其計劃而欲破除華盛頓九國條約之時。政友會內閣突然倒壞。致有心無力。不克實現我國之計劃。言念及此。頗為痛嘆。至臣義一向歐美各國密商發展滿蒙之事。歸經上海。在上海船埠。被支那人用炸彈暗殺未遂。誤傷美國婦人。此乃我皇祖皇宗之神祐。方克義一身不受傷。不啻上天示意於義一。必須獻身皇國為極東而開新局面。以新興皇國而造新大陸。且東三省為東亞政治不完全之地。我日人為欲自保而保他人。必須以鐵與血。方能拔除東亞之難局。然欲以鐵與血主義而保東三省。則第三國之阿美利加。必受支那以夷制夷之煽動而制我。斯時也。我之對美角逐。勢不容辭。更進而言之。以臣義一在上海船埠受支那人爆炸之時。轉傷美人性命。而支那使安然無事。則東亞之將來如非以如此作去。我國運必無發展之希望。向之日俄戰實際即日支之戰。將來欲制支那。必以打倒美國努力為尤決問題。與日俄戰爭之意。大同小異。惟欲征服支那必先征服滿蒙。如欲征服世界。必先征服支那。倘支那完全可被我國征服。其他如小中亞細亞及印度南洋等．異服之民族必畏我敬我而降於我。使世界知東亞爲我國之東亞。永不敢向我侵犯。此乃明治大帝之遺策。是亦我日本帝國之存立上必要之事也。若夫華盛頓九國條約。純爲貿易商戰之精神。乃英美富國欲以其富力。征服我日本在支之勢力。卽軍備縮少案亦不外英美等國欲限制我國軍力之盛大。使無征服廣大支那領土之軍備能力。而置支那富源於英美富力吸收之下。無一非英美打倒我日本之策略也。顧以民政黨等。徒以華盛頓九國條約爲前提。盛唱對支貿易主義。而排斥對支權利主義。皆屬矯角殺牛之陋策。是亦我日本自殺之政策。蓋以貿易主義者。如英國。因有強大之印度及滿洲爲之供給食物及原料。亞美利加。因有南美加那大等可爲伊供給養料及原料之便。則其餘存之力可一意擴張對支那貿易。以增其國富。無如我國之人口日增。從而食料及原料日減。如徒望貿易之發達。終必被雄大資力之英美所打倒。我必終無所得。最可恐怕者則支那民日就醒覺。雖內亂正大之時。其支那民尚能勞勞競爭模仿日貨以自代。因此，頗阻我國貿易之進展。加之，我國商品專望支人爲顧客。將來支那統一。工業必隨之而發達。歐美商品必然競賣於支那市場。於是我國對支貿易必大受打擊。民政黨所主張之順應九國條約。以貿易主義向滿蒙直進云云者。不啻自殺致策也。考我國之現勢及將來。如欲造成昭和新政。必須以積極的對滿蒙強取權利爲主義。以權利而培養貿易。此不但可制支那工業之發達。亦可避歐勢東漸。策之優。計之善。莫過於此。我對滿蒙之權利如可眞實的到我手。則以滿業爲根據。以貿易之假面具而風靡支那四百餘洲。再以滿蒙之權利爲司令塔。而攫取全支那之利源。以支那之富源而作征服印度及南洋各島以及中小亞細亞及歐羅巴之用。我大和民族之欲步武於亞細亞大陸者。握執滿蒙利權。乃其第一大關鍵也。況最後之勝利者賴食糧。工業之隆盛者賴原料也。國力之充實者賴廣大之中國土也。我對滿蒙之利權。如以積極政策而擴張之。可以解決種種大國之要素者則勿論矣。而我年年餘剩之七十萬人口。亦可以同時解決矣。欲具昭和新政。欲致我帝國永久之隆盛者。唯有積極的對滿蒙利權主義之一點而已耳。

滿蒙非支那領土

玆所謂滿蒙者。依歷史非支那之領土。亦非支那特殊區域。我矢野博士盡力研究支那歷史。無不以滿蒙非支那之領土，此事已由帝國大學發表於世界矣。因我矢野博士之研究發表正當。故支那學者無反對我帝國大學之立說也。最不幸者。日俄戰爭之時。我國宣戰布告明認滿蒙爲支那領土。又華盛頓會議時。九國條約亦認滿蒙爲支那領土。因之外交上不得不認支那爲主權。因此二種之失算。致禍我帝國對滿蒙之權益。如以支那之過去而論。民國成立雖倡五族共和。對於西藏新疆蒙古滿洲等。無不爲特殊區域。又特准王公舊制存在。則其滿蒙領土權，確在王公之手。我國此後有機會時。必須闡明其滿蒙領土之真相於世界當道。待有機會時。以得寸進尺方法而進入內外蒙。以新其大陸。且內外蒙既沿王公舊制。其權明明在王公手中。我如欲進出內外蒙。可以與蒙古王公爲對手。則締結利權。使可有裕綽機會。而可增我國力於內外蒙古也。至對於南北滿權，則以二十一個條爲基礎。勇往邁進。另添如左之附帶利權。以便保持我既得。可永久實享其利。

一　三十年商租權期限滿了後。更可自由更新其期限。並確認商工農等業之土地商租權。

二　日本人欲入東部內外蒙古居住、往來，及各種商工業等。皆可自由行動及於出入南北滿時。支那法律須許其自由，不得不法科稅或檢查。

三　在奉天，吉林等十九個鐵及石炭礦權。以及森林採取權獲得之件。

四　南滿及東部蒙古之鐵道布設並鐵道借款優先權。

五　政治，財政，軍事顧問及教官傭聘等增聘以及傭聘優先權。

六　朝鮮民取締之警察駐在權。

七　吉長鐵道之管理經營九十九年延長。

八　特產物專賣權及輸送歐美貿易之優先權。

九　黑龍江礦產全權。

十　吉會長大鐵路敷設權

十一　東清鐵路欲向俄國買回時之借款提供特權。

十二　安東營口之港權及運輸聯絡權。

十三　東三省中英銀行設立合辦權。

十四　牧畜權

對內外蒙古之積極政策

滿蒙旣爲舊王公所有。我國將來之進出必須以舊王公爲對手。方可以扶持其勢力。依故福島關東長官之長女。因獻身於皇國起見。以金枝玉葉之質。而爲未開民族之圖什業圖王府之顧問。加之圖什業圖王之妃。乃肅親王之姪女。因此關係。圖什業圖王府與我國頗爲接近。我特以意外之利益及保護而羅致之。在內外蒙古各王府等。無不以誠意對我敬我。現在圖什業圖王府內之我國退伍軍人。共有十九人在矣，而向王府收買土地及羊毛特買權。或鑛權。均被我先取定其特權矣。此外接派多數退伍軍人密入其地。命其常服支那衣服以避奉天政府嫌疑。散在王府管內。實行墾殖牧畜羊毛買收等權。按其他各王府。仍依對圖什業圖王府方法而進入。到處安置我國退伍軍人。以便操縱其舊王公。待我國民移住多數於內外蒙古之時。我土地所有權先用十把一束之賤價而買定之。然後將其可墾爲水田者種植食米。以供我食料不足之用。不能墾爲水田者則盛設牧場。養殖軍馬及牛畜。以充我軍用及食用餘剩之額。製造罐頭運販歐美。其皮毛亦可供我不足之用。待時期一到。則內外蒙古均爲我有。因乘其領土權未甚明顯之時。且支那政府及赤俄尚未注意及此之候。我國預先密伏勢力於其地。如其內外蒙古之土地。多數被我買有之時。斯時也。是蒙古人之蒙古歟。抑或日本人之蒙古歟。使世人無可辯白。我則藉國力以扶持我主權而實行我積極政策也。我國對於蒙古之施爲。因欲實行如上之政策。按本年起由陸軍秘密費項下。抽出一百萬元以內。急派官佐四百名。化裝爲教師或支那人潛入內外蒙古。與各舊王公實行握手。收束其地之牧畜鑛山等權。爲國家而造成百年大計，

朝鮮移民獎勵及保護政策

朝鮮自與我合併以來。雖可一時小康。無如歐戰後。美大總統提出民族自決。以動弱小民族。而朝鮮人心亦爲所煽。其不穩空氣充滿吉林八道。乘滿洲警察之不完全。彼等不逞鮮民遂以滿洲爲策源地。又幸滿蒙到處皆有豐富利源。以安朝鮮移

民。因之日移日衆。至今日在東三省之朝鮮民。幾至百萬有奇。如此之現象。爲帝國對滿蒙之利權。不求而可自得。與可爲國家造成莫大幸福。而帝國對滿蒙之國防上經濟上。添加無數勢力。爲鮮民統治上。顯出莫大曙光。然朝鮮民移住東三省之衆。可爲母國民而開拓滿蒙處女地。以便母國民進取。且亦可藉朝鮮民爲階段。而可與支那民聯絡一切。一面利用有歸化支那國籍之鮮民。盛爲收買滿蒙水田地。而另由各地之信用合作或銀行。或東拓會社。或滿鐵公司。通融彼等有支那籍之朝鮮民以資金而作我經濟使人之司令塔也。亦可作我食料之增產以救國危。是亦新殖民地開拓之一機會。彼歸化之朝鮮人民雖爲支那之歸化民。不久仍然歸復爲我國民。與南美加洲之歸化日本人。悉異其旨也。不過只因一時之便宜而歸化爲支那民耳。按在滿蒙之朝鮮人如擴張至二百五十萬人以上者。待有事之秋。則以朝鮮民爲原子而作軍事活動。更藉取締爲名而援助其行動。加之鮮民中之在滿蒙有歸化爲支那民而亦有未歸化者。斯時事到之日。是支那籍之朝鮮民作亂。抑或日本籍之朝鮮民作亂。可以懸羊頭賣狗肉之方策而對付之。然我國雖可利用朝鮮人如此之行動。亦不可不備支那政府之利用朝鮮人制我也。如論滿蒙係支那之政治區域。是亦我國之政治區域。彼東省政府如敢以利用朝鮮人而制我。則我用兵之機會可以急速矣。最可恐懼者唯赤俄耳。惟恐支那方面利用赤俄魔手煽動朝鮮民之時。則我國之思想一變。國難立至。故現內閣對此無以充分警戒以防其未然。加之民國如欲開拓新大陸。對朝鮮民之保護及取締更須嚴重一層。故依三矢之條約。許我遍設警察署於北滿各地者。以爲擴張充備警察力。以便懷柔朝鮮民及援助朝鮮之急進。另以東拓及滿鐵附隨其後。助鮮之經濟及金融。他如進入內外蒙之鮮民。其金融可由東拓特別通融。以便藉朝鮮民之力。而開拓內外蒙古及把握其商權也。按朝鮮民之侵入滿蒙。爲帝國之國防上經濟上最有密切關係明矣。此後必須由政府極力助其完成。以期爲帝國造成新機會。有如我石井之協定。我帝國在滿蒙之特殊地位。既於華盛頓會議時放棄。幸得朝鮮移住日多。現幾及百萬餘人。且放貸日大。因此我雖放棄石井協定之特權。亦可藉朝鮮民移住之新問題。而恢復其特權於滿蒙。如有如此之實情。我再恢復其特權。依法理上在國際必無人敢反對我國之行動也。

新大陸開拓與滿蒙鐵道

交通者乃國防之母。是戰勝之保險公司。亦是經濟之保壘也。按支那全國鐵道僅七千二三百哩。在滿蒙則有三千哩矣。居其全數之四成。按滿蒙土地之廣。產物之巨。雖有鐵道五六千里亦不足其用。加之我國所扶殖之鐵道。多在南滿。而爲富源之北滿尚多未及。殊爲遺憾耳。加之南滿各地。支那民族頗多。其國防上經濟上頗不利於我。然我國如欲開拓其富源及堅固其國防者。必須極力建築北滿鐵道。依其鐵道之開通。可移多數國民於北滿。以便鞏肘南滿之政治及經濟。而可強固我國國防以奠定東亞大局。加之南滿鐵道既成之綫路。多以經濟爲目的。致缺循環綫路。頗不利於戰時之動員及軍需之搬運。此後必須以軍事爲目的建設滿蒙大循環綫。而可包圍滿蒙中心地。以制支那之軍事政治經濟等等發達 亦可防杜俄勢之侵入。此乃我國之新大陸造成上最大必要之關鍵也。加以現在滿蒙之鐵道有二大中心點。一曰東清鐵道。二曰南滿鐵道。其支那之自設鐵道。依吉林省政府之餘裕。不久必能現成一大勢力之鐵道。且合之奉天及黑龍江之財力而論。其支那鐵道之勢力，不久必須駕我南滿鐵道之上。當能現出激烈之競爭。幸其奉天之經濟紊亂。我如不供其救濟。彼確無力可恢復。我則利用此時期勇往邁進達我鐵道目的而後止。且我如用力煽動之。其奉票降價不知其止。奉天政府必成亦俄財政之第二。確可拭目以待。從此彼必無力可開拓滿蒙也。惟有東清之勢力頗難打倒。不幸其所成之路綫與我南滿之路綫。同爲丁字形。如以丁字形而論。雖爲便利。唯軍事上之進行頗爲不便。倘支那新設之鐵道。如欲培養於東清路北。必須與平行爲妙。則用起西而向東。以我南鐵道之中心而論。其新設之支那鐵道。必須使其由北而向南。如以支那自身之利益而論。亦以由北而向南。確有多大便利。因此與我無甚抵觸。幸亦俄勢力日衰。既無力可進出滿蒙。此後支那之鐵道建築。必然須聽從我日本之指揮而無疑。豈料奉天政府。邇來首以軍事的見地。開通打通路及吉海路。然在支那政府雖不曉經濟的而專以軍事的建築打虎山至通遼及吉海路者。在我國則因此二路之完成。其對滿蒙之國防及經濟頗受多大之打擊。而南滿鐵道之利益亦頗受損。是故向支那提出硬強之反對也。然此二路之被支那所完成者。初因出先官憲及滿鐵當局等。誤算奉天政府之力可及此。故事前未甚注意。及後欲強阻之。其路綫已成矣。加之又有美國人利用英國資本家。欲投資開築葫蘆島港。因此第恐支那政府受迫。將打通吉海一綫。牽入英國資金。反增長在滿蒙之勁敵。故付之似有似無。唯待有機會時。而再向支那政府解決打通吉海二路問題也。據聞奉天政府之計畫。欲由打虎山起至通遼更至扶餘而至哈爾濱為終點。使在北京出發不由南滿及東清二路。由自己之路綫而可達北滿之哈爾濱。更為最恐人之計畫者。由奉天起點經海龍。由海龍而至吉林經五常而至哈爾濱。依如上之計畫，用左右二綫包圍我南滿鐵道。而我南滿鐵道受支那此二綫之包圍。幾成為小區域。因之我對滿蒙支那政治經濟之發展。悉被制限及縮少。與華盛頓九國條約實行制我伸張國威于滿蒙。按此二路綫完成。我南滿鐵道。幾成為無用長物。其南滿鐵道公司必然多大恐慌。檢討支那今日之財政。如無外債之借入。必然無力可及此。如果自有財政可及此而成此二大鐵道者。如吉林經奉天。或扶餘開通經通遼而至運山。其運費必比利用南滿鐵道更貴。如以此點而論。我國雖可安心。萬一將來此二大鐵道告成。支那政府特以經濟為主眼。一如東清路特別減其運費。以與我南滿路對抗之時。不惟我國必受莫大之損失。而對東清路。亦一不可忽視之大事也。日俄二國斷不能視支那鐵道之跋扈。殊如東南鐵道之於今日。以齊齊哈爾及哈爾濱為收入大宗。如支那此二大鐵道完成。或大賚與安達之路完成。此我南滿鐵道更受其慘。其東清之苦痛必然巨大而無疑。

更將滿蒙鐵道競設之概略而言。支那則欲設索倫至洮南鐵道。吉林至哈爾濱鐵道。赤俄所欲建設者。安達至伯都納鐵道，吉林至海林鐵道。與凱湖之密山至穆稜鐵道。

以上之計畫。無不欲培養東清鐵道。而發揮其帝國主義。其新設之方向多以西東故也。蓋赤俄雖衰弱。其對蒙進出。仍然不怠其一舉一動。無不阻我進出而禍南滿鐵道。我對赤俄之進出。非盡力防避不可。必須藉奉天政府為楔子而阻其勢力南下，我第一着手。藉防赤俄南下為題。以得寸進尺方法而強進北滿地盤。以便攫取其富源。南可制支那勢力之北上。北可制赤俄勢力南下。如欲與赤俄為政治或經濟之角逐者。必須驅支那為前驅。我只可督支那於背後。以防避赤俄勢力之伸張。而我方另以秘密方法與赤俄提攜。而制支那勢力之增長。而免妨害我滿鐵之既得權。加藤內閣時。我後藤新平唱日俄外交恢復。迎請越飛俄使入國之目的者。大半因欲利用俄力以制支那也。東清鐵路與我南滿鐵道。雖有約束。按滿蒙之出產物運送。以五十五分歸南。以四十五分歸東也。然滿鐵及中東二路。雖有如此之契約。而各用公然秘密法而特減其運費。因此我南滿頗受莫大危險及損失。

更考察赤俄向我秘密宣言。謂俄羅斯與支那國境。不幸生成弓形。雖不欲侵人之國土。但因弓形以北。地寒物稀。確無敷路之價値。不得不把守東清。分些利益。故東清路斷不能放棄。加之俄國在太平洋唯一之港如海參威者。因有東清路而獨存。如東清路放棄。與俄國放棄太平洋同也。赤俄主義如此。徐使我國之不安。

而我國之於滿蒙。如徒賴南滿鐵路。必不能滿足。依我進出之將來及現狀計。南北滿鐵路非全收歸我手不可。殊如大富源之北滿及東蒙古方面。可爲我發展之餘地頗多且頗有利。而南滿之將來支那漢民族之日增。其政治及經濟頗不利於我。故不得不急進北滿地盤。以計國家百年之隆盛。如赤俄之東清路橫於北滿地。對我之欲造成新大陸頗有所阻害。我國之最近將來在北滿地方。必須與赤俄衝突。斯時也。我仍以日俄戰爭。依樣葫蘆。攫取東清鐵路。以代南滿鐵路。攫及吉林。以代大連。因北滿之富源我國再與赤俄一角逐於南滿曠野者。實爲國運之發展上勢所難免。蓋不打破。我對滿蒙之暗礁必定難除，在現下之非勢向支那要求各軍事重要之鐵路。待鐵路完成之時。北滿可能及之地。我則傾力以進。赤俄必然前來干涉及破壞。斯時也即我與赤俄衝突之秋而無疑。

我對滿蒙鐵路急欲實現完成者如左

通遼熱河間鐵路

本綫延長四百四十七哩。約須建設費五千萬元。此鐵路如完成。我欲開發內蒙古。可得一大貢獻。在滿蒙鐵道中。以此綫最有軍事及經濟之價値。如以內蒙古全體而論。依我陸軍省。滿鐵會社等。派人詳細之調查。其數既及十回矣。在內蒙古之地內頗多可耕水田之地。如加以人工的施設。將來至少亦可容我國民二千萬之額。而其內蒙古所產之牛有二百萬頭。我國將來籍此鐵道之便。可以取之爲食料及加工輸出歐美。他如羊毛爲蒙古之特產品。我國之羊每年每頭只可取二斤之毛。如蒙古羊之產毛。每頭每年可產六斤之額。我南滿鐵路公司。試驗至再。無不盡然。而其毛質比之澳洲稀毛。更優良數倍。其價格之賤生產之多品質之優良等。可爲在世界上暗室中之一大富源。我如可執掌其鐵道。極力以擴張之。至少比之今日可增加十倍之產額。蓋如此之富源尙未致被世界知道。以防缺毛國之英美與我競爭。故我必先握其交通權。然後極力擴張蒙古羊毛。

使他國知之而無如我何。按通遼至熱河之路如歸我手。我國之羊毛。可以自給自足。又可加工毛製品輸販於歐美。且如欲完全與內外蒙古王公之握手。非賴此鐵路不可。如以我日本手腕欲開拓蒙古。非賴鐵路不可。蓋我帝國主義對內外蒙古之浮沈。盡在此路綫已耳。

洮南至索倫鐵路

此鐵道延長至百三十六哩。建設費須一千萬元。按我國之將來。必須再與赤俄角逐於北滿平野。此路如成。我南滿之軍兵。可由此路綫而迫赤俄陣後。亦可阻止赤俄增軍於北滿之用。即以經濟而論。此鐵道可壓取洮兒河流域之富源。用以培養南滿鐵路。他如既與我接近之札薩克圖王府及圖什業圖王府等。亦可利用此路以保殖我國勢力。以便開拓其土地。按我國之欲與內外蒙古王公握手。收買其土地礦山牧畜商業等。以備將來有用之機會。專賴此鐵路而侵入內外蒙古。利用通遼熱河綫。而侵入南蒙古。以便南北相呼應。待其產物發展之時。我則依此一綫而遠入外蒙。以發展我國運於無窮。然洮索綫完成。最有利害者。第恐引誘支那移民多數侵入蒙古。因之必破壞我對蒙古之積極政策。豈不第二之南滿鐵路。徒爲支那人造福乎。幸其沿綫之鑛山及土地　皆爲蒙古王公所有。我如預先買收其所有權。則欲排斥支那人民之侵人何患無法乎。他如蒙古王公嘗。我可以強制力。令其發布預防支那人民侵入之法令。使支那人侵入蒙古時不能安全生業。自然必能遠去。尙有其他方法頗多。我如極力防之。則支那人之跡不能印於蒙古地方矣。

長洮鐵路之一部鐵道

此由長春至扶餘大賚。則長春至洮南間長百三十一里。建設費約千一百萬元。此鐵道之計畫。爲經濟上最有大利益之鐵道。蓋滿蒙之富源悉集滿北。此鐵道如成　我對北滿之進出頗爲便利。且可打倒東清鐵路。而培養南滿鐵道利益。又有松花江上流、其農產物頗多。可耕地頗鉅、而大賚附近有月亮泡可興水電。按將來此長洮路之一部分。必然成爲工業農產加工之大區域。待此綫路成後。則由大賚而至洮南。由大賚而至安達。由大賚而至齊齊哈爾。分展三叉綫路。以攻西比利亞路線。寬可握取北滿之富源。亦可作黑龍江進出之第一步。加之長春至洮南。長春經扶餘大賚至洮南。共成爲小循環綫。爲軍事上最妙之交通。我如欲進出蒙古　則此小循環之鐵道不可不速成。而此長綫。沿路地廣人稀。其土地之沃肥。雖五十年間不下肥料。亦不恐無可收成。此鐵路如可執在我手。則北滿及蒙古之富源盡爲我有矣。其沿綫地之可容我國移民者。至少亦可居二三千萬民之多。至將來吉林之敦化線與我朝鮮會寧路連絡開通之時。其蒙古及北滿之富源我可一直而至東京及大阪、待有事之秋。我由東京方面出師。經日本海一路直至北滿及蒙古。其支那之陸軍必無力可突破北滿地方。在日本海之交通。赤俄之潛水艇必無力可以入我朝鮮海峽。蓋我日本唯望吉會長大二路速成。則食料及原料便可自給自足。不論與誰戰。皆可自由自在。斯時也。我之對滿蒙交涉。不論何事。支那政府懾我設備之周至。必然畏我而從我。如欲完成明治大帝第三期滅亡滿蒙之計畫者。唯此吉會長大綫之成功而已耳。然長大鐵路如成。不惟可以培養南滿路日致富足。即長大路本身亦有致富之望。此長大路爲滿蒙經濟發展上。最大必要之積極政策也。

吉會鐵路

吉林至敦化之間鐵路之建設現既成功。敦化至會寧間之鐵路尚未實現。雖會寧至老頭溝有二呎六吋之狹軌路綫。實不足新大陸及經濟發展之用。此改築費須八百萬元。而敦化老頭溝之建設費須一千萬元。二者共須二千萬元巨款。按此鐵路如成。就是我新大陸之成。從前欲往歐洲之人。須經大連或浦鹽二港。今則由清津港經會寧而入西比利亞鐵路。可赴歐洲。不當東洋之交通大動脈。將來不論人與貨。皆須經由我地。斯時也。我把此交通大動脈之權。可以無客氣侵略滿蒙。實行明治大帝第三期滅亡滿蒙之計畫也。如斯即大和民族征服世界矣。按明治大帝之遺策。第一期征服台灣。第二期征服朝鮮等。皆既實現。唯第三期之滅亡滿蒙以便征服支那全土。使異服之南洋及亞細亞洲全帶。無不畏我服我而仰我鼻息云云之大業。尚未能實現。此真臣等之罪也。按吉林省合奉天及黑龍江一部份。我古歷史稱之爲「肅愼」民族。即今繁殖於沿海洲。黑龍江畔豆滿江流域等者是也。其民族之沿革古來稱爲肅愼，穢狽，把婁，沃沮，夫餘，契丹、勃海，女眞等其興廢多種多樣。良務不齊。我國清正公進擊會寧及間島。其愛新覺羅亦起於寧安附近。先平定敦化間島琿春地方爲起源。遂定大清天下三百年之基礎。吉林歷史如此。按欲造成我新大陸以開極東之新面目者。我如不先造勢力於吉林地方。必不能征服滿蒙。從而不能征服世界。故以吉會路之完成卽昭和新政之成。新大陸之成卽征服亞細亞全洲之成功。不啻爲吾國策上最重大之路線。是亦幽釜產生之重要路線也。

以吉會綫及日本海爲中心之國策

吉會路之終點。爲淸津乎。羅津乎。雄基乎。均可由我自由自在。依時制宜而常其變換。以現勢之國防而論。以羅津唯一無二之良港爲終點。終可爲世界貿易良港。一面可粉碎赤俄之浦鹽港。一面可集北鐵之豐富物產。以挽滿蒙之繁榮於我國地域。且大連港非我領土。如滿蒙尙未爲我新大陸之時。其經營上施設上頗多費手。萬一最近時期中實現戰爭之時。我日本須求滿蒙之富源當由大連爲出口。如敵艦由對馬及千島兩海峽封鎖之時。我則不能攝取滿蒙之富源終必爲戰敗國。須知歐戰後之美國。與英國聯合。每一舉一動而欲牽制我國對支之施爲。然我國爲獨立計。不得不與美一戰以警示支那及世界。且美有呂宋艦隊。與我對馬千島乃一葦水之遙。朝發夕至。如以潛水艦而遊曳於我對馬及千島之間。則滿蒙之食料及原料必不能供我益我。如吉會路可成。在南滿北滿與朝鮮成爲大循環線路。其長春至洮南。長春到大賚至洮南。成爲小循環線路。可以四通八達。利我軍旅及食料運輸之便。是北滿富源之征服亦可確定矣。且其北滿之富源。經吉會路越海而運至我敦賀。新瀉等港者。敵潛水艇必無有力能侵入我朝鮮及日本海峽。從而戰時之交通經濟等皆可自由及獨立。所謂日本海爲中心之國策者此也。夫如是。戰時之食料及原料可足。則美國雖有雄大之海軍。支那雖有衆多之陸軍。赤俄雖有衆多之軍兵。終必無如我何。亦可制朝鮮民在戰時抗我制我。且我固然必須實行新大陸政策。故非急成吉會路不爲功。蓋滿蒙爲極東政治未完成之區域。

我國終須再與赤俄角逐於北滿平野者。就以吉林爲中心也。到時欲實行明治大帝第三期遺策之時。則以福岡廣島二地國軍由朝鮮而入南滿。以制支那軍之北上。由名古屋關西地方之國軍。取敦賀海道而進淸津。經吉會路而入北滿。另以關東地方之國軍由新瀉出港直至淸津或羅津。仍依吉會路。而猛進北滿地方。另以北滿道仙臺各地之國軍。由靑森及函館二港爲出口。而急進浦鹽占領西比利亞鐵路。以直至北滿哈爾濱而南下。直迫奉天及占領蒙古等地。亦可阻俄軍之南下。終於關西軍。福岡及廣島軍三面會合。分派爲兩大軍。南則把守山海關以防支那軍北上。北則把守齊齊哈爾以阻俄軍南下。則滿蒙之食及原料等。皆可聽我自由取用可依吉會路而運內地。夫如是雖戰十年我亦不恐食料及原料之不足之憂也。更將其吉會路完成。與我內地之距離如左。

由清津起點至浦鹽一百三十哩。至敦賀四百七十五哩。至門司五百哩。至長崎六百五十哩。至釜山五百哩。

如以北滿之富源運至我大阪工業地而論。以敦賀為到着港。與大連比較。所差時間如左。長春至羅津再至大阪陸路四百六哩。海上四百七十五哩。共費時間五十一小時。（大連長春間）

長春經大連至神戶入大阪者。陸路五百三十五哩。海路八百七十哩。共費九十二小時。

扣時以外長春經大連由神戶至大阪。比之由吉會路經敦賀至大阪。加有四十一時之多。於此足見吉會路在軍事上。經濟上之大有價值矣。

依以上計算法。鐵道每時間三十哩，海上一時間十二哩計算。如用快走船及快車者可折其半也。夫滿蒙者為極東之比利時。歐洲大戰德國蹂躪比利時以成功。未來之日俄日美戰爭我國非蹂躪滿蒙必不為功。且我國欲實行新大陸計。不得不破壞滿州之中立地為戰場。是故不得不整備吉會長大二路。以作武裝的之充實。增強大之國防勢力。進而可以依吉會路交通之便。可以最短時間。移民千萬於彼地。以開拓其水田。而充我人口及食糧問題之用。亦可防避支那移民之侵入。夫吉會路者。眞可為日本致富之路綫。是亦日本武裝之路綫也。

吉會路工事之天然及其附帶利權

欲完成吉會之工事者。必須乘其減水期一氣而成方可。且因欲節約其工事費。其山皆為花岡石。必須用新式之鑿岩機以求速成。其四十分之一均配隧道。至建設上應用之木材。在該沿路皆有。其他如砂利石等沿路皆有產生。而蛟河附近產石炭。且有磚塊原料土。可在附近自製磚塊。以供建設之用。然欲完成吉會路者。我只運往洋灰及鐵軌車頭客貨車而外。皆可在地取用。眞可為天然之鐵道工事也。依四圍之狀勢皆可依預算額七折。便可完成吉會路全段。而工事期日亦可依預算日六折之期間便可以完全成功。更將其沿綫之利權而言。乃吉會路如成。皆可自然附隨為我國之權益者。如吉林至會寧間在敦化方面之木材產額。依我參謀部與南滿鐵路之調查。確有二億萬噸之巨。恐每年按伐採百萬噸出吉會路輸入我國。則二百年之間繼續伐之亦不能盡。此雄大之森林。足可教我日本二百年間不受木材饑饉之危。亦可驅逐美國產松材輸入我國也。我國現時每年消用美國木材。約須八千萬元至億二千萬元。在該吉林有如此之森林。我國雖詳細調查至再。皆不敢公表世界。因恐美國每年供我如此多額之木材。如彼亦悟或支那知我利用吉會路積欲開伐吉林間島間之大材庫之時。必然補助美國。出而干涉我吉會路之成。亦恐美國材木家必能以重資買奉天政府。先買定其吉林採林權。以保其美國材不對我輸出之保護策。亦可制東亞木材之權能。不啻制我製紙界之死命。故我國雖得其調查之真相。不敢出表於世界矣。按吉林之森林。前清乾隆全盛時代，卽號為樹海。然至今日數百年未入斧伐。足見其森林之巨大也。按以現時如經由長春大連至大阪之森林木材。其遠有一千三百八十五哩之遙。每一立方尺。自吉林至大阪須費運價二角四分。因運費之巨且產額不能多。故不能與美國木材競爭。如吉會路完成則吉林木材至大阪只七百餘哩。每一立方木材只需運費一角二分而已。如此之便宜必可打倒美國木材而無疑。且吉林之森林如以最少為二億萬噸而計算。每噸得利益五元而論，則吉會路之成立。我國可不勞而得十億萬元之森林利權。且可防美國木材入國。而我國民得此廉價之吉林良木材。則加工為器具及藝術工業品或化學製紙之用者。至少每年亦可增長國際利益二千萬元之多也。另有新邱大炭礦。其埋藏量有十四億噸之多。其質駕撫順炭之上。而十層多為硬石質所成。頗便於開採。且頗合骸炭抽收之用。我可取之為抽取煤油。農肥。化學各用藥以供我用。且可擴販於支那全國。是吉會路之成。則此新邱大炭礦。我不勞而可得之利權至多。足與撫順炭礦相呼應。且藉此大炭礦之勢力。而征服全支那之工業決非難事。單以新邱大炭礦而論。如以吉會路取其良煤炭於日本者。每噸至少亦有五元之利益。如用之以化學工業。抽收其副產者。每噸至少亦有十六元之利益。蓋新邱炭質頗合骸炭抽附產之用。按每噸平均如以十五元為利益計。共可得二百億萬元之利權。此算不因吉會路而附帶之利權也。其他如牡丹江流域之大金礦以及附近之森林。亦可依吉會路之交通而開拓之也。

他如敦化地方之工業。如大小麥。粟，高粱等物每年可產二百餘萬斤。酒釀場大小共有二十餘處。皆須仰我鼻息。而我商品之進出北滿。亦依吉會線之完成而可急速突進也。其敦化地方製油業有二十餘所。每年產油九十萬斤。豆餅可產出六七萬枚。單以此數種之生物運費之收入。使可以償吉會路之經費而外。每年尚有二十餘萬元純利。如合之木材新邱煤炭及副產物等而論。如吉會路之收入每年至少當在八百萬元以上。尚有無形之大利益者。則培養南滿鐵道。取得森林鑛產。商業等權，又可大宗移民於北滿等是也。且可縮近我日本與北滿大富源之距離。按清津至會寧只三時間。會寧至上三峯只三時間。豆滿江岸至龍井村只三時間。即晨發日本岸。夕可至間島中心地點。所謂六十餘時間。可能將北滿富源奚破者。則吉會路之權能也。

琿春至海林鐵道

長百七十三哩。建設費二千四百萬元。此鐵道沿綫。左右皆是密林。爲欲培養吉會路勢力。及開採北滿之樹海及農鑛計。此綫路亦必要之一也。且欲挽浦鹽斯德港之繁華而就我朝鮮之會寧者。亦不得不急建此路綫以抗之。最可卜將來之利害者則海林以南。敦化以北所在之鏡泊湖。待吉會及琿海二路成後。則利用其湖水爲水電之發生以便控制滿蒙全土之農工動力。使支那之活動豈不得如我電氣化之工業何。依南滿鐵道之調查該鏡泊湖水之落差。至少亦可發生水電八十萬馬力。以此強大之電力欲征服滿鐵之工業。可綽綽有餘裕。料其發電所之附近。終必大發展。我國因欲開拓北滿之大富源。必欲極力以進。如非修築琿春海林鐵道爲吉會路培養。終必不足其富源運輸之用也。尚有支俄共組之興凱湖。亦可發生巨大電力。第恐支俄二國合辦以制我　我必須於本年國際工業電氣大會於東京之時。乘支俄不覺之間。提出發電所。同一供電區域不能設立二個爲題，以求國際承諾以期制止支俄合辦興凱湖之電力制我也。尚有五子製紙公司。在寧古培及海林驛附近。既得有木材之伐採權，是亦須鏡泊湖水電之速成及琿海路之急成。方可保其製紙之大成功。以供我國內之製紙原料。亦可以製紙征服支那全國也，且奉天政府所計畫之吉林五常間鐵道。吉林奉天間鐵道。無不欲挽北滿富源。經葫蘆島或天津爲出港者。我則以琿海路培養吉會路之使而可打倒支那之計畫挽其北滿富源于我朝鮮之清津港。我依琿海及吉會路而運搬北滿產物者。其運費比之支那綫可減輕三分之二。比之西比利亞綫可減輕三分之一。按此路如成。支那及赤俄之鐵道。皆不能與競爭。其戰勝之榮冠屬我，皆可拭目以待。

對滿蒙貿易主義

滿蒙之貿易額。每年可有七八億萬元之多。均歸我國之掌執。而我取其富源如羊毛，棉花、豆餅，鐵等物之金額。居世界貿易之第二十位。此等富源此後必日進而無疑。然我對滿蒙貿易之盛況如此。爲何大連浪速町之家屋。暫歸支那人之所有乎。且爲滿洲工業之基本者。如製油業營口三十八軒間。而我國人尙無一軒。安東二十軒之製油業。我國人只一軒。大連八十二三軒之間。我國人只七軒。以前數而比例之。我只占〇六。大多數皆執在支那人之手。是我之於滿蒙進出上頗爲可悲也。今欲挽回其利權。必須利用交通勢力爲堡壘。然後以成品販賣之貿易權。原料買入之採買權等以干涉之。方可收其大權於我手。另用金融機關以助我國民之油業者。以期打倒支那工業油之退縮。至貿易之關係如支那人多數在我大阪川口町。收買大阪製品而擴賣於滿蒙。與我在滿蒙之商人大開商戰。乃我國人因生活費之高。往往非厚利不能營生。從而販賣竟大敗於支那商人之手。按奉天方面之支那商人。多在大阪收買高價劣貨。且輸送上又無有賢能人物。爲之集貨成數。向我國於所採之價至少須加一成。而東三省人所付我國船運及鐵路費。比之我國人每噸須加費二元七角。蓋採入如此之貴。尙可在滿蒙以賤價而打倒我商人。於此足證我國商人之無能爲也。尙有支那政府對於貿易商。皆不知保護。反之我政府對在滿蒙之商人則極力保護。而以低利長期資金借與我國商人。乃我商尙七顛八倒。此亦滿蒙貿易上最可慨嘆之事。今後擬盡力擴張「共同合作關係」。由各汽船公司及南滿洲公司。付與特別廉價之運費。再由關東廳及滿鐵。通融其低利資金。以期戰勝支那商人，而可恢復我貿易權。進而可使滿蒙特產品以擴世界也。

蓋執管滿蒙特產品之販賣權。即監理滿蒙財政及貿易之第一步。然如欲名實相符者。我必須先取其滿蒙特產品之專賣權。以便培養我新大陸完成之政策。且亦可防避金洋國之亞美利加資本侵入滿蒙之機會。而支那商人之活動。亦可利用特產品專賣之勢力以阻之也。

以大連爲中心建設大船會社。以執東亞海運交通水陸相應稱霸於太平洋。

滿蒙特產物之吞吐港雖有大連，安東，營口。而其中心點無不居在大連。其每年出入之船隻有七千二百隻。其噸數有一千百十六萬五千噸。占滿蒙貿易有七成之多。其定期綫有十五航路。多爲近海。按滿蒙海陸之交通無不掌執在我手。而其特產品之專賣權終末必可歸我掌執。斯時也。我則以海陸交通之便又加特產品採入及販賣之盛。我且更盡力於海運事業之發達。以謀打倒安東及營口二港之勢力。至中南支那各地應消費之豆數甚多。皆可由我國一手而供彼。按支那民爲世界油食國民。倘有事之秋。我如禁止豆類不供給於中南支那。支那全國民之生活必受威迫。殊知豆餅一物爲產米之農肥。日支兩國之食料耕作上。最重要之產物其豆餅之採買權及運輸權如可掌執於我手。我則可以賤價之豆餅。以救我國內產米之用。更可把此附隨撫順及新邱之煤炭抽收之農肥。以征服支那全國之農業。倘如有事之秋。我則禁輸豆餅及煤炭抽收之農肥與支那。其支那之食料及原料必定恐慌而動搖。此爲新大陸之建造上不可缺欠之手段也。他如歐美所消之大豆餅亦多。我有專賣權及海陸之運輸以擴之。其世界各國如欲利用滿蒙之特產。無不須仰我鼻息。此爲欲統一滿蒙貿易計。不得不如此之施爲。蓋欲掌管滿蒙之貿易。必須有海陸整然之交通。方可以制支那商人。殊知支那人悉暫步我後而與我競爭。而支那人所興之帆船貿易及油房等之事業。我國人則無力可打倒之。頗以爲憾。此後如我水陸交通之整備。則以大資本打倒支那帆船貿易。一面獎勵我國人仍步支那人之後。設立帆貿易及油房。以補我不足。加之我國對滿蒙之開拓。自古以來悉在滿蒙設立工廠利用滿蒙原料而加工。因此支那民悉窺探我國工廠內容及學我新式之加工法。終而獨立仍如我設立工廠與我競爭者到處皆是。此乃我在滿蒙企工業家。欠失秘密及豫防之罪。故按此後如欲利用滿蒙之原料而欲加工製品者。悉宜直接運回本國精製。然後方可分輸於支那及各國。一可救國內之失業者。二可杜絕支那民不能如洪水流入滿蒙地帶。三可使支那民不能學我新式工術。而如本溪及鞍山之鐵及撫順炭等亦宜運回本國加工。夫如是則海運之擴張。益顯其大必要。故擬擴張大連船公司。由政府通令南滿鐵助其低利資金。按明年中先完成五萬噸之造船。以充遠洋航路。而可執東亞交通大動脈。况陸路之有南滿鐵公司。又有我政治範圍之滿蒙巨大特產物可運搬。依經濟上之原則。堪信大連之海運擴張必可期其大成功也。

金本位實行

滿蒙雖爲我國之範圍。其貨幣皆以銀爲本位，與我國之金本位往往抵觸其利害。我國民之於滿蒙不能極度發達者。皆被銀本位所累也。然支那政府堅執以銀爲本位而我金本位受害如左。是故不能確立我殖民地經濟之基礎。不能期待新大陸之完成。

一　我在滿蒙民所投下之資金。皆由本國之金本位金票帶去。至滿蒙欲投下之時。不論生活用或工場建築材料之買入或給工金等。皆須換支那大洋票以用之。加銀高時帶往投資。而銀價下落之時。則所投下之資本。必因銀價下落而損失。常有十元金票元本不出須臾而損失至八元之額。不啻爲投機的事業。不然卽賭博的生利機關。加之初帶十萬元金票在滿蒙投資之人。因事業擴張之關係更向銀行借款十萬元共二十萬元金票元本投下滿蒙。不幸事業基礎將成之時。忽然銀價下落。二十萬元金票之資金忽變爲十五六萬元實額。因此放資之銀行恐懼而催討。以致事業半途因銀行而失敗者到處皆是。

二　支那商人以銀本位爲商賈之計算。不論銀價如何起落。彼皆不受影響。是故其帆船之貿易頗爲發展。然支那人之金價與銀價之料算。雖非專門智識。戰無不勝利。此乃支那人獨特之天才。我國民益受銀本位之苦。雖有水陸交通執掌之權如我國、及有金融業者之後援如我國商人者。無不爲銀本位之機關所累。故中南支那所消用之豆及豆餅等。皆爲支那帆船貿易所操縱。不許我國人步入其範圍之內。從而不能征服支那全國。

三　如以銀大洋爲本位者。支那政府可以擴發紙幣。而后阻我國金票之進展。而我在滿蒙之銀行不能爲國家助成其使命

四　滿蒙如可完成施行金本位者。我國金票可以自由擴張。藉我金票之信用。而廣採各地特產。使支那銀票不能尚廣信用。自然無力可與我經濟競爭。則全滿蒙金融自不求而落我國之手。

五　東三省官銀號、交通銀行，殖邊銀行，廣信公司等發行之銀本位紙幣共有三千八百萬元之多。其準備金皆以家屋或什器等估價爲百三十五萬元。以作三千八百餘萬元之紙幣發行準備金。足見支那紙幣皆不能信用。因其奉天政府極力強制維持金融市面。故得通用至今日。蓋支那銀行之紙幣信用如不打倒。則我國金票之於滿蒙永無發展之日。我欲壟斷滿蒙金融更爲遼遠。而東三省政府則藉其政治勢力。益之增發無價値之不換紙幣。在滿蒙各地買占滿蒙特產。爲大豆，豆餅小麥粟等。

東三省政府買占而威脅我國既得利益。而彼東三省所用不換紙幣。買占特產品。實時皆換我國之金本位票以秘行。而欲攪亂我在滿蒙之金融。甚至於欲破壞我在滿蒙特產之交易權。因此我國之金票益無發展之日。滿蒙金本位之實行益不能期待。

依以上種種之關係。必須打倒其不換銀票之假面具。使其政府無有實力可買占滿蒙特產之時，其實權當然屬我。我則藉此以擴張金票爲本位。以期壟斷滿蒙經濟及財政。進而迫東三省當局聘請我國人爲財政顧問。俾可操縱其金融及財政。打滅彼奉票不確實之力而用我金票爲本位以代之。

第三國投資於滿蒙之歡迎

我滿蒙之地盤不許第三國之投資者。此乃歷代內閣之政策。無如華盛頓之九國條約係機會均等主義。故昔日國際財團成立之時。許我滿蒙除外。然以乎與九國條約有些抵觸。從之國際間益爲張目疑我。使我雖欲勇進於滿蒙而受世界之疑視。不如藉機會均等問題。將需大資本方可施爲之民生事業。如水電動力。或曹達工業等歡迎外國投資。以期藉歐美雄大之資本而爲我滿蒙發展之培養。一面可藉此而拔除國際之疑視。我方可以無遠慮向新大陸造成一路直進。亦可以此誘引國際承認滿蒙爲我特權地之事實。凡此後不論何國如欲投資於滿蒙者。我必須進而歡迎。切不可徒任支那政府與債權國自由行動。因欲使國際共認滿蒙地帶之政治及經濟之實力皆在我手。故我國不得不干涉而自請分負其責也。此爲外交慣例之造成。頗爲重要之政策。

南滿鐵道公司必須變更其經營

滿蒙鐵道公司者乃如昔朝鮮統監之代用物。我國之欲新大陸造成。對南滿洲鐵道經營必須勢更。以便突破今日之難局，蓋南滿鐵道公司之使命多且大。故歷代內閣無不與政治變遷而同其進退。因此內閣之變遷往往禍及滿蒙。且南滿鐵道之一舉一動往往而累及內閣。皆因南滿鐵道之組織雖爲半官半民。其實權皆操諸內閣之手。是故每欲發展於滿蒙之時。國際間每不以南滿鐵道公司爲一經濟公司。而竟看作政治的純然機關。故以華盛頓九國條約之利權而欲制我南滿鐵道公司之進行。因此頗損帝國前進之利益。更就自國之內性而論。我南滿鐵道之事業進行在滿蒙有關東司令官。大連長官。總領事。蓋爲四頭政治。必須在大連先互相交換其意見。往往事竟不能機密而被東三省爲政者所知。從而極力防避我南滿鐵道公司之進步。至於問題欲於東京最終解決之時。往往因外交、鐵道，大藏、陸軍等大臣之意見差違致阻其計畫進行。故現內閣首班兼攝外務大臣之重責者。雖不能勝任。因欲進出滿蒙計不得不兼外務大臣。以保其政策之秘密及圓滑而期對滿蒙政策之速成。積此種種之不便。故擬將南滿鐵道公司根本變更。將其南滿鐵道公司之副帶事業中。擇其力多益大事業悉數提出爲獨立公司。俾附南滿鐵道公司之勢力而急進滿蒙。一面將南滿鐵道全部另招支那人及歐美人投資。完全行使鐵道事。而資本額我國可執掌一半以上。以便措執其實權爲帝國使命而猛進。總而言之藉國際資本家之投資於南滿鐵道公司。以期混瞞世界之耳目。而我乃可任意猛進滿蒙。以防九國之條約制我。亦可利用外資以便培養我國進出滿蒙也。至於滿鐵公司所執重要之附帶事業如左。

鋼鐵問題

製鋼事業之盛衰關係國家之強弱頗大。現各國對此莫不爲重要問題。我國對鋼鐵問題尚未能解決者。因乏有原鐵所致，從來我國由揚子江流域及南洋馬來半島輸入。以給自國之用。豈料滿鐵地方散在之鐵鑛。依參謀部之實地密查。知有非常巨額之鐵在焉。其總推定量至少亦有十二億萬噸。而南滿鐵道所經營之鞍山製鐵所。初因技術未甚熟練。故每年損失均及三百萬元左右。後乃傭聘德國技師而研究之。得發見新技術及製鋼經費節約方法。故於昭和元年度只損失十五萬元，至昭和二年至少亦可得利九十萬元之譜。如改良其式之製鋼爐。每年至少亦有四百萬元左右之利益。如本溪湖鐵擴。其成分頗佳。將來如得機會。使之與滿鐵之鞍山合併。以救我國鋼鐵之自給自足。

按滿蒙之鐵有十二億萬噸。幸煤炭亦有二十五億萬噸（此則撫順。本溪。新邱等大煤鑛及我勢力範圍內之煤鑛統計額）此二十五億萬噸之煤足可精煉十二億萬噸之鋼鐵之用。夫如是我日本得有如此大量之鐵及煤。則我國七十年間之鋼鐵可以自給自足而可免仰鼻息於他國。更將利權而計算之。按鋼一噸或至少亦可得利益百元。此三億五千萬噸之鋼鐵產生。我國可得利益金三百五十億萬元。爲國家經濟上而論。豈可謂不大乎。且可防遏他國輸入我國之鋼鐵每年一億二千萬元之多。即產業立國之第一步。且我國之勢力範圍地內如可產鋼鐵以自給自足者。則我日本欲爲世界第一國之要素成矣。終必能統一滿蒙產鐵而避支那阻害我國鋼鐵之自給自足也。

煤油問題

煤油一物亦我國最欠缺之要品。是亦立國上最重要之要素。幸我所有撫順炭鑛之層岩。含有油岩之量共有五十二億噸，此油層岩每百斤可抽煤油六斤。如再加用美國之精製機以製之。每百斤可得九斤之精油以供自動車及艦船燃料之用。現時我日本每年由外國輸入之鑛油約七十萬噸，估價六千萬元。尙且年年增加。按撫順油層岩五十億萬噸之額。如以〇五最少而論，亦可得煤油二億五千萬噸。如以〇九得油而論。可得四億五千萬噸。按平均以三萬五千萬噸得油。每噸利益十五元而論。此撫順之油層岩可得五十二億五千萬元之利源。眞可謂我工業界之大革命。而有益我國之國防上。產業上極爲重大。按滿蒙之鐵及煤油既可爲我所有。則我國之海軍陸軍等。一進而爲金城鐵壁。夫滿蒙者乃我日本之心臟云云誠不虛言也。爲皇基綿綿計。眞可慶賀之至。

硫安農肥其他問題

農肥者國家食料政策上。最重要大問題。如化學農肥者皆以煤炭所抽收之硫安爲原料。而撫順煤炭尤合硫安抽收。如我國每年應消之硫安五十萬噸之中。由我國內設立工廠。取開灤或撫順煤炭爲原料而自製者只有二十五萬噸之產出。餘不足二十五萬噸之硫安皆由外國輸入。每年流出國幣額及三千五百萬餘元。按我國農產日盛一日又有滿蒙之新大陸耕地。尙待我國人之資力及手腕以發展。卜此十年內我國應銷之硫安至少亦須一百萬噸以上。況滿蒙之鐵我欲取之而練鋼。又須以撫順煤炭爲燃料。此可於應棄之煙收起而抽收硫安。不一舉數得之事業。按每年如產硫安三十萬噸。我則可得利益四千餘萬元。如以五十年平均而計。此項利權可值二十億萬元之巨。又可謂我國農業發達之助。且如有餘利者亦可隨帶豆餅而征服全支那及南洋各地之農業。故此項事業必須獨立經營。與南滿鐵路完全分離。以便操縱東亞農肥也。

曹達與曹達灰之事業

我國每年輸入曹達灰之數量既達十萬噸。其價亦有千萬元以上。蓋曹達及曹達灰。乃軍用上工業化學上之重實。其曹達之原料。皆食鹽及煤炭而已。至鹽與煤二物。爲滿蒙至多且賤價之產物。我如設廠自製。不但可防過外貨之侵入。又有餘零可以擴賣支那。以期壟斷其工業之要品。此項事業如每年按最少以一千五百萬元生利。以五十年而計算之。可得之利權有七億五千萬元之多。又可使我軍用化學工廠原料之自給自足。此項事業亦必須獨立。與南滿鐵道分離。

鎂及鋁事業

此鎂及鋁事業。依南滿鐵道及東北大學本多博士之調查。而發見非常有望之事業。鎂者出於大石橋附近。鋁者出於煙台附近。現查其埋藏量爲世界有數之礦。按鎂一噸價值二千餘元。鋁每噸價值一千八百餘元。北滿蒙所埋藏之額。概算有七億五千萬元之價值。此鎂及鋁。爲飛行機。軍用飯盒。醫療器。及其他工業上最重要之原料。世界惟美國產有少許。我國每年只可產區區一噸餘而已。現世界中對此鋁類之消用日多一日。故每有不足之感。其賣價日高一日。似乎不知其底止。我蒙滿地內產此有數鑛物。不啻上天欲惠日本之幸福。按此珍貴之產物。爲國防上工業上不可缺乏之原料。故欲分離滿洲鐵道，而爲獨立事業。其製造工程。在欲運回原料鑛。至我內地精造。以避奉天政府注目。亦可暗藏其高貴品。而免招搖英美資本家之虎視眈眈。待我與東三省政府交涉有確實之實權後。卽在鴨綠江流域。設立水電事業。以充精鍊此等鋁鑛之用。且卜將來飛行機之發達。世界應用之飛機材料。必須仰我鼻息而無疑。

依以上之事業如使之獨立。則可以勇往直進。而我可獲得之利益概算有六百餘萬元之多。按南滿之產業可助我國防及經濟者實多且巨也。南滿產業可爲我國貢獻如此。我國亦卽可因之而達產業立國之根本矣。除此以上事業而外如文化施設等之事業。如病院學校或慈善團等之事業此乃我國滿蒙進出之司令塔。是亦我國威顯揚之機關。更進而言之。則利權取得之餌。故亦須與南滿鐵道分離獨立。以便重整而勇進北滿地方。以便謀取北滿之大富源。

依以上重要之有形事業抽出獨立。以便單獨行動。而不受關係各監督官廳之干涉。終必合流爲帝國利益之一路。且可藉經濟會社以突進。而免國際受外交之疑視。亦可緩和東三省人民之排日。如用公然秘密方法造成新大陸者。頗覺身輕而又得十分之活動。

乎南滿鐵道公司之欲招募外國資本者。只限現成之鐵道而已耳。他如變態經營之路線。如借款與支那所成之鐵道者。或合併現在我既設線。或另抽出獨立。均無不可。到時再查投資國之希望而定之。我則藉此南滿鐵道公司爲國際利益均沾爲題，而歡迎他國投資者不啻外債借人變態行動。且欲防避國際之疑我急進北滿也。且終局如欲招募外資。以助我新大陸造成者因南滿鐵道既開放爲國際利益。其歐美資本家必然喜而借我。而支那政府亦必無力可向國際破壞我國外債借入機會。按南鐵道變更其組織。歡迎國際投資者。爲我國之滿蒙進出最好辦法。故不得不急速實行。至於滿蒙之富源。皆集在北滿及蒙古，而我新得之吉會長大二路權及吉林之森林礦山等權必須另定機關活動。蓋北滿之進出頗可培養南滿鐵道之利益。倘南滿鐵道公司如開放歡迎國際投資者。我國如進出北滿。因南滿鐵道受利益●即國際受利益是亦世界之受利益。從而國際之間。必然不欲干涉我國向北滿蒙古突進。蓋南滿之支那移民日多。其支那之財政及國防因之日固。且商租權尚未確實。使我國移民無有插足之地。果有外交爲之後援則使我移民無插足之地。因我國民之生活程度過高不與山東移民敵對。故此後之南滿進出，皆須以資本主義爲前鋒。方可壓倒支那。因此益須利用外國資本。方能爲我新大陸之發展。殊知北滿地方爲滿蒙富源之寶庫，且爲支那移民亦不能及之地帶。故我國必須乘此時機而突進。盛爲獎勵移民及急取其利權。以便制支那移民之先機。按我滿蒙新大陸此欲措成。必須獎強大之移民於彼地。且有敏捷之交通以附之。方可拓取其富源，亦可爲我移民之後援。無如亦俄與支那之軍備日進一日。且地理上之關係。與我利害悉皆抵觸。我如欲實行攝取北滿之大富源。培養我國繁盛。進而造成新大陸以完明治大帝之遺策者。必須先以移民於北滿。以便鎖塞俄支之親密連絡。而取其富源。亦可制赤俄之虎視而挾支那之制我也。如一旦有事之秋。我北滿移民一進而可迫南滿。與南滿之軍兵移民互相呼應而定滿蒙大業。萬一如須堅守滿蒙之時我則以我北滿之移民而取北滿之富源。以供我滿蒙軍及內地食料之原料之用也。蓋北滿地方與我利害關係如此。我此後之對滿蒙。唯向北滿一路直進。而努力我既定之積極政策而後已。且南滿地方須用資本主義。則藉外資以助我之進行。亦可以緩和各國對我北滿猛進之疑視。法之妙策之優者。莫如南滿鐵路之組織變更。歡迎外國資金之投下也。

拓殖省設立之必要

我對南滿之經營。多樣多歧，往往主管官廳意見不能一致。從之異論百出。雖爲國家有益有利之事。亦不能捷速以進，從之而破我對滿蒙祕密。進而被奉天政府拾之爲宣傳材料於國際。以爲中傷我國之用。頗爲帝國之大不利益。凡在滿蒙欲進行一事。必須於大連經過數十次之調查及會議。得滿蒙四頭政府之同意。方得見諸實行。且須得內閣之議決方可生其效力。因有如此種種之難關。往往欲施一事須經年累月方可得其面目。而在施設欲定之期間中因奉天政府在大連方面收買我國浪人頗多。專以盜探我國對滿蒙施政爲目的。故往往事尙未實行之前。已被支那所知。隨入世界之耳。忽以各國之輿論制我。我國對滿蒙之施設上受如此之苦者。一而再再而三矣。又如反對黨每在滿蒙方面所沓知之事。往往提出中央。而作反對材料，如上之行動爲我國外交上最不利益之現象故我國之對滿蒙。此後必須變更其主義以期勇往邁進。是故其施爲中心點必須集中於東京。第一可以保守其秘密。第二可杜絕支那政府探探我國之進行。第三可避事前被各國疑視。第四可以收束滿蒙四頭政治爲統一。第五可保內閣與滿蒙關係官廳之接近及可溶冶爲一爐。以便全力對待支那。因有如此種種之利害起見。仍依伊藤及桂太郎合併朝鮮之主旨。設立拓殖省以專管滿蒙進取之事務。特以臺灣及朝鮮樺太等殖民地付之管掌爲題。其實務仍以滿蒙進出爲目的。以期淆混世界聽明亦可防遏國內不統一之暴露。細思朝鮮合併之時而不能實行於伊藤統監時代者。因乏有統一的專管官廳。故凡事無不意見多歧。從而不能秘密。隨惹出國內之不統一。而被國防朝鮮國等。干我阻我。後乃由我伊藤及桂太郎等。派出多數宣傳員於歐美及韓鮮。宣明我國對朝鮮確保其獨立。雖寸土亦無野心。於是國際之疑問方釋。及後乃特設拓殖省以掌管臺灣爲題。密握其社會。方有一氣而成之幸。故殖民及移民之經營。依今日之現狀非設專管不可。且滿蒙新大陸之造成。爲日本立國上至重且大之問題。故必須設立拓殖省以專管其事。使其滿蒙政治中心點集於東京。其在滿蒙駐劄之官憲只命其依命活動。、伊等不能在滿蒙隨地而干涉施政之計，。自然可以保守其秘密。對手國亦無能力可在我東京探知我拓殖之內容秘密也。夫如是我對蒙滿之一舉一動。其國際之輿論。必無有材料可先制我先機也。

至於南滿鐵道公司所分離獨立之各事業公司，勸業公司，土地公司，信託公司等之經濟會社。其監督及地設權仍執於拓殖省。以便合流統一。助帝國滿蒙進出之根本政策。以期達到新大陸之完成。

京奉線沿岸之大凌河流域

此大凌河流域浮地頗廣。是亦馬賊之淵藪。我朝鮮民投資於此頗多。而開墾爲水田者亦巨。按此地之廣大。料將來必定繁榮。且我國如欲入熱河地方。以此大凌河流域爲立脚地頗爲便利。將來此地方之朝鮮人移住。我國必須竭力以保護之。容有機會之日。可向支那政府交涉其開拓權。以期容我移民於彼地。而作熱河及蒙古進入之媒介。萬一有事之秋。我在大凌河地盤。可仍駐屯大軍。以杜支那軍之北上。不啻爲南滿之鎖鑰。是亦一大利源地帶。至朝鮮民。、欲進出大凌河流域之時、我則利用信託公司或金融組合之機關。以籌畫通融其資金。其實質之土所有權仍置於信託公司或金融組合之手。而滿洲住在之朝鮮人只担任其耕作之權而已。如論其表面上。仍以朝鮮人爲土地所有權者。因對支那政府利權取得之便利計也。此後我國移民或朝鮮人等如於滿蒙欲獲取土地之時。皆以信託公司金融組合或銀行等爲彼等之後援。如向支那人購耕土地權時。所需之資金。亦可由此等之金融機關。爲之後援通融。使不知不覺之間。我則擇其善良之水田。用經濟的取之以與我國之內地移民。更驅使朝鮮民再開拓生地原野。以備我國民移住之便利。此乃水田及豆類之開拓積極政策。而對於牧畜政策。則另以勸業公司爲專門牧畜機關。以便得寸進尺。收集其畜產而供我國之自給自足。他如軍馬之放牧及播殖。則仍以勸業公司。抑或另設別動隊。進入內蒙外古。大爲播殖。以充我國防用馬之完備。

對支那移民侵入之防禦

近來因支那內亂。支那民爲萬馬奔騰之勢流入滿蒙。從而危害我移民之進展。爲我滿蒙之進出計。不可不防避之也。加之支那政府對此移民之流入。似乎大爲歡迎。故不得不設法防避。因此益使我國對滿蒙政策受其威迫。且有美國有名之支那學者萊因士加布氏曰以奉天政府爲仁德布政。以故四海負其子而從之。並指孟子之移民政策謂王發政施仁，天下無不欲耕王土。無不欲商王之市。無不欲仕王之官云云。是以國際依照支那移民歷史。頗以移民多數流入奉天。爲奉天政府仁德表現之證據。最有利害之我國。如不設法以驅除之。不出十年後我之在滿蒙移民政策。反被支那以之爲驅我上策。故定於可到範圍內。利用我警察力以挾制之。而資本一方面。則利用工價降下以驅之。一面則擴張電動力及水電力。以代勞力之用。不但可避支那民之侵入。並可持原動力之勢。而可壓倒滿蒙之工業界也。

病院及學校之獨立經營及對滿蒙文化之充備

此項問題必須絕對獨立。切不可與南滿連絡。蓋因東三省民每以爲帝國主義之機關。從而不欲就我範圍。故須獨立經營、方可使東三省民知我國之施恩。能自思念而報我。（中略）此後按時擴張施設男女師範學校。以期蕃育支那教育人才。而成東三省民永遠親日之根本。此乃文化施設之第一要義。

地公司，一
大陸之完成

中華民國二十年十一月出版

交大季刊 第七期 抗日特刊

出版者

上海交通大學出版委員會

發行者

上海徐家匯交通大學

印刷者

上海太平洋印刷公司

每冊定價 大洋二角